Suttner, Bertha von

Der Kampf um die Vermeidung des Weltkriegs

2. Band

AF618724

Suttner, Bertha von

Der Kampf um die Vermeidung des Weltkriegs

2. Band

Inktank publishing, 2018

www.inktank-publishing.com

ISBN/EAN: 9783747777480

All rights reserved

This is a reprint of a historical out of copyright text that has been re-manufactured for better reading and printing by our unique software. Inktank publishing retains all rights of this specific copy which is marked with an invisible watermark.

Der Kampf um die Vermeidung des Weltkriegs.

Randglossen aus zwei Jahrzehnten zu den Zeitereignissen vor der Katastrophe.

(1892—1900 und 1907—1914.)

Von

Bertha von Suttner.

Herausgegeben von

Dr. Alfred H. Fried.

„So wie unser Europa heute noch organisiert oder vielmehr noch unorganisiert ist, ist der Ausbruch einer Konflagration allstündlich möglich. Eben darum, weil es so ist, und weil die Pazifisten es wissen, geht ihr Streben dahin, dem ganzen Völkerverkehrssystem eine andere Grundlage zu geben."

Bertha v. Suttner, Nov. 1906.

II. Band:

Von der zweiten Haager Konferenz bis zum Ausbruch des Weltkrieges.

Zürich 1917.
Druck und Verlag: Art. Institut Orell Füßli.

BAYERISCHE STAATS-BIBLIOTHEK MUENCHEN

Inhaltsverzeichnis

zum zweiten Band.

Seite

1907

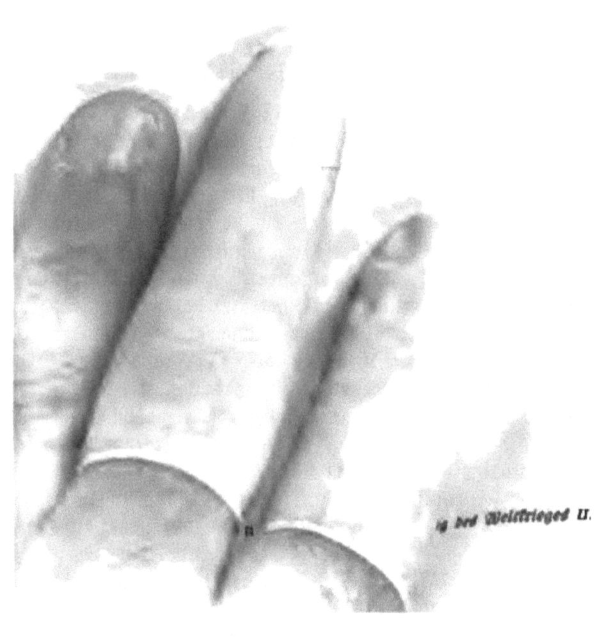

BAYERISCHE STAATS-BIBLIOTHEK MUENCHEN

Jahreswende. — Die russische Tragödie. — Die Anklage und die Verteidigung des Konteradmirals Nebagatow. — Der Mantel der Humanität. — Maxim Gorkis Brief über den gefolterten Schmidt. — Roosevelts Botschaft. — Marconi. — Politische Wandlungen in Oesterreich, Deutschland und Frankreich. — Was die deutschen Liberalen tun sollen. — Frieds Auszug aus Hohenlohes Memoiren. — Aus einem Briefe Friedrich III. — Diplomatisches Ränkespiel.

Wien, 11. Januar 1907.

Ueber das kalendarische Ereignis, daß nun wieder eine andere Jahresziffer geschrieben wird, sollen hier keine Betrachtungen angestellt werden, denn diese Tatsache übt keinen Einfluß auf den ununterbrochenen Entwickelungsgang der Dinge. Als vor kurzem ein neues Jahrhundert eingeläutet wurde, hätte dieser Umstand eher eine Aenderung des Kurses herbeiführen können, man hätte sich sagen können, daß der Begriff „20. Jahrhundert" gewisse Kulturpflichten auferlegt, und fortschrittsentschlossene Gemüter hätten den Anlaß benutzen sollen, um mit mittelalterlichen Bräuchen und Zuständen aufzuräumen. Es ist nicht geschehen; das neue Jahrhundert, an dessen Schwelle doch die erste Friedenskonferenz getagt hatte, begann mit Krieg, wurde mit dem kolossalsten Krieg, den die Geschichte kennt, fortgesetzt und das „Kriegsgeschrei" ist bis heute nirgends — in keinem Ministerkabinett und keinem Redaktionsbureau — völlig verstummt. Die „Kontinuität" — ein neues, in jüngsten politischen Regierungsäußerungen oft wiederholtes Wort, kennzeichnet die Handlungen der leitenden Kreise. Kriegsdrohung und Kriegsbereitschaft werden lustig kontinuiert. Daneben aber arbeiten die in den letzten Jahren erwachten Friedenskräfte ebenso kontinuierlich weiter. Das neue Jahr hat auf seinem Programm die interparlamentarische Konferenz in Berlin, den Friedenskongreß in München, die zweite intergouvernementale Konferenz im Haag. Das sind die sichtbaren Zeichen der gewollten Rechtsorganisation: die unsichtbare Verschmelzung der internationalen Interessen wird noch kräftig weiter wirken; und sollte selbst das brodelnde Alte in diesem Jahre aufflammen, das sich vorbereitende Neue wird doch in 1907 wieder um ein paar Etappen weiterkommen.

* *
*

Und nun zu den Ereignissen der letzten Wochen. Ich beginne mit Rußland. Denn dort spielt sich die fürchterlichste Tragödie ab, welche gegenwärtig das Repertoire des Welttheaters beherrscht. Der ostasiatische Krieg war der erste Akt (der Prolog liegt weit in der Vergangenheit des ganzen Regimes zurück), und jetzt entwickelt sich die Handlung weiter, in grausiger Konsequenz. Rache wütet gegen Rache. Drei politische Morde verzeichnet die Chronik der letzten Tage: Ignatiew, von der Launitz, Pawlow. Dafür werden, weil diese Einzelnen Mächtige waren, wieder Tausende, auch ganz Unschuldige darunter, büßen müssen. Diesen Tausenden werden wieder Rächer erstehen, welche neuerdings einzelne Mächtige niedermachen werden. Soll das endlos so fortgehen? Ist da nicht Umkehr geboten? Aber welcher von den beiden Gegnern soll aufhören, wird man fragen. Nun derjenige, der eine neue Bahn einschlagen kann, die zu Gerechtigkeit und Freiheit und Freude für die Mehrheit führt; nicht derjenige, dessen Nachgeben dumpfe Verzweiflung wäre.

* *
*

Kontreadmiral Nebagatow wurde vom Kriegsgericht zum Tode verurteilt[1]) (zugleich ist aber ein Gnadengesuch an den Zaren abgegangen um Verwandlung der Strafe in zehnjährige Festungshaft), weil er in der Tsuschimastraße sich mit vier Schiffen den Japanern ergeben habe. In seiner Verteidigungsrede sagte Nebagatow: „Ich konnte meinen zweitausend Leuten nicht sagen: „Erschießt Euch". Vor meinen Augen standen zweitausend Familien der Matrosen, und ich beschloß, meinen Namen, mich selbst zu opfern, aber zweitausend Familien zu retten... Es war klar, wir waren verloren und mit uns die Flotte — wozu also noch weitere Opfer?..."

---

[1]) Am 24. Dezember 1906 gleichzeitig mit drei andern Kommandeuren von [illegible]ſen.

Darauf führte der Vertreter der Anklage aus, daß es gar keine Rechtfertigung für Nebagatow und für die Kommandanten der drei anderen Schiffe gebe. „Die Offiziere hätten, zumal die Mannschaft kampflustig (?) gewesen sei, eher die Schiffe zum Sinken bringen und versuchen müssen, sich durch Schwimmen zu retten, als sich zu übergeben. Dabei wären viele Menschen zugrunde gegangen; aber die russischen Frauen seien nicht egoistisch, und sie würden Nebagatow nicht Dank dafür wissen, daß er ihre Männer und Kinder durch seine Uebergabe rettete. Das verurteilende Wort des Gerichts habe erzieherische Wirkung. Es würde den Kriegern zeigen, daß man sich nicht mit dem Mantel der Humanität verdecken dürfe, wenn man die seit Jahrhunderten geheiligten Lebensprinzipien des Heeres mit Füßen trete; daß man sich nicht damit rechtfertigen dürfe, man sei ein blindes Werkzeug in der Hand verbrecherischer Befehlshaber gewesen. Das Wort der Verurteilung werde das Vaterland vor ähnlichen Uebergaben sichern, ihm für ein glorreiches Weiterschreiten Gewähr leisten." Das ist echt soldatisch gesprochen. So sind die „seit Jahrhunderten geheiligten" Lebens- oder eigentlich Todesprinzipien des Kriegers. Mit Humanität verträgt sich das nicht. Zweitausend Familien bedeuten Null. Auch die Frauen dürfen nicht etwa egoistisch sein, und ihre Männer und Kinder gerettet sehen wollen.... Nur das glorreiche Weiterschreiten in einem nächsten Kriege ist das Wichtigste. Alles das ist ganz logisch und konsequent. Inkonsequent ist es, wenn man der Welt glauben machen will, der Krieg könne humanisiert werden, und wer z. B. beantragt, daß bei der nächsten Haager Konferenz vornehmlich für die Milderung der Kriegshärten gearbeitet werde, der ist's, der sich bemüht, die ihm wertvolle Kriegsinstitution mit „dem Mantel der Menschenliebe zu verdecken". Da gibt's nur ein Entweder — Oder, kein Und. Human oder kriegerisch. Das 20. Jahrhundert hat die Wahl.

Und weiteres aus Rußland. Maxim Gorki hat in den Blättern einen Brief veröffentlicht, worin er erzählt, wie ein unschuldiger junger Fabrikbesitzer, namens Schmidt, festgenommen worden und wie man ihn durch Folter zwang, vermeintliche Mitschuldige anzuzeigen. Ganz das mittelalterliche System. Was diese Mitteilung Gorkis enthält, ist haarsträubend. Wie viel ebenso Entsetzliches trägt sich wohl zu, von dem nichts in die Außenwelt dringt? — Das, was man erfährt, ist übrigens empörend und herzzerreißend genug. Und also Weiterausbeuten der Volksmittel trotz Fleischnot und Teuerung — fraglos mittun, denn so will's die „nationale Ehre". Ob sich das mit den ursprünglichen liberalen Prinzipien verträgt? Danach fragt man nicht; Prinzipien muß man beiseite stellen können, wenn man nur ein Stückchen Macht ergattert — das ist so die vielbewunderte „Realpolitik".

* *
*

Der in der vorigen Nummer der „Friedens-Warte" enthaltene Auszug aus Hohenlohes Memoiren [1]) hat in unseren Kreisen große Sensation gemacht, denn deutlicher und authentischer ist noch nie gezeigt worden, wie Kriege gemacht werden, und wie sie daher nicht gemacht zu werden brauchten. Mir sind zahlreiche Briefe über den Gegenstand zugekommen.

* *
*

Ein weiteres Beispiel über die absichtliche Kriegsherbeiführung findet sich in G. Schuster „Kaiser Friedrich" (Verlag Vossische Buchhandlung). Als nach Beendigung des dänischen Krieges 1865 Bismarck in schlauer diplomatischer Wendung das Erbrecht des Erbprinzen Friedrich von Augustenburg nicht anerkennen wollte, schrieb Kronprinz Friedrich ganz verzweifelt an Max Duncker, Bismarck habe ihm selbst gesagt, „die Bedingungen seien also redigiert, daß sie unannehmbar für Herzog Friedrich würden"! „Man will ja einen Konflikt, um durch einen Krieg den inneren unhaltbaren Zwist beizulegen. Dies ist doch ziemlich klar? Und wenn Herzog Friedrich wirklich nachgäbe, und wenn er noch stärkere Bedingungen annähme, man würde es bei uns schon verstehen, die Dinge so zu betreiben, daß neue Komplikationen erständen, um Krieg zu bekommen." Krieg — das fürchterlichste —, „leider unvermeidliche" Unglück, das es gibt —, „zu bekommen", danach werden die Dinge betrieben! Das Ränkespiel mächtiger Staatsmänner und Diplomaten — Moltke nennt es „göttliche Weltordnung" — die

[1]) „Hohenlohes Denkwürdigkeiten" von Alfred H. Fried. Friedens-Warte, 1906, S. 223. In jenem Aufsatz wurden aus den Denkwürdigkeiten des dritten Reichskanzlers alle jene Stellen zusammengetragen, die sich auf die „Kriegsmache" und auf Kriegsprophezeiungen beziehen.

Wirtschaftsphilosophen nennen es das unvermeidliche Ergebnis des kapitalistischen Systems —; wann wird man es endlich allgemein als die demaskierte Gepflogenheit einer überwundenen Epoche erkennen? Schon wächst eine neue diplomatische Schule heran, die in der Aufrichtigkeit, in der Ehrlichkeit ihre Methode und in der Kriegsverhütung ihr höchstes Ziel erblickt.

* *
*

Ja, wir Pazifisten sehen überall die deutlichen Zeichen der Wandlung. Unsere Gegner sehen nichts davon. Sie zeigen auf alle die finsteren Wolken, auf die überall gesteigerten Mordvorbereitungen, auf das Mißtrauen, auf die Gefahr — und mitleidig sagen sie uns: „Ihr Armen, seht, Ihr bemüht Euch vergebens!" Darauf könnten wir antworten, was Christus zu den Weibern sagte: „Nicht über mich weinet — weinet über Euch und Eure Kinder!"

Jamaika und Saarbrücken. — Die Wahlen in Deutschland. — Deutschland über alles. — Die Kaiserrede um Mitternacht; Niederreiten. — Echo in der englischen Presse. — Rüstungen auf der Adria. — Die Rüstungsstillstandfrage auf der Konferenz und vor der Konferenz. — Amerikanisch-japanischer Konflikt.

Wien, 8. Februar 1907.

Wenn wieder ein paar Wochen vorübergezogen, so hat der Chronist sicherlich ein oder zwei große Unglückskatastrophen zu verzeichnen. Die fühllose Natur und die grausamen Elemente fahren fort, den armen Menschenkindern so wuchtige Leiden zuzufügen, deren Tragik sich kaum ausdenken läßt. Da hat wieder ein Erdbeben eine ganze Stadt zerstört. Jamaika hieß diesmal das Opfer[1]). Die Erdstöße,

[1]) Die Stadt Kingston auf Jamaika wurde am 15. Januar 1907 durch ein Erdbeben zerstört. Mehrere hundert Menschen fielen zum Opfer.

die alle Bauten zerschlagen, Flammen und Fluten dazu — was es dabei an Verzweiflung, Qualen und Todesangst geben muß, das läßt sich nicht ermessen. Und das Grubenunglück in Courrières hat nun ein Gegenstück im deutschen Kohlengebiet von Saarbrücken [1]) gefunden. Hunderte von Arbeitern verschüttet, verbrannt — vielleicht in tagelanger Agonie.... Es ist eine traurige Welt. Vielleicht vergeht keine Stunde, in der nicht irgendwo auf unserer Erde solches schier unerträgliche Leid ertragen werden muß. Versöhnend ist dabei nur das Mitleid und die Hilfsbereitschaft — diese stellen sich bei allen großen Elementarkatastrophen ein. So auch in Jamaika und in Saarbrücken. Genug des unvermeidlichen Unglücks gibt es, fürwahr. Wann werden die Menschen lernen, nicht auch noch freiwilliges darauf zu häufen?

* *
*

Das große politische Ereignis der jüngsten Zeit waren **die Neuwahlen in Deutschland** [2]). Weil das Zentrum im Verein mit den Sozialdemokraten die Mittel zur Fortsetzung des südafrikanischen Kolonialkrieges verweigert hatte, wurde der Reichstag aufgelöst, und die Neuwahlen vollzogen sich unter der vom Fürsten **Bülow** ausgegebenen Parole: „National". National aber ist gleichbedeutend mit frageloser Zustimmung zu allen Forderungen für Kriegszwecke zu Lande und zu Wasser. Die Liberalen des Reiches wurden aufgerufen, um für diese Zwecke die erforderliche Mehrheit in die nächste Volksvertretung zu bringen. Das gelang. Das Ergebnis der Wahlschlacht, die ja als Feldzug gegen die Schwarzen und gegen die Roten gedacht war, brachte eine Niederlage der Roten (die Sozialdemokraten verloren eine beträchtliche Anzahl Sitze), dabei aber unverminderten Besitzstand der Schwarzen. Die Verluste der sozialdemokratischen Partei entfesselten in Regierungskreisen den höchsten Jubel, und die Massen jubelten mit unter der Devise: „Deutschland, Deutsch-

[1]) In der Grube Reden bei St. Johann kommen am 28. Januar 1907 158 Bergleute durch schlagende Wetter um.

[2]) Die Neuwahlen zum Reichstag — die sogenannten Hottentottenwahlen — fanden am 25. Januar 1907 statt. Die Sozialdemokraten behaupteten im ersten Wahlgang von 79 Sitzen nur 29. Nach dem Bekanntwerden der Wahlergebnisse zogen in Berlin in der Nacht vom 25. Januar mehrere tausend Personen vor das kaiserliche Schloß und das Reichskanzlerpalais und brachten große Ovationen dar.

land über alles." Verhehlen wir Pazifisten uns es nicht. Wir sind durch diesen Vorstoß des Nationalismus arg zurückgestoßen worden.

* *
*

Ich, ich, ich! Ich über alles.... über alles in der Welt! Das soll fortan meine Devise sein. Werd's in Musik setzen lassen und in feierlichen Augenblicken bei erhobenen Bechern oder von Balkonen herab begeistert ausrufen. Vielleicht könnte man aber doch sagen: ist das eine egoistische, arrogante Person! Also statt „ich" heiße es „wir". Umfaßt dann dieses wir gleich ein ganzes Land, z. B. das Fürstentum Liechtenstein oder Lippe-Detmold, wird es schon gar hinreißend. Lippe-Detmold über alles in der Welt! Prachtvoll. Gesetz, Leben, Familie, Vermögen, Pflicht, Mitleid — das alles kommt in zweiter Linie: ich — nein, wir — nein, Lippe-Detmold oder ein noch größerer geographischer Begriff über alles. Die andern Ichs und die andern geographischen Begriffe können dasselbe Geschrei ausstoßen. Das gibt ein hübsches Konzert für die Menschengemeinschaft.

* *
*

Am Abend, da in Berlin das Wahlergebnis bekannt geworden, versammelte sich die Menge vor dem Palais des Kaisers und stimmte einen Huldigungsjubel an. Der Kaiser erschien — es war schon nach Mitternacht — am offenen Fenster und hielt eine Ansprache, worin er u. a. sagte: Wenn man den Deutschen in den Sattel setzt, kann er nicht nur reiten, sondern auch alles niederreiten, was sich ihm in den Weg setzt (Hurrarufe, Gesang: D., D. über alles). Reiten?.... Und — nieder? Ist nicht die Zeit vorbei, da der Reiter, der Ritter als Höchstes galt? Ist das Turnierpferd- und Schlachtroß-Ideal nicht schon etwas abgeblaßt? Nicht dem Renner — der Flugmaschine winkt die Zukunft. Nicht reiten — am allerwenigsten niederreiten — schwingen, höher schwingen soll die Losung sein. Auch figürlich.

* *
*

Mitunter, wenn man einen Ton anschlägt, klingt die Terz mit. Wie das Wort „national" oder „patriotisch" angeschlagen wird, so tönt „militärisch" und kriegerisch dazu. Die Berliner Triumphrede hat in London folgenden Nachklang erweckt. „Die Worte des Kaisers — so schreibt die „Morning Post" — bedeuten eine energische auswärtige Politik. Die Wahrheit ist, daß die deutsche Nation eine Phase der Ruhelosigkeit und Unzufriedenheit durchmacht, daß ihre sehr einflußreichen Armee- und Marineoffiziere auf einen Krieg begierig sind, daß eine Lage geschaffen worden ist, welche die Regierung als eine nationale Demonstration zugunsten einer lebhaften auswärtigen Politik auszulegen beliebt. Es kommt andern Nationen zu, kühl zu bleiben und ihre Waffen in Ordnung zu halten." Da haben wir's. Neuerlich werden die Engländer von ihrer Presse aufgefordert, das Pulver trocken zu halten. Es sind aber auch dort die Armee- und Marinekreise (und namentlich die Schiffbau- und Waffenfabrikskreise) auf Krieg und Kriegsgefahr begierig. Das ist auch nur natürlich. Bei den ersten ist es Berufsgefühl, bei den zweiten Geschäftsgeist. — „Daily Mail" erwartet als unmittelbares Resultat des deutschen Regierungssieges die Stärkung der Flottenpolitik.

* *
*

Die Marineminister aller Länder werden nicht müde, Extrakredite zu verlangen, um die Schlachtflotten auszubauen. In Rom hat Admiral Mirabelli einen Gesetzentwurf vorgelegt, um 100 Millionen Lire zu erlangen für vier neue Turmschlachtschiffe von 16,000 Tonnen Wasserverdrängung. „Die Bauzeit wird auf drei Jahre vorgesehen, so daß (bemerkt der Korrespondent der „N. Fr. Presse" bei Mitteilung obiger Nachricht) diese neuen Einheiten gewissermaßen als Gegenmaßregel auf den von unseren Delegationen kürzlich bewilligten Bau von drei Schlachtschiffen zu 14,000 Tonnen angesehen werden kann. Nach Fertigstellung wird die Flotte Italiens 24 — die österreichische Flotte 12 Schlachtschiffe zählen." Das ist doch deutlich. Da muß nun österreichischerseits wieder als „Gegenmaßregel" eine Anzahl 18,000 tonniger Schlachtschiffe gebaut werden, wozu die Delegationen zweifellos die erforderlichen 200 Millionen patriotisch bewilligen werden. Wie lang soll denn dieser Wahnsinn fortgetrieben werden? Und das zwischen Verbündeten! Es ist eine Schande. Auch auf den Landgrenzen zwischen Italien und Oesterreich wird fortwährend an Forts und strategischen Straßen und Minenlegungen gearbeitet; dem Alliierten wird gedroht, und in Militärkreisen wird ganz geläufig von einem zukünftigen Krieg zwischen Italien und Oesterreich gesprochen. Und worauf wird die Gefahr beiderseitig begründet? Auf die Rüstung des andern. Und da soll es unpraktisch sein, die Welt endlich von so kostspieligem und demoralisierendem Alp erlösen zu wollen? Da soll man von Rüstungsstillstand nicht einmal reden dürfen auf einer Konferenz, die „Friedenskonferenz" heißt? Das einzig Praktische sind neue Steuern zum Bau jener Schlachtungetüme, und das Allerpraktischste wäre wohl, daß die Schiffe endlich ihre Bestimmung erfüllen und einander in die Luft sprengen. Ein Doppel-Tsuschima in der Adria wäre doch eine schöne Krönung des seit mehr als zwanzig Jahren „friedensichernden" Dreibunds.

* *
*

Eine Debatte über die Abrüstungsfrage an der nächsten Haager Konferenz wäre jedenfalls von höchstem Interesse, aber interessant und lehrreich ist auch schon jetzt die zwischen den Regierungen geführte und durch die Missionsreisen Steads und Martens[1]) illustrierte Debatte, ob die Frage im Haag zur Sprache kommen soll oder nicht. Man sieht darin schon heute, wer dafür und wer dagegen ist, man erfährt, warum die einen die Frage aufwerfen und die anderen sie totschweigen wollen, und das gibt an und für sich schon eine Art öffentlicher und allgemeiner Diskussion der Sache ab.

* *
*

Zwischen Japan und Amerika schwebte eine Wolke. In Kalifornien sollten japanische Kinder nicht zum Schulstudium zugelassen werden. Gleich hieß es: japanisch-amerikanische Kriegsgefahr.

---

[1]) Im Januar bereiste im Auftrage seiner Regierung der russische Professor von Martens die europäischen Hauptstädte, um mit den Regierungen über die Programmpunkte der bevorstehenden Haager Konferenz Erörterungen zu pflegen. Auch William T. Stead unternahm als Friedensjournalist aus eigener Initiative eine solche Rundreise.

Aber sowohl Roosevelt als die japanische Regierung haben sich beeilt, die Wolke zu verscheuchen und die in der gelben Presse schwirrenden Funken im Keime zu ersticken. Man fängt allenthalben an, die Hetzpresse offiziell anzuklagen. Das ist ein neuer Zug.

Allgemeine Uebersicht. — Das Programm der II. Haager Konferenz.

Wien, 8. März 1907.

Es ist sehr viel geschehen in den letzten vier Wochen: Bomben wurden entdeckt, die das Leben des Onkels des Zaren und das Leben Wittes auslöschen sollten; die russische Duma ist zum zweiten Male zusammengetreten, aus überwiegend freiheitlichen Elementen bestehend; Kuropatkin hat seine Memoiren herausgegeben und dabei die japanische Todesverachtung verhimmelt; das neue Reichsparlament in Deutschland, zu dessen Wahlen der Flottenverein, dem Kaiser zu Dank, fleißig mitgearbeitet hat, ist eröffnet worden; zwei große herzzerreißende Schiffsunglücke — Untergang der künstlerbefrachteten „Berlin" und des Lloyddampfers „Imperatrix" — haben das Beileid der ganzen Welt erweckt. Zwei ganz neugeartete Ordensverleihungen haben stattgefunden: der Prinz-Gemahl der Niederlande erhielt den Bath-Orden für seine Rettungsaktion bei der gestrandeten Berlin; der Deutsche Arthur Korn erhielt die französische Ehrenlegion für die Erfindung der Fernphotographie. Die „echt russischen Männer" ergingen sich in neuen Hetzaktionen gegen die Juden in Odessa; Hungersnot herrscht in weiten Gebieten Rußlands und auch in Japan, wo seit dem Kriege die Steuern sich verzehnfacht haben. Der unglückliche gefolterte Fabrikant Schmidt, von welchem Gorki (ohne daß es die Welt erschütterte) die furchtbare Leidensgeschichte erzählte, hat sich im Moskauer Gefängnis erschossen; der englische Unterstaatssekretär des Kriegsamts, Lord Portsmouth, hat im Oberhause die an solcher Stelle und aus solchem Munde gewiß überraschenden Worte gesagt: „Die Beweisführung meines Vorredners (Sorat und auch Lord Roberts hatten von den Gefahren eines Einfalles gesprochen) ging von der Theorie aus, daß die nächsten

Nachbarn Englands geradezu Räubervölker seien und sich hinterlistige Handlungen zuschulden kommen lassen. Es ist unvereinbar mit der vernünftigen Ueberlegung der internationalen guten Sitten, anzunehmen, daß Staaten, mit denen England auf dem freundschaftlichsten Fuß steht, bereit wären, gegen England in einer geradezu schändlichen Weise zu verfahren." In Riga drängte sich Hinrichtung auf Hinrichtung, und auch Gerüchte von Folterungen in den Rigaer Gefängnissen drangen in die Welt. Zwischen Honduras und Nicaragua brachen Feindseligkeiten aus.... kurz, es hat sich, wie gesagt, sehr viel zugetragen, das zu langen Glossierungen Stoff bieten würde. Aber was zugleich sich zugetragen hat: die vorbereitende Reise des Staatsrats Martens zur Feststellung des Haager Programms, die neuerliche Aktion Campbell-Bannermanns in derselben Sache und alles, was drum und dran hängt an dem bevorstehenden welthistorischen Ereignis, scheint mir so wichtig, daß ich um die Erlaubnis bitte, diesmal die übrigen Vorkommnisse des letzten Monats unglossiert zu lassen und nur zu schreiben über:

Das Programm der zweiten Haager Konferenz.

Die Frage, welche im Hinblick auf die bevorstehende intergouvernementale Versammlung im Haag die Geister am lebhaftesten beschäftigt, ist nicht diejenige, welche den Grundton, die Basis, die raison d'être der ersten vor acht Jahren einberufenen Konferenz abgegeben hat, und die in dem russischen Manifest mit den Worten unzweideutig ausgedrückt ist:

„— — eine mögliche Herabsetzung der übermäßigen Rüstungen, welche auf allen Nationen lasten, stellt sich in der gegenwärtigen Lage der ganzen Welt als ein Ideal dar, auf das die Bemühungen aller Regierungen gerichtet sein müßten."

Die Frage, die gegenwärtig in den Kabinetten, in der Presse, in den Interviews und den Audienzen der konferenzvorbereitenden Staatsmänner am meisten ventiliert wird, ist die: wird es gelingen, die Rüstungsfrage aus den Verhandlungen gänzlich auszuscheiden?

Im offiziellen Programm (das vermutlich auch nach vorhergehenden vertraulichen Anfragen von Hof zu Hof aufgesetzt worden ist) ist die Frage nicht enthalten. Damit wäre ja die Sache von vornherein schon entschieden; andererseits aber liegt die Beratung darüber als Erbschaft der ersten Konferenz vor, und mehrere Regierungen, darunter die englische und amerikanische, haben den Wunsch und die Absicht geäußert, dieses Thema zur Sprache zu bringen. Von der italienischen Regierung wurde seinerzeit die offizielle Erklärung abgegeben, daß Italien seinen Haager Delegierten den Auftrag geben wird, England in der Sache der Rüstungseinschränkung auf der Konferenz zu unterstützen; heute heißt es wieder, daß Italien hierin „in Erfüllung seiner Bundespflicht" mit den zwei anderen Bündnismächten (aus deren Gegnerschaft zur Abrüstungsfrage kein Hehl gemacht wird) einig vorgehen wird.

Außerhalb der an der Konferenz direkt beteiligten offiziellen Kreise, nämlich im großen Publikum (um dessen Wohl und Wehe es sich ja schließlich da handelt), zeigen sich auch zwei Strömungen: die einen sind für, die anderen gegen — nicht nur gegen Abrüstung, sondern auch gegen bloße Diskussion darüber. Am Heiligtum Militarismus soll nicht gerührt werden. Tabu!

In diesen zwei Strömungen zeigt sich mit aller Deutlichkeit, wer die Herbeiführung einer neuen pazifistischen — d. h. auf internationale Rechtsgemeinschaft gegründeten Weltordnung ersehnt und dafür kämpft, und wer die alte Gewaltordnung beibehalten will, entweder weil sie ihm behagt, oder weil er an die Möglichkeit ihrer Abschaffung nicht glaubt.

So können wir sehen, daß die Friedensvereine, die Gruppen der Interparlamentarischen Union, die jetzt in England am Ruder befindliche liberale Regierung — voran der Premier, der seit langem Pazifist ist und offen erklärte, daß sich England an die Spitze einer großen Friedensliga stellen sollte —, ferner die Mitglieder des panamerikanischen Kongresses, die französische „Société de Conciliation Internationale" unter der Führung des Senators d'Estournelles, die einzelnen hervorragenden Friedenskämpfer wie W. T. Stead, Björnson, Passy usw., die Völkerrechts-Assoziationen, das Berner Bureau — kurz alle jene Kreise und Menschen, die schon jahrelang in ihren Schriften, Vorträgen und öffentlichen Kundgebungen für die Einführung eines gesicherten Friedenszustandes zu wirken trachten (und ihn auch unaufhaltsam kommen sehen), der an Stelle des jetzigen, immer latenten Kriegszustandes treten soll — und treten wird, wenn anders der Fortschritt der Zivilisation kein leerer Wahn, sondern vielmehr die Betätigung des Entwicklungsgesetzes ist.

Die Anhänger des Bestehenden jedoch, die Interessenten des Krieges (oder zumindest der Kriegsgefahr mit ihrer Rüstungsnotwendigkeit), die ungezählten Massen derer, die überhaupt veränderte Zustände scheuen oder nicht zu fassen vermögen, die Flottenvereine und Kriegervereine, die Nationalisten aller Länder, die sind alle einmütig gegen Abrüstung, gegen Rüstungsbeschränkung, gegen Rüstungsstillstand und selbst gegen die Besprechung solcher, für militärfromme Gemüter anstößiger Ketzereien. Dieser Antagonismus der Weltanschauungen und der sozialen Bestrebungen, der in unserer aufgewühlten Gegenwart die ganze Welt durchzieht, der wird sich auf dem engen Schauplatz der Konferenz in kondensierter Weise abspielen, der spielt sich jetzt schon in der Periode der Konferenzvorbereitung deutlich vor unseren Augen ab, und er wird mit denselben Mitteln und Argumenten betrieben, mit welchen seit einigen Jahrzehnten zwischen den Verfechtern der Friedensbewegung und ihren Gegnern gekämpft wird.

Wäre die große intergouvernementale Konferenz, die den Titel Friedenskonferenz führt, nur von überzeugten Pazifisten beschickt, so könnte dieser Antagonismus dort natürlich nicht zutage treten. Dies war aber weder bei der ersten der Fall und wird es auch bei der zweiten nicht sein. Programm und Zusammensetzung dieser Konferenzen haben etwa denselben Charakter, den etwa ein Freidenkerkongreß hätte, zu dem jedes Land neben einem wirklich freidenkenden Naturforscher zwei Erzbischöfe entsenden würde, und wo neben einem Programmpunkt, der „Glaubensfreiheit" hieße, zehn Punkte für Regelung der Liturgie vorgesehen wären. Das Thema Konfessionslosigkeit dürfte aber überhaupt nicht zur Diskussion gestellt werden. So soll im Haag über Seeminen, Kontrebande, Beschießung von Städten und ähnlichen „praktischen Dingen" debattiert werden, aber nur kein Wort von Mordinstrumentenlosigkeit! Zum Glück steht aber der eine Programmpunkt doch da: „Die Vervollkommnung der Konvention über die friedliche Entscheidung internationaler Konflikte." Das genügt. Ist diese Konvention zuerst vervollkommnet und schließlich vollkommen, so fällt die kriegerische Entscheidung und die dazu erforderliche Vorbereitung zuerst allmählich und schließlich gänzlich — von selber weg.

In der letzten Zeit ist etwas ganz Merkwürdiges geschehen. Ein Ministerpräsident hat in einer Zeitschrift einen Artikel veröffentlicht (Campbell-Bannermann in der „Nation"), worin er ganz ohne Vorbehalt, ohne diplomatische Umschweife erklärt, daß die englische Regierung die Abrüstungsfrage vor die Konferenz zu bringen entschlossen ist, und gibt dafür dieselben Gründe an, die der ganzen Friedensbewegung als Basis und als Ziel dienen.

Wenn ein Politiker irgend etwas Großes, Neues, Kühnes und Edles sagt (das der großen Menge nicht paßt oder ihr unverständlich ist), dann ruft ihm der Chor der Kannegießer die Worte zu: „Du Schuft!" Zwar nicht mit diesem bündigen und klaren Ausdruck, aber mit allerlei Insinuationen und im Tone nicht etwa des Tadels, sondern des überlegenen Scharfsinns. Nicht, was der Mann gesagt hat, wird kommentiert, sondern was dahintersteckt. „England hat leicht reden von Rüstungsstillstand — es ist so stark, daß es die sichere Uebermacht hat und es will nur die anderen hindern, es einzuholen." In den verschiedensten Variationen ist die obige Auslegung in den Blättern und in den politischen Gesprächen verbreitet worden, so daß sie schon die Macht eines Schlagwortes errungen hat. Hat ein Staatsmann gesprochen, so darf doch ein Realpolitiker, der sich respektiert, solche Worte nicht ihrem Sinne nach abwägen und beurteilen; nein — deuteln muß er daran. Uebrigens beleidigt man ja nicht den Menschen, nicht ihm wirft man Hinterlist vor, man hat ja nur — in diesem Fall — gesagt: „England usw." Und solchem abstrakten Begriff kann man von Land zu Land die ärgsten Schurkereien zumuten, das ist althergebrachte Sitte — begründet auf der eingewurzelten Idee, daß jedes Land das Recht, sogar die Pflicht hat, das eigene Interesse durch den Schaden der anderen zu wahren und sich dabei der Lüge, des Betruges, des Ueberfalles, des Raubes, des Vertragsbruches, des Mordes — kurz aller im Privatleben verpönter, in der Politik geheiligter Scheußlichkeiten zu bedienen. Welcher Widersinn im vorliegenden Falle darin liegt, die Worte und Aktionen Bannermanns als diejenigen „Englands" zu bezeichnen, das geht doch daraus hervor, daß gerade in jener Richtung nicht das ganze Land hinter ihm steht, daß die konservativen und militaristischen Parteien Englands — also gerade dieselben Parteien, die in anderen Ländern Bannermann „durchschauen", seinen Abrüstungs- und Friedensliga-Gedanken ebenso gegnerisch gegenüberstehen wie die außerenglischen Superklugen. Bannermann schrieb und sprach für sich, für seine Partei, die auf den Frieden eingeschworen ist (eine Partei, zu deren Friedensziel sich auch der König bekennt), er sprach nicht für, sondern mutig gegen jenen Teil von England, welches dem Jingo-Geiste fröhnt. Er muß die Vorwürfe der Opposition in Presse und im Parlament über sich ergehen lassen, er mußte sich gegen die im Unterhaus von Lee vorgebrachte Beschuldigung verteidigen, daß sein Vorgehen schädlich und gefährlich sei, und er tat es mit den herrlichen Worten[1]):

„Ich habe die Auffassung, daß wir, weit entfernt davon, irgend welchen Schaden zu stiften, dadurch, daß wir das Thema der Rüstungseinschränkung zur Sprache bringen, vielmehr die Pflicht haben, dies zu tun, da wir der Ansicht sind, daß eine starke Geistesströmung unter den denkenden Menschen in allen Staaten Europas vorhanden ist für die Schiedsgerichte, für die friedliche Schlichtung der Streitigkeiten und für einiges Loskommen von den riesigen Aufwendungen, die der gegenwärtige Zustand mit sich bringt.... Wir wünschen, uns in die erste Reihe derjenigen zu stellen, die der Meinung sind, daß die kriegerische Haltung der Mächte gegeneinander, wie sie sich in dem übermäßigen Anwachsen der Rüstungen zeigt, ein Fluch ist, und daß es um so besser ist, je eher ihnen, wenn auch nur in bescheidenem Maße, Einhalt getan wird."

Zahlreich sind auch die Stimmen derer, die das Aufwerfen der Rüstungsfrage verpönen, nicht weil sie einem Stillstand oder einer allmählichen Einschränkung abhold wären, sondern weil sie die Ausführung für untunlich, für unkontrollierbar halten. Es wäre daher, so meinen sie, verlorene Zeit und gäbe vielleicht Anlaß zu gefährlichen Kontroversen, die Frage auf der Konferenz aufzuwerfen — gelöst könnte sie doch nicht werden.

Gelöst? Das ist auch nicht nötig. Das wichtigste an gewissen Problemen ist, daß sie als solche erkannt und angepackt werden. Den Pazifisten handelt es sich wahrlich nicht darum, daß auf der nächsten Konferenz darüber disputiert werde, ob diese oder jene Formel (prozentual nach der Bevölkerungs- oder nach der Staatseinkommenziffer) zur Heeresverminderung anzuwenden wäre, ob dieses oder jenes Kontrollsystem eingeführt werden müßte, sondern es genügte ihnen, wenn die aufrichtige und entschlossene Erörterung des Themas die drei folgenden Sätze ergeben würde:

[1]) In der Sitzung des Unterhauses vom 5. März 1907.

1. Unter den obwaltenden Umständen des gegenseitigen Mißtrauens der Staaten, der steten Gefahr eines Ueberfalles, der Absonderung und Gegensätze der Interessen, wodurch ein Zusammenstoß immer drohend ist — ist es unmöglich, abzurüsten, und auch unmöglich, sich über einen Stillstand zu einigen, weil ja keiner vor der Unehrlichkeit des anderen sicher ist.

2. Die Rüstungen in ihrer heutigen übermäßigen Ausdehnung und in ihrem fortgesetzten Wachstum verzehren die besten Kräfte der Völker, müssen zu Verteuerung, zu Armut — und wenn es noch lange fortgeht, zum Zusammenbruch führen. Auch ist die Ansammlung von Kriegsstoff eine ständige Kriegsgefahr. So kann es unmöglich weitergehen.

3. Da es also einerseits unmöglich ist, unter den obwaltenden Umständen abzurüsten, und an und für sich unmöglich, ins Unendliche fortzurüsten, ergibt sich, daß „die obwaltenden Umstände" abzuändern sind.

Und das ist die Aufgabe, mit welcher die erste Konferenz schon erfolgreich begonnen hat, welche die zweite weiter vorwärts bringen soll und eine dritte und vierte vielleicht ans Ziel führen wird.

Damit aber Punkt 3, der aus den beiden vorhergehenden Punkten zwingend folgt, zu so eklatanter Geltung gelangt, daß er alle Konferenzmitglieder, auch die anwesenden Militär-Experten und auch die öffentliche Meinung draußen durchdringe, müßte die Frage der Rüstungsbegrenzung zur Debatte gestellt werden.

Der Untergang des Panzerschiffes Jena. – Kommentare dazu von Brisson und Jaurès. – Der Bauernaufstand in Rumänien. – General Bailloud's Revancherede und Widersprüche ohne Ende. – Pobjedonoszeff-Graf Lambsdorf. – Hodgson Pratt. – Die Rüstungsfrage auf der Haager Konferenz und die Presse.

Wien, 6. April 1907.

Der Herausgeber dieser Blätter sagte mir: Sie werden diesmal wohl die Katastrophe der „Jena"[1]) glossieren – das ist so Ihre Spezialität. In der Tat, so oft die Welt von einer großen Kalamität erschüttert wird und dabei von Land zu Land die Beileidskundgebungen fliegen, drängt sich mir die Betrachtung von dem unsinnigen Widerspruch auf, der darin liegt, daß Menschen, die einander bei elementaren Unglücksfällen bemitleiden, einander jedoch tausendmal ärgere Unglücksfälle androhen und zufügen. Bei der in die Luft geflogenen „Jena" kommt noch hinzu, daß das Unglücksobjekt selber ein solches Drohinstrument war, selber dazu bestimmt, andern dieses Schicksal zuzufügen oder es von anderen zu erleiden. Freilich im Kriege; und da wird ja alles, was im Frieden Unglück heißt, zu eitel Ruhm und Herrlichkeit. Doch diesmal sollen zu meinen Glossen, die ja gar zu pazifistenparteiisch klingen mögen, solche zugefügt werden, die anläßlich des Jena-Unterganges von französischen Politikern gesprochen wurden:

„Wenn es in solchen Unglücksfällen einen Trost für uns geben könnte," sprach Henri Brisson in der Kammer, „so könnten wir ihn in den Mitgefühlsbezeugungen finden, die uns von allen Seiten von den Regierungen, den Parlamenten und der Presse aller Länder zugekommen sind.... Doch warum sollte ich den Schmerzensruf unterdrücken, den uns der Widerspruch der Dinge entringt? Vor ganz kurzer Zeit, anläßlich der Katastrophe des „Lutin" gestatteten Sie mir, in Ihrem und in eigenem Namen den Tag, den erhofften Tag

[1]) Am 12. März wird im Hafen von Toulon das Panzerschiff „Jena" durch eine Explosion zerstört. Gegen 200 Personen kommen dabei um.

herbeizuwünschen, wo die Wissenschaft nur mehr im Dienste der Zivilisation und der Menschlichkeit wirken wird. Und nun, nach wenigen Wochen, wird uns wieder das Schauspiel vorgeführt von Nationen, die durch das tiefe Gefühl der menschlichen Solidarität und Brüderlichkeit zu solchen Kundgebungen von gegenseitiger Sympathie — fast hätte ich gesagt: Zärtlichkeit — hingerissen werden, Nationen, welche doch.... Aber lassen wir diese schmerzlichen Widersprüche, und begrüßen wir in solchen Zeichen die ersten Keime einer bessern Zukunftsmenschheit, einer Menschheit, die besser imstande sein wird, sich und ihre Geschicke zu bemeistern."

Und Jaurès, indem er über den Besuch schreibt, den Präsident Fallières anläßlich der Katastrophe in Toulon abgestattet hat, sagt:

„— er würde Frankreich und der Menschheit einen besseren Dienst leisten, wenn er seine Autorität als erster Beamter der Republik dazu benutzte, Europa in einer Politik des Friedens, des Schiedsgerichts und der Abrüstung zu unterstützen. Die Gewalten des Todes, welche die Nationen gegen die Ausländer aufhäufen, kehren sich öfters gegen die Mitbürger selber. Das Unglück der „Jena" ist nur das Symbol des ständigen Verbrechens, namens bewaffneter Frieden — der da fortgesetzt die Völker schwächt und verwundet und ihre Macht und ihre Reichtümer zerstört. Das Pulver, welches explodiert und diejenigen tötet, die es verteidigen sollte, ist ein Bild jenes ungeheuerlichen Militarismus, der unter den Nationen, die er zu schützen vorgibt, Krankheit, Tod und Ruin verbreitet."

* * *

Neue Pogroms und neue Bauernrevolten nach russischem Beispiel haben plötzlich in Rumänien gewütet[1]). Ganz die gleichen Erscheinungen: zuerst Überfallen auf die Juden unter Anstiftung und Aufhetzung von sogenannten intelligenten Kreisen: Studenten, Lehrer, Geistliche, und unter Duldung der Polizei; dann Erstreckung der Jacquerie auf alle Pacht- und Gutshöfe in der Runde.

[1]) Mitte März 1907 brachen in der Moldau Bauernrevolten aus, die sich gegen die Juden richteten.

wo weiter geplündert, gemordet und gesengt wird. Szenen der wildesten Grausamkeit: lebende Pferde, die man ins Feuer treibt, Greise und Kinder, die man totschlägt, Frauen, die — genug; es ist ja überall dasselbe Schauspiel, wenn die rohe Gewalt losgelassen ist. Natürlich läßt sich die nicht anders unterdrücken als durch Gewalt, und so gelang es denn auch dem ausgesandten Militär, des Aufstandes Herr zu werden. Gewiß, als Schutzmannschaft wird die Gesellschaft noch lange Zeit einer bewaffneten Macht bedürfen. Gegen wilde Horden muß Hilfe bereit sein. Aber muß es noch lange wilde Horden geben in gesitteten Ländern? Muß nicht vor allem der Grund jener Verzweiflung aufgehoben werden (entweder Hunger oder Unterdrückung), welche aus sonst harmlosen Massen wilde Horden macht? Das wird nun in Rumänien geschehen; neue Agrargesetze sollen dem Elend der Bauern steuern. Was aber ebenso nötig ist, ist, daß ein neues Staatsgesetz die Rechtlosigkeit der rumänischen Juden aufhebe. Durch diese Rechtlosigkeit und Zurücksetzung wird zu Zeiten der Not eine ganze Klasse unschuldiger Mitbürger zum Sündenbock alles erduldeten Elends gemacht.

* *
*

General Bailloud, Kommandierender von Nancy, hielt eine Rede, worin er prophezeite, daß der ersehnte Revanchekrieg kommen werde [1]). An diese so natürliche Begebenheit knüpfte sich ein ganzer Rattenkönig von Widersprüchen. Die deutschen Nationalisten hatten ihre helle Freude an dieser Rede, denn wieder einmal konnten sie Alarm blasen über die Kriegsabsichten des bösen Nachbars, und ebenso freuten sich die Militaristen, die aus diesem Anlaß ihr beliebtes „en vedette bleiben müssen" betonen konnten. Daß auch deutsche Generale des öfteren das Bedauern ausgedrückt haben, daß sie den Revanchekrieg noch nicht erlebten, wird dabei vergessen, obwohl daraus der natürliche Schluß gezogen werden könnte, daß es eben weiter nichts ist als das soldatische Berufsgefühl, das in solchen Worten sich äußert. Unlöslicher Widerspruch: ein Soldat muß den Krieg vorbereiten, muß dazu anfeuern, muß ihn — da er ja auch ein Angefeuerter ist — wünschen; aber sagen darf er es nicht; sagen darf und muß er es übrigens doch, nur nicht öffentlich. Zur Strafe

[1]) Ende März 1907 wurde General Bailloud zur Strafe nach Montpellier versetzt.

dieser Oeffentlichkeit wurde General Bailloud von Nancy versetzt; jedenfalls ein Schritt, den man in Deutschland als eine Rücksicht der Regierung hätte auffassen müssen; aber unsere Nationalisten blieben dabei, sich über die ausgesprochene Gesinnung zu entrüsten. Die französischen Nationalisten hinwider interpellierten in der Kammer über die einem so guten Patrioten zugefügte Unbill, und der Ministerpräsident (nicht unser, d. h. der Pazifisten, Mann) Clémenceau erwiderte, daß er gerade so fühle wie der schuldige General, nur dürfe man es nicht öffentlich sagen. Warum sagt er es dann und noch viel öffentlicher? Kriegerische Tragweite haben seine Worte darum auch noch nicht; denn ein Ministerpräsident, der nicht gestürzt werden will, darf es sich auch mit der nationalistischen Partei nicht ganz verderben. Bedeutung hat der ganze Fall gar keine andere, als daß er gleichfalls — so wie die ausländischen Kondolenzen über die Jenakatastrophe — den klaffenden Widerspruch aufdeckt, an dem unsere Zeit krankt.

* * *

Pobjedonoszeff ist gestorben[1]). War er ein finsterer Torquemada, wie manche glauben? Menschen, die ihn persönlich kannten, behaupten, er sei ein liebenswürdiger Mann gewesen — ein Charmeur, wie das so viele Russen sind. Andrew D. White, der amerikanische Botschafter, sagt in seinen Memoiren, daß der Großprokurator das Zarenmanifest von 1898 inspiriert habe; er hätte gewünscht, daß die Rüstungsauslagen erspart werden, auf daß dem Klerus mehr Geld zufließe. Jedenfalls ist mit ihm eine Säule des altrussischen, orthodoxen Absolutismus gefallen. Einen anderen Russen, der mit jenem Manifest in Verbindung steht, hat der Tod ereilt: den gewesenen Minister Graf Lamsdorff[2]). Er war zur Zeit, als das Murawiew'sche Rundschreiben erschien, Gehilfe im Ministerium des Aeußern und, wie allgemein bekannt, Murawiews rechte Hand. Er war ein überzeugter Anhänger der Friedensidee; ich besitze Briefe von ihm, in denen er dieser Gesinnung unzweideutigen Ausdruck gibt.

* * *

[1]) Am 23. März 1907.

[2]) 20. März 1907 in San Remo.

Da ich schon von den Toten des Monats spreche: Hodgson Pratt[1]) ist gestorben. Unter den Friedenskämpfern der ersten Stunde einer der größten. Das vorige Heft[2]) brachte nach Schluß der Redaktion noch einen kurzen Nekrolog. Ich möchte an dieser Stelle noch einen Kranz auf das Grab des edlen Meisters niederlegen und bezeugen, daß ich meine Initiation in die Friedensbewegung und alles, was ich seither darin geleistet haben mag, einzig ihm zu danken habe.

* *
*

Zum Schlusse das wichtigste und sensationellste Ereignis der letzten Zeit. Die englische Regierung hat der russischen und den übrigen Kabinetten notifiziert, daß sie in Uebereinstimmung mit Amerika und mit Spanien die Rüstungsfrage vor die Haager Konferenz zu bringen gedenke. Sagen wir kurz „Rüstungsfrage", die Begriffe Rüstungsstillstand, Rüstungseinschränkung, Abrüstung sind darin eingeschlossen, die russische Regierung hat darauf ein Communiqué veröffentlicht[3]); die Mächte haben ihre Vorbehalte verlautbart, und damit waren die Polemiken und Kombinationen abgebrochen, die sich an die Frage knüpften: wird das Thema der Rüstungen vor die Konferenz gebracht werden oder nicht, wer wird beistimmen und wer wird protestieren? Namentlich während der Zusammenkunft von Bülow und Tittoni[4]) wurde diese Frage am heftigsten kommentiert. Was an bodenlosem Unverständnis, an gewissenlosen Insinuationen, an veralteter Kannegießerei in diesen Kommentaren geleistet wurde, das war unerhört. Die Auffassung, daß eine internationale Konferenz zusammenkommt, um sich über gemeinsame Interessen zu einigen, namentlich wenn sie „Friedenskonferenz" heißt, scheint den Zeitungspolitikern ganz verloren gegangen zu sein; nach der alten Schablone der nationalen Gegensätze, der nationalen Sonderpläne und nationalen Feindschaften wurde alles ins Auge gefaßt, was da im Haag diskutiert, erreicht und namentlich nicht erreicht werden solle. Die Prophezeiungen, daß keine Erfolge zu verzeichnen sein werden, die Versicherungen, daß nichts Ersprießliches

[1]) Hervorragender englischer Pazifist. Siehe Bd. I, Seite 57.
[2]) Der „Friedens-Warte", 1907, Seite 55.
[3]) 21. März a. St.
[4]) Am 30.—31. März zu Rapallo.

zu hoffen ist, und daß man überhaupt nichts hofft, bildeten den Abschluß der meisten Erörterungen. Während es doch das nobile officium der Presse wäre, Stimmung für das Gelingen der Konferenz zu machen, Forderungen zu stellen; daß dort angestrebt und errungen werde, was der Kultur, was den Völkern — nicht den einzelnen Nationalgelüsten — dient; daß diese einzige große Gelegenheit benützt werde, um die Menschheit vor den Gefahren eines kommenden Weltbrandes zu erretten, um dem Ruin und der Schätzevergeudung Einhalt zu tun, die in dem ungehemmten Rüstungswahnsinn liegt! Der Vorschlag Campbell-Bannermanns konnte nicht als die Sinnesäußerung eines Europäers, eines Menschen des 20. Jahrhunderts aufgenommen und beurteilt werden, sondern wurde als der „englische Vorschlag" durchschaut. „Spanien kann leicht abrüsten", „Deutschland kann sich nicht seiner Rüstungsfreiheit begeben, weil es von allen Seiten Nachbarn hat", „Der Dreibund muß zusammenhalten", „Den Fallen, welche die einen den anderen legen, muß ausgewichen werden" und tiefpolitische Klugheiten mehr, die als Ouverture zu einer Friedenskonferenz passen, wie etwa das Zusammentragen von Särgen und Gerippen zu einem Ballfest. Der Gipfel aller Gründe gegen den „englischen Vorschlag" war schon in einer italienischen Korrespondenz an ein Wiener Blatt enthalten: „Italien könne nicht abrüsten, weil Oesterreich (der Bundesgenosse!) systematisch fortrüstet und seine friedliche Gesinnung ändern kann." Nur um Gotteswillen bleibe alles beim alten! — Das scheint der heftige Wunsch aller Routinemenschen zu sein, wenn irgend etwas Neues, Umwälzendes am Horizont erscheint. „Die bloße Anregung der Abrüstungsfrage ist eine Gefahr", leitartikelte einer. Nur nie und nimmer etwas abschaffen von dem, was ist! Wahrlich, das Gebet der Konservativen — obwohl ihnen doch sonst das Vaterunser geläufig ist — tönt in den Worten aus: Und erhalte uns alles Uebel, Amen.

Das Einkreisungsgespenst. — Präludien zur Haager Konferenz unter deutschen Politikern. — Bülows Rede. — Kaiser Wilhelms Worte an den französischen Botschafter. — Die Kunst-Ententen.

Wien, 10. Mai 1907.

Das Schauergespenst, das vor ein paar Wochen in der deutschen und österreichischen Presse aufgetaucht ist, ist zwar schon verscheucht, schon im Nebel zerronnen, wie es aus Nebel geformt war; es ist aber doch interessant, das Gebilde, das sich eine Zeitlang so schaurig-unheimlich durch die Leitartikelspalten und die Politikergespräche schlich, nachträglich zu skizzieren. Es ist gut, solche Erscheinungen, wenn sie auch zerstoben sind, im Gedächtnis zu behalten, damit, wenn künftig aus journalistischen und parlamentarischen Nebeln etwa ähnliche Gruselgestalten sich zusammenballen, man beruhigt sagen kann: „Aha, wieder so ein Phantom à la „Einkreisung".

* *
*

Die Sache entstand so: die englische Regierung gab zu wissen, daß sie entschlossen sei, die Frage des Rüstungsstillstandes vor die Haager Konferenz zu bringen. Das Thema ist vielen Kreisen antipathisch: den hohen militärischen Kreisen, den Kreisen der Gußstahlindustrie, den nationalfanatisch gesinnten und den trägkonservativ gearteten Kreisen überhaupt. Dies trifft nicht nur für Mitteleuropa, sondern überall anders, auch für England zu. Naturgemäß aber in großen Militär-Monarchien mehr als woanders. In Deutschland und Oesterreich wurde an den höchsten Stellen und in den Ministerien ganz offen und entschieden erklärt, daß man von der Sache nichts wissen wolle. Will man aber von etwas nichts wissen, so will man auch nicht darüber sprechen und wünscht nicht, daß die anderen darüber sprechen, weil bei solchen Gesprächen doch etwas herauskommen könnte, wodurch man gezwungen wäre, sich mit dem unliebsamen Ding doch befassen zu müssen. Von oben aus also kam die einfache, durch die Luft fegende Handbewegung, welche ausdrückt: „Weg damit".

Da begann der Chor der Gefälligen und der Gehorsamen zu erklären, warum das Zeug fortgeschafft werden müsse, und bezeichnete es als Gefahr. England schlägt etwas vor, was bei uns nicht gewollt wird, ergo ists einer feindlichen, schadenplanenden Absicht entsprungen. Es gefährdet.... was? den militärischen Nimbus, die Gußstahlindustrie oder dergleichen? Nein, so etwas kann man nicht anführen; man muß gleich das wirklich der Mehrheit Teuerste als bedroht hinstellen, also raunte man düster: Von Abrüstung zu sprechen, gefährdet den — Frieden. Es ist, als sagte man, das Erwähnen von Verminderung der Zündstoffe sei feuergefährlich. Aber man nenne mir einen Widersinn, der, wenn er nur genügend oft und mit genügend weiser Miene wiederholt wird, nicht zum Schlagwort avancieren könnte. Daß man den rüstenden Gegner als Gefahr hinstellt, war ein alter und begründeter Brauch; — daß aber der Abrüstungsvorschlagende als feindselig erkannt wird, das ist etwas Neues. Natürlich muß zu dieser Sinnverrenkung das bewährte, rüstungsfördernde politische Kräutlein „Mißtrauen" herhalten. Er will ja nur, der Schlaumeier, uns am Rüsten hindern, oder er will unseren bösen Willen bloßstellen, falls wir uns an der Konferenz abrüstungsgegnerisch zeigen (warum zeigen wir uns dann schon vor der Konferenz so?) oder er will uns isolieren, Fallen legen, ins Verderben stürzen. Aber dazu sind wir zu geschickt, das soll ihm nicht gelingen. „Wir dulden nicht, daß man uns in unsere Angelegenheiten dreinrede — das sollen sich die Herren Engländer gesagt sein lassen." (Abgeordneter Bassermann in seiner Magdeburger Rede.)

Diese Wendung, die die Situation durch den Uebereifer der Presse und der nationalistischen Politiker genommen hatte, konnte den leitenden Kreisen sicher nicht gefallen. Aber es sollte noch ärger kommen. Das englische Königspaar unternahm eine Reise nach dem Süden. Aufenthalt in Paris — dann in Spanien, wo eine englische Prinzessin glücklich verheiratet ist. Katastrophe: England baut sich eine spanische Flotte — natürlich nur gegen Deutschland! Nicht genug mit dem: König Eduard begrüßt König Victor Emanuel in Gaeta: Der Vierbund ist fertig — Deutschland ist „eingekreist". Wie ein Kaninchen, an das sich eine hungrige Schlange herumringelt, wie ein Skorpion, um den sich ein Kreis glühender Kohlen schließt.... Jetzt riß aber den vernünftigen, sich ihrer Würde bewußten Männern, die an des Deutschen Reiches Spitze stehen, die Geduld, und sie geboten dem ganzen Lärm Einhalt mit der bündigen Erklärung, daß an alledem kein wahres Wort sei — und das Gespenst zerfloß in nichts. Die Alarmisten waren nun hübsch still. Sie sahen vielleicht ein, daß ihr Liebesdienst demjenigen glich, den der Bär an seinem schlafenden Herrn verrichtete, indem er eine auf dessen Schläfe sitzende Fliege mit einem Tatzenschlage unschädlich machen wollte[1]; am liebsten hatten die Warnungsrufer selber vergessen, was sie angestellt, und in der Tat — so schnell lebt man jetzt — nach 14 Tagen dachte niemand mehr an den Rummel. Was zurückgeblieben war, war höchstens das neueste politische Modegefühl „Nervosität".

* *
*

Einige Worte, mit welchen im deutschen Reichstag die Haager Konferenz präludiert worden ist[2], seien hier angeführt. Sie können später historisches Interesse haben. In der Militärdebatte kündigt der Kriegsminister von Einem an: „Die Regierungen werden jedenfalls noch mit weiteren Forderungen kommen." Das ist nicht überraschend; damit kommen die Regierungen immer. Der Antisemit Lieberman von Sonnenberg (zum Glück heißt es, daß dessen Aussprüche von niemand ernst genommen werden) sagt anläßlich der Haager Konferenz: „Diese ganze Friedensbewegung ist eine Sache für alte Weiber und Degenerierte.... Wir vertrauen auf Gott und unser gutes Heer.... Noch haben wir unsere eiserne Hand — sie sollen nur kommen —." Den letzten Worten des Vorredners schließt sich Herr von Einem an. Der Agrarier Oldenburg sagt: „Wenn es nach uns Konservativen ginge, dann müßte nach dem Haag der Kriegsminister geschickt werden." (Bravo rechts.) Nun, nicht jeder Kriegsminister würde nach Herrn Oldenburgs Geschmack sprechen. Er lese einmal die Rede nach, die auf der ersten Haager Konferenz der ehemalige holländische Kriegsminister Den

[1] Anläßlich der Mittelmeerreise des Königs Eduard wurde in der deutschen Presse von einem engen Bündnis zwischen England, Frankreich, Spanien und Italien gesprochen.

[2] Im deutschen Reichstag kam im Laufe des April 1907 die Haager Konferenz zweimal zur Sprache. Das erste Mal am 23. und 24. April anläßlich der Beratung des Militäretats und am 30. April bei der Beratung über das Gehalt des Reichskanzlers. Siehe darüber in der „Friedens-Warte" 1907 die Artikel „Der Komet kommt!" (S. 81.) und „Die Haager Konferenz im deutschen Reichstag" (S. 84).

Beer Portugael zugunsten des Rüstungsstillstandes gehalten: „Machen wir eine gemeinsame Anstrengung — halten wir ein auf diesem zum Abgrund führenden Pfade, sonst sind wir verloren."

* *
*

Die mit Spannung erwartete Debatte über die auswärtige Politik brachte eine große Rede Bülows[1]). Er bleibt also dabei: Deutschland will an einer Diskussion über die Abrüstungsfrage nicht teilnehmen. Fürst Bülow sagte es offen, ohne Bitterkeit, ohne alle die Verdächtigungen und Beschuldigungen, die in der deutschen und österreichischen Presse an den englischen Vorschlag geknüpft wurden. Ueberhaupt, der deutsche Kanzler spricht immer als Gentleman, nie gebraucht er ein hämisches Wort. Die Verscheuchung jenes Einkreisungsgespenstes hat er mit eleganter souveräner Geste vollführt.

Von Frieden sprach er auch — doch Pazifistisches sagte er nichts. Das Interesse, das alle Völker an der Verminderung der Rüstungslast, an der Sicherung des Weltfriedens hätten, davon wird nichts erwähnt. Nur der deutsche Friede, nur der bewaffnete Friede wird ins Auge gefaßt. Nun ja: Kaiser und Kanzler und die große Mehrheit des Volkes in Deutschland lieben den Frieden — dem Pazifismus aber sind sie abhold. Geduld! Eines schönen Morgens stellt sich Kaiser Wilhelm vielleicht selber an die Spitze jener „großen Friedensliga der Regierungen", von der Campbell-Bannerman sprach, und schafft einen Siebenbund. Wie sagte er doch zu dem französischen Militärattaché, der sich bedankte für das Bekränzenlassen französischer Gräber: „L'Europe est trop petite pour être divisée."

* *
*

Und wenn schon von Kaiser Wilhelms Worten und Gesinnungen Frankreich gegenüber berichtet wird, so verdient auch die schöne Ansprache hervorgehoben zu werden, die er an den neuen französischen Botschafter[2]) hielt: „Die Verständigung zwischen den

[1]) In der Sitzung vom 30. April 1907.
[2]) Cambon.

zwei großen Nationen, die beide befähigt und bestimmt sind, Gesittung und Fortschritt unter den Völkern der Erde zu verbreiten, ist das Ziel, dessen Erreichung der gemeinsamen Arbeit aller hochsinnigen Geister würdig ist, über die Deutschland und Frankreich verfügen." — Verständigung, gemeinsame Arbeit, hochsinnige Geister: in diese drei Wort-Formen läßt sich der ganze Pazifismus gießen.

* *
*

Die französischen Komponisten als Gäste der kaiserlichen Oper und an der kaiserlichen Tafel in Berlin; die deutsche Aufführung von Salomé (Text des Engländers Wilde) in Paris, der österreichische Männerchor in New York, alle diese letzten Kunstereignisse arbeiten — den mitwirkenden Personen bewußt oder unbewußt — in aller Stille an der Verständigung der Völker mit.

Die Reisen der englischen Bürgermeister und der englischen Journalisten in Deutschland. — Unhöfliches vom Flottenverein. — Der Pazifismus als Gefahr. — Noch einmal die englischen Journalisten. — Deutsch-französische Verständigung. — Humanes Foltern. — Das allgemeine Wahlrecht in Oesterreich.

Wien, 1. Juni 1907.

Großartig sprießt noch die Aktion der englisch-deutschen Verständigung, zu der das Samenkorn am Luzerner Friedenskongreß von 1905 gelegt wurde. Jetzt haben die englischen Gegenbesuche der Bürgermeister und der Journalisten[1]) stattgefunden. Daß die dabei angeregten gastlichen Gesinnungen, das persönliche Fraternisieren, die getauschten Friedensreden, ihre Wirkung auf das Verhalten der beiderseitigen Presse — und dadurch auf die

[1]) Gegenbesuch der englischen Journalisten vom 27. Mai bis 7. Juni 1907. Am 18. Juni besuchte der Lord-Mayor von London Berlin.

Stimmung der beiderseitigen Völker bleiben — nicht weittragende gute Folgen zeitigen, ist einfach unmöglich. Wenn auch hinterher die Chauvinisten behaupten werden: „Einfache Höflichkeit, die nichts bedeutet", so kann man darauf sagen: sie bedeutet die Paralysierung eures Gebarens, das ja auch weiter nichts ist als einfache Unhöflichkeit.

* * *

Die Unhöflichkeit — bleiben wir bei dem Ausdruck, um nicht zu sagen Kotzengrobheit — gibt sich nur freien Lauf bei den Kundgebungen der Kriegs- und Rüstungsverherrlicher, wenn sie unter sich sind. Ist auch konsequent. Ausgestreckte Hände lassen sich nicht zu Fäusten ballen; willkomm-lächelnde Lippen können keine gefletschten Zähne zeigen und umgekehrt; die Notwendigkeit der eisernen Fäuste und drohenden Eckzähne läßt sich nicht anders begründen als durch recht derbe Anschuldigung derer, gegen die sich die primitiven Maßregeln richten. Lauschen wir also, wie in der in Köln stattgehabten Hauptversammlung des deutschen Flottenvereins gesprochen wurde:

General Keim, bei dem bekanntlich der Briefdiebstahl[1]) verübt wurde, der die Wahlagitation des Vereins an die Oeffentlichkeit gebracht hat, trat für die rasche Vermehrung der Flotte mit nachstehenden Worten ein:

> Es ist kein Kunststück in der hohen Politik, Gesetze zu diktieren und überall Bündnisse zu schließen, wenn man eine solche Flotte hinter sich hat wie die englische. (Lebhafte Zustimmung.) Aber dann sollte man dem deutschen Volke nicht vorreden, es hätte keinen Grund, nervös zu werden. Wenn man sich in einer zweifelhaften Gesellschaft befindet, in der ein paar Kerle mit handfesten Knüppeln bewaffnet sind, und man hat selbst nur einen Spazierstock, so ist die Situation in der Tat nicht sehr angenehm. (Sehr richtig und Heiterkeit.)

Ich glaube nicht, daß, wenn von den englischen Gästen, die im Reichskanzlerpalais und in Potsdam gefeiert worden sind, einige in Köln dieser Versammlung beigewohnt hätten, ich glaube nicht, daß sie da dem Redner mit ihrem „Jolly old fellow"-Lied geant-

[1]) Im Februar 1907 veröffentlichte der „Bayrische Kurier" Briefe des Generals Keim, aus denen hervorgehen sollte, daß dem Flottenverein für die Wahlpropaganda amtliche Gelder zugeflossen seien.

wortet hätten. Die Kriegs- und Rüstungszentren sind der Zufluchtsort für die aus dem übrigen Verkehr gebildeter Leute verschwundene Rohheit des Schimpfens. Welcher Gentleman (ein General) wird von anderen Gentlemen (die kgl. britische Marine) noch als „verdächtige Gesellschaft von Kerlen“ sprechen können, ausgenommen in patriotischen Zweckreden? Der sächsische Reichstagsabgeordnete Dr. Stresemann schloß sich dem Vorredner an und plaidierte gleichfalls für Flottenvermehrung, denn:

„Wir dürfen uns nicht verhehlen, daß ein großer Teil der englischen Presse fortgesetzt die Stimmung im englischen Volke verbreitet, die in dem Satze Ausdruck findet: „An dem Tage, an dem die deutsche Handelsflotte vernichtet wird, ist jeder Engländer um ein Pfund reicher.“

Nicht nur für Grobheit, sondern auch für Dummheit ist in den gegenseitigen Verhetzungsorganen Zuflucht. Denn einen dümmeren Satz als den zitierten (wenn anders er wirklich von der englischen gelben Presse so hartnäckig verbreitet wird) gibts im ganzen Denkbereiche nicht. Erstens wird kein Volk durch die Vernichtung des Handels eines andern Volkes reicher, im Gegenteil. Zweitens, wenn durch einen Sieg eine gewisse Summe als Gewinn sich ergibt, so bleibt diese Summe in den Händen einiger Wenigen und wird nicht so verteilt, daß auf jeden Volksgenossen eine Quote fällt; und drittens, wenn wirklich jeder nach dem so erfreulichen Vernichtungswerk ein ganzes Pfund bekäme, so würde ihn das weder moralisch entschädigen können für die vorausgegangenen Schrecken und Leiden einer Seeschlacht, noch materiell entschädigen für die Kosten und Verluste, die jeder einzelne nicht nur durch den Krieg, sondern schon durch die Vorbereitungen dazu zu tragen hat. — Dr. Stresemann fährt fort: „Es gibt Situationen, in denen, wie Fürst Bülow sagt, die Diplomaten schweigen müssen. In solchen Situationen muß das Volk reden.“ (Lebhafte Zustimmung.) Ich stimme auch lebhaft zu: — man lasse es nur endlich reden, das Volk, und es wird rufen: Genug der Rüstungslasten und des Steuerdrucks, genug des ewig angedrohten und gelegentlich anbefohlenen Völkermordens — wir sind Brüder im Elend, über alle Grenzen hinüber, wir wollen als Brüder arbeiten und leben. Doch zurück zu Dr. Stresemann, seine Einschätzung der Kulturzwecke ist interessant. „Wenn wir durch die Millionen, die wir für die Kriegsrüstung des deutschen Volkes ausgegeben haben, ihm die Existenzmöglichkeit gesichert haben (sichern denn Rüstungen vor eventueller Niederlage? B. S.), haben wir eine viel größere nationale Aufgabe erfüllt, als wenn wir all diese Gelder für Kulturzwecke ausgegeben hätten. So wollen wir in die Lande hinausgehen und in alle Hirne den Gedanken hämmern: Bitter not tut uns eine starke Flotte. Gott ist stets nur mit den mächtigen Bataillonen."

Zum Schluß ward eine Resolution zur schleunigen Flottenvermehrung angenommen, in der es heißt: „In der Erkenntnis, daß andere Nationen ihre Rüstungen zur See im Laufe der letzten Jahre unaufhörlich fortgesetzt haben, und zwar in einem Tempo, das das Stärkeverhältnis zu unsern Ungunsten verschiebt, weist der D. F.-V. auf die ernste Gefahr hin, die sich daraus für unser Vaterland ergibt usw." — Also immer ist das Rüsten der andern für uns Gefahr, das eigene ist für die andern keine. — Tritt aber einer für Einschränkung aller Rüstungen auf, so ist das schon die größte Gefahr! — Es gibt aber (nach Ansicht des Alldeutschen Verbandes) noch eine uns umlauernde Gefahr, das sind die bösen Pazifisten. Auf der Leipziger Versammlung des Alldeutschen Bundes wurde eine Resolution votiert in der es heißt: „Der Weltfrieden wird auch durch die Friedensfreunde bedroht, welche Entschließungen empfehlen, die, wenn sie uns aufgedrungen würden, geradenwegs zum Krieg führen müßten."

Also, wenn eine Regierung lieber zum Kriege greifen würde, als die Einsetzung von Maßnahmen anzunehmen, die den Frieden sicherten, so wären die Anwälte jener Maßnahmen schuld am Kriege? Von „Aufdrängen" ist ohnehin nie die Rede. Man begnügt sich in unseren Reihen mit dem Appell an die gesunde Vernunft aller, um das Verständnis für die einfache Wahrheit zu wecken, daß man den Frieden bereiten muß, um ihn herbeizuführen.

Doch alle diese nationalistischen Kundgebungen haben den letzten Wochen nicht ihr Gepräge gegeben. Das wirklich große Ereignis war der Empfang der Engländer in 7 deutschen Städten und die dabei entfalteten internationalen Gefühle und Gedanken. Wenn nachträglich ein Bericht-Band erscheinen wird, der alle getauschten Reden wiedergibt, in denen nicht allein von deutsch-englischen Sympathieversicherungen die Rede war, sondern auch von der Föderation der Welt (Siehe Stead in Berlin), so wird dieser Band eine wertvolle Bereicherung der Friedensliteratur abgeben. — Mißtöne fehlen natürlich auch nicht. Ein Blatt beklagte sich, daß eine Bremer Zeitung so weit alle nationale Würde vergessen habe, um einen Leitartikel mit einem Welcome in englischer Sprache zu überschreiben. — Ist es auch gegen alle nationale Würde, wenn bei Fürstenbesuchen der Landesherr in der Uniform seines Gastes erscheint?

* * *

In diesen Besuchen von Volk zu Volk stellt sich ein stetes crescendo und accellerando ein. Sie folgen einander immer häufiger, und sie überbieten sich an Großartigkeit. In Windsor waren die Journalisten nur Gäste des Königs, ohne ihn zu sehen. In Potsdam ritt Kaiser Wilhelm zu ihnen heran und ließ sich in eine längere Unterhaltung ein[1]). In London wurden die deutschen Zeitungsmenschen von Fest zu Fest getrieben, so daß sie halb tot waren; in Deutschland wurden die englischen Gäste dreiviertel totgefeiert. Und noch ein anderes geht seit jüngster Zeit durch die Luft, raschelt im Blätterwald, füllt die Enquêten: „Deutsch-französische Verständigung." Dieser verheißungsvolle Gedanke wird anwachsen, wird sich zunächst auch in Besuchen betätigen und schließlich — — nun es ist kaum auszudenken, welcher Alp von Europa genommen wäre, wenn die 36jährige Spannung, die den Weltteil zu einem verschanzten Lager machte, endlich gelöst würde.

Daß die kommende Haager Konferenz nur zur Reglementierung und allenfalls Humanisierung des Krieges führen kann, wird fleißig von vielen Seiten prognostiziert. Der seinerzeit hochberühmte Kriminalist Koch tat den Ausspruch: „Die Folter ist durchaus nicht zu verwerfen, wenn nur menschlich gefoltert wird." Auch an folgende Anekdote mahnt die vorgeschlagene Reglementierung der Kriegsbräuche. Ein Missionar wurde gefragt, ob denn nun die Wilden so bekehrt wären, daß sie keine Menschen mehr fressen; zur Antwort gab er: „Menschen fressen sie immer noch — aber schon zivilisiert, mit Messer und Gabel."

* * *

[1]) Am 31. Mai 1907.

In Oesterreich wurde das allgemeine Wahlrecht[1]) eingeführt, und bei Ausschließung der extrem nationalen Parteien werden nur Schwarze und Rote das neue Parlament beziehen. In diesen Glossen vermeide ich es gewöhnlich, die österreichischen innerpolitischen Angelegenheiten zu glossieren. Diese Demokratisierung — mehr noch: diese Sozialdemokratisierung unseres feudalen Militärstaates jedoch ist eine Etappe in der sozialen Wandlung unserer Zeit überhaupt und sei darum hier signalisiert.

Die zweite Friedenskonferenz. — Gärungsprozesse. — Auflösung der Duma. — Ein neuer Dreibund. — Oesterreichische Thronrede. — Rüstungen in Italien. — Amerika-Japan.

Im Haag, Anfang Juli.

Daß jetzt hier im Haag das bedeutendste Stück Zeitgeschichte in die Erscheinung getreten ist[2]), weiß das die Mitwelt, wissen das die Mitwirkenden? Es scheint nicht. Sonst müßte sich das ganze öffentliche Interesse darauf konzentrieren. Nichts geringeres als das ist geschehen: Sechsundvierzig Staaten haben ihre Vertreter zu einer Beratung vereinigt, die auf ein allen sechsundvierzig gemeinsames Interesse gezielt sein soll. Die Anerkennung solcher Gemeinsamkeit schließt schon das Ziel — das überdies mit dem Namen „Friedenskonferenz" gegeben ist, virtuell in sich. Es würde sich also nur darum handeln, den Weltfrieden zu organisieren, ihm Gesetze, Garantien, Budgets und sonstige Organe zu schaffen. Das ist's auch, was werden will. Noch ist es leider nicht, was die Regierungen und ihre Abgesandten wollen. Das Subjekt in dem Satze: „Es will etwas werden [illegible] — nenne man es nun das Gesetz der sozialen Entwickelung, da[illegible] wachte Gewissen der Völker oder die göttliche Kraft des Gu[illegible] auch nur einfach den Betätigungsdrang der Vernunft — di[illegible]

---

[1]) In den Maiwahlen 1907. Am 17. Juni tritt der zum [illegible] dem allgemeinen Wahlrecht gewählte Reichsrat zusammen[illegible]

[2]) Am 15. Juni 1907 wurde im Haag die zweite Ha[illegible] eröffnet.

setzt seinen Willen mit Naturnotwendigkeit durch, auch über die Köpfe derjenigen hinweg, deren Willen sich dagegen sträubt, und die, ohne es zu wissen, doch dafür mittätig sind.

Noch läßt sich nicht sagen, was das Endergebnis der Konferenz sein wird. Bis heute hat es den Anschein, als würde sie einen bedeutenden Rückschritt gegen die erste darstellen. Es kann aber noch anders kommen. Keinesfalls werden die Anhänger des Pazifismus mit den Arbeiten der Konferenz Zufriedenheit heucheln, wenn nicht auf dem Gebiete der Friedensorganisation irgend ein namhafter Fortschritt erreicht wird. Denn wenn sie auch zugeben, daß der Fortschritt nur durch kleine Schritte und langsam sich bewegt, so müssen diese kleinen Schritte doch in der richtigen Richtung gemacht werden. So lange die Konferenz sich bloß mit Kriegsreglementierung beschäftigt, kann der Pazifismus nur finden, daß man — gleichgültig, ob die Schritte groß oder klein sind — sich vom Ziele entfernt. Es gibt wohl auch unter den Delegierten eine Anzahl — freilich nur eine Minorität —, die das Ziel deutlich im Auge haben, und die dafür noch kämpfen werden. Und hinter ihnen stehen sehnsuchts- und einsichtsvoll Millionen aus den Völkern.

* * *

Ist es nicht sonderbar? Medizinische Kongresse werden mit Aerzten beschickt, [illegible] sich über Heilverfahren einigen. An Frauenkongressen be[illegible]ch Frauen, die für Frauenrechte einstehen, in A[illegible]ol[illegible]versammeln sich Abstinente, die für die Ab[illegible]tten kämpfen — nur zu der Friedenskonferenz [illegible]-Experten delegiert, die die Unvermeidlichkeit [illegible]n und [illegible] die Führung der künftigen Schlach[illegible]ser u[illegible]ist statuieren. Solche Widersprüche [illegible]esta[illegible] sind eine Gärungserscheinung. Der [illegible]sch[illegible]us hervorgehen. Durch die vorge[illegible]ausge[illegible] und Kriegsmilderungen und die [illegible]n [illegible]t sich so recht deutlich, wie unverträg[illegible]fe[illegible] und Recht, von Vernichtung und Hu[illegible]n Klärungsprozeß.

* * *

Unterdessen, während die Welt gar nicht gewahr wird, wie wichtig die Schicksalsfragen sind, die im Haag zur Verhandlung stehen, gehen die übrigen, die allgemeine Teilnahme viel mehr erregenden politischen Ereignisse ihren Lauf. — Die Duma von neuem aufgelöst[1])! Wie schwer und langsam wird doch der russische Konstitutionalismus geboren. Auch das ist Gärung. Um wieviel weiter vorgerückt könnte dieser Prozeß schon sein, wenn nicht die Gewalt hereingebrochen wäre. Schon war der Plan zu einer Konstitution durch Loris-Melikow aufgesetzt, schon hatte der Zar Alexander II. den betreffenden Ukas unterzeichnet — da zerriß ihn, den Zar, eine Bombe in Stücke, und zerrissen ward auch das Freiheitsdokument. Ein ähnliches plötzliches Ausbrechen der Gewalt hat sich später an gleicher Stelle zugetragen. An dem Tage, da Martens mit Lamsdorff konferierte, um — auf Wunsch des Zaren — die schwebende mandschurische Streitfrage vor das Haager Schiedsgericht zu bringen, traf die Nachricht ein, daß ohne vorherige Kriegserklärung die Japaner Port Arthur beschossen: der Krieg war da.

* * *

Ein neuer Dreibund ist entstanden[2]): England, Frankreich, Spanien. Wieder frug man: gegen wen? Gegen niemand. Nur gegenseitiges Schützen des status quo, nur gegenseitiges Ausschalten der Möglichkeit, einander zu bekriegen. Sollte das nicht der Weg zum Siebenbund der Großmächte sein, wodurch dem europäischen „Zukunftskrieg" der Boden entzogen wäre, wodurch die Abrüstung — auch ohne Formel — von selber sich vollziehen müßte?

* * *

Wie wenig aber diese Gedankenrichtung noch in die offiziellen Kreise Mitteleuropas gedrungen ist, beweist wieder der folgende Passus der Thronrede, mit welcher das neue österreichische Parlament eröffnet worden ist. Zuerst: „Mit der glänzenden Entfaltung der

[1]) Am 16. Juni 1907.

[2]) Am 16. Mai 1907 fanden zwischen Frankreich, England und Spanien identische Erklärungen über den Schutz des status quo im Mittelmeer statt.

geistigen und materiellen Kultur ist bei allen gesitteten Völkern auch das Bedürfnis gewachsen, das unschätzbare Gut des Friedens dauernd zu erhalten." Darauf, sollte man meinen, müßte doch ein Hinweis auf die Konferenz im Haag folgen, wo im Namen des Friedens 46 Staaten sich versammelt haben, um diesem unschätzbaren Gute Garantien zu schaffen; aber nein, die Konferenz wird in der Thronrede gar nicht erwähnt[1]) und der folgende Satz lautet:

„Soll aber die Monarchie auch fürderhin eine Stütze des Weltfriedens sein, dann darf die Ausgestaltung der Verteidigungsmittel nicht länger stille stehen. Die bewaffnete Macht ist die stärkste Schutzwehr der gesamten Produktion, der beste Bürge und Wächter des Friedens. Im Zusammenhang mit der sachlich gebotenen, unabweislich gewordenen Steigerung der Wehrkraft usw." Das ist also das ganze Ergebnis der glänzenden geistigen und materiellen Entfaltung bei allen gesitteten Völkern, daß sie nicht länger stille stehen dürfen (als ob der wahnsinnige Wettlauf „stillstehen" heißen könnte) in der gegenseitigen Bedrohung.

* *
*

Wie wenig aber die Rüstungen die Friedensstimmung züchten, kann man aus der Debatte im italienischen Parlamente sehen, wo ein Mehrkredit von 200 Millionen verlangt wurde. Zu welchem Zweck? Zur Verteidigung der Küsten und der Grenzen gegen das alliierte Oesterreich. Und unter welcher Begründung? Oesterreichs vorgeschlagene Rüstungssteigerung. In Militärkreisen wird in beiden Ländern auch von einem unvermeidlichen österreichisch-italienischen Krieg gesprochen.

* *
*

Daß eine solche Schande, ein solches unglücksschweres Verbrechen, wie ein Krieg zwischen den verbündeten, auf so hoher Kulturstufe stehenden Völkern, uns erspart bleibe, kann man ja hoffen, denn die von Militärkreisen als unvermeidlich angekündigten Zukunftskriege

[1]) Die Thronrede wurde am 17. Juni, zwei Tage nach Eröffnung der Haager Konferenz gehalten.

werden größtenteils doch vermieden. Für diese Kreise gibt es derlei immer „in Sicht". Man braucht nur die eben erschienenen Memoiren Gontaut-Birons nachzulesen, die eine Ergänzung der Hohenloheschen Memoiren bilden, um zu sehen, wie die Herren Militärs und Diplomaten mit den in Sicht stehenden Kriegen spielen, die dann doch nicht eintreffen. Im Jahre 1875 schlug Radowitz vor, so heißt es in den Memoiren, daß, nachdem die Franzosen mit aller Gewißheit Deutschland mit Krieg überziehen werden, Deutschland lieber gleich losschlagen solle. Das ist die hübsche Doktrin von: die beste Parade ist der Hieb; eine Doktrin, durch welche die nur auf Verteidigung bedachten Friedenshüter den ganzen Erdball unablässig verheeren könnten.

* *
*

Die Wolke zwischen England und Deutschland hat sich, dank der energischen Friedensaktionen, glücklich verzogen. Dagegen wird jetzt der Konflikt Amerika-Japan als unvermeidlich hingestellt. Daß Deutschland in einem solchen Falle — nicht Mediation — sondern eine Hilfseskadre für Amerika anbieten will, ist wohl nur ein Gerücht. Dadurch käme es ja einfach zum Weltseekrieg. Von solchen Katastrophen ist die Kultur bedroht, und da denken die im Haag versammelten Delegierten noch an anderes, als an gemeinsames Verhüten solcher Gefahren! Sie deliberieren noch darüber, wie weit das Recht nicht eingeschränkt werden soll, die Meere mit Streuminen zu verseuchen, oder aus der Luft Explosivstoffe zu schleudern.

Die Friedenskonferenz. — Einfluß der Pazifisten auf die Konferenz. — Komplott gegen den Zaren. — Eduard VII. und Wilhelm II. — Der Zarenbesuch in Swinemünde. — Fürst Bülow und der „ewige Krieg". — Das lenkbare Luftschiff. — Gärungen. — Noch einmal die Haager Konferenz.

Im Haag Anfangs August.

Das Wichtigste — möge die Außenwelt und mögen die Teilnehmer sich dessen bewuß sein oder nicht — das Wichtigste, das sich gegenwärtig abspielt, ist und bleibt doch die im Haag tagende Konferenz. Ihr doppelseitiges Programm verbietet eigentlich, daß man sie Friedenskonferenz heiße, dennoch lautet ihr offizieller Titel so, und ihr schließliches Ergebnis — das, wodurch sie in der Zukunft nachwirken wird — wird doch wieder die Etappe sein, die sie auf dem Wege zur Weltorganisation zurückgelegt haben wird. In der öffentlichen Plenarsitzung am 20. Juli, nach vierwöchentlicher Arbeit, kam nichts anderes zur Sprache, als die Anwendung der Genfer Konvention auf den Seekrieg; man hörte nur von Auslieferung von Gefangenen, Behandlung von Verwundeten und Einäscherung von Leichnamen, kurz „Kriegskonferenz" durch und durch. Seither aber hat die 1. Kommission (Ausbau des Schiedsgerichts) Anträge und Prinzipienerklärungen zutage gefördert, welche hoffen lassen, daß die Schlußakte doch den Stempel einer Friedenskonferenz tragen werden.

* * *

Ohne Einfluß auf die Wendung zum Besseren werden die Stimmen nicht gewesen sein, die von außen her gegen den Gang der Verhandlungen Protest erhoben. Aus Briefen, aus Gesprächen, aus Zeitungsartikeln und Vorträgen drang bis zu den Delegierten das Echo der Enttäuschung, welche die Pazifisten in der ganzen Welt zu fühlen begannen; und die Pazifisten innerhalb der Konferenz — denn deren gibt es eine ganze Anzahl — waren über diese Mahnungen der öffentlichen Meinung sehr befriedigt. Folgende Episode verdient bekannt gemacht und festgehalten zu werden. Am peinlichsten waren die amerikanischen und englischen Friedensfreunde über die matte und ablehnende Haltung der britischen Delegation berührt. In seiner unerschrockenen Art gab Stead seiner Enttäuschung — mehr noch seiner Entrüstung — darüber Ausdruck. Von der liberalen Regierung seines Landes, die durch den Mund des Premiers und des Ministers des Auswärtigen, Sir Edward Grey, so entschieden dafür eingetreten war, daß England sich „an die Spitze einer Friedensliga der Staaten" stellen solle, hatte man doch eine andere Rolle auf der Haager Konferenz erwartet. Stead regte eine Aktion unter den englischen Parlamentariern an; und in der Tat: eine Deputation, geführt von Lord Weardale und William Randal Cremer (seit kurzem Sir William Cremer) begab sich zu Campbell-Bannerman und Minister Grey, um sie in dieser Angelegenheit zu interpellieren. Stead reiste auch selber nach London und kam der Sache auf den Grund: Die Instruktionen der britischen Delegation waren ihr von den Funktionären des äußeren Amtes gegeben worden, die noch vom vorigen imperialistischen Regime her in Stellung geblieben sind und daher in ihrem Geiste die Delegierten zu der passiven und ablehnenden Haltung verpflichteten, die sie im Haag beobachteten. Jetzt ward die Sache aufgeklärt, und der Premier hat selber neue Instruktionen geschickt, so daß die englischen Delegierten — nicht nur zur allgemeinen, sondern auch zu ihrer eigenen Befriedigung — nunmehr in liberalster Weise für das permanente Tribunal und andere ähnliche Vorschläge eintreten. Vielleicht werden sie auch noch die Abrüstungsfrage zu offener Aussprache bringen. Was die Rolle betrifft, die in dieser zweiten Konferenz der erste Delegierte Deutschlands, Baron Marschall v. Biberstein, spielt, so gibt es dafür in und außerhalb der Konferenz nur eine Stimme der bewundernden Anerkennung. Ebenso allgemein wird die Art gepriesen, in der Léon Bourgeois den Vorsitz zu führen und die auseinandergehenden Ansichten zu versöhnen weiß. Ist der von gegenseitiger Achtung getragene und lebhafte persönliche Verkehr dieser beiden Männer nicht schon ein lebendiges Vorzeichen der in der Luft schwebenden deutsch-französischen Entente?

* *
*

Wieder ein entdecktes Komplott gegen das Leben des Zaren[1])! Und zahlreiche Terroristenmorde daneben. Man ist schon blasiert gegen die Schreckensnachrichten aus dem unglücklichen Rußland. Dabei wollen die „echt russischen Männer“ noch immer das Land durch die grausamste Reaktion retten. Wann und von welcher Seite wird endlich dieser Ring von Rache und Gegenrache gebrochen werden? Wann wird man einsehen und danach handeln, daß edle Zwecke nur durch edle Mittel zu erreichen sind? Eigentlich sehen die meisten, indem sie Böses tun, ein Gutes als Endziel vor sich. Aber erst bis sie sich entschließen, nur das Gute zu tun, werden sie das Böse überwinden.

* * *

Der Regierungsrat Martin hat wieder ein Sensationsbuch geschrieben: „Kaiser Wilhelm II. und König Eduard VII.“, worin er nach unermeßlichen Schlachten das Deutsche Reich über halb Europa bis nach Bagdad ausdehnt. Aber, o Zeichen der Zeit: das Buch ist energisch abgelehnt worden, auch von chauvinistischen Blättern, und dem Autor hat es sogar Stellenverlust zugezogen. — Unterdessen stattet König Eduard dem Kaiser Wilhelm einen Besuch ab[2]). Das ganze „Einkreisungs“-Manöver, als welches eine Gattung Journalisten und die nachplappernde Masse die Reisen des Königs auffaßten, erweist sich durch diesen Abschluß der Königsfahrten als Hirngespinst. Eduard VII. schloß Freundschaft mit Japan, Frankreich, Spanien, Italien und reicht nun ebenso Deutschland und Oesterreich die Hand. Nicht Einkreisungs- — Einigungsversuche sind diese Fahrten. Die Zusammenkunft von Onkel und Neffe läßt sich übrigens auch als die Krönung jener Besuche auffassen (Bürgermeister, Journalisten usw.), welche bestimmt waren, die abscheuliche Wolke zu zerstreuen, die über England und Deutschland aus den Tintenfässern der beiderseitigen Chauvinisten und Kanoneninteressenten aufgestiegen waren.

* * *

[1]) Am 20. Mai machte der Ministerpräsident in der Duma Mitteilungen über ein Komplott gegen das Leben des Zaren, dem man bereits seit Februar auf der Spur war.

[2]) Am 12. August 1907 in Wilhelmshöhe.

Eine andere Monarchenzusammenkunft — unter Assistenz der Minister — findet auf dem Wasser statt. Der Zar, von einer ganzen Flotte als Sicherheitswache umgeben, wird mit Wilhelm II. bei Swinemünde konferieren [1]). Es weht ein solcher Hauch von Friedens- und Ententebedürfnissen über der Welt, daß auch dieser Zusammenkunft wahrscheinlich Gutes entspringen wird, wie sehr auch die Publizistik aller Länder darüber geheimnisvoll kannegießen wird. Was das für die Völker Beschämende an diesen Fürstenbesuchen und den daran geknüpften Kommentaren ist, ist der wahrlich unwürdige Zustand der Unsicherheit, in dem sie alle leben, da ihr Wohl und Wehe, ihr Lebendürfen und Sterbenmüssen als davon abhängig gilt, was ein paar gekrönte Häupter miteinander reden und wie sie sich miteinander vertragen.

* *
*

Aus einem langen Gepräch, das der Mitarbeiter des Pariser „Figaro", Jules Huret, unlängst mit dem Fürsten Bülow geführt hat, seien hier einige Stellen, die sich auf Krieg und Frieden beziehen, wiedergegeben.

Der Interviewer fragte: „Wie erklären Sie sich diese Art von Détente, die sich zwischen Frankreich und Deutschland anzubahnen scheint?"

„Sie haben das richtige Wort gebraucht: es ist eine Détente, der Anfang einer Détente. Ich setze das auf Rechnung der Tatsache, daß schließlich die Völker nicht so verdreht sind..."

— „Glauben Sie, daß diese Détente zu einem Akkord führen wird?"

— „Zuerst Détente, dann Entente — nach einigen Jahren.... Die Zeit arbeitet für den Frieden. Aber es darf natürlich keine Zwischenfälle geben, die alles wieder in Frage stellen. Sie haben im Verlauf Ihrer Reise nach Deutschland konstatieren können, daß niemand bei uns Lust nach einem Kriege hat. In Frankreich übrigens auch nicht. Sie sind eben im Grunde das Land der gesunden Vernunft und des klaren Verstandes."

[1]) Die Zusammenkunft des Zaren mit Kaiser Wilhelm fand am 3. bis 6. August statt. Fürst Bülow und Minister Iswolsky nahmen daran teil.

— „Werden nicht die Kriege immer seltener werden und nur noch den Zweck haben, neue Völker für die Zivilisation zu gewinnen?"

— „Es ist wahr, daß in der Tat die Interessen der Völker sich solidarisieren, daß die geringste Unruhe in einem Lande ihre Rückwirkung in allen Ländern hat. (Es ist wirklich, als zitierte Fürst Bülow das „Handbuch der Friedensbewegung".) Man kann infolgedessen annehmen, daß die Kriege immer seltener werden, und ich neige dieser Ansicht zu."

Nun stellte aber Huret auch noch diese Frage „Ist es rationell, zu glauben, daß es ewig Kriege geben wird?" Darauf der Reichskanzler lächelnd: „Fragen Sie das delphische Orakel."

Das hatte Huret nicht mehr nötig; er hatte schon eine orakelhafte Antwort erhalten. Wäre übrigens Fürst Bülow kein moderner Mensch, so hätte er ohne Zögern ausgerufen: Selbstverständlich wird es immer Kriege geben!

* *
*

Wir stehen vor etwas gewaltig Neuem und Großem — etwas, das das Antlitz unserer Erde ganz verändern wird: das lenkbare Luftschiff ist erfunden[1]). Ob das bedeutet, daß die Hölle des Krieges sich nun auch der Luft bemächtigen wird — oder ob es das Ende des Krieges bedeutet? Fragen wir das delphische Orakel. Gewöhnlich bemächtigt sich die militärische Technik aller neuen Erfindungen, die sich im Friedensverkehr bewährt haben, um sie dann zu Kriegszwecken zu verwenden. Beim lenkbaren Ballon hat sich zugetragen, daß er zuerst auf militärischem Gebiete aufgetreten ist, und daß er als Kriegsinstrument debutiert. Und da ereignete sich dies: — das Kriegswesen will ein Monopol auf das neue Verkehrsmittel legen; der Vorschlag wurde bereits laut, daß der Privatgebrauch des lenkbaren Luftschiffes verboten werden solle, daß jedem fremden Ballon das Passieren der Grenzen untersagt sei und er im Betretungsfalle als Spion zu behandeln und herunterzuschießen sei — und ähnliche freundliche Maßnahmen mehr. Der Kriegsgeist zeigt sich da in seiner ganzen Kulturfeindlichkeit.

[1]) Im Juli 1907 machte das französische Luftschiff „La Patrie" seine ersten Erfolg verheißenden Versuche.

Das ergäbe schöne Fortschritte der Zivilisation, wenn jede neue Errungenschaft nur im Lande, wo sie entsteht, zu Kriegszwecken dienen müßte, statt der Gesamtmenschheit erhöhten Gewinn zu bringen. So könnte füglich ein Staat auch auf die Entdeckung eines Heilserums den Interdikt legen; denn Gesundheit gehört auch zu den Eigenschaften, die ein Heer schlagfertiger gestalten; es wäre daher antipatriotisch, diesen Artikel fremden Heeren zugänglich zu machen.

* *
*

In Marokko haben sich die Eingeborenen erhoben. Nachrichten von Aufruhr und Massakres dringen herüber. Die internationale Polizei hat sich als ungenügend erwiesen. Für die Chauvinisten in Frankreich und Deutschland könnte der Fall wieder zur Aufrollung der ganzen Marokko-Streitfrage Anlaß geben. Am Balkan gärt es auch. In Korea heller Aufstand. Das sind alles Erscheinungen, die man benutzt, um daraus Gegenargumente zu schmieden, die man den Pazifisten an den Kopf wirft. Ebenso könnte man den Sanitätsbeflissenen vorhalten, daß dort und da Seuchen drohen.

* *
*

Zum Schluß nochmals zur Haager Konferenz zurück. Die Grundsteinlegung des Carnegieschen Friedenspalastes [1]) wird einst als eines der wichtigsten Ereignisse des XX. Jahrhunderts in den Geschichtsannalen glänzen. Und was nun das Schlußergebnis der Konferenz sein wird? Die nächste „Friedens-Warte" wird darüber berichten. Gegenwärtig ist Aussicht auf ein Vorwärtskommen. Hoffentlich wird in den Wein, den man jetzt willens scheint, uns zu kredenzen, nicht noch zu viel Wasser gegossen werden.

---

[1]) Am 30. Juni 1907 wurde in Anwesenheit der Delegierten zur Haager Konferenz der Grundstein zum Friedenspalast gelegt.

Fortgang der Haager Konferenz. - Die Rüstungsverminderung „wünschenswert“, aber nicht „dringend“. — Voraussichtliche indirekte Erfolge der Konferenz. — Die Monarchen- und Staatsmännerbegegnungen in Swinemünde, Wilhelmshöhe, Ischl, Semmering usw. -- Casablanca und der drohende heilige Krieg. — Bernard Shaw über Militarismus. — Die Memoiren Gontaut-Biron's. — Sozialistenkongreß in Stuttgart.

Wien, 1. September.

Noch ist die Haager Konferenz nicht abgeschlossen. Es ist daher auch noch nicht möglich, über ihre Ergebnisse ein abgeschlossenes Urteil abzugeben. Man weiß nicht, ob und wie das ständige und das obligatorische Schiedsgericht zustande kommen werden; man kennt auch noch nicht alle Beschlüsse (für den Pazifismus übrigens belanglose Beschlüsse) in Sachen der Kriegsregulierung und Kriegsmilderung; nur eins ist abgetan: die Abrüstungsfrage. Der „Wunsch“ von 1899, daß die Regierungen die Frage studieren mögen, worauf in den verflossenen acht Jahren alle Budgets um 50 % gestiegen sind, ist neuerdings ausgesprochen worden. Daß studiert werde, wird als „désirable“ erklärt. Das Beiwort „urgent“, das in der Kommission vorgeschlagen worden, ward abgelehnt. „Dringend“ ist solches Studium wahrlich nicht, denn die Anschaffung neuer Schiffe, Kanonen und kriegstüchtiger Luftballons ist doch viel dringender. Das Schönste ist, daß die antipazifistischen Parteien voll des Hohnes über dieses Resultat der Rüstungsdebatte sind, nachdem sie es doch waren, die alles mögliche und unmögliche getan, um die Frage als unlösbar, sogar als gefährlich hinzustellen und nur der von ihnen geschlagene Lärm an dem nun verspotteten Scheitern die Schuld trägt.

* *
*

Trotz alledem und alledem, die Konferenz wird reich an indirekten Folgen für die Weiterentwicklung des Friedensrechtes sein. Sie wird erzieherisch gewirkt haben, auf ihre Teilnehmer sowohl als auf die Allgemeinheit, in der wieder einmal der Friedensgedanke mächtig aufgerüttelt worden ist. Dieser Allgemeinheit zuliebe und aus Rücksicht auf deren Urteil haben die in der Konferenz sitzenden Verteidiger des Kriegssystems die verschiedenen Konzessionen an die Forderungen der Verteidiger des Friedenssystems gemacht. Solcher überzeugter Verteidiger gibt es auch mehrere innerhalb der Konferenz, doch sind sie zumeist von den Instruktionen ihrer Regierungen allzusehr gebunden — Instruktionen, welche darauf hinausgehen, dem öffentlichen Wunsche nach Einschränkung des Krieges einige Brocken zu gewähren, der Institution des Krieges jedoch ihr volles Ansehen und ungeschmälerte Wirkungsfähigkeit zu bewahren.

* * *

Die vergangenen Wochen gehörten den Monarchenbegegnungen und Staatsmänner-Besuchen. Zuerst Kaiser Wilhelm und der Zar in Swinemünde[1]). Der russische Kaiser sprach dabei seine Bewunderung über die deutsche Kriegsflotte aus, der deutsche Kaiser trank auf den Wiederaufbau der russischen[2]). Das klingt nicht friedliebend — dennoch, zu dem großen Netze von Freundschaften, Ententen und Allianzen, das jetzt über die Welt gesponnen wird, fügt sich auch diese Kaiserzusammenkunft ein, die wenigstens den Beweis erbringt, daß zwischen Deutschland und Rußland kein drohender Antagonismus besteht. Zu gleicher Zeit wurde ein Abkommen zwischen Rußland und Japan[3]), zwischen Rußland und England getroffen. Dann folgte der Besuch des Königs Eduard in Wilhelmshöhe[4]) — die Krönung der verschiedenen deutsch-englischen Freundschafts-Austausche, die ihren Anfang in der Bildung des deutsch-englischen Versöhnungs-Komitees auf dem Luzerner Friedens-

[1]) 3. bis 6. August 1907.

[2]) „Wir alle sind von dem Wunsche durchdrungen, daß es Eurer Majestät vergönnt sein möge, den eingeleiteten Ausbau der russischen Flotte erfolgreich durchzuführen."

[3]) Das Chinaabkommen zwischen Rußland und Japan wurde am 30. Juli 1906 in Petersburg abgeschlossen. Ein Vertrag zwischen England und Rußland über ihre Interessensphären in Asien wurde am 31. August 1907 in Petersburg unterzeichnet.

[4]) Am 12. August 1907.

kongreß 1905 genommen. Von Wilhelmshöhe begab sich „Edward the peace-maker" nach Ischl [1]). Die italienisch-österreichische Spannung wurde hierauf durch den Besuch Tittonis auf dem Semmering [2]) und durch dessen Empfang beim Kaiser zur Détente gebracht, und zu guter Letzt empfing der deutsche Reichskanzler in Norderney die Besuche des französischen gewesenen Kriegsministers Etienne und des französischen Botschafters Cambon. Diese verschiedenen Zusammenkünfte waren erfreulich. Ein Ekel jedoch waren die spaltenlangen Berichte und Kommentare, die sämtliche Zeitungen daran knüpften. Nachdem ein paar Wochen früher diese selben Blätter sich nicht genug tun konnten in Kreuz- und Querhetzerei, im Hinweis auf unvermeidlich bevorstehende Konflikte, konnten sie jetzt nicht lang und breit genug erzählen, welche Menus bei den erlauchten und politischen Zusammenkünften verzehrt wurden, und dazu friedenstriefende Hymnen anzustimmen über die völkerbeglückende und beruhigende Wendung, welche die Dinge genommen. Wahrlich, wenn davon es abhängen sollte, ob Millionen einander zerfleischen sollen oder nicht, so müßten doch die Monarchen und ihre Minister gar nichts anderes tun, als sich gegenseitig besuchen.

* * *

Krieg in Marokko! Mag es auch nur Strafexpedition heißen: es wird gemordet, gesengt, bombardiert, heilige Stätten werden verwüstet und die „Bestraften" sammeln sich zu „heiligem Krieg" [3]). Wenn die europäischen Mächte wollten, Anlaß genug wäre auch für sie jetzt vorhanden in Marokko, miteinander Streit anzubinden. Sogenannten wilden Völkern gegenüber haben die Kulturnationen die unselige Gewohnheit, die Vergehen und Verbrechen einzelner nicht an den einzelnen, sondern an dem ganzen Stamm zu vergelten. In Casablanca wurden von Eingeborenen ein paar Europäer ermordet — was geschieht? Ganz Casablanca wird beschossen und liegt nun als Trümmerhaufen da. Man muß den Rebellen imponieren, heißt es. In der Vorrede seines letzten Bandes Theaterstücke

[1]) Am 15. August 1907.
[2]) Am 23. und 24. August 1907.
[3]) Am 31. Juli werden bei einem Aufstande in Casablanca 16 europäische Hafenarbeiter getötet. Infolgedessen landeten französische und spanische Truppen.

spricht Bernard Shaw, der große irische Satiriker, seine Meinung über Militarismus aus, und da finden sich folgende, für die übliche Kolonialpolitik bezeichnende Worte: „Der militaristische und der humanitäre Geist können gar wohl in derselben Person nebeneinander bestehen. So wird z. B. ein Offizier, der sich allen Gefahren des Zivillebens — vom Straßenverkehr in der City bis zur Hetzjagd — ohne Angst aussetzt, und der imstande ist, die Bediensteten seiner Güter, seiner Stallungen und seines Hauses zu leiten, ohne Hilfe eines Rebellion-Gesetzes, der wird, als Soldat, mit Wut erklären, daß er nicht den Boden eines fremden Landes betreten kann, wenn nicht alle gegen uniformierte Engländer begangenen Verbrechen durch das Bombardement und die Zerstörung ganzer Ortschaften oder durch Durchpeitschung und Hinrichtung aller benachbarten Eingeborenen bestraft werden; ferner, daß, wenn ihm und seinen Kameraden nicht das Recht gewährt ist, mit den ärgsten, im Zivilleben nur den größten Verbrechen vorbehaltenen Strafen, und ohne geringste Einmengung einer Jury, das geringste Zeichen von Unabhängigkeit oder das leiseste Zögern im Gehorsam zu bestrafen, wie grob beleidigend oder unglückbringend die Befehle auch gewesen sein mögen, daß er dann unmöglich den Respekt seiner Leute erhalten kann, und daß folglich das Land alle seine Kolonien und Einflußsphären verlieren würde und daher hoffnungslos besiegt würde in der deutschen Invasion, der er zuversichtlich in etwa vierzehn Tagen entgegensieht."

Die Ereignisse, die sich jetzt an der nordafrikanischen Küste abspielen, sind im höchsten Grade bangenerregend. Wenn sich dabei auch bisher — was das Verhalten der europäischen Mächte zueinander betrifft — das allgemein steigende Friedensbedürfnis erfreulicherweise geltend gemacht hat, so droht doch von seiten der fanatisierten Mohammedaner ganz gewaltiges Unheil. Die französischen Hetzblätter unterlassen es nicht, zu weiteren Bombardements und sonstigen Vernichtungsaktionen anzufeuern: „Respekt" muß ja einge[illegible] werden.

* *
*

Wie die Hohenlohe-Memoiren, so bieten auch [illegible] leiten des ersten Botschafters der französischen [illegible] Gontaut-Biron, die überraschendsten Ein[illegible] schaften der Politik. Soeben ist der Schlußban[illegible] Fundgrube. Wahrlich, solange Doppelzü[illegible] schmieden zum diplomatischen Metier gehören (die Diplomatie der Zukunft wird nach der entgegengesetzten Richtung sich entwickeln), dürften Diplomaten niemals Memoiren schreiben. Sehr interessant ist folgende Stelle einer Besprechung der Memoiren aus der Feder Heinrich von Poschingers in der „Neuen Freien Presse“. Gontaut hätte nach Paris berichten müssen, daß Bismarck in einem Augenblick, aber nicht in 1874, wie der Botschafter glaubte, in der Tat kriegerische Absichten gegen Frankreich hegte.

Als der König Viktor Emanuel im September 1873 nach Berlin kam, hatte er auch mit dem Kanzler eine geschäftliche Unterredung, in deren Verlauf dieser ihn auf die Gefahren hinwies, welche durch das fortgesetzte Verlangen der Franzosen, ihre verlorenen Provinzen wieder zu nehmen, erwüchsen. Bismarck wird dem König mutatis mutandis dasselbe gesagt haben, was er vier Monate später mit der bei ihm gewohnten Offenheit dem Botschafter Gontaut sagte: „Wir dürfen uns nicht erst Ihrem Angriffe aussetzen. Wenn es schon einmal nötig ist, so kämpfen wir lieber in zwei Jahren oder in einem Jahr, als daß wir warten, bis Ihr alle Kriegsvorbereitungen beendet habt.“ (Nous ne devons pas nous laisser prévenir par votre attaque.... Dans ce cas, plus tôt lutter dans deux ans, dans un an, que d'attendre, que vous ayez achevé vos préparatifs.) Genug, es wurde verabredet, daß von italienischer Seite her im Frühjahr 1874 in Nizza ein Putsch in Szene gesetzt werden sollte, an dem sich sodann die weitere politische und sonstige Aktion entzünden würde. Indessen geschah von italienischer Seite nichts. Als nun der Deutsche Kaiser später ohne Begleitung des Kanzlers dem König Viktor Emanuel in Rom einen Gegenbesuch machte, sagte dieser letztere zu dem im Ge[illegible]s Kaisers befindlichen Botschafter Robert v. Keudell, Bismar[illegible] ihm gewiß verdacht haben, daß er nicht Wort gehalten [illegible]s nicht,“ erwiderte Keudell, „die politische Lage hat sich [illegible]ber 1873 völlig verändert, und ein Krieg mit Frankreich [illegible]ts völlig außer den Absichten des Reichskanzlers.“ Eine [illegible]r den völligen Umschwung in der Auffassung Bismarcks [illegible] den D[illegible]-digkeiten des Fürsten Hohenlohe, Band II, [illegible]ort be[illegible] unterm 2. Mai 1874 — wo ungefähr die [illegible]Nizza [illegible] sollen — eine Unterredung mit Bismarck, [illegible]ser sich [illegible] Frankreich in Tunis sich engagiere — offen[illegible]sein[illegible]t dadurch von den Vogesen abgeleitet wurde.

[illegible]wir[illegible]t. Oder wenigstens wurde es gemacht. [illegible]a d[illegible]an gelüstet und die modernen Diplomaten [illegible]hr[illegible] Pflicht, Kriege zu verhüten, immer durch[illegible]ht mehr so gemacht werden.

* * *

Als ein bedeutungsschweres Ereignis in der Zeitgeschichte müssen die Erklärungen gelten, die beim Sozialistenkongreß in Stuttgart [1]) über die Kriegsfrage abgegeben worden sind. Je bedeutungsvoller übrigens ein gegenwärtiges Vorkommnis, desto weniger Verständnis hat die Allgemeinheit dafür. So wichtig, wie die von einem Reporter beschriebene Tatsache, daß der italienische Premier zwei weiche Eier zu seinem Frühstückstee am Semmering verzehrte, so wichtig erscheint es den Meisten lange nicht, daß die Sozialisten aller Länder dem Kriege offen den Krieg erklären, und daß das unbehelligt geschehen kann. Im höchsten Grade interessant waren die Debatten über den Militarismus, wobei auch der Antimilitarismus Hervés — von den Deutschen und Oesterreichern abgelehnt — zur Sprache kam. Die schließlich gefaßte Resolution spricht klipp und klar aus, daß: „wenn ein Krieg auszubrechen droht, ist es eine Pflicht der Arbeiterklasse in den betreffenden Ländern und eine Pflicht ihrer Vertreter in den Parlamenten (eine Pflicht, deren die Gruppen der Interparlamentarischen Union sich selten erinnern, B. S.), mit Hilfe des internationalen Bureaus alle Anstrengungen zu machen, durch alle ihnen am geeignetsten erscheinenden Mittel, die je nach der Schärfe des Klassenkampfes und je nach der allgemeinen politischen Lage verschieden sind, den Krieg unmöglich zu machen".

Der ernste Wille, durch alle Mittel den Krieg — nicht nur den jeweilig drohenden, sondern den Krieg als legale Institution überhaupt — unmöglich zu machen, dies sollte auch das Leitmotiv einer Haager Friedenskonferenz sein. Die Mittel, die dem Proletariat zu Gebote stehen, können mitunter gefährliche, revolutionäre, gewaltige sein. Die Mittel, welche aufrichtige Regierungen in Händen hätten, wären hingegen von fragloser Wirksamkeit und nur friedlicher Natur. Der Pazifismus strebt darum die Gewinnung der machthabenden Kreise an, ohne darum die große, gerade und vielleicht ausschlaggebende Aktion des Sozialismus gering anzuschlagen, wie dies die Sozialisten gegenüber allen „Bourgeois"-Aktionen tun, weil sie glauben, daß nur *sie* die internationale Rechtsherrschaft herbeiführen können. In ihrer Resolution führen sie auch die friedlichen Erscheinungen der jüngsten Geschichte (französisch-englische Entente, österreichisch-italienische Kundgebungen, kriegslose Trennung von

[1]) Vom 17.—24. August 1907 tagte der internationale Sozialistenkongreß in Stuttgart.

Schweden und Norwegen) als Aktiven auf ihrem Konto an. Sie vergessen, daß, wenn sie zu diesen Dingen auch beigetragen haben mögen, doch auch die Pazifisten und selbst die Könige (wenn Oskar von Schweden Krieg gewollt hätte, was hätten die Demonstrationen genützt?) mitgewirkt haben. Sie vergessen auch, daß der anläßlich der Huller Affäre vermiedene Krieg einzig einer im Haag von den Regierungen geschaffenen Einrichtung — den Untersuchungskommissionen — zuzuschreiben ist. Und wenn die Sozialisten das Dogma aufstellen, daß Kriege nur aus wirtschaftlichen Gründen entstehen und immer entstehen müssen, solange der Sozialismus nicht ans Ziel gelangt ist, so mögen sie doch über die Enthüllungen nachdenken, welche uns die letzten Diplomaten-Memoiren gebracht haben. Zusammen arbeiten, Ihr Friedensgenossen aller Klassen, zusammen arbeiten in dieser Sache, das muß unsere Losung sein!

Die Haager Konferenz und noch kein Ende. — Die Umwälzung in der Luft. — Die Kaiserrede in Münster. — Neue Verträge und Ententen. — Die bevorstehende Reise des deutschen Kaiserpaares nach England. — Moderne Manöver. — Hechtgraue Uniformen. — Die Schrecken in Odessa. — Tolstoi's „Du sollst nicht töten". — Der XVI. Weltfriedenskongreß in München.

Wien, anfangs Oktober.

Die abschließenden Ergebnisse der Haager Konferenz lassen sich noch immer nicht feststellen, denn sie dauert noch fort. Uebrigens wird auch nach der letzten Sitzung das eigentliche Ergebnis nicht zutage treten, denn die mittelbaren Folgen solcher außerordentlicher Begebenheiten sind immer weitaus wichtiger und eingreifender als die unmittelbaren. Auch das Scheitern gewisser Versuche kann das Gelingen neuer Versuche — die sich eben aus diesem Scheitern als Notwendigkeit ergeben — nach sich ziehen. Wie wäre es z. B., wenn Mächte und Völker einsehen würden, daß diese zweite Friedenskonferenz in neun Zehntel Kriegskonferenz ausgeartet ist — und daß sie zu dem Entschlusse kämen, **die beiden Gegensätze zu trennen und künftig zwei verschiedene Konferenzen einzuberufen: die eine zur Regelung des noch nicht überwundenen Krieges, die andere zu seiner Ueberwindung?**

* *
*

Wir stehen wieder vor einer unberechenbaren Umwälzung: **die Herrschaft über die Luft.** Die letzten Wochen haben da eine große Errungenschaft gebracht: der Zeppelinsche Ballon hat sich als lenkbar erwiesen [1]). Wer dem Aufstieg, den Evolutionen und der Landung zusah, die der hartnäckige Erfinder kürzlich am Bodensee aufführte, mußte sich sagen, daß er da dem Sichtbarwerden einer neuen Ordnung der Dinge beiwohnte. Von der Entdeckung des Feuers, von der Erfindung des Pulvers, von der der Buchdruckerkunst, der Eisenbahn und so manchen anderen, datierten neue Zivilisationsepochen. Nicht minder einschneidend wird die Eroberung der Luft als Verkehrsweg auf die soziale Weitergestaltung einwirken. Die Militaristen freuen sich schon, daß ein neues Massakerfeld gewonnen ist, während die Pazifisten schon triumphieren, daß der Luftverkehr Grenzen, Zölle und Festungen entwerten wird. Der große Kampf zwischen diesen beiden Gegnern wird sich auch auf diesem Gebiete fortsetzen. Schon vor Zeppelin manövrierten ja die militärischen Luftgefährte in Frankreich, Deutschland und England, und auf der ersten und zweiten Haager Konferenz ist die Frage schon ventiliert worden: Soll das Luftschiff als Kriegswaffe dienen dürfen oder nicht? Betrübend, für die Mentalität der Mitwelt beschämend ist es, daß die allgemeinen Betrachtungen, die sich in der Presse an das Zeppelinsche gelungene Experiment knüpfen, fast alle, und zwar in freudigem Tone, auf dessen Verwertbarkeit im Kriege hinwiesen. „Wenn in einem künftigen Kriege dem Ballon nur einmal eine glückliche Rekognoszierung gelingt," so jubelte ein von der Neuen Freien Presse (29. Oktober) interviewter deutscher Professor und Geheimrat, „dann sind alle seine Kosten reichlich hereingebracht." Und im selben Blatt äußert sich ein Major zu der „herrlichen" Erfindung: „Als Kriegswaffe

[1]) Die ersten völlig geglückten Versuche mit dem lenkbaren Luftschiff des Grafen **Zeppelin** finden Anfang Oktober 1907 statt. Das Luftschiff wird vom Reich erworben.

könnte der Ballon leicht 500 Kilo Sprengstoff mitführen, ein Bewußtsein, das den eigenen Truppen eine große moralische Erhebung einflößen würde!" Die Bewunderer der verbesserten Kriegsmittel vergessen immer nur, daß sie den Gegnern die gleichen Vorteile bringen, und daher die eigenen paralysieren. Was beiden Seiten dabei sicher ist, sind die erhöhten Schrecken und — erhöhten Budgets. Man denke sich einmal die allgemeine Einführung von Luftflotten, Lufttorpedos, Luftminen.... Schlafende Vernunft — was braucht es denn noch, um dich zu wecken?

* *
*

Im westfälischen Landesmuseum zu Münster hat Kaiser Wilhelm eine merkwürdige Rede gehalten[1]). Er sprach von der Einigung aller Bevölkerungsschichten — dazu gäbe es nur ein Mittel: die Religion. „Aber nicht im streng kirchlichen und dogmatischen Sinn, sondern im weiteren, für das Leben praktischen Sinn." Viele hätten ihn gekränkt, aber da sagte er sich: „Alle sind Menschen wie du — obwohl sie dir wehe tun, sind sie Träger einer Seele aus den lichten Höhen und haben ein Stück ihres Schöpfers in sich." Das ist wunderschön ausgedrückt. Von Christus spricht der Kaiser als von der persönlichsten aller Persönlichkeiten, als von „dem Mann, der uns alle Brüder genannt". Das ist alles ganz erhaben, ganz Tolstoi, ganz modern. Daneben bietet aber die kaiserliche Rede doch wieder einen Rückfall: .... „Dann wird unser deutsches Volk der Granitblock sein, auf dem unser Herrgott seine Kulturwerke (Kriegsschiffe und dergl.) in der Welt weiter aufbauen und vollenden kann." Wie paßt dieser Sonderherrgott, der zu seinen Kulturwerken deutscher Schlachtinstrumente benötigt, zu jenem Schöpfer, von dem ein Stück in jedem von uns lebt, und der sich in dem milden Liebespropheten personifiziert hat, der „uns alle Brüder nannte"?

* *
*

Zwischen Rußland und England ist ein Vertrag abgeschlossen worden zu dem Zwecke einer Einigung über die bisher

[1]) Am 31. August 1907 Ansprache an die Provinz Westfalen.

drohenden Streitfragen, über Indien, Afghanistan usw.[1]). Also wieder eine „Entente", wie die englisch-französische, deren Zweck die Eliminierung afrikanischer Streitfragen war. So arbeitet Edward the Peacemaker weiter. Natürlich läßt sich die Welt nicht so schnell aus dem altgewohnten Gedankengeleise reißen, wonach hinter jeder politischen Aktion eine Perfidie liegt — von seiten des „perfiden Albion" schon gar. Auch in England selber begegnet das englisch-russische Abkommen nicht allgemeiner Sympathie. Die freiheitlichen Kreise verachten das reaktionäre und autokratische Rußland zu sehr, als daß sie in einer Paktierung mit demselben nicht eine Gefahr oder eine Erniedrigung sähen. Aber Rußland wird nicht immer reaktionär bleiben, und Verträge, welche Streitfragen ausschalten, sind immer von Vorteil, immer segensreich. Die „Ententen" mehren sich von allen Seiten. Auch Rußland und Japan feiern Friedensfeste und wollen künftige Konflikte vermeiden und rechtlich schlichten (hätten sie es doch vor jenem unseligen Krieg getan!); Japan und Amerika tauschen Freundschaftsversicherungen und erklären, daß ein Krieg zwischen ihnen eine Versündigung an der Zivilisation wäre. Es gibt jetzt nicht eine Regierung, nicht ein Land, das einen offenen Feindschaftsgedanken, einen Ueberfallsplan gegen eine andere Regierung, gegen ein anderes Land hegte — nur in gewissen Kreisen geht überall wie ein Gespenst die Prophezeiung herum: „O, zwischen jenen beiden muß es einmal zur Auseinandersetzung kommen — dieser oder jener Krieg ist unausweichlich." Das Echo davon dringt ins Volk, wird in bierbankweiser, historisch-politischer Staatsklugheit weitergeraunt und das genügt, um den ganzen Apparat der Rüstungen aufrechtzuerhalten.

Die bevorstehende Reise des deutschen Kaiserpaars nach London wird eine erfreuliche Krönung der ganzen deutsch-englischen Versöhnungsaktion sein. Wer hätte das vor zwei Jahren — als in den oben erwähnten Kreisen der deutsch-englische Zusammenstoß täglich erwartet wurde — für möglich gehalten? Und doch ist es möglich geworden, denn der ganze Antagonismus war ein grundloses Phantom. Aber nicht von selber ist es zerstoben, das

[1]) Am 31. August 1907.

Phantom, sondern zielbewußte, friedenszielbewußte und entschlossene Kreise haben in dieser Richtung gearbeitet. Gerade so wie die kriegszielbewußten Kreise seit jeher arbeiteten. Diesmal war aber nicht mehr ihrer die Uebermacht.

* * *

Da wir seit den neuen Erfindungen auf militärischem Gebiete, und seit ihrer Erprobung in Transvaal und Ostasien diejenige Hochkulturerscheinung besitzen, die mit dem Namen „moderner Krieg" bezeichnet wird, so haben wir dies Jahr auch „moderne Manöver" gehabt. Die Manöver der letzten Jahre haben den Sachverständigen häufig Anlaß zu der Kritik gegeben, daß sie mit dem künftigen „Ernstfall" fast gar keine Analogie mehr bieten; — alle die brillanten Kavallerieattacken und sonstige, aus älteren Zeiten stammende Feldkunststückchen waren angesichts der neuen Bewaffnungen und neuen Fechtnotwendigkeiten zur reinen Unmöglichkeit, also zu zwecklosen Spielereien geworden. Die Generalprobe mußte also der bevorstehenden Aufführung angepaßt werden und die letzten Manöver in Kärnthen manipulierten mit Automobilen, mit drahtloser Telegraphie, mit fingierten Dauerschlachten von vier Tagen und Nächten, mit Nachtmärschen, mit Haubitzen und Maschinengewehren (der Lärm soll so gewesen sein, daß kein Kommandowort zu hören war), mit der neuen Vorwärtsbewegung, welche darin besteht, eine Strecke am Boden vorwärts zu kriechen und dann einige Meter zu springen, um sich gleich wieder niederzuwerfen — kurz es war alles ultramodern. Der japanische Krieg war überhaupt ein wahrer Segen mit seinen Lehren. Manche naiven Seelen wollten zwar die Lehre daraus schöpfen, daß sich die maschinelle Mörderei bis zu einem Grade entwickelt hat, der die Kraft der menschlichen Nerven überschreitet (daher die Massenwahnsinnserscheinungen); unsere militärischen Kreise haben da aber viel praktische Lehren gesammelt, z. B. daß farblose Uniformen zweckdienlicher seien, und es wurde daher beschlossen, daß unsere Infanterie statt der blauen, hechtgraue Waffenröcke bekommen wird.

In diesem Verschwinden der schreienden Farben, des Goldes und der Federbüsche aus der Adjustierung der Krieger liegt übrigens ein tieferer Sinn: das Soldatentum verliert von seiner heiteren Pracht, von seinem romantischen Flitter — es muß sich der modernen, nüchternen Maschinenarbeit anpassen. Dabei verliert es aber wahrscheinlich auch an Anziehungskraft auf die männliche und an Blendkraft auf die weibliche Jugend.

* *
*

Odessa und seine Umgebung hat wieder den Schauplatz von Schreckenstaten der Revolution und Konterrevolution abgegeben. Neue Pogromdrohungen von seiten der Schwarzen Hundert; neue Marinemeutereien, neue Räuberüberfälle auf Eisenbahnzüge. Die Herrschaft von Mord und Totschlag treibt noch immer in dem unglückseligen Lande ihr Unwesen. Vergebens ruft Tolstoi in seiner neuesten Broschüre nach oben und nach unten sein „Du sollst nicht töten" hinaus. Es wird anscheinend noch lange dauern, bis dieses seit 6000 Jahren unbeachtet verhallende Wort endlich Gehör findet. In die innere Gesetzgebung der Staaten und mit Bezug auf Einzeltaten von Privatpersonen hat es schon Eingang gefunden. Als Weltgesetz — und so war es von Moses bis zu Tolstoi gemeint — ist es allen Realpolitikern noch gänzlich unbekannt.

* *
*

In München hat vom 9. bis 15. September der XVI. Weltfriedenskongreß getagt. An anderer Stelle wird über die Bedeutung und den Verlauf dieser Veranstaltung eingehend berichtet [1]). In Glossen zur Zeitgeschichte durfte aber der Hinweis auf die Tatsache nicht fehlen, daß die stetige, die wachsende, die kämpfende Bewegung sich neuerdings mit mancherlei Gewinn — und diesmal auf deutschem Boden — betätigt hat.

[1]) Die „Friedens-Warte", 1907, Seite 186 u. F.

Das Ende der Haager Konferenz. — Der Harden-Prozeß. — Antisemitismus in Rußland. — Die Meutereien im russischen Heere. — Eroberung der Luft. — Erdbeben und Wasserkatastrophen.

Wien, Anfang November.

Nach mehr als viermonatiger Dauer, unter Anteilnahmlosigkeit der Allgemeinheit, wurde am 23. Oktober die zweite Haager Friedenskonferenz geschlossen. Sechsundvierzig Staaten, die sich zusammentun, jeder mit seinem Instrument, das gibt ein gewaltiges Konzert. Und auf dem Programmzettel war eine Friedenssymphonie angekündigt. Wir anderen sagten uns: Wer da nicht in Pax-Dur spielt, spielt falsch. Und auf der Konferenz ist viel falsch gespielt worden. Manche Teilnehmer sagten mir selber: „die Konferenz hat einen unrichtigen Titel — damit wird das Publikum irregeführt." Nein, der Titel war richtig, irrig die Ausführung. Einerlei: es war ein großartiges Zeitereignis, dessen heute noch unabsehbare Folgen erst der nachwachsenden Generation sich offenbaren werden. Was die Konferenz zurückgelassen hat, sind nicht Errungenschaften für den Pazifismus — oder doch nur herzlich wenig davon —, wohl aber Aufgaben für ihn. Wichtige Aufgaben und nützlichste Lehren. Eine dritte Konferenz muß vorbereitet werden. Aber nicht nur unter den Programmmachern der Militaristen und der Diplomaten der alten Schule, sondern in der interparlamentarischen Union, in den Friedensvereinen, in den Völkern. Der Wille der Völker muß aufgeklärt, gefestigt werden, und der Wille der Regierungen wird dann in der dritten Konferenz sich dem der Völker anpassen. Irrig wäre es übrigens, zu glauben, daß die Institution der Haager Konferenz die einzige Küche ist, in der das herrliche Festmahl — gesicherter Völkerfrieden — bereitet wird. Da sind hundert andere Kräfte in hundert anderen Laboratorien tätig. Solche, die mit vollerem Dampf arbeiten. Die Haager Konferenzen können leicht überholt werden, wenn sie ihr Tempo nicht beschleunigen. Die Erfindungen, die Ententen und Verträge, das alles schreitet schnell. Am schnellsten vielleicht das wachsende Bewußtsein des nicht mehr

Ertragenwollens und Ertragenkönnens, das sich aus den Massen durch ein gebieterisches „Es ist genug!" Luft machen wird. Eine Schnecke als Zugtier: das lassen sich in unserer 100-HP.-Zeit nicht einmal die sogenannten, an langsames Vordringen gewohnten „Ideale" mehr gefallen.

* *
*

Der Harden-Prozeß[1]). Nun, dieser konnte sich nicht über Anteilnahmlosigkeit des Publikums beklagen. Vorarbeiten zu neuen Weltordnungen, Fragen, ob und wie das Völkerleben gegen die größtmöglichen Katastrophen zu schützen sei, sie lassen die Allgemeinheit gleichgültig, aber für Fragen, wie sie in dem Harden-Prozesse zur öffentlichen Erörterung kamen, hat sich das ganze In- und Ausland leidenschaftlich interessiert. Mit dem Gegenstand selber will ich meine Feder nicht beschmutzen; aber die Lehren, die aus der Tatsache fließen, daß ein solcher Prozeß überhaupt möglich war, sind mannigfach, vom politischen Standpunkt. Einmal ist es unerhört, daß, wenn man schon unter einem Regime lebt, bei dem man einen Monarchen, Hofwürdenträger, Kanzler, Botschafter, hohe Militärs u. dergl. braucht, man deren Ansehen durch niederen Klatsch und durch Preisgeben an die Oeffentlichkeit so herabzerren darf. Zweitens zeigt es wieder einmal, daß der Politik nichts, nichts heilig ist, daß in ihrem vermeintlichen Dienste alles, alles erlaubt ist. „Auf der Alm gibt's ka Sünd," sagen die Aelpler, um wohlgemut „fensterln" und raufen zu können; und offenbar: In der Politik gibt's ka Sünd. Denn sobald man sich in die politische Toga drapiert, darf man allen bürgerlichen und sittlichen Gesetzen ins Gesicht schlagen, nicht einmal durch die Regeln des einfachen Anstandes ist man mehr gebunden. Was in den „Zukunfts"-Artikeln als gemeines Denunziantentum, unver-

[1]) Im Mai und Juni 1907 hat Harden in seiner „Zukunft" den Fürsten Philipp Eulenburg und seine Tafelrunde als unverantwortliche Ratgeber des Kaisers dargestellt, die dadurch schweres Unheil für das Land hervorrufen. Es werden dabei verschiedene Andeutungen über gewisse krankhafte Neigungen des Fürsten und seines Kreises gemacht, die den Kommandanten von Berlin, Grafen Kuno Moltke veranlaßten, nach einem von Harden abgelehnten Duell gegen diesen die Klage einzureichen. Der Prozeß kam im Oktober 1907 zur Verhandlung. Er endigte am 29. Oktober mit der Freisprechung Hardens. Der Prozeß erregte ungeheures Aufsehen. Ein weiterer Beleidigungsprozeß gegen Harden schloß sich später diesem ersten an.

schämte Unflätigkeit erschienen wäre, es wird plötzlich in eine bedeutende, achtunggebietende Aktion verwandelt, wenn der Verfasser nur angibt, daß ihn politische und patriotische Motive geleitet haben. Damit hat Harden auch die Wahrheit gesagt. Seine Kampagne war eine politische, und da ist ja jede Waffe gut. Die Absicht war, gewisse Personen unmöglich zu machen, deren politischer Einfluß (welch letzterer übrigens nur eine unbewiesene Hypothese ist) auf den Kaiser den politischen Ansichten Hardens nicht genehm war. Deutschlands hervorragendster Journalist und glänzendster Stilist — denn diese Eigenschaften muß man ihm lassen — ist Chauvinist vom reinsten deutschesten Wasser, Bismarck-Anbeter, daher Vertreter der härtesten Blut- und Eisenpolitik, Hasser aller jener, die Bismarck gekränkt oder verdrängt haben, hat er sich in seinem journalistischen Wirken als Vertreter und Rächer Bismarcks betätigt. Alle Versöhnungspolitik schien ihm unwürdig, er war bei jedem Anlaß ein „Trutziger", dadurch, vielleicht ohne es zu wollen, ein Hetzer zum Kriege. Was hat er gegen Nachgiebigkeit in der Marokko-Affäre, was hat er gegen England gehetzt, wie gegen die Bestrebungen zugunsten deutsch-französischer Annäherung des Fürsten von Monaco gewettert, indem er diesen auf das gröbste beschimpfte. Als auf seine Gewährsmänner oder doch Gesinnungsgenossen berief sich Harden auf Reventlow, den kriegsverherrlichenden und Zukunftskrieg fordernden Schriftsteller, und auf Liman, den Vertreter der gelben Presse in Deutschland. Schon dadurch ist der Angeklagte im Moltke-Prozeß charakterisiert. In diesem Prozesse ist von seiten des Verteidigers Moltkes ein Wort gefallen, das hervorgehoben zu werden verdient. Er sagte: „Gegen derlei Machenschaften sollten im Haag Gesetze gemacht werden". Nun, in der Tat, die Sünden der gelben Presse sind im Haag zur Sprache gekommen. Nicht in Form von Gesetzesvorlagen, aber in der Form von Warnungen und Klagen, die viele der Delegierten in ihren Reden gegen das gemeinschädliche Treiben der gelben Journalistik erhoben, die sie als die gefährlichste Feindin des Friedens, als die einzige Anstifterin mancher Kriege bezeichneten. W. T. Stead war noch radikaler. In einem öffentlichen Vortrag, den er, einer der größten Journalisten Europas, über Journalistik hielt, regte er an, daß die in Zeitungen getriebene Hetze zum Kriege, Verächtlichmachung fremder Nationen usw. als Verbrechen unter Strafe gestellt werden sollen. Dagegen ließe sich nicht im Namen der Preßfreiheit protestieren, denn auf keinem Gebiete kann die Freiheit, zu schaden und zu morden, eingeräumt werden. Das Recht, zum Massenmorde anzureizen, kann niemand beanspruchen. Aber das Recht, sich vor solchen Anreizungen zu schützen und sie zu strafen, das sollte der gesitteten Menschheit erteilt werden. Wäre dieses Recht schon in Kraft, so wäre Harden schon viel früher angeklagt und verurteilt worden, als er für das verhältnismäßig kleine Vergehen der Beleidigung des Grafen Moltke zur Rechenschaft gezogen werden konnte.

* *
*

Aus Rußland ist immer noch Schauriges und Trauriges zu berichten. Neue Gefängnisse müssen gebaut werden, der Hinrichtungsapparat hört nicht auf, zu funktionieren. Die Wahlen zur neuen Duma fallen auf zahlreiche Duma-Feinde, so daß sich befürchten läßt, daß diesmal die Duma zwar nicht aufgelöst werden, sondern sich selber erdrosseln wird. Der „Volksverband russischer Männer" tritt immer selbstbewußter auf und der finstere Geist des Pogroms schwebt über dem Lande. Mit religiösen Emblemen, mit Absingung patriotischer Hymnen und Todesdrohungen gegen alles, was nicht orthodox und autokratisch gesinnt ist, ziehen Abteilungen des Verbandes durch die Straßen der verschiedenen Städte. Haß gegen alle Freiheit und alle Intelligenz ist die Parole dieser „echten" Russen, wie einst die „vrais Français" die Parole: „Zola à l'eau" und „mort aux juifs" ausgegeben hatten. Der Patriotismus, der sich selber der „wahre" nennt, ob er nun als Antidreyfusard, als „schwarzes Hundert", als Jingo oder als Alldeutscher auftritt, immer verbündet er sich mit Antisemitismus. Das Unglück will aber, daß auch andere große Kreise in Rußland, die sonst freiheitlich und aufgeklärt gesinnt sind, und die sich zu keiner tätlichen Judenverfolgung hergäben, vom Gifte des Judenhasses angesteckt werden — und dies aus jener alten Denk- und Gefühlsgewohnheit heraus, die für jede Kalamität nur eine Ursachquelle annimmt, die für herrschendes Unglück immer einen Sündenbock braucht.

* *
*

Weiteres aus Rußland. Die Meutereien im Heere brechen stets von neuem aus. Zuerst in der Kaserne des Brestregiments in Sebastopol und nun in der Hafenstadt des russisch-sibirischen

Küstengebiets, in dem während des ostasiatischen Krieges so oft genannten Wladiwostok. Das Mineurbataillon eröffnet Feuer auf die Schützenkaserne; mit Maschinengewehren wird gegen die Aufständischen vorgegangen. Ein im Kriegshafen liegender Torpedojäger schließt sich der Meuterei an, hißt die rote Fahne und beschießt die Stadt. Kanonenboote und Torpedobootzerstörer, unter Hißung der Kriegsfahne werden gegen das Meutererboot aufgeboten. Ob rote Fahne, ob Kriegsfahne, ist es nicht in beiden Fällen das Emblem des Zweckmordes? Durch die Reaktion wächst die Revolution, und durch die Revolution verstärkt sich die Reaktion. Ist aus diesem Ring kein Entkommen? Doch. Tolstoi hat diese Frage erst unlängst und eine Stimme vom Berge Sinai schon vor sechstausend Jahren beantwortet. Aber die Leute hören nicht.

* *
*

Im Reiche der Erfindungen sind wieder einige herrliche Errungenschaften aufgetaucht: Edison hat einen neuen Akkumulator hergestellt, durch welchen, wie er sagt, die Kraft ins Unendliche gesteigert werden kann; die drahtlose Telegraphie soll schon zwischen Europa und New York funktionieren können; die Aviatik nähert sich immer mehr der Eroberung der Lüfte. Damit wird die Welt revolutioniert werden.

* *
*

In Südeuropa gräßliche Verheerungen durch Erdbeben und Wasserkatastrophen [1]). Wahrlich, des Traurigen und Zerstörenden gibt es genug, ohne menchliches Hinzutun. Große wirtschaftliche Zusammenbrüche, die in Amerika begonnen haben [2]), ziehen in allen europäischen Banken und Börsen Geldnotkalamitäten nach sich. Schöpft man nicht wenigstens daraus die Lehre, daß unsere ganze menschliche Gesellschaft jetzt schon einen Organismus zu bilden beginnt — und wie töricht es ist, wenn da die einzelnen Zellengruppen sich bekämpfen und bedrohen.

[1]) In Calabrien zerstört ein Erdbeben (24. Oktober) zahlreiche Ortschaften, während zur gleichen Zeit in Oberitalien Hochwasser großen Schaden anrichtet.

[2]) Gegen Ende Oktober 1907 erzeugte die Geldknappheit in den Vereinigten Staaten ernste Wirtschaftskrisen.

Der Kaiserbesuch in London. — Friedensehrgeiz. — Eine neue Note in der offiziellen Sprache. — Fürst Bülow über die Aktion der Friedensfreunde. — Marokko. — Die Polenvorlage. — Katholikentag und Universitätsdebatte. — Italienisch-deutsche Studentenkrawalle. — Corda Fratres. — Empfang der Haager Delegierten in Paris. — Aus der Rede Léon Bourgeois'. — Abrüstungs-Eingabe im englischen Parlament. — Fürst Bülow über Freiherrn v. Marschall. — Geldkatastrophen und Teuerung.

Wien, anfangs Dezember.

Der Besuch des deutschen Kaiserpaares in London[1]) kann im Pazifisten-Kalender rot angestrichen werden. Er erbrachte den Beweis, daß die schwarze Wolke glücklich verscheucht worden ist, welche die chauvinistischen Propheten beider Länder als den „unvermeidlichen deutsch-englischen Krieg" am politischen Horizont signalisierten. In den Reden, die an den Festtafeln und bei den Empfängen gesprochen worden, erklang eine ganz neue Note. Kaiser Wilhelm sprach die Hoffnung aus, daß die Geschichte seine Vermeidung des Krieges anerkennen wird. Aus diesem Wort klingt pazifistischer Ehrgeiz, ein Ehrgeiz, der bisher den mächtigen Herrschern fremd war, und auf den die geschichtsschreibenden Panegyriker auch noch gar nicht eingerichtet sind. Vaterländische Historie hat sich bisher immer mit Schlachten und Siegen gebrüstet. Ehre und Ehrgeiz rücken jetzt auf ein anderes Feld. Nach dem Friedenslorbeer strecken sich jetzt die szeptertragenden Hände aus. Freilich, indem nach dem Neuen gestrebt wird, will man das Alte nicht gleich sinken lassen. Während

[1]) Am 10. November 1907 kommt das deutsche Kaiserpaar in London an. 12. November Festmahl in Windsor, am 13. Festmahl in der Guildhall. Am 15. nimmt der Kaiser die Würde eines Ehrendoktors von Oxford an, am 16. November empfängt er eine Deputation englischer Journalisten. Abreise nach Highcliffe am 18. November, Rückkehr nach Deutschland am 12. Dezember.

die eine Hand nach dem Friedenskranz greift, kann sich die andere vom Knauf des Schwertes noch nicht trennen. Solche Widersprüche sind jedem Uebergangsstadium inhärent.

Noch ein Wort hat Kaiser Wilhelm in London gesagt, das festgehalten zu werden verdient, weil es etwas ganz neues ist: nicht das sattsam abgedroschene „Erhaltung des Friedens" hat er vorgebracht, sondern er stellte als Aufgabe hin den Frieden „zu fördern" und „fest zu begründen". Mehr wollen wir auch nicht. „Erhalten" läßt sich der Frieden allenfalls — eine zeitlang — durch eingeflößte Furcht, aber daß er sich dadurch fördern und fest begründen lasse, wird wohl niemand behaupten.

* *
*

Wenn wir Friedensfreunde uns brüsten, durch unsere direkte und indirekte Arbeit den Boden für die Kaisertage in London vorbereitet zu haben, so zeiht man uns vielleicht der Einbildung und der unberechtigten. Also hören wir was Fürst Bülow im Reichstag (29. Nov.) sagte, indem auch er die verscheuchte Wolke zwischen England und Deutschland erwähnte:

„Um das Mißverständnis zu beseitigen, um die aus diesem Mißverständnis resultierende Mißstimmung aus dem Wege zu räumen, dazu reichten die beiden Regierungen nicht aus, wenn sie auch von gutem Willen erfüllt waren. Die öffentliche Meinung mußte mithelfen, die Presse, die wohlgesinnten und aufrichtigen Leute in beiden Ländern. Daß die Freunde des Friedens und der Wohlfahrt der Völker in England nicht umsonst gearbeitet haben, zeigt die unserm Kaiserpaar bereitete Aufnahme."

* *
*

„Freunde des Friedens und der Wohlfahrt der Völker", das ist eine etwas lange Umschreibung dessen, was bei unsern Gegnern Utopisten — und bei uns kurzweg Pazifisten heißt. Also gradaus an diese stellt der Reichskanzler das Zeugnis aus, daß ihre Arbeit zur Verscheuchung der Mißverständnisse und ihrer Gefahren notwendig ist, daß der gute Wille der Regierungen dazu nicht ausreicht, und daß diese Arbeit erfolgreich war. Es ist dies geradezu eine offizielle Aufforderung an die privaten Friedensfreunde, ihre Bemühungen fortzusetzen. Das müssen sie auch, denn viel ist noch zu tun, um zum Ziel zu gelangen, das Ziel: den Frieden „zu fördern und fest zu begründen".

* *
*

Marokko will nicht zu Ruhe kommen. Immer wieder neue Stämme, die gegen die Europäer sich zusammenscharen. Es spielt sich dort gewiß viel Fürchterliches und viel Grausames ab. Und doch muß man es als ein Glück und als einen Fortschritt betrachten, daß sich anläßlich dieser afrikanischen Ereignisse kein Krieg zwischen Europäern entwickelt hat.

* *
*

Die Polenvorlage! Zwansgermanisierung, Enteignung [1]). Eine mildere Form der Ausrottung. Zur Rettung des „Deutschtums". Die National-Liberalen — und nur diese — sind entzückt davon. Diesen geht eben der nationale Begriff über alles, alles in der Welt. Die Erfordernisse des Edelmenschentums kennen die Nationalfanatiker einfach nicht. Diese Vorlage wird natürlich ein ex-asperiertes Polentum züchten. Im österreichischen Reichstag haben einige Polen Protest erhoben. Worauf die Deutschnationalen im Hause „Hoch Bülow!" riefen. Den Protestlern wurde sowohl in Wien wie in Berlin bedeutet, daß es internationaler Brauch sei, sich nicht in die innern Angelegenheiten anderer Staaten zu mengen. „Wir wollen in unsern Pfählen die eigenen Herren sein", hieß es im deutschen Reichstag. Mein Gott, die Welt kann sich nicht mehr so parzellenweise mit Pfählen und Mauern umgeben. Man ist ja doch nur mehr eine Kulturfamilie. Und es gibt ein internationales ethisches Gewissen. Dem kann man nicht Schweigen gebieten. Wo immer der Nationalis-

[1]) Am 26. November geht dem preußischen Landtag ein Gesetzentwurf zur Hebung des Deutschtums in Westpreußen und Posen zu, der die Enteignung von polnischem Grundbesitz vorsieht. Die Gesetzesvorlage gelangt am 26. November zur ersten Lesung und wird vom Fürsten Bülow eingehend begründet.

mus brutal auftritt, wird das internationale Feingefühl dadurch beleidigt — da nützt kein schroffes und scharfes Zurückweisen. Es ist doch charakteristisch, wie gern die Nationalliberalen sich auch der Worte schrrroff und scharrf mit schnarrender Stimme bedienen; daß in ihrem Parteinamen nur ein r vorkommt, ist ein Fehler. Kraft ist ein schönes Wort und hat auch ein r; aber sollte man verstehen, daß Kraft nicht schroff und nicht scharf zu sein hat, sondern — mild.

* *
*

Beim letzten Katholikentag in Wien hat der Bürgermeister Dr. Lueger verkündet, daß seine bisher so siegreiche Partei nunmehr an die Eroberung der Universitäten gehen müsse[1]). Das hat einen Sturm von Protestkundgebungen hervorgerufen. Dieser Sturm hat sich bis in das Abgeordnetenhaus verpflanzt. Das Ergebnis war ein hochinteressanter Redekampf zwischen Klerikalen und Vertretern der modernen Weltanschauung.

Und das ist gut. Die Gegensätze sollen aneinander prallen, nur daraus entwickelt sich Klarheit. Es wird auch noch dazu kommen — und hoffentlich bald — daß in den Parlamenten Pazifismus und Militarismus aneinander geraten. Die Anhänger des einen werden die Anhänger des anderen nicht umstimmen, aber die Außenstehenden werden die Argumente beider hören und abwägen.

* *
*

In Wien und Graz haben zwischen deutschen und italienischen Studentenkrawalle stattgefunden, die auch in Italien ebenso bedauerlichen Nachklang gefunden haben. Es handelt sich um die langversprochene und immer hinausgeschobene Errichtung einer italienischen Universität. Es wäre nur gerecht und klug, den italienischen Studenten eine Hochschule in Triest (weil dies die bedeutendste Stadt der italienisch sprechenden Landesteile ist) zu gewähren. Auch

[1]) Der vom 16.—19. November in Wien tagende österreichisch-deutsche Katholikentag fordert nach einem Referat Dr. Luegers die „Wiederverstaatlichung" der Hochschulen. Proteste darüber der Liberalen und des Rektors der Wiener Universität.

die an irgend einer Universität erworbenen Grade sollten in jedem anderen Teil des Reiches Gültigkeit haben. Ueberhaupt — zwischen den Universitäten aller Kulturländer sollte diese Gleichberechtigung eingeführt werden. Und zwischen den Studenten aller Länder ein Band der Kameradschaft. Der Anfang ist ja schon gemacht dazu. Die „Corda fratres", der internationale Studentenverein, der im vorigen Jahr in Lüttich einen Kongreß abgehalten und dem sich in diesem Jahr 22,000 amerikanische Hochschüler angeschlossen haben, stellt ein solches Band vor. In Rom hat am 14. November in der Aula eine Studentenversammlung stattgefunden anläßlich der Vorfälle von Wien und Graz. Die angenommene Tagesordnung betraute den Verein Corda Fratres mit der Bildung eines Aktionsausschusses, der sich mit den Brüdern jenseits der Grenze in Verbindung setzen soll. Das wird die Aufgabe der wirklich modernen Jugend sein, an der großen Aufgabe der Nationen-Einigkeit zu arbeiten.

* *
*

Die französische interparlamentarische Gruppe hat am 14. November eine Kundgebung zu Ehren der Delegierten der Haager Konferenz veranstaltet, die sich auf der Durchreise in Paris befanden. Henri Brisson und Clémenceau wohnten bei, ebenso der Minister des Aeußern, der Präsident des Senats. Dieser hielt die Begrüßungsrede. Aus der Rede Léon Bourgeois', die in unsern Blättern sehr verstümmelt wiedergegeben wurde, seien hier folgende Stellen festgehalten:

„Es gibt etwas Neues in der internationalen Politik. Freilich der Frieden und das Recht sind noch nicht sichergestellt. Aber der überlegte Wille, diese Garantien der Arbeit und des Fortschritts zu erlangen, wächst rasch unter den Völkern heran, und es wird den Regierungen täglich schwerer, sich diesen Einflüssen des öffentlichen Gewissens zu entziehen.

Wir haben dies im Haag empfunden. Ein neues Leben hat sich uns geoffenbart, das Leben der internationalen Gemeinschaft, deren Hauptregel die gegenseitige Achtung der Rechte der Nationen ist.

Und die Organe dieses wirklichen Nationenvereins, die Institutionen, die deren Existenz regeln sollen, sind schon in die Erscheinung getreten, die meisten noch unvollständig, aber alle auf dem Wege der Entwicklung.“ Die Schlußworte waren:

„Mögen die Tauben immerhin nichts hören. Wir, nicht wahr, liebe Kollegen, wir haben dort im Binnenhof [1]) schon — sehr schwach und langsam zwar, aber doch schon deutlich — die ersten Schläge des Menschheitsherzens gehört.“

* *
*

Im englischen Unterhause wurde, anknüpfend an den Mißerfolg der Haager Konferenz in der Sache der Rüstungseinschränkung, eine von 136 liberalen Parlamentsmitgliedern unterzeichnete Denkschrift überreicht [2]), wovon eine Herabsetzung der Ausgaben für Heer und Flotte angeregt wird. Im deutschen Reichstag ist die Konferenz auch zur Sprache gekommen [3]). Fürst Bülow sagte: „Unsere Interessen im Haag sind von unserm ersten Delegierten, Freiherrn v. Marschall, unter Sachkenntnis, Ausdauer und Eifer wahrgenommen worden, die ihm Anspruch auf den Dank des Landes gibt.“

Die Form dieses Lobes ist mir einfach unverständlich. Haben denn 46 Staaten ihre Vertreter nach dem Haag geschickt, damit dort die Interessen jedes einzelnen Staates eifrig verfochten werden? Handelte es sich da nicht um das Interesse jener höhern Einheit, die aus der Zusammenarbeit der 46 hervorgehen soll?

* *
*

Große Geldkrisen haben die neue und die alte Welt erschüttert. Zinsfußerhöhung, Zusammenbrüche, steigende Teuerung. Ueber die Teuerung werden Enqueten eingeleitet, Demonstration gemacht und die Behörden werden um Abhilfe interpelliert. — Jahrelang wird prophezeit, daß die Staaten dem Ruin, die Völker

[1]) Dort befand sich der Beratungssaal der zweiten Friedenskonferenz.

[2]) Am 15. November 1907 wurde diese Denkschrift dem Premier-Minister Campbell-Bannerman überreicht.

[3]) Am 29. November 1907.

dem Elend entgegengehen, wenn unablässig die Rüstungen vermehrt und zu ihrer Deckung die Steuern erhöht werden. Und wenn nun die vorhergesagte Not hereinzubrechen beginnt, da wird nach allen Seiten nach Ursachen geforscht, nach Hilfsaktionen gerufen, und niemand sieht jenes nimmersatte, reichtumverschlingende Ungeheuer, das an dem Unglück die Schuld trägt. Niemand hat den Mut, es anzuklagen. Es ist ein „Rühr-mich-nicht-an", und bleibt daher wohlgemut ein „Schluck-alles".

1908

Die Neujahrs-Friedenskundgebungen. — Luzzattis Vorschlag. — † Königin Carola von Sachsen; „Die Verwundeten und Krüppel des nächsten Krieges“. — Eine Opfergabe der Kaiserin von Rußland. — Neue Uniformen. — Die dritte Duma. — Der chronische Terrorismus. — † Oskar II. von Schweden. — Der zweite Hardenprozeß. Die Politik der „Zukunft“. — Monetas Preis und Italien. — Marokko. — Jubeljahr in Oesterreich.

Wien, Anfang Januar 1908.

Jahresschluß und Jahresanfang geben den meisten Publizisten Anlaß, Rückschau auf die Ereignisse zu halten, die sich in den verflossenen Monaten zusammendrängten. Aber was sind zwölf Monate im Gang der Entwickelung? Ein Augenaufschlag. Den Regierungen wird durch die Jahreswende allenthalben Anlaß gegeben, die Versicherungen ihrer Friedensliebe zum so und so vielten Male zu wiederholen, ohne dabei von ihren Kriegsandrohungsapparaten das geringste abzuschwächen. Wie lange wird sich die Welt diesen flagranten Widerspruch gefallen lassen? Ueber die stattgehabte Friedenskonferenz im Haag haben die meisten offiziellen Neujahrskundgebungen einfach geschwiegen. Nur in Frankreich sind bei dieser Gelegenheit sowohl vom Doyen des diplomatischen Korps, der der Vertreter Italiens im Haag gewesen, Graf Tornielli, und vom Präsidenten Fallières Worte gefallen, die sich auf jenes Weltereignis beziehen; u. a.: „Nunmehr ist die Diplomatie aller Länder an der Spitze jener Ideenbewegung und kann daraus den Schluß auf eine Zukunft des gesicherten Rechts und des gesicherten Friedens ziehen.“ Gesicherter Frieden — das ist das neue Wort, das den „erhaltenen“ Frieden aus der offiziellen Beredsamkeit zu verdrängen beginnt. Das Erhalten wurde bisher mit para bellum betrieben;

für das Sichern wird man (auch auf den Haager Konferenzen) andere, zweckgeradere Methoden finden müssen.

* * *

Der italienische Minister und Sozialökonom Luzzatti ist mit einer großartigen Anregung auf den Plan getreten: Die Einberufung einer „Internationalen Friedenskonferenz gegen den Kampf um das Gold". Anlaß dazu war die furchtbare Krise, die in Amerika ihren Anfang genommen und in allen europäischen Bankkreisen ihre gefährliche Rückwirkung geübt hat. Mißtrauen war die Grundursache, und nur internationales Einverständnis und international geregelte Hilfeleistung könnte solchen Geldkatastrophen vorbeugen. Die Sache nach der ökonomisch-technischen Seite hin zu beleuchten, fehlt es den Laien an Fachkenntnis, aber die sozialphilosophische Seite von Luzzattis Vorschlag verdient von allen, die sich mit dem Friedensproblem in wissenschaftlicher Weise befassen, betrachtet zu werden, und findet einen deutlichen Ausdruck in Luzzattis Worten selber: „Wir erwarten von den Wirkungen dieser ökonomischen Unionen den Triumph der alten banalen, aber ewig gültigen Idee, daß das Menschengeschlecht, wenn es ein gewisses Alter der Zivilisation erreicht hat, bestrebt ist, den Kampf durch die Kooperation zu ersetzen."

* * *

Die Königin Carola von Sachsen ist gestorben[1]). Das ist kein Zeitereignis von einschneidender Wichtigkeit. Ich möchte nur einen Kommentar an die Nachrufe knüpfen, die der verewigten Fürstin von den Blättern gewidmet wurden und worin es hieß, daß sie jene edelste aller Königinnen-Tugenden geübt hat, die Barmherzigkeit. Sie habe sofort nach dem Kriege von 1866, während dessen sie viel für die Verwundetenpflege getan, dafür gesorgt, „daß das Werk des Roten Kreuzes weiter ausgebaut werde, damit den Verwundeten und Krüppeln des nächsten Krieges Linderung gebracht werden könne". Die Sorge, daß ein nächster Krieg nicht

[1]) Am 14. Dezember 1907.

geführt werde, daß Verwundete und Krüppel fernerhin nicht künstlich in der Fabrik der „vitalen Interessen" erst hergestellt werden, diese Sorge war damals im Zeitbewußtsein noch nicht erwacht; jetzt aber ist die Forderung aufgestellt, ist die Möglichkeit erwiesen: so hat z. B. die Untersuchungskommission in der Huller Affäre die Fabrikation von Hunderttausenden von Verwundeten und Krüppeln — und Toten — verhindert; jetzt kann man sagen: Königinnen von heute! Höhere Ziele winken — helfet — ihr habt die Macht dazu —: helfet, sie zu erreichen.

* *
*

Aehnliche Gedanken muß auch folgende Nachricht erwecken: Die Zarin habe auf die Bestellung neuer Toiletten verzichtet, um den Kostenpreis zur Linderung der Hungersnot zu stiften. Wodurch entstand die Hungersnot, Zarin? Und der ganze Jammer, der Dein Reich durchzittert? Dadurch, daß der große Gedanke, der im Jahre 1898 vom russischen Throne ausgegangen, nicht genügend unterstützt, nicht durchgeführt worden ist. Der Krieg hat die Not gebracht. Die Not ist so groß, daß die Toilettengelder, und seien sie noch so reich gedacht, sie nicht aufheben können. Dazu brauchte man so viel als der Wiederaufbau einer neuen Flotte verschlingen wird, die doch wieder nur künftigen Hungerseuchen dienen soll. Wie wär's, den Wiederaufbau des Manifestes von 1898 zu versuchen, mit allen seinen Postulaten, allen seinen segensschweren Wahrheiten, diesmal aber mit stärkeren Panzerplatten?

* *
*

Die Depesche aus Petersburg, die von obiger Zuwendung berichtete, fügte hinzu: „Dasselbe tat die Kaiserin schon vor einigen Jahren, um ihrem Ulanenregiment eine Kirche zu bauen." Dazu keine Glosse.

* *
*

Noch eine Nachricht aus Rußland: Um die (wie es scheint abnehmende) Freude am Militärdienst zu heben, sollen die Ulanen- und Husarenuniformen, die vereinfacht worden waren, wieder in voller Pracht hergestellt werden. Der mandschurische Krieg war so unpopulär, daß man oft die Mannschaften mit dem Gewehrkolben in die abfahrenden Züge stoßen mußte. Hätten die Leute goldene Achselschnüre auf hellblauen Röcken gehabt — mit Begeisterung wären sie auf den Kriegsschauplatz geeilt, und gesiegt hätten sie obendrein.

* *
*

Die dritte Duma ist in Funktion[1]), aber die reaktionäre Partei, die sich darin breit macht, bemüht sich, aus ihr ein Instrument zur Wiederherstellung des Autokratismus zu machen, auf den ja der Alleinherrscher selber zu verzichten bereit war. Das Prinzip, welches die Schaffung einer Volksvertretung überhaupt hervorgerufen, wird sich aber schließlich — und wäre es erst nach einem vierten oder — zehnten Anlauf — doch durchsetzen, und Rußland wird ein konstitutioneller Staat werden. Als in Oesterreich die Verfassung gegeben wurde, bemühten sich auch mächtige Parteien, sie wieder umzustoßen: vergebens. — Terrorismus von oben, von der Partei der „echt russischen Männer" und Terrorismus von unten, von der Partei der Bombenwerfer — wüten weiter in dem unglücklichen Lande. Die Mitwelt ist nur schon blasiert dagegen; man zählt und beachtet sie gar nicht mehr, die Hinrichtungen und die Attentate. Solche Dinge sind für den Zeitungsleser nur aufregend, wenn sie akut sind; das Chronischgewordene hört auf, Sensation zu sein. Aber hundertmal unseliger ist es. Um da Rettung zu bringen, müßte etwas Großes, Kühnes, Edles geschehen; etwas, das dem neuen Geist die Pforten öffnet. Damit ist nicht etwa gemeint Ihrer Majestät Ulanenregiment noch eine zweite neue Kirche zu bauen.

* *
*

Oskar II. von Schweden ist gestorben[2]). Ein echter Friedensfürst. Die Pazifisten der nordischen Länder und der übrigen Welt legen ehrerbietig und dankbar einen Trauerkranz in diese Gruft. Ein Wink, ein Wimperzucken, und es hätte zwischen Schweden und

[1]) Wurde am 14. November 1907 feierlich eröffnet.
[2]) 8. Dezember 1907.

Norwegen Krieg gegeben [1]). König Oskar hat nicht so gewinkt — obwohl tiefe Kränkung ihn bewegte. Er war eben nicht das, was sonst an Königen und Königserben gerühmt wird: „Soldat mit Leib und Seele" — er war ein Denker, ein Poet und ein guter Mensch. Man hat es ihm aber auch von vielen Seiten übel genommen; nicht nur in den konservativen und kriegsparteilichen Kreisen Schwedens, sondern in solchen Kreisen überall. Erst die Nachwelt wird so recht zu würdigen wissen, welches noch nie dagewesene Beispiel durch das Verhalten Oskars II. gegeben worden ist.

* *
*

Der zweite Prozeß Harden hat die Ehre des Grafen Moltke rehabilitiert (auch die gegen den Fürsten Eulenburg erhobenen Beschuldigungen zerfielen zu Staub), und das System ward verurteilt, mittels schmutzigen Tratsches Politik zu treiben [2]). Und welche Politik ist es, die die Zukunft betreibt, in dem sie sich auf den Geist des Eisenkanzlers beruft? Das geht deutlich aus dem letzten Artikel des Grafen Reventlow in der „Zukunft" hervor, der in diesem Blatte alles perhorresziert, was etwa zu Versöhnung und Frieden mit anderen Nationen führen könnte, der sich offen zu aggressiver Raubpolitik bekannte. Der Zweck heiligt niemals die Mittel — aber solche Politik ist auch ein unheiliger Zweck.

* *
*

Die Krönung Teodore Monetas mit dem Nobelpreis [3]) hat sich in Italien zu einer nationalen Friedenskundgebung gestaltet. Der König, Tittoni, sämtliche Minister, der Senat, die Gelehrten und Künstler des Landes: alle haben den Laureaten nicht nur beglückwünscht, sondern in ihren Telegrammen und Briefen sich mit

---

[1]) Bei der Trennung der beiden Reiche 1905 lag diese Gefahr sehr nahe. König Oskar hat sich entschieden gegen einen Krieg gewehrt.

[2]) Harden wurde am 3. Januar 1908 wegen Beleidigung Moltkes und Eulenburgs zu 4 Monaten Gefängnis verurteilt (siehe oben Seite 60). Später (23. Mai 1908) hebt das Reichsgericht dieses Urteil auf und verweist es zur erneuten Verhandlung in die Vorinstanz.

[3]) 10. Dezember 1907.

seinen Zielen solidarisch erklärt. — In Oesterreich pflegt der Volksmund bei patriotischen Anlässen in weicher Rührung zu sagen „Vater Radetzky, schau abi!“ Nun, an diese Monetafeier hätte der Sieger von Custozza gerade keine Neigungen, aber „Alfred Nobel, sieh herab“ sollte man sagen, „hier wurde einer geehrt, einer, der ganz nach Deinem Sinn ist[1]).“

* *
*

Marokko kommt nicht zur Ruhe. Nun ist der Sultan abgesetzt, mit dem die Mächte paktiert hatten[2]), ein anderer ward proklamiert, und alle Stämme sind in Aufruhr. Es fehlt nicht viel und der „heilige Krieg“ entbrennt. Was da, auf beiden Seiten, an Grausamkeit verübt wurde, es ist zum Schaudern. Was werden die afrikanischen Moslims nicht tun, um die ungläubigen Europäer zu verjagen? Was werden die christlichen Europäer nicht tun, um ihr „Prestige“ zu wahren? Auch das ist ein heilig gehaltener Götze, dem willig Hekatomben dargebracht werden.

* *
*

Oesterreich feiert ein Jubeljahr. Sechzig Jahre Regierung. Wenn aus diesem Anlaß der von ganz Europa mit Ehrerbietung umgebene Kaiser Franz Josef alle Staatsoberhäupter Europas zu einer Konferenz einlüde, zu dem Zwecke, dem Weltteil den Frieden zu sichern, sie alle kämen herbei. Aber solcher Höhenflug wird jetzt noch durch eine eiserne Kuppel verhindert, die auf der Welt lastet: der militärische, der kriegerische Organismus. Der duldet einfach nicht, daß ein Regime des Dauerfriedens eingesetzt werde. Wir bekommen aber neue Maschinengewehrabteilungen. Nein, der Augenaufschlag,

[1]) Th. Moneta, der Veteran der italienischen Pazifisten, hat sich — alt und krank — bei den Stürmen der Jahre 1911 und 1914 nicht bewährt. Er trat damals unter dem Abscheu der pazifistischen Welt für den Lybischen Krieg und nachher für die Beteiligung Italiens an dem Weltkrieg gegen seine Verbündeten ein.

[2]) Im August 1907 wurde der Bruder des Sultans Abdul Azis, Mulay Hafid, zum Sultan ausgerufen; dieser wurde aber am 10. Dezember 1907 von Ersterem besiegt. Am 4. Januar 1908 wird jedoch Mulay Hafid in Fez endgültig zum Sultan ausgerufen.

1908 genannt, bringt uns noch nicht ans Ziel. Möge er uns nur wieder einige Linienbreiten dem Ziele näher bringen. Denn — wer weiß? Das Unerwartete, das Wunderbare, das kann ja jederzeit kommen.

Der Königsmord in Portugal. — Aufhebung der Diktatur. — Marquis de Soveral. — Delegationsverhandlungen. — Exposé des Herrn Baron Aehrenthal. — Der „unzutreffende" Name der Haager Konferenz. — Seeausflug der Delegationen und der Presse. — Neue Erfindungen und Entdeckungen. — Wo bleibt die Interparlamentarische Union? — Die Polenvorlage. — General Stößel. — Eisenbahnkrieg.

Wien, 8. Februar 1908.

„Der König und der Kronprinz von Portugal sind erschossen[1])." Diese Nachricht umlief vor einigen Tagen die Erde, soweit Telegraphendrähte reichen, und rief überall Entsetzen wach. Instinktiv fühlt die Menschheit in solchen Augenblicken, daß Morden ein Verbrechen, und Gemordetwerden — für die Betroffenen und für die, die sie lieben — ein tiefes Unglück ist. Die natürlichen Gefühle der Entrüstung und des Beileids wallen auf. Man vergißt, daß das ganze Gebäude der waltenden Gesellschaftsordnung auf dem Recht zu töten errichtet ist; man vergißt, daß man in ehrfürchtiger Hochhaltung dieses Rechtes gar kein Mitleid aufkommen zu lassen pflegt, wenn es in der geheiligten Form des Massenmordens auf den „Schlacht"-Feldern ausgeübt wird, oder wenn zur Aufrechterhaltung der sogenannten Ordnung mit Salven und Hinrichtungen vorgegangen wird.

* *
*

Der erste Schrei, der sich beim Eintreffen der Schreckensnachricht aus Lissabon in den reaktionären Kreisen allüberall

[1]) Am 1. Februar 1908 zu Lissabon.

erhoben hat, war dieser: Das Attentat kam nicht von Revolutionären, sondern von der verruchten Anarchistensekte. Ausrotten muß man die Bande.... Alle Verdächtigen schon früher vertilgen, ehe sie etwas tun. Das Regime dort muß natürlich beibehalten werden, im Gegenteil noch viel strenger und straffer gehandhabt — in solchen Augenblicken darf man nicht nachgiebig sein. In der zuerst telegraphierten Proklamation des neuen Königs hieß es auch: Minister Franco bleibt auf seinem Posten. Es kam aber anders: mit der alten Formel der starren Unnachgiebigkeit wurde gebrochen; man gab zu, daß nicht ein paar fremde Anarchisten den beliebten Königsmordsport getrieben, sondern daß einer großen Menge im eigenen Volke die Geduld gerissen und es um jeden Preis das Joch der aufgezwungenen Diktatur brechen, die Sünden des Verfassungsbruchs strafen wollte, und die korrigierte Proklamation hieß: Franco entlassen, die Verfassungsgarantien respektiert. Ist das aus Furcht geschehen? Wenn ja, so wäre es keine unberechtigte Furcht gewesen, denn die Attentäter — wenn auch ein paar aus ihren Reihen den freiwillig riskierten Tod gefunden haben — hätten ihr Werk vermutlich fortgesetzt. Oder ist es aus erwachtem Rechtsgefühl geschehen? Auch das ist möglich. Das Wahrscheinliche aber ist dies: die Direktive kam aus England. Kam von einem wirklichen und weisen Freund und Beschützer. Wohl flogen die Depeschen hin und her, und der Zufall, daß der portugiesische Gesandte in London, der bei Eduard VII. hochbeliebte Marquis de Soveral, während der Katastrophe in Lissabon weilte, kann zu dieser raschen Verständigung beigetragen haben. Ich habe den Marquis de Soveral im Haag, wo er in der letzten Konferenz eine große Rolle gespielt, kennen — und seine großmütigen, freiheitlichen, weitblickenden Gesinnungen schätzen gelernt; ich weiß, wie er damals, als die englische Delegation, durch Regierungsinstruktionen gehemmt, in einer wichtigen Frage nicht vom Flecke kam — wie er damals nach London eilte, dort mit dem König sprach und eine Modifikation jener Instruktionen erzielte.... Ich werde mich in der Annahme kaum täuschen, daß in dieser über sein Land hereingebrochenen Schreckensstunde Soveral seinen in der Richtung der Versöhnung und der Gerechtigkeit wirkenden Einfluß geltend gemacht hat.

* *
*

Oesterreich-Ungarn stand im Zeichen der Delegationsverhandlungen [1]). Da bei diesem Anlaß das Exposé des Ministers des Aeußern über die internationale Lage, und die Forderungen des Kriegs- und Marineministers für Mehrrüstung zur Sprache kommen, so bietet dies dem Beobachter der Kriegs- und Friedensinteressen ein dankbares Feld. Die Debatten, die sich an die weltpolitischen Fragen knüpften, die den Untergrund der Delegationsverhandlungen bilden, waren dies Jahr auf ein besonders enges Niveau beschränkt, denn alles wurde von dem Standpunkt des Verhältnisses zwischen Oesterreich und Ungarn aufgefaßt. Fahnenfrage, Emblemfrage, Kommandosprachenfrage, Zolltrennungsfrage — das stand im Vordergrund, wer denkt da an die Aufgaben der fortschreitenden Kultur? An die Gefahren der überall steigenden Rüstungsdrohungen? Die Frage, ob Ungarn volle Selbständigkeit und Lostrennung erreicht oder nicht, ist eine Frage für sich und jedenfalls eine wichtige Frage, doch sollte sie nicht bei Besprechung der allgemeinen Weltpolitik den Ausblick auf diese verrammeln.

In der Rede Aehrenthals, die in ihrem ganzen Ton vielfach von der alten Schablone abwich und höheren Schwung bekundete, war besonders der Passus erfreulich, worin er an der Hand der verschiedenen Verträge und Ententen der neueren Zeit konstatierte, daß „die Konsolidierung der friedlichen Entwickelung das allerorts erkennbare Bestreben" sei. „Es handelt sich darum, die Bürgschaften zu vermehren, welche den Völkern die ungehinderte Weiterbewegung auf der Bahn des moralischen und materiellen Fortschritts sichern sollen." Diese Worte umfassen das Programm des Pazifismus. Daß das Wort hier nicht Fleisch wird, liegt daran, daß die Regierung zugleich bemüht ist, das Programm des Militarismus aufrechtzuerhalten. Die beiden paralysieren sich: der Friede bringt es nicht zu seiner ersehnten gesetzlichen Sicherung und der Krieg nicht zu seinem ersehnten Ausbruch. Der Minister erwähnte mit Genugtuung das russisch-japanische Abkommen, die russisch-englische Verständigung, die Abmachungen zwischen England, Spanien und Frankreich; — also macht sich die Einsicht geltend, daß jede einzelne Verbündung einen Gewinn für alle bedeutet und so den Weg für die allgemeine Verbündung weist. Auch über den Austausch von Monarchen- und Ministerbesuchen, sprach Baron Aehrenthal, welche zur Verscheuchung

[1]) Am 19. Dezember 1907 in Wien zusammengetreten.

von Mißstimmungen gedient und durch freundliche Aussprache Gegensätze aufgehoben haben; — nur vergaß er dabei, die vorangegangenen, durch die Pazifisten der verschiedenen Länder inszenierten Kundgebungen zu erwähnen. Fürst Bülow hatte dies in seinem Exposé nicht vergessen [1]).

* *
*

Von der Haager Konferenz heißt es in der Ministerrede: „Es ist selbstverständlich, daß die österreichisch-ungarische Vertretung im Rahmen ihrer Instruktionen und bei steter Bedachtnahme auf die spezifischen Interessen der Monarchie an diesem verdienstlichen Werke in anerkennenswerter Weise mitgearbeitet hat." Dasselbe hat Fürst Bülow von den spezifisch deutschen Interessen gesagt. Herr Beldimann hatte die spezifisch rumänischen, und Turkhan Pascha die spezifisch türkischen Interessen im Auge. Und doch hat der Geist jener Assisen bewirkt, daß, wie Aehrenthal sagt, „ein bedeutsamer Schritt nach vorwärts gemacht wurde auf der Bahn einer allmählichen vertragsmäßigen Festlegung des internationalen Rechts". Das wäre im letzten Grunde auch die beste Förderung aller nationalen Rechte, die bis jetzt durch die internationale Rechtlosigkeit überall bedroht sind.

* *
*

Bemerkenswert sind auch folgende Worte in derselben Rede: „Diese von 44 Ländern der ganzen zivilisierten Erde beschickte Konferenz konnte auch diesmal nicht die weitgehenden Erwartungen rechtfertigen, welche die von dem unzutreffenden Namen „Friedens"-Konferenz hypnotisierte, vielfach von Schlagworten beherrschte Oeffentlichkeit anfangs daran knüpfte." Aus meinem hypnotischen Zustand heraus erlaube ich mir die Frage: „War das „Unzutreffende" nicht vielleicht eher im Inhalt als im Titel enthalten?"

* *
*

[1]) Im Deutschen Reichstag am 29. Nov. 1907. Siehe oben Bd. II, S. 65.

Mitglieder der Delegationen und Journalisten wurden vom Kommandanten der Marine, Graf Montecuccolli, eingeladen, einen Seeausflug in die Adria zu unternehmen. Zweck: Besichtigung der Flotte, der Werften; letzter Zweck: günstige Stimmung für Kreditbewilligung. Die Herren sollen bewundern, wie reich, wie prächtig die vaterländische Seemacht ist, daneben sollen sie betrachten, wie mangelhaft diese selbe Macht ist, wie es ihr an Schiffen, an Torpedos, an Minen mangelt, wie notwendig sie Geld!, Geld!!, Geld!!! braucht, ein Artikel, den schon Montecuccollis Vorfahr als zur Kriegsführung unerläßlich bezeichnet hat. Nun ist aber dieser Doppelzweck einigermaßen widerspruchsvoll. Prahlt man, wie alles schön und kriegstüchtig dasteht — so braucht man keine neuen Millionenzuschüsse; jammert man, wie unzulänglich die Zahl der Schiffe, wie man gegen die anderen glücklichen Staaten im Rückstand ist, so schädigt man sein Prestige und ladet die anderen Staaten förmlich ein, diese eingestandene Inferiorität zu rechtzeitigem Ueberfall zu benutzen. Die Journalisten wurden eingeladen, damit auch sie Stimmung machen für Flottenstolz und Flottenmehrbewilligung und weil, wie der Marinekommandant sich ausdrückte, es die „edelste Aufgabe der Presse sei, Kenntnisse und Auskünfte zu verbreiten". Lange Berichte über den Seeausflug füllten die Spalten der großen Blätter. An Militärfrömmigkeit läßt unsere politische Presse nichts zu wünschen übrig.

* *
*

Die Erfindungen und Entdeckungen überstürzen sich wieder in neuester Zeit: Flugapparat, drahtlose Telephonie; — auch neue Kriegsmaschinen: so ein Brandgeschoß gegen Luftballons — eine neue Methode, mittels Hertzscher Wellen Minen zur Explosion zu bringen, und ähnliches. Alles Dinge, von denen die militärischen Fachschriftsteller melden, daß sie die Kriege der Zukunft stark umgestalten werden. Sie werden die Kriege der Zukunft unmöglich machen — so sagen wir.

* *
*

Zurück zu den Delegationen. Nicht so sehr, was dort gesprochen, als was nicht gesprochen worden, gibt zu denken. Wieder erhob sich keine Stimme, die anläßlich der vom Minister erwähnten

Haager Konferenz und der von der Kriegsverwaltung gestellten Forderungen die Postulate der Friedensbewegung mit Sachkenntnis und Nachdruck vorgebracht hätte. Wo sind denn die Vertreter der Interparlamentarischen Union? Ein Delegierter konnte sogar mitteilen, daß in Militärkreisen mit Bestimmtheit von einem Krieg mit Italien, der längstens in drei Jahren ausbrechen müsse, gesprochen werde. Auch darauf reagierte niemand. Oder wenn etwa ein Redner im Sinne der Friedensbewegung aufgetreten wäre, so ist es von den Berichterstattern und den Blättern verschwiegen worden. Für eine Richtigstellung wären wir dankbar.

* *
*

Im preußischen Herrenhaus stieß die Polenvorlage auf einigen Widerstand[1]). Bischof Kopp meinte, man sollte in der Politik doch auch der christlichen Moral ein klein wenig Platz einräumen. Das ist zu bescheiden. Für die Moral soll überall der erste Platz verlangt werden, namentlich von solchen, deren Amt zu ihrer Verteidigung verpflichtet. Die Einschränkungen, die das Herrenhaus verlangte, werden von der Regierung kaum angenommen; während die Einschränkungen der Abgeordneten das Prinzip untangiert ließen, nur einiges Abhandeln der räumlichen Ausdehnung. Solche Kompromisse sind eigentlich keine — sind feiger als rückhaltlose Zustimmung. Das Recht der rückhaltlosen Verurteilung wird sich aber die gesamte zivilisierte Welt nicht nehmen lassen. Das Tabu „innere Angelegenheiten" genannt, besitzt Geistern gegenüber, die unabhängig sind, und Herzen gegenüber, die für das Kulturideal schlagen, keine schweigengebietende Kraft mehr.

* *
*

Stößel[2]) und noch einige Generale zu Tode verurteilt! Und wenn sie auch begnadigt werden, welch ein Sturz nach der frü-

[1]) Am 13. Januar 1908 stand die sogenannte „Ostmarkenvorlage" zur ersten Lesung im Herrenhaus.

[2]) Der Verteidiger von Port Arthur wurde am 20. Februar 1908 in Petersburg zum Tode verurteilt, vom Zaren jedoch zu zehnjähriger Festungshaft begnadigt.

heren Vergötterung und ordenausteilenden Bewunderung. Es ist doch kein gar neidenswertes Amt, Festungskommandant zu sein, Festungen fallen ja schließlich immer. Sie zu Fall zu bringen, kostet mitunter — wie dies bei den Japanern, denen das Leben billig wie Brombeeren ist — 100,000 Leichen. Festungen sollen hinfort nur eine Bestimmung haben: geschleift zu werden. Vielleicht hilft die Eroberung der Luft dazu. Nach oben sind ja alle Plätze „offene Plätze".

Erbfolgekriege, Religionskriege, Kabinettskriege — die sind, sagt man, abgetan. Jetzt stieg aber ein Neues auf: Eisenbahnkriege. Sandschakbahn, Bagdadbahn — das sollen nun die Zankäpfel werden. Ueber das österreichische Projekt einer Bahnstrecke im Balkan und dem „Gegen"projekt Rußlands erhob sich ein plötzlicher Sturm im Blätterwald. Heilige, „vitale" Exportinteressen sollen jetzt mit Feuer und Schwert geschützt werden. Die Tarifpolitik wittert Gefahren. Gewiß, nur diese kann für den einen geschädigt werden, wenn der andere auch eine neue Verkehrslinie bekommt. Darum fort mit der ganzen Zollkriegsführung. Eine europäische Zollunion wäre das beste. Und dann, je mehr Verkehrswege bei allen, desto besser für alle. Aber auch ehe es so weit ist: Güter im Wert von einer Milliarde vernichten (die Menschenleben gar nicht gerechnet, ernsten Politikern darf man mit solchen Lappalien gar nicht kommen), wo es sich um den Gewinn von ein paar Tausend handelt, das wäre schon der Gipfel des Unverstandes. Die Regierungen sind aber zum Glück heute schon gescheiter als die Chauvinisten und ihre Presse: auf den ganzen Alarm über die projektierten Bahnen trafen rasch die offiziellen Communiqués ein, daß diese sämtlichen Bahnbauprojekte im vollen Einverständnis der Staaten gemacht worden sind. Die Kriegshetzer werden dennoch nicht so bald schweigen; wir werden noch viel von der Sandschakbahn hören.

Die Attentat-Epidemie. — Aus der österreichisch-ungarischen Delegation. — „Die Armee verdorrt". — Erfahrungen des russisch-japanischen Krieges. — Die ungesprochene Frage „Wie soll das enden?" — Eine sozialdemokratische Stimme über Militärmusik. — Abg. Dobernig über das Kaiserjubiläum. — „Raufen und Kriegführen ist nicht abzuschaffen". — Französisch-amerikanischer Schiedsgerichtsvertrag. — Die Polenvorlage. — Protestbrief der polnischen an die deutschen Frauen. — Der Antrag Macdonalds im englischen Unterhause zur Einschränkung der Rüstungen. — Asquiths Amendement. — Kriegsruf der „echt russischen Männer". — Deutsch-englische Flottenverhandlungen. — Der Brief Kaiser Wilhelms an Lord Tweedmouth.

Wien, 12. März 1908.

Soll man wirklich alle Attentate — die geplanten, entdeckten und ausgeführten — noch registrieren, die sich im Laufe einiger Wochen häufen? Wird es nicht schon zu monoton? Und sieht man noch immer nicht, wie das Prinzip „Gewalt" stets drohender sich betätigt, wenn man zum Schutz dagegen wieder nichts anderes gelten läßt als Gewalt; wenn man dieses Prinzip nicht selber von oben verpönt und verdammt, wenn man im Gegenteil fortfährt, es zu glorifizieren. Es sind wieder Bomben geflogen: gegen den Schah von Persien[1]), gegen den Präsidenten einer südamerikanischen Republik — eine Riesenverschwörung gegen die Zarenfamilie wurde rechtzeitig aufgedeckt und ähnliches mehr. Auch auf das Königsschloß in Christiania feuerte ein Schwede zehn Schüsse ab, die durch die Fenster drangen. Freilich stellte sich heraus, daß der Mann irrsinnig sei. Gegen Irrsinn wird man wohl niemals gefeit sein; das Traurige

[1]) Am 28. Februar wird in Teheran auf den auf einer Ausfahrt begriffenen Schah ein Attentat unternommen, das jedoch ohne Folgen bleibt.

ist nur, daß gegenwärtig die Mordprozedur noch als der letzte Schluß politischer Vernünftigkeit gilt.

* *
*

In den österreichisch-ungarischen Delegationen [1]) ist noch weiter viel von militärischen Dingen gesprochen worden. Der gemeinsame Kriegsminister erhob sogar die Klage, daß „die Armee verdorrt“. Es wird so schlimm nicht sein; das Verdorren droht eher dem Steuersäckel. Die Leitartikelschreiber beeilen sich, den kriegsministeriellen Alarmruf zu unterstützen. „Ein solches Wort“, ruft an erster Stelle eine große Wiener Zeitung, „könnte wohl unter den heutigen Verhältnissen in keinem anderen großen Staate gesprochen werden, ohne daß die Oeffentlichkeit erregt fordern würde, daß man diesen Uebelständen, der mangelhaften Schlagfertigkeit des Heeres, der mangelhaften Organisation ein Ende bereiten müsse. (Also Steuerzahler: fordere erregt, daß augenblicklich noch viel mehr Millionen bewilligt werden als der Minister zu fordern wagt!) In der Bevölkerung weiß jedermann, daß wir in einer Zeit leben, wo die Armeetechnik alles aufarbeiten muß, was der Transvaalkrieg und der russisch-japanische Krieg an Neuerungen aufgewiesen haben.“ (Merkwürdig, unsere Bevölkerung, in der „jedermann“ keine dringendere Sorge kennt, als die Methoden und Werkzeuge eingeführt zu sehen, welche in den Konzentrationslagern von Südafrika das große Kindersterben, bei Tschuschima den Untergang einer Flotte in einer halben Stunde, bei Port-Arthur die Verwandlung der Stürmenden in brennende Fackeln und auf den mandschurischen Feldern den Ausbruch des Massenwahnsinns bewerkstelligt haben.) „Ein Sturm würde sich erheben,“ fährt der Leitartikler fort, „wenn man erführe, daß im Laufe der Jahre viele Milliarden geopfert wurden, ohne daß man sagen kann, daß das Werkzeug der Armee die schärfste, blankste Schneide zeige.“ (Da aber die technischen Vervollkommnungen niemals aufhören, so werden auch die kommenden Milliarden immer vergebens geopfert werden.)

* *
*

[1]) Januar-Februar-Sitzungen in Wien.

Die Frage „wie soll das enden?", die sich solchen schnarrenden Windungen der Rüstungsschraube gegenüber förmlich auf die Lippen drängt, diese Frage wurde meines Wissens von keinem der Delegierten aufgeworfen. In früheren Jahren kam es beinahe regelmäßig bei Militärdebatten vor, daß der eine oder der andere Abgeordnete und die liberalen Blätter gegen den Rüstungswahnsinn, gegen die dem „Moloch" darzubringenden Opfer protestierten. Das war zur Zeit, als derlei Proteste ganz platonisch wirkten. Jetzt, wo es eine interparlamentarische Union gibt; jetzt, wo im Haag ein Tribunal eingesetzt ist; jetzt, wo zum Abrüstungsübereinkommen die erste Haager Konferenz einberufen, und vor der zweiten tatsächliche Vorschläge zur Inangriffnahme der Rüstungseinschränkung von seiten einer Großmacht gemacht wurden; jetzt, wo man so viele Argumente und Anhaltspunkte zur tatsächlichen Aufhebung des platonisch beanstandeten Zustandes zur Hand hätte, jetzt schweigt man diskret; man könnte die militärischen Kreise verletzen, also macht man lieber so, als befände man sich einer unabwendbaren, niemals angefochtenen Sache gegenüber. Ich spreche von den mitteleuropäischen Parlamenten und den mitteleuropäischen Zeitungen.

* *
*

Diesmal war auch ein Sozialdemokrat unter den Delegierten. Was würde der wohl zu den Armeefragen sagen? Gespannt las ich den Bericht: er sprach über die Militärmusiker. Der Abgeordnete Dobernig sprach schon mehr nach meinem Herzen. Er führte aus, daß der Kaiser zu seinem 60jährigen Jubiläum das Werk der allgemeinen Abrüstung inaugurieren könnte. Leider entwickelte er dieses Thema mit seinen weitherzigen Ausblicken nicht eingehend und nicht allein; er fügte auch noch eine Interpellation über die militärischen Zänkereien ein. Der Minister in seiner Antwort reagierte nur [illegible] diesen Punkt. Einer der Delegierten sprach sehr ausführlich u[illegible] dringlich über eine Regimentshufbeschlagsschmiede in Brü[illegible] welche das dortige Hufbeschlaggewerbe geschädigt wird[illegible] brachte die übliche Beschwerde über Soldatenmiß[illegible] worauf der Minister den üblichen Trost gab, da[illegible] Fälle strengstens untersucht und geahndet we[illegible] hinzu: „Die Mißhandlungen kann man besch[illegible] sie kein Mensch, ebensowenig wie man das Raufen oder das Kriegführen abschaffen kann.“ Also laßt es euch noch einmal gesagt sein: das legale Raufen ist unabschaffbar. Dogma. Die Sklavenmißhandlungen waren einmal auch nur zu „beschränken“ — und die Sklaverei war eine heilige, unverrückbare Institution. Dogma. Es hat solche gegeben, die sich an dieses Dogma nicht kehrten, und die es nicht so unwidersprochen verkünden ließen.

* * *

Am 10. Februar wurde in Washington vom französischen Botschafter Jusserand und Staatssekretär Root ein Schiedsgerichtsvertrag zwischen Frankreich und den Vereinigten Staaten unterzeichnet. Die unter die Depeschenrubrik verirrte kurze Nachricht blieb in unserer Presse kommentarlos.

* * *

Die ostmärkische Enteignungsvorlage — trotz der mutigen Gegenstimmen im preußischen Herrenhaus — ist unter Dach und Fach gekommen[1]). Kaiser Wilhelm richtete darüber ein Belobungsschreiben an Herrn von Rheinbaben. Mir wurde der Text eines offenen Briefes polnischer Frauen an deutsche Frauen überschickt. Darin werden die deutschen Schwestern gebeten, sie mögen heißen Protes[illegible]n dagegen, „daß die Nachkommen derer, welche diese Schol[illegible]e Jahrhunderte lang mit ihrem Blute und Schweiße [illegible]hrem Lande vertrieben werden. Nicht uns, nicht un[illegible]rdet ihr dienen, deutsche edle Frauen; um der Ehre [illegible]um se[illegible] Ehrenstellung in der Welt, um des Urteils[illegible] Zuku[illegible], erhebt die Stimme des Protestes — —“. [illegible]ment von ungefähr 50 polnischen Frauen [illegible]te[illegible]an der Spitze Eliza Orzeszkowa, Polens [illegible]

* * *

[1]) [illegible]errenhause am 27. Februar 1908 mit 143 gegen 111 [illegible]erte Vorlage wird vom Abgeordnetenhaus gegen die [illegible]s, der Polen und Freisinnigen am 3. März 1908 ange-

Im englischen Unterhause brachte Murray Macdonald (radikal) eine Resolution zur Einschränkung in den Ausgaben für die Bewaffnung ein[1]), eine Politik, zu der die Regierung verpflichtet ist. Er begründete den Antrag mit den gegenwärtigen Beziehungen zwischen den Großmächten, mit der durch die Verträge mit Frankreich, mit Rußland, freundschaftlich gewordenen veränderten internationalen Lage. England sei stark genug, um in der Verminderung der Rüstungen mit gutem Beispiel voranzugehen. Schatzsekretär Asquith brachte zur Resolution folgendes Amendement ein: „Im Hinblick auf die fortgesetzt freundschaftlichen Beziehungen zu den auswärtigen Mächten, die in der Rede des Königs zum Ausdruck gekommen sind, wird das Haus den Minister in der Verminderung der Ausgaben für Heer und Flotte insoweit unterstützen, als diese Verminderung mit einer angemessenen Verteidigung des Landes vereinbar ist." Dieses „insoweit" hängt natürlich wieder von dem Gutachten der militärischen Experten ab, und „angemessene Verteidigung" besteht bekanntlich im Hieb. Und so ward die Resolution glücklich in ein Nichts amendiert. Das erinnert an die Zusätze bei den im Haag aufgestellten Gesetzen zur Milderung der Kriegführung, „falls das militärische Interesse es gestattet".

* * *

Der russische Volksverband, die „echten russischen Männer", die Bewaffner der schwarzen Hundert, richteten an den Zaren nachstehendes Telegramm:

„Jetzt kommt die Zeit, wo äußere Feinde, die von unserer inneren Zerrüttung überzeugt sind, mit Dreistigkeit daran denken, die Integrität Deines Reiches anzutasten, wo die unterworfenen Fremdvölker daran denken, sich von Rußland zu trennen. Glaube uns, Herrscher, mächtig und stark ist noch das orthodoxe Rußland, begegne kühn dem Anprall der auswärtigen Feinde, indem Du Deine ganze Heeresmacht bis auf den letzten Soldaten gegen sie aufbietest."

Also geradeaus: Aufforderung zum Krieg. Weiter versichert die Depesche in den bekannten patriotischen Phrasen, daß „nach alter

[1]) Am 2. März 1908. Die Resolution Macdonalds wird mit 320 gegen 73 Stimmen abgelehnt.

Weise der Väter" der Verband für die Größe des Vaterlandes sein Leben hergeben wird, daß der Russenzar zum Verderben aller Abtrünnigen das monarchische Banner hocherheben solle, von grenzenloser Liebe für den unbeschränkten, selbstherrlichen Zaren seien sie imstande, Legionen aufzustellen — „gestatte es, großer, selbstherrlicher Zar, und wir alle treten in die Reihen Deiner treuen Legionen des russischen Volksverbandes, den inneren und äußeren Feinden zum Schrecken." Jawohl, zum Schrecken der ganzen Welt! Man soll es überall nur wissen und erkennen, daß in allen Ländern die Nationalisten es sind, die zum Kriege rufen und dabei stets hocherheben das Banner — der Brutalität.

* *
*

Unter der Kopfmarke „Die Anregung zu deutsch-englischen Flottenverhandlungen" veröffentlichte die „N. Fr. Presse" unterm 28. Februar nachstehende Depesche aus Berlin:

> „Ueber die von einigen Londoner Blättern gegebene Anregung zu Verhandlungen zwischen der deutschen und englischen Regierung in betreff einer Verminderung der Flottenrüstungen wird ihrem Korrespondenten von maßgebender Stelle erklärt, daß man diese Frage als eine sehr delikate betrachtet. Die deutsche Regierung hat von der englischen bisher keine Einladung zu solchen Verhandlungen erhalten und hofft auch, in Zukunft keine zu erhalten, da eine solche Erörterung von Staat zu Staat doch nicht möglich sein würde, ohne daß der eine Staat in die Souveränität des andern eingreifen würde."

Man „hofft", daß keine solche Einladung erfolgt, ist gut. Daß eine Erörterung von Staat zu Staat über diese Frage „unmöglich" sei, ist auch gut. Die Unwissenheit gewisser Zeitungskorrespondenten geht doch zu weit. Weiß der Mann nicht, oder ignoriert er absichtlich, daß eine solche Erörterung der Grund zur Einberufung der ersten Haager Konferenz war und auf der zweiten in Form eines Beschlusses von 46 Regierungen als Verpflichtung übernommen wurde?

* *

Die englischen Konservativen waren übrigens ähnlichen Verhandlungen ebenso abhold wie die deutschen. Die Anregung wurde von „radikalen" Blättern gegeben; die „gut denkenden", ganz gelben und gelb angehauchten polemisieren dagegen. Zufällig ist die jetzige Regierung (und ein großer Teil der Bevölkerung) pazifistisch, aber der Jingoismus lebt. In einer nächsten Regierung kann er sogar wieder die Oberhand gewinnen. Zum Glück steht der König auf seiten der Pazifisten, und trotz der konstitutionellen Beschränkung — sein Machteinfluß ist groß. Der Zwischenfall des von Kaiser Wilhelm an Admiral Tweedmouth gerichteten Briefes[1]) hat die Hetzpolitik der „Times" wieder in helles Licht gerückt. War das ein Lärm! „Wie, der fremde Monarch schreibt an unseren höchsten Seelord und will ihn glauben machen, deutsche Flottenrüstungen seien nur defensiv, und so ihn beeinflussen, uns wehrlos zu machen!" — Das war der Tenor des Alarmartikels der „Times". Statt aber allgemeine Panik hervorzurufen und auf beiden Seiten zu Beleidigungen und womöglich Feindseligkeit zu führen, hat das Vorgehen des gelben Weltblattes in Aus- und Inland ablehnende Zurechtweisung erfahren. In Blättern, die doch selber gelblich sind, wurde gesagt, die „Times" sei über die friedlichen Erklärungen der Königsrede und der Regierung ungehalten gewesen und suche nun zwischen England und Deutschland neuerdings Mißtrauen und Zwietracht zu streuen. Eine solche Taktik sei für ein Blatt keine „rühmliche", konstatieren die übrigen Blätter einstimmig. Das ist ein gutes Resultat und wird vielleicht manche, die so schreiben, zur Selbsteinkehr veranlassen. Die alten Mittel fangen doch schon allmählich an, zu versagen.

---

[1]) Kaiser Wilhelm hatte an den ersten Lord der britischen Admiralität, Tweedmouth, einen Brief gerichtet, worin der Kaiser nach Mitteilungen der „Times" den Versuch gemacht haben soll, auf die Gestaltung des englischen Marine-Etats zugunsten Deutschlands Einfluß zu üben. In den beiden Parlamenten wird dieser Brief von den Regierungsvertretern als eine rein private Mitteilung erklärt.

„Heiteres" aus Marokko. — Revolution und Schreckensherrschaft auf Haiti. — Das europäische Konzert am Balkan. — Eine neue kriegstechnische Maschine. — Artilleristische Studienreise eines Erzherzogs. — Aus den Militärzeitungen. — Der südöstliche Kriegsschauplatz. — Schüren des englisch-deutschen Mißtrauens. — Internationale Kriegsinteressengemeinschaft. — Deutsch-französisches Freundschaftskomitee. — Internationaler Kongreß für Erziehungsmoral. — Bund der reisenden Kaufleute. — Sir Max Wächter. — Vielohlawek über Tolstoi.

Wien, 9. April 1908.

Wann und wie wird Marokko zur Ruhe kommen? Daß um dieser Angelegenheit willen kein europäischer Krieg ausgebrochen, war ein erfreulicher Beweis von der Widerstandskraft, die sich gegenwärtig schon der Kriegsführung zwischen Kulturstaaten widersetzt. Die Kolonialkriege bilden noch ein Ueberlebsel der Gewaltweltordnung. Wahrlich auch noch traurig und gefährlich genug. Uebrigens, warum traurig? Es gibt unter unseren Zeitgenossen noch Leute genug, die den Humor der Sache genießen. Der „Progrès de Lyon" veröffentli[illegible]etzt die marokkanischen Eindrücke eines Stabsarztes. Der Sa[illegible]chreibt: „In dem Augenblick, wo die Marokkaner [illegible] der Erwartung, uns im Defilé erscheinen zu sehen, [illegible]ch vom Himmel einen Regen von Geschossen, darun[illegible]elinit, herabgesendet, der in ihren dichten Reihen [illegible]lutbad [illegible]htete. Rosse und Leute flogen paketweise [illegible]ne gu[illegible]de von unserer Seite brachte die Sache [illegible]er A[illegible]r reingefegt. Noch niemals habe [illegible] Ti[illegible] so aus vollem Halse lachen [illegible] je[illegible]etzten Geschoß, das eine Gruppe unserer [illegible]ob[illegible]r oder minder formlose Fragmente auf[illegible] [illegible]n Reihen ein Schrei staunender Bewun[illegible]one, die wie ein Teufel ist und so gute Ar[illegible] da wie ein Teufel? — ich denke, nicht die [illegible]hine.

Auf Haiti ist eine Revolution ausgebrochen. In Port au Prince herrscht Schrecken und Panik. Auf Befehl Lecontes, Generalstabschefs des Präsidenten Nord, wurden laut Drahtmeldung vom 16. März am vorhergehenden Morgen zwölf angebliche Verschwörer gegen die Regierung aus den Betten gerissen und auf dem benachbarten Kirchhof erschossen. Die deutsche und französische Gesandtschaft füllen sich mit Flüchtlingen. Die Regierung Nords forderte den französischen Ministerresidenten auf, alle Flüchtlinge auszuliefern. Ein ähnliches Ansinnen soll an den deutschen Ministerresidenten gestellt werden. Die deutsche Regierung hat sich mit der französischen Regierung sofort ins Einvernehmen gesetzt, und Kriegsschiffe der beiden Mächte werden zum Schutze entsendet. Auch England und Amerika tun dasselbe. Das ist die beste und erfreulichste Verwendung bewaffneter Streitkräfte: Miteinander vereint Bedrängte schützen und retten. Dasselbe System hätte längst in den Balkanländern geschehen sollen — schon als im Jahre 1895 die ersten Nachrichten von den Armenier-Massakers in die Welt drangen. Aber noch heute diplomatisieren die Mächte über die Frage herum, wie man, ohne den Großherrn, auf dessen Befehl Hunderttausende hingeschlachtet wurden, in seiner Würde zu verletzen, und ohne einem oder dem anderen etwaige Vorteile einzuräumen, da Ordnung schaffen könnte. Es leben eben noch die alten mißtrauischen Ideen, die alte Scheu vor Einmengung in „innere Angelegenheiten", das alte Unverständnis für das Moralgesetz in der Politik. Aber es tut nichts: nicht nur Gottes — auch die Mühlen der Zivilisation mahlen langsam, und das Prinzip der Zusammenarbeit der Mächte ist schon durchgebrochen und wird sich schließlich mit seinen vollen segensreichen Konsequenzen entfalten.

* *
*

„Eine neue kriegstechnische Maschine." Unter dieser Spitzmarke wurde aus London unterm 31. März telegraphiert: Großes Aufsehen erregt ein Artikel von Colonel Maude in der „Contemporary Review", worin die Erfindung einer elektrischen Kanone angekündigt wird, die weder Rauch noch Geräusch, noch Rückschlag im Gefolge hat. Die Erfindung wurde von einem britischen Ingenieur Namens Simpsons gemacht; die ersten Sachverständigen haben das Modell geprüft und die Erfindung für durchaus praktisch erklärt.

Eine dementsprechend große Kanone würde Geschosse mit einer Geschwindigkeit von 30,000 Fuß per Sekunde werfen, so daß Schüsse von London nach Paris ins Bereich der Möglichkeit gehören. (Wie angenehm!) Nach Maudes Meinung werden durch die neuen Kanonen Panzerschiffe überflüssig gemacht, da in den Zukunftskriegen nur äußerste Schnelligkeit maßgebend ist. — Wie gewöhnlich, werden an die Nachricht einige Zweifel geknüpft. Es klinge unglaublich. Nun, es kommt wohl oft vor, daß neue Erfindungen sich nicht bewähren, aber „unglaublich" ist wahrlich nichts mehr im Reiche der Technik. Seit die Elektrizität in Dienst gestellt worden, gibt es eben nach der Richtung der Kraftziffern keine Grenzen mehr. Bei der transatlantischen Station der Marconi-Gesellschaften werden Erde und Atmosphäre mit einer Gewalt elektrisch erschüttert, welche der Leistung von vierzig Millionen Pferdekräften gleichkommt. Wenn man sich diese Zahlen auf die Leistungen des maschinellen Großmordes übertragen denkt, so eröffnen sich herrliche Perspektiven.

* *
*

Unser Erzherzog Leopold Salvator macht jetzt, wie die Tagespresse dankbar verzeichnet, eine Studienreise von einer Kanonenfabrik in die andere; er war schon bei Krupp und besichtigt jetzt die Werke der „Rheinischen Metallwaren- und Maschinenfabrik zur Herstellung von Kriegsmaterial" in Düsseldorf. „Der Erzherzog zeigte eine bedeutend artillerietechnische Sachkenntnis; er war unermüdlich im Fragen. Namentlich interessierte ihn das Pressen von Geschützseelenrohren und die Demonstrierung der modernsten Geschützmodelle und ihrer Munition. Der Erzherzog sprach sich sehr befriedigt über die Vorführungen aus." — Wenn aber noch modernere Modelle entstehen, kommen die „modernsten" bald ins alte Eisen. Ich freue mich nur, daß wenigstens die Geschütze eine „Seele" haben. — —

*
* *

Unsere Blätter bringen alle in regelmäßigen Intervallen von Militärfachschriftstellern versorgte Rubriken unter der Aufschrift „Militärzeitung" (auch „Frauenputz", medizinische, landwirtschaftliche usw. Zeitung haben schon Eingang gefunden; nur „pazifistische" Beilagen sind noch nicht eingeführt; — für die Vorbereitung der internationalen Rechtsordnung, welche der Menschheit Glück und Wohlstand bringen wird, interessiert sich — so glauben wenigstens die Redaktionen — das Publikum nicht). In jenen militärischen Fachartikeln wird die Fiktion fallen gelassen, daß die Heere hauptsächlich da seien, um den Frieden zu erhalten; das Hauptthema ist der „Zukunftskrieg". In einem Artikel über die notwendige Reorganisation der technischen Truppen führt der Autor an, was alles not tut, dem Alliierten gegenüber, da heißt es: „Bei einem Krieg an unserer Südwestgrenze muß darauf Bedacht genommen werden, daß zahlreiche, nur durch Ueberbrückung übersetzbare Hindernisse vorhanden sind, daß die Operationszonen viele Befestigungen und leicht zu befestigende Objekte, Ortschaften usw. aufweisen, die ohne Vorhandensein gutgeschulter technischer Truppen einen unliebsamen Aufenthalt („unliebsam" ist gut) zu verursachen vermögen; endlich muß besonders in den gebirgigen Teilen dieses Kriegsschauplatzes usw." Hieße es doch wenigstens dieses „möglichen" Kriegsschauplatzes! Zum Schluß des Artikels ein Stoßseufzer. „Während Deutschland und Frankreich schon mehrere lenkbare Luftschiffe besitzen, hört man bei uns noch nicht einmal etwas von im Zuge befindlichen derartigen „Versuchen". Ein zweiter Artikel in derselben „Militärzeitung" (der N. Fr. Pr., 4. April), ist von einem Seeoffizier geschrieben und berichtet über Deutschlands und Englands Seemacht, und zwar in einem Tone, der das englische Mißtrauen hervorzurufen deutlich bestrebt ist. Es wird gezeigt, wie die britische Seemacht abnimmt, die deutsche immer mehr heranwächst: bald wird das deutsche Schiffsmaterial 919,770 Tonnen Deplacement repräsentieren und 2254 Geschütze besitzen. Mit einer einzigen Lage aller Feuerschlünde können Granaten im Gesamtgewichte von 143,000 Kilo verfeuert werden". Der österreichische Seeoffizier resümiert seine Ausführungen durch nachstehende Schlußbetrachtung, die wohl geeignet wäre, in ein englisches Jingoblatt aufgenommen zu werden und die Navy League zu neuen Anstrengungen anzuspornen:

„Legt man beim Vergleich des englischen Kontingents mit de
deutschen Aufgebot statt des Tonnengehalts die Artilleriewir
zugrunde, so ergibt sich bei einem Konflikte in der Nordsee,
reichlicher armierten deutschen Riesenschiffe das beiderseiti
Kräfteverhältnis nahezu nivellieren, wozu noch kommt,
lischen Dreadnougths wegen der zu geringen Tiefe im
die östlichen Küsten des Deutschen Reiches überhau

könnten. Aus diesem Sachverhalte läßt sich leicht erkennen, warum den neuen Flottenvorlagen auf beiden Seiten so viel Sorge, Erregung und Aufmerksamkeit zugewendet wird. Denn schon die Tatsache, daß Englands gesamte Weltflotte bald nur doppelt so stark ist als die deutsche Marine, und die bisherige Ueberlegenheit in einigen Jahren gefährdet erscheint, muß jedem Briten zu denken geben; während man leicht begreift, daß um dieses Zieles willen auf deutscher Seite die finanzielle Leistungsfähigkeit der Steuerträger bis zum äußersten angespannt werden wird." — *So schüren die Militaristen zu Lande, zur See und zur Luft nicht nur die Rüstungen im eigenen Lande, sondern in der ganzen Welt.* Rußlands Flotte will man wieder hergestellt sehen, China möge sich armieren, *es gibt nichts Internationaleres als die Kriegsinteressengemeinschaft der nationalistischen Parteien.*

* * *

Zum Glück arbeitet die tatsächliche Internationalisierung aller Kulturgemeinschaft rastlos weiter. Das *englisch-deutsche Freundschaftskomitee* ist noch immer tätig (und man sieht, wie nötig!); ein ebensolches Komitee zwischen Deutschland und Frankreich ist in den letzten Wochen in die Oeffentlichkeit getreten [1]), mit neuen, großen Namen an der Spitze; eine internationale Vereinigung für eth[illegible] Erziehung veranstaltet für September einen Kongreß in Londo[illegible] darunter befindet sich der Namen *d'Estournelles*, [illegible] Bürgschaft für die Richtung dieser Institution leistet. [illegible] itze *Lloyd Georges* hat sich im März eine inter[illegible] der reisenden Kaufleute [2]) konstituiert, auf deren

[1]) [illegible] ist da[illegible] n Mai 1907 begründete „deutsch-französische [illegible] itee", [illegible] beitsausschuß u. a. der Präsident des preußi[illegible] jes, [illegible] Manteuffel, der erste Vizepräsident des [illegible] of. [illegible], und andere angesehene deutsche Persönlich[illegible]

[2]) [illegible] M[illegible] n London unter der Führung der United King[illegible] [illegible] Association und auf Veranlassung von *Ludwig* [illegible] Versammlung statt, die die Abhaltung eines inter[illegible] [illegible] senden Kaufleute bezweckte, der im darauffolgen[illegible] [illegible] en sollte. Dort sollte dann die internationale Liga [illegible] en gerufen werden.

[illegible] bung des Weltkrieges II.

BAYERISCHE STAATS-BIBLIOTHEK MUENCHEN

Programm die Verbreitung pazifistischer Ideen einen Hauptpunkt bildet.

* *
*

Sir Max Wächter[1]), der gegenwärtig Europa bereist, um für sein Ziel, „die europäische Zoll-Union", zu wirken, hat sich unlängst in Oesterreich und Ungarn aufgehalten, wo er mit Aehrenthal und Wekerle und vielen anderen hervorragenden Persönlichkeiten konferiert hat. Wieder eine Kraft im Dienste der Weltorganisationsidee!

* *
*

Im österreichischen Reichstag hat ein Antisemit, Bielohlawek, Tolstoi einen „alten Teppen" genannt. Die Entrüstung, die Proteste, die sich dagegen erhoben, gaben Zeugnis von etwas, das man auch als „europäisches Gefühl" bezeichnen könnte. Als in Rußland bei Hofe einmal davon die Rede war, daß über den Weisen von Jasnaja Poljana für eine seiner revolutionären Schriften eine Strafe verhängt werden solle, erhob sich Großfürstin Xenia mit dem Ausruf: „Unmöglich, was würde Europa dazu sagen!" Und sie hatte recht, es gibt ein Europa, das nicht mehr duldet, daß geistige Größen — wes Landes sie auch seien — geschädigt oder auch nur beleidigt werden. Das hat der Tepp-Zwischenfall deutlich erwiesen.

---

[1]) Der 1837 in Stettin geborene, seit langem in England naturalisierte Großkaufmann Sir Max Wächter befaßte sich mit einem Plan zur Föderation Europas auf wirtschaftlicher Grundlage. Zu diesem Zwecke bereiste er Europa, und konferierte er persönlich mit verschiedenen Staatsoberhäuptern.

Unterfertigung des Ostsee- und des Nordseeabkommens. — Preßkommentare dazu. — Fünf neue Milliarden Reichsschulden. — Fürst Bülow über nationale Stimmungen. — Amerikanisch-japanischer obligatorischer Schiedsvertrag. — Die Tragödie Eulenburg. — Die Huldigung der deutschen Fürsten in Wien. — Campbell-Bannerman †. — Italienische Flottendemonstration in der Türkei. — Gabriele d'Annunzio. — Das Heine-Denkmal im Achilleion.

Wien, 9. Mai 1908.

Es hat sich etwas Großes zugetragen, das aber, wie dies bei großen, weittragenden und präzedenzlosen Zeitereignissen gewöhnlich der Fall ist, in der Presse wenig Echo und im Publikum noch weniger Verständnis gefunden hat. Ich meine die Unterfertigung des Ostsee- und des Nordseeabkommens[1]). Die beiden Verträge — welche die Anerkennung des Grundsatzes des territorialen status quo enthalten — sind am gleichen Tage, dem 23. April, in Berlin und in Petersburg unterzeichnet worden. Die Signatur ist während der skandinavischen Reise des Königs von England erfolgt. „Edward the peacemaker" am Werk. Deutschland, Schweden, Dänemark, Rußland, England, die Niederlande und, trotz der geringen Küstenstrecke, mit der es an der Nordsee partizipiert, auch Frankreich kommen miteinander überein, ihren territorialen status quo gegenseitig zu respektieren und zu schützen, der Verzicht auf Eroberung: das ist ja die Formel, die mit einem Schlag den Angriffs- und Expansionskrieg aus der Welt schaffen würde. Hier erscheint das Prinzip nur auf bestimmte Punkte beschränkt — aber als Prinzip

[1]) Am 23. April 1908 wurden gleichzeitig in Berlin und in St. Petersburg von den Ost- und Nordseeuferstaaten zwei Verträge unterzeichnet, worin die Vertragsteilnehmer übereinkamen, in ihren an die betreffenden Meere grenzenden Gebieten den territorialen „status quo" aufrecht zu erhalten und ihren Entschluß kund gaben, „die zurzeit bestehenden Hoheitsrechte ihrer Staaten an ihren Gebieten in jenen Gegenden unverletzt zu erhalten und gegenseitig zu achten". Die pazifistische Bedeutung des Abkommens ist dargelegt in A. H. Fried's Aufsatz darüber in der „Friedens-Warte", 1908, Seite 81.

hat es dadurch schon gesiegt. Alles fängt ja nur klein an und breitet sich dann aus. Das ist das Gesetz, nach welchem jeder Organismus sich entwickelt. Wir haben also allen Grund, uns über dieses Ereignis zu freuen, und wenn wir es weiter ausdenken, so sehen wir den Vertrag kommen, durch welchen die genannten Länder und noch andere dazu sich ihren Besitzstand in ganz Europa sichern — natürlich nur gegen gewaltsamen Einbruch sichern; andere Arten der Territorialverschiebung müssen immer offenbleiben, weil es Starres nicht geben kann, in dieser unserer fließenden Welt.

* *
*

Die Zukunftsaussicht auf Erweiterung blieb aber den Presse-Kommentatoren jenes Abkommens verschlossen; im Gegenteil, sie bemühen sich zu zeigen, daß dem Kriege als solchen (ach, wie sie das alte Ungeheuer verehren und hätscheln) dadurch die Betätigung durchaus nicht abgeschnitten ist — höchstens ein klein wenig beschränkt. So heißt es in einem Artikel über die Verträge (nicht Leitartikel — dazu ist die Sache doch nicht wichtig genug!) in der sichert Dänemark und Schweden auch dagegen, daß im Fall eines N. Fr. Presse: „— — — Dieser Vertrag sichert die Niederlande und deutsch-englischen Krieges sie die Verlierenden wären, daß etwa England, um Deutschland für immer in Schach zu halten, einen ihrer wichtigsten Küstenplätze mit Beschlag belege. Freilich ist die Sicherung keine unbedingte, da England, wenn es ein solches Ziel anstreben würde, dem Staate, in dem es sich festsetzen wollte, direkt den Krieg erklären könnte; das wäre eine jener Maßnahmen, zu denen sich eine Nation *) allenfalls in den außerordentlichsten Fällen entschließt. Gegen derartige Entschlüsse gibt es aber gar keinen Schutz durch Unterschriften. Verträge, wie die jetzt vereinbarten, sind sozusagen nur für normale Krisenzeiten da; im Frieden sind sie selbstverständlich überflüssig, und in Situationen, die alles Maß überschreiten, werden sie hinfällig. Trotzdem hat sich die Nützlichkeit solcher Abmachungen schon

*) Die Nationen werden über derlei Maßnahmen nicht befragt; die Entschlüsse werden in den Kabinetten gefaßt. Siehe Hohenlohes und andere Memoiren.

mehrfach erwiesen*), und sie beruht darauf, daß eine einigermaßen vorsichtige Diplomatie auch während des Kampfes nicht leicht ohne die dringendste Not Rechtsverletzungen begeht, die neue Schwierigkeiten herbeiführen." Und so wird in gewundenen, einander widersprechenden Sätzen hin und her zu beweisen getrachtet, daß das Ereignis nichts bedeutet und alles beim alten bleibt. Ich begreife noch jene stolze Stellungnahme der Souveränität, die da sich weigert, überhaupt Verträge zu schließen — aber die Vorauserklärung, daß man sie nicht achten werde und höchstens nur etwas seltener ohne Not Rechtsverletzungen begehen wolle — das leuchtet mir nicht ein. Es soll nicht leicht sein, das Gruseln zu lernen: aber wann wird denn die sogenannte Realpolitik einmal das Schämen lernen?

* *
*

In der Budgetkommission des Reichstags wurde die Mitteilung gemacht, daß in den nächsten fünf Jahren die deutsche Reichsschuld um weitere fünf Milliarden anwachsen wird. Allgemeiner Schrecken darüber. Auch der Reichsschatzsekretär von Sydow erklärt, daß er, ebenso wie die Finanzminister der einzelnen Staaten, über die Höhe der in den nächsten Jahren sich von selbst ergebenden Schulden erschrocken gewesen. Man müsse unter allen Umständen von der bisherigen Anleihewirtschaft abgehen. — Nun ja, es gibt allerlei, von dem man unter allen Umständen abgehen müßte, wenn die Schuldenanhäufungen der Staaten nicht zu Katastrophen führen sollen; aber man konstatiert Erscheinungen und schweigt über deren Ursachen; man stellt auch mitunter Prämissen auf, geht aber der Schlußfolgerung aus dem Wege. Staatsschulden sind die Folgen vergangener Kriege und die Folgen der Vorbereitung auf kommende Kriege. Das spricht in den Budgetdebatten keiner aus.

* *

Der bekannte Publizist Dr. S. Münz hat in Venedig an der Tafel des Fürsten Bülow gefrühstückt und erzählt viel Interessan-

*) Es hat meines Wissens überhaupt noch keine solche Abmachung gegeben.

tes von der bei diesem Anlaß geführten Unterhaltung. Hier einige Brocken davon: Dr. Münz fragte, ob denn der Kanzler nicht doch wagen würde, zu prophezeien, ob sich die Zukunft der Völker auf Grundlage noch wachsenden nationalen Fühlens oder in mehr humaner Richtung entwickeln würde. In dieser Fragestellung wird der Gegensatz zwischen human und national konstatiert. Der Fürst antwortete: „Man ist jetzt überall national gesinnt. Ein Staatsmann darf nichts gegen das nationale Gefühl tun." Ein Staatsmann folgt doch nicht nur den Stimmungen der Nation — er lenkt sie auch. Und wenn diese Stimmungen revolutionär oder sozialistisch oder sonstwie regierungsunbequem sind, wird von Staatsmännern ganz gehörig „gegen sie getan". Fürst Bülow fuhr fort: „Heutigentags sind es überall Parlamente und die Presse, die leicht in nationale Erregung kommen, und die Staatsmänner müssen oft bremsen. Die Zeit ist dahin, in der vielleicht die Launen der Einzelnen Kriege hervorrufen konnten. Heute werden die Kriege aus der öffentlichen Meinung heraus geboren, und die Staatsmänner müssen allerwärts dämpfen, nicht schüren. In unserer Zeit können Parlament und Presse auf die Beziehungen zwischen den Völkern einen sehr schädlichen, aber auch einen sehr wohltätigen Einfluß ausüben." Die Lektion, die in dem letzten Satz enthalten ist und die immer häufiger von den Lippen der Staatsmänner fällt, sollte von der Presse beherzigt werden. Dagegen sollten sich die Völker gegen die in jüngster Zeit auch häufig vorgebrachte Insinuation wehren, daß *sie es sind*, die den Krieg herbeiführen, weil sie ihn wollen. Man frage jeden einzelnen aus dem Volke und zähle die kriegsfordernden Stimmen. *Uebrigens „herbeiführen" läßt sich nur etwas, was irgendwo bereit steht. Heute kann niemand mehr, sei's ein Inquisitionskollegium, sei's eine religiös-fanatische Menge, ein Autodafé herbeiführen. Man gebe uns ein föderiertes Europa, und wo ist dann ein europäischer Krieg zu holen?*

* *
*

Am 7. Mai ward dem Daily Telegraph aus Tokio gemeldet, daß ein *amerikanisch-japanischer Schiedsvertrag*, „der im allgemeinen einen Zwangscharakter trägt", in Washington unterzeichnet worden sei [1]). Warten wir erst ab, ob die Nachricht wahr ist. Sie ist beinahe zu schön dazu, denn der „Zwangscharakter" würde heißen obligatorisches Schiedsgericht, ohne die üblichen Restriktionen von Ehre und vitalen Interessen. Unzweifelhaft werden solche Verträge einmal kommen; die Frage ist nur, ob dies schon jetzt geschehen — ob die Nachricht nicht nur ein Versuchsballon ist. Zum mindesten ist sie ein Vorläufer.

* *
*

Die Tragödie auf Schloß Liebenberg, von wo der kranke alte Grandseigneur in das Inquisitenspital gezerrt wird [2]), empört das menschliche Gefühl. Die Zeit löscht alles aus. Das haben die Gesetzgeber erkannt und darum den Verjährungsparagraphen geschaffen. Nach 30 Jahren ist auch der Mord straffrei. Und wer heute schwört, daß er etwas nicht begangen, was er nachweislich vor 30 Jahren doch begangen hat, so läßt sich ihm der Meineid nicht nachweisen. Denn eine der vielen Methoden des Auslöschens, deren die Zeit sich bedient, ist das Vergessen. Wer kann behaupten, daß der Eidleistende tatsächlich an ein vor 30 Jahren begangenes Vergehen sich erinnert? Das Gesetz hebt nach solcher Frist die Straffälligkeit — sogar des größten Verbrechens — auf, warum sollte im eigenen Gewissen die Verantwortung für eine begangene (im Grunde belanglose) Handlung nicht aufgehoben, warum im Gedächtnis deren Spur nicht verwischt sein? Und überhaupt: nur dann ist die Gerechtigkeit ein göttlich Ding, wenn sie zu einem Viertel Strenge und zu drei Vierteln Milde ist.

* *
*

[1]) Am 5. Mai 1908 wurde dieser Vertrag in Tokio in der Tat unterzeichnet. Obligatorischen Charakter hat er gerade nicht. Der Vertrag mit Japan war einer von den 24 Schiedsverträgen, die die Vereinigten Staaten unter Elihu Roots Staatssekretariat im Jahre 1908 abschlossen. Diese waren schon deshalb nicht „obligatorisch", weil bei ihrem Abschluß auf die verfassungsmäßigen Befugnisse des amerikanischen Staats, jedem Kompromißabkommen für den einzelnen Streitfall seine Zustimmung zu erteilen, Rücksicht genommen wurde.

[2]) Durch einen in München geführten Prozeß hat sich ergeben, daß Fürst Ph. Eulenburg in dem 1907 gegen Harden geführten Beleidigungsprozeß eine falsche eidliche Aussage geleistet haben soll. Er wurde infolgedessen verhaftet.

Zu dem 60jährigen Regierungsjubiläum des Kaisers sind die deutschen Fürsten nach Wien gekommen, um dem Jubilar zu huldigen[1]). Dabei sind Toaste gesprochen worden, welche die Friedenssicherung durch den Dreibund und zugleich das Friedensziel der anderen europäischen Bündnisse (Frankreich-Rußland, französisch-englische Entente usw.) konstatierten. Wieder Prämissen, denen die so evidente Schlußfolgerung fehlt. Oder ist es die logische Konsequenz des allgemeinen Friedenswillens, daß man sich allgemein zum Dreinschlagen vorbereitet? Müssen auf solche die europäische Sicherheit feiernden Kaiserfeste gleich die „möglichst kriegsmäßigen" Kaisermanöver folgen?

* *
*

Campbell-Bannerman ist von der Regierung zurückgetreten und kurz darauf gestorben[2]). Mit ihm hat nicht nur die liberale Partei Englands, sondern die Friedenspartei aller Länder eine treue Stütze verloren. Hier sei noch einmal festgehalten, was C.-B. am 21. Dezember 1905 in Albert-Hall gesagt hat:

„Ich bin der Ansicht, daß das Wachstum der Rüstungen eine große Gefahr für den Weltfrieden bedeutet. Eine Politik von Riesenrüstungen erhält, stärkt und nährt den Glauben, daß die Gewalt die beste, wenn nicht gar die einzige Lösung internationaler Konflikte darstellt.

Es ist eine Politik, die geeignet ist, alten Groll zu entzünden und neuen Groll zu schaffen. Und ich gebe Ihnen zu erwägen, daß — nachdem das Prinzip der friedlichen Arbitrage an Boden gewinnt — es nun zur höchsten Aufgabe eines Staatsmannes geworden ist, die Rüstungen dieser neuen und glücklicheren Sachlage anzupassen. Welche edlere Rolle könnte diesem großen Lande zufallen, als im geeigneten Augenblick sich an die Spitze einer Friedensliga zu stellen, durch welche das große Werk ausgeführt werden könnte?"

* *
*

[1]) Am 7. Mai 1908 besuchte Kaiser Wilhelm II. mit den meisten deutschen Fürsten Kaiser Franz Josef in Wien, um ihm anläßlich seines 60jährigen Regierungsjubiläums zu huldigen.

[2]) Am 6. April 1908 zurückgetreten, am 23. April gestorben. Sein Nachfolger wird der Schatzkanzler Asquith.

Ein italienisch-türkischer Konflikt[1]) ist durch eine italienische Flottendemonstration beendet worden. Es handelte sich um die Frage von Postämter-Einsetzungen. Für so unbedeutende Angelegenheiten müßte sich doch ein internationaler Gerichtshof statuieren können. Die Türkei hat nachgegeben — wie aber, wenn sie nicht nachgegeben hätte? Schlachtschiffe sind keine Rechtsargumente.

* *
*

Gabriele d'Annunzio ist in Venedig als Dichter der „Nave" gefeiert worden und hat bei diesem Anlaß wieder feurige Worte über die zwei Küsten der Adria gesprochen. Der österreichische Flottenverein hatte die hellste Freude dran.

* *
*

Eine hochsinnige Frau stellt in ihrem Heim einem von ihr geliebten Dichter ein rührendes Denkmal auf. Sie tut es, nicht nur, weil sie selber viel einsame Tränen geweint und den wehmütigen Sänger daher so gut versteht, sie tut es auch einer ihn schmähenden, ihm denkmalversagenden Welt gegenüber, um ihm laute und ewige Genugtuung zu geben — eine Gebärde mutvoller Pietät. Heines Standbild wird nun entfernt und eine Statue oder ein Tempel hingestellt, um das Andenken der Kaiserin zu ehren. Ein Stückchen edler Seele war auf diese Stelle gebannt: weg damit! .... „um ihr Andenken zu ehren".

[1]) Die Türkei wollte die italienischen Postanstalten nicht mehr gestatten. Das italienische Mittelmeergeschwader erhielt darauf Befehl, nach den türkischen Gewässern abzudampfen.

Fallières in London. — Eine neue Note. — Die Auslassungen des Temps. — Der Kommentar der Daily News dazu. — Wie die Imperialisten die Ententen ausbeuten wollen. — A new departure. — Ein internationaler Gastfreundschaftsfonds. — Abgelehnte Rüstungsforderung. — Begnadigung der Pogrommacher. — Jubiläumsfeste.

Wien, Juni 1908.

Der Besuch Fallières in London[1]) als Besieglung und Stärkung der Entente cordiale ist großartig verlaufen. Es hat sich gezeigt, wie sehr die Bevölkerungen sich zu freundschaftlichem Enthusiasmus begeistern lassen. Die Reden, die Edward the peacemaker und der Präsident der französischen Republik miteinander tauschten, haben alle die neue Note hervorgekehrt, die seit einiger Zeit in offiziellen Kundgebungen angeschlagen zu werden pflegt: der Frieden, das Wohl der ganzen Welt. Sonst hieß es immer nur „unser Land" — und bei Besuchen höflicherweise „unsere beiden Länder". Diejenigen, die in alten Geleisen denken, die vermögen freilich nichts anderes in internationalen Freundschaften zu sehen als den Anlauf zu einem Schutz- und Trutzbündnis „mit der Spitze" gegen diesen oder jenen. Und die Kriegsparteien und ihre Blätter stellen dann ihre Betrachtungen in diesem Sinne und messen die Ententen mit rein militärischem Maßstab. Ein Maßstab, der nur durch und für Feindschaften geschaffen wurde, wird auch an die Freundschaften angelegt. So hat sich der „Temps" zu folgenden unerhörten Auslassungen bewogen befunden: Die Entente scheine sich zur Allianz heranzuwachsen; eine solche sei aber für Frankreich nur annehmbar, wenn England seine Heeresverfassung verbessere, damit es imstande sei, große Truppen auf das Festland zu werfen; Frankreich dagegen könnte als Gegendienst seine Flotte verstärken; Rußland wäre der Dritte im Bunde usw. usw. Diese Artikel des „Temps" wurden den mitteleuropäischen Blättern telegraphiert und von diesen

[1]) Vom 25.—29. Mai 1908. Am 14. Mai war die französisch-englische Ausstellung in London eröffnet worden.

nicht etwa mit Protest gegen diese einseitige Auffassung eines Blattes abgedruckt, sondern als die Meinung Frankreichs hingestellt und gleichfalls kriegerisch-politische Betrachtungen daran geknüpft. Und das ist die Antwort darauf, wenn zwei Ehrenmänner vor aller Welt verkünden: „Die Entente cordiale möge zur Entente permanente werden, zur Aufrechterhaltung des Friedens, der das Glück der ganzen Welt ausmacht[1])."

* *
*

Warum fordert man nicht den Zusammenschluß der verschiedenen Ententen in eine? Es wird ja doch so kommen müssen. Die Gefühle, die wir Friedensfreunde angesichts des Londoner Aufenthalts Fallières' und des Verhaltens des „Temps" dazu, hegen, die finden in keinem unserer Blätter ein Echo. Ich wollte diesen Gefühlen nun Luft machen, indem ich ihnen in diesen Randglossen Ausdruck gebe, und schon suchte ich nach recht kräftigen Worten, als mir eine Nummer einer englischen Zeitung in die Hände fiel, die alles, was ich über dieses Thema auf dem Herzen habe, prächtig ausspricht. Ich brauche die Stelle nur abzuschreiben und den Gesinnungsgenossen dadurch die doppelte Genugtuung bieten, daß auch große politische Tagesblätter in unserem Sinne sprechen. „Der Temps schreibt, als würden wir um eine Allianz werben — so heißt es im Leitartikel der Daily News vom 28. Mai —; das französische Blatt erörtert ernsthaft, ob Frankreich durch einen solchen Bund einen Vorteil erzielen würde, eine Frage, welche es bedingungsweise bejaht. Diese Bedingung ist, daß Herrn Haldanes Armeeplan aufgegeben werden soll, um eine „moderne Armee" einzuführen. Das soll wohl allgemeine Wehrpflicht heißen. Man geht so weit, von uns 6 Armeekorps für kontinentale Verwendung zu verlangen. Was uns betrifft, so würden wir die Bildung einer wirklichen Allianz als ein Unglück für den europäischen Frieden betrachten, selbst wenn die Republik nicht so anspruchsvoll wäre wie der Temps und uns gütigst erlauben würde, unser freiwilliges Heer zu behalten. Unsere Hoffnung war, daß die Entente es Frankreich und England ermöglichen würde, in allen europäischen Fragen den linken Flügel in den Ver-

[1]) Worte König Edwards VII. bei dem dem Präsidenten Fallières zu Ehren am 25. Mai in London gegebenen Festmahl.

handlungen des Kontinents abzugeben und gemeinschaftlich für die Einschränkung der Rüstungen, die Friedfertigung von Mazedonien und ähnliches zu arbeiten. Statt dessen wollen uns die Imperialisten beider Länder in eine altmodische, militaristische Allianz treiben. Dann wäre Europa schärfer als je in zwei bewaffnete Lager gespalten, und der Wettlauf der Rüstungen würde fortfahren, bis in allen Ländern das Proletariat sich revoltieren würde. Wir wünschen die engste Freundschaft mit Frankreich, aber wir müssen auf der Hut sein, daß die beiderseitigen Imperialisten das volkstümliche Gefühl nicht ausbeuten, welches demokratischen Sympathien und der Liebe zum Frieden entspringt."

* * *

Eine große Nachricht sei hier mitgeteilt — etwas, was im Englischen a new departure bezeichnet wird. Nichts Geringeres als die Einführung eines staatlichen Friedensbudgets. Als neulich eine Deputation im Namen des kommenden Londoner Friedenskongresses beim britischen Finanzminister Lloyd George vorsprach, um für eine Subvention für den Kongreß und für das Berner Bureau [1]) einzukommen, antwortete der Minister: „Ich brauche meine Freunde kaum zu versichern, daß ich mit dem Ziel dieser großen internationalen Bewegung voll sympathisiere, und daß ich vorbereitet bin, Ihren speziellen Wunsch günstig zu erledigen. (Beifall.) In der Tat, ich kann Ihnen mitteilen, daß ich Ihrem Wunsch zuvorgekommen bin. Ich war immer dafür, daß die internationale Gastfreundschaft auf eine organisiertere Basis gestellt werden sollte. (Hear, hear.) Eine der ersten Fragen, die ich bei Amtsantritt an mich stellte, war die Organisation unserer internationalen Gastfreundschaft. Ich weiß ganz gut, daß es mir nicht zukommt, die Ausgaben zu vergrößern, und es obliegen mir sehr ernste Verpflichtungen. Nichtsdestoweniger: ich war der Meinung, daß ein großes Land wie das unserige etwas tun sollte zur offiziellen Förderung des internationalen Wohlwollens. (Applaus.) Ich beriet mich mit dem Ministerpräsidenten und dem Staatssekretär des Aeußeren, und be[illegible] stimmten mit mir überein, daß ein Betrag speziell für diesen [illegible] ausgesetzt werde. (Hear, hear.) Wir haben die Verwendun[illegible] Fonds noch nicht festgesetzt, aber wir haben über das Pri[illegible]

[1]) Das „Internationale Friedensbureau" in Bern.

schieden, und eine Summe wird genehmigt werden. Der Betrag läßt sich nicht ein Jahr voraus fixieren, sondern kann von Jahr zu Jahr ein anderer werden. Die Gastfreundschaft jedoch muß eines großen Landes würdig sein, welches die Führerschaft in vielen großen Bewegungen, wie die Friedensbewegung, übernommen hat, und ich hoffe, daß es diese Führerschaft würdig aufrechterhalten wird. Ich kenne keine Bewegung oder Assoziation, welche mehr — nicht nur Sympathie, sondern tätige Ermutigung — verdient wie die große Bewegung, welche sie repräsentieren. (Applaus.) Sie können sich darauf verlassen, daß ich die Ansprüche des Falles, den Sie mir vorgelegt haben, unterstützen will, auch daß ihm ein ansehnlicher Anteil des internationalen Gastfreundschaftsfonds zufalle, den ich zu stiften beabsichtige."

Daily News bemerken, daß die Ankündigung des Herrn Lloyd George ebenso erfreulich als unerwartet ist. Sie kennzeichnet den neuen Geist der Zeit.

* *
*

Im amerikanischen Repräsentantenhaus hat sich der bisher ziemlich unerhörte Fall ereignet, daß eine Militärforderung der Regierung abgelehnt worden ist[1]). Die Reden, mit welchen vier oder fünf [illegible]eordnete — darunter Senator Hale und Richard Barthold [illegible] Ablehnung der vorgeschlagenen vier Dreadnougths [illegible] unsern Parlamentariern, und namentlich Inter[illegible] Muster dienen. Es wurde darin auf die unter [illegible] Friedensbewegung, der Haager Konferenzen, des [illegible] der [illegible] Schiedsgerichtsverträge, der sich [illegible] mehrere [illegible] enten veränderte Weltlage hinge[illegible] Be[illegible] den alten Methoden nicht mehr recht[illegible] Militärbudgets gefordert werden,

[1]) [illegible] das Repräsentantenhaus einen Antrag Hob[illegible] [illegible] Schlachtschiffen statt der vom Marinekomitee [illegible] großer Beifall begrüßte diesen Beschluß. Am 27. [illegible] die von Roosevelt geforderten vier Linien-

alle jene Tatsachen sowohl in der Forderung als in den darauffolgenden Debatten einfach ignoriert — einfach wie Luft behandelt zu werden.

* *
*

Es heißt, daß sämtliche vom Gericht in Odessa wegen Teilnahme an der Judenhetze im Oktober Verurteilten infolge der Fürbitte des dortigen Präsidenten des russischen Volksverbandes vom Zaren begnadigt worden seien. Wenn diese Nachricht wahr ist, so ist sie tief traurig, denn sie würde zeigen, daß jene finstere, grausame, rassenhetzende kriegerische Reaktion die Oberhand gewonnen, und daß der Zar jenen Einflüsterungen Glauben schenkt, die alles erlittene Unglück des ostasiatischen Krieges und der darauf folgenden Revolution auf den Einfluß der „Intelligenz" oder vielmehr auf den Einfluß der Juden wälzen. Kurz, ein Vorstoß für Autokratismus und Chauvinismus. Unter solchen Umständen ist es begreiflich, daß die englischen Demokraten gegen einen Besuch Eduard VII. in Reval protestieren [1]). Und doch, wer weiß, wie es gerade segensreich für Rußland selber und für die internationalen Beziehungen sein könnte, wenn der englische König dem russischen Kaiser die Augen öffnen würde.

* *
*

In die verschiedenen Jubiläums-Reden und Feste, die die sechzigjährige Regierung unseres doch aufrichtig friedliebenden Kaisers feiern, mischt sich kein einziger offizieller Friedenston, kein Ausblick in eine andere, neue Zeit. Nur historische Schlachterinnerungen, Huldigungen von Knabenhorten und Generalen, Paraden, Manöver, Verherrlichung von Kriegstaten aus der Vergangenheit, Zusicherungen, daß man einem kommenden Ruf des Kriegsherrn „mit Jubel" folgen wird. Aspern [2]) wird der Reichshauptstadt angegliedert; Der Bürgermeister sprach: „Wir legen einen

[1]) Bei den Debatten im Unterhaus am 26. Mai und 4. Juni protestieren die Vertreter der Arbeiterpartei gegen die geplante Reise des Königs nach Reval unter Hinweis auf das russische Regierungssystem, durch das Dumamitglieder ins Gefängnis geworfen und Morde vollzogen werden.

[2]) Das bei Wien gelegene Dorf, wo Napoleon I. seine erste Niederlage erlitt.

Wert darauf, daß das gesamte Schlachtfeld von damals in das Weichbild der Stadt einbezogen werde. Ich bin der Meinung, daß dadurch der Stadt Wien die richtige Weihe gegeben würde. Die Schlacht bei Aspern ist eine der größten und bedeutungsvollsten Erinnerungen, die wir besitzen, die immer heilig gehalten werden soll und muß." — „Heilig" und „immer"? Je nun, die Zeiten und Ideale ändern sich doch. Warum erscheint uns ein Autodafé nicht mehr als „heilige Handlung"? Und das „immer", mit welchem die Anbeter des Alten dieses zu schützen sich bemühen, wird ebenso oft Lügen gestraft wie das verwegene „nie", das sie dem Neuen stets entgegenhalten. Wir werden in Zukunft (möge es eine nahe Zukunft sein) andere Feste, andere Gedenktage als die der Massakers feiern; der Tag, an dem z. B. die Föderation Europas eingegangen wird, wird für unser Festland eine Erinnerung abgeben, der erst „die wahre Weihe" haben wird. Wie, wenn Kaiser Franz Josef für den 2. Dezember[1]) die sämtlichen Machthaber zu dieser Abmachung einladen würde? Er könnte es tun — sie folgten alle seinem Ruf. Denn die Ehrerbietung, die ihm die Welt zollt, ist groß.

Nach der Entrevue von Reval. — General Keim über die Lage. — Asquiths Aktion für den Frieden am pan-anglikanischen Kongreß. — Die Eroberung der Luft. — Das almosenheischende Kriegsministerium. — Das Schleudern von Munition aus der Luft. — Menschliches Genie und menschliche Tücke. — Internationales Schießen in Wien. — Fürst Eulenburg und Herr von Holstein. — Die kriegerischen Ereignisse im Osten.

Wien, Mitte Juli 1908.

„Zu den Rivalitäten kommen noch die Revalitäten"; durch dieses von einem deutschen Blatte gemachte Wortspiel ist die Signatur der letzten Wochen gegeben. Die Monarchenzusammenkunft in Reval[2])

[1]) Der Tag, an dem der Kaiser im Jahre 1848 zur Regierung gelangte.
[2]) 9. und 10. Juni 1908.

mit der verkündeten englisch-russischen Entente nebst der von Kaiser Wilhelm auf dem Döberitzer Exerzierfeld gehaltenen oder auch nicht gehaltenen Ansprache, worin auf die verhängnisvolle „Einkreisung" angespielt wird[1]). — Das hat den gesamten Zeitungsblätterwald in unheimliches Rauschen und die zeitungslesende Welt in düsteres Gruseln versetzt. Unter tausend Leitartikeln seien als Muster nur folgende Sätze herausgegriffen: (N. Fr. Pr. 10. Juni) „.... gerade darum aber, weil keinerlei konkreter Zweck hinter dieser russisch-englischen Entrevuedemonstration zu gewahren ist, kein Zweck zum mindesten, dessen die Welt in ihrer Friedfertigkeit sich zu freuen hätte, will es fast unverantwortlich scheinen, daß mit solchen Schauspielen, wie es die Revaler Begegnung ist, verhängnisvolle, wenn auch vielleicht ungewollte Wirkungen und Folgen heraufbeschworen werden könnten. Die Volksstimmungen werden nach einer unheimlichen Richtung abgelenkt und angefacht (von wem, wenn nicht von den Redaktionsauguren? B. S.) und es ist sehr fraglich, ob diejenigen, von denen es geschieht, die Macht besitzen, sie in einem gefährlichen Moment zu beherrschen."

* *
*

Um seine Ansicht über das „Unheimliche" befragt, gibt General Keim, der bekannte Flottenenthusiast, folgende, auch typische Antwort.

„.... Und wenn nun die Frage aufgeworfen wird, wie sich denn Deutschland angesichts der heutigen Weltlage verhalten soll, so sage ich mit soldatischer Kürze klipp und klar: Rüsten, zu Lande und zu Wasser, weiter rüsten. Denn unsere militärische Kraft ist die beste Stütze des Weltfriedens. Wenn wir stark sind, werden unsere Gegner sich hüten, ernstlich mit uns anzubinden. Sie haben dann nicht nur mit unserem mächtigen und stets kriegsbereiten Landheer und mit dem furor teutonicus zu rechnen, sondern auch mit unseren Alliierten,

[1]) Ueber eine Rede, die der Kaiser am 29. Mai 1908 bei der Parade in Döberitz gehalten hat, verbreitete sich das Gerücht, daß dabei von einer gegen Deutschland gerichteten Koalition gesprochen wurde. Die „Norddeutsche Allgemeine Zeitung" vom 19. Juni 1908 dementierte dieses Gerücht. „Die Besprechung hatte nur dienstliche und militärische Angelegenheiten zum Gegenstand. Sie bezog sich nicht auf militärische Tagesfragen, und es ist daran auch nicht von „Einkreisen" und von „Uns stellen" die Rede gewesen."

jedenfalls ganz und voll mit Oesterreich-Ungarn. Aber wir besitzen auch noch „stille Reserven", zu denen ich Rumänien und die Türkei rechnen möchte. (Diese Reserven haben sich auch bei Ablehnung von Schiedsgerichtsobligations- und Rüstungsstillstandsanträgen im Haag bewährt. B. S.) Die militärischen Machtmittel dieser beiden Staaten sind aber von großer Bedeutung. Zusammen mit der österreichisch-ungarischen Armee verfügen wir außerdem, militärisch gesprochen, über die „innere Linie" mit ihren strategischen Vorteilen. Wir sind noch nicht so weit, und da ich die Schrecken des Krieges aus eigener Anschauung kenne, wünsche ich von Herzen, sie mögen uns erspart bleiben. Aber die Weltlage erscheint mir für uns Deutsche keineswegs rosig umrändert. Und so wollen wir als Christen und Kulturmenschen für den Frieden beten, aber als Bewohner von Zentraleuropa unser Pulver trocken halten!"

Der Gegensatz von Kulturmensch und Zentraleuropäer ist niedlich. Freilich, so ist's nicht gemeint. General Keim variiert da nur wieder den si vis pacem-Satz. Sonderbar — die Verteidiger des Krieges (denn das sind sie trotz der Friedens*gebete*) gebärden sich immer nur als *Bedrohte* und übersehen, daß sie auch Bedroher sind. Was da bedroht wird, durch alle die Ententen, das ist in Wirklichkeit das Herrschafts- und Wirtschaftsgebiet des Krieges. Alle Streitfragen und Konfliktsmöglichkeiten (zwischen England und Frankreich in Afrika — zwischen England und Rußland in Asien) wurden dadurch aus der Welt geschafft. Ja, der Krieg als Ordner internationaler Streitfragen, und Verschieber nationalen Besitzstandes, *ist* bedroht. Daher die „Unbehaglichkeit" unter den Anhängern der militaristischen Weltordnung. Zur Verteidigung ihres Prinzips rufen sie aber ihre Zeitgenossen nicht mit dem Losungsworte zum Kampfe auf: „Der Krieg ist in Gefahr!", sondern sie verkünden Kriegsgefahr.

* *
*

An anderer Stelle ist auszugsweise die Rede wiedergegeben[1]), die der englische Premier an die *pananglikanische Konfe-*

[1]) Siehe Friedens-Warte 1908, Seite 124 den Aufsatz „Hochbedeutende Worte".

renz gerichtet hat; aber in dieser Chronik muß das Ereignis — denn ein solches ist es — festgehalten werden, daß Mr. Asquith diesen Anlaß benutzte, um den versammelten Geistlichen ans Herz zu legen, sie mögen sich „zur Höhe ihrer Aufgabe schwingen" und den Völkerfrieden herbeiführen helfen. Der Premier bekennt sich da offen zu dem allervorgeschrittensten Pazifismus, indem er die Faktoren aufzählt, die gegenwärtig in dieser Richtung am Werke sind.

* * *

Die Eroberung der Luft hat wieder neue Siege zu verzeichnen. Dadurch stehen wir an der Schwelle eines neuen Zeitalters. Ein Historiker sagte einmal, er würde die Geschichte in zwei Abschnitte teilen: vor und nach Erfindung der Eisenbahn. Wie viel mehr Grund wird man noch haben, eine Epoche von der Erfindung des lenkbaren Luftschiffes und der Flugmaschine zu datieren. Und wie verhält sich die Mitwelt dazu? Wie die Tagespresse? Die herrliche, zauberhafte, entfernung- und grenzenaufhebende Errungenschaft wird allgemein unter dem Gesichtspunkt der militärischen Verwendbarkeit betrachtet. In Oesterreich hat man noch keine lenkbaren Kriegsballons, wie in Deutschland und Frankreich; die Anschaffung solcher Luftwaffe kostet aber viel, also wird an das patriotische Gefühl der Bevölkerung appelliert, es möge einstweilen die erforderliche halbe Million zum Bau eines „Zeppelin" auf dem Wege freiwilliger Gaben herbeigeschafft werden, da das arme Kriegsministerium dies nicht aus eigenen Mitteln bestreiten könne. Von der französischen Luftschiffflotte berichtet eine Korrespondenz, daß gegenwärtig die Arbeiten ausgeführt werden, die besonders die Tragfähigkeit des Ballons erhöhen und damit die Mitnahme von Munition ermöglichen sollen. Das neue Schiff „République" ist mit besonderen Apparaten ausgerüstet, „die dazu dienen, Geschosse auf den Feind zu schleudern". (Wo nimmt man ihn denn immer her, diesen „Feind".) Apparate dieser Art seien mit guten Ergebnissen in Toul erprobt worden. „Gute" Ergebnisse ist gut. Der Korb der „République" soll außerdem besondere Wurfröhren (tubes de jet à réaction) und feststehende Waffen nach Art der Maschinengewehre mit sich führen. — Wahrlich, was das menschliche Genie erschafft, wird gar schnell durch menschliche Tücke entehrt, und der menschliche Blödsinn sieht dem getrost zu, findet darin nur Stoff zur Berichterstattung und Aufmunterung zur Nachahmung.

* *
*

Alles internationalisiert sich und gruppiert sich — nicht nach nationaler, sondern nach beruflicher Zusammengehörigkeit. Die Frucht davon sind die vielen wissenschaftlichen, sportlichen, kirchlichen und anderen Kongresse. Wenn nun auch die Vertreter solcher Disziplinen sich international versammeln, deren Ziele nationale Verteidigung und internationaler Angriff sind, so ergibt sich daraus eine beinahe komische Anomalie. Da fand neulich in Wien ein internationales Bundesschießen statt. Franzosen, Engländer, Oesterreicher, Italiener, Deutsche. Nebeneinander, in jubilierender Freundschaft zielen diejenigen auf eine Scheibe, die nur deshalb so fleißig schießen lernen, um sich gelegentlich gegenseitig als Scheibe benützen zu können. In dem Festbericht liest man in einer Zeile: „Die fremden Schützen kommen zu uns aus idealen Gründen, sie wollen uns ihre Freundschaft bezeugen," und in einer anderen Zeile: „Zum erstenmal in Oesterreich werden wir mit kriegsmäßiger Munition schießen." In den Begrüßungen und Reden wurden abwechselnd die internationale Zusammengehörigkeit und die durch das Schützenwesen gepflegten patriotischen Gefühle gepriesen, und die Huldigungsdepesche an den Monarchen galt dem „bewährten Friedensfürsten" und dem „obersten Kriegsherrn". Vom Kaiser Franz Josef stammt übrigens die anläßlich des russisch-japanischen Feldzuges gemachte Betrachtung: Im Kriege ist schießen die Hauptsache.

* *
*

Es ist wahrscheinlich, daß dem Fürsten Eulenburg die Anklagebank zum Totenbett wird [1]). Wird Maximilian Harden dann zufrieden sein? Der Chefredakteur des „Berliner Tagblatt" erzählt folgendes:

[1]) Der Meineidsprozeß gegen den Fürsten Eulenburg wird vom 29. Juni bis zum 16. Juli verhandelt, dann wegen schwerer Krankheit des Angeklagten abgebrochen. Er wurde nie mehr aufgenommen.

„Da ich aufgefordert war, vor dem Untersuchungsrichter Zeugnis abzulegen, habe ich vor vier Wochen das Zimmer des Landgerichtsrates Schmidt betreten. Es handelte sich um die Frage, ob Fürst Eulenburg politische Aktionen unternommen und ob der Fürst Herrn v. Holsteins Rücktritt verursacht hätte. Ich weiß nicht, ob Fürst Eulenburg wirklich den starrköpfigen Champion einer kriegerischen Marokkopolitik beseitigt hat, aber Herr v. Holstein glaubt es und schärfte wohl im stillen die Waffen.... Fürst Eulenburg büßt heute vielleicht für seine beste Tat. Man könnte von ihm sagen, was Friedrich der Große von Bernis, dem Minister Ludwigs XV., gesagt hat: „Seine törichten Handlungen brachten ihn in die Höhe, seine verständigen ruinierten ihn, er wurde gestürzt, weil er vom Frieden gesprochen hatte."

* *
*

Im Osten geht es bedrohlich zu. Balkan, Türkei, Persien: nichts als Morde, Aufstände, Kämpfe. Dort wird es brennen oder vielmehr — dort brennt es schon. Daß sich daran nicht der längst prophezeite Weltbrand entzünde, dafür wird hoffentlich die doch schon stark „pazifistisch infizierte" Politik der Kulturmächte sorgen.

Der Weltfriedenskongreß in London und die englische Regierung. — Konstitution in der Türkei. — Rußland und Tolstoi. — Cholera in Sicht. — Freundschaftsbesuche der Staatsoberhäupter. — Das Einkreisungsgespenst. — Katastrophe des Zeppelin. — Nachricht aus Argentinien. — Die Befestigung Kopenhagens.

London, anfangs August.

Für mich, die ich hier den XVII. Friedenskongreß mitgemacht[1]), haben die Zeitereignisse in dieser Veranstaltung kulminiert. Denn von unberechenbarer Tragweite war bei dieser Gelegenheit die offizielle Sanktion, die von Thron und Regierung, von Kirchen und Arbeiterschaft der Friedensbewegung gegeben worden ist. Nicht der Kongreß und seine Arbeiten selber sind das Wichtige dabei, sondern der Umstand, daß der König und daß das Ministerium eines mächtigen Großstaates die Abhaltung dieses Kongresses sozusagen als Plattform benützt haben, um vor aller Welt zu erklären, daß die Ziele der Friedensbewegung die höchsten Ziele der Zivilisation seien, daß sie selber diesen Zielen zustreben und unsere redliche Vorarbeit anerkennen.

* *
*

Die Türkei hat eine Konstitution erhalten[2]). Das war das Ereignis, welches die Mitwelt jetzt am meisten in Atem hielt. Die Empörung der „Jungtürken" hat den Sieg davongetragen. Schon lange ist diese Partei am Werke, um das Joch der Unterdrückung abzuschütteln. Ich erinnere mich, wie eine Abordnung der Jungtürken zur ersten Haager Friedenskonferenz gekommen und dort

[1]) Vom 27. Juli bis 1. August 1908 tagte dieser Kongreß. Eine Delegation des Kongresses wurde am 27. Juli vom König empfangen. Minister Asquith sprach auf dem von der Regierung gegebenen Bankett, Lloyd George in einer öffentlichen Versammlung in Queens Hall.

[2]) 23. und 24. Juli 1908.

ihre Klagen und Forderungen vorbringen wollte; dies war jedoch nach den Statuten der Konferenz nicht tunlich. Jetzt hat die Partei — nicht durch Hilfe fremder Mächte, aber durch das Mittun der eigenen Bevölkerung und des eigenen Militärs, ihr Ziel erreicht: die längst gegebene, aber vom Sultan unbeachtet gebliebene Konstitution ist wieder in Kraft getreten. Der Autokratismus stirbt ab. Einer nach dem andern der noch übrigen Selbstherrscher legt — spontan oder gezwungen — das Privilegium der Alleinherrschaft ab: der Zar, der Schah, der Sultan. Aber unter welchen Konvulsionen und Reaktionen vollzieht sich dieser Wandel!

* *
*

Wie schrecklich und traurig die Uebergangszeit aus einem System ins andere sich gestalten kann, das zeigt sich in Rußland, wo es kein Ende der Hinrichtungen gibt, wo die Gefängnisse nicht mehr ausreichen, um alle „Schuldigen" und Verdächtigen einzuschließen. Tolstois Protest dröhnt in die Welt hinaus. Wer seine Schriften in Rußland verbreitet, wird in den Kerker geworfen, ihn selbst tastet man nicht an — man fürchtet sich vor dem Urteil der zivilisierten Welt, von der ja Tolstoi einer der zuhöchst geachteten Bürger ist. Nun tritt er aber hervor und sagt: Wenn es einen Schuldigen gibt, so bin ich es; mich muß die Strafe treffen; ich will gefangen genommen, ich will hingerichtet werden, wenn es wirklich ein Verbrechen ist, die christlichen Gebote zu verkünden und den Menschen — auch wenn sie Regierende, Diplomaten und Soldaten sind — zu sagen: „Ihr sollt nicht töten".

* *
*

Noch eine Nachricht aus Rußland: An verschiedenen Orten bricht die Cholera aus. — Das ist die alte Folge der Kriegs- und sonstigen Jammerzustände. Alle Sanitätsbehörden in Rußland und an dessen Grenzen werden wieder tätig sein, um für Aufrichtung von Kordons zu sorgen. Natürlich vergebens, Seuchen kümmern sich nicht um Schlagbäume. Kordons gegen „Kriegs- und Jammerzustände" aufzurichten, das wäre besser. Das ist's auch, was die Tolstois und andere wollen. Das ist's, was die moralischen Sanitätsbehörden —

mögen sie nun Friedens- oder Freiheits- oder Rechtsliga heißen — schon zu organisieren begonnen haben.

* *
*

Die Freundschaftsbesuche der Staatsoberhäupter nahmen ihren Fortgang. Nun war es wieder Fallières, der in Reval[1]) mit dem Kaiser von Rußland zusammentraf, was freilich nur eine Bestätigung des Zweibundes, daher nichts Neues darstellte; dennoch bedeutete es, daß die alten Verbindungen durch die neuen nicht getrübt worden sind; — die Besuche des Königs von England bei Kaiser Wilhelm[2]) und Kaiser Franz Josef[3]) werden hoffentlich dazu beitragen, daß die beiden mitteleuropäischen Staaten sich gleichfalls in den Kreis der allgemeinen Ententen begeben und daß dadurch das unselige Wahngebilde „Einkreisung" — dieses Lieblingsphantom der Bangemacher und der Scharfmacher — in sein verdientes Nichts zerflattere.

* *
*

Ein tragisches Ereignis war die Vernichtung des Zeppelinschen Luftschiffes[4]). Was wird man wohl tun, um künftige Luftfahrzeuge vor dem Blitz zu schützen? Schon werden Gelder herbeigeschafft, um einen neuen „Zeppelin" zu bauen. Und nur darum strömt das Geld so leicht herbei, weil das Fahrzeug als ein Kriegsinstrument aufgefaßt und es als „patriotische" Großtat empfunden wird, die vaterländische Luft zu rüsten. Wenn man aber bedenkt, daß der Blitz — der ja nur alle hundert Jahre oder noch viel seltener einmal auf einen bestimmten Punkt fällt — jetzt durch die elektrische Technik in die Hand des Menschen, in die Hand des „Feindes" gegeben ist, die nach Willkür wo immer und wenn immer einschlagen kann, so muß man zugeben, daß Kriegführung mittels „Zeppelins" etwas ganz Unmögliches wäre. Zu bedauern, von Herzen zu bedauern ist der greise Erfinder, der — gerade in der Stunde seines Triumphes — von diesem Unglücksfall ereilt worden ist. Ja,

[1]) 27. bis 28. Juli 1908 in Reval.
[2]) Am 11. August 1908 in Hamburg.
[3]) Am 13. August 1908 in Ischl.
[4]) Am 5. August 1908 bei Echterdingen infolge eines Gewittersturms.

die Elemente sind mitleidslos. Das Mitleid haben die Menschen (ein paar wenige Menschen) voraus. Die Elemente haben aber das voraus, daß sie ohne Bewußtsein und ohne Absicht grausam sind.

* * *

Eine Nachricht aus Buenos-Aires: „Die Regierung hat in einer geheimen Sitzung der Deputiertenkammer fünf Millionen Pfund Sterling für Rüstungszwecke verlangt. Das Kabinett verfolgt eine durchaus friedliche Politik gegenüber den Nachbarstaaten, will aber Eventualitäten gegenüber gewappnet sein." Ob die Nachricht wahr ist, sei noch dahingestellt, besonders zweifelhaft ist, ob dem Verlangen Folge gegeben wird, aber den Begründungssatz (der ein allgemeiner rüstungspolitischer Gemeinplatz ist) sollte man einmal an die Wand drücken; was heiß das „Eventualitäten"? Soll das sagen, daß die Nachbarstaaten Räuber und wilde Bestien sind? — Als die großen Seen zwischen Canada und den Vereinigten Staaten von Kriegsschiffen gesäubert wurden (bald sind es hundert Jahre her), da waren beide Küstenländer vor Eventualitäten geschützt.

* * *

Ganz zu derselben Nachrichtenkategorie gehört diese: „Kopenhagen, 28. Juli. Kronprinz Christian hielt gestern bei der Feier des Jubiläums der Leibgarde einen Trinkspruch, in dem er die Befestigung Kopenhagens auf das wärmste empfahl. Er sprach den Wunsch aus, daß die Landesverteidigung Dänemarks in solcher Weise geordnet werden möge, daß es nicht der erstbesten feindlichen Macht gelingen könne, die Hand an die dänische Nation zu legen, nachdem sie sich zunächst des Herzens derselben bemächtigt habe." Wie lange werden denn sämtliche Nationen es sich gefallen lassen, von allen ihren Nachbarn als erstbeste Räuberbanden bezeichnet zu werden?

Notabene sind sogar den Kriegsgesetzen gegenüber (seit Haag 1907) nur befestigte Plätze der Gefahr der Beschießung ausgesetzt; unbefestigte Plätze dürfen weder bombardiert noch eingenommen werden? Welchen anderen Schutz hat der Schwache vor dem Starken als die Gerechtigkeit und Gerichtsbarkeit?

Die Interparlamentarische Konferenz. — Die Tendenz der Geleiseverschiebung. — Die Umwandlung in der Türkei. — Deutsch-englische Verständigung über Rüstungseinhalt. — Ein Schlagwort. — Zeppelin!

Schloß Elischau, anfangs September.

Wenn diese Blätter erscheinen, wird in Berlin die Konferenz der Interparlamentarischen Union eröffnet werden[1]). Die politische Presse Deutschlands wird diese Versammlung jedenfalls in ihrer Eigenschaft als Aktualität, mit höflichen Leitartikeln begrüßen und darüber ausführliche Berichte bringen. Uns Pazifisten kommt es zu, sie nicht als Tages-, sondern als geschichtliches Ereignis zu betrachten, und sie vom Standpunkt des Weltgeschehens zu beurteilen. Dabei kommt es nicht so sehr auf ihren Verlauf an, als auf ihren Zusammentritt. Denn nicht diese Konferenz an sich bedeutet ein Weltereignis; sie ist nur ein Glied jener Entwickelungskette, die wir seit dem letzten Vierteljahrhundert sich bilden sehen. Eine Entwickelung, die die Menschheit langsam in die neue Phase der internationalen Zusammenarbeit hinüberleitet. Und eine solche Wandlung übertrifft in ihrer historischen Wichtigkeit allerdings die übrigen Erscheinungen des Tages. Die Konferenz mag immerhin gar nichts bringen (was nicht vorauszusetzen ist), das, was wir begrüßen, ist jene waltende sozialrevolutionäre Kraft, welche diese und die früheren und die kommenden, im Namen des Völkerfriedens zusammentretenden Konferenzen bringt. Alle internationale Arbeit, auf jedem Gebiete, wirkt mittelbar in dieser Richtung, aber die Arbeit der Interparlamentarischen Union zielt unmittelbar dahin, und ihren bisherigen Leistungen sind auch die ausschlaggebendsten Erfolge in der nach zwischenstaatlicher Völkerjustiz strebenden Bewegung zu verdanken. Aus den interparlamentarischen Konferenzen sind die intergouvernementalen Haager Konferenzen hervorgegangen, und die Pläne und Vorlagen der ersteren haben den Konventionen der letz-

[1]) Die XV. Interparlamentarische Konferenz tagte im Reichstagsgebäude zu Berlin vom 17.—20. September 1908.

teren als Grundlage gedient. Noch immer ist es die Aufgabe der Union, den kommenden Haager Assisen vorzuarbeiten, und ihr wird die künftige Geschichtsschreibung den Ruhm zuerkennen, sich an dem gewaltigsten Fortschritt der Menschheit — dem Uebergang aus der Gewalts- in die Rechtsepoche — richtunggebend betätigt zu haben.

* *
*

Eine Avantgarde ist die Union gewesen und soll es bleiben. Freilich besteht eine Tendenz (dieselbe, die sich auch im Haag fühlbar gemacht hat), den Charakter der Bewegung zu verändern, sie in ein Nebengeleise abzulenken. Aus der Bekämpfung der bestehenden zwischenstaatlichen Gesetzlosigkeit und des immer unheimlicher werdenden Rüstungswettlaufes soll eine — die Freunde dieser beiden Dinge in ihren Kreisen nicht störende — Beschäftigung mit Kriegsgebräuchen treten, womit die Legitimität und die Fortdauer von Krieg und Rüstung stillschweigend vorausgesetzt erscheint. Diese Tendenz wird natürlich von allen der Friedensbewegung ablehnend gegenüberstehenden Kreisen eifrig hervorgekehrt. Als typischer Ausdruck dafür möge folgende Stelle aus einem langen, die ganze Absurdität aller Schiedsgerichts- und Friedensideen demonstrierenden Artikel dienen, der in der Berliner „Wahrheit" vom 28. August prangt:

> „So hat denn Fürst Bülow die Einladung zur „Interparlamentarischen Union für Schiedsgerichte und Frieden", die vom 17. bis 19. September im Sitzungssaale des Reichstags tagen wird, angenommen; er wird sich um diese Zeit von Norderney nach Berlin bemühen, um den Kongreß in höchsteigener Person zu eröffnen. Die freisinnigen Friedenskongreßler schwimmen ob dieser Gnade in seliger Wonne, verschweigen dabei aber, daß sie, um den Reichskanzler in ihrer Mitte sehen zu können, ganz erhebliche Konzessionen machen mußten. Man hört nichts mehr von ihrem alten Schlachtrufe: „Die Waffen nieder!", man vernimmt nichts mehr von Abrüstung und dergleichen, nur noch rein humanitäre Fragen sind es, die diese interparlamentarische Tagung beschäftigen werden, als da sind: Ordnung des internationalen Seerechts und des Prisenrechts, gemeinsame Maßnahmen zur Bekämpfung der Tuberkulose, Regelung internationaler Fragen der Arbeiterversicherung und dergleichen. Man wird also nicht mit dem Feuer spielen, man wird sich mit den harmloseren, aber darum nicht minder segensreichen Fragen der Volkswohlfahrt beschäftigen. Nicht Friedensklänge werden auf dem Kongreß ertönen, die die Keime des Krieges in sich tragen, sondern wirkliche Friedensklänge,

die allezeit die Werke der Humanität begleitet haben. Und zu diesem Vorhaben können auch wir der Berliner Tagung der „Interparlamentarischen Union" nur Glück wünschen."

„Bekämpfung der Tuberkulose" ist gut. Auf Fälschung der Tatsachen kommt es dem Blatte nicht an, das, wie es scheint, seinen Titel nach derjenigen Göttin gewählt hat, der es mutig ins Gesicht schlägt. Aber nicht um dieses Blatt handelt es sich: die Tendenz der Geleiseverschiebung macht sich in dem größten Teil der konservativen Presse — nicht in Deutschland allein — geltend; sie zeigt sich in allen friedensfürchtenden Kreisen (denn vor dem gesicherten Frieden zittern die Kriegsinteressenten überall), sie findet auch in den Konferenzen selber einzelne Vertretung, wo zwar keine Friedensgegner, aber manche Friedensskeptiker tagen. Wie wird sich die Berliner Konferenz dieser Gefahr gegenüber verhalten? Unter ihren Mitgliedern kennt man viele der tapfersten Bekenner des unverfälschten pazifistischen Ideals, und ihr Eintreten dafür wird — ob sie nun überstimmt werden oder nicht — in der Welt draußen nachhaltiges Echo finden und wieder einen Schritt weiter auf der Siegesbahn bedeuten. Darum blicken die Friedenskämpfer der Erde auf diese Konferenz mit freudiger Spannung und zollen der deutschen Regierung für den zugesagten fördernden Empfang aufrichtigen Dank.

* *
*

Die Verfassung in der Türkei setzt sich fest. Ohne blutige Reaktion von seiten des alten Regimes, ohne blutige Aktion von seiten der Revolutionspartei. (Wäre es in Rußland doch auch so vor sich gegangen!) Mit wahrer Genugtuung können die Kulturfreunde der ganzen Welt auf die türkischen Ereignisse blicken. Es ist da wieder etwas Neues ins Leben getreten, so wie bei der Lostrennung Norwegens von Schweden, und der Beweis ist erbracht, daß sowohl äußere wie innere politische Umwälzungen stattfinden können, ohne sich mittels Gewalt, mittels Feuer und Schwert durchsetzen zu müssen. Nun heißt es, daß auch China eine Konstitution bekommen soll. Alles, was unter den menschlichen Gesellschaften geschieht, breitet sich aus wie Oelflecke. So war es und ist es noch mit den Rüstungen; so ist es glücklicherweise mit den Schiedsgerichtsverträgen gegangen — so mit den Freundschafts-Ententen (früher waren es die Schutz- und Trutzallianzen). Wenn der Entente-Oelfleck stetig weiterdringt, so wird das Ding unversehens „Europäische Föderation" heißen.

* * *

Die Frage einer deutsch-englischen Verständigung über Rüstungseinhalt hat in den letzten Wochen im Vordergrund der publizistischen Erörterung gestanden. Die Besuche Eduard VII. bei den mitteleuropäischen Kaisern, die von Lloyd George in Marienbad und in Deutschland gemachten Aeußerungen haben deutlich die von England ausgehenden Vorschläge zu einer solchen Verständigung zum Ausdruck gebracht. Das Verhalten von König und Regierung gegenüber dem XVII. Weltfriedenskongresse in London war sozusagen ein Vorspiel zu der darauffolgenden Aktion. Schon da wurde von König und Regierung feierlich verkündet, daß die Ziele der Friedensbewegung die höchsten Ziele seien, die Herrscher und Staatsmänner sich vor Augen halten können. Auf dem Festlande hat man zwar dem einen Teil der Friedenspostulate (Freundschaft zwischen England und Deutschland, Verpönung eines Krieges zwischen den beiden, als ein ursachloses unverantwortliches Verbrechen) willig und aufrichtig zugestimmt, dabei die Aufrichtigkeit des andern Teiles endlich anerkennend, aber das zweite Postulat, daß, wenn man sich nicht bedrohen will, man auch mit der unausgesetzten güterverschlingenden Vermehrung der Bedrohungsinstrumente aufhören möge: dieser Vorschlag hat hier nicht, noch nicht Entgegenkommen gefunden. Aus der letzten Rede Kaiser Wilhelms[1]) lasen die Kommentatoren der konservativen Presse eine deutliche Absage heraus. Worüber großer Jubel nicht nur in den imperialistischen Kreisen Deutschlands, sondern auch Englands. Die „Times" freuen sich diebisch, daß die ihr so unsympathischen Rüstungseinschränkungspläne der liberalen Regierung nunmehr als unausführbar bewiesen seien.

* * *

[1]) Rede, gehalten bei einem Festmahl in Straßburg am 30. August 1908, wobei der Kaiser u. a. sagte: „Zuletzt wird der Friede gesichert und verbürgt auch durch unsere Wehrmacht zu Wasser und zu Lande, durch das deutsche Volk in Waffen. Stolz auf die unvergleichliche Manneszucht und Ehrliebe seiner Wehrmacht ist Deutschland entschlossen, sie ohne Bedrohung anderer auch ferner auf der Höhe zu erhalten und so auszubauen, wie es die eigenen Interessen erfordern, niemand zuliebe und niemand zuleide.

Es beginnt, mit Hinblick auf diese Angelegenheit, ein Schlagwort zu kursieren, welches geeignet ist, den Weg zu künftiger Vereinbarung zu verrammeln und welches in sich auf so flagrantem Widersinn beruht, daß man nicht früh und deutlich genug ihm entgegentreten kann. Nämlich: „Die Rüstungen sind eine Frage, über die man sich von niemandem hineinreden lassen kann, über die man sich das volle Selbstbestimmungsrecht wahren muß." — Kommt dieses stolze Wort aus einem frei im Aether schwebenden Stern oder aus einem Erdenlande, das seine Verteidigungsmittel nur je nach den Angriffsmitteln der Nachbarländer richten muß? Werden denn nicht alle Rüstungsvorlagen mit dem Hinweis auf die Stärke der anderen begründet? In nichts ist der Staat so wenig unabhängig als gerade in dieser Sache, und mit nichts greift er so sehr in die Interessen der anderen Staaten ein als durch die Rüstungen. Diese sind doch nur eine Gegenseitigkeitsmaßregel. Innere Polizei — das ist was anderes, die mag jeder Staat nach eigenem Bedürfnis regeln, aber was er gegen äußere Drohung tut und womit er selber droht, das ist kein ureigenstes Gebiet, in das hineinzureden eine Anmaßung wäre, die man wie eine Beleidigung abwehrt. Ist es für einen Kaufmann beleidigend, wenn sein Konkurrent zu ihm kommt und ihm vorschlägt, zur Herabminderung der Betriebskosten einen Trust einzugehen? Geschieht dies nicht zum Vorteil beider?

* *
*

Zeppelins Luftschiff untergegangen! Und darauf die spontanen Spenden aus dem deutschen Volke, um ein neues zu bauen, damit „die deutsche Herrschaft über die Luft gesichert" werde. Drei Millionen schon zugeströmt. Luftflottenvereine in Bildung begriffen! In allen übrigen Ländern gleichfalls Ballon- und Flugmaschinenbauten zu Kriegszwecken! Ein neues Gebiet zur Verschlingung der Milliarden. Der menschliche Genius in einen neuen Handlangerdienst der Hölle gespannt! Die Eroberung der Luft — seit langem von den Friedenskämpfern als ein entscheidender Sieg für Menschenannäherung, d. h. Verbrüderung, für Aufhebung der Zollgrenzen, für Außerdienststellung der Festungen erhofft —, die soll nun dazu dienen, den Wahnsinn des gegenseitigen Mordens bis in die Wolken zu tragen? So kann es nicht fortgehen. Dieser Paroxismus wird vielleicht das Ende des Rüstungsparoxismus herbeiführen. Der Donnerschrei

„Genug!“ wird sich der Menschheit entringen. Und schämen wird sich unserer die Zukunft, noch bis in die fernsten Jahrhunderte schämen, daß die herrliche Errungenschaft der Luftbeherrschung durch eine Epoche ging, in welcher man sie von dem Standpunkte aus betrachten durfte, wie sie am besten zu Verheerungszwecken auszunützen sei.

Die Balkanereignisse. – Interparlamentarische Konferenz in Berlin. – Notenwechsel über Marokko. – Nationale Erzesse in Kärnthen und Böhmen. – Das spanische Königspaar in Budapest. – Fortdauer der Cholera. – Die Eroberung der Luft. – Russische Friedensgesellschaft und Aufruf gegen die Todesstrafe. – Die Kriegsgefahr auf dem Balkan. – Hemmungen.

Wien, 9. Oktober 1908.

Die Ereignisse, welche unter obigem Datum die politische Welt in Atem halten, sind so spannender und ernster Natur, daß die Begebenheiten des seit der letzten Chronik verflossenen Monats ganz in den Hintergrund treten, und man versucht wäre, nur die gegenwärtige, aus den Balkanüberraschungen sich ergebende Lage zu glossieren und die früheren Dinge beiseite zu lassen. Doch das wollen wir nicht tun. In der Kette der sich aneinanderreihenden Zeiterscheinungen ist jedes Glied von Bedeutung, und die Wichtigkeit der einzelnen dieser Glieder ist nicht nach der Sensation zu messen, die sie im Augenblick hervorbringen, sondern an ihrer, erst in der Zukunft zu erkennenden Tragweite. Darum darf nichts übersprungen werden.

* *
*

Die in Berlin vom 1[illegible]. –21. September abgehaltene Konferenz der Interparlamentarischen Union ist nicht das geworden, wozu die Gegner, die Zweifler und die Leisetreter der Friedensbewegung sie gestalten wollten: nämlich zur Abschwenkung vom pazifistischen Ideal, zum völligen Uebergehen in völkerrechtliche Kodifizierung des als unumstößlich anzuerkennenden, auf das Kriegsrecht basierten und durch Wettrüsten ausgedrückten Zustandes. Die einer Bewegung innewohnende Kraft und Logik sind stärker als die Absichten und die Motive der Personen, die ohne genügende Erkenntnis oder gar mit verhüllter Gegnerschaft bei dieser Bewegung mittun. Sie werden entweder hinausgedrängt oder es geht ihnen die Erkenntnis auf. Die Berliner Konferenz ist zu einer bedeutenden Etappe auf dem Entwickelungswege der Union geworden. Der Empfang durch den von allen Staatssekretären begleiteten Kanzler; dessen meisterhafte französisch gehaltene Rede, die eine Huldigung für unsern verehrten Passy[1]) enthielt; die Worte des Präsidenten, Prinz Schönaich-Carolath, der den Ausspruch des Königs Eduard zitierte, den dieser beim letzten Friedenskongreß an die Deputation der Kongressisten gerichtet hatte — eine feierliche Anerkennung des pazifistischen Zieles; die Depesche des Kaisers Wilhelm; die Nachricht, daß die englische Regierung der Interparlamentarischen Union eine jährliche Subvention bewilligt hat; die langen Berichte und Kommentare in der gesamten Presse des Reichs — die Tatsache, daß 900 Parlamentsmitglieder aus fast allen Ländern der Erde — Rußland und Japan neu inbegriffen — angemeldet waren; alles dies und vieles andere waren Zeugnisse von dem Wachstum jener Institution, die erst vor zwanzig Jahren — unbeachtet und unscheinbar — das Licht der Welt erblickte und die nun schon sichtbar sich zu dem zu entfalten beginnt, was sie einst werden soll: ein Weltparlament. Und ein Haupterfolg: die englischen Arbeiter, die gleichfalls nach Berlin gekommen waren, und die den Deutschen ihren Brudergruß brachten und der von diesen und noch andern Seiten sich erhebende Protest gegen das Kriegshetzertum. Die Rede, welche Fürst Bülow dem unmittelbar nachher zusammentretenden internationalen Pressekongreß[2]) hielt, war gleichfalls eine Friedensrede, gleichfalls ein warnender Protest gegen das Kriegshetzertum der gelben Presse.

---

[1]) Fréd. Passy, der als 80-jähriger an der Berliner Konferenz teilnahm, wurde bei der Eröffnungsrede des Reichskanzlers, Fürsten Bülow, besonders apostrophiert.

[2]) Mitte September in Berlin.

Die Ansprache, die Lord Weardale an den Reichskanzler (beim Empfang im Kanzlerpalais) gehalten hat, von einem Kreise seiner Landsleute umgeben, — und die Antwort Bülows darauf, haben auch wieder ein gutes Stück von der künstlichen anglo-deutschen Mißstimmungswolke verscheucht. Mit der Berliner Konferenz können alle Pazifisten (auch solche, die man persönlich beiseite geschoben hat) [1]) in hohem Maße zufrieden sein. Und sie waren es auch.

* *
*

In der Marokko-Angelegenheit kam es wieder zu Notenaustauch. Deutschland hat als erster den neuen Sultan anerkannt. Spanien und Frankreich wollten diese Anerkennung erst von Bedingungen und Garantien abhängig machen und konnte das rasche Vorgehen Deutschlands wieder als eine drohende Einmengung betrachten. Eine zeitlang war die Situation gespannt und man sah dem Notenaustausch mit einer gewissen Angst entgegen; denn aus der Geschichte der Diplomatie ist bekannt, wie oft der Inhalt oder auch nur der „Ton" solcher Noten zum Ausgangspunkt von Konflikten geführt hat. Es ist wirklich ein Jammer, auf welchen gebrechlichen Stützpunkten das höchste Gut der Kulturwelt — der Frieden — balanciert. Die Sache ist wieder glücklich abgelaufen. Der Ton der Noten war von allen Seiten ein höflicher und versöhnlicher. Für die Chauvinisten hüben und drüben eine neue Enttäuschung; eine neue verpaßte Gelegenheit. Für uns andere aber wieder ein neuer Beweis, daß die europäischen Staatsmänner dem Geist der Zeit immer mehr Rechnung tragen, und daß sie als ihre Pflicht fühlen, dem Krieg aus dem Wege zu gehen.

* *
*

In unserer Monarchie hat es traurige nationale Exzesse gegeben. In Böhmen kam es zwischen Czechen und Deutschen [2]), in

[1]) Dieser Paranthesensatz ist eine Anspielung auf die der Verfasserin zuteil gewordene Behandlung. Während sie bei den Internationalen Konferenzen in allen Ländern stets als hervorragender Ehrengast behandelt wurde, hatte man sie in Berlin zwar geladen, sich aber sonst um sie nicht gekümmert.

[2]) Am 17. und 25. Oktober 1908 kam es infolge der Vertagung des böhmischen Landtages in Prag zu Ausschreitungen gegen deutsche Studenten.

Laibach zwischen Deutschen und Slovenen [1]) zu heftigen, sogar blutigen Ausschreitungen. Gefolgt von Schimpfschlachten in den Landtagen. Mit einem Wort: Roheiten. Gibt es den Nationalfanatikern denn nicht zu denken, daß die üblichste Durchsetzung des heiligen „tums" (sei es nun Deutschtum, Slaventum usw.) stets auf dem Felde der Gewalttätigkeit, der Protzigkeit, der Grobheit versucht wird, wenn nicht gar, wie das „echte Russentum" der schwarzen Hundert, auf dem Felde des Massakers? Nicht unterdrückt, nicht insultiert, nicht in der Entfaltung gehemmt zu werden, seine Individualität zu erhalten und zu pflegen, dazu hat jedes „tum" ebenso das Recht, wie jeder einzelne Mensch — aber unter denselben moralischen Gesetzen und Einschränkungen.

* * *

Der König von Spanien, von seiner jungen Königin begleitet, stattete dem Kaiser von Oesterreich in Budapest einen Besuch ab. Es wurde ihm ein Infanterieregiment geschenkt, das so und so viel siebzigste. Ein wunderschönes, ungeheuer tapferes Regiment; er inspizierte es und lobte seine Eigenschaften. Offenbar ist das so und so viel sechzigste ein ganz miserables, schneidloses Regiment und das so und so viel achtzigste auch nicht wert, in die dargereichte Spielschachtel gelegt zu werden. Aber dem Geber wurde auch eine Freude bereitet. Der Gast ernannte ihn zum Ehrengeneralkapitän der spanischen Armee. Die beiden Monarchen tauschten in ihren Festmahltrinksprüchen auch mit lebhaften Worten ihre Danksagungen für die hübschen Geschenke aus, und fanden dadurch die Beziehungen ihrer beiden Völker noch besser und noch fester geworden, als sie es ohnedies schon lange sind. Und eine ernsthafte Weltpresse berichtet dies im Tone bewundernder Genugtuung. — Immerhin hat aus manchen Zeichen (nicht aus dieser Besuchsreise, die sich ganz im Zirkel von höfischen, militärischen und jagdlichen Veranstaltungen abgespielt hat) schon gesprochen, daß König Alphons und Königin Ena ein modernes junges Menschenpaar sind, und eine plötzliche tätige Mitarbeit ihrerseits an der Friedensorganisation würde mich nicht überraschen.

* * *

[1]) Mitte September 1908 kam es in Laibach, Cilli und Marburg zu Ausschreitungen von Slovenen gegen Deutsche.

Die Cholera in Petersburg dauert noch. Gegen diesen Feind war man dort zu wenig gerüstet. Reinlichkeit, Wohlstand, Aufklärung, das sind die Waffen gegen Seuchen — dadurch wird der Feind nicht nur besiegt, wenn er da ist, sondern es wird seinem Ueberfall vorgebeugt, bis nur einmal die Hilfsmittel der Völker reichlich in die Kulturarsenale fließen können!

* *
*

Die Eroberung der Luft schreitet vor. Jubeln und jauchzen könnte man, wenn man diese herrlichen Errungenschaften und ihre künftigen Ergebnisse ins Auge faßt! Denn die gegenwärtig geplante Verwendung der Flugtechnik für Kriegszwecke ist nur eine Durchgangsstation. Auch die Aeronautik arbeitet für das Kulturarsenal. Das fühlt wohl jeder, der den Blick über das „heute" hinausschweifen läßt; das fühlen sicher auch die, die heute ihre Luftvehikel den Kriegsministerien antragen, weil gerade diese die einzigen sind, die Geld genug für die nötigen Versuche hergeben. Vor mir liegt die erste Nummer der Zeitschrift „Die Luftflotte", offizielles Organ des deutschen Luftflotten-Vereins. Und im Einführungsartikel dieses unter der Verantwortung des Herausgebers, Oberst a. D. Moedebeck, redigierten Blattes heißt es: „— — — um in dieser neuen und verheißungsvollen Kulturaufgabe teilzunehmen und mitzuhelfen, eine Aufgabe, die auf viele soziale Verhältnisse umgestaltend wirken muß, und in ihren letzten Folgerungen berufen erscheint, das herrliche Ideal eines allgemeinen Völkerfriedens herbeizuführen."

* *
*

In Rußland hat sich unter der Aegide des Fürsten Paul Dolgorukow eine Friedensgesellschaft gebildet. Die zahlreichen Pazifisten Rußlands werden sich voraussichtlich um die neue Gründung scharen. Darunter wohl auch die Unterzeichner jenes „Aufrufs zur Abschaffung der Todesstrafe", der zur Feier des 80. Geburtstags Tolstois verbreitet worden ist. Unterschrieben sind Politiker, Gelehrte, Schriftsteller, Künstler und andere hervorragende Persönlichkeiten, von Murowzow und Golowin, vom Fürsten Urussow,

Fürsten Paul Dolgorukow, Boborikow, Graf Kamarowsky und andere. „Echt russische Männer sind keine dabei." Der Aufruf ist ein Dokument der höchsten ethischen Begriffe, und die Friedensvereine sollten ihn in ihre Propagandaliteratur aufnehmen, denn jedesmal, wenn das Wort Todesstrafe darin vorkommt, konnte man das Wort „Krieg" setzen und hätte so eine der gewaltigsten Pazifisten-Kundgebungen vor sich. (Abgedruckt in der „Neuen Freien Presse" vom 10. September.)

* *
*

Und nun zu den Ueberraschungen — wahren Theatercoups — der letzten Tage. Der Kaiser von Oesterreich erklärt, daß er seine Souveränität auf die Länder Bosnien und Herzegowina erstreckt, und diese bisher bloß okkupierten Provinzen seiner Monarchie angliedert [1]). Fürst Ferdinand von Bulgarien [2]) erklärt die Unabhängigkeit des Landes und läßt sich in Tirnowo zum „Zar bulgarsky" ausrufen. Europa wird durch höfliche Handschreiben von den vollbrachten Tatsachen verständigt, und Europa ist bestürzt, denn es sieht einen zerrissenen Vertrag vor sich. Eine Konferenz soll einberufen werden, um über die Sachlage zu statuieren, und erst dann könne man seine Anerkennung aussprechen. In der Türkei größte Konsternation, denn ihre Rechte sind ignoriert worden, und der neuen konstitutionellen Regierung bieten sich nun von den reaktionären und kriegerischen Parteien bereitete Schwierigkeiten. Serbien schäumt vor Wut und schreit auf den Straßen „Nieder mit Oesterreich" — „Krieg, Krieg!" Montenegro erklärt, daß es mit in den Krieg ziehen wird. Oesterreich schickt Kriegsdampfer die Donau hinab. Kurz, es ist endlich da, das von allen Militärparteien so sehnsüchtig erwartete „Krieg in Sicht"; es ist da, das so lang prophezeite Gewitter am umdüsterten Balkanhimmel. Immer hieß es: der Weltkrieg wird kommen, und ein kleiner Zwischenfall in den Balkanländern wird ihn entfesseln. Nun haben wir den Zwischenfall, sogar deren zwei. Die Kriegspropheten müssen schon triumphieren, und die Freunde des „Losgehens", des „Einmarschierens" schnallen im Geiste schon hastig ihren Säbel um. Aber es gibt Hemmun-

[1]) 5. Oktober 1908.
[2]) 5. Oktober 1908.

gen. Hemmungen, die es vor ein paar Jahren nicht gegeben hat. Es gibt nämlich ein Europa, das sich zu organisieren beginnt, das den Frieden will, den Frieden braucht, und das mit Blitzesschnelle handelt, um den Krieg zu verhüten. Pichon wirft das Wort „europäischer Patriotismus" in die offizielle Welt, und dieser Patriotismus ruft ebenso laut nach Wahrung des Friedens, als der serbische Patriotismus nach Krieg schreit. Wäre Europa, wie noch vor nicht langer Zeit, nur in zwei feindliche Lager getrennt, so wären ihm die Balkanereignisse vielleicht zum willkommenen Anlaß zur Austragung dieser Feindseligkeit geworden; aber jetzt ist das Netz der Allianzen und Ententen und Freundschaften so kreuz und quer geknüpft, daß es gar kein Land mehr gibt, das nicht mit den Feinden seiner Freunde befreundet, und mit den Freunden seiner Freunde verfeindet wäre. Und schließlich sind die materiellen und kulturellen Interessen aller mit einander verknüpft und das Weltgewissen bäumt sich gegen den Weltkrieg auf. Und so wird heftig nach Recht und Vereinbarung verlangt — die Konferenz wird einberufen — man wird Kompensationen und Garantien und neue Verträge schaffen und das Riesenunglück wird abgewendet sein. So wenigstens wird es kommen, wenn der „europäische Patriotismus" schon genug erstarkt ist; wenn das Friedensbedürfnis der Völker sich schon durchzusetzen die Kraft hat. Eine Belastungsprobe des im Bau begriffenen Pazifismus ist diese heutige Lage. Zitternd und gespannt sehen auch wir zu; wir fragen nicht: wird Serbien Bulgarien erobern, wird die Türkei Kreta festhalten — wir fragen, wer wird in dem großen Kampf zwischen alter militärischer und neuer juridischer Weltordnung die Oberhand gewinnen in der nächsten Stunde? Tatsache ist, daß die Hemmung da ist, daß sie sich energisch einsetzt und daß allerorten Kräfte am Werke sind, die unserer europäischen Welt über die Klippe hinüberhelfen wollen, an der sie jetzt zerschellen — oder doch sehr schmerzlich anstoßen könnte.

Was sagen die Pazifisten? — Die Hemmungen des Krieges. — Zum Kaiser-Interview des „Daily Telegraph“. — Casablanca. — Bengalen über alles. — Die Eroberung der Luft. — „La force en attendant le droit.“

Wien, Anfang November 1908.

Was tun die Friedensvereine? Was sagen die Pazifisten? Diese Fragen stürmen auf uns ein, angesichts der mit latenten Kriegsgefahren und auch offenen Kriegsdrohungen gefüllten Zeit, die jetzt — seit den Balkanereignissen — hereingebrochen ist. Will man mit solcher Fragestellung uns zu rettenden Taten ermutigen oder einfach uns verhöhnen? Beides ist nicht am Platze. Denn eingreifende Taten in die politischen Tageszwistigkeiten liegen außerhalb unserer Rechtssphäre. Sollen wir z. B. durch eine in Wien oder Bern abgehaltene Protestversammlung die serbischen Heißsporne daran hindern, Banden auszurüsten? So wie unser Europa heute noch organisiert oder vielmehr noch unorganisiert ist, ist der Ausbruch einer Konflagration allstündlich möglich. Eben darum, weil es so ist, und weil die Pazifisten es wissen, geht ihr Streben dahin, dem ganzen Völkerverkehrssystem eine andere Grundlage zu geben. Die zivilisierte Welt braucht ein feuersicheres Gebäude. Solange sie aber bei ihrem Strohdach verharrt und noch dazu auf den Dielen Petroleum ausgießt, muß sie auf die Feuersbrunst gefaßt sein; wenn dann die Flammen züngeln, ist's zu spät, die Sicherheitstechniker, die Asbestfabrikanten herbeizurufen, daß sie helfen sollen; und dann ist man auch nicht berechtigt, sie zu verhöhnen, daß ihre Mittel nichts nützen — man hat ja diese Mittel nicht angewandt. Wäre schon ein verbündetes Europa vorhanden, das nicht gegeneinander Festungen und Zollschranken erhebt, das als obersten Völkermoralgrundsatz die Aufhebung der Gewalt, der Selbsthilfe und des Eroberungsrechtes proklamiert hätte, dann wären alle die heutigen Gefahren nicht vorhanden, da wäre auch jede fernere Friedensbewegung überflüssig.

* *
*

Daß aber die vergangene Friedensbewegung **nicht** überflüssig war, das zeigt sich an den **fortgesetzten Hemmungen**, die trotz der vielseitigen Spannung der Lage eine kriegerische Entladung fernhalten. In meiner vorigen Chronik konnte ich diese Hemmungen schon konstatieren; sie haben in diesen letzten vier Wochen nicht aufgehört zu wirken. Diese Verhandlungen, diese Mahnungen zur Besonnenheit, diese Korrespondenzen, dieser Notenwechsel von einem Ende Europas zum andern, dieses rasche Dementieren hetzerischer Insinuationen, diese wirklich fieberhaften Bemühungen, das Unglück abzuwenden, zeugen von dem schon in die weitesten und höchsten Kreise gedrungenen Friedenswillen; zeugen von der schon keimenden Organisation Europas. Schon handeln und verhandeln alle Mächte miteinander und dies in der ausgesprochenen Absicht, mittels Konferenz, mittels neuen Verträgen und Ausgleichungen die Dinge wieder in ein friedliches Geleise zu bringen. Ob es gelingt, wird sich zeigen; der **Versuch** ist das Symptom.

* *
*

Während nun alles mit Spannung und Bangen den bosnischen, bulgarischen, serbischen und türkischen Dingen folgt, fällt eine neue politische Sensationsbombe in die Welt. **Der „Daily Telegraph" veröffentlicht Aeußerungen des Deutschen Kaisers** über sein Verhältnis zu England[1]). **Wilhelm** II. drückt seinen Unwillen darüber aus, daß die Engländer seinen Friedensversicherungen nicht glauben. Er findet da schöne, warme Worte: „Ich habe in Guildhall mit allem mir zu Gebote stehenden Nachdruck erklärt, daß mein Herz den Frieden verlangt, und daß es einer meiner heißesten Wünsche ist, mit England auf bestem Fuße zu leben. Bin ich je meinem Worte untreu geworden? Lüge und Falschheit sind mir fremd. Meine Handlungen sprechen für sich selbst. Ihr hört aber nicht auf sie, sondern auf jene, die sie mißdeuten und entstellen. Das ist eine persönliche Insulte...." Und weiter: „Ich wiederhole, [illegible] bin der Freund Englands, aber ihr macht es mir schwer; meine [illegible]gabe ist nicht die leichteste, die bei einem großen Teile der [illegible] und unteren Klassen meines Volkes vorwiegende Stimmun[illegible]

---

[1]) Am 29. Oktober 1908. Die Veröffentlichung macht in [illegible] großes Aufsehen.

land nicht freundlich. Ich bin daher sozusagen bei meinem eigenen Volke in der Minderheit; aber einer Minderheit der besten Elemente genau so wie es sich in England bezüglich Deutschlands verhält.... Ich arbeite ohne Unterlaß, die Beziehungen zu verbessern, und ihr antwortet, daß ich der Erzfeind bin — warum das?" — Um seine Beteurung zu erhärten, führt der Kaiser seine Haltung während des südafrikanischen Krieges an: er gibt zu, daß die öffentliche Meinung Deutschlands unzweifelhaft feindselig war, die Presse feindselig, feindselig die Privatmeinungen. Wie aber das offizielle Deutschland? wie er selber? Er lehnte den Empfang der Burenabgesandten ab, er lehnte die von Frankreich und Rußland vorgeschlagene Intervention ab — ja er arbeitete sogar einen Feldzugsplan zur Unterwerfung der Buren aus und schickte ihn nach England. Was den Wunsch nach einer kräftigen Flotte betrifft, so wird dabei nicht an England gedacht, sondern: „Deutschland ist ein junges, wachsendes Reich mit weltumspannendem, sich rapid ausdehnendem Handel, und Deutschland muß eine mächtige Flotte zum Schutze dieses Handels und seiner vielfältigen Interessen selbst in den entlegensten Meeren haben...."

Alles dies ist mit voller Wahrheitsliebe und in der unverkennbaren Absicht gesagt, das englische Mißtrauen und damit die Gefahr eines englisch-deutschen Konflikts zu verscheuchen. Der Kaiser hätte daher durch diese freimütige Aussprache den Dank beider Länder verdient. Das Gegenteil traf ein. Und das ist das Sensationelle an der Sache. Nicht das, was in dem Dokument enthüllt wird — denn es sagt ja nichts Unbekanntes (bis auf den Feldzugsplan) und nichts Unwahre[illegible] merkwürdig, sondern die Bestürzung, die dadurch [illegible]de. Die gesamte deutsche Presse stößt Alarmschreie [illegible]teien bereiten Interpellationen vor, eine Kanzler[illegible] — „das darf sich nicht wiederholen" — „dem muß [illegible]rden", und der Herrscher wird förmlich [illegible]ege schlägt man vor, ihm künftig das [illegible]. Es scheint, daß ein konstitutioneller [illegible]deres sagen soll, als „Es ist sehr schön [illegible]eut." Der ganze Schreck beruht darauf: [illegible]en ist, daß man mit dem Ausland und [illegible]als eine gerade, klare Sprache führen darf, [illegible]ichten, Plänen und Handlungen auf dem Ge[illegible]tik nichts verraten soll, daß man nur Falschgefärbtes oder, besser noch, nur Farbloses darüber äußern müsse. Dieses System war auch das richtige, so lang, als Ueberlistung und womöglich Niederwerfung des andern höchstes politisches Ziel war; Falschheit und Lüge, Mißtrauen und Verschlossenheit sind die Grundlagen des kriegsbereiten Nebeneinanderlebens; aber wenn es sich darum handelt, in Freundschaft sich zu verbinden, so ist die Beleuchtung der vollen Wahrheit das Ersprießliche. Auch begangene Fehler oder irrtümliche Anschauungen können, wenn nur ins Licht gerückt, durch Kritik und durch Verständigung ihrer Gefahr entledigt werden. Klärung, Klärung überall, das tut not; und nirgends Winkelzüge, so sehr auch politische Routine darin ihre höchste Weisheit sieht. Nichts verleugnen von dem, was man getan und was man tun will.

* *
*

Ich sage nicht, daß der Kaiser recht getan, daß er die Burendelegation und die Interventionsversuche der Mächte abgewiesen — denn, dem unseligen Transvaalkrieg ein Ende zu bereiten, wäre ein Segen — auch für England — gewesen, und zu einer Vermittlung waren die Mächte — nach den Haager Konventionen — ganz berechtigt, ohne dabei einen unfreundlichen Akt zu begehen. Ich sage auch nicht, daß der Kaiser recht hat, wenn er jener Formel Glauben schenkt, die in der Kriegsflotte den nötigen Schutz des Handels sieht. Das ist auch so ein alter nationalökonomischer Irrtum. Man schafft sich keine Kunden, indem man sie totschießt. Die offene Tür läßt ja überall die Absatzmöglichkeit zu, und den größten Absatz könnte sich jedes Land — statt ihn in den „fernsten Meeren" zu suchen — im eigenen Lande schaffen, indem es die Konsumkraft der Bevölkerung hebt, während die Rüstungssteuern diese Kraft vernichten; daß Flotten zum Handel nicht notwendig sind, zeigt das kommerzielle Gedeihen von Binnenländern, wie die Schweiz und Belgien. Und warum kann man Güterzüge befördern, ohne sie von gepanzerten Militärzügen begleiten zu lassen? Freilich gibt's auf der Eisenbahn kein Kaperrecht. Das aber auch auf dem Meere abzuschaffen, hängt doch nur vom Willen der Mächte ab.

* *
*

Mit den Balkanwirren, mit dem Nationalitätenhader in Oesterreich, der jüngst in Laibach und Prag schon in Bürgerkrieg auszuarten begann, mit dem Aufstand der deutschen Parteien gegen den im englischen Interview vermeintlich enthaltenen Absolutismus — mit alledem ist der Unruhe noch nicht genug. Da kommt noch der Zwischenfall von Casablanca[1]) (deutsche Deserteure aus der französischen Fremdenlegion, die der deutsche Konsul beschützte), und darüber soll — man scheut sich nicht, das Ungeheuerliche als möglich hinzustellen — ein deutsch-französischer Krieg ausbrechen. Welche Chance für die beiderseitigen Chauvinisten! Aber dazu wird es nicht kommen. Zu solchem Wahn- und Widersinn lassen sich die Regierungen und Völker heute nicht mehr treiben. Wieder ein Beweis der erstarkten Friedenssache. Der Fall wird vor das Haager Schiedsgericht kommen, und die Forderung, daß vor der Zuflucht zum Gericht eine Entschuldigung vorgebracht werden müsse, diese Forderung wird man als widersinnig fallen lassen; denn im Wesen des Schiedsgerichts liegt es, daß dieses erst entscheidet, ob eine Schuld vorliegt, und wer sich zu entschuldigen habe. Daß aber solche Lappalien überhaupt noch den Gedanken an einen Krieg aufkommen lassen, zeigt, wie sehr es notwendig ist, die Grundlagen des Friedens zu befestigen.

* *
*

Während ich obiges schrieb, kam die Nachricht, daß die deutschen und französischen Diplomaten eine Formel zur Beilegung des Konfliktes gefunden — nämlich beiderseitig ausgesprochenes Bedauern und hierauf Rekurs an das Haager Tribunal. Es ist eine Freude, in diesen bewegten Tagen die Friedensmächte an der Arbeit zu sehen. Und welcher unberechenbare Vorteil ist es wieder, daß schon Friedensinstrumente, wie das Haager Tribunal usw., bereit sind.

* *
*

[1]) Ende September griffen in Casablanca französische Marinesoldaten den deutschen Konsulatssekretär und den Konsulatsvorsteher an, die drei aus der Fremdenlegion desertierte Deutsche auf einen Dampfer einschiffen wollten. Großer Presselärm. Der Streitfall wird später einem Schiedstribunal des Haager Hofes unterbreitet.

Bengalen über alles — über alles in der Welt! Das Reutersche Bureau meldet aus Kalkutta: „Die Zeitung „Yugantar“, die in der französischen Niederlassung Chandernagor erscheint, fordert die Bengalen zur Ausrottung der Europäer auf und erklärt, der einzige Abonnementspreis, den sie verlange, sei, daß ihr jeder Leser den Kopf eines Europäers bringe.“ — Nun, damit erscheint das Gelbpressentum bis zur äußersten Konsequenz charakterisiert. Dem Grade nach ist der Yugantar ein hohes potenziertes Hetzblatt gegenüber den Hetzblättern der übrigen Welt; dem Geiste nach sind sie alle gleich.

* *
*

Die Eroberung der Luft macht herrliche Fortschritte. Und die Herrschaft der Luft wird — nicht einem Volke — wird der Menschheit gehören. Ein hübsches Vorzeichen davon steckt in dem kurzen Telegramm: „Friedrichshafen, 2. November. Der Londoner Motorklub trug in einem schmeichelhaften Schreiben dem Grafen Zeppelin die Ehrenmitgliedschaft an.“ — Hierher gehört auch die Depesche des Ingenieurs des französischen Militärlenkballons „Ville de Paris“ an den deutschen Erfinder: „Permettez vous offrir sentiments vive admiration votre superbe voyage et indomptable énergie, profondes condoléances pour malheureuse fatalité. Souhaite retrouverez bientôt plein succès dans conquête pacifique que nous poursuivons tous.“

* *
*

Der Verlauf der letzten Delegationsverhandlungen in Budapest[1]) bot den Friedensfreunden wenig Befriedigung. An die allgemein gutgeheißene Annexion Bosniens knüpfte sich die Konstatierung, daß jetzt desto mehr gerüstet werden müsse und alle Forderungen des Kriegsministers, die er mit einer Strophe seines Klageliedes über die „verdorrende“ Armee einleitete, wurden widerspruchslos bewilligt. Der Kriegsminister ist in seiner Rolle, daß aber bei solchem Anlaß kein Mitglied der Interparlamentarischen Union aufsteht, um auf die Wege zu weisen, die aus dem ewigen Rüstungslabyrinth herausführen, das ist das Bedauerliche —

[1]) Am 8. Oktober 1908 zusammengetreten.

mehr als das: das Empörende. Der Delegierte Graf Latour, nachdem er die Angliederung der Provinzen glorifizierte, fährt fort: „Es ist merkwürdig, wie sich die Zeiten — übrigens nicht nur bei uns — darin ändern. Wir alle erinnern uns an eine Zeit, wo sich in der österreichischen Delegation ein Streichquartett die Herabminderung der Heeresauslagen zur Aufgabe gemacht hatte. Dieses Streichquartett haben wir auch heute noch, nur sitzt es nicht mehr in der Delegation, sondern im gemeinsamen Ministerrate. Trotz Haager Konferenzen, Friedenskongressen und parlamentarischen Unionen sind wir noch weit von der Zeit entfernt, wo internationales Recht und Gesetz im Frieden walten werden. Wer das Recht will und vor allem Recht behalten will, muß heute auch die Kraft haben und sie anzuwenden wissen. Ich schließe mit den Worten eines französischen Geschichtsphilosophen: „C'est la force et le droit qui règlent toutes choses dans le monde: la force en attendant le droit." (Zustimmung und lebhafter Beifall.) Ganz richtig, aber: nous avons assez attendu. Niemand erhob diesen Ruf.

Der Wirbel der Ereignisse. — Boykott, der blutlose Krieg. — Die Selbstbeherrschung Wilhelms II. — Aus dem Hauptbuch des Pazifismus. — In der belgischen Kammer. — Ein bedeutungsvolles Wort Asquiths. — Lord Roberts über die deutsche Invasion. — „Maßgebende" Ansichten darüber. — Nationalwirren in Oesterreich. — Wirkung des Standrechts. — Die Studenten und Professoren im Reich. — „Nieder mit den Slaven." — Präsident Roosevelt über Moral in der Politik. — Luftschiffdebatte in der französischen Kammer.

Wien, 11. Dezember 1908.

Ein Wirbel von Ereignissen in den letzten Wochen! Es ist unmöglich, alles Wichtige hier zu glossieren; kaum hat man eine Lage erfaßt, so bringt der nächste Tag wieder ganz veränderte Aspekte. Die Hemmungen gegen die nach den Balkanüberraschungen aufgestiegenen Gefahren dauern fort; es mehren sich aber auch die Schwierigkeiten, die Komplikationen, die das Hemmungswerk stündlich schwieriger machen — und die Frage: Krieg oder Frieden schwirrt immer banger durch Europa.

* *
*

Uebrigens ist ein Krieg schon ausgebrochen. Ein ganz neuartiger, den man mit den alten Methoden nicht zum Austrag bringen kann. Sieht man noch immer nicht ein, daß die Zustände sich wandeln, daß das „Niedagewesene" in die Weltgeschichte einbricht? Da gab's eine blutlose Abtrennung eines Landes vom andern (Norwegen); da gab's eine blutlose von Grund aus umwälzende Revolution (Türkei), und jetzt führt diese selbe Türkei gegen Oesterreich einen blutlosen, aber empfindlichen Krieg: den Waren-Boykott. Dagegen läßt sich mit Waffengewalt nichts tun. Man kann ein Volk nicht mit Kanonen zwingen, zu kaufen, und würde man es auch niederschießen, dann kauft es erst recht nichts. In dieser Wandlung läßt sich auch ein deutliches Zeichen von der Sanktion erblicken, mit der in künftigen Fällen (wenn es ein geeinigtes Europa geben wird) gegen diejenigen Mächte vorgegangen werden könnte, die sich einem Schiedsspruch nicht fügen wollten, oder die einen kriegerischen Ueberfall versuchten. Der türkische Boykott ist ja auch schon eine Entgegnung auf den eigenmächtigen Bruch eines internationalen Vertrags. — Jetzt muß man die nachträgliche internationale Anerkennung der Annektierung der zwei Länder einholen, und mit der Türkei müssen Kompensationsvereinbarungen vorher direkt eingegangen werden — so würde alles wieder ins friedliche Geleise kommen — und der Boykott würde von selber aufhören. Es können also die einem alten, absolutistisch-militaristischen Geist entsprechenden Formeln nicht aufrechterhalten bleiben: „Verhandlungen mit der Türkei, ja — aber zuerst muß der Boykott aufhören" — „Teilnahme an der Konferenz, ja — Bosnien darf dabei aber nicht erwähnt werden." Mit der Politik des Trotzes läßt sich der Friedenserhaltung nicht mehr dienen.

* *
*

Der große Sturm, der sich infolge des Kaiser-Interviews in Deutschland erhoben hatte, hat sich rasch gelegt. Was Kaiser Wilhelm darüber empfunden hat und noch empfindet, das verschließt er in seiner Brust. Daß er aber bei diesem Anlaß Würde, Selbstbeherrschung, Größe gezeigt hat, das wird ihm die Mitwelt hoffentlich zuerkennen[1]). Ich sage nur „hoffentlich"; denn die Mitwelt ist nicht immer gerecht, und so mancher sagt von dem Verhalten des Kaisers: „Was konnte er anderes tun?" — O ja, er konnte anderes — und darum sei rückhaltloser Respekt diesem seinem Tun gezollt.

* *
*

In dem Hauptbuch des Pazifismus haben sich die Posten auf der „Soll"-Seite stark gemehrt, und zwar weithin sichtbar, denn die Tagespresse pflegt gerade diese Posten zu registrieren und mit endlosen Kommentaren zu begleiten, während sie die „Haben"-Posten nur flüchtig erwähnt oder auch ganz übergeht. Desto aufmerksamer und freudiger müssen wir die Summen in unser Hauptbuch eintragen, die regelmäßig unserem Aktivstand zufließen. Das Netz der Schiedsverträge ward fortgesponnen: Holland mit Nordamerika; dieses mit Peru und — am wichtigsten von allen — der Vertrag Japan-Amerika, der den „unvermeidlichen", der ganzen Welt so beliebten Zusammenstoß zwischen diesen beiden Ländern in den militärischen Kreisen vertilgt hat. Auch eine neue „Entente" wurde geschlossen: England und Rußland. Der größte Posten aber ist schon dieser: der Casablanca-Konflikt zwischen Deutschland und Frankreich (auf Anregung des ersteren) vor das Haager Schiedsgericht gewiesen! In der Sitzung des 17. November der belgischen Deputiertenkammer sagte der Deputierte Paul Janson:

„Es sind einige Tage her, daß wir am Vorabende eines Brandes zwischen zwei großen Völkern gestanden sind. Das Gewitter drohte auch auf unsere Häupter überzugehen. Aber die beiden Völker entschlossen sich, ihren Streitfall einem Schiedsrichter vorzulegen. Ich schlage daher der Kammer vor, diese beiden Völker, die ein so hehres Beispiel gegeben haben, zu beglückwünschen. Mögen alle Parlamente ein gleiches tun. Mögen die Könige und die Völker endlich begreifen,

[1]) Am 17. November 1908 hielt Fürst Bülow dem Kaiser in Potsdam einen mehrstündigen Vortrag über die im deutschen Volke über das Daily-Telegraph-Interview hervorgebrachte Stimmung und über die darauf Bezug habende Interpellation im Reichstag. Der Kaiser nahm die Ausführungen des Reichskanzlers mit großem Ernst entgegen. Er billigte die Ausführungen des Reichskanzlers im Reichstag und versicherte ihn seines fortgesetzten Vertrauens.

daß der Krieg etwas Verabscheuungswürdiges ist." (Langanhaltender Beifall.)

* *
*

In seiner Guildhall-Rede hat der englische Premier folgende bedeutungsvolle Worte gesprochen: „Man sollte nicht von Isolierung oder von feindlichen Gruppierungen unter den Mächten reden, die vereinte Verwalter der Zivilisation und oberste Schützer des Friedens sind." Dieses Wort verdient gewürdigt und verbreitet zu werden. Es prägt einen Titel für die Mächte, die auf der Höhe der neuen Zeit stehen wollen, einen Titel, den mit Stolz jede Macht führen könnte, die sich einer europäischen Föderation anschlösse: „Vereinte Verwalter der Zivilisation und des Friedens."

* *
*

Fortfahrend sagte Asquith: „Wir haben weder Animositäten, die wir befriedigen, noch selbstsüchtige Interessen, die wir fördern. Wir würden nicht widerstreben, eine Hand zu ergreifen, die uns in guter Absicht und in Treue entgegengestreckt würde." Diese von der höchsten Stelle der englischen Regierung kommende direkte Freundschaftsaufforderung an die außerhalb der Ententen Verharrenden, wurde in der mitteleuropäischen Presse nicht hervorgehoben. Als aber der alte Feldmarschall Roberts, dessen Steckenpferd die Einführung der allgemeinen Wehrpflicht in dem sich dagegen sträubenden England ist, eine Alarmrede hielt über die drohende Invasion der Deutschen [1]), da füllten sich unsere Blätter durch mehrere Tage in ihren Morgen- und Abendausgaben mit Betrachtungen über diese Rede und folgerten die Notwendigkeit daraus, wieder stärker zu rüsten. Die Hausredakteure genügten nicht, das Thema „Die deutsche Invasion" zu besprechen; hohe Offiziere und sonstige „maßgebende" Personen wurden befragt und ihre Erörterungen veröffentlicht. Zu welchen amoralen Höhen der militaristische Geist sich versteigen kann, davon sollen die folgenden Stellen der von der Tagespresse eingeholten Gutachten zeugen. Nach einer Verurteilung der „fortwährenden Freundschaftsbeteuerungen, die in Gestalt

[1]) In der Oberhaussitzung vom 23. Juli 1908.

von Reichstagsreden, Presseäußerungen und Deputationsentsendungen aller Art dem Frieden um jeden Preis dienen wollen" erklärt die „sehr hohe Persönlichkeit" dem Mitarbeiter des Berliner Tageblattes weiter: „Lassen wir den Engländern ihre Invasionsfurcht; sie wird als wohltätiger Dämpfer für uns nützlich sein. Die „Invasion" ist wie der ganze Krieg nicht sehr wahrscheinlich, aber im Bereich der Möglichkeit und Durchführbarkeit liegt sie, soweit ich unser Heer und unsere Flotte nach deren innerem Wert taxiere, sehr wohl, in besonderem Maße aber, wenn England auch noch anderswo in der Welt festgehalten wird. Ist die Landung aber erst einmal durchgeführt, so glaube ich auch an die Durchführung der „Invasion"."

Eine andere hohe und maßgebende Persönlichkeit geht in der naiven und unbewußten Immunität gegen ethische Gefühle so weit, daß sie die Idee einer deutschen Invasionsabsicht nicht nur nicht abwehrt, sondern noch Ratschläge gibt, wie sie vielleicht durchführbar wäre:

„Es gibt nämlich noch einen zweiten Weg für Deutschland, wenn es einen Handstreich im Schilde führt. Viel einfacher und leichter wäre die unvorhergesehene Eröffnung des Krieges mit einem Ueberfall der etwa zu Manövern vereinigten Kanalflotte und Vernichtung derselben, ein Schlag, der die maritime Macht Englands so schwer treffen würde, daß sie ohne fremde Hilfe kaum mehr die Ueberlegenheit zu erlangen vermöchte."

Ueberfall auf eine manövrierende Flotte — also ohne Kriegserklärung. Ja, ja: die Lehren des russisch-japanischen Krieges! — Warum wendet sich aber die Presse nicht lieber um Ratschläge an „Maßgebende" in der Frage, wie die Vorschläge auf gesicherte Freundschaft und verminderte Rüstungen am besten durchzuführen wären?

* * *

Zu den auswärtigen Schwierigkeiten, die Oesterreich-Ungarn bedrängen, haben sich noch bedeutende innere Wirren gesellt. Die unseligen Nationalkämpfe! Zuerst an der Wiener Universität Prügeleien mit Revolverschußbegleitung zwischen deutschen und italienischen Studenten [1]). Anlaß: die ganz berechtigte Forderung

[1]) 23. November 1908.

der Italiener, einer eigenen Universität in Triest, eine Forderung, mit der die deutschen Studenten eigentlich ganz einverstanden sind; sie wollten nur nicht, daß auf dem deutschen Boden der Wiener Alma mater italienische Rufe ausgestoßen werden und fielen daher mit ihren Schlägern auf die südländischen Komilitonen her. Diese hatten in Voraussicht dieses Ueberfalls Revolver mitgenommen, das übrige weiß man. Man weiß auch, welchen Empörungswiederhall der ganze Vorfall in Italien gefunden hat. Es soll nun vom Rektorat das Verbot erlassen worden sein, daß die Studenten Schläger tragen. Also auf dem Boden der Wissenschaftstempel wenigstens: „Die Waffen nieder!" Das wäre ein Gewinn. — Schlimmer noch als in Wien, kam es zu nationalfanatischen Exzessen in Prag. Ein czechischer Progrom gegen alles Deutsche. Oesterreichische Fahnen wurden zerfetzt, und „Hoch Serbien" wurde gerufen. Darauf ist am 2. Dezember (ausgerechnet, dem Kaiserjubiläumstage) das Standrecht über Prag verhängt worden. Der Henker von Wien reiste in die böhmische Hauptstadt und seither herrscht Ruhe. Man empfand dies als Wohltat. Wie kommt es, daß man in unserer Zeit — auch wenn man zu den Fortschrittlichen und Friedlichen gehört — diese Maßregel gut heißen mußte? Das kommt daher: Morphium und Narcotica sind Gifte, die den Organismus zerstören. Wenn aber der Organismus krank ist, und die Schmerzen unerträglich werden, dann muß so ein Betäubungsmittel doch gegeben werden. Wenn die Völker und Nationen also krank sind, z. B. an Nationalitätenwahnsinn, und dadurch gemeingefährlich werden, dann muß ein solches Mittel, wie die Gewaltmaßregel des Staates Anwendung finden. Werden diese sozialen Ausgeburten einmal aufhören, dann wird auch das Standrecht zu dem alten Rüstzeug kommen.

* *
*

Im Reiche haben verschiedene Studentenversammlungen stattgefunden, um gegen die Angriffe auf die deutschen Studenten in Prag zu demonstrieren. Auch die deutschen Professoren haben sich dem Proteste gegen die Gewalttaten des Prager Mob angeschlossen. Mit Recht. Gewalttaten sind immer zu verdammen, solche aus nationalem Fanatismus besonders, weil sie besonders wild sind. Aber leider haben die Professoren nicht im Namen der höheren Kultur, nach der alle Nationen vereint streben sollen, gesprochen, sondern wieder mit nationalen Schlagworten. Sogar mit Kampfrufen gegen die Slaven. Sollen denn wirklich die Nationen einander gegenseitig bekriegen und auszurotten suchen, wie in früheren (man kann nicht sagen „finsteren“ — denn die nationalen Vorurteile sind ebenso finster —) Zeiten die Anhänger dieser oder jener Religion? Und zu Schürern des Rassenkrieges geben sich die Führer der Jugend her? Das ist traurig. Auf dem Boden des Nationalismus kann es nie zu Versöhnung und Duldung kommen. Auf einem höheren Niveau müssen sich zwei Streiter begegnen, um aufzuhören, Streiter zu sein. Und dann erst können beide am Kulturwerk weiter arbeiten. Die Rufe: Nieder mit den Slaven! Nieder mit den Germanen! Nieder mit den Italienern! werden je nach dem Lande, wo sie erhoben werden, als patriotisch oder als hochverräterisch betrachtet. Wir Pazifisten aber sagen: Jeder solche Ruf ist überall Hochverrat am Menschentum.

*

In der französischen Kammer wurde eine Regierungssubvention für Luftschiffahrt verlangt. Minister Barthou sagte in seiner zustimmenden Antwortsrede: „Ich hoffe, daß die Folgen günstig sein werden für den sozialen Fortschritt, die Annäherung der Menschheit und für den Weltfrieden.“ — Wie unnational! Zum Glück erhebt sich General Mercier: „Jetzt wird man aber auch an die Regulierung der Luftgrenzen denken müssen,“ sagte er; „unsere östliche Bevölkerung ist durch die große Zahl von fremden Ballons sehr erregt worden, in einigen befanden sich Offiziere in militärischer Mission.“ — Nun, es wird ja allenthalben schon mit steilschießenden Kanonen experimentiert: Lieb Vaterluft, kannst ruhig sein.

* *
*

Präsident Roosevelt hat dem Kongreß eine Botschaft zugehen lassen [1]), in der er einen Satz ausspricht, der das ganze Ziel des Pazifismus umfaßt:

---

[1]) 8. Dezember 1908.

„Die auswärtige Politik der V. St. basiert auf der Theorie, daß das Recht genau ebenso in den Beziehungen zwischen den Völkern herrschen muß, wie zwischen einzelnen Personen, und in den letzten zehn Jahren haben wir unsere Redlichkeit durch unsere Taten bewiesen. Wir haben uns gegenüber den Nationen so verhalten und verhalten uns ihnen gegenüber so, wie im privaten Leben ein ehrenhafter Mensch sich seinem Mitmenschen gegenüber verhalten würde!"

In derselben Botschaft aber empfiehlt Roosevelt (zwei Seelen wohnen, ach, in seiner Brust!) allerlei Rüstungsaufbesserungen. Es ist mir nicht bekannt, daß im privaten Leben ein Gentleman gegen den anderen stets eisengepanzerte Fäuste ballt....

1909

Das Erdbeben in Süditalien. — Die internationale Hilfeleistung. — Fortgesetzte Balkanwirren. — Hetze gegen England. — Wie man ein Schlagwort lanciert. Das Dokument des Botschafters Cartwright. — Eine Berichtigung über die Prager Exzesse. — Neujahrsreden im Elysée. — Ein neues Lufttorpedo. — Graf Schlieffens Artikel „Der Krieg der Gegenwart". — Der angesagte Besuch König Eduards in Berlin.

Wien, Januar 1909.

Das neue Jahr zog unter dem schmerzlichen Eindruck ein, den die süditalienische Schreckenskatastrophe auf die ganze zivilisierte Welt hervorgebracht hat [1]). Bei derlei Ereignissen, wo die blinden Naturkräfte uns arme Menschen in unausdenkbaren Jammer stürzen, und wo doch von der ganzen, plötzlich brüderlich fühlenden Mitwelt Hilfe und Teilnahme herbeiströmt, drängen sich uns Pazifisten immer dieselben Betrachtungen über die klaffenden Widersprüche auf, die in den Urteilen und Verhalten der Menschen liegen, je nachdem sie sich den Zerstörungen der Elemente oder den von ihnen selber hervorgerufenen Zerstörungen des Krieges gegenüberstehen. Ich werde diese Betrachtungen hier nicht abermals vorbringen, aber mit Genugtuung konstatieren, daß sie sich diesmal auch aus außerpazifistischen Kreisen, aus den Spalten sonst militaristisch gefärbter Blätter, aus den Reihen der Abgeordneten, die sonst alle Rüstungssteigerungen bewilligen, vielseitig vernehmen ließen.

* *
*

Auch was die internationale Hilfeleistung betrifft, so hat sie sich mit einem noch nie dagewesenen Elan betätigt und

[1]) Am 28. Dezember 1908 werden Messina, Reggio und Umgebung durch ein Erdbeben zerstört. Die Zahl der Toten wird auf über 100,000 geschätzt.

namentlich die Kriegsschiffe aller Länder waren es, die zum Rettungswerk herbeieilten; — eine Riesenwoge der Brüderlichkeit hat sich über die Welt ergossen und alle kleinen nationalen Sorgen und Rankünen ebenso gewaltig weggeschwemmt, wie das austretende Meer die sizilianischen Küsten verschlang. Aber nur für den Augenblick. Das aufgepeitschte Mitgefühl wird sich bald wieder verflüchtigen, und die wenigsten noch haben den Mut gehabt, jene aufgedeckten Widersprüche zu ergründen oder die Konsequenzen ihrer eigenen Gefühle zu Ende zu denken. „Ueber Unabwendbares wird gejammert", schrieb mir aus diesem Anlaß Hedwig Pötting[1]), „und selber errichten die Staaten solche Vernichtungsgelegenheiten. Bei den elementaren Unglücksfällen schweigt der Nationalitätenhaß, und eine Nation eilt der andern zu Hilfe. Die Menschen sind wie die Kinder: die wissen ganz gut, die zusammengebundenen Sessel, mit denen sie Eisenbahn spielen, sind nur Sessel. Aber sie wollen glauben, daß es Waggons und Lokomotiven sind und wehe, wenn einer sagen würde, das ist ja doch kein wirklicher Zug, der würde als Spielverderber Prügel bekommen. So wollen auch die Völker die Wirklichkeit nicht sehen, daß sie lauter arme Menschen sind, die miteinander Mitleid haben. Nein. Sie sind Staaten und Nationen und dürfen nicht sagen: das ist alles Unsinn!"

* *
*

Was nun die Erschütterungen im Balkan betrifft, die zum mindesten ebensoviel Jammer und Verluste nach sich ziehen können, wie das Erdbeben von Sizilien, so haben die letzten vier Wochen auch noch keinen Ausbruch, aber auch noch keine Beruhigung gebracht. Die „Pourparlers", die Boykottagen, die Reden der Minister, die Vorstellungen der Gesandten, die Verhandlungen über Kompensationen, die Drohungen mit „ernsten" Maßnahmen, die Entsendungen von Truppen, die Ratschläge der Mächte, die Schwankungen an den Börsen, die bald provozierenden, bald beschwichtigenden Artikel in der Presse, das alles wird fieberhaft fortgesetzt, und die bange Frage: „kommt es oder kommt es nicht zum Krieg?" wird immer noch, teils hoffend, teils

[1]) Gräfin Hedwig Pötting (1853—1915), bis zum Tode der Verfasserin, zwanzig Jahre lang, deren intimste Freundin.

fürchtend, je nachdem, ob die Kriegsparteien oder ob die übrigen Menschen fragen, an das Schicksal gerichtet. Es ist, als gingen wir alle am schmalen Rande eines Abgrunds entlang und neben, vor und hinter uns laufen geschäftige Scharen, die uns vor dem Hinabfallen mit allerlei Bemühungen schützen, einige auch versuchen zwar uns hinabzustoßen; andere, sehr dankenswerte trachten wieder uns anzuseilen — das sind die Scharen der Diplomaten und Potentaten, der Ministerien und Kabinette, der Dumas und Skupschtinas, der Komitees und Komitatschis. Wenn wir aber hineinfallen in den Abgrund, dann wird's heißen, das hätten wir aus „Volksleidenschaft" getan, denn bekanntlich werden ja die Kriege jetzt nur mehr durch die Völker selber entfesselt (und wenn einer aus dem Volke erklärt, daß er den Krieg verpönt, so wird er eingesperrt); wenn wir am Abgrund, zitternd zwar, aber unversehrt vorbeikommen, wenn es den braven Nagelbeschuhten und Anseilern gelungen ist, sich und uns glücklich hinüberzubringen, dann wird man uns auffordern, die Weisheit der Diplomatie dankbarst zu bewundern. Nun ja, für jede Bemühung, das Unheil zu verhüten, werden wir auch dankbar sein; aber lieber wäre es uns schon, wenn man einfach neben jenem Abgrund ein sicheres Geländer — nämlich den internationalen Rechtszustand — aufbaute. Ein föderiertes Europa, das an seinen Staatengrenzen keine Forts und Minen, keine handelshemmenden Zollschranken hätte, ein solches Europa hätte überhaupt keine Abgründe mehr; sein politischer Boden würde keine künstlichen Vulkane bergen und nicht mehr zu bersten drohen.

* *
*

Eine sehr häßliche Sache hat sich in unserer Mitte abgespielt. Ein Schlagwort hat sich verbreitet (war es eine ausgegebene Losung, war's ein von selber aufgestiegener Verdacht? ich weiß es nicht), das Schlagwort „England steckt dahinter". Alles Unangenehme und Drohende: Europäische Kritik, türkischer Boykott, serbisches Kriegsfieber: alles das soll England hervorgerufen haben, durch Hetze, durch Ermutigungen, durch Intrigen. Warum? Aus Gehässigkeit, aus Habsucht, aus Moralheuchelei — oh, man kennt es ja, das perfide Albion. Es ist überhaupt hübsch, wie sich die Leute immer eine fremde Nation vorstellen: als ein einheitliches, mit bestimmten

Eigenschaften ausgestattetes Ganzes — ein nationales Individuum, am liebsten — ein Bösewicht. Ist nun die eigene Lage eine verwickelte, eine gefährliche, über die man zu Tadel und Aerger veranlaßt werden könnte, so ist es ganz gut, einen Sündenbock da zu haben, der an allem schuld ist. Der Aerger mag sich Luft machen, und die Verantwortlichen sind die Verantwortung los. Das Ding zu machen ist ganz leicht. Wie hat ein Publizist einmal die Methode, eine allgemeine Ueberzeugung wachzurufen, erklärt: „Ein paar Zeitungen brauchen nur durch eine längere Zeit eine Behauptung täglich zu lancieren. Gute Gründe, oder Tatsachen brauchen nicht angeführt zu werden, sondern nur wiederholen, wiederholen, täglich, und an die verschiedensten Anlässe anknüpfend." — Heute kann man in Wien, in was immer für einem Kreise, wenn das Gespräch auf die Balkanereignisse, auf die Chancen von Krieg und Frieden fällt, unfehlbar die Bemerkung hören: Ach, dieses England! Aus eigener Erfahrung und Beobachtung kann natürlich nicht jeder zu diesem Schluß gelangt sein; er hat es aber gelesen und hat es von vielen Seiten (die es ja wissen müssen!) gehört. Man sehe nach: unsere Blätter haben seit einigen Wochen täglich eine Beschuldigung Englands vorgebracht; und jetzt, da sie von englischer Seite für dieses Verhalten zur Rede gestellt werden, führen sie als Beweis ihrer Behauptung die öffentliche Meinung an, die sie selber geschaffen. Die Stimme beruft sich auf die Zeugenschaft des Echos.

* *
*

Der neue englische Botschafter, Mr. Cartwright, war von seiner Regierung beauftragt worden, dem Kaiser bei der Antrittsaudienz eine Denkschrift zu überreichen, dazu bestimmt, durch ihre Erklärungen die verschiedenen gegen die englische Politik kursierenden Gerüchte zu verscheuchen. Dem Botschafter wurde bedeutet, daß dieses Vorgehen gegen die hergebrachte Etikette verstößt; also überreichte er das Dokument dem Ministerium des Aeußern, zwecks öffentlicher Bekanntgabe. Nach der Audienz jedoch, in welcher der Kaiser gesagt hatte, er hoffe, „die traditionellen guten Beziehungen zwischen beiden Ländern werden sich weiter erhalten", wurde dem Herrn Cartwright die Denkschrift, als gegenstandslos geworden, zurückgestellt. Kommentarlos sei die Episode in dieser Chronik der Zeitereignisse festgehalten.

* *

In den Randglossen des letzten Dezember ist von den Prager Exzessen und dem dort verhängten Standrecht berichtet worden. Von tschechischer Seite ist mir darüber eine Reklamation zugekommen, worin die Richtigkeit meiner Angaben in Abrede gestellt wurde. Da meine Angaben nicht auf eigener Erfahrung beruhten, sondern auf den von den Wiener Blättern veröffentlichten Nachrichten — und da Zeitungsnachrichten, wie ich ja heute an anderer Stelle hier konstatiert habe, nicht immer zuverlässig sind — so will ich der Berichtigung meines Korrespondenten, Dr. H., gern Raum geben. Er schreibt:

Es ist nicht wahr, daß in Prag oder überhaupt irgendwo in Böhmen ein Pogrom gegen die Deutschen geplant wurde. Es ist unwahr, daß österreichische Fahnen zerfetzt wurden, daß „Hoch Serbien" gerufen wurde. Die ganze Geschichte ist nur darauf zurückzuführen, daß einige unreife Jungen, aus Anlaß einer Demonstration gegen das jung-tschechische Blatt „Den", einer polizeilichen Meldung zufolge, „Hoch Serbien" gerufen haben sollen — doch ist dieser Akt gerichtlich nicht konstatiert. Hingegen ist es Tatsache, die durch nichts wegzuleugnen ist, daß der Grund zu den nationalen Exzessen in Prag in dem durch die Behörden favorisierten sogen. Bummel zu suchen ist. Nirgends in der ganzen Welt erlaubt man es den Studenten, daß sie außerhalb des Bodens der Universität solche Aufzüge veranstalten und dabei alle möglichen Allotria treiben, wie sie die Prager Bevölkerung gegen den energischen Protest der Geschäftsleute und Gewerbetreibenden beider Nationalitäten über sich ergehen lassen muß."

Weiter führt Dr. H. an, daß Tausende von ruhigen Staatsbürgern aus den sogen. geschlossenen deutschen Sprachgebieten einfach auf die Straße gesetzt wurden, bloß, weil sie anderer Nationalität waren; er erzählt von dem Streik der 15,000 böhmischen Kinder infolge ganz unzureichender Schullokalitäten; er führt endlich die im böhmischen Landtage von seiten der deutschen Abgeordneten inszenierte Obstruktion an, die ihren Gipfelpunkt darin erreichte, daß ein deutscher Abgeordneter im Landtage das Lied „Die Wacht am Rhein" anstimmte. Schließlich bemerkt Dr. H.: „daß die Unruhen in Prag aufhörten, als das Standrecht proklamiert wurde, hat seinen Grund nicht in der Furcht vor dem Scharfrichter — der übrigens nicht von Wien nach Prag kam —, sondern darin, daß zugleich das Tragen der Abzeichen [1]), die eigentliche Veranlassung der Krawalle, behördlich untersagt wurde."

* *
*

[1]) der deutschen Studenten.

Bei den offiziellen Neujahrsempfängen im Elysee wurden in den Ansprachen der Botschafter und des Präsidenten die Siege des Pazifismus gefeiert, die im vergangenen Jahre errungen sind: Die Unterbreitung des Casablanca-Falles an das Haager Schiedsgericht: „ein Sieg der Vernunft“, und die verschiedenen Ententen, die „zur Sicherung des Weltfriedens dienen“.

* *
*

Die Fortschritte in der Waffentechnik gehen unaufhaltsam weiter. Unterm 23. Dezember wurde der Vossischen Zeitung aus Wilhelmshaven gemeldet, daß von einem Maschinisten der Kriegsmarine ein Lufttorpedo erfunden worden ist. Es wird jetzt bei Krupp praktisch erprobt. Solche Nachrichten erfüllen uns Pazifisten immer mit einer gewissen Genugtuung. Der Krieg will sich von seinem Thron nicht absetzen lassen; uns muß es daher willkommen sein, zu sehen, wie er durch seine Unersättlichkeit dem Zerplatzen zutreibt.

* *
*

Während alle Diplomaten, alle Sozialpolitiker, scheinbar alle Regierungen bemüht sind, den Frieden der Zukunft zu sichern, sind die Generäle fleißig an der Arbeit, den „Krieg der Gegenwart“ an die Wand zu malen. Unter diesem Titel veröffentlicht das Januarheft der „Deutschen Revue“ einen Artikel des ehemaligen Generalstabschefs, Grafen Schlieffen[1]). Die militärische Autorität entwirft von der Lage unseres Weltteils folgendes freundliche Bild: „In der Mitte stehen ungeschützt Deutschland und Oesterreich-Ungarn. Ringsherum hinter Wall und Graben die übrigen Mächte. Deutschland wird nicht allein von der französischen Revanchepolitik (in Frankreich selber schon ganz verpönt, aber ein Schoßkind der Militärkreise in Deutschland. B. S.), sondern auch von dem Grolle bedroht, der aus der Eifersucht Englands auf die deutsche Industrie entsprungen ist und das britische Reich zu einem unversöhnlichen Gegner gemacht hat;

[1]) Es ist dies jener Artikel, den Kaiser Wilhelm am Neujahrstag den kommandierenden Generälen vorlas, ihnen dabei mitteilend, daß er selbst mit dem Inhalt jener Ausführungen sich einverstanden erkläre.

dazu kommt der Haß der Slawen gegen die Deutschen und schließlich die italienische Eroberungspolitik. Es ist nicht ausgemacht, daß diese Leidenschaften und Begehrlichkeiten sich in gewaltsames Handeln umsetzen werden. Aber das eifrige Bemühen ist doch vorhanden, alle diese Mächte zum gemeinschaftlichen Angriffe gegen die Mitte zusammenzuführen. Im gegebenen Augenblicke sollen die Tore geöffnet, die Zugbrücken herabgelassen werden, und die Millionenheere über die Vogesen, die Maas, die Königsau, den Niemen, den Bug und sogar über den Isonzo und die Tiroler Alpen verheerend und vernichtend hereinströmen. Die Gefahr erscheint riesengroß."

Die Neue Freie Presse vom 8. Januar, indem sie diese Stellen abdruckt, nimmt die sämtlichen, Deutschland und Oesterreich umgrenzenden zivilisierten Länder nicht gegen die maßlos beleidigende Anschuldigung in Schutz, daß sie trotz all ihrer feierlichen Versicherungen, daß ihre Ententen gegen niemand eine Spitze wendeten, sich nur vereinigt haben zu dem Zwecke, verheerend und vernichtend in das Herz Europas hereinzuströmen, um ihrem Haß, ihrer Rache, ihrer Eifersucht Luft zu machen. Die Presse benützt das Zitat nur, um die darin enthaltene Anklage gegen die englische Politik wieder als Bekräftigung ihrer eigenen fortgesetzten Beschuldigungen zu erklären. Sie bemüht sich nicht, ihre Leser — von denen sie doch wissen muß, daß sie in der Mehrzahl friedensliebend und friedensbedürftig sind — zu beruhigen, daß solche Anschauungen der tatsächlichen Unterlagen entbehren und nur dem kriegsgewohnten Denken des militärischen Schriftstellers entspringen; nein, sie fügt hinzu: „Das sind ernste Gedanken. Wenn der Verfasser wirklich recht hat, müssen schwere Zeiten für Europa kommen. Höchst wichtig ist, daß Graf Schlieffen gleichfalls die Ueberzeugnug hat, Europa werde durch die britischen Pläne und Absichten von der ernstesten Gefahr bedroht." Als aber vor einiger Zeit Lord Roberts vor der von Deutschland beabsichtigten Invasion warnte, da hat die Presse auch dieses als ein Zeichen der englischen Gefahr hervorgehoben. — Ich weiß nicht, wie in den englischen Jingoblättern gesprochen wird, wahrscheinlich nicht besser; bedauerlich ist nur, daß in Zentraleuropa die liberalen Blätter ihre Leitartikel zu schreiben pflegen, als wären sie Filialen der Kriegsministerien. Kameraden des deutsch-englischen Freundschaftskomitees, seid auf der Hut! Durch eure großartigen Kundgebungen, durch die korporativen Besuche usw. wurden die schon dicht angesammelten Wolken zerstreut. Eine Zeitlang hörte die Hetze auf. Sie hat aber, als wäre nichts geschehen, wieder eingesetzt. Die Gegner sind hartnäckig. Die Versöhnungsarbeiter müssen auch hartnäckig sein.

* *
*

Das englische Königspaar hat seinen Besuch in Berlin für Mitte Februar angesagt. Vielleicht wird dies ausschlaggebend werden — vielleicht folgt eine offizielle und bindende Entente zwischen England und Deutschland. Edward the peacemaker ist auch hartnäckig.

Austro-türkische Verständigung. — Ende der Beschuldigungen gegen England. — Die türkisch-bulgarischen Kriegsvorbereitungen und das Verhalten der Mächte dazu. — Hilfeleistung für Messina. — Die italienische Universität. — Reklamationen wegen der Randglossen über die Prager Exzesse. — Rauferei im Parlament. — Haldane über Rüstungseinschränkung. — Schiedsgerichtsvertrag zwischen Oesterreich-Ungarn und den Vereinigten Staaten. — Sir Robert Hart über China. — Eine amüsante Kanonenkombination.

Wien, 6. Februar.

Erfreuliches läßt sich aus den letzten vier Wochen berichten. Der türkisch-österreichische Konflikt aus der Welt geschafft, durch den Antrag Oesterreichs, einen Entschädigungsbetrag[1]) zu zahlen, und durch die Bereitwilligkeit der Türken, den Antrag ohne Feilschen und ohne Zaudern anzunehmen. Die Folge war ein augenblickliches Nachlassen des Boykotts und ein allgemeines Aufatmen in beiden Ländern und im übrigen Europa, daß an Stelle des Krieges mit seinen unberechenbaren Folgen eine Verständigung, ein Uebereinkommen den bedrohlichen Konflikt gelöst hat. Nur wer

[1]) Die türkische Regierung nimmt am 12. Januar 1909 die österreichisch-ungarischen Vorschläge an (Zahlung von 2½ Millionen türkischer Pfund).

sich kriegslustig fühlt — also namentlich die chauvinistischen Elemente in Serbien —, waren mit diesem Ergebnis nicht zufrieden. Für die Pazifisten hingegen ist es ein Triumph. Der traditionelle Usus wurde damit gebrochen, daß zwei streitende Großmächte nicht anders miteinander verhandeln können als mit hartnäckigem Verharren (schon des „Prestiges" willen) auf dem rechthaberischen, konzessionsversagenden, durch Pochen auf die eigene Macht begründeten Standpunkt. Diese austro-türkische Verständigungsaktion ist nicht nur wertvoll durch ihre positiven Vorteile, sondern besonders als neuer Präzedenzfall, als Beispiel, als Lehre.

* *
*

Eine zweite erfreuliche Wendung ist zu verzeichnen: die in der österreichischen Presse und im Publikum grassierende Beschuldigung, daß England am Balkan schüre, hat aufgehört. Einmal, weil die englischen Staatsmänner die Beschuldigung aufgehoben und mit loyalen Aufklärungen[1]) entkräftet haben, und zweitens weil die Freude, mit der in England die austro-türkische Verständigungsaktion aufgenommen, und der Eifer, mit der sie unterstützt wurde, den tatsächlichen Beweis erbrachten, daß man englischerseits kein Interesse hatte, die balkanischen Wirren zu verschärfen, sondern von allem Anfang an nur in Sorge war, daß die Annexion kriegerische Folgen nach sich ziehen könnte, ein Unglück, das alle europäischen Mächte, England nicht zumindest, eifrig bemüht waren, abzuwenden. Und nun gab es auch noch einen zweiten Balkanwinkel, wo es Mobilisierungs- und sonstigen Kriegslärm gab: die bulgarisch-türkische Grenze; aber auch da wird — das Beispiel wirkt schon — der casus belli in einen Geldkasus umgewandelt; auch da eilen die Mächte herbei mit Mahnungen, mit Ratschlägen, ja sogar mit Vorschlägen, die nötigen Summen vorzustrecken. Es wird also auch da zur Verständigung kommen. Jetzt wäre nur zu wünschen, daß auch Serbien irgendeine Konzession gemacht, irgendein Vorteil eingeräumt würde. Wenn man ihm durch eine Bahn oder durch irgendeinen Territoriumsstreifen eine Handelserleichterung schaffen könnte, so wäre das gewiß wünschenswert; um so mehr, als ja Bereicherungsmöglichkeiten des Nachbars immer die

[1]) Rede Sir Edward Greys in Coldstream vom 23. Januar 1909.

eigene Bereicherung fördern — eine sozialwirtschaftliche Wahrheit, deren Einsicht auch schon aufzudämmern beginnt.

* *
*

Die internationale Hilfeleistung für das zerstörte Sizilien dauert noch an. Das Unglück war zu riesig — Schauer und Mitleid werden noch lange nachzittern. Die Tätigkeit der Wiener Rettungsgesellschaft an der Jammerstätte hat bei den Italienern dankbare Rührung hervorgerufen. Der Moment wäre so günstig gewesen für eine edle, großzügige Geste auch auf politischem Gebiet. Aber von diesem Gebiet ist alles, was gütig ist — was wie Schwäche aussehen könnte — verpönt. Die österreichische Regierung hat sich nicht entschließen können, ihren italienischen Untertanen den langgehegten, berechtigten Wunsch nach einer italienischen Universität in Triest zu gewähren. Ist es die Furcht, in jenen Gegenden den Irredentismus erstarken zu sehen — als ob nicht gerade diese Haltung geeignet wäre, den Irredentismus erst recht zu wecken. Man sagt, eine hohe Persönlichkeit wolle durchaus nichts wissen von einer Universität in Triest.... Was man sagt, ist ja nicht immer wahr.

* *
*

Und diese Betrachtung führt mich zu der Angelegenheit des deutsch-tschechischen Streites. In meinen vorigen Randglossen habe ich der Reklamation eines tschechischen Korrespondenten Raum gegeben, der sich über die Unrichtigkeit meines in der vorhergehenden Nummer enthaltenen, auf deutsche Informationen begründeten Berichts beklagte. Und nun erhalte ich wieder von deutscher Seite Briefe, die jene Reklamation für unbegründet erklären. Meine Herren Korrespondenten werden mir verzeihen, wenn ich hier diese Kontroverse nicht weiter veröffentliche. Es würde sich schließlich diese ganze Rubrik mit der Erörterung des nationalen Kampfes in Böhmen füllen, was den Lesern einer Zeitschrift für übernationale Ideale, die der ganzen Kulturwelt angehören, sicher nicht willkommen wäre. Wir können nur hier eines tun: allen Gesinnungsgenossen in beiden Lagern die Versicherung geben, daß wir nur Gerechtigkeit und Freiheit für beide ersehnen, daß wir nicht die geringste Parteilichkeit für die eine oder die andere Nation hegen und nur hoffen können, daß sowohl die tschechischen wie die deutschen Kulturmenschen sich auf einer höheren Warte als der nationalistischen zusammenfinden.

* *
*

Wohin, in welche Niederung der Gesittung der Sprachenkampf führt, wenn er mit solchen Mitteln wie Straßenexzesse, Boykottierungen, Beschimpfungen geführt wird, wodurch der Haß und die Erbitterung bis zum Paroxismus gesteigert werden, das zeigt das Gebaren in unserem Parlament, dem durch Schließung der Session (5. Februar) ein Ende gemacht werden mußte. Pfeifen, Trommeln, Nebelhörner, gleichzeitiger Gesang von tschechischen, reichsdeutschen und österreichischen Hymnen, geschwungene Fäuste, abgerissene Rockkragen, gebissene Finger... wirklich, man muß schamrot werden — und das alles, weil gesagt worden war, die tschechische Sprache sei in bestimmten Fällen „zulässig". Es ist wirklich, als wollte der Parlamentarismus Selbstmord begehen! Warum ist man im Theater, im Hotelsaal, auf der Gasse, überall — sicher gegen Katzenmusik und Raufereien, nur im „hohen Hause" nicht, wo sie Gesetze machen, Gesetze für alle, nur für sich selber nicht?

* *
*

„London, 18. Januar. Kriegsminister Haldane hielt in Halifax eine Rede, in der er ausführte, Großbritannien habe die Führung übernommen in dem Bestreben, die Ausgaben für die Rüstungen zu vermindern. Mit der Zeit würden die Nationen erkennen, daß die gewaltigen Militärausgaben im Interesse des Friedens und sozialer Reformen wohl herabgesetzt werden könnten; solange aber die Nationen nicht zu der Erkenntnis gekommen seien, sei es untunlich, die Vorbereitungen zur Verteidigung des Landes zu vernachlässigen." Dieser Text fand sich im Depeschenteil unserer (nicht aller) politischen Blätter. Dazu keine Kommentare. Während die Alarmrede des Feldmarschalls Roberts zu langen Leitartikeln Anlaß gab. Wahrlich, die Presse gibt sich redlich Mühe, jene Erkenntnis nicht durchdringen zu lassen, von der Mr. Haldane spricht.

* *
*

Auch folgende Nachricht war kleingedruckt und kommentarlos in unseren Zeitungen enthalten: „Washington, 16. Januar. Der Staatssekretär Root unterzeichnete gestern den Schiedsgerichtsvertrag mit Oesterreich-Ungarn." Das hat im Lesepublikum kaum einer unter Tausenden bemerkt. Desto mehr konnte man sich in die Aspekte der Studentenkappen, Straßentafeln und Postpaketaufschriften [1]) vertiefen. — Was doch der öffentlichen Meinung und ihrer Lenkerin — der Presse — am meisten fehlt, ist die Auffassung der Proportionen.

* *
*

Sir Robert Hart, der den größten Teil seines Lebens in China zugebracht hat und als der kompetenteste Kenner chinesischer Zustände gilt, hat kürzlich in Lisburn (Irland) einen Vortrag gehalten, worin er u. a. sagte: Die Chinesen verabscheuen es, Soldaten zu sein, da sie glauben, Recht sei Recht und müsse nicht erst erfochten werden. Da aber gegenwärtig in der übrigen Welt die Behauptung seines Rechtes auf der Bereitschaft, dafür zu fechten, ruht, so folgen sie dem Beispiel Japans und studieren die westliche Kriegskunst. Die Chinesen, so führte Sir Robert weiter aus, sind ein merkwürdig friedliches Volk. Die von Konfuzius gelehrten Grundsätze sind so erhaben und schön wie die christlichen, und sie werden dort mit einer Treue befolgt, welche uns Christen beschämen sollte. Ein Land mit 400 Millionen Einwohnern, welches es sich ohne Klage gefallen läßt, von Europa beraubt zu werden, kann unmöglich kriegerisch sein. Wir mit unserer Ultrazivilisation werden zweifellos mit der Zeit schwächer werden, und der Orient, die Wiege des Menschengeschlechts, wird sich wieder erheben wie ein erfrischter Riese und uns Westliche lehren, was unseren Brüdern gegenüber unsere Pflichten seien. In einigen hundert Jahren wird China wenigstens so mächtig sein als irgendeine europäische Macht; aber statt uns mit Krieg zu überziehen, wie wir fürchten, wird es den Lehren des Konfuzius so treu sein wie je. Es wird sich an die übrige Welt wenden und sagen: Gentlemen, es soll keine Kriege mehr geben. Es wird die Kraft seiner Waffen für das angegriffene und gegen das angreifende Land ein-

[1]) Ursachen der czechisch-deutschen Reibungen.

setzen und so das goldene Zeitalter einführen. Das sei eine merkwürdige Behauptung, schloß Sir Robert, aber er kenne den vernünftigen Charakter der Chinesen, und er wisse, daß sie vernünftig handeln würden.

Kann man nicht hoffen, daß schon früher auch in Europa die Vernunft zur Herrschaft gelangt, so daß wir nicht mehr ein paar hundert Jahre zu warten brauchen, bis sich das Reich der Mitte in den Besitz einer großen militärischen Macht gesetzt und vielleicht sich im Laufe dieses Prozesses auch unseren militärischen Geist angeeignet hat?

* *
*

Rußland braucht Kanonen. Vertreter von Krupp, Schneider und der Skodawerke sind in Petersburg anwesend. Die russische Regierung wird nach den Modellen in ihren eigenen Geschützfabriken arbeiten lassen, aber vielleicht auch einen Teil ihres Bedarfs den ausländischen Firmen zur Arbeit übergeben. In diesem Falle kämen die österreichischen mit den deutschen und französischen Fabriken in Kombination. Also ein internationales Syndikat zur Herstellung von Vernichtungswerkzeugen für Kriege zwischen den Syndikatsmitgliedern. Wer da nicht auflacht, hat keinen Sinn für Humor.

Die wilde Jagd der Pourparlers. — Der Besuch des englischen Königspaares in Berlin. — Das größte Ereignis: ein deutsch-französisches Abkommen und ein gemeinsamer deutsch-französischer Schritt. — Der Prozeß in Krakau. — Kriegsgericht und Folterjustiz. — Nochmals das Marokko-Abkommen. — Fürst Radolins Worte. — Verständigung mit der Türkei. Ist die serbische Angelegenheit eine europäische? — Das Wort des ungarischen Ministerpräsidenten. — Ennunziation der österreichischen Friedensgesellschaft. — Präsident Tafts Antrittsrede.

— —

Wien, anfangs März.

Es ist schon schlimm genug, wenn sich am politischen Horizont die vielgenannten schwarzen Punkte zeigen, jetzt aber jagen schwarze Wolken mit wilder Hast am Himmel vorbei, in immer verschiedenen Formen, bald das ganze Firmament verdüsternd, bald blaue Streifen oder gar Sonnenstrahlen durchlassend. Bald: „Nächster Tage geht's los“, bald: „Der Frieden bleibt erhalten“ [1]). Zeitungen, die dreimal täglich erscheinen, können da einigermaßen den Ereignissen folgen und zutreffende Situationsbilder geben; eine Monatsschrift muß darauf verzichten. Bis der ganze Hexentanz vorüber ist, bis der erschütterte Weltteil (der annektierende Nasenstüber auf den okkupierten Provinzen hat gar ungeahnte Schwingungen hervorgebracht) wieder ins Gleichgewicht kommt — oder in Trümmer geht — da werden sich großartige Lehren ziehen lassen aus den gegenwärtigen Vorkommnissen; da wird sich deutlich beweisen lassen, daß, wenn man den Frieden will (und daß Europa ihn will, das zeigen alle diese rasenden Pourparlers), er auf ganz andere Grundlagen gestellt werden muß. Zum Seiltanzen ist er zu gut.

* * *

[1]) Die Spannung zwischen Oesterreich-Ungarn und Serbien verstärkt sich [illegible]bruar 1909 und nimmt Ende Februar einen Grad an, der den Krieg [illegible]vorstehend erscheinen läßt.

Der Besuch des englischen Königspaares in Berlin[2]) hat gewiß ein gutes Stück der künstlichen englisch-deutschen Verstimmung beseitigt, welche von den Chauvinisten beider Länder so eifrig gepflegt wird. Jede Annäherung, jede freundschaftliche persönliche Zusammenkunft, jedes Wort des Wohlwollens und der Friedensversicherung trägt Früchte. Dem Besuch in Berlin folgten als Nachspiel die Reden Greys und Asquiths im englischen Unterhause, die das politische Fazit des Besuches vor aller Welt in helles Licht rückten. Die Hetzer und Wühler und die „kühl bis ans Herz hinan" bleibenden Zweifler werden sich darum freilich von ihrem Standpunkt nicht abdrängen lassen; aber von ihrem Einfluß auf die Menge haben sie sicherlich viel verloren.

* *
*

Das größte Ereignis, das sich in den verflossenen Wochen vollzogen hat, ist in folgender lakonischer Depesche enthalten:

Berlin, 9. Februar. Das deutsch-französische Abkommen über Marokko ist heute vormittags im Auswärtigen Amte vom Staatssekretär Freiherrn von Schoen und Botschafter Cambon unterzeichnet worden.

Abkommen, welche Konfliktsursachen aus der Welt schaffen, haben in letzter Zeit überhand genommen. Zwischen Frankreich und England, zwischen England und Rußland, zwischen Amerika und Japan... aber gerade zwischen Frankreich und Deutschland ist die Bedeutung eines solchen Abkommens von verzehnfachter Wichtigkeit. Einer der heißesten Wünsche der Pazifisten — die deutsch-französische Freundschaft — ist dadurch seiner Erfüllung näher gerückt. Wie viele Etappen noch zum Ziele liegen: einerlei; die Richtung ist nun eingeschlagen! Die Freude, die dieses Ereignis in beiden Ländern und überall erweckt hat, zeigt, daß die Zeit unserem Ideale entgegenreift. Die vier Unterzeichner des Dokuments: Schoen und Cambon, Pichon und Radolin, sind mit Glückwünschen und Ehren überschüttet worden. Langsam wendet sich die Zuerkennung von Ruhm, der Zoll des Dankes, den Trägern und Verkündern der Friedenssiege zu. Die erste Folge dieses glücklichen Uebereinkommens war, daß die beiden Länder einen ver-

[2]) 9. Februar 1909.

einten Schritt tun konnten — und daß sie, im Interesse des Friedens, zugleich mit England, Rußland und Italien in der Balkansache auf Serbien ernüchternd eingewirkt haben.

* *
*

Neben dem Erfreulichen und Lichten etwas Schauerliches, Stockdunkles: *der Prozeß der russischen Revolutionäre* und Agents provocateurs, der sich in Krakau abgespielt hat. Ein Einblick in das Verfahren russischer Kriegsgerichte tut sich da auf, der einem Blick in die Hölle gleicht. Oder doch einem Blick ins roheste Mittelalter. Hier einiges aus den Aufzeichnungen des Kronzeugen *Bakay*:

Das Arrestlokal, in welchem die Verhafteten fürs erste untergebracht werden, befindet sich im Rathaus. Es ist eine halbfinstere Kammer, welche derart gebaut ist, daß kein Laut herausdringen kann. Hier fanden alle Untersuchungen ein „befriedigendes" Ende, indem die Verhafteten, durch unerhörte Martern gequält, alles aussagten, was man von ihnen zu wissen verlangte. Die Untersuchung wurde untergeordneten Organen anvertraut, unter denen einer sich besonders hervortat. Er hatte es zu einer *Kunstfertigkeit im Haarausreißen* gebracht, der kein noch so verstockter Häftling widerstand. Die Spezialität eines anderen bestand darin, die Finger zwischen die Rippen zu drücken, ein Dritter konnte die Arme auf eine besonders schmerzhafte Weise verdrehen. Nichts erboste die Quäler so sehr, als wenn die Gefangenen sagten, „das weiß ich nicht", oder wenn sie schwiegen. Grinn wickelte ihre Haare um die Finger und riß ihnen Haare und Kopfhaut aus. Oder zwei Henkersknechte faßten ein Bürschchen bei Armen und Beinen und schlugen mit aller Kraft den Körper an die Dunkelkammer....

Genug.... Die Beschreibung geht noch weiter so fort. Den Schluß dieser „Untersuchungen" bildete der Befehl des Gouverneurs: „Sie werden alle erschossen." — Man sage nicht: „Rußland! Das finst[illegible] Rußland!!" Kam nicht aus Rußland jener herrliche Protest gege[illegible] Todesstrafe, der von einem Dutzend der hervorragendsten Politi[illegible] zeichnet war? Und wurde im Gefängnis von Montjuich in [illegible] vor wenigen Jahren nicht auch gefoltert? Und die Gra[illegible] Kolonial-Strafexpeditionen? — Nein, nein, nicht [illegible] ler sind anzuschuldigen. Die Schuldige heißt — Roheit. Diese zu bändigen heißt Zivilisation. Aber zivilisiert sind wir alle noch lange nicht!

* *
*

Nach diesem Abstieg ins Dunkle wieder hinauf ins lichte Land der Zivilisation, von denen ja doch einige Strecken erobert sind. Also nochmals das deutsch-französische Abkommen: Der „Temps", der den Fürsten Radolin interviewt, führt aus dessen Erklärungen auch folgende Worte an: „Diese freimütige Auseinandersetzung kann Konsequenzen haben, die sich nicht auf Marokko beschränken. Unsere beiden Völker werden darin einen Beweis erblicken, daß man mit gutem Willen alle jene Konflikte zu lösen vermag, die aus der Verwicklung der politischen und wirtschaftlichen Interessen entstehen." Derselbe Temps betrachtet dieses Ende des marokkanischen Streites als „einen Markstein in der Geschichte Europas". Das „Journal des Débats" meint, der 9. Februar werde in der Geschichte der deutsch-französischen Beziehungen epochemachend sein.

* *
*

Andere gute Nachrichten: Das Abkommen zwischen Oesterreich-Ungarn und der Türkei wird perfekt; der Boykott hört auf und zwischen den beiden Ländern entwickelt sich eine freundsch[illegible] Entente; der Konflikt zwischen der Türkei und Bul[illegible]n [illegible] durch finanzielle Arrangements geebnet, und die [illegible]ungen werden eingestellt. Nur eine Gefahr droht [illegible]urchfieberte Serbien: da vereinen sich alle Mächte [illegible]n Ser[illegible]e Illusion, daß man ihnen im Kriegs[illegible]ürde[illegible]e in der Geschichte hat sich eine solch [illegible]ehrb[illegible]gen den Krieg gezeigt, wie sie in diesen [illegible]n [illegible]en Aerger der Kriegsparteien — das [illegible]en [illegible]kennzeichnet hat. Noch sind wir nicht [illegible]rg[illegible] civilisation est en marche".

* *
* *

Im Augenblick, wo dieses geschrieben wird, besteht die noch übrige Zweifelsfrage aus den Balkanwirren darin, ob die serbischen Angelegenheiten als eine europäische Frage behandelt werden sollen, ob über die Wünsche Serbiens durch die Vermittlung Europas oder direkt durch Oesterreich-Ungarn verhandelt werden soll; — ob doch eine Konferenz einberufen werde oder nicht. Oesterreich-Ungarn zeigt großen Widerwillen gegen europäische Einmengung in die schwebenden Handelsvorteilsfragen, die es Serbien eventuell gewähren wollte. Graf Tisza sprach im ungarischen Parlament den Satz: „In diese Dinge darf uns niemand hineinreden.“ Und die Wiener offiziösen Zeitungen stellten diesen Satz als Leitmotiv ihrer Erörterungen hin. Darauf schickte der österreichische Friedensverein nachstehende Zuschrift an die „Neue Freie Presse“, wo sie im Abendblatt des 5. März im politischen Teile erschienen ist:

„Im Namen der auf der ganzen Welt verbreiteten Millionen von Friedensanhängern wagt es der hiesige Friedensverein, sich zum Sprachrohr der Gefühle zu machen, die im gegenwärtigen entscheidenden Augenblick alle Gesinnungsgenossen erfüllen. Der Ausbruch des Krieges, der Europa in Brand stecken würde, muß verhindert werden. Daran arbeitet nun seit Monaten die europäische Diplomatie, das europäische Gewissen, der „europäische Patriotismus“. Es ist dies eine neue Erscheinung in der Evolution des Staatenverkehrs. Durch solches Kollektivhandeln zum Schutze des Friedens können alle Konflikte unter Schonung von Recht und Ehre geebnet werden, während die direkte Verhandlung zwischen zwei schon kriegsbereiten Nachbarstaaten, wovon der eine in unerhörter Weise provoziert worden, der andere vom Kampffanatismus durchfiebert ist, leicht zum gänzlichen Bruch führen kann. Und dann nähme das Verhängnis seinen Lauf, dann kommen die Chauvinisten aller Länder wieder an die Oberfläche, und der neue Geist, der ein einiges, in friedlicher Arbeit sich entwickelndes Europa schaffen will, würde wieder zurückgedrängt. Die Pazifisten protestieren gegen das trotzige Wort: „Da hat niemand dreinzureden“, wenn dieses Dreinreden doch den Zweck hat, das unberechenbarste Unglück abzuwehren. Die neue Zeit will neue Methoden, und der schicksalsschwere Augenblick erheischt das Verlassen alter Geleise, erheischt die Zusammenarbeit aller im Geiste der Versöhnlichkeit, der Großmut und des entschlossenen Friedenswillens.“

*　*
*

Der neue Präsident der Vereinigten Staaten [1]) hat in seiner Antrittsrede gesagt, daß er für das Haager Schiedsgericht und für Schiedsverträge sei. Dabei hat er freilich auch die Vergrößerung der Flotte als notwendig erklärt, „so lang die übrige Welt in Waffen starrt". Wie lange noch?

Die genügend starken Hemmungen. – Wem gebührt der Dank? – Geheime Mobilisation. – Der Dringlichkeitsantrag der Sozialdemokraten. – Mangel an Jubel über den abgewendeten Krieg. – Urteil der Presse. – Englisch-deutsches Wettrüsten. – Neuauftauchen der Abrüstungsfrage. – General Einems Ansicht. – Neue Friedfertigungsaktion.

Wien, 3. April 1909.

Vor mehreren Monaten schon stand an dieser Stelle: Krieg in Sicht; aber es gibt Hemmungen. Nun denn, die Hemmungen haben sich als stark genug erwiesen [2]): der Krieg ward verscheucht, und wir haben, was man so „Frieden" nennt, oder, wie A. H. Fried sich richtiger ausdrückt: Keinkrieg. Aber auch dieser Keinkrieg ist ein Segen, für den wir nicht genug danken können. Zu wem soll dieser Dank aufsteigen? Zu allen jenen, welche gearbeitet, verhandelt, geraten, nachgegeben, aufgeschoben, Formel gesucht — kurz, welche alles mögliche getan haben, mit dem offensichtlich eifrigen Bestreben, jenes hohe Gut zu retten, welches europäischer Frieden, und jenes entsetzliche Uebel abzuwehren, welches Weltkrieg heißt. Die Erkenntnis aber von diesem Gut und diesem Uebel ist eine Erkenntnis des pazifistischen Geistes und vor einigen Jahrzehnten war sie noch nicht in die Kabinette gedrungen.

* *
*

[1]) Präsident Taft hält am 4. März 1909 seine Antrittsrede.

[2]) Die Kriegsgefahr, die Ende März 1909 ihren Höhepunkt erreicht hatte, wurde überwunden. Am 31. März überreichte der serbische Gesandte in Wien der österreichisch-ungarischen Regierung eine Note, worin die in Bosnien geschaffene Tatsache anerkannt wird.

Das war eine furchtbar bewegte Zeit, die der Entscheidung vorausging. Von Tag zu Tag, beinah von Stunde zu Stunde wechselten die Prospekte. Alles schien immer an einem Faden zu hängen. Einzelne Ausdrücke, verschiedene Interpunktionen in den vorgeschlagenen Formeln sollten den Ausschlag geben. In den letzten Tagen jedoch war der Krieg schon so nahe, daß man seinen Pesthauch schon zu spüren vermeinte. Die Mobilisation war im Gang, obwohl es offiziell nicht so hieß. In allen Aemtern, allen Familien erhielten die Reservisten Order, binnen 24 Stunden einzurücken, und des Nachts fuhren die soldatengefüllten Züge zur Grenze. Jammervolle Abschiedsszenen spielten sich auf den Bahnhöfen ab. Aber die Blätter durften kein Wort davon erwähnen, harte Gefängnisstrafe stand auf Veröffentlichung aller dieser Vorbereitungen. Mitteilung ist Hochverrat. Und so werden die Völker behandelt — ein Vorhängeschloß vor den Mund, Knebel zur Erstickung der Proteste oder Klagen — und dann heißt es: Es sind ja die Völker, die den Krieg wollen. Nein, sie wollen ihn sicher nicht, aber bis zum festen, einmütigen Ausdruck des Friedenswillens haben sie es noch nicht gebracht: sie glauben, wenn das Verhängnis kommt, so kommt es eben, und dagegen murren kann feige oder unpatriotisch scheinen. Feige aber ist es — um couragiert zu scheinen — hunderttausend Mitmenschen dem Schlachtengott hinopfern zu lassen. Keine Zeitungsspalte stand während der ganzen Krise einer kriegsgegnerischen Stimme offen. Mit Ausnahme der Arbeiterzeitung.

* *
*

Die Sozialdemokraten waren es auch, die im Parlament am letzten Sitzungstage einen Dringlichkeitsantrag einbrachten, den der Abgeordnete Dr. Adler wie folgt ausführte:

„Es sei ausgeschlossen, daß die Volksvertretung auseinandergeht, ohne daß die Vertreter des Volkes aussprechen, was das Volk selbst über die Gefahr des Krieges empfindet, was das Volk selbst in dieser Sache will. Seit Monaten stehen wir vor einer schweren Gefahr. Wir wünschen, unseren Willen zum Frieden feierlich zu bekunden, und das muß auch Ihr Wunsch sein. Die Kriegsgefahr scheint heute verringert. Wir wollen in diesem Moment nicht untersuchen, welches die Ursachen und die Urheber dieser Kriegsgefahr sind, welche Instanzen diese Gefahr über uns verhängt und warum sie es getan haben.

Die Zeit wird kommen, wo die Verantwortlichen Rede werden stehen müssen. Aber das Volk, diejenigen, auf deren Rücken alle Kriege ausgetragen werden, deren Blut es ist, das das ganze Prestige der Dynastie, den ganzen Ruhm aller Staatsmänner bezahlt, diejenigen, die ihr Gut und ihr Blut opfern müssen, die breiten Massen der Bevölkerung, sind einig in dem Rufe: Wir wollen keinen Krieg, weder einen Weltkrieg, einen Krieg mit drei Fronten, noch auch einen kleinen Krieg."

Die Resolution, welche nur lautete, daß die Regierung in ihren Bemühungen zur Erhaltung des Friedens verharren möge, wurde vom Hause angenommen, aber mit einem von christlich-sozialer Seite vorgeschlagenen Zusatz, der das ganze wieder aufhob. Dr. Ebenhoch sprach gegen die bedingungslose Aufforderung zum Frieden, denn es gäbe Fälle, in welchen die Erhaltung des Friedens gefährlicher wäre als der Krieg. Er beantrage daher einen Zusatz, durch welchen der Friedensappell an die Voraussetzung geknüpft wird, „daß dadurch das Ansehen und die Interessen der Monarchie nicht beeinträchtigt werden". Das ist, wie die famose Umstandsklausel bei den Schiedsverträgen. Es läuft darauf hinaus, den Vordersatz unverbindlich zu machen. In diesem Falle hieß nun der Dringlichkeitsantrag: „Wir wollen keinen Krieg, außer wenn ihr ihn wollt, hochmögende und unfehlbare Herren!" Dr. Adler hat diesen Zusatz auch nicht angenommen, „denn Ehre und Würde des Staates haben in dem Munde verschiedener Menschen eine verschiedene Bedeutung."

Ja, das ist das große Uebel, daß der Begriff Ehre noch immer mit dem Kriegswunsch verknüpft erscheint; daß man noch nicht einsieht, daß die Ehre der neuen Zeit auch eine neue Ehre geworden ist. Es gibt nichts Wandelbareres als diesen Begriff. Einst wurde die Würde des Mannes an der Zahl der Skalpe gemessen, die ihm am Gürtel hingen. Das ist doch anders geworden.

* *
*

Nach sechsmonatlichem Bangen, Rüsten, „Pourparlers", Hoffen, Verzweifeln hat sich zum Schlusse in 24 Stunden das Ganze gelöst: alle Mächte einig, Serbien gibt die diktierte Erklärung ab und es ward Frieden. Der Kelch ist vorübergegangen. Unausdenkbares Unglück abgewendet. Daß darob Jubel herrschte, läßt sich nicht behaupten. Vielleicht im stillen Kämmerlein mancher Herzen — aber ein großer offizieller, wie z. B. nach einer gewonnenen Schlacht: nein. Auch in der Presse ward kein Freudenton angeschlagen. Militärischer Geist hatte während der Krise die ganze offiziöse Presse beherrscht, und militärischer Geist sprach aus den Kommentaren zu der Friedensnachricht: Nur der entschlossenen Kampfbereitschaft Oesterreich-Ungarns und der bewaffneten Hilfsbereitschaft Deutschlands ist alles zu danken. Si vis pacem para bellum habe sich wieder einmal glänzend bewährt. Die Moral des Ganzen ist: mit verdoppeltem Eifer weiterrüsten. Rußland hat in letzter Stunde nachgegeben. Warum? Nicht etwa, weil der Zar und seine Minister für den Frieden Europas etwas tun wollten, sondern weil Rußland seiner gegenwärtigen militärischen Ohnmacht bewußt ist. Wo bleibt da die Logik? — Wäre also auch Rußland genügend gerüstet, so wär's zum Kriege gekommen. Wie hätte sich denn dann der altrömische Satz bewährt? Auf Folgerichtigkeit in ihren Argumenten verzichten unsere Widersacher. Und welch unnoble Geste ist es, wenn ein vermeintlicher Gegner nachgegeben, ihm damit zu danken, daß man triumphierend sagt: „Das tat er, weil er uns fürchtet." Und weil die Blätter nicht mehr über die Satzwendungen der „Formel", an welchen Tod oder Leben der Völker hing, deuteln konnten, so wiesen sie gleich auf die neue Gefahr hin, die sich am Horizont erhebt — die deutsch-englische, durch die Flottendebatte wieder in den Vordergrund gerückte Gefahr.

* *
*

Ja, das tolle Fürchtenichts-Wettrennen, das als Haupthebel die eingeflößte Furcht, die künstlich hervorgerufene Panik benützt, ist allerdings bedenklich. Alle diese Schiffsbauten [1]) und alle

[1]) Das am 12. März 1909 vorgelegte englische Marinebudget fordert eine neue Vermehrung der Flotte um vier Dreadnoughts, sechs geschützte Kreuzer, zwanzig Torpedobootzerstörer und eine Anzahl Unterseeboote. Der Bau von weiteren vier großen Panzerschiffen im Laufe des Finanzjahres wird dabei in Aussicht gestellt. Am 16. und vom 24.—26. März 1909 finden im Unterhause Flottendebatten statt. Die Rüstungsenthusiasten forderten den sofortigen Bau von acht Dreadnoughts. Die Verhandlungen des englischen Parlaments finden beim Marineetat im Deutschen Reichstag (18. und 19. März 1909) ihr Echo.

diese Propaganda für die Einführung allgemeiner Wehrpflicht in England sind ja nicht die Abwehr wirklich erkennbarer oder auch nur aufrichtig geglaubter Gefahren, brauchen Feindschaften und schaffen sie daher.

Die konservative Opposition will die liberale Regierung stürzen. Und gar so liberal ist das jetzige Kabinett nicht einmal in seiner Gänze, denn Kriegsminister Haldane arbeitet mit beinahe ebensoviel Eifer wie Lord Roberts für die Konskription. Immerhin: die englischen Liberalen bleiben sich treu darin, daß sie die Frage der Rüstungseinschränkung immer wieder hervorholen. Sir Edward Grey sagt offen (30. März): Das Anwachsen der Rüstungen sei in hohem Maße zu beklagen, und wenn die Ausgaben in dem Verhältnis weitergingen, würden sie früher oder später die Zivilisation untergraben. — Das Abrüstungsproblem wird nicht mehr aufhören, sich an die Oberfläche zu drängen. Auch in Deutschland, wo man ihm bisher am ablehnendsten gegenüberstand, ist es aufgetaucht, und eine sympathische Aeußerung dazu fiel von einer Stelle, von der man dies am wenigsten erwarten konnte: Am 18. März spricht Kriegsminister von Einem im Reichstag, und nachdem er über die internationale Lage sich ergangen, fügt er hinzu:

„Gewiß, wenn die Dinge so weiterlaufen, daß wirklich ein besseres Verhältnis zu England und vielleicht sogar eine Entente mit Frankreich zustande kommt, kann man vielleicht daran denken, das Heer zu vermindern und abzurüsten. Ich weiß es nicht und weiß auch nicht, wie es kommen kann ..."

Die Notwendigkeit des Abrüstens wird sich immer deutlicher fühlbar machen, und dann wird man jene Bedingungen der Versöhnung und Sicherheit herbeiführen, die eine Abrüstung rechtfertigen würden, wie man jetzt zugunsten der Rüstungen das Mißtrauen und den unsicheren Zustand (selbst in den Hintertürschiedsverträgen) emsig festhält. In der Debatte über die Steuer hat der Sozialist Ledebour auch mit vollem Recht darauf hingewiesen, daß alles Sparen im Reichshaushalt unmöglich sei, solange solche Verschwendung für Heer und Flotte (die Luftflotte kommt erst!) betrieben wird.

* *
*

Die auf Friedfertigung gerichteten Aktionen gehen in aller Stille ihren Weg weiter. Das deutsch-französische

Freundschaftskomitee kündigt neue Schritte an; ein Gegenbesuch der englischen Geistlichen nach Berlin wird vorbereitet, und Kaiser Wilhelm wird die Gäste empfangen. Es sind lauter kleine Schrittchen, aber sie mehren sich. Und plötzlich kann auch eine große Tat, eine gewaltige Ueberraschung kommen. Die große Idee der Weltorganisation, die die Luft durchflattert, wird sich irgendwie zu einer leuchtenden Erscheinung zusammenballen, das ist immer Zuversicht.

Die türkischen Ereignisse. — Kollektivaktionen der Mächte. — Offizielle Ansicht über den friedlichen Ausgang der Balkankrise. — Der Arbeiterfeiertag. — Resolution für den Völkerfrieden. — Rüstungswahnsinn. — Befestigung von Venedig. — Finanznot und Teuerung. — Defizit und neue Steuern. — Ein pazifistischer Brief Winston Churchills. — Breitere Grundlagen des Friedens. — Der Casablancafall vor dem Haager Schiedsgericht. — Friedenshuldigung vor dem Kaiser von Oesterreich. — Kriegerische Feste und Feiern in Wien. — Aus dem Künstlerhause. — Nationaler Friedenskongreß in Chicago. — Die „Formel" für die Einschränkung der Rüstungen.

Wien, Anfang Mai 1909.

Serbien und Bosnien, Herzegowina und Montenegro sind jetzt aus dem Gesichtsfeld des zeitgeschichtlichen Kinotheaters schon verschwunden; was da hastig und zuckend vorbeieilt, sind nunmehr türkische Revolutionäre, Reaktionäre und Re-Revolutionäre [1]); vielleicht kommen bald wieder Re-Reaktionäre daran; einstweilen sieht man gewaltsame Sultansübersiedlungen, baumelnde Verschwörerleichen, strengdisziplinierte Meuterer, fliehende und dann wieder tagende

[1]) Mitte April setzt in Konstantinopel eine Konterrevolution ein, die am 27. April 1909 mit der Absetzung des Sultans Abdul Hamid endete.

Parlamentarier, khalifenabsetzende und -einsetzende Scheiks-ül-Islam, massakrierte Armenier — es ist ein Gären und Brodeln fanatischer Barbarei und moderner Fortschrittskräfte; und alles das ist noch ein Anfang — ist der Expositionsauftritt eines vielaktigen historischen Schauspiels. Ich sage absichtlich nicht „Drama“, denn so dramatisch und tragisch die einzelnen Episoden auch sein mögen — das ganze Stück wird doch gut enden, sicherlich. Aber nicht so bald, denn noch muß das türkische Asien zu Worte kommen.

* *
*

Die Kategorie von Leuten, denen der zukünftige Weltbrand ein Gemütsbedürfnis ist, prophezeien, daß die türkischen Ereignisse unfehlbar eine Intervention der Mächte herbeiführen werden und daß diese dann in gewohnter Eifersucht und Beutesucht einander in die Haare geraten. Zugegeben, daß Aktionen der europäischen Mächte sich als geboten ergeben, warum sollten solche Aktionen nicht einverständlich ausgeführt werden? Können sich die Kriegspropheten nicht abgewöhnen, jeden Staat als den Wolf jedes anderen Staates zu betrachten? Haben sie aus den letzten Jahren noch nicht gelernt, daß es ein gemeinsames Vorgehen der Mächte gibt — wie in Kreta, in China (gegen den Boxeraufstand), wie jüngst in der Balkankrise? — Freilich ist in unserer offiziellen Presse (und dadurch im Publikum) die Parole im Schwange, daß die Krise einzig darum friedlich verlief, weil trotz der Intrigen der neidischen und feindlichen Mächte das Waffenbündnis und die Schlagfertigkeit der beiden verbündeten mitteleuropäischen Staaten den Frieden erzwungen haben. Diese Ansicht ist jetzt in gewissen Kreisen — namentlich den militärischen — so festgeankert, wie z. B. einstens die Ansicht der französischen Nationalisten Geltung hatte, daß die ganze Rehabilitierung des Alfred Dreyfuß das Werk eines jüdischen Syndikats sei, von dem alle, die für die Unschuld des Verurteilten Partei nahmen, ausnahmslos bezahlt waren. Gegen derlei Meinungen nützt kein Streiten; sie haben Dogmenkraft, und weder mit Tatsachen, noch mit Räsonnements läßt sich ihnen beikommen.

* *
*

Am 1. Mai, dem Arbeiterfeiertag, fanden in Wien etwa ein halbes Hundert Arbeiterversammlungen statt. Allen lag eine Resolution mit gleichem Wortlaut vor. Vier oder fünf Forderungen gingen voran: Achtstundentag, allgemeines, direktes Wahlrecht für alle Männer und Frauen, Altersversicherung usw. Das letzte Alinea hatte folgenden Text:

> „Die Arbeiterschaft protestiert gegen die gewalttätige Eroberungspolitik der kapitalistischen Staaten, die das Blut und Gut der Völker der Eitelkeit der Diplomaten und der Selbstsucht der besitzenden Klassen opfert. Sie protestiert gegen den Wahnwitz des Wettrüstens, gegen die Vermehrung der Steuerlasten, die die volksfeindliche Heeresverfassung des Klassenstaates den Völkern auferlegt, und fordert von den Herrschenden die Wahrung und Sicherung des Friedens. Sie erblickt in der internationalen Solidarität des Proletariats aller Nationen die einzige Garantie der Völkerfreiheit und des Völkerfriedens."

Diese Resolution, die von keinem der „liberalen" Blätter wiedergegeben wird, enthält für uns Pazifisten viel Erfreuliches; denn wir können es nur hoffnungsfroh begrüßen, wenn so große Massen der Bevölkerung einmütig gegen Gewaltpolitik, gegen Rüstungswahnsinn protestieren und die Sicherung des Friedens fordern. Aber warum soll die internationale Solidarität des Proletariats die einzige Garantie hierzu abgeben? Sehen wir nicht die internationale Solidarität der kommerziellen, wissenschaftlichen, religiösen, künstlerischen und nach und nach der politischen Kreise immer größere Geltung erlangen — kommt „die Selbstsucht der besitzenden Klassen" nicht auch schon zur Einsicht, daß auch ihr „Blut und Gut" dem Kriegsregime zum Opfer fällt? Alle, alle Klassen (bis auf die dynastisch-militaristisch-waffenfabrikantisch-feudalistisch interessierten, die ja auch international solidarisiert sind) brauchen den gesicherten Frieden. Keine soll sagen, „einzig" wir gelangen zum Ziel, sondern jede die Mitarbeit der anderen willkommen heißen und unterstützen.

* *
*

Was den Wettrüstungswahnsinn betrifft, über den sich die obige Resolution beklagt, so schnellt er in den gegenwärtigen

Tagen zu einem Paroxismus empor, der die Grenze der Steigerungsmöglichkeit bald erreicht haben wird. Der Fürchtenichts-Angstspektakel, der sich zwischen England und Deutschland abspielt, wird an anderer Stelle eingehend behandelt[1]), hier sei nur erwähnt, daß Oesterreich sich auch entschlossen hat, vier Dreadnoughts zu bauen. Es braucht sie nicht für sich — es ist dies nur eine einfache Höflichkeit für den Verbündeten! Unser Flottenverein (denn wir haben uns auch einen solchen angeschafft) erläßt Aufrufe, daß wir „unsere brave Marine nicht auf den Lorbeeren von Helgoland und Lissa verdorren lassen sollen in einer Zeit, da der Abstand zwischen unseren Machtmitteln zur See und denen der anderen Staaten immer bedrohlicher wird". Also Dreadnoughts her! Jetzt folgt auch Italien, das bisher militärisch sparsamste, das von keinem Feind bedrohte Land, dem allgemeinen Zuge, und enorme neue Kredite werden gefordert für Schlachtschiff- und Festungsbau. Venedig — das jedem Kulturbürger teuere Venedig — soll zu einem Kriegshafen barbarisiert werden. Es ist unerhört! Offene Städte — so besagt eine im Haag getroffene Konvention — dürfen nicht beschossen werden. Venedig aber soll bombardierfähig gemacht werden. Eine erkleckliche Anzahl Millionen wird gefordert. Nun ja, Italien ist ja so reich; sein Volk schwelgt in Ueberfluß....

* *
*

Uebrigens nicht nur das notorisch arme Italien wird durch diese Rüstungsexzesse dem Ruin entgegentreiben. Sieht man nicht in allen Ländern jetzt das Teuerungsgespenst sich erheben? Und nicht überall die Defizite wachsen und die neuen Steuern drohen? Da wird dann hin und her gestritten und debattiert und berechnet, ob man das notwendige Geld durch verteuerte Nahrungsmittel oder durch erhöhte Verkehrstarife oder sonstwie aufbringen soll, und keiner wagt den Regierungen zuzurufen: „So macht doch vorerst der bodenlosen Vergeudung — die an all dem Defizit schuld ist — ein Ende."

* *
*

[1]) Siehe den Artikel G. H. Perris' über „Die Flottenpanik in England" in der „Friedens-Warte" 1909, Seite 83.

Wenn die Ansichten, Grundsätze und Argumente der Pazifisten von Staatsmännern in hohen Stellungen offiziell verkündet werden, so muß man dies in unseren Blättern festhalten. In einem Brief an den Vorsitzenden des liberalen Klubs von Dundee bekämpft der britische Handelsminister Churchill den jüngsten Flottenalarm und schreibt u. a.:

> „Es gibt zweifellos eine Rivalität im Handel, es gibt aber auch eine wirkliche und wachsende Abhängigkeit. Keine kontinentale Nation ist unserem Handel notwendiger als Deutschland, es ist unser bester Kunde, wie wir es für ihn sind. Trotz der überwallenden Kräfte, die wir in allen Ländern am Werke sehen, ruht der europäische Friede von Jahr zu Jahr auf immer breiterer und tieferer Grundlage. Die Verflechtung der gemeinsamen Interessen, der Zusammenhang des modernen Lebens, die Verbesserungen in den Verkehrsmitteln, die Ausbreitung der Kenntnisse der Kultur und des Komforts — alles weist auf eine größere Sicherheit und auf ein immer deutlicher erkennbares gemeinsames Interesse zwischen allen Ländern hin, und zwischen wenigen Ländern mehr als zwischen Deutschland und England. Wenn allmählich ein ernsthafter Gegensatz zwischen beiden Völkern hervorgerufen worden ist, so wird dieser nicht zurückzuführen sein auf das Wirken irgendwelcher natürlicher oder unpersönlicher Kräfte, sondern auf die verbrecherische Tätigkeit einer verhältnismäßig kleinen Anzahl von Persönlichkeiten in beiden Ländern und auf die sträfliche Leichtgläubigkeit der breiten Volksschichten.
>
> Es wird die erste Pflicht der einsichtsvollen und führenden Männer sein, diesen wie ein Alpdruck auf uns lastenden Stimmungen entgegenzutreten und die gehässigen und täuschenden Annahmen zurückzuweisen."

Ja, „auf immer breiterer und tieferer Grundlage beruht seit einer Reihe von Jahren der europäische Frieden und zu immer schwindelnderer Höhe steigen die europäischen Vorbereitungen zum Kriege". Daß dieser Widersinn an seinem eigenen Wahnwitz zerschelle — dazu ist es höchste Zeit.

* *
*

Von jenen „breiteren Grundlagen" ein glänzendes Zeugnis: Zusammentritt am 1. Mai des Schiedsgerichts im Haag zur Schlichtung des Casablancafalles. Oberschiedsrichter Hammarskjöld aus Upsala betont in seiner Rede, daß die Zahl der dem Haager Tribunal unterbreiteten Rechtsfälle immer mehr heranwächst, und nicht nur bloße juridische, sondern immer mehr andere Fragen umfaßt. — In der Tat, der Casablancastreit war eine Art Ehrenstreit, und wie nahe damals, als der Streit geführt wurde, die Kriegsgefahr schon gerückt war, das wissen jene Offiziere zu erzählen, die sich marschbereit halten mußten und jede Stunde den Mobilisierungsbefehl erwarteten. Deutschland (das sei ihm zur Ehre gesagt) schlug den Weg zum Haager Tribunal vor, und der seit vierzig Jahren als „unvermeidlich" geltende deutsch-französische Krieg ist vermieden. Mehr noch: Der Unschädlichmachung des Casablancadisputes folgt das Marokko-Uebereinkommen. Und dem deutsch-französischen Abkommen folgt eine Aktion des deutsch-französischen Annäherungskomitees: d'Estournelles wird vom Präsidenten des preußischen Herrenhauses eingeladen, in Berlin zu sprechen, und der Titel des Vortrages, den unser Vorkämpfer am 28. April dort gehalten hat, lautet: „Die deutsch-französische Annäherung als Grundlage des europäischen Friedens." Daß der Redner, der ein Hauptmitarbeiter an der englisch-französischen Entente war, hinter dem Wort „Annäherung" etwas noch viel Bedeutenderes wirken sieht, das sollen die Worte zeigen, die er auf ein mir gewidmetes Exemplar seines Vortrags schrieb:

„A madame de Suttner, en affectueuse hommage, j'offre cette suite de ma conférence d'Edinbourgh où je disais, il y a cinq ans, ‚l'entente cordiale franco-anglaise est un commencement'."

* *
*

Unter der Führung des Bürgermeisters hat die Wiener Bevölkerung dem Kaiser eine Huldigungsdemonstration dargebracht zum Dank für den erhaltenen Frieden, und bei 70,000 Menschen haben sich zu diesem Zweck in Schönbrunn eingefunden [1]). Doch weder in der von Dr. Lueger dem „Friedenskaiser" vorgelesenen Adresse, noch in der Erwiderung, in welcher der Kaiser sagte, daß auch „ein gerechter und unvermeidlicher Krieg schwere Opfer fordert" (das vermuten wir schon lange) — war vom Frieden in pazifistischem Sinne, nämlich als zu erstrebender und zu gewärtigender gesicherter Rechtszustand, die Rede, sondern nur im Sinne des aus Angst vor imponierender Waffenmacht nicht ausgebrochenen Krieges. Einerlei: als Aktiva für unser Konto ergibt sich aus dieser Volksdemonstration doch mancherlei: einmal, daß über den abgewen-

[1]) Am 18. April 1909.

deten Krieg Jubel herrschte; dann, daß der Titel „Friedenskaiser" ein Ehrentitel ist. Und dann, es ist ja wahr: Kaiser Franz Josef hat sich von Anfang bis zu Ende dem Losschlagen (das manche heiß gewünscht und befürwortet haben) standhaft widersetzt. Dafür sei er gesegnet! Was aber nicht zu segnen ist und nicht viel länger zu ertragen sein wird, ist, daß von den Wünschen und Gegenwünschen einiger einzelner Leben oder Tod, Gedeihen oder Verzweiflung der unbefragten Millionen abhängen soll.

* *
*

Große Feste und Feiern wird im Laufe dieses Mai unser Wien begehen. Bitte, nicht zu glauben, daß es sich um den 18. Mai, den zehnten Jahrestag der Eröffnung der Haager Konferenz handelt. Diese Episode, die ja durch spätere Abwendung von sonst „unvermeidlichen" Kriegen (Hull, Venezuela, Casablanca usw.) nur ein paar Millionen Menschenleben und einige Milliarden an Gütern gerettet hat, ist ja für offizielle Anerkennung nicht bedeutend genug. Es handelt sich um die Schlacht bei Aspern; der hundertjährige Erinnerungstag von Ereignissen, die sich niemals wiederholen mögen (und auch nicht wiederholen können, das Auftreten eines Napoleon ist im modernen Europa eine Unmöglichkeit) und die an sich so viel Gut und Leben vernichtet haben — solcher Erinnerungstag erscheint hier nur feierfähig. Uebrigens wird uns das Jahr 1909 noch eine ganze Kette von militärischen Jubelfesten bringen: im August 1809 hat ja Andreas Hofer gekämpft.

* *
*

In unserer gegenwärtigen Ausstellung des Künstlerhauses ist ein Bild ausgestellt, das vom Thronfolger Erzherzog Franz Ferdinand bestellt wurde. Das wandgroße Gemälde zeigt inmitten von Truppen einen knienden General mit zum Himmel erhobenen Armen. Hier der dazu gehörige Text im Katalog. Nur zum Meditieren, das Kommentieren erlasse ich mir:

> 126 Koch Ludwig, Wien. Reitergeneral Johann von Sporks Gebet vor der Entscheidung der Schlacht bei St. Gotthardt (1664) gegen die Türken. Oelgem.

In einem kritischen Momente der Schlacht versammelte Graf Montecuccolli nochmals die Heerführer um sich, um sie in einer kurzen, zündenden Ansprache zu einer letzten, großen Anstrengung aller Kräfte anzuspornen. Johann von Spork, der Führer der Reiterei, wirft sich, von dieser Rede hingerissen, zur Erde und betet:

„Allmächtiger Generalissimus dort oben! Willst du uns, deinen christgläubigen Kindern, heute nicht beistehen, so hilf doch wenigstens diesen Türkenhunden nicht, und du sollst dann deinen Spaß sehen."

* * *

Mit dem Hinweis auf die religiösen und ethischen Gesichtspunkte, die sich in dieser Kunstförderung spiegeln, will sich die gegenwärtige Chronik nicht schließen. Es sei daher die Aufmerksamkeit auf den zweiten amerikanisch-nationalen Friedenskongreß gelenkt, der vom 2. bis 5. Mai in Chicago getagt hat, unter dem Ehrenpräsidium Tafts und dem Vorsitz des Kriegsministers, J. M. Dickinson. Das Programm umfaßte die energischeste Förderung aller unserer Postulate auf den verschiedenen Plattformen der Kirche, der Universitäten, des Handels, der Politik, der Frauenbewegung und der Arbeiterschaft. Vermutlich — da der Leiter des Kriegsdepartements vorsitzt — auch des Militärs. Und warum nicht? Die Heere als Schützer der Ordnung und die Marinen als Hüterinnen der Küsten können sich verbünden — erst zwischen zwei oder drei Mächten und endlich zwischen allen Kulturstaaten. Das wäre die „Formel", die so fleißig zum Suchen empfohlene Formel der Rüstungsabnahme.

Das Schiedsgericht in der Casablancasache. — Die Aspernfeier. — Der 18. Mai in der italienischen Kammer. — Der Besuch Kaiser Wilhelms in Wien. — Neue Töne in den offiziellen Trinksprüchen. — Der Haager Schiedsspruch im Lichte eines Kruppschen Scheinwerfers. — Austro-japanischer Geheimvertrag. — Sozialistische Jugendorganisationen in Italien und Österreich. — Notwendigkeit der Gewährung einer italienischen Universität in Triest. — Eine Rundfrage des Fremdenblattes bei den österreichischen Parlamentariern über die Stärkung der Wehrmacht. — Einstimmigkeit der Antworten. — Pfingstwünsche zweier Kriegsminister. — Die Antwort des französischen Botschafters Cambon. — Carnegies Empfang an der Sorbonne.

Wien, Anfang Juni 1909.

Fast könnte man behaupten, daß, den Zeitereignissen gegenüber, die Erörterung in der Presse und die Beachtung im Publikum im umgekehrten Verhältnis zu deren Wichtigkeit und deren zukünftiger Tragweite stehen. Ein Schiedsspruch im Haag schlichtet einen Streitfall zwischen zwei sich „erbfeindlich" gegenüberstehenden Großmächten, verhütet einen schon nahe geglaubten Krieg mit allen seinen unausdenkbaren Vernichtungen, entfaltet die Wirkungskraft einer neuen Völkerrechtsprozedur zur Verhinderung anderer zukünftiger Kriegsmöglichkeiten, und wie verhält sich dazu die Publizistik, wie die öffentliche Anteilnahme? Mit einer Dreizeilennotiz im Depeschenteil ist die Berichterstattung erledigt, und von der Ueberzahl der Zeitungsleser bleibt die Notiz unbemerkt. Man vergleiche dies mit dem Lärm, den Festlichkeiten, den Leitartikeln, den historisch[illegible] Feuilletons, den Extrabeilagen, den Reden, den Gebeten usw. [illegible] z. B. in ganz Oesterreich den hundertjährigen Erinnerungst[illegible] Schlacht bei Aspern begleitet haben. Natürlich unter Beteil[illegible] Monarchen, des Hofes, der Kirchen, der Schulen — kur[illegible] propaganda für die Kriegsidee. Gewiß war die Schl[illegible] nicht ohne große Bedeutung: die erste Niederlage im Siegeszug des Korsen. Doch wie viel mehr bedeutet die blutlose Casablancaschlacht im Haag: einen Sieg — nicht über einen einzelnen furchtbaren Vertreter des Mars, sondern über den Mars selber. Noch kein endgültiger Sieg (Aspern war ja auch nicht endgültig — Wagram folgte bald darauf), aber doch ein eklatanter Beweis, daß der übermütige Gegner nicht unüberwindlich ist.

* *
*

Da wir schon von Jahrestagen sprechen, so sei hier registriert, daß am 18. Mai in der Kammersitzung in Rom der sozialistische Abgeordnete Treves daran erinnerte, daß dies der zehnte Jahrestag der Haager Konferenz sei. An anderer Stelle [1]) sind die Ausführungen Treves' und die daran gefügten zustimmenden Worte des Kammerpräsidenten und des Ministerpräsidenten angeführt. Das Ganze gestaltete sich zu einer vom Hause mit Begeisterung aufgenommenen Kundgebung zugunsten des mit Zuversicht vorausgesagten Sieges des Völkerfriedens. Zu bemerken ist, daß dieser Kundgebung eine Adresse vorausgegangen war, welche die Mailänder Friedensgesellschaft aus Anlaß des besagten Jahrestages an das Parlament gerichtet hatte.

* *
*

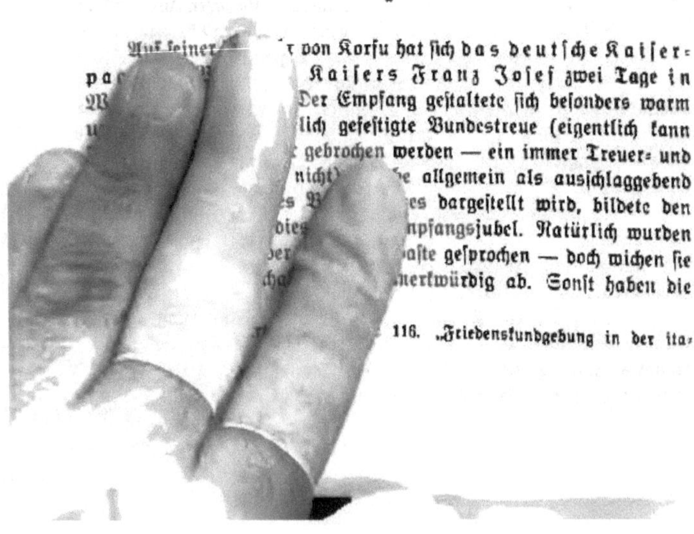

Auf seiner [illegible] von Korfu hat sich das deutsche Kaiserpa[illegible] Kaisers Franz Josef zwei Tage in W[illegible] Der Empfang gestaltete sich besonders warm u[illegible]lich gefestigte Bundestreue (eigentlich kann [illegible] gebrochen werden — ein immer Treuer- und [illegible] nicht) [illegible]e allgemein als ausschlaggebend [illegible]es B[illegible]es dargestellt wird, bildete den [illegible] die[illegible]mpfangsjubel. Natürlich wurden [illegible]er[illegible]aste gesprochen — doch wichen sie [illegible]ch[illegible]merkwürdig ab. Sonst haben die

[1]) [illegible] 116. „Friedenskundgebung in der ita-

beiden Kaiser niemals Trinksprüche gewechselt, ohne dabei der „Waffenbrüderschaft", der beiderseitigen „glorreichen Armeen", der „Schulter-an-Schulter-Kämpfe" zu gedenken. Diesmal nichts dergleichen.

Die alten Töne schwinden aus den offiziellen Reden und neue dringen hinein. „Beharrlicher Förderer aller Friedensbestrebungen" — mit diesem Titel sprach Kaiser Franz Josef seinen Gast an. Er korrigierte auch die in Umlauf gesetzte Legende, daß die Unterstützung Deutschlands allein den Ausbruch des Balkankrieges verhindert hätte, indem er hervorhob, „daß alle Mächte einig waren in diesem redlichen Bemühen". Das war ein der Wahrheit dargebrachter Tribut. Seinen Erwiderungstoast ließ Kaiser Wilhelm gleichfalls mit dem Worte Weltfrieden ausklingen. Das Wort Frieden bürgert sich so fest in die Monarchenansprachen ein, daß die Friedenstat nicht mehr viel länger zurückgehalten werden kann. Dazu gehört noch, daß das Wort „Erhaltung" — das dem Militarismus alle Tore offen hält — durch die Worte „Sicherung", „Einsetzung" ersetzt werde.

* *
*

Um nochmals auf den Schiedsspruch in der Casablancasache zurückzukommen, sei ein sehr interessantes Echo dieser weltgeschichtlichen Begebenheiten mitgeteilt. Man wird doch gern erfahren, wie die Sache auf verkruppte Gemüter wirkt. Das leitende Blatt vom Kanonenlande Essen *) schreibt:

> Das Ergebnis des Haager Schiedsspruches ist ja beschämend, niederschmetternd, und kennzeichnet den Tiefstand der deutschen Diplomatie. Aber es hat einen großen Segen gebracht — es hat das schöne Idol vom Haag entschleiert. In der Zukunftssprache der Bertha v. Suttner und aller ähnlichen philantropischen und demokratischen Schwärmer und Schwärmerinnen ist Haag der Thron des Menschentums, die Versöhnung der Völker, Ausgleich der Staaten usw. Wir wissen nun aber, was wir vom Haag haben. Unsere Diplomatie hat, abgesehen von der Periode Bismarcks, nie etwas getaugt. Daß die deutsche Regierung als ihren Parteirichter einen Italiener wählte (hätte sie einen All- und Knalldeutschen wählen sollen? B. S.), ist ein neues Zeichen ihrer Kopflosigkeit, denn die Italiener sind genau wie die Engländer in Algeciras und Casablanca durch dick und dünn mit den Franzosen gegangen. Für den, der Staaten und Diplomaten kennt, war es klar, daß der italienische Richter

*) Die „Rheinisch-Westfälische Zeitung".

nicht richten, sondern entscheiden würde, und zwar nach dem Wunsche seiner Regierung, und das auch mit Recht. Wir vertrauen also unsere höchsten Interessen (die Auslieferung oder nicht Auslieferung von ein paar Deserteuren — was man doch alles als „höchstes Interesse" bezeichnen kann! B. S.) einem sogenannten Gerichtshof an, welcher aus einem Franzosen, einem Italiener und einem Engländer besteht, welche uns in der Marokkofrage bekämpft oder im Stich gelassen haben. Das Ergebnis ist: Im Haag wurde und wird in allen Zeiten nicht Recht entschieden, sondern es wird Macht entschieden. — — — Hätten wir anstatt an die Macht im Haag an die Macht unserer Waffen den letzten Appell gerichtet, so hätten wir auch in Casablanca glatt gesiegt. Kläglich fällt Deutschland vor diesem erbärmlichen Gerichtshof im Haag zusammen. Aber das wird der Vorteil sein: Die ganze Brutalität dieser Schiedsgerichte ist enthüllt. Wir wissen, daß im Haag kein Recht zu haben ist, sondern nur Macht. Es sitzen dort keine Richter, sondern Gewalthaber. Wir werden die Folgerung in Zukunft hoffentlich zu ziehen wissen und der Gewalt nur Gewalt entgegensetzen."

„Bestellungen auf neue Geschütze werden gerne entgegengenommen und promptest effektuiert", so könnte füglich der Nachsatz dieser politischen Stilprobe lauten.

*

Noch ein Pröbchen nationalistischer Publizistik kann ich mir nicht versagen, hier anzuführen. Der bekannte chauvinistische Mitarbeiter der „Nowoje Wremja", Menschikow, schreibt über den angeblich erfolgten Abschluß einer Militärkonvention zwischen Oesterreich-Ungarn und Japan:

„Die ungarische Zeitung „Budapesti Hirlap" hat in diesen Tagen ein Geheimnis ausgeplaudert, das ganz Oesterreich in Aufregung versetzt hat. Kaiser Franz Josef hat als erster dem in Budapest eingetroffenen Prinzen Naschimoto einen Besuch gemacht. Wenn man der Zeitung Glauben schenken darf, hat der Vertreter des Mikado einen austro-japanischen Vertrag mitgebracht, kraft dessen Japan sich für die nächsten zehn Jahre verpflichtet, sofort in der Mandschurei Krieg zu beginnen, wenn ein Krieg zwischen Rußland und Oesterreich ausbricht. Es ist natürlich sehr schwer, ein solche Nachricht auf ihre Richtigkeit zu prüfen — solche Verträge werden nicht veröffentlicht." (Werden denn solche monströse Verträge überhaupt gemacht, frage ich, und wo bleibt da die Mär, daß die Völker den Krieg machen?)

Im weiteren Verlauf seines Artikels weist Menschikow auf die Rüstungen Japans an den russischen Grenzgebieten und schließt daraus, daß der Krieg „unbedingt kommen wird", daß er „unausbleiblich ist". Und zwar durch die austro-japanische Konvention — ein Krieg „auf zwei Fronten". Die Mehrfrontigkeit ist ein besonders beliebtes Attribut der prophezeiten unabwendbaren Kriege.

* *
*

Weiß man, daß es sozialistische — und dabei pazifistisch handelnde Jugendorganisationen in Italien und in Oesterreich gibt? In der offiziellen Presse verlautet nichts davon. Unterm 25. Mai wurde der Wiener Arbeiterzeitung aus Rom berichtet, daß das Zentralkomitee des sozialistischen Jugendverbandes in seiner letzten Sitzung nach Beratung über die neuen Militärausgaben einstimmig eine Tagesordnung angenommen hat, worin die Haltung des Parteivorstandes beklagt wird, der durch den Mangel jedes energischen Widerstandes gegen die neuen Militärausgaben in dem letzten Wahlkampf und bei der Kundgebung des 1. Mai die ausdrücklichen Beschlüsse des Parteitages von Florenz außer acht gelassen hat; die sozialistische Jugend möge angesichts der dringenden Gefahr gegen diese Schlaffheit reagieren und die Aufmerksamkeit des italienischen Proletariats auf die neuen Anschläge des Militarismus lenken, der fast alle Einnahmen des Staates aufsaugt und im Irredentismus Ursachen des Hasses zwischen den Proletariern Oesterreichs und Italiens, die ihre Solidarität über die Grenzen hinaus fühlen sollten, fördert und mehrt. Demgegenüber betont das Zentralkomitee die Gefühle innigster Brüderlichkeit, die die Arbeiterjugend Italiens mit der österreichischen verbinde, und erwidert gleichzeitig die Kundgebungen der Jugendorganisationen Oesterreichs auf dem letzten Kongreß in Wien. Daß Sozialisten, daß sozialistische Jugendverbände für den austro-italienischen Frieden eintreten, ist schön und erfreulich; aber der Friede ist die Sache aller Klassen (mit Ausnahme der militaristisch Gesinnten) — besonders der Friede und das Nichtrüsten zwischen zwei alliierten Nachbarstaaten ist so sehr ein Vernunftspostulat, daß es die dringendste Pflicht der maßgebenden Leute in Oesterreich wäre, die Gewährung der italienischen Universität in Triest zu beschleunigen als ein Pfand freundlicher Gesinnung. Unglaublich klang die Nachricht, daß Oesterreich die offizielle Beteiligung an der römischen Weltausstellung von 1912 verweigere; doch es scheint, daß dieser unfreundliche Entschluß entweder gar nicht gefaßt wurde oder rechtzeitig zurückgenommen wird.

*

*

Für ihre Pfingstnummern pflegen die Zeitungen Rundfragen zu veranstalten. Das „Wiener Fremdenblatt" wandte sich an Mitglieder der beiden Häuser des Reichsrats um Ansichten über „Die Stärkung unserer Wehrmacht". Schon im Text der Frage war die Richtung der gewünschten Antwort gegeben. Nämlich Varianten über das Axiom „Si vis pacem para bellum". — „Wer würde", so schreibt die Redaktion, „wohl den Bau eines Dammes für überflüssig halten, der die Felder vor den Verwüstungen der Wasserfluten schützt? Ein starkes Heer, eine mächtige Flotte aber bilden den festesten Damm gegen die Kriegsfluten." Bei diesem hinkenden Bilde vergißt die Redaktion, daß hier Damm und Flut identisch sind; — denn was der Nachbar als Flut befürchtet, ist mein Damm, und was ich als Flut abwehren will, das nennt der Nachbar seinen Damm. Antworten sind eingelaufen von den Herrenhausmitgliedern Baron Czedik, Dr. Wilhelm Exner, Prälat Dr. Zschokke, Minister a. D. Ebenhoech, Dr. Pattai und den Reichsratsabgeordneten Bachmann, Bianchini, Günther, Glombinski, Schraffe, Stölzel, Stwertnia. Alle, ohne Ausnahme, gehen auf den angeschlagenen Ton ein; erklären, daß die bosnischen Ereignisse den schlagendsten Beweis lieferten, daß für Erhaltung des Friedens eine starke Armee die beste Garantie bietet; alle geben zu, daß unser Heer und unsere Wehrmacht noch sehr ausbaubedürftig sind und alle versprachen, bei den nächsten Forderungen alles zu bewilligen. Von dem Vorhandensein einer Friedensbewegung, von der Existenz der funktionierenden Friedensinstitutionen keine leiseste Anspielung.

Auch der „Berliner Lokal-Anzeiger" hat eine Pfingstrundfrage gemacht und um die Mitteilung einer Betrachtung, eines Wunsches, gebeten. Der österreichisch-ungarische Kriegsminister, Baron Schönaich, schreibt:

„Mein innigster Wunsch ist die endliche Beseitigung jener Hindernisse, welche dem notwendigen Ausbau unserer Wehrmacht entgegenstehen. Für alles andere habe ich zurzeit kein Interesse."

General Gallifet, ehemaliger französischer Kriegsminister, schreibt:

„Ich wünsche — viel,
Viel — Soldaten,
Viel — Flotte,
Viel — Arbeiter,
Und das Geschick, sich ihrer richtig zu bedienen."

Von ihrem Berufsstandpunkt aus haben die Herren ja recht. Nur fragt es sich, ob es auch opportun ist, zu den Haager Friedenskonferenzen hohe Militärs zu delegieren, die nicht die Hindernisse beseitigen wollen, die sich dem Frieden noch entgegenstellen, sondern nur diejenigen, welche auf dem Wege der Mehrrüstung liegen und die dabei „für sonst nichts Sinn haben". Uebrigens kann man Kriegsminister sein und doch so sehr „für anderes Sinn haben", daß man sogar einem Friedenskongreß präsidiert. (Siehe den Bericht des II. nationalen amerikanischen Friedenskongresses in Chicago, 3. bis 5. Mai dieses Jahres)[1]. — Von den 46 Antworten beschäftigt sich eine einzige mit der Friedensidee: Cambon, der französische Botschafter am Berliner Hofe schreibt:

„Die guten Beziehungen der Nationen beruhen auf gegenseitiger Achtung, Würdigung und Schätzung der beiderseitigen Interessen. Dies ist auch der treibende Gedanke der letzten Aktionen (pensée inspiratrice de dernières actions), die den Schwierigkeiten zwischen Frankreich und Deutschland ein Ende gesetzt haben. In diesem Sinne wollen wir weiterarbeiten und unsere Anstrengungen fortsetzen. So werden wir den Weltfrieden erhalten und den allgemeinen Fortschritt fördern."

* * *

Andrew Carnegie, der werktätigste und werkmächtigste unter den lebenden Pazifisten, ist vor einigen Tagen in der Pariser Sorbonne glänzend gefeiert worden. Hierauf übergab er der fr[illegible] zösischen Regierung einen Scheck auf 1 Million Dollars zur [illegible]

[1]) „Friedens-Warte" 1909, Seite 104. Der Kongreß wurde [illegible] maligen Kriegsminister der Vereinigten Staaten, Herrn J. [illegible] präsidiert. Siehe oben Bd. II, S. 181.

dung von Preisen für Helden der Humanität. Ein intimes Déjeuner, das nach dem Empfang in der Sorbonne stattfand, vereinigte um Carnegie den Fürsten von Monaco, Léon Bourgeois, Baron d'Estournelles, Pastor Wagner, Madame Curie usw. Eine ganze Bande von Friedensverschwörern.

Besuch Kaiser Wilhelms in den finnischen Schären. — Neue Friedenskonferenz in der Luft. — Proteste gegen den Zaren. — Die Kretagefahr: Vorschlag eines französischen Generals. — Präsident Fallières erhält den österreichischen Stefansorden. — Die doppelte Bedeutung dieser Verleihung. — Der Rücktritt des Fürsten Bülow. — Die sogenannte Finanzreform. — Warnung vor einer militärischen Tendenzlüge. — Die Politik des Geheimen Rat v. Holstein. — d'Estournelles in Kiel. — Antimilitaristenprozeß in Prag.

Schloß Stockern, 8. Juli 1909.

Monarchenzusammenkünfte pflegen als politische Ereignisse betrachtet und kommentiert zu werden. Mit Recht: sind es doch die obe[illegible]riegsherren, die da Freundschafts- und Friedens-[illegible]uschen und dabei von diesen kundgegebenen Ge-[illegible]s empfinden müssen, und die es endlich sich nicht [illegible], daß die Presse aller Länder ihre Worte ent-[illegible]gslose Schablone oder als direkte Lüge behandelt. [illegible] Mon[illegible]attete der Deutsche Kaiser dem Zaren [illegible]n [illegible]. Die dabei zugunsten des Weltfrie-[illegible]n weit über die Schablone hinaus. [illegible]n, die Tatsache dieser Zusammen-[illegible]ge Bedeutung dem Zeitpunkt, in dem [illegible]sen und der Situation, die ihr voraus-

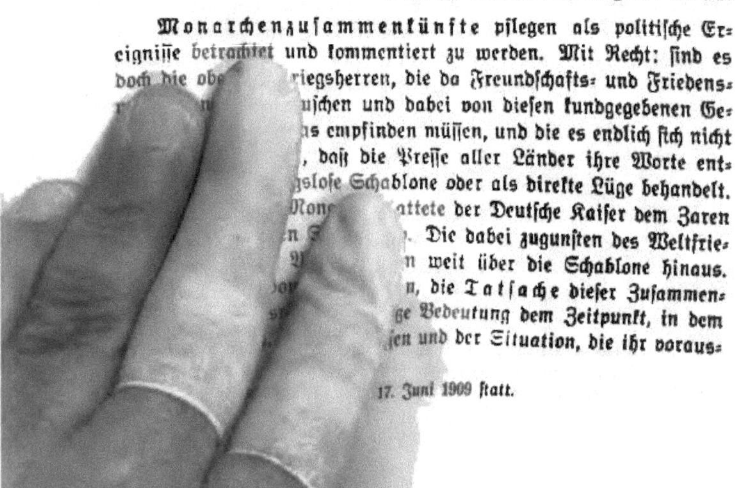

[illegible] 17. Juni 1909 statt.

gegangen. Nach der Beilegung der Balkankrise hatte sich im allgemeinen die Legende gebildet, das feste Band und drohende Zusammenhalten der beiden Mittelmächte habe Rußland Angst eingeflößt, und deshalb habe es nachgegeben. Dies ergab für unsere Chauvinisten eine prächtige Sachlage: erstens den Triumph, daß das große Waffengerassel den Frieden erzwungen; zweitens, daß Rußland dies sich auf die Länge nicht werde gefallen lassen, sondern nur die Kräftigung seiner bewaffneten Macht abwarte — also: für die nächsten Jahre wieder Krieg in Sicht; drittens eine reinliche Scheidung zwischen den europäischen Machtgruppen: hie die Triple-Entente, hie die Mittelstaaten. Wie gut läßt sich da weiterschüren und die Unausbleiblichkeit der kommenden Konflikte demonstrieren. Und da kommen nun alle diese Kreuz- und Quer-Freundschaftsaustausche dazwischen und zerstören das ganze scharfumgrenzte Gegensatzgebilde, an dem sich so lustig weiterrüsten läßt! Wenn diese Entente-Fäden so regellos weitergeknüpft werden, so entsteht ja eines schönen Morgens die Föderation Europas von selber daraus, und wie stehen dann die Aktien des internationalen Chauvinismus?

* *
*

Der Berliner Börsen-Courier berichtete unterm 9. Juni: „Nach Petersburger Meldungen sollte die diesjährige Reise des Zaren die Propaganda für eine neue Friedenskonferenz zum Zwecke haben.“ In gewohnter Dämpfungs- und Abkühlungsbeflissenheit setzt das Blatt hinzu: „Das wird in deutschen Regierungskreisen durchaus bestritten. Der Gedanke selbst wird auf längere Zeit für aussichtslos gehalten*).“ Der Gedanke liegt aber in der Luft, das ist sicher. In Amerika treten weite Kreise an den Präsidenten heran, mit der Bitte, er möge die Mächte zur Verständigung über Rüstungseinhalt einladen; in einem vielbemerkten Artikel der Times suggeriert Carnegie, daß diese Aufgabe England zukäme; in

*) Im März brachte die deutsche sozialistische Gruppe einen von 43 Namen unterzeichneten Antrag ein, der Reichskanzler möge, im Hinblick auf die von den Haager Konferenzen gefaßten Beschlüsse, die nötigen Schritte tun, um sobald als möglich eine internationale Vereinbarung der Mächte anzubahnen, zwecks gegenseitiger Einschränkung der Flottenrüstungen und Aufhebung des Prisenrechts. Der Reichstag lehnte den Antrag ab.

der italienischen Kammer beantragte der Deputierte Morgari[1]) eine Tagesordnung, worin die Regierung aufgefordert wird, die Initiative zur Einberufung einer internationalen Konferenz in der Schiedsgerichts- und Abrüstungsfrage zu ergreifen. Ja, der Gedanke steigt von vielen Seiten auf und wird wohl noch vor der dritten, auf 1915 anberaumten Haager Konferenz in die Erscheinung treten; der Panzer wird den Völkern schon zu unerträglich, und die reisenden Fürsten werden es müde werden, für ihre Händedrücke nur geballte Fäuste reichen zu können. Eine schöne Gelegenheit wäre für den Kaiser von Oesterreich, anläßlich seines im Jahre 1910 fallenden 80. Geburtstages alle Souveräne Europas einzuladen, eine allgemeine Entente abzuschließen. Doch, ob die Initiative von da oder dort kommt, sie wird — das wagen wir Pazifisten zu prophezeien — bald kommen. Schon heute wäre mancher Souverän von Herzen dazu bereit, wenn er nicht der — Gefangene seines Heeres wäre.

* *
*

Leider war die Tagesordnung Morgaris mit beschimpfenden Auslassungen gegen den Zar verquickt. Tittoni legte Verwahrung gegen diese Beleidigungen ein[2]) und empfahl die Abweisung des Antrages. Er richtete seinen entrüsteten Protest nur gegen jene Auslassungen, damit fiel aber auch der andere Teil der vorgeschlagenen Tagesordnung. Die Vorwürfe gegen den Zaren gehören auf ein anderes Blatt. Am allerwenigsten eignen sie sich, mit den Angelegenheiten des Pazifismus vermengt zu werden, denn auf diesem Gebiete muß es ewig unvergessen, muß es stets dankbar anerkannt bleiben, wie bahnbrechend Nikolaus II. durch die Einberufung der Haager Konferenz gewirkt hat. Diese war sein Werk, das ist gewiß. Ob der abscheuliche Terrorismus, ob das Pogromsystem ob die Hinrichtungs- und mitunter Foltergreuel, unter denen das unglückliche Rußland knirscht, auch sein Werk seien — das ist ungewiß. Auch im englischen Parlament wurde von einer Partei gegen den Besuch des Zaren protestiert[3]). Jedenfalls ein neues Zeichen

[1]) 23. Juni 1909.

[2]) In der Sitzung vom 23. Juni 1909 der italienischen Kammer.

[3]) Die englische unabhängige Arbeiterpartei protestierte am 13. Juni 1909 auf einer Konferenz, am 25. Juli in einer öffentlichen Kundgebung gegen den Empfang des Zaren in England.

der Zeit: der Widerwille gegen alles, was grausam und gewalttätig ist. Ob er nun schuldig oder unschuldig ist — wird dem russischen Kaiser (und auch andern Machthabern) zu denken geben, dieser Gefühlsaufruhr, der durch die Welt zieht und der sich nicht scheut, den Staatsoberhäuptern — die für die in ihren Ländern verübten Greuel verantwortlich erscheinen, offene Verachtung auszudrücken.

* *
*

Ein neuer Kriegsrummel erhebt sich: Griechenland und die Türkei um Kreta willen[1]). Man regt sich nicht stark darüber auf, weil man schon anfängt, sich darauf zu verlassen, daß die Mächte den Ausbruch eines Krieges verhindern werden. Man setzt voraus, daß sie Kompromisse, Formeln finden werden — um wenigstens das Akutwerden der Frage zu vertagen. Interessant ist, daß ein hoher Militär, der frühere Kommandant der französischen Truppen von Kreta, in einem in der Wiener „Zeit" erschienenen Artikel (13. Juni) ein Schiedsgericht für Kreta vorschlägt. Der Artikel, der mit großer Unparteilichkeit alle Seiten der Frage beleuchtet, schließt mit den Worten: „Sollten die interessierten Mächte kein Terrain der Verständigung finden, so ist es möglich, sich über ein Schiedsgericht zu einigen, das die Grundlagen eines Modus vivendi unter Beachtung der direkten Interessen — also der Türkei, Griechenlands und der kretischen Bevölkerung selbst — entwerfen sollte. Das Haager Tribunal könnte gewiß Juristen und Staatsmänner liefern, die die Fähigkeit besitzen, das Problem zu lösen."

* *
*

Der Kaiser von Oesterreich hat dem Präsidenten Fallières das Großkreuz eines seiner höchsten Orden verliehen, und zwar unter ausdrücklicher Anerkennung der von der französischen Regierung geleisteten Dienste zur Wahrung des Friedens in der Balkankrise. Dies ist eine in doppelter Hinsicht bedeutungsvolle Aktion. Einmal zeigt sich daran wieder die langsame Verschie-

[1]) Am 24. Juni 1909 richtete die Türkei eine Rundnote an die sechs Großmächte, worin sie deren Maßnahmen nicht als ausreichend erklärt, um die türkischen Hoheitsrechte auf Kreta zu schützen.

bung der offiziellen Ehrungen, die vom Gebiet der kriegerischen Großtaten auf das Gebiet der Friedensleistungen rücken; zweitens ist damit öffentlich anerkannt, daß auswärtige Mächte redlich mitgeholfen haben, den Balkankrieg zu verhüten und daß diese Verhütung nicht — wie unsere militärischen Kreise so eifrig behaupten — der rasselnden Kriegsbereitschaft zu danken ist.

* *
*

Fürst Bülow ist aus dem Reichskanzleramt geschieden[1]). Im In- und Ausland wird dieses Ereignis vielfach bedauert werden. Es war so beruhigend, auf dem hohen, einflußreichen Posten einen Mann zu wissen, der ein so durchaus vornehmer, feingeschliffener Geist war, einen Mann, der auf abgrundüberspannenden, dünnsten Seilen so sicher die Balancierstange „Takt" zu handhaben wußte. Daß unter seiner Amtsführung alle drohenden europäischen Konflikte abgewendet worden sind, wird ihm eine spätere Geschichtsschreibung zu hohem Ruhme anrechnen. Ein erstes Opfer, eine große Verlustziffer, die auf das Konto der sogenannten Reichsfinanzreform zu setzen, ist diese Demission des Fürsten Bülow.

* *
*

Ich sage „sogenannt", denn kann man es eine „Reform" nennen, die Finanznöte durch Neubelastungen der Bevölkerung momentan zu decken? Das einzig richtige Wort, während der ganzen Steuerdebatte[2]), hat der Abgeordnete Singer ausgesprochen, als er sagte, daß, „solange diese Rüstungsausgaben fortdauern, an eine Sanierung des Budgets nicht zu denken ist". Millionen und Milliarden wirft man hinaus zur Vorbereitung künftiger Kriege, die niemand will, und durch neuerpreßte Milliönchen, mit welchen man den Handel erschwert, den Verkehr drückt, die Lebensgenüsse herabsetzt, die Teuerung erhöht, will man das Uebel kurieren! In Oesterreich spielt sich das gleiche ab; auch da werden neue Steuern ersonnen; und daneben erscheint eine Broschüre, welche für den Ausbau der Flotte zwei Mil-

[1]) 14. Juli 1909.

[2]) Am 10. Juli 1909 wurde die Finanzreform im Reichstag in dritter Lesung erledigt.

liarden fordert. Hier möchte ich auf eine verhängnisvolle Lüge aufmerksam machen, die von militärischen Artikelschreibern in das Publikum lanciert wird, um die für Flottenbewilligungen in jeder Höhe nötige Stimmung zu suggerieren: „Nicht allein die maritimen Erfahrungen aus dem russisch-japanischen Krieg haben das Interesse auf Marinefragen gelenkt, es ist auch ein allgemeiner großer (!) Gedanke breitesten Schichten zum lebendigen Bewußtsein, zu klarer Erkenntnis gedrungen: die Völker haben im Zeitalter vorherrschend wirtschaftlicher Interessen begriffen, daß die Kosten der kriegerischen Bereitschaft nichts anderes bedeuten, als die Versicherungsprämie gegen Verluste von Nationalvermögen." — Dieser Satz lügt himmelschreiend. Ist denn Bereitschaft identisch mit Sieg? Ist denn der Gegner nicht auch so versichert? Und verlieren nicht auch die Sieger noch, bei den unberechenbaren Verheerungen des modernen Krieges? Ja, es ist Zeit, daß sich die Völker versichern: aber gegen den Krieg selber und gegen den unausbleiblichen Ruin, dem dessen Vorbereitungen alle Nationen zutreibt. Bereitwillig verbreitet unsere Tagespresse solche Irrtümer, solche Fehlschlüsse, wie die oben angeführten; Nachrichten jedoch, welche von Tatsachen aus der Friedensbewegung berichten, werden hartnäckig abgewiesen.

* *
*

Maximilian Harden hat über den kürzlich verstorbenen Geheimen Rat v. Holstein[1]) Aufsätze veröffentlicht, welche wieder so recht deutlich zeigen, in welchen Hinterstübchen die auswärtige Politik eines Landes gelenkt wird. Oder doch zu lenken versucht wird. In der Marokkofrage verhielt sich, nach Holsteins Sinn, Deutschland viel zu weich. Gern hätte er da den Krieg gesehen. Die Einkreisungsidee war auch seine fixe Idee. Harden erzählt: „Als er im Hochsommer hörte, König Eduard habe in Ischl Kaiser Franz Josef ersucht, in den Britenkonzern einzutreten und den Verbündeten in Berlin zur Verständigung über den Flottenbau aufzufordern, und habe auf beide Bitten eine freundliche, doch bestimmt ablehnende

---

[1]) Der wirkliche Geheime Rat v. Holstein starb, 72 Jahre alt, am 8. Mai in Berlin. Er war dreißig Jahre lang eine der leitenden Persönlichkeiten im Auswärtigen Amt.

Antwort bekommen, jauchzte sein altes Herz: „Wenn wir jetzt nicht wieder weich werden, verfehlt die Einkreisung ihren Zweck." Daß der Zweck all der Ententeaktionen und Verständigungsversuche nicht die Einkreisung eines Landes, sondern den Zusammenschluß aller bezweckt, das können die nationalverbissenen Realpolitiker nicht fassen, denn ihnen gilt jeder Hochgedanke, jedes edle Wollen auf politischem Gebiete als schnöde Hinterlist.

* *
*

Während der Kieler Woche hat Kaiser Wilhelm auf der französischen Jacht „Ariane" gefrühstückt. Die Jacht gehört Herrn Menier, und d'Estournelles war an Bord. Auf der „Hohenzollern" gab das Kaiserpaar ein Revanche-Déjeuner. Unter den Teilnehmern: Bülow, Menier, La Roche, Fürst v. Monaco, d'Estournelles. Solche militanten Ententeknüpfer und Annäherungspolitiker und Conciliation-internationale-Förderer, wie die beiden letztgenannten, als des Deutschen Kaisers Tischnachbarn: das mag Herrn M. Harden ärgern, aber es ist ein für uns Pazifisten interessantes Zeitbild.

*

In Prag begann am 30. Juni der Monstreprozeß gegen die tschechischen Antimilitaristen. Sechsundvierzig Beschuldigte sitzen auf der Anklagebank. Die Delikte verteilen sich auf die letzten vier Jahre. Sie wurden begangen, indem unter der Jugend, die bereits zum Militärdienst assentiert ist, dahin zu wirken gesucht wurde, die erwähnten Personen zur Verweigerung der Pflicht des Kriegsdienstes und des Gehorsams zu bewegen. Die Stellungnahme der Pazifisten zu dieser Art Antimilitarismus ist bekannt, und ich brauche sie nicht zu erörtern. Bemerkenswert aber ist ein Passus in der Anklageschrift, welcher dem Pazifismus öffentliche Anerkennung zollt. Diese Anklageschrift ist ein Buch von 209 Seiten. Es heißt darin: „Obzwar unter den gegebenen Verhältnissen die Institution des Militarismus zur Erhaltung der Staatsverbände und daher unbedingt notwendig und unentbehrlich ist, treten dennoch gegen sie hartnäckige Gegner auf. Die einen stehen jedoch auf dem

Boden des Gesetzes und suchen auf legalem Wege nur die in der menschlichen Gesellschaft auftretenden Ursachen zu beseitigen, welche die Existenz dieser Institution zur Folge haben; die anderen hingegen verlassen den Boden des Gesetzes und bemühen sich durch Verbreitung von Disziplinlosigkeit unter den Armeen zu erwirken, daß dieselben unverläßlich werden. Während nun die ersteren Bestrebungen unter dem Namen „Pazifismus" zur Festigung des ewigen Friedens in der menschlichen Gesellschaft hinstreben, was nur als wünschenswert und löblich bezeichnet werden kann, zielen die an zweiter Stelle genannten Bemühungen zum Umsturz der Ordnung. Man bezeichnet sie mit dem Namen Antimilitarismus, und sie sind jedem Staate und der Gesellschaft höchst gefährlich." Aus dieser Darstellung läßt sich auch folgern, daß der Pazifismus der Weg ist, auf welchem die Regierungen sich vor den Gefahren jenes Antimilitarismus schützen können.

Die Flut der Ereignisse; der Aermelkanal überflogen. – Der spanische Kolonialfeldzug; Revolution in Barcelona. – „Der kranke Krieg": Japan-China; Argentinien-Bolivien; Türkei-Griechenland; europäische Schutzmannschaft. — Entdeckung des Nordpols. — Nationalitätenstreit in Oesterreich. – Säkularfeiern: Teutoburger Wald und die Erhebung in Tirol. — Zur Frage der Einschränkung der Rüstungen zur See. — Von der Konferenz der Arbeitersyndikate. — Die großen Manöver.

Wien, 8. September 1909.

Diesmal sind seit der letzten Chronik statt vier — acht Wochen verstrichen, daher liegt eine doppelte Fülle von Ereignissen vor. Es kommt noch dazu, daß die Aufeinanderfolge wichtiger Geschehnisse immer schneller wird; und was geschieht, ist immer großartiger, immer „noch nie dagewesener". Der Aermelkanal überflogen[1])! Es waren freilich schon vor Blériot und von Blériot selber größere Luftdistanzen durchquert worden; aber das Packende, Neue, Unerhörte an dieser Erreichung des britischen Reiches vom Kontinent aus auf diesem nie befahrenen Weg zwischen Himmel und Meer — das hat doch die ganze Welt mit einem ganz eigenen stolzen Schauer geschüttelt. Der Ruf „England ist keine Insel mehr!" erhob sich allenthalben. Also ungeschützt — unsicher — — da heißt es: schnell eine Luftverteidigung bauen. Ja, mit der Sicherheit der Inseln und der Festungsgraben ist's vorbei. Der Kulturmensch braucht eine andere. Er muß eben die Zivilisation zur Wahrheit machen — er muß sich moralisch, geistig und sozial der Höhe anpassen, die er technisch erreicht hat.

* *
*

Spanien ist in einen Feldzug gegen die Rif-Kabylen geraten, der stark an die unselige Expedition der Italiener nach Abessinien erinnert. Die Nachrichten, die von dort kamen — beinahe zugleich mit Blériots Flug —, waren fast ebenso sensationell: Revolution in Barcelona[2]) — Weigerung der Truppen, abzumarschieren, und der Reservisten, einzurücken —; der Krieg in den Straßen von Madrid ausgepfiffen[3]); — der Ruf „Nieder mit dem Kriege" durchs Land erschallend: man glaubte, eine ungeheuere Umwälzung künde sich da an; aber bald war das Ganze unterdrückt, erstickt. Maschinengewehre und Zensur taten das ihre, und die aufregenden Nachrichten machten einfachen Berichten von einem regelmäßig geführten, mit siegreichen Gefechten verzierten Kolonialkrieg Platz. Das „Prestige" ist gerettet. Von den Verlusten und Leiden, von den zurückbleibenden Gärungsstoffen dieser ganzen Episode wird man erst später erfahren.

* *
*

Während vor einigen Jahrzehnten, wenn einmal der gewisse schwarze Punkt am politischen Horizont aufgestiegen oder gar schon

---

[1]) Am 25. Juli 1909 flog Louis Blériot von Calais nach Dover.

[2]) 20. Juli Ruhestörungen bei der Einschiffung von Truppen.

[3]) 22. Juli Ruhestörungen bei der Abfahrt der Jägerbattaillone nach Marokko.

„Krieg in Sicht" ausgesprochen worden, unweigerlich auch der Zusammenstoß erfolgte, geschieht es jetzt in immer häufigerer Wiederholung, daß Kriegsgefahren als ganz nahegerückt erscheinen, daß die Blätter schon Karten der gewärtigten Kriegsschauplätze bringen, und doch — es zu nichts kommt. Der „kranke Krieg" kann sich von seinem Lager nicht aufraffen. Die liebe Militärfamilie ruft ihm immer ermutigend zu, daß er nächstens werde ins Freie gehen können; man nährt und hätschelt ihn; vergebens: er ist zu matt, und wenn schon alle seine Freunde glauben, jetzt und jetzt wird er sich erheben, so sinkt er in die Polster zurück. Da heißt es: Ultimatum zwischen Japan und China wegen eines Eisenbahnbaues in der Mandschurei; und das Ergebnis? Eine freundschaftliche Abmachung zwischen den beiden Mächten [1]). Dann Konflikt zwischen Argentinien und Bolivien [2]) — in den Blättern lautet die Unterschrift schon einfach: Krieg zwischen Argentinien und Bolivien. Es handelte sich um ein Gebiet, das so groß ist wie ganz Frankreich und ein Drittel Spanien dazu, das zwischen Bolivien und Peru streitig war, und das der Präsident von Argentinien als Schiedsrichter Peru zusprach. In Bolivien, wo man diesen Schiedsspruch als ungerecht empfand, entstand große Erregung. Beleidigung des argentinischen Gesandten, dessen Abberufung — Kriegsgefahr. Schließlich siegte die Vernunft. Ein neues Ministerium übernahm in Bolivien die Geschäfte und legte den Konflikt mit Argentinien friedlich bei. Dann kam als ständige Rubrik: „Die griechisch-türkische Kriegsgefahr". Und die gewohnten Präliminarien stellten sich ein: Rüstungen, Gegenrüstungen, Dislokationen zur Grenze; „unbefriedigender" Notenaustausch; Erklärung von seiten hoher Militärs „Krieg unvermeidlich geworden", „zur Entscheidung durch das Schwert entschlossen". Dazu kam noch dieser unverzeihliche Affront: Hissung einer griechischen Fahne auf türkischem Gebiet. Also — nach alter Schablone — der unvermeidliche Krieg. Doch nein. Das neue Gebilde, das werdende Europa (im Zeitungsjargon heißt es „die Mächte") — dieses selber werdende Europa, das sich vor

[1]) Am 9. August 1909 zog China infolge eines japanischen Ultimatums seine Einsprüche gegen den Umbau der Antung-Mukden-Bahn zurück.

[2]) Am 13. Juli 1909 lehnte die bolivianische Regierung es ab, den vom Präsidenten in Argentinien über einen Grenzstreit zwischen Bolivia und Peru am 9. Juli gefällten Schiedsspruch anzuerkennen und bricht am 22. Juli die diplomatischen Beziehungen mit Argentinien ab. Am 18. September kommt es dann zu einem Ausgleich zwischen Peru und Bolivia, der alle strittigen Fragen erledigt.

kurzem so erfolgreich dem Ausbruch des Balkankrieges widersetzt hat, das fiel auch hier ins Mittel und hat den Krieg um Kreta verhindert. Der Fahnenkonflikt hätte zwischen den beiden Ländern kaum friedlich gelöst werden können — da kam aber eine internationale Truppe und holte die Aergernis gebende Fahne herab[1]). „Internationale Truppe", man vergegenwärtige sich, was für ein Sieg unserer Ideen in dieser Erscheinung liegt. Daß nicht Krieg geführt werde, ist nunmehr den zivilisierten Ländern vitalstes Interesse, und dieses Interesse wird von der vereinigten Militärmacht verschiedener Staaten verteidigt. Ja, auf diesen Posten wollen wir ja die bewaffnete Schutzmannschaft Europas anlangen sehen: als Hüterin des Rechts, als Verhüterin der Schlägereien und Schlächtereien.

* *
*

Viel, unendlich viel hat sich in den letzten Wochen abgespielt. Mitten in all die aviatischen Ereignisse, welche so deutlich das Anbrechen einer neuen Aera verkünden, kommt auch noch die überraschende Nachricht: der Nordpol erreicht. Zwei Amerikaner[2]), die unabhängig voneinander die grausige Eisfahrt unternahmen, pflanzen das Sternenbanner auf jene so lang gesuchte Stelle, wo nach allen Windrichtungen nur Süden liegt. Für das Glück der Menschheit ist damit eigentlich nichts gewonnen — aber ein Sieg ist es für den menschlichen Forschungsgeist, für menschliche Ausdauer und Tapferkeit. Freuen wir uns solchen Heldentums.

* *
*

Der Nationalitätenstreit in Oesterreich tobt heftiger denn je. Der Sprachenstreit, der das Land Böhmen zum Schauplatz der unerquicklichsten Kämpfe gemacht hat, soll nun auch in das Land Niederösterreich und dessen Hauptstadt selber bringen. Der für Wien einberufene Katholikentag ist abgesagt worden, weil es sich zeigte, daß Slaven und Deutsche nicht einmal in ihrem Glauben eine genügende einigende Macht mehr finden, um die nationalen

[1]) Am 18. August 1909.

[2]) Dr. Frederick Cook, der zuerst den Nordpol erreicht haben will, stellte sich als Schwindler heraus. Hingegen wurde am 6. September 1909 bekannt, daß Peary am 6. April 1909 den Nordpol erreicht hatte.

Gegensätze zum Schweigen zu bringen. Der Begriff „Oesterreichertum" scheint auch sämtlichen nationalen Streitern verloren gegangen zu sein, da ja die deutschen Oesterreicher ihren Patriotismus unter schwarzrotgoldener Flagge, unter Absingung des Bismarckliedes und der „Wacht am Rhein" betätigen. In den Nationalitätenkämpfen haben die Pazifisten nicht Partei zu nehmen, aber Stellung dazu nehmen: das sollen sie. Ihre Prinzipien, die auf Recht und Freiheit fußen, würden, wenn befolgt, gerade so den nationalen wie den internationalen Frieden herbeiführen. Fort mit allen Hemmungen und Unterdrückungen — aber auch fort mit allen Gewalttaten und Roheiten. Die Friedensgesellschaften werden die Hand dazu bieten, daß in ihrer Mitte jene Elemente der verschiedenen Nationen, die ein höheres Ideal eint, sich zusammen der Arbeit des nationalen Friedens widmen können.

* *
*

Zahlreiche Feiern wurden wieder begangen zur Verherrlichung alter Kämpfe. Sogar die vor 1900 Jahren im Teutoburger Walde geschlagene Schlacht mußte für den retrospektiven Jubel herhalten. Die deutschen Parteien in Wien benutzten sie zu einem großen Bummel auf der Ringstraße, der aber besonders als Demonstration gegen den „tschechischen Feind" gedacht war. Die Andreas Hofer-Feier in Tirol [1]), der alle Spitzen des Reiches und der oberste Kriegsherr selber beiwohnten, hat das ganze Land Tirol durch mehrere Tage in einen Festsaal verwandelt. Man huldigte im Jahre der Annexion Bosniens und der Herzegowina ganz naiv der Auflehnung eines Volkes gegen die Fremdherrschaft.

* *
*

Im englischen Unterhause hat am 7. September der Abgeordnete Byles an den Premierminister die Anfrage gestellt, ob von der Regierung neue Anstrengungen gemacht würden, um auf die Grundlagen irgendeines Einverständnisses zu gelangen, welches den Völkern von England und Deutschland die Lasten der Flottenausgaben

[1]) Am 16. Juni 1909 wurde die Jahrhundertfeier zur Erinnerung an Andreas Hofer feierlich begangen. Am 29. August fand auf dem Iselberg die Jahrhundertfeier der Erhebung Tirols statt, an der dem anwesenden Kaiser Franz Josef gehuldigt wurde.

erleichtern könnte. Er fügte die weitere Anfrage hinzu, ob es mit Rücksicht auf die ungeheuren Interessen, die dabei in Frage kamen, nicht möglich wäre, daß britischerseits die Initiative ergriffen würde. Darauf antwortete Asquith: „Wir haben die Initiative ergriffen." Die „Neue Freie Presse", indem sie diese Nachricht bringt, bemerkt in ihrem Kommentar, es sei dies der Gedanke, der zu dem von Campbell-Bannerman angeregten und unfruchtbar gebliebenen Antrag des englischen Vertreters auf der zweiten Haager Konferenz geführt hat. — Warum „unfruchtbar" geblieben? Weil man in Mitteleuropa (besonders in der Presse) sich dagegen ablehnend verhielt. Das zeigt wieder dieser selbe Kommentar, worin es weiter heißt: „Eine Einschränkung, die ein Zurückbleiben hinter dem vom Reichstag bewilligten Programm wäre, gilt in Deutschland selbstverständlich (!) für ausgeschlossen." Zu diesem Kapitel gehört auch die folgende Erklärung, die der bekannte österreichische Geschichtsschreiber Friedjung an die Vossische Zeitung unterm 4. August telegraphiert hat:

> „Gegenüber dem Dementi der englischen Regierung halte ich die Mitteilung vollkommen aufrecht, daß bei der Zusammenkunft in Ischl im August 1908 ein vergeblicher Versuch gemacht wurde, Oesterreich-Ungarn zu einem Eingreifen in der Flottenfrage zu bestimmen. Der Sachverhalt wurde durch ein ganzes Jahr von der europäischen Presse kommentiert und auch in Gesprächen mit englischen Diplomaten berührt, von denen er ohne weiteres eingestanden wurde. Die Nachricht wird jetzt verspätet in Abrede gestellt, weil man englischerseits der Diskretion und Zurückhaltung der österreichisch-ungarischen Regierung sicher sein kann, die jede Auskunft über die Sache ablehnt. Dr. Heinrich Friedjung."

Dazu schreibt die „Vossische Zeitung": „Wir hatten angenommen, daß sich das englische Auswärtige Amt einen winzigen Flüchtigkeitsfehler zunutze gemacht habe. Es stellt sich aber heraus, daß die englische Ableugnung überhaupt völlig aus der Luft gegriffen war. König Eduard hatte im August 1907 in Wilhelmshöhe seinen kaiserlichen Neffen in der Flottenfrage sondiert und war damit höflich, aber bestimmt abgewiesen worden. Ein Jahr später, also im August 1908, trat dann König Eduard in derselben Angelegenheit an Kaiser Franz Josef heran und holte sich auch von dieser Seite eine empfindliche Absage."

Und damit brüstet man sich noch!

* *

*

Paris, 1. September. Die internationale Konferenz der Arbeitersyndikate nahm eine den Krieg verdammende Tagesordnung und eine Resolution an, einer Kriegserklärung mit dem Generalstreik zu begegnen. Den schwedischen und den spanischen Brüdern entbot die Konferenz den Ausdruck der Gefühle der Solidarität und der Bewunderung. Diese Nachricht ist wieder ein Anzeichen von dem wachsenden Abscheu, der das arbeitende Volk gegen den Krieg erfüllt. Damit muß aber gerechnet werden.

* *
*

Jetzt ist die Jahreszeit der großen Manöver. Ueberall wird die Generalprobe des Stückes gemacht, von dem die Regisseure alle schwören, daß sie es nicht aufführen wollen. Damit die Uebungen so recht dem „Ernstfalle" ähnlich scheinen, wird — gestützt auf die Erfahrungen der letzten Kriege — den Manöverleitern jetzt mehr Freiheit gegeben — sie und auch die einzelnen sollen die Möglichkeit haben, Initiative, Entschlossenheit, Ausdauer und was dergleichen mehr der Erfordernisse der modernen Strategie sind, zu betätigen. Als ob ein Manöver überhaupt „kriegsmäßig" sein könnte! Es fehlt ja dabei das Hauptmoment: die Lebensgefahr. Springende Minen, offene Wolfsgruben, Hunger, Wut, Seuchen, Wahnsinn, Panik, brennende Lazarette — und hundert anderes fällt weg. Dabei soll man den Krieg lernen? Auf einem Kampffeld ohne Tod? Das ist, als sollte man schwimmen lernen in einem Bassin ohne Wasser.

Der marokkanisch-spanische Krieg. -- Ferrers Prozeß und Ferrers Hinrichtung. — Die Demonstrationen. — Krapotkins Buch „Die Schreckensherrschaft in Rußland". -- Kongreß der reaktionären Parteien. — Flugwochen und herannahende Konstruktion von Luftflotten. — Das Unglück der „République". — International-militärisches Beileid. - Preßkongreß in London. — „Welttrauer". - Die neuen Militärforderungen in Oesterreich-Ungarn. - Abstrich-Komödie.

Wien, Mitte Oktober 1909.

Der spanische Kolonialfeldzug nimmt seinen Fortgang. Nur spärlich und unzuverlässig sind die Nachrichten, die davon zu uns dringen, denn die Zensur — eine in Kriegszeiten besonders beschäftigte und machtausgestattete Dame — waltet fleißig ihres Amtes. Nur soviel ist gewiß: Trotz der anfänglichen Erhebung der Bevölkerung gegen die Fortsetzung des afrikanischen Abenteuers, die Kriegspartei hat wieder einmal gesiegt. Verstärkungen über Verstärkungen werden nachgesendet — es heißt, man werde bald 100,000 Mann brauchen —, und schon befürchtet man in Frankreich, daß die spanische „Strafexpedition" sich zu einem regelrechten Eroberungskrieg auswächst. Nirgends gelangt man so leicht auf eine schiefe Ebene, wie auf dem Gebiete der Gewalt. Die usuellen Siegesnachrichten mit Straßenillumination sind auch in die spanische Hauptstadt gedrungen; doch bald haben schlimme Nachrichten den Jubel wieder zum Schweigen gebracht. Was es da überhaupt zu jubeln gibt? Bei den vorausgegangenen Demonstrationen gegen den Krieg läßt sich annehmen, daß diese Triumphkundgebungen teils von oben herab künstlich veranstaltet wurden, teils auf Rechnung des Gewohnheitsgeleises zu setzen sind, in das die Menge immer so leicht hineingerät. Seit jeher war es Sitte, über Siegesnachrichten Freudenschreie auszustoßen — also denn: Hurra! Und die man liebte, modern in der Ferne....

* *
*

Noch eine Nachricht aus Spanien: Die Verhängung des Todesurteils über Ferrer[1]), die Gefangennahme seines Verteidigers — nach einem Prozeß, in welchem dem Angeklagten nicht eine Handlung nachgewiesen werden konnte, die zum „Anarchismus der Tat" gehört. Da spielt sich aber wieder etwas Neues ab, das nur in unserer Zeit sich offenbaren kann: die Proteste im Ausland, die Solidarität der Gleichdenkenden über die Grenzen hinaus — die Gefahr, denen die Willkür der Mächtigen sich aussetzt, wenn sie dem erwachten Zeitgeist trotzt. Im eigenen Lande läßt er sich als „revolutionären" Geist unterdrücken, doch der ganzen Welt gegenüber — da wird es bald nicht mehr gehen.

* * *

Diesmal ist es noch gegangen. Nachdem ich die obigen Zeilen niedergeschrieben hatte, kam die Nachricht: Das Urteil wurde vollstreckt. Trotz aller Proteste, trotz des Gnadengesuchs der Tochter, trotz der beabsichtigten Intervention des Papstes, trotz der Demonstrationen in fast allen europäischen Ländern; das in geheimer Verhandlung verhängte Todesurteil des Kriegsgerichts wurde vollzogen. Ferrer war Freidenker: das war sein Verbrechen. Geradeso wie es einst das Verbrechen des Dreyfuß war, daß er Jude ist. Und auch hier war die Kriegsjustiz nur die Vollstreckerin des Inquisitionswillens des spanischen Klerikalismus. Das Drama wird mit dieser Hinrichtung nicht zu Ende sein. Solche Dinge konnten in früheren Zeiten sich im Dunkeln abspielen. Jetzt fallen die Scheinwerfer der Oeffentlichkeit darauf. Die höchste Macht liegt nicht mehr beim Kriegsgericht. Ein Tribunal der Menschlichkeit baut sich auf. Vor diesem wird der Prozeß noch weitergeführt.

* * *

Und ein zweiter Scheinwerfer leuchtet auf zu rechter Zeit: Krapotkins Buch über die Schreckensherrschaft in Rußland. Nun ist es auch in deutscher Uebersetzung erschienen, und

[1]) Das Kriegsgericht in Barcelona, das mit den Prozessen aus dem Juliaufstand befaßt ist, fällt gegen den Direktor der „Modernen Schule", Ferrer, am 9. Oktober 1909 ein Todesurteil, das am 12. Oktober vollstreckt wurde.

man wird auch in Mitteleuropa erfahren, wie das dunkle, das reaktionäre, das gewaltsame Rußland aussieht. Bis jetzt tröstete man sich mit dem Satz: Revolution muß eben unterdrückt werden. Der Terror begann von unten. Gewiß, von unten wurde auch gesündigt: mit Bombenattentaten und Brandlegungen wollte das Volk sein Joch abschütteln. Des Volkes Revolutionieren war aber kein erstes Glied in der Kette der Gewalttätigkeiten, sondern ein zweites — Aufruhr und Rache gegen die Gewalttätigkeiten von oben. Auf beiden Seiten herrschte der dem Kriegsgeist entnommene Irrtum, daß zur Erreichung berechtigter Ziele Mord und Grausamkeiten geboten seien.

* *
*

Am 11. Oktober wurde in Moskau ein Kongreß der reaktionären Parteien Rußlands eröffnet. Ein Bischof — Antonyi — präsidiert. Das Ziel: Kampf aller nationalistischen Organisationen des Landes gegen die Verfassung und gegen die Fremdvölker im Zarenreiche, besonders gegen die von der Duma votierten Toleranzgesetze, gegen Gewährung irgendwelcher Autonomierechte an die Grenzgebiete und gegen Milderung der gegenwärtigen Judengesetze. Diese ganze Richtung muß uns anderen Europäern auch nicht gar so fremd anmuten....

* *
*

Flugwoche folgt auf Flugwoche. Blériot, Farman, Zeppelin, die Grazer Rennerbuben und wie sonst alle die Luftschiffer heißen, sind die Helden des Tages. Und mit stumpfem Unverstand, und namentlich mit einem unverantwortlichen Leichtsinn, sieht die Welt zu, wie diese ganzen herrlichen Errungenschaften in das Fahrwasser des Krieges und der Rüstungen gedrängt werden. Was werden wohl die überall entstehenden Luftflotten den Steuerträgern kosten? Danach frägt man nicht, und läßt unwidersprochen in den Blättern Betrachtungen wie die folgende passieren: „Immer mehr und mehr bricht sich die Einsicht Bahn, daß die künftige Machtstellung der Staaten von der Stärke ihrer Luftflotten abhängen wird.“ O, diese „Machtstellung“! Es ist unglaublich, was für Opfer im Namen dieses Fetischs gefordert und gebracht werden.

Das erste Militärluftschiff, das sich im Ernstfall betätigt, ist nun von der spanischen Regierung nach dem Rif entsandt worden. Damit nimmt der Todesregen aus den Lüften seinen glorreichen Anfang.

*

Ein französischer Lenkballon, „La République“, der sich jüngst bei den Manövern so gut bewährt hatte, ist zu Boden gestürzt und hat seine Bemannung — zwei Offiziere und zwei Unteroffiziere — unter den Trümmern begraben. Es war ein Unglück, gewiß, und die Opfer und ihre Hinterbliebenen sind zu beklagen; auch der Materialschaden ist bedauerlich. — Aber warum wurde der Fall als Nationalunglück betrachtet? Weil man gewohnt ist, alles, was mit dem Kriegsdepartement zusammenhängt, mit der Nation zu identifizieren. Und eine komische (komisch, weil widerspruchsvoll) Internationalität tritt bei solchen Gelegenheiten zutage. Die ausländischen Regierungen haben der französischen anläßlich dieses Unfalls kondoliert. Der deutsche Kaiser ließ sich sogar beim Leichenbegängnis der Verunglückten vertreten. Wenn man bedenkt, daß bei Krupp Kanonen mit Steilgeschossen konstruiert werden, deren Zweck es doch ist, feindliche Luftschiffe zu zerstören (und welchen anderen Feind als Frankreich sehen die politisierenden Generale z. D. vor sich, wenn sie über den Zukunftskrieg Zeitungsartikel schreiben?), sollte man da nicht meinen, daß man sich deutscherseits nur zu freuen hätte, wenn so eine feindliche Waffe schon vorher ohne Aufwand deutscher Munition zugrundegeht? Doch die „Waffenfreudigkeit“ der militärischen Kreise geht so weit, daß sie auch an den Waffen ihrer mutmaßlichen Gegner die hellste Freude hat.

* *
*

In London hat der internationale Pressekongreß getagt, unter dem Präsidium Wilhelm Singers, Chefredakteurs des „Neuen Wiener Tageblatt“. Bei dem Festbankett hielt der Minister des Auswärtigen, Sir Edward, eine Rede, die an anderer Stelle[1]) in ihren Hauptsätzen zum Abdruck gebracht wird.

[1]) „Friedens-Warte“ 1909, Seite 185. „Presse und Weltfrieden.“

In einem schwungvollen Leitartikel behandelt das „Neue Wiener Tageblatt" diese Rede des Ministers als ein der Presse gemachtes Kompliment. Wie die Dinge aber bekanntlich stehen, war sie doch nur eine der Presse aller Länder feierlich erteilte Lektion.

* *

Der internationale Geist hat wieder ein neues Wort geprägt. Die Vertreter der wirtschaftlichen Vereinigung in Rom schlugen vor, daß anläßlich der Hinrichtung Ferrers alle Läden, Theater, Kinematographentheater und Schenken durch sechsunddreißig Stunden geschlossen bleiben, und überall die Inschrift angebracht werde: „Geschlossen wegen Welttrauer." Der Ausdruck „national", der so vielen noch als der Inbegriff des höchsten Gemeinschaftsideals gilt, wird allmählich von dem Ausdruck „mondial" verdrängt werden.

* *

Das österreichisch-ungarische Militärbudget, das den nächsten Delegationen vorgelegt werden soll, weist Mehrforderungen auf, die beinahe das hübsche Sümmchen einer halben Milliarde erreichen. Darunter bereits verausgabt 54 Millionen Entschädigung an die Türkei und 167 Millionen für die Kosten der stattgehabten Mobilisierung. Die Marineverwaltung braucht vier Dreadnoughts, das Stück zu 58 Millionen. Die Nachricht von diesen Forderungen wird dem Publikum durch die Blätter mitgeteilt und daran die Bemerkung geknüpft, daß der Finanzminister Bedenken äußert, und daß man in Rücksicht auf die innere Kraft der Volkswirtschaft zu Abstrichen gezwungen werden wird. Diese Komödie wiederholt sich jedes Jahr. Immer gelingt es dem Finanzminister in der gemeinsamen Ministerratssitzung, daß die verlangte Summe etwas herabgemindert wird. In dieser Voraussicht nennen die Kriegsverwaltungen schon anfänglich etwas höhere Beträge als sie wünschen, und zum Schlusse wird dann dem Steuerträger gezeigt, wie sehr die Regierung bemüht ist, sich den vorhandenen Hilfsquellen anzupassen und die Grenzen nicht zu überschreiten. Auch die Kriegsverwaltung zeigt durch den scheinbar seufzend gewährten Nachlaß, daß sie sich in die Notwendigkeit der Einschränkung fügt, wie denn auch seinerseits der Finanzminister sich in die Notwendigkeit der Mehrbewilligung

„zur Erhaltung der Wehrfähigkeit des Staates" fügt. Bei so viel Kulanz im Rat der Krone wird doch die Bevölkerung sich nicht widerspenstig zeigen? Die Debatten im Parlament und in den Delegationen (wenn anders diese beiden dies Jahr noch zum Funktionieren kommen, was bei den inneren Wirren zweifelhaft ist) werden sich vermutlich auch in den alten Gleisen bewegen, nämlich Erwägungen von Details- und Ziffernfragen, bei völliger Ignorierung der Prinzipienfrage.

Die Monarchenbegegnung in Racconigi. – Eine neue Entente. – Der europäische Patriotismus. – Der geplante Rassenkongreß. – Diktatur und Meuterei in Griechenland. – Besuch der Türken in Wien. – Weitere Siege der Aviatik. – Vortrag im Flugtechnischen Verein. – Von den innerpolitischen Vorgängen in Oesterreich-Ungarn. – Die Ermordung des Fürsten Ito.

Wien, 5. November 1909.

Wieder eine Monarchenbegegnung. Der Zar hat dem König von Italien einen Besuch abgestattet[1]). Nicht in der Hauptstadt. Ueberhaupt, diese Auslandsreisen des russischen Herrschers und die Empfänge, die man ihm bereitet! Seine Fahrt geht durch ein Spalier von aufgestellten Wächtern unter Fernhaltung der Bevölkerungen, und keiner seiner Gastgeber empfängt ihn im eigenen Hause, sondern irgendwo draußen, auf dem Wasser oder an entlegenem Ort. Als Repräsentanten des Kaiserreichs Rußland bringen ihm die Regierungen, welche die politische Annäherung an dieses Reich brauchen, ehrerbietigen Willkommen entgegen; als Repräsentanten des autokratischen Systems und des reaktionären Terrors begegnet er dem drohenden Haß aller demokratischen Kreise. Ob er es auch verdient, als die Personifikation eines Regimes be-

[1]) Die Begegnung zu Racconigi fand am 24. Oktober 1909 statt.

trachtet zu werden, das er doch selber einigemal abzuschütteln bemüht war — wie können wir es wissen? — Die große Frage: „Krieg und Frieden" tritt bei solchen Anlässen, durch die Abmachungen, durch die Toaste und namentlich durch die Kommentare der Presse, immer wieder in den Vordergrund. Die Liebhaber des drohenden politischen Horizonts und der Dreadnoughtbauten sehen in den Abmachungen und Entente-Ausbreitungen die Gefährdung des Weltfriedens, die Toaste befleißigen sich, die seit letzter Zeit auftauchende Wendung von der Befestigung des Weltfriedens vorzubringen und die Blätter überbieten sich in Vermutungen, Prophezeiungen und Durchblickungen geheimer Intrigen, wobei die zusammentreffenden Monarchen und Minister nicht als Personen hingestellt werden, sondern als Länder. Da gibt es nur mehr auf der Bühne ein „Rußland", ein „Italien" mit tückischen Absichten gegen „Oesterreich", und von dem, was diese Abstraktionen von Vaterländern miteinander abmachen, hängt es ab, ob deren konkrete Bevölkerungen einander abschlachten werden oder nicht. Wir Pazifisten sehen es jedesmal mit Genugtuung, wenn kreuz und quer geknüpfte Ententen die früheren reinlich geschiedenen Gruppen in Unordnung bringen. Vor einigen Jahren standen sich ganz entschieden gegenüber Dreibund und Zweibund; — dann kam dem Dreibund eine Tripel-Entente gegenüber, und jetzt verbündet sich die eine Dreibundmacht in Freundschaft mit zwei Tripel-Entente-Mächten, was fehlt denn noch zum Abschluß des Siebenbundes?

* * *

Lassen wir in dieser Sache das letzte Wort dem Minister Pichon, der Erklärungen abgibt über die friedliche Bedeutung der Entrevue von Racconigi. Der Leiter des französischen auswärtigen Amtes schreibt im „Temps":

„Man kann sicher sein, daß diese Monarchenentrevue, sowie die Besprechungen der beiderseitigen Minister, in denen sich die volle Uebereinstimmung der beiden Staaten zugunsten der Aufrechterhaltung des status quo im Orient gezeigt hat, eine neue Garantie für den europäischen Frieden darstellen. Was uns betrifft, so sind wir Diener dieser Politik, die dem Herzen aller Völker teuer ist, und wir können den Resultaten der Zarenreise nur Beifall zollen. Sie entsprechen den Wünschen, welche wir hegen und den Anstrengungen, welche wir machen, damit eine Uebereinstimmung hergestellt werde unter den Regierungen, deren Zweck es ist, unter den Staaten das Gleichgewicht der Kräfte zu sichern und die Ursachen zu Konflikten wegzuräumen, welche aus entgegengesetzten ehrgeizigen Bestrebungen entstehen können. Nachdem nun alle Mächte gleichzeitig ihre Anhänglichkeit an den Frieden proklamiert und ihren Entschluß kundgegeben haben, im Orient keine territorialen Vorteile zu suchen, kann keine der Großmächte sich darüber verletzt fühlen, was in Racconigi geschehen ist, wo die Vertreter Rußlands und Italiens nichts anderes gemacht haben, als daß sie sich von dem Worte inspiriert fühlten, welches ich bei anderer Gelegenheit gebraucht habe: dem europäischen Patriotismus."

* *

„Europäischer Patriotismus", — das ist, was die Pazifisten schon seit vielen Jahren ausgesprochen haben, in Erwartung des „mondialen Patriotismus", der auch noch kommen wird — ohne die Heimatliebe zu vernichten. Daß der Friedensbund aller Völker und Rassen sich schon im geistigen Horizont eminenter Zeitgenossen abzeichnet, dafür zeugt ein für Juli 1911 in London von der Union der Ethischen Vereine geplanter allgemeiner Rassenkongreß. Dieser soll sich mit den Beziehungen der westlichen Rassen zu den östlichen und andern Rassen beschäftigen. Soweit wie möglich wird dem Problem der Berührung der europäischen mit andern entwickelten Typen der Zivilisation, wie den chinesischen, japanischen, indischen, türkischen oder persischen, besonders Beachtung gewidmet werden. Gegenstand: „Es sollen die weiteren Rassenfragen im Lichte des modernen Wissens und Gewissens diskutiert werden, mit dem Ziele, ein gutes Einverständnis, Freundschaft und herzliche Zusammenarbeit unter den Rassen und Nationen zu ermutigen. Politische Tagesfragen werden diesem umfassenden Ziele untergeordnet, in der festen Annahme, daß, wenn einmal gegenseitige Achtung hergestellt ist, Schwierigkeiten jeder Art sympathisch behandelt und bald gelöst werden können." (Wären wir nur innerhalb Oesterreich-Ungarns erst soweit!) Bereits haben Botschafter und Körperschaften, Gelehrte und Politiker dem Kongresse ihre Unterstützung versprochen; alle Weltanschauungen werden zur Teilnahme aufgefordert werden. Resolutionen politischen Charakters werden nicht vorgelegt. Ein vorläufiges Programm in 8 Punkten ist auch schon entworfen, darunter Punkt 4: Friedliche Beziehungen der Zivilisation. Dem allgemeinen Komitee gehören bis jetzt schon 300 hervorragende Namen aus aller Herren Länder an. — Ein weitgestecktes Ziel ist es da, was diesem Kongreß vorschwebt... „brûler les étapes" könnte man das nennen; vorher sollte wohl erst eine Vereinigung Europas erreicht werden. Aber das schadet nicht. Die Logik des Denkens greift eben weiter und schneller aus als die Tatsachen sich entwickeln. Die noch vor kurzem in der Avantgarde kämpften, sehen plötzlich, daß sie in der Nachhut sind und vielleicht beschleunigt das ihren Schritt.

* *
*

Aus Griechenland kamen böse Nachrichten: Marinemeuterei, Militärdiktatur, gefährdete Dynastie, drohende Erhebung, die Bewohner von Athen bewaffnen sich.... Hoffen wir, daß auch da ein vermittelndes Einschreiten der Mächte die Katastrophen rechtzeitig abwendet.

* *
*

Der Besuch der türkischen Studiengesellschaft in Wien ist glänzend ausgefallen. Wenn man zurückblickt, wie noch vor kurzer Zeit der Boykott in der Türkei gegen Oesterreich wütete, und vice versa, wie darüber die Oesterreicher über die Türkei wüteten... und jetzt dieser herzliche Empfang, die Bankette, diese Freundschaftsversicherungen, Audienz beim Kaiser usw. Man sieht es, wie leicht Feindschaften sich verflüchtigen können, bei näherer Berührung und bei vorhergegangenen einverständlichen Abmachungen. Hätte, um dem Boykott zu begegnen, die österreichische Flotte Schiffe nach der Türkei entsendet, wie unsere militärischen Kreise es so gerne gesehen hätten, dann wäre es heute kaum zu diesem Austausch von Liebenswürdigkeiten gekommen.

* *
*

Der herrliche Eroberungszug, den das menschliche Genie in die Lüfte unternommen hat, hat wieder einige Siege zu verzeichnen. Blériots wundervoll künstlerischer Flug auf der Simmeringer

Heide; die Umkreisung, 350 Meter hoch, des Eifelturmes durch Lambert; die Bezwingung des Sturmes durch Latham; alles das sind herrliche Erfolge. Wenn aber dann von einem flugtechnischen Verein ein Vortrag gehalten wird, wie dies am 19. Oktober im Wiener elektrotechnischen Institut geschah, worin die Vorteile und Zukunftsaussichten der neuen epochalen Erfindung geschildert werden wie folgt: „Die Flugmaschinen können in kürzester Zeit und ohne große Kosten und an jedem Orte aktionsbereit gemacht werden. Sie können in derselben Zeit weit größere Weglängen zurücklegen als die Lenkballons. Mit Flugmaschinen ist man heute schon imstande, Bomben und andere Wurfgeschosse in großer Menge auf feindliche Stellungen, Schiffe und Plätze herabzuschleudern, auch wird es denselben nicht schwer werden, den größten Lenkballon in kurzer Zeit außer Gefecht zu setzen. Weitere Argumente zugunsten der Flugmaschine sind die verhältnismäßig geringen Kosten der Herstellung, der billige Betrieb und die Entbehrlichkeit großer, teuerer Hallen, kostspieliger Gasfabriken, sowie die leichte Erlernbarkeit der Führung solcher Apparate", und wenn der Vortragende selbst dies als selbstverständlichen, widerspruchslosen Vorteil hinstellt, wenn im Referat darüber keinerlei anderer Kommentar zugefügt wird — wenn es da nur heißt: „Der Vortrag erntete großen Beifall"; wahrlich, da müßte man es beklagen, daß der menschliche Genius die Höhen erobert hat. Im Publikum scheint sich keine Stimme erhoben zu haben gegen die Anpreisung der „Wurfgeschosse in großer Menge". Der Protest wird sich sicher erheben, und gewiß brennt er schon in vielen Seelen — aber die große Allgemeinheit: dieser müssen wir es heute sagen, im Tone tiefster Entrüstung sagen: „Sogenannte Kulturmenschheit, schäme dich!

* * *

Ueber die endlosen Sprachen- und Nationalitätenkonflikte und sonstigen innerpolitischen Vorgänge unserer Monarchie wird in dieser Chronik nicht berichtet. Aus Prinzip einesteils, aus Kenntnismangel zum größeren Teil. Wer kann das alles verfolgen? Da kam neulich ein Mann nach der Anstalt Steinhof, bei dem die Tobsucht ausgebrochen war. Und er war immer ein ruhiger, intelligenter, gebildeter Mensch gewesen, der in glücklichen Verhältnissen lebte. Was war nur geschehen? Man forschte nach, und nun erklärte sich der Fall auf die natürlichste Weise: Der Unglückliche hatte seit Monaten täglich die ganzen Berichte der Neuen Freien Presse über die ungarischen Wirrungen und Entwirrungen gelesen.

* *
*

Bei seiner Begegnung mit dem russischen Finanzminister Kokowzew im Bahnhof von Charbin wurde Fürst Ito von einem Koreaner ermordet [1]). Es war ein Racheakt. Bei seinem Verhör gab der Attentäter an, daß er nach Charbin gekommen war, um den Fürsten zu töten; er habe sein Vaterland rächen wollen. (Wie sehr die Koreaner gegen Japan erbittert waren, davon habe ich selber im Haag Kunde erhalten, wohin ein Enkel des Kaisers gekommen war, um vor der 2. Friedenskonferenz heftige Klage gegen die Unterjochung seines Vaterlandes zu führen.) Außerdem — so sagte der Angeklagte weiter — habe Ito während seines Aufenthaltes in Korea einige dem Mörder nahestehende Personen hinrichten lassen. Immer dieselbe Kette von Gewaltakten; immer die sich ablösenden gegenseitigen Repressalien; jetzt herrscht wieder in Tokio über Itos Ermordung die größte Erregung, und wahrscheinlich werden die Koreaner dafür büßen müssen — und diese dann neuerdings Vergeltung üben, und so geht es weiter. Es heißt, daß Rache süß sei — so viel ist gewiß: sie schließt nichts ab, sie läuft im Kreise.

[1]) Am 25. Oktober 1909.

Bolivia und Peru, ein vermiedener Krieg. — Die irredentistische Ansprache des Generals Asinari. — Korrektes Vorgehen der italienischen Regierung. — Eine französische Auszeichnung für Zeppelin. — Deutsch-englische Annäherung. — Die Frage der maritimen Rüstungseinschränkung. — Der Staatsstreich der Lords. — Schutzzoll und Konskription. — Der Aufstieg des österreich-ungarischen Militärluftschiffes Parseval. — Russisch-japanisches Abkommen. — Strenge Geheimhaltung. — Altersversorgung und Heereserfordernisse. — Erzherzog Franz Ferdinand als Jagdgast bei Kaiser Wilhelm. — Prinz August Wilhelm.

Wien, 3. Dezember 1909.

Am 3. November wurde in der „Neuen Freien Presse" folgende Nachricht veröffentlicht: „Ende des Grenzstreites zwischen Bolivia und Peru. Das Protokoll, das die neue Grenzlinie zwischen den Republiken Bolivia und Peru laut Kammerbeschlusses dieser beiden Länder bestimmt, ist, wie uns das hiesige bolivianische Generalkonsulat mitteilt, von dem Schiedsgericht Argentiniens approbiert und von den betreffenden Ministern des Aeußeren in La Paz unterfertigt worden." Unter der Spitzmarke „Bevorstehender Krieg zwischen Bolivia und Peru" waren in den vorangehenden Tagen verschiedentliche Depeschen durch die Blätter gegangen. Diese Nachrichten erweckten auch Interesse und Kommentare. Die Nachricht hingegen, daß der Grenzstreit auf gütliche Weise nach dem Prinzip der Schiedsgerichtsbarkeit beigelegt worden ist, ging unbemerkt vorüber. Ein vermiedener, abgewendeter Krieg — was ist das? Doch kein Zeitereignis?

* *
*

Kürzlich hat ein italienischer General [1]) in einer Ansprache an seine Truppe folgendes gesagt:

[1]) Generalleutenant Asinari di Bernezzo in Brescia am 11. November 1909. Der General erhielt infolge dieser Rede seinen Abschied.

„Mit lebhafter Genugtuung sehen wir nun die Trikolore von einem der hervorragendsten Souveräne Europas hochgehalten, und ich denke mir unseren König auf dem Gran Sasso d'Italia stehen, die Trikolore senken, den Blick nach Osten gewendet, wo so viele Schwesterstädte sehnsüchtig zum Löwen von San Marco blicken, ihre Befreiung erwartend.

Von dieser Kaserne aus schweifen eure Blicke nach den Anhöhen, die mit dem Blute so vielen Tapferen benetzt sind, und unweit davon sind jene unerlösten Gebiete, die euer Werk erwarten. Die Frauen von Aquila haben eure Standarten geschaffen, auf daß ihr wisset, sie sonnigen Siegen entgegenzutragen. Die Ueberlieferungen der Schwadronen, die das Regiment Aquila bilden, sind ein ruhmreiches Erbteil, an dem ihr euch allezeit befeuern sollet. Ihre Namen rufen euch glänzende Vorbilder im Kriege wie im Frieden ins Gedächtnis, denen ihr stets Ehre machen sollet."

Es ist eine regelrechte Soldatenrede, voll von den üblichen „Ueberlieferungen", „glänzenden Vorbildern", „blutbenetzten Anhöhen" usw. die zu künftigem Blutvergießen aneifern sollen. Dabei ist aber die Rede deutlich auf die Eroberung nachbarlicher Provinzen gemünzt gewesen — daher große Entrüstung in Oesterreich. Nun geschah aber, daß die italienische Regierung mit rascher Justiz den General Asinari wegen seiner, wie das offizielle italienische Nachrichtenbureau sich ausdrückt, „irredentistischen Deutungen zugänglichen Ansprache" aus seinem aktiven Wirkungskreis entfernt hat. Der General — er war Korpskommandant in Brescia — wurde in den Ruhestand versetzt. Diese Maßregel fand in der italienischen Presse fast durchgängig Billigung. Der ganze Zwischenfall hätte also bei uns als eklatanter Beweis von der Korrektheit, von der freundschaftlichen Gesinnung der italienischen offiziellen Kreise und der italienischen öffentlichen Meinung erkannt werden können; statt dessen wurde in unseren militärischen Kreisen (darunter verstehe ich auch die Jours besuchenden Offiziersdamen) die Sache als ein neues Indizium von den bösen Absichten der „Katzelmacher" und von der Ersprießlichkeit unserer geplanten Dreadnoughtbauten aufgefaßt. Und ist es nicht eigentlich sonderbar, daß es den Soldaten verboten sein soll, soldatisch zu reden, außer wenn sie unter sich sind und es niemand anders hören kann? Den kriegerischen Geist sollen sie hegen und pflegen, — aber der internationale Takt gebietet, daß dies nicht offen geschehe. Man soll gegeneinander fortwährend rüsten; man soll im stillen keinen höheren Wunsch nähren, als „blutbenetzte Anhöhen" einzunehmen usw., aber man soll höflich schweigen. Im gewöhnlichen Verkehr heißt so etwas nicht höflich, sondern hinterlistig.

* *
*

Die Akademie der Wissenschaften in Paris hat verschiedenen hervorragenden Aviatikern und Luftschiffern goldene Medaillen verliehen, darunter auch dem Grafen Zeppelin. Das war eine feine, von der Wissenschaft an diejenigen erteilte Lektion, die aus den Siegen des menschlichen Erfindungsgeistes nationale Angelegenheiten machen wollen. Der häßliche Rummel dauert leider noch immer fort, der einem die Freude an der erlangten Herrschaft über die Luft durch das neidische unheildrohende Ringen um „die Vorherrschaft in der Luft" vergällen muß.

* *
*

In der ersten Hälfte des November stiegen allerlei Gerüchte auf von einer bevorstehenden Annäherung zwischen Deutschland und England. Es seien Verhandlungen über Abkommen betreffs der Kolonien im Gange, darauf deute auch der Besuch des deutschen Kolonialsekretärs Dernburg[1]). Die „Neue Freie Presse" ließ sich sogar berichten, „man glaube, daß über kurz oder lang eine etwaige englische Anregung betreffend die Beschränkung der beiderseitigen Marinerüstungen mehr Sympathie in Deutschland finden werde als in der Vergangenheit. Man rechnet dabei auch mit der Tatsache, daß der Stand der Finanzen in Deutschland sowohl wie in England sehr viel zu wünschen übrig lasse". — Wirklich, fängt man an, diese Tatsache, daß die Rüstungen die Finanzen zugrunde richten, zu bemerken? Die Pazifisten aller Länder haben davon schon lange eine leise Ahnung.

* *
*

Wenn diese Annäherungsverhandlungen wirklich im Gange waren, so sind sie leider durch den Staatsstreich des Oberhauses[2]) jäh unterbrochen und arg in Frage gestellt worden. Das Parlament löst sich auf, Neuwahlen werden ausgeschrieben und mög-

[1]) 5. November 1909.

[2]) Das Oberhaus beschloß am 30. November, die zweite Lesung der den Lords verhaßten Finanzreform erst vorzunehmen, bis die Wähler Gelegenheit gehabt haben, bei einer Neuwahl sich darüber zu äußern. Die Auflösung des Parlaments wird hierauf beschlossen.

licherweise wird die jetzige liberale Regierung durch eine konservative ersetzt werden. Dann wird sich Großbritannien von den pazifistischen und freiheitlichen Grundsätzen entfernen, die unter den Regimes Campbell-Bannermans und Asquiths geherrscht haben. Dann werden die beiden rühmlichsten Freiheiten des Inselreichs aufgegeben, und wie die Festlandstaaten wird es dem Schutzzoll und der allgemeinen Wehrpflicht verfallen. Also der Herrschaft des militaristischen und imperialistischen Geistes. Absonderung, nicht Annäherung, wird dann die Parole sein. Als weitere Wirkung würde dieser Umschwung die Verstärkung der reaktionären Parteien im ganzen übrigen Europa nach sich ziehen. Ein heftiger, erbitterter Kampf steht nun bevor.

* *

*

An den ersten gelungenen Aufstieg des österreichisch-ungarischen Militär-Lenkballons Parseval werden folgende, aus den „maßgebenden Kreisen" stammenden Bemerkungen geknüpft. „Mit seinen glücklich abgelaufenen Ausflügen hat der „Parseval" den Beginn einer neuen Entwicklungsstufe unserer militärischen Einrichtungen angekündigt. Das Rüstzeug moderner militärischer Kraftäußerung ist um eine Waffe bereichert worden, deren weiterer Ausbau Möglichkeiten entschleiert, die sich in ihren Weiten noch gar nicht ausdenken lassen. (Man wünscht nämlich gar nicht in jenen Kreisen, daß armselige Laien über „weitere" Möglichkeiten nachdenken, worunter die eine doch offenbar die ist, daß die Rüstungskredite neue Weiterungen erfahren werden.) „Wenn man auch von einer Revolutionierung der Kriegstechnik nicht sprechen kann, und es zu weitgehend wäre, eine Umwertung aller militärischen Werte vorauszusagen (doch, man kann von einer Revolutionierung und nicht nur von der Um-, sondern von der Entwertung der bestehenden Kriegsmittel reden), so bringt die bevorstehende Eingliederung lenkbarer Luftschiffe in unser Heeresgerät ein ganz neues Element auf den Schauplatz militärischer Tätigkeit, einen hoch zu bewertenden Faktor, der bei allen künftigen militärischen Handlungen (warum vermeidet der Verfasser dieser gewundenen Betrachtungen den Ausdruck „künftigen Kriegen"?) schwer ins Gewicht fallen muß und eine Reihe neuer Einrichtungen bedingen wird, die ein besonderes kriegstechnisches Gebiet eröffnen, dessen Rahmen noch nicht abgesteckt werden kann." Nur immer rahmenlos, uferlos weiter, auf jedem einzelnen Fachgebiet, ohne Allgemeinblick, ohne Vorausblick: das ist so echt kriegstechnische Gepflogenheit.

* *
*

In Rußland wurden seit einiger Zeit Gerüchte über bedrohliche Vorkehrungen Japans verbreitet. Veranlassung: japanische Rüstungen, Entsendung von Truppen nach Korea, Abmachungen mit China betreffend die mandschurischen Eisenbahnen. Schlußfolgerung: Japan hegt böse Absichten gegen Rußland und will gemeinsam mit der andern asiatischen Macht gegen Rußland vorgehen. Sonderbar: Rüstungen dienen doch erklärtermaßen nur der Verteidigung und dem Frieden — beim Nachbar gelten sie allemal als Drohung. Und wenn irgendwo zwei sich vereinbaren, so muß ein Dritter zittern! — Nun stellt sich aber heraus, daß während die bösen Gerüchte umliefen, die russische und japanische Diplomatie an der Schaffung eines Vertrages arbeiten, der schon in allernächster Zeit zustande kommen soll, und der jeden Anlaß zu Reibungen zwischen den beiden Reichen beseitigen werde. Ein russischer Diplomat teilte mit, daß gegenwärtig zwischen Rußland und Japan außerordentlich wichtige Verhandlungen stattfinden, die strengstes Geheimnis bilden. Wer da verhandelt, sind Iswolsky und Oki. Da sieht man wieder einmal, was hinter diesen Riesenphantomen, die man mit Ländernamen bezeichnet, steckt: irgendein Minister. Japan und Rußland planen Dinge, vereinbarten Dinge, die „strengstes Geheimnis" bilden, von welchen also kein Japaner und kein Russe (mit Ausnahme von ein paar Leuten) etwas weiß. Jeder einzelne Japaner muß aber jeden einzelnen Russen (und vice-versa) für die Taten verantwortlich machen, die zwei Leute ausführen und danach ihre ganzen nationalen Haß-Freundschafts-Furcht-Argwohns- oder Dankgefühle einrichten. Wie lange werden sich die Völker noch dieser Monstresuggestion unterwerfen?

* *
*

In Oesterreich-Ungarn soll nun die Frage der Altersversorgung auch vor das Parlament kommen. Im Herrenhause gab Graf Latour die Erklärung ab, daß an so etwas erst dann gedacht werden kann, wenn man zuerst alle Forderungen erfüllt hat, die von der Heeres- und der Marineverwaltung gestellt worden sind. Wenn die aber erfüllt sind, kommen wieder neue — z. B. der Ausbau der Luftflotte —, wann soll denn der Zeitpunkt eintreten, wo an andere Ausgaben gedacht werden darf? Immer nur sein Haus verbarrikadieren und niemals es bewohnbar machen?

* *
*

Der Erzherzog Thronfolger von Oesterreich hat mit seiner zur Herzogin und „Hoheit" erhobenen Gemahlin einen mehrtägigen Besuch am deutschen Hofe abgestattet. Wenn so mächtige Persönlichkeiten zusammen kommen, so kann dies immerhin auf die Entwicklung der politischen Geschicke Einfluß haben. Mit Spannung sieht man den Zeitungsberichten entgegen. Die Originaldepeschen laufen auch ein. Hier ist eine: „Berlin, 13. November. Erzherzog Franz Ferdinand hat auf der gestern stattgefundenen Lappjagd auf Damwild ein glänzendes Resultat erzielt, indem er 120 Schaufler zur Strecke brachte. Kaiser Wilhelm erlegte 55 Schaufler." Bewältige deine Freude, loyales Herz: 120 Schaufler!! Wer etwa so geringe Bildung hat, nicht zu wissen, was eine Lappjagd ist, der erfahre, daß um das Gehege Lappen aufgehängt werden, damit von dem rudelweise zugetriebenen Wild ja kein Schaufler durchbreche. Bei dieser Gelegenheit möchte ich eines konstatieren. In den Berichten hieß es: „Mit Ausnahme des Prinzen August Wilhelm, der kein Jäger ist, hatten alle Prinzen an den Jagden teilgenommen." Nun weiß ich von jemand, der ihn genau kennt, daß Prinz August Wilhelm allem Kriegerischen abhold ist. Und er ist kein Jäger. Manche unter unseren Gesinnungsgenossen werden den Zusammenhang empfinden.

1910

Pazifistische Debatte in der französischen Kammer. Brief Frédéric Passys darüber. — Deutsch-englisches Kriegsgespenst. Blatchford, Lloyd-George und Balfour. — Abgeordneter Wiemer über Rüstungseinschränkung. — Ein Torpedo mit einem Gehirn. — Ermordung des Petersburger Polizeichefs. — Aus dem Programm der deutsch-freisinnigen Partei. — Pazifistische Weihnachtsnummer der amerikanischen gelben Presse; Carnegie über das Prisengericht.

Wien, 8. Januar 1910.

Die Debatte des 27. Dezember in der französischen Kammer, über welche an anderer Stelle genau berichtet wird[1]), war ein herrliches Jahresschlußgeschenk für die Pazifisten. Endlich hat ein Mitglied der Interparlamentarischen Union seine volle Pflicht erfüllt. Der Deputierte Paul-Meunier hat, indem er von der Regierung eine Subvention für die Union verlangte, zugleich deren Ziele in beredtester Weise auseinandergesetzt, und nicht ein Widerspruch erhob sich im Hause. Minister Pichon antwortete in gleichem Sinne. Das Ereignis ist besonders interessant, wenn man es von dem Gesichtspunkte der langsamen Wandlung, des langsamen, aber darum um so sichereren Wachstums großer Bewegungen betrachtet. Frédéric Passy, der vor etwa 25 Jahren in der Kammer eine Lanze für die Friedenssache eingelegt hatte, und damit einen Tumult von Schimpf und Spott über sich heraufbeschwor, schreibt mir über den 27. Dezember: „Die Rede Paul-Meuniers — Geschichte und Verherrlichung der Interparlamentarischen Union — ist ein Dokument ersten Ranges. Sie wurde mit einer bedeutungsvollen Aufmerksamkeit angehört. Die Rede Le Foyers, zwar kürzer, aber

[1]) Siehe „Friedens-Warte" 1910, Seite 3 u. f. Es handelt sich um zwei Interpellationen von pazifistischer Seite, die von den Interpellanten ausführlich begründet und vom Minister ebenso ausführlich und zustimmend erwiedert wurden.

auch ausgezeichnet*), fand lebhaften Applaus, und der Minister, ohne die Formen diplomatischer Reserve ganz zu verlassen, hat auch seinerseits förmliche Zusagen gemacht. Wenn ich sehe, wie man heute unsere Freunde aufnimmt, muß ich an die wenigstens ein Vierteljahrhundert [1]) zurückliegende Zeit denken, wo ich aus der Kammer hinausging, vom Kampfe so erschöpft, daß ich glaubte, es sei mir die Brust zerrissen, und wo ich so sichtbar hergenommen war, daß tags darauf Brisson, der Kämmerpräsident, sich um meine Gesundheit erkundigen ließ."

* * *

Das Lieblingsgebilde der Chauvinisten aller Länder, der „bevorstehende deutsch-englische Konflikt", wird jetzt anläßlich der Wahlkampagne [2]) von den englischen Konservativen mit Leidenschaft benützt, um für Schutzzoll, allgemeine Wehrpflicht und Flottenvergrößerung Stimmung zu machen. Am lebhaftesten tritt der Sozialist Blatchford für diese Forderungen ein. Seine Hetzartikel in dem gelbsten aller Blätter, „Daily Mail" [3]), werden nun auch noch als Separatausgabe zu Hunderttausenden verteilt. Warum nennt man den Mann noch „Sozialist"? Das ist gerade so, als würde man sagen: „Der Freidenker agitiert für eine große Pilgerfahrt nach Lourdes." Blatchford ist ein Renegat. Ob aus Wahnsinn oder erkauft — das weiß ich nicht. Köstlich sind die Worte, die Lloyd George in Reading gesprochen: „Man sagt uns, es bestehe eine große nationale Krise, die Sicherheit unserer Küste sei bedroht. Die Deutschen könnten an irgendeinem Tage herüberkommen. Ein Zittern der Furcht gehe durch das Land, und ich zweifle nicht, daß es Leute gibt, die da fürchten, wenn sie frühmorgens ein Geräusch hören und das Fenster öffnen, daß das Rasseln der Milchkannen in Wirklichkeit von den Sporen der deutschen Husaren komme." Nachdem der Schatzkanzler die Flottendemonstrationen im vorigen Jahre erwähnt hatte, fuhr er fort: „Wir

*) Le Foyer verlangte eine Subvention für das Berner Bureau.

[1]) Fréd. Passy hatte in der französischen Kammer im Januar 1887 und im April 1888 schiedsgerichtsfreundliche Resolutionen beantragt und begründet. Sein erster Antrag wurde abgelehnt, der zweite jedoch angenommen.

[2]) Bereits im Dezember 1909 beginnt der Wahlkampf für die neue Kammer.

[3]) Der radikale Sozialist Blatchford veröffentlichte Mitte Dezember zehn Hetzartikel gegen Deutschland in der „Daily Mail" mit der Absicht, bei den Kammerwahlen die Konservativen zu unterstützen.

sagten den Agitatoren darauf: Es ist wirklich keine Ursache vorhanden, sich zu beunruhigen. Wir sind tatsächlich an Mannschaft und Material etwa dreimal so stark wie die Deutschen. Was sagten diese „Patrioten"? Was, sagten sie, sind nur drei gegen einen? Sollen wir denn drei arme Briten gegen einen großen verschlingenden Deutschen schicken? Man hätte sich einbilden können, daß nur ein Deutscher drei britische Matrosen auffressen könnte, als wären's Frankfurter Würstchen. Das sind die Patrioten, die an England glauben! Diese imperialistischen Seelen!" Kürzlich hat auch der Schutzzollfreund *Balfour* in seiner Rede auf die deutsche Gefahr angespielt. Freilich setzte er hinzu, daß er nicht daran glaube. In unserer Presse hieß diese Rede „Kriegsrede", *das war sie nicht*. Und wenn sie's gewesen wäre? Wie lange soll es denn noch immer so hingestellt werden dürfen, daß von den Reden und Gesinnungen einzelner kriegerisch gelaunter hoher Herren Leben oder Tod, Wohlstand oder Ruin der Völker abhängt? Von dem Ausgang der Wahlen in England hängen jetzt schicksalsschwere Fragen ab. Wir — im pazifistischen Lager — glauben fest, daß dieser schon seit fünf Jahren als unvermeidlich verkündete englisch-deutsche Krieg ebenso vermieden werden wird wie die anderen unvermeidlichen Kriege, mit denen die Kriegsliebhaber in den letzten Jahren operiert haben. Diese verbreiten Gift so viel sie nur können. Aber das verbreitete Gegengift scheint doch schon stärker zu sein.

* *
*

Im deutschen Parlament hat (Sitzung des 10. Dezember)[1]) Abgeordneter *Wiemer*[2]) u.a. folgendes gesagt: „Ein englischer Abge-

[1]) In jener Sitzung, in der Reichskanzler v. *Bethmann-Hollweg* zugab, daß England den Gedanken einer gemeinsamen Rüstungsverminderung wiederholt angeregt habe, jedoch ohne positive Anträge zu stellen. Er fügte hinzu: „Auch wir begegnen uns mit England in dem Wunsche, Rivalitäten in Beziehung auf die Rüstungen zu vermeiden, haben aber den ab und zu stattgehabten, unverbindlichen, vom gegenseitigen freundschaftlichen Geiste getragenen *Pourparlers* stets den Gedanken vorangestellt, daß eine offene und vertrauensvolle Aussprache und darauffolgende Verständigung über die beiderseitigen wirtschaftlichen und politischen Interessen das sicherste Mittel zur Beseitigung jeglichen Mißtrauens wegen des gegenseitigen Kräfteverhältnisses zu Wasser und zu Lande sei."

[2]) Einer der Führer der Freisinnigen Volkspartei im Deutschen Reichstag.

ordneter hat angeregt, daß die englische Regierung an die deutsche Regierung erneut mit Vorschlägen zur Einschränkung der Seerüstung herantreten sollte. Ob das geschehen ist oder noch wird, weiß ich nicht; sollte es der Fall sein, so würden wir verlangen, daß diese Anregung deutscherseits mit allem Ernst und auch mit allem Wohlwollen aufgenommen werde (Beifall links). — — Ich kann mir sehr wohl denken, daß es möglich ist, mit unserer Zustimmung und unserer Mitwirkung Vereinbarungen zu treffen, die dem fortgesetzten Wettrüsten ein Ziel setzen. Das wünschen wir alle, denn es bedroht den Frieden und ist geeignet, den Wohlstand der Nationen zu zerrütten."

* * *

Die „Evening News" brachten unter der Ueberschrift: „Ein Torpedo mit einem Gehirn" die Meldung, daß die britische Admiralität mit der Prüfung eines neuerfundenen Torpedos beschäftigt sei, der, einmal abgeschossen, dem Geräusch der Schrauben des feindlichen Schiffes selbständig nachgehe und ebenfalls selbständig von ihm abweiche, um das Schiff an dem verwundbarsten Teil, im Maschinenraum, zu treffen. Der Torpedo enthalte ungefähr 200 Pfd. des hochgradigsten Explosivstoffs. Man glaube nicht, daß die Erfindung den in Gebrauch befindlichen Torpedos angepaßt werden könnte. Wenn jedoch die Admiralitätsproben befriedigend (befriedigend!!) ausfielen, werde die Flotte ohne Zeitverlust damit ausgestattet werden. Er werde die Schrecken des Seekrieges ungeheuer erhöhen. Soweit „Evening News". Die Schrecken des Seekrieges verdienen wahrlich erhöht zu werden; da soll keine Ausgabe zu hoch sein. So gemütlich wie in Tsuschima darf's in künftigen Seeschlachten nicht mehr zugehen. Die selbsttätigen Torpedos von unten, der Explosivstoffregen aus der Luft — wahrlich, da kann sich das angegriffene Schiff mit Recht „Fürchtenichts" nennen.

* * *

In Rußland kommen die Bomben nicht zur Ruhe. Wieder ist ein Opfer gefallen — der Chef der Petersburger politischen Polizei, Oberst Karpow[1]). Der Mörder hatte sich dem Obersten als Agent

[1]) 22. Dezember 1909.

angeboten und auch tatsächlich ganz gute Dienste geleistet. Daraufhin hatte er ihn unter Angabe wichtiger Enthüllungen ins Konspirationsquartier gelockt, das die Polizei selbst in verschiedenen Stadtteilen unterhält. Die Polizei besitzt mehrere derartige Privatlokale, wo sie mit ihren zu den revolutionären Organisationen gehörigen Agenten verkehrt. Als nun Karpow um Mitternacht auf dem Sofa saß, entzündete der Attentäter die darunter liegende Bombe mittels einer Kontaktschnur, und der Oberst wurde in Stücke zerrissen. Spitzeltum und Verrat im Quadrat.

* *
*

In Deutschland haben sich die drei linksliberalen Gruppen zu einer einheitlichen Partei verschmolzen, die sich „Deutsche freisinnige Volkspartei" nennt[1]). Von ihrem eben veröffentlichten Programm interessiert uns die Forderung Nr. 9: „Förderung der Bestrebungen auf Annäherung der Völker zu gemeinsamer Kulturarbeit und zur gleichmäßigen Erleichterung der Rüstungslasten." Dieser neunte Programmpunkt wäre eigentlich inhaltsreich genug, um an sich allein ein ganzes Parteiprogramm zu sein. Jener zukünftigen Partei, deren Auftauchen wir in allen Parlamenten zuversichtlich entgegensehen, weil die Wähler endlich dazu drängen werden: der Friedenspartei.

* *
*

Der Besitzer und Herausgeber einer ganzen Reihe großer Blätter „gelber" Färbung in Amerika, Hearst, hat am Weihnachtstag in seinen sämtlichen Zeitungen Artikel und Interviews zugunsten des Friedens veröffentlicht. Unter den zahlreichen Interviewten befindet sich auch A. Carnegie. Dieser sagte, daß ihm der Moment günstig erscheine, um neue Schritte auf dem Wege zum Weltfrieden zu unternehmen. „Ich meine," sagte er, „daß Präsident Taft ein Komitee von drei Personen ernennen sollte, mit der Mission, alle Oberhäupter jener Staaten aufzusuchen, die im Begriffe

[1]) Am 16. Dezember 1909 wird das Einigungsprogramm bekannt gemacht, durch das sich die Freisinnige Volkspartei, die Freisinnige Vereinigung und die Deutsche Volkspartei unter der Bezeichnung „Deutsche freisinnige Volkspartei" zusammenschließen.

sind, ihre Rüstungen in so ruinierender Weise zu vermehren, und sie zu fragen, warum, wenn doch jeder den Frieden wünscht, keiner eine Geste tut, ihn zu sichern." — Er erinnert daran, daß kürzlich in London acht Mächte einstimmig übereingekommen sind, einen internationalen höchsten Gerichtshof einzusetzen, dem über alle Prisenangelegenheiten das Recht endgültiger Entscheidung zusteht [1]). „Also" — fuhr er fort — „dieselben Mächte mögen dekretieren, daß fortan alle wie immer gearteten Streitigkeiten zwischen zivilisierten Nationen in gleicher Weise oder durch Schiedsgericht entschieden werden. Dann würde der Krieg zu den Dingen der Vergangenheit gehören. Natürlich ist vorauszusehen, daß diejenigen, welche aus der Existenz der Heere und Flotten großen Gewinn ziehen, sich einer solchen Initiative widersetzen werden." — Es frägt sich, ob die unklare Depesche, die neulich durch die europäischen Blätter ging, daß aus Amerika der Vorschlag gekommen sei, das Prisengericht zur schiedsrichterlichen Instanz für alle Konflikte zu erheben, nicht irgendwie im Zusammenhang mit diesem Carnegieschen Interview steht.

[1]) Gemeint sind die Beschlüsse der Londoner Seerechtskonferenz, die am 4. Februar 1909 zum Abschluß kam, die jedoch nicht den Prisenhof schuf, sondern nur die rechtlichen Grundlagen für den bereits 1907 im Haag geschaffenen Prisenhof.

Die Ueberschwemmung in Paris. — Internationale Hilfe. — Die Kriegsgefahren auf dem Balkan. — Das Eingreifen der Schutzmächte; österreichisch-russische Annäherung. — Wie die Chauvinisten über Ententen urteilen. — Was die Zeitungen interessant macht. — Die Rede des Grafen Wolff-Metternich. — Prozeß Friedjung oder: So wird Geschichte gemacht.

Wien, anfangs Februar.

Die Seine hat Paris belagert[1]). Ja, wir haben noch andere — wenn auch nicht schlimmere — Feinde als die Menschen: die Elemente. Der Krieg, den diese gegen uns führen, ist schauderhaft und zeigt uns unsere ganze Nichtigkeit, aber es fehlen ihm zwei Attribute des Schlachtenkrieges: die Dummheit und die Bosheit. Der Fluß tritt nicht aus, weil er mag oder weil er haßt, sondern weil er muß. Er bringt, wenn er Städte und Fluren überflutet, Tod, Vernichtung, Seuchen, Not — aber er hat dies nicht gewählt oder gewollt; er hat keinen Siegesdünkel. Er ist sogar immer bereit, sich ohne Groll von menschlicher Vernunft und Voraussicht besiegen — d. h. regulieren zu lassen. Wie sehr übrigens die menschliche Vernunft an Verbreitung zu wünschen übrig läßt, hat sich in diesen Ueberschwemmungstagen auch darin wieder gezeigt, daß allenthalben Stimmen sich vernehmen ließen, die die Katastrophe dem Erscheinen der zwei Kometen zuschreiben oder darin eine „Strafe Gottes" sehen. Selbst ein alter militärischer Aberglaube hat sich geregt, nämlich daß es gegen alle Unordnung und alle Gefahr nur ein probates Mittel gibt: Unumschränkte Gewalt in der Hand eines Generals. In der Tat: es sei über Paris der Belagerungszustand zu verhängen — eine Zumutung, die Briand ohne Zögern abgelehnt hat. Für die gegenwärtige Generation in Paris mag es übrigens von Nutzen sein, daß ihr ein wenig die Schrecken vor Augen geführt wurden, die eine Stadt zu ertragen hat, vor deren Toren der Feind steht. Abgeschnittener Ver-

[1]) Mitte Januar 1909 verursacht Unwetter große Ueberschwemmungen in Paris. Der Seine-Pegel erreicht am 26. Januar 8,60 Meter, eine noch nie beobachtete Höhe. Zur Bekämpfung des Schadens verlangt der Ministerrat am 7. Februar einen Kredit von 20 Millionen Franken.

kehr, drohender Hunger und Durst, mögliche Zerstörung der Wohnstätten: das alles haben die Pariser zu fühlen bekommen, und sie riefen, das sei so fürchterlich wie eine Belagerung, und doch fehlte noch das Aergste: die Beschießung, die beabsichtigte Tötung. Vielleicht wird dieser Anschauungsunterricht so manchen Chauvinisten in seiner Kriegslust dämpfen und so manchen Pazifisten zu energischerer Friedensarbeit spornen. Mit den steigenden Errungenschaften der Kultur werden die gewaltsamen Unterbrechungen der friedlichen Lebensführung auch von Tag zu Tag unerträglicher. Während man einst sich erst dann unglücklich fühlte, wenn Mangel an Nahrung oder Obdach eintrat, ist man jetzt schon ganz außer sich, wenn das elektrische Licht und das Telephon versagen. Das neue Gefühl: das internationale Mitgefühl, das seit einiger Zeit bei jedem solchen Unglück, das man „Nationalunglück" nennt, sich offenbart, hat sich jetzt wieder in verstärktem Maße eingestellt. Der Begriff „Solidarität", der die wissenschaftliche Basis des Pazifismus ist, ist dem Verständnis der Mitwelt wieder nähergerückt worden; der naturgesetzliche Trieb der gegenseitigen Hilfe, der die bewegende Kraft der fortschreitenden Zivilisation ist, hat sich wieder in gestärktem Maße betätigt. Aus dem ganzen Ausland, auch von den fremden Souveränen, Kaiser Wilhelm mit inbegriffen [1]), strömen die Gaben herbei. Daß man sich politisch-militärisch feindlich, lauernd und hämisch gegenübersteht, dabei aber privat und offiziell Mitgefühl und Mithilfe bietet, ist ein Widersinn, der endlich in sich zusammenfallen muß.

* *

*

Jeden Augenblick — so schreiben die Zeitungen — kann auf dem Balkan Krieg ausbrechen. Man kennt die drohende Lage: In Griechenland Militärdiktatur, Einberufung der Volksversammlung, zu welcher Kreta vielleicht Vertreter schicken wird, für welchen Fall die Türkei ihren Einmarsch ankündigt [2]); Bandenwesen in

---

[1]) Kaiser Wilhelm ließ der französischen Regierung 20,000 Mark zur Linderung der Not im Ueberschwemmungsgebiet zugehen.

[2]) Die im Januar 1909 einberufene griechische Nationalversammlung erregte in der Türkei Besorgnis, daß in Kreta Delegierte für diese Versammlung gewählt werden könnten. Die Pforte ließ daher anfangs Februar den Schutzmächten durch ihre Botschafter bekannt geben, daß sie die Zulassung kretischer Abgeordneter zur griechischen Nationalversammlung als Kriegsfall betrachten würde.

Mazedonien, gegen welche die Türkei mit Hinrichtungen in der Art der berüchtigten russischen Feldgerichte reagiert — darüber Entrüstung in Bulgarien. Verstärkte und beschleunigte Rüstungen hüben und drüben, Truppensendungen an die Grenzen. Dabei die üblichen offiziellen Versicherungen, daß die eigenen militärischen Maßnahmen nur gebotene Vorsichtsmaßregeln seien, weil die Maßnahmen des Nachbars offenbar provokatorisch sind; „Europa" gibt sich wieder Mühe, durch Warnungen und Erklärungen den Krieg hintanzuhalten. Friedenswille ist auch bei der jungtürkischen und bei der bulgarischen Regierung vorhanden; überall sind es nur die Militärparteien, die zum Kriege drängen. Vor einiger Zeit ging bei internationalen Verwicklungen der Streit nur um die gerade vorliegende Frage; jetzt steigt daneben immer ein Kampf zwischen den in den beteiligten Ländern vorhandenen Friedens- und Kriegsparteien auf; und ein „Europa" mischt sich hinein, indem es sich auf die Friedensseite stellt. Denn so weit ist Europa schon angelangt, daß es vor dem Krieg zurückschreckt. Nur ist es noch nicht so weit, daß es dessen Vorbereitung und dessen Legalität aufhebt. Wenn es wieder gelingen sollte, den in gewissen Kreisen beliebten „unvermeidlichen Frühlingskrieg" vom Balkan zu verscheuchen, so wäre das ein neuerlich großer Triumph unserer Sache. Aber vorhersagen kann man es nicht, denn der Brennstoff ist hoch aufgeschichtet, und die Schürer sind fleißig am Werk. Sollte wegen Kreta der Krieg ausbrechen, so würde sich zeigen, wie notwendig es ist, daß auch in der Nationalitätsfrage ein Terrain zu siegloser Austragung gefunden werde. Hier ist nicht der Platz, diese Frage (welcher der Pazifismus ja auch gerade ins Gesicht schaut) des weiteren zu erörtern; nur das eine sei gesagt: der naturwidrige Faktor in der ganzen Sache heißt Zwang.

* *
*

Frankreich, Rußland, England, Italien — die sogenannten Schutzmächte — gehen gemeinsam vor, um durch Warnungen, oder durch neuerliche Besetzung Kretas den Krieg zu verhindern. Man sieht, in diesen verschiedenen Ententen bildet sich ein Instrument des wirksamen Friedenswillens heran. Dieser Wille ist jetzt auch im Begriff, sich daran zu betätigen, daß eine österreichisch-russische Entente angebahnt wird. Das wäre wie alles, was Vertrag, was freundschaftliches Abkommen ist, ein Segen, weil es eine Friedensgarantie darstellt. Daher ist es auch bei allen Liebhabern der Kriegsinstitution verhaßt. Man höre z. B. wie die „Wiener Sonn- und Montags-Zeitung" — die im militärischen Geiste zu leitartikeln pflegt — sich äußert:

„Die Machtfragen auf dem Balkan sind nicht durch Verträge, sondern nur durch die Schlagfertigkeit der Armeen zu lösen. Verträge können nur hindern, im richtigen Augenblick das Schwert zu ziehen, und daher verursachen, daß die wertvollste Chance verloren geht. Wir wollen keine weitere Expansion auf dem Balkan; gewiß! Aber was wir haben, das wollen wir behalten. Und diesen Besitz kann uns kein Mürzsteg verbürgen und kein Reval oder Racconigi entreißen. Festhalten oder verlieren, darüber entscheidet unsere große oder geringere Kriegstüchtigkeit, wenn einmal die Entscheidungsstunde schlägt. Oesterreich-Ungarn bedarf keiner Detente und keiner Entente mit Rußland, weil es auf jede Fälschung des Tatbestandes und auf jede Selbsttäuschung verzichten kann."

Wie man sieht, eine gewisse Presse ist stets darauf bedacht, daß die „wertvollste Chance", den Weltteil in Brand zu stecken, nicht verloren gehe.

* *
*

Warum diese Presse übrigens so sehr beflissen ist, die verschiedenen Kriegsgefahren wie ihren Augapfel zu hüten, darüber gibt der Verfasser des obigen Artikels in einer früheren Nummer selber ganz naiv die Erklärung:

„Eigentlich ist der Zeitungsleser, der sich für große Politik interessiert, in den letzten Monaten nicht auf seine Rechnung gekommen. Vielleicht war es wirklich die Folge der vielen Ententen, daß die internationalen Beziehungen der Großmächte zueinander anfingen, uninteressant zu werden. Möglicherweise hat auch seit dem glücklichen Ausgange der Annexionskrise der Aberglaube tiefere Wurzeln geschlagen, daß es keine Kriegsgefahr mehr gäbe, weil die Furcht vor einem Kriege die Mächte zur Begehrung des Friedens zwinge. Interessant wird aber die Politik doch nur durch die Kriegsgefahr und die Kriegsfurcht. Gelingt es tatsächlich einmal, diesen Aberglauben, daß die Zeit des ewigen Friedens angebrochen sei, zum wirklichen Evangelium zu erheben, dann werden viele Menschen sich das Zeitungslesen überhaupt abgewöhnen."

Also darum die Bekämpfung von Ententen und Detenten!

* *
*

Die Rede, die der deutsche Botschafter in London bei dem Festmahl am Geburtstag des Kaisers gehalten hat, war eine Friedensrede durch und durch [1]); nicht eine mit vagen Versicherungen, nach altem Diplomatenbrauch, sondern förmlich von wissenschaftlich-pazifistischem Geiste durchdrungen. Er beleuchtete die Verknüpfung der wirtschaftlichen Interessen aller handeltreibenden Völker, die sich selbst schädigen, wenn sie den Rivalen zu vernichten trachten. Er führte noch andere Gründe für den Völkerfrieden an und entschuldigt die Rüstungen nur damit, daß „unser Zeitalter es noch nicht zu einem rückhaltlosen gegenseitigen Vertrauen der Nationen gebracht hat". — „Noch nicht." Das Wort läßt der Zukunft die Tür offen. Hier ist also der Hebel anzusetzen. Es heißt Vertrauen einflößen und verdienen. Es heißt aber auch Vertrauen entgegenbringen, was das beste Mittel ist, es selber zu wecken. Die umgekehrte Methode ist den Rüstungsfreunden geläufig. Die Pflege des Mißtrauens ist ihr eifrigstes Geschäft.

* *

*

Der Prozeß des Historikers Friedjung hat mit dem Beweis geendet, daß die Dokumente, welche von Kundschaftsagenten dem Ministerium des Aeußern zugekommen waren, einfach Fälschungen waren [2]). Dr. Friedjung hat dies auch auf legalste Weise zugegeben. Man denke aber, der Krieg mit Serbien wäre ausgebrochen. Der angesehene österreichische Geschichtsschreiber hatte beabsichtigt, in diesem Falle die für echt gehaltenen Dokumente als Rechtfertigung der notwendig gewordenen Annexion und als Rechtfertigung des Krieges zu veröffentlichen. Natürlich wäre es in diesem Falle zu keinem Prozeß und zu keiner Aufklärung gekommen, und die von gewissenlosen „Spitzeln" fabrizierten Aktenstücke wären ein für allemal in den eisernen Bestand der Geschichte übergegangen.

[1]) Festmahl der deutschen Vereine im Cecil-Hotel am 27. Januar 1910.

[2]) Der Prozeß Friedjung, der im Dezember 1909 in Wien verhandelt, wurde am 22. Dezember eingestellt, nachdem Dr. Friedjung selbst erklärt hatte, daß die zugrunde gelegten Dokumente gefälscht seien.

Beruhigung auf dem Balkan. — D'Estournelles von seinen Wählern gefeiert. Die Besuchsreise der französischen Arbitrage-Gruppe nach Petersburg. Eine bald dementierte Hetzdepesche. — Die Beschlüsse des Sozialistenkongresses in Nimes. Interpellation im englischen Unterhause über Rüstungseinschränkung. Das Recht der Kaperei. — Die Friedensrede König Eduards. Ein Brief und was herauszuhören ist. Montenegro und Oesterreich-Ungarn und deren „ununterbrochenen freundnachbarlichen Beziehungen". — Eine neue Schrift Tolstois in Sicht: „Gegen die Gewalt". Die geschützte Luftgrenze am Rhein. — Eine abgelehnte Einladung.

Wien, 5. März 1910.

Die verschiedenen vor vier Wochen als so drohend hingestellten Konflikte auf dem Balkan haben sich inzwischen nicht verschärft, sondern haben im Gegenteil allgemeinen Friedensversicherungen zwischen Griechenland und der Türkei, der Türkei und Bulgarien usw. Platz gemacht. Der Widerwille gegen den Krieg durchdringt immer mehr alle Regierungen und alle Völker, die Vorliebe für Krieg oder wenigstens für dessen ewige Vorbereitung und Drohung lebt nur noch in militärischen Kreisen und mehr noch in den meisten Redaktionsstuben der politischen Presse. Es herrscht da das Vorurteil, daß der ganze Lauf des Völkerlebens nur aus einer Kette von Konflikten besteht, von welcher jedes Glied eine Art casus belli ist.

* * *

D'Estournelles de Constant ist in seinem Wahlkreise der Gegenstand einer imposanten Huldigung gewesen. Um dessen Krönung mit dem Friedensnobelpreis [1]) zu feiern, haben ihm seine Wähler ein Bankett zu 600 Gedecken gegeben, welchem der Präfekt

[1]) 10. Dezember 1909.

und der militärische Gouverneur des Departements beigewohnt haben. In den Reden, die da gehalten wurden, und die in ihrer Fülle und ihrer Tendenz einen gut ausgewachsenen Friedenskongreß abgeben konnten, wurde die Heldenhaftigkeit des Gefeierten hervorgehoben, mit der er, allem Widerstand zum Trotz, das Werk der Völkerversöhnung, „das segensreichste Werk einer neuen Zeit", mit solchem Erfolg betrieben hat. Kurz darauf hat d'Estournelles mit seiner parlamentarischen Gruppe die Besuchsreise nach Petersburg angetreten [1]). Wie glänzend er dort vom Hof, von der Duma und von dem neuentstandenen Friedensverein empfangen worden ist, davon haben die Depeschenbureaus berichtet. Eine kleine Hetzbosheit ließ sich die Presse aber doch nicht entgehen. Unter dem Titel „Eine Huldigung für die französisch-russische Allianz" läßt sich ein Wiener Blatt telegraphieren: „Berlin, 21. Febr. Aus Petersburg wird gemeldet: Großes Aufsehen erregt die gestrige Apotheose während der Galavorstellung in der Oper zu Ehren der in Petersburg anwesenden Franzosen. Die Kaiserin-Mutter und viele Mitglieder der Zarenfamilie, Iswolsky und alle Minister bejubelten die französisch-russische Entente. Der Jubel erreichte seinen Höhepunkt, als ein Mädchen, das das Elsaß darstellte, sich unter eine französische Fahne flüchtete. Der deutsche Botschafter war anwesend." Die Widerrufung dieser Nachricht folgte bald. Das Mädchen auf der Bühne, das überhaupt gar keine Elsässerin vorstellte, mußte wegen eines herunterfallenden Dekorationsstückes von einer Stelle zur anderen laufen. Die Fassung der ganzen Depesche zeugt aber von einer grenzenlosen Unkenntnis der Bedeutung der interparlamentarischen Besuche, wie sie unter der Aegide d'Estournelles und unter dem Motto der „Conciliation internationale" gemacht werden. Jener Berichterstatter kann eben nicht weiter denken, als an jene scharf geschiedenen Zweibünde und Dreibünde, die sich gegenseitig in Schach halten und eins das andere durch ewige Neubeteuerungen ihres nach außen feindseligen Zusammenhaltens zu ärgern trachten. Mit den Ententen, mit den korporativen Besuchen von Land zu Land ist etwas ganz Neues in die Erscheinung getreten, von dem sich die Politiker der alten Schule noch nichts träumen ließen.

* *
*

[1]) Am 18. Februar 1910 in Petersburg eingetroffen, am 19. vom Zaren empfangen.

In Nimes hat der Nationalkongreß der Partei der geeinigten Sozialisten stattgefunden. Bezüglich des neuen Flottenprogramms wurde einstimmig ein Antrag angenommen, in welchem alle sozialistischen Deputierten aufgefordert werden, diese neue schreckliche Belastung der Bevölkerung mit 1300 Millionen zu bekämpfen. Weiter werden die Vertreter der Partei beauftragt, auf dem nächsten in Kopenhagen stattfindenden internationalen Kongreß sich dafür einzusetzen, daß überall mit derselben Entschiedenheit gegen den Militarismus aufgetreten werde. — Wie lange wird es denn noch dauern, daß die Sozialisten die einzige in den Parlamenten vertretene Partei sind, die gegen die Rüstungslasten protestieren, während doch die meisten Mitglieder anderer Parteien diesen Lasten gegenüber ebenso gesinnt sind, sich aber niemals zu solchem Proteste aufraffen? Nicht einmal die Mitglieder der Interparlamentarischen Union! Sie fürchten wohl, für Sozialisten gehalten zu werden? Dieser Vorwurf trifft nicht die französische Gruppe. Noch ist die Debatte des 27. Dezember in der französischen Kammer im Gedächtnis unserer Leser. Er trifft auch nicht das englische Parlament, wo immer der eine oder andere Abgeordnete, auch wenn er nicht Sozialist ist, gegen die ewigen Rüstungssteigerungen sich erhebt. So hat erst gestern (3. März) im Verlauf der Sitzung des Unterhauses Byles (liberal) an den Staatssekretär des Auswärtigen die Frage gerichtet, ob er über die kürzlich gehaltene Rede des deutschen Botschafters [1]) Berichte habe, und ob die Regierung in Betreff der darin geäußerten Anschauungen sich in der Lage sehe, mit Deutschland neuerdings in Verbindung zu treten, um zu einer Vereinbarung über die Begrenzung der Flottenrüstungen beider Staaten zu kommen. Sir Edward Grey erwiderte, er habe den Bericht über jene Rede gelesen und erwidere herzlich ihren freundlichen Ton (Beifall). Der Standpunkt der britischen Regierung in der Frage der Flotteneinschränkung sei von Asquith völlig klargestellt worden, und er habe dem nichts hinzuzufügen.

* *
*

Was übrigens Lord Weardale in seiner Rede zum 22. Februar [2]) auseinander gesetzt, würde diese Frage ihrer Lösung wohl

[1]) Siehe oben Bd. 11 Seite 231.
[2]) Dem internationalen Friedenstag.

näher bringen. Lord Weardale meint, daß England damit den Anfang machen sollte, auf das Kaperrecht zu verzichten, und auf dieser Basis könnte man mit Recht das Aufhören der übertriebenen Defensivrüstungen der anderen Mächte anregen.

* * *

Man ist die Friedensreden der Souveräne schon gewöhnt und legt nicht viel Gewicht auf sie, weil sie ja gewöhnlich in sehr vagen und schon abgedroschenen allgemeinen Phrasen gehalten zu werden pflegen. Wenn aber so gesprochen wird, wie König Eduard am 1. März zu den Erzbischöfen von Canterbury und York gesprochen hat, so geht das über die Konvention weit hinaus. „Vom Frieden hängen Glück und Fortschritt aller Nationen ab." Er sei überzeugt, „daß die Menschen in immer wachsendem Maße die Liebe zum Frieden in ihre Herzen pflanzen". „In dieser neuen Zeit würde ein Krieg den Untergang von Millionen herbeiführen." Aehnliches und noch mehr hat der König der Deputation des Friedenskongresses gesagt. Aber wenn ein Souverän vom Frieden spricht, so ergeht es ihm ähnlich, wie dem gewissen Schäfer, der zum dritten Male — als der Wolf nun wirklich da war — rief: „Der Wolf kommt!" Aber man sollte den Unterschied verstehen. Wer nur konventionelle Phrasen macht, der macht sie auch nur dort, wo sie der Konvention entsprechen, und nicht bei allerlei Gelegenheiten, die es gar nicht erheischen, sogar privaten Personen gegenüber. Da muß ich doch folgendes erzählen: Als ich im Sommer 1907 in London war, richtete ich an die Hofkanzlei einen Brief, worin ich um die Gunst bat, von S. M. empfangen zu werden. Es traf sich, daß der König am nächstfolgenden Tage abreiste. Von seinem Privatsekretär Lord Knollys erhielt ich folgenden Brief:

Buckingham Palace, 26th July 1907.

Dear Baroness von Suttner,

I have submitted your letter to the king, and he desires me to say that it would have afforded him much pleasure to have received you and to have had some conversation with you, but that he is leaving London on Monday next, and that between now and then his engagements are extremely numerous.

His Majesty regrets that under these circumstances he will be unable to have the gratification of seeing you. He can only assure you that it would have been a great gratification to him, if it had been possible, to have met a Lady who like himself is so strong an Apostle of Peace.

Believe me Yours truly Knollys.

Es heißt zwar, aus einer Ablehnung höre man nur das „Nein". Ich finde aber, aus diesem Brief läßt sich verschiedenes heraushören. Hat ein König es nötig, einer fremden Dame, die er verhindert ist, in Audienz zu empfangen, sagen zu lassen, daß er ein „starker Apostel des Friedens ist"?

* *
*

Ein schönes Muster konventioneller Hofhöflichkeit bieten die Toaste, die zwischen dem Fürsten von Montenegro und dem österreichischen Admiral Haus bei dem am 2. März im fürstlichen Palais stattgefundenen Galadiner gewechselt wurden. Der Herrscher der schwarzen Berge sprach: „Herr Admiral! Lassen Sie mich Ihnen sagen, wie glücklich ich bin, Sie in Begleitung Ihres glänzenden Stabes hier zu sehen. Indem S. M. der Kaiser und König Sie beauftragt hat, Ihr imposantes Geschwader in die montenegrinischen Gewässer zu führen, hat er Wert darauf gelegt, mir einen Beweis seines Wohlwollens zu geben, an dem es mir nie gefehlt hat. S. M. wollte so, anläßlich meines Jubiläums, an die fünfzig Jahre der freundschaftlichen und freundnachbarlichen Beziehungen erinnern, welche niemals aufgehört haben, zwischen seiner erhabenen Person und mir zu bestehen." Folgen noch mehr höfliche Phrasen und das ausgebrachte Wohl auf den erhabenen Souverän, auf die schöne österreichisch-ungarische Marine usw. Im selben Tone ist auch der Trinkspruch des entsendeten Admirals gehalten. — Nun sind wir Pazifisten die letzten, die sich nicht über jeden Akt internationaler Freundlichkeit freuten. Aber etwas weniger dick aufgetragene Mißachtung der Wahrheit, bitte! Wenn man bedenkt, daß vor einem Jahre Montenegro entschlossen war, mit Serbien Oesterreich zu bekriegen, daß von den Spitzen der Grenzfelsen die Kanonen gegen Cattaro aufgeprotzt waren — und jetzt von fünfzig Jahren Freundschaft zu sprechen, die „niemals aufgehört hat, zu bestehen". Wahrlich, da wird doch auf die Dummheit und auf das kurze Gedächtnis der Galerie zu stark gepocht.

* *
*

Tolstoi hat eine neue Abhandlung verfaßt, betitelt Tschingis Khan. Sie ist gegen die Gewalt gerichtet. Diese Arbeit soll demnächst in London erscheinen, weil sie in Rußland verboten werden würde. Ja, die Gewalt ist — nicht nur in Rußland — ein gegen Lästerung noch vielfach geschützter Götze. Aber schon wankt dieser Götze auf seinem Sockel, und wir werden dem Großen von Jasnaja Poljana wieder sehr dankbar sein für diesen neuen Hammerschlag.

* *
*

Professor Painlevé teilt in der „France militaire" mit, daß das Militärkomitee der nationalen Luftschiffahrtsliga mehrere Sitzungen abgehalten hat, in denen der General de la Croix seine Ansichten über die Verwendung der Lenkballons zu Kriegszwecken darlegte. Er ging von dem Grundsatze aus, daß vor allem die Rheingrenze zu überwachen sei. (Oh, dieser Grenzenalpdruck, unter dem die verschiedenen Generale leiden! Sie ahnen nicht, daß der Luftverkehr die Grenzen illusorisch machen wird.) Dieselbe soll in drei Abschnitte geteilt werden. Die zur Verwendung gelangenden Luftschiffe sollen mit torpedoartigen Geschossen ausgerüstet werden und gewissermaßen die Rolle von Torpedobooten der Luftschiffflotte spielen. — Die unseren Globus umgebende Atmosphäre wird bald gemütlich werden, wenn man den Militärausschüssen der nationalen Aeronautik ihr Pläsierchen läßt. Und neue Milliarden wird es kosten.

* *
*

Das französische „Institut" hat die Einladung zu der Berliner Jahrhundert-Akademie-Feier abgelehnt. Das ist ein bedauerlicher Rückschritt auf dem seit kurzem so erfolgreich eingeschlagenen Weg der Détente zwischen den beiden Ländern. Frédéric Passy, der dem Institut angehört, ist da sicherlich nicht befragt oder überstimmt worden. Der angegebene Grund, daß das „Institut" ganz etwas anderes ist als die jubilierenden Lehranstalten, ist übrigens plausibel. Weniger stichhaltig aber der, daß die Franzosen bei dieser Gelegenheit vielleicht Reden anhören müßten, die ihren Patriotismus verletzen könnten. So taktlos wäre doch niemand gewesen, eingeladene Gäste zu beleidigen. Sich selbst überhebende, nationaldünkelhafte, die Fremden geringschätzende

Reden pflegen nur dort gehalten zu werden, wo man national unter sich ist, und kommen bei internationalen Veranstaltungen Gebildeter niemals vor. Darum sind diese gegenseitigen Einladungen und Besuche so fördernd für die Friedenssache. Und die Ablehnung wird gerade wieder den chauvinistischen Elementen willkommene Gelegenheit geben, sich vernehmlich zu machen. Fassen wir uns in Geduld: ohne Rückschritte, die nach und nach immer seltener werden, gibt es kein Vorschreiten auf noch ungewohntem Pfad.

Die russisch-österreichische Annäherung. Widersinnige Vorstellungen. — Der deutsche Botschafter in London über die deutsch-englischen Beziehungen. „Mächtige Kräfte" sind am Werke. — Bethmann-Hollweg über Ehrlichkeit in der Politik. Verbesserte Zustände für Elsaß-Lothringen. — Taft über Schiedsgerichtsverträge. Graf Bernstorffs Worte. Die Formel des Seeoffiziers Hobson. — Die rechtsstehenden Dumamitglieder gegen die Interparlamentarische Union. — Neues von der Rüstungsepidemie. Wen trifft die Verantwortung für das Dreadnought-Wachstum. — 20 Millionen für französische Kriegsluftschiffe. — Eine Rechenaufgabe. — Lord Roberts über Unvorbereitetheit. — Senator Flaissières. — Drohender Konflikt zwischen Peru und Chili.

Wien, 9. April.

Die russisch-österreichische „Annäherung" (nicht zu verwechseln mit „Entente"!) ist also glücklich zur vollzogenen Tatsache geworden [1]). Die Verwahrung gegen das Wort Entente stammt nicht etwa von uns realpolitisch unfähigen Pazifisten, sondern aus den offiziellen Kommentaren, mit welchen die Presse jene Abmachun-

[1]) Ende Februar 1910 machen sich Anzeichen geltend, daß zwischen der österreichisch-ungarischen und der russischen Diplomatie auf eine Verständigung der seit der Annexion in gespannten Verhältnissen stehenden Regierungen hingearbeitet wird.

gen, „die keine Abmachungen sind", begleitet. Wir nuancieren nicht so fein: uns ist alles, was das Gegenteil von Feindschaft ist: Annäherung, Entente, Verbündung, willkommen; je inniger und bindender, natürlich desto lieber, während die anderen zwischenstaatliche Vereinbarungen desto höher schätzen, je weniger sie zu irgend etwas verpflichten. Die ganze Sache beschränkt sich also darauf, wie dem österreichischen Publikum mitgeteilt wird, daß die beiden Minister Iswolsky und Aehrenthal, die seit der Balkankrise miteinander schmollten, wieder auf dem Sprechfuße sind. Ein Leitartikler kommentiert das freudige Ereignis so: „Die Annäherung ist nur ein Deckwort für die Wiederaufnahme des regelmäßigen diplomatischen Verkehrs. Es ist das Ende von Spannungen, für die das Völkerrecht keine besondere Namen hat, deren Merkmal jedoch ein plötzliches Einschränken in den amtlichen Berührungen der Botschafter und Minister ist; und darin liegt etwas Scharfes, etwas, was nahezu von selbst die Reizbarkeit vermehrt und durch Zufälle und Mißverständnisse auch zu schlimmerem Unglück führen kann." Später heißt es in demselben Artikel: „Die Annäherung kann schwerlich mehr sein, als die Erfüllung der Pflicht, diplomatische Brandstiftungen auf dem Balkan nicht zuzulassen. Die Vorstellung ist widersinnig, daß die Macht, verwüstende Kriege anzuzetteln, Mord und Totschlag in der Welt zu verbreiten und Millionen von Soldaten zu den Waffen zu rufen, in die Hände der Balkankönige gelegt werden soll. Die Fürsten und die Minister in Sofia und Belgrad dürfen nicht bestimmen, ob Oesterreich-Ungarn und Rußland sich gegenseitig die Hälse brechen, ob ganz Europa in Flammen aufgeht und namenloses Unheil die Völker heimsucht." Uns will in aller Bescheidenheit scheinen, daß derlei nicht nur in Belgrad und Sofia „widersinnig" ist, sondern auch in Petersburg, Wien, Berlin, London, Tokio und Hargudl am Bach [1]).

* *
*

Wir begrüßen also die stattgehabte Annäherung mit Freuden, sie ist jedenfalls wieder ein Schrittchen mehr auf jener Bahn der allgemeinen Einigung, der der moderne Geist zustrebt. Freilich hindert sie unsere Kämpen der unausbleiblichen Zu-

[1]) Phantasieort aus dem so benannten Theaterstück des österreichischen Schriftstellers Hans Müller.

kunftskriege nicht, zu sagen (ich zitiere ein Salongespräch): „Schade, daß wir nicht schon vor einem Jahre mit Rußland Krieg anfingen; damals wäre es viel günstiger gewesen als später." — „Muß es denn später überhaupt dazu kommen?" — „Das ist doch unvermeidlich." — Was den anderen so beliebten unvermeidlichen Zukunftskrieg — den deutsch-englischen — betrifft, so hat der in letzter Zeit auch wieder einige fühlbare Dämpfer wegbekommen. Da fand u. a. am 17. März in London das Bankett der von Randal Cremer gegründeten „Arbitration League" statt, bei welchem der deutsche Botschafter [1]) anwesend war und auf einen von Howard Evans [2]) auf die englisch-deutsche Freundschaft ausgebrachten Toast u. a. folgendes erwiderte: „Es ist gewiß, daß die Mehrheit der Deutschen nicht den leisesten Wunsch hegt, mit England einen Streit vom Zaune zu brechen, und daß die Mehrheit der Engländer nicht danach verlangt, mit uns anzubinden. (Ueberall ist die Mehrheit des Volkes für Frieden, aber wegen der Liebhaberei der Minderheit muß die Mehrheit Rüstungskosten und Kriegsgefahr auf sich nehmen. B. S.) Mächtige Kräfte arbeiten daran, unsere Beziehungen mit freundschaftlichem Geist zu erfüllen. Solche Kräfte sind auch heute Abend am Werke. Mit großer Befriedigung habe ich die freundschaftliche Ansprache Evans' gehört, die hoffentlich Früchte tragen wird." Also fängt man doch schon auch in offiziellen Kreisen an, die Bestrebungen und Handlungen der Pazifisten als „Kräfte" anzusprechen.

* *
*

Die Rede, welche der deutsche Reichskanzler am 16. März im Reichstage [3]) über auswärtige Politik gehalten hat, bot viele erfreuliche Momente. Vorerst sprach er über die Affäre Mannesmann. Die Ansprüche der Gebrüder Mannesmann (für die die Alldeutschen heftig eintraten) stützten sich auf ein Berggesetz, das sie vom Marokkanischen Sultan erwirkt haben. Die deutsche Regierung steht auf dem Standpunkt, daß dieses Berggesetz nicht als gültig angesehen

[1]) Graf Wolff Metternich.

[2]) Howard Evans (1839—1915), Vorsitzender der „International Arbitration League" und Herausgeber des „Arbitrator". Seit 1870 Mitarbeiter Randal Cremers.

[3]) Bei der Spezialberatung des Etats des Auswärtigen Amts.

werden kann, weil es nicht in einer der Algeciras-Akte entsprechenden Form zustande gekommen ist. Die Anerkennung des Berggesetzes durch Deutschland würde einen Vertragsbruch bedeuten. Und der Reichskanzler setzte hinzu: „Zu einer Politik des Vertragsbruches werde ich mich nicht hergeben." Eigentlich ein selbstverständliches, aber nach der bisherigen nationalistisch-realpolitischen Auffassung ein kühnes Wort. Denn für diese gilt die Rücksichtslosigkeit gegen Ausländer, die Außerachtlassung von Treu und Glauben gegen Fremde, da wo es sich um das Interesse von Konationalen handelt, als Dogma, und man kann daher Bethmann-Hollwegs so unverklausuliert und entschieden ausgesprochenen Grundsatz als einen großen Gewinn betrachten, wenn er in den eisernen Bestand moderner Politik aufgenommen wird. Die Chauvinisten des Landes bezichtigen das Verhalten des Reichskanzlers in der äußeren Politik als Schwächlichkeit. Auf diesem Gebiete heißt ja für diese Kaste alles Schwächlichkeit, was gentlemenlike und human ist. Der Antisemit Liebermann von Sonnenberg erhob sogar den Vorwurf, daß die äußere Politik der Regierung einen feministischen Zug habe. Das ist sehr charakteristisch. Ehrlichkeit, Versöhnlichkeit — und schließlich der ganze Pazifismus: das ist Degeneration mit weibischen Zügen. Nur draufschlagen und dreinhauen ist „männlich". Und der gebotene Umgangston den Außernationalen gegenüber ist knurren. Eine zweite erfreuliche Erscheinung der Bethmann-Hollwegschen Politik liegt in der Anbahnung zu verbesserten, freiheitlicheren, den Reichslanden zu gewährenden Institutionen[1]), dies wird auch der in Angriff genommenen deutsch-französischen Annäherung die Wege ebnen.

* * *

Die Blätter brachten die Kabelnachricht, daß Präsident Taft bei einer Versammlung der New Yorker Schiedsgerichtsgesellschaft[2]) eine Rede hielt, worin er die Ansicht aussprach, daß aus den internationalen Schiedsgerichtsverträgen die einschränkende Klausel von „Ehre und Lebensinteressen" ausgemerzt werden sollte. Ferner sagte

[1]) Am 14. März 1910 gab der Reichskanzler im Reichstag die Erklärung ab, daß ein Gesetzentwurf über die Weiterbildung der Verfassung von Elsaß-Lothringen bereits fertiggestellt sei.

[2]) 22. März 1910.

er, daß man nach Vollendung des Panamakanals — um welche Zeit die amerikanische Flotte verdoppelt sein würde — mit der Vergrößerung derselben werde aufhören können. Vielleicht geschieht es auch, fügte er hinzu, daß bis dahin doch eine internationale Einigung über Rüstungseinschränkung zustande kommt. Der deutsche Botschafter[1]), der gleichfalls anwesend war, erklärte, daß Deutschland dem Schiedsgericht — wo es sich nicht um die Ehre handelt — Sympathie entgegenbringe, und daß die deutsche Flotte keinerlei aggressive Zwecke verfolge. — Unsere Presse kommentierte diese Depesche gar nicht, oder sie hob nur Tafts Anspielung auf die verdoppelte Flotte oder Graf Bernstorffs zurückhaltende Worte hervor. Wir hingegen müssen dankbar den Schritt nach vorwärts konstatieren, der darin liegt, daß der Präsident der Vereinigten Staaten für einschränkungslose, also hintertürlose Verträge eintritt, und auch, daß er die Möglichkeit einer baldigen Vereinbarung zum Einhalt der Rüstungen zugibt. Das läßt Günstiges für die Anträge erhoffen, die von der Washingtoner Regierung der dritten Haager Konferenz zukommen werden. Die „Schiedsgerichtsgesellschaft", von der der Telegraph berichtet hatte, ist keiner der bestehenden Friedensvereine, sondern eine von dem Seeoffizier Hobson gebildete Gesellschaft, welche gleichzeitig für Schiedsgericht und für Flottenvermehrung eintritt. Die amerikanischen Pazifisten sehen in diesem Verein mit Unwillen eine Art Flottenverein. Hobsons Idee aber ist, soviel mir bekannt ist, die: Wir Amerikaner wollen, daß das Schiedsgericht an Stelle des Krieges trete. Tragen wir also allen Nationen Verträge an, und arbeiten wir daran, daß sie auch unter sich Verträge abschließen. Solange die anderen Nationen aber darauf nicht eingehen, solang sie den Kultus und die Drohung der Gewalt aufrecht erhalten, lasset uns die Stärksten sein.

* *
*

Eine Gruppe der rechtsstehenden Abgeordneten der Duma hat den Justizminister in einer schriftlichen Eingabe gebeten, er solle gemäß dem russischen Kriminalkodex die strafrechtliche Verfolgung der Verbrecher des Verbandes anordnen, der sich „Russische Gruppe der Interparlamentarischen Union" nennt. In den Augen der „Rechtsstehenden" sind also die Verteidiger des internationalen

[1]) Graf Bernstorff.

Rechts und Friedens Verbrecherbanden, während die Pogromveranstalter „echt russische Männer" heißen.

* * *

Die Rüstungsepidemie — deren Aehnlichkeit mit Phylloxera, Pocken und Cholera erst künftige Geschichtsschreiber hervorheben werden — nimmt täglich an Intensität und Verbreitung zu. Am akutesten ist jetzt gerade die Dreadnought-Form. Frankreich, Italien, Oesterreich und die Türkei arbeiten daran, das Adriatische Meer mit diesen Spielzeugen, wovon jedes mindestens 60 Millionen Kronen kostet, zu versehen. Die neueste englische Flottenvorlage von 200 Millionen Pfund wurde bewilligt. In Frankreich waren es nur 200 Millionen Francs. Die „Neue Freie Presse" brachte neulich eine Tabelle, welche die in den verschiedenen Staaten bewilligten und begonnenen Neubauten von „Dreadnoughts" und „Invincibles" anführt. Zum Schlusse heißt es: „Aus dieser Zusammenstellung geht hervor, daß die durch England inaugurierte Dreadnought-Politik an sich für die Seemächte eine Gesamtbelastung von sechs Milliarden zur Folge hat." Hier ist also zwischen den Zeilen deutlich zu lesen, daß England die Verantwortung für die Mehrbelastung der unschuldigen Kontinentalmächte trifft. Darauf muß man immer wieder an die nachstehende Tatsache erinnern. Vor Zusammentritt der ersten Haager Konferenz hat der damalige englische Marineminister, Lord Goschen, im Parlament die Erklärung abgegeben [1]), daß, wenn auf der Konferenz eine Vereinbarung über die Rüstungsfrage zustande kommt, das Marineamt bereit sei, das Projekt des neuen Schiffstyps Dreadnought, von welchem damals das erste Exemplar noch nicht fertig war, zurückzuziehen. Diejenigen, die auf der ersten Konferenz die Vereinbarung ablehnten, die sie auf der zweiten nicht einmal auf das Programm setzen ließen, die sich heute noch dagegen sträuben: die trifft die Verantwortung.

* * *

Noch weiteres von dem Wachstum jener Epidemie: Rußland hat sein Flottenprogramm mit einem Kostenaufwand — für

[1]) Am 9. März 1899.

die nächsten zwölf Jahre — von ungefähr einer Milliarde Kronen festgesetzt. Nun stehen wir bei den allerersten Anfängen einer ganz neuen ersprießlichen Ausgabequelle: die Luftflotte. Im französischen Senat interpellierte Reymond wegen Errichtung einer militärischen Aerostation und drückte sein Bedauern darüber aus, daß Frankreich auf dem Gebiete der Lenkballons gegenüber Deutschland auf einem völligen Tiefstand sich befinde. Es sei keine Zeit zu verlieren. Der Kriegsminister beruhigte den Interpellanten mit der Versicherung, daß die von Deutschland erzielten Fortschritte stark übertrieben seien, und hierauf zählt er die für das nächste Jahr von der Kriegsverwaltung auf dem Gebiet des Luftschiffwesens vorgesehenen Arbeiten und Pläne auf, deren Durchführung etwa 20 Millionen erfordern werde. Das ist ja ein bescheidenes Sümmchen; aber wenn man bedenkt, daß die Aeronautik noch ein Wickelkind unter den Streitkräften der Mächte ist, und daß die Ueberbietungen in beschleunigtem Tempo von Land zu Land sich fortsetzen werden, so gibt das für einen Amateurrechenmeister eine hübsche Aufgabe, wieviel Milliarden in zehn Jahren die Luftflotten der Welt verschlingen werden. Die Militärrechenmeister darf man nicht fragen. Die wollen von Zukunftszuständen nichts wissen; die haben nur die momentane Notwendigkeit, mehr auszugeben als die Nachbarn, vor Augen, und dazu ist es immer „höchste Zeit".

Komisch ist es, wie die von angeblich lauernden, ausgezeichnet gerüsteten Gegnern umgebenen Mehrforderer immer über die Dächer schreien, daß sie gerade jetzt wehrlos sind. Sie sprechen und schreien immer so, als könnte niemand über der Grenze sie vernehmen. So veröffentlicht z. B. Lord Roberts im „Eton College Chronicle" einen Brief, worin es heißt: „Ich sehe die Lage der Dinge als sehr ernst an, als so ernst, daß ich überzeugt bin, daß unsere Existenz als eine große Nation in Gefahr ist, wenn wir in unserer gegenwärtigen Unvorbereitetheit für den Krieg beharren." Und ein österreichischer Marineschriftsteller schreibt in einer „Tod oder Leben" betitelten Broschüre von dem „unvermeidlichen Zusammenbruch, der bei einem etwaigen Konflikt unserer Flotte beschieden wäre"; er schildert ihren „Notstand", er „beweist", wie dringlich der Beschluß über unsere Flottenvorlage bereits geworden ist. Kurz: Immer vorbereiten, niemals vorbereitet sein — das ist die übliche Formel.

* *
*

Aber horchen wir auch auf die anderen Stimmen; wenn sie noch vereinzelt sind — sie werden sich schon mehren. In der Sitzung des französischen Senats vom 5. April, bei Verhandlung eines maritimen Gesetzentwurfes, gibt Senator Flaissières dem Wunsche Ausdruck, daß Frankreich die Initiative zur Abrüstung ergreifen solle.

* * *

Es heißt, daß zwischen Peru und Chile[1]) anläßlich eines Grenzstreites ein Krieg vor der Türe stehe. Warten wir's ab. In letzter Zeit sind in den früher so rauf- und revolutionslustigen südamerikanischen Republiken immer häufiger Grenzkonflikte durch Schiedsgericht geschlichtet worden. Man ahnt bei uns nicht, welche Fortschritte der pazifistische Geist auch in Südamerika gemacht hat. Hoffen wir, daß ein Rückfall vermieden wird und die Kriegspartei nicht die Oberhand gewinnt.

Roosevelts Nobelpreis-Rede. — Furchtbares aus Rußland. — Eröffnung der Ausstellung in Brüssel. — Ministerpräsident Luzatti. — Kämpfe in Albanien. — Björnstjerne Björnson †. — Siege und Niederlagen im Luftmeer. — König Eduard †.

Wien, 6. Mai.

Eine zeitgeschichtliche Erscheinung von hochwichtiger Bedeutung — namentlich vom friedenspolitischen Standpunkt — stellt die Europareise Theodor Roosevelts dar. Im eigenen Lande populär zu sein, das ist schon manchem Staatsoberhaupt gelungen, aber eine solche Weltpopularität, wie diejenige, von der „Theddy" auf dem fremden Kontinente, überall wo er hinkam, die Beweise erhielt, die konnte doch auch nur in unserer Zeit entstehen. Während ich dieses schreibe, ist die Reise noch nicht abgeschlossen; Deutschland

[1]) Es handelte sich um den Besitz eines größeren Landstriches. Der Konflikt wurde durch die Vermittlung des Staatssekretärs Knox der Vereinigten Staaten gelöst.

und England stehen noch aus; die letzten Nachrichten kamen aus Christiania, was freilich für uns Friedensfreunde den Höhepunkt bedeutet, weil Roosevelt dort als Laureat des Nobelpreises aufgetreten [1]) und seine Ansichten über die Notwendigkeit einer baldigen Friedensaktion der Mächte laut verkündet hat. Diese Verkündung ist — in seiner Stellung — schon an sich eine Aktion. Die Rede, die vor dem Nobel-Komitee gehalten wurde, ist von der Presse aller Länder wiedergegeben worden, daher ist sie auch allen unsern Lesern bekannt; aber es geziemt sich, daß in diesen Blättern jene Stellen festgehalten werden, die der nächsten Entwicklung der Friedensfrage vielleicht die Richtungslinie vorgezeichnet haben. Namentlich der Schlußsatz über die Bildung einer Friedensliga unter einigen Großmächten, der soll hier an der Spitze stehen:

„Der Herrscher oder Staatsmann, der eine solche Vereinigung zustande brachte, der hätte sich seinen Platz in der Geschichte für alle Zeiten gesichert und ein Anrecht erworben, auf die Dankbarkeit des ganzen Menschengeschlechts."

Weiter seien folgende Sätze zitiert:

„Wir müssen uns immer dessen bewußt sein, daß das große Ziel, das wir vor Augen haben, Rechtlichkeit ist, Gerechtigkeit zwischen den einzelnen, Gerechtigkeit zwischen den Nationen und die Aussicht, unser Leben auf ein höheres Niveau zu führen mit mehr Raum für den Geist brüderlichen Wohlwollens des einen für den anderen.

Es ist heute ebenso nötig, die grausame Gier und die Ueberhebung einesteils in der Welt des Kapitals, die grausame Gier und das Ungestüm einesteils in der Welt der Arbeit zu zähmen, als es wichtig ist, einem grausamen und ungesunden Militarismus auf internationalem Gebiete Einhalt zu tun.

Mehrere Wege sind möglich. Zunächst können Schiedsgerichtsverträge geschlossen werden. Zwischen allen zivilisierten Staaten sollten wirksame Schiedsverträge bestehen. Ich glaube, daß diese Verträge alle Fragen, die zwischen solchen Nationen entstehen könnten, umfassen könnten, wenn sie mit dem ausdrücklichen

[1]) 4. Mai 1910.

Vorbehalt errichtet werden, daß jeder der vertragschließenden Teile das Territorium des anderen und seine absolute Souveränität innerhalb desselben respektiert, und wenn sie weiter die ebenso ausdrückliche Bestimmung enthalten, daß — abgesehen von den sehr seltenen Fällen, wo die Ehre einer Nation wesentlich berührt ist — alle andern möglichen Streitpunkte durch Schiedsspruch entschieden werden sollen."

(Roosevelt hat hier den einen Flügel der Hintertür, die „vitalen Interessen" zugeschlossen; den der „Ehre" hat er noch offen gelassen.)

„Zweitens kommt die Weiterentwicklung des Haager Schiedsgerichtshofes und die Wirksamkeit der Haager Konferenzen in Betracht, die erste Konferenz hat uns ein Ideal gezeigt, das bereits bis zu einem gewissen Grad verwirklicht worden ist, und nach dessen vollkommener Verwirklichung wir alle eifrig streben können. Die zweite Konferenz bedeutete einen weiteren Fortschritt, die dritte soll wieder einen bedeuten.

Ich hielte es für vorteilhaft, daß die Staatsmänner — im Hinblick auf die Errichtung eines Weltgerichtshofes — sich eingehend mit dem befassen möchten, was in den Vereinigten Staaten durch den obersten Gerichtshof geschaffen worden ist. Sie würden in dessen Einrichtung und Methoden wertvolle Analogien für das finden, was im Wege des Haager Gerichtshofes und der Haager Konferenzen durch Schaffung einer Art von Weltföderation für internationalen Frieden und internationale Rechtsprechung angestrebt werden soll.

Drittens müßte, und zwar so bald wie möglich, etwas geschehen, um dem Anwachsen der Rüstungen, insbesondere jener zur See, durch internationale Vereinbarungen ein Ziel zu setzen.

Schließlich wäre es ein Meisterstück, wenn jene Großmächte, die ehrlich für den Frieden sind, eine Friedensliga bilden würden, nicht nur zu dem Zwecke, um untereinander Frieden zu halten, sondern auch, um — wenn nötig mit Gewalt — zu verhindern, daß ihn andere brechen."

Daran anschließend setzt Roosevelt die Notwendigkeit auseinander, daß eine Art internationaler Polizei geschaffen werde, die die Kompetenz und den Willen hat, Gewalt zu verhindern, auch zwischen den Nationen. Und er schließt: „So, wie die Dinge jetzt stehen, könnte eine solche Macht, die in der Lage wäre, der Welt Frieden zu gebieten, durch eine Vereinigung jener großen Mächte geschaffen werden, die aufrichtig den Frieden wünschen und selbst nicht daran denken, jemanden anzugreifen. Diese Vereinigung mag zunächst nur dazu dienen, den Frieden innerhalb gewisser Grenzen und gewisser Bedingungen zu sichern; aber der Herrscher oder der Staatsmann..." — — siehe oben.

Im Laufe seiner Rede sagte Roosevelt: „Bei der Verfolgung eines so erhabenen Ideals müssen wir praktische Methoden anwenden; und wenn wir nicht alles mit einem Sprung erreichen können, so müssen wir Schritt für Schritt vorgehen, zufrieden, solange wir in der richtigen Linie fortschreiten." Diese Worte erinnern mich an die, welche am 17. September 1904 der damalige Präsident an mich selber gerichtet hat: „Seien Sie überzeugt, liebe Baronin, der Weltfrieden kommt,; er kommt aber Schritt für Schritt."

* *
*

Ist es möglich, ist es beglaubigt? Manchmal tauchen aus Kiew oder anderen russischen Orten Nachrichten auf von Judenausweisungen, von drohenden oder gar schon ausgebrochenen Pogroms, und dann hört man wieder nichts. Kein empörter Aufschrei, keine weitere unausgesetzte Berichterstattung, keine Hilfs-, keine Protestaktionen! Die „Nichteinmengung" in die inneren Angelegenheiten fremder Staaten: Das ist wohl der sakrosankte Grundsatz, der die Regungen der Menschlichkeit zum Schweigen zwingt? Bei elementaren Unglücksfällen ist es aber erlaubt, seit neuester Zeit sogar geboten, daß die „internationale Solidarität" zu Worte kommt, daß von allen Seiten die Beileidsdepeschen in das betroffene Land fliegen, daß von überallher Gelder, Lebensmittel, Rettungsmannschaften herbeikommen. Ist das nicht auch Einmengung? Wenn es keine Impertinenz ist, den Nachbar zu bemitleiden und zu unterstützen, wenn ihm Böses widerfährt, so ist es eben so statthaft, daß man ihn tadele und hindere, wenn er Böses tut. — Viele bei uns beruhigen sich auch bei dem Stoßseufzer: Rußland ist ein fürchterliches Land. Das ist nicht wahr. Edles, Schönes, Reiches, Großes bringt und birgt das russische Reich in Fülle. Fürchterlich sind die „Schwarzen Hundert", fürchterlich ist die „Aeußerste Rechte", ist das Wüten der schnapstrunkenen, nagaikabewehrten Soldateska, fürchterlich ist der Wahn, der Aberglaube, die Furcht, welche die Gefahren abzuwenden hofft, wenn sie einen Sündenbock abschlachtet, welche bis in die höchsten Kreise hinauf das Schlagwort ersonnen hat: „An der Revolution sind die Juden schuld." Und gibt es dergleichen vielleicht nur in Rußland?

* *
*

Bei der Eröffnung der **Ausstellung in Brüssel**[1]) sprach Minister **Janssen** u. a. folgende bedeutsame Worte: „.... So verstanden, dient die Internationale Ausstellung der Sache des Fortschritts, und unser Belgien kann den Ehrgeiz hegen, einen Beitrag zu dem großen Werke der Eintracht und des Friedens zu liefern, für welches sich so erhabene Initiativen eingesetzt haben und für welches sich heute unter allen Nationen so hervorragende Persönlichkeiten einsetzen. Gewiß, diese Ideen brauchen, wie die großherzigsten Pläne, die Allmacht der Zeit, um zu sprießen und zu wachsen. Aber, das Friedenswerk ist am Wege. (L'oeuvre de la Paix est en marche!) Die Grundlagen sind gelegt, der Unterbau ist fertig, das Gebäude erhebt sich, freuen wir uns, daß wir einen Stein hinzugefügt haben. Freuen wir uns besonders, daß es unserem Belgien vergönnt war, in diesem Jahre 1910 einen neuen Anteil, eine kräftigere Mitwirkung an dem allgemeinen Werke der Völkerverbrüderung zu leisten — diesem glorreichsten aller Werke, das im Weltfrieden das höchste Wohl der Menschheit erstrebt". — In der Antwort des Königs ist folgende Stelle hervorzuheben: „Die Ausstellung erscheint als eine nützliche und imposante Kundgebung jenes friedlichen Kampfes auf dem Gebiete von Arbeit und Fortschritt, auf welchem die Völker immer mehr und mehr bestrebt sind, sich zu messen; sie erscheint als eines jener Werke des Friedens und der Brüderlichkeit, wo der friedliche Wettbewerb berufen ist, die bewaffneten Konflikte von einst zu ersetzen. Dies wenigstens ist der Wunsch, den ich bei Antritt meiner Regierung und in Gegenwart der Vertreter befreundeter Staaten, das Recht habe laut zu verkünden, und der, ich bezweifle es nicht, ein Echo in allen Herzen wecken wird."

Solche Worte sind gut, denn je mehr sie sich häufen, je mehr sie sich an Deutlichkeit und Schwung überbieten, desto früher und desto

[1]) Am 23. Mai wurde die internationale Weltausstellung in Brüssel eröffnet.

selbstverständlicher wird sich die Forderung erheben: „Der Worte haben wir genug gehört, laßt uns die Taten sehen".

* * *

Der neue italienische Ministerpräsident[1]) hat seine Programmreden gehalten; auch hier wurde die pazifistische Note in verstärktem Tone angeschlagen. Nach der üblichen Konstatierung der guten Beziehungen zu den Mächten fügte Luzzatti hinzu, daß auf Grund dieser allseitig günstigen Beziehungen das neue Ministerium eine „aktive Politik der Eintracht" vertreten will, durch welche „die Regierungen einander genähert und die Völker verbrüdert werden". Es will vermittelnde Lösungen vorschlagen und unterstützen. „Aktive Politik der Eintracht." Dieses Wort hören wir zum erstenmal. Der Dreadnought-Bau gehört nicht dazu, will mir scheinen.

* * *

Auf dem Balkan wird gekämpft. Die Albanesen haben sich aufgelehnt, und türkische Truppen wurden zur Niederwerfung der Insurrektion entsendet[2]). Wenn das Ding auch nur Rebellion heißt, es ist doch Krieg. Die Nachrichten, die von dort kommen, bringen die Blätter als „Nachrichten vom Kriegsschauplatz". Der Anlaß war Steuereintreibung. Die Albanesen sind ein wildes Gebirgsvolk, das von der Kultur bis heute nichts anderes angenommen hat als den modernsten Repetier-Karabiner. Ob es gelingen wird, ihnen mittels Maschinengewehr eine höhere Gesittung beizubringen, ist noch sehr die Frage. Die Antipazifisten triumphieren, daß es in Europa wieder einen Kriegsschauplatz gibt. Sie vergessen, daß sich diese Kämpfe nicht in dem friedensreifen zivilisierten Europa abspielen, sondern auf einem Fleckchen in unzugänglicher Gebirgsgegend, wo sich ein Stück primitivster Unkultur erhalten hat, wo fanatischer Aberglauben und grausamste Blutrache herrschen. Zum Hin- und Herschießen just der rechte Ort.

* * *

[1]) Der am 25. März 1910 mit der Kabinettsbildung beauftragte Luzzatti hielt am 28. April seine Programmrede in der Kammer.

[2]) Mitte Mai rückte Scheffet Torgut Pascha in das Aufstandsgebiet.

Einen Großen haben wir verloren: Björnstjerne Björnson ist nicht mehr[1]). Daß er mit ganzer Seele Pazifist war, weiß man in unsern Kreisen genau. Die Mitwelt freilich sieht in ihm nur den Dichterfürsten. Als solchem sind ihm, bei seinem Tode, die höchsten königlichen Ehren erwiesen worden. Für Norwegen bedeutete sein Heimgang Landestrauer. Und die Weltliteratur trauert mit. Am schmerzlichsten betroffen sind natürlich die, die das Glück hatten, mit dem herrlichen Menschen persönlich zu verkehren. Ich bin ihm zweimal begegnet: Das erstemal im Jahre 1899 während der interparlamentarischen Konferenz in Christiania. Das zweitemal wieder in Christiania im Jahre 1906. Bei beiden Gelegenheiten habe ich hinreißende Friedensreden aus seinem Munde gehört. Nicht nur im öffentlichen Vortrag, auch im Privatgespräch wußte er seiner pazifistischen Gesinnung feurigen Ausdruck zu geben, und ich besitze, in meinem Briefschatz, viele Briefe von ihm, die der gleichen Gesinnung Zeugenschaft geben. Er war ein Apostel unserer heiligen Sache.

* *
*

Im Eroberungsfeldzug der Luft sind in diesen letzten Wochen so manche Siege und so manche Niederlagen zu verzeichnen. Stürze mit Todesopfern und triumphierende Rekordflüge. Und abermals die Vernichtung eines Zeppelin. Nach einem regelrechten militärischen Luftmanöver ist der „Zeppelin II" vom Sturm davongetragen und zerschellt worden[2]). Die Katastrophe hat nicht die Bewegung hervorgerufen, die das Unglück von Echterdingen wachrief, wo die Nation zum Ersatz des verlorenen Lenkbaren in wenigen Tagen einen Betrag von 6 Millionen sammelte. Es scheint, daß die Allgemeinheit nicht imstande ist, sich zweimal hintereinander für Ereignisse gleicher Art in gleicher Weise zu erhitzen.

* *
*

[1]) Am 26. April 1910 starb Björnstjerne Björnson 77 Jahre alt in Paris.

[2]) Am 25. April 1910 am Webersberg bei Weilburg in Nassau.

Nachschrift 7. Mai.

Wieder ein Sensenhieb auf unserem Blütenfeld: Edward the Peacemaker †[1]).

Nach dem Tode König Eduards. Kaiser Wilhelm und Minister Pichon. — Roosevelt in Berlin. Die Rede des Rektors. Dr. Penna. — Staatssekretär Knox an die Lake Mohonk-Konferenz. — Untergang der „Pluviose" und Explosion einer Karbonitfabrik. — Die Kretafrage.

Wien, 10. Juni 1910.

Das Ereignis — ein trauriges Ereignis war es —, das im verflossenen Monat den weitesten Widerhall gefunden hat, war der Tod Eduard VII. An anderer Stelle[2]) wird gewürdigt, was dieser Monarch in seiner kurzen Regierungszeit für den Weltfrieden getan hat; hier sei noch erwähnt, wie auch seinem Tode eine Friedenswirkung entstiegen ist. Einmal war das Versammeltsein fast sämtlicher Staatsoberhäupter um diese Bahre ein Bild von der Internationalisierung auch dieser Berufsgruppe. Wenn man alle diese in Trauer und Huldigung vereinigten Souveräne nebeneinander sah, trat der Widersinn so recht ins Auge, daß die unter ihrer Führung stehenden einzelnen Völker untereinander in ewiger Feindschaftsbereitschaft stehen; dann hat sich auch als positives Resultat ergeben, daß das Verhalten Kaiser Wilhelms bei diesem Anlaß einen völligen Umschwung der Stimmung in Presse und Bevölkerung bewirkte und die so gefährliche deutsch-englische Spannung wieder um ein gutes Stück gelöst hat. Der Händedruck, den Georg V. und Wilhelm II. über dem Sarge des toten Friedensstifters getauscht haben, war von tief eindrucksvoller symbolischer Bedeutung.

* *
*

[1]) Am 7. Mai starb König Eduard VII. im 69. Lebensjahre zu London. Am 20. Mai erfolgte die Beisetzung zu Windsor. Zur Rechten des Königs Georg ritt der Deutsche Kaiser.

[2]) „Friedens-Warte" 1910, Seite 101: † König Eduard VII. von Bertha von Suttner.

Und noch etwas. Neben dem deutschen Kaiser saß beim Trauermahl der Vertreter Frankreichs. Bei dieser Gelegenheit und auch bei einer früheren erwies der Kaiser dem französischen Minister ganz besonders freundliche Aufmerksamkeit. Der „Matin" brachte sogar die überallhin telegraphierte Nachricht: „In seiner Unterredung mit Pichon entwickelte Kaiser Wilhelm mit großer Beredsamkeit die ihm sehr sympathische Idee eines europäischen Staatenbundes." „Im Interesse der Menschheit und der Zivilisation", sagte er, „sollten die großen europäischen Völker einig bleiben, einander unterstützen und einen großen Friedensbund bilden." Ueber diesen Ausspruch — der ja wie ein Echo dessen klingt, was Roosevelt in seiner Christiania-Rede vorgeschlagen —, brachten zahlreiche Blätter (die eine solche Idee noch vor kurzem als undiskutabel betrachteten), begeisterte Leitartikel. Sehr schnell aber folgte ein Dementi: Se. Majestät habe nur im allgemeinen von seinem Willen zur Erhaltung des Friedens gesprochen, aber nicht von einem Staatenbunde. „Diese Idee liege ihm fern." Wohl nicht gar so fern, als seine konservativ-militärische Umgebung es wollte, auf deren Drängen wahrscheinlich auch das Dementi so rasch lanciert wurde. Es handelt sich aber auch gar nicht um „Vereinigte Staaten", sondern um eine Art Friedensliga einiger großer Staaten. Die Tatsache aber bleibt, daß der Kaiser mit Herrn Pichon über Friedensdinge gesprochen hat. Und die Erwägungen, die Gedanken, die Aussichten bleiben, die durch die Kommentare der ersten Stunde durch die Presse in das Publikum ausgestreut worden sind.

*   *

Die letzte Etappe der Rooseveltschen Triumphreise, von der in unserer letzten Chronik erzählt wird, war Christiania. Von dort, wo er als echtester Pazifist aufgetreten war, kam er nach Berlin und nahm da wieder einigermaßen Roughrider-Allüren an. Einfluß des Milieus. Die erste ihm dargebrachte Ehrung bestand in der Vorführung militärischer Uebungen in Döberitz. Es wurden verschiedene Gefechtsabschnitte aus dem letzten Kriege in Südwestafrika, Transvaal und Kuba dargestellt. — An der Universität, wo tags darauf [1]) Roosevelt seine Rede halten sollte, schilderte

[1]) Am 12. Mai 1910 hält Roosevelt in der Aula der Berliner Universität einen Vortrag über die Weltkultur. Hierauf wurde er zum Ehrendoktor ernannt.

der Rektor den Lebensgang des illustren Gastes, seine Rauhreiterexpedition nach Kuba, seine Tätigkeit als Polizeigouverneur, dann als Vizepräsident und schließlich als Präsident der Union. „Der Grundzug seines Charakters ist ‚Civis americanus sum'. Aber seine Vaterlandsliebe hindert ihn nicht, die Art anderer Völker richtig und gerecht zu schätzen und den Frieden unter den Kulturvölkern zu fördern. (Hindert denn gewöhnlich Vaterlandsliebe den gerechten Sinn, Herr Rektor?) Allerdings sieht er nicht in schwächlicher Empfindsamkeit, sondern nur in gewappneter Stärke den Hort des Friedens." Es gibt keine falschere Gegenüberstellung, Herr Rektor, als: Beibehaltung der jetzigen Kriegsordnung und „schwächliche Empfindsamkeit". Wenn Roosevelt den Hort des Friedens „nur in der gewappneten Stärke" sähe, warum würde er da für eine Verständigung zur Herabminderung der Rüstung plädieren, warum eine Friedensliga zwischen den Staaten und die Errichtung eines Weltgerichtshofes empfehlen? — Doch der Einfluß von Döberitz und der Rektorrede machte sich in einer Wendung des Rooseveltschen Universitäts-Vortrages fühlbar: „Ein ungerechter Krieg ist zu verabscheuen, aber wehe der Nation, die sich gegen Unbill nicht rüstet, dreimal wehe der Nation, deren Männer den Kampfesmut, den Kriegergeist verlieren." So der Roughrider. Der Pazifist fügte hinzu: „Es ist kein unmöglicher Traum, eine Zivilisation aufzubauen, in der sittlicher Hochstand und Brüderlichkeitsgefühl herrschen…, und diese Zivilisation muß die Völker der Welt miteinander verknüpfen usw." Ich glaube kaum, daß man als den Geist einer solchen Zivilisation den „Kriegergeist" betrachten wird.

* *
*

Als Gegenstück zu dem gepriesenen „Civis americanus sum" sei an Dr. Penna erinnert, den Vertreter der argentinischen Republik auf der Haager Friedenskonferenz und auf dem panamerikanischen Kongreß zu Buenos Aires[1]). Auf diesem letztern Kongreß wurde einer seiner Aussprüche viel bemerkt und zitiert. Als Gegensatz zu der bekannten Devise „L'Amérique pour les Américains" stellte Dr. Penna den Satz auf: „L'Amérique pour l'humanité." — Das ist übrigens

[1]) Die IV. pan-amerikanische Konferenz wurde 1910 in Buenos Aires abgehalten.

das Ideal, das allen großen modernen amerikanischen Staatsmännern vorschwebt — auch dem Expräsidenten Roosevelt. Der König von Spanien hat dem argentinischen Volke, das im Mai den hundertsten Jahrestag der Losreißung Argentiniens vom Mutterlande feierte, ein Zeichen seiner Sympathie gegeben, indem er Dr. Penna (der damals in Rom war) aufforderte, ihn auf seiner Rückreise nach Argentinien in Madrid zu besuchen und sein Gast zu sein.

* * *

Wie alljährlich, hat auch diesmal die „Lake Mohonk-Schiedsgerichtskonferenz“[1]) im Mai getagt. Staatssekretär Knox übersandte der Konferenz ein Schreiben, in welchem er voraussagt, daß die dritte Haager Konferenz einen permanenten Schiedsgerichtshof dort vorfinden werde. Manche Macht sei im Begriffe, den Vorschlag wenigstens im Prinzip anzunehmen. Es handelt sich um jenen Vorschlag, den Knox gemacht hat, daß der in London eingesetzte internationale Prisengerichtshof als kompetent für alle internationalen Schiedsfragen erklärt werde.

* * *

Ein französisches Unterseeboot, „Le Pluviôse“, ist bei einer Uebung samt seiner Bemannung zugrunde gegangen[2]). Internationales Beileid tat sich kund. Gewiß, es ist ja traurig. Aber warum sind gerade solche, mit der Wehrmacht der Länder zusammenhängende Unglücksfälle Gegenstand der offiziellen Mittrauer der anderen Länder? Es ist wirklich, als wären jeder Nation höchster und teuerster Reichtum die Mordinstrumente, die sie besitzt. Daß es so abscheuliche Dinge wie Untersee-Bravos überhaupt gibt, die sich ihrer „Tücke“ rühmen und deren „Uebungen“ immer auf der Voraussetzung beruhen, daß die Kunst der Vernichtung nächstens auf die

[1]) Das gastliche Haus der Gebrüder Smiley am Mohonksee im Staate New York vereinigt seit länger als zwanzig Jahren im Monat Mai eines jeden Jahres die hervorragendsten Bürger der Vereinigten Staaten zu wechselseitiger Aussprache über die Fortschritte der Friedensidee, des internationalen Rechts und der Tagesfragen der internationalen Politik.

[2]) Das Unterseeboot wird am 27. Mai 1910 bei Calais von einem Postdampfer überrannt.

kondolenzbereiten Nachbarn angewendet werden müsse — das ist unser aller Unglück. Auch ein paar fürchterliche Explosionen in Sprengstoff-Fabriken haben stattgefunden. Z. B. in der Nähe von Köln hat am 7. d. M. ein Blitz in die Karbonitfabrik von Schlebusch eingeschlagen. Die durch die Explosion bewirkte Verheerung war schrecklich. Das Kasino der Fabrik wurde vom Erdboden wegrasiert, die Kleinbahnzentrale ist zerstört. Die Fabrik gehört der Sprengstoff-Akt.-Ges. „Karbonit" in Hamburg. Hergestellt werden dort alle Arten von Nitroglyzerin und ferner die neuen Sprengstoffe aus Ammoniaksalpeter und Ammonkarbonit und Donarit. O du herrlicher erfinderischer Menschengeist! — Gegenwärtig werden in Amerika Proben gemacht, ob aus Aeroplanen und Luftschiffen genügende Mengen von Sprengstoffen herabgeschleudert werden können. Genügend wozu? Zur Zerstörung ganzer Truppenkörper, ganzer Städte? Ich setze voraus, daß diese Proben gemacht werden, nicht um die Vorteile der Luftkriegführung, sondern ihre alles Maß übersteigende Entsetzlichkeit — und damit die Notwendigkeit zu demonstrieren, andere Mittel zur Schlichtung der Differenzen anzuwenden.

* *
*

Ohne irgendeine „Frage" oder „Situation", um welche herum täglich ein Krieg ausbrechen kann, kann unsere Mitwelt, die den rüstungsgesicherten Frieden genießt, nicht sein. Gegenwärtig heißt der Zankapfel „Kreta". Schon rufen gewisse türkische Blätter laut nach Krieg; schon ist Boykott der griechischen Waren ausgebrochen; schon bilden sich Freiwilligenkorps. Die Schutzmächte geben sich jedoch Mühe, die „Situation" zu klären. Stimmen erheben sich auch, welche das Haager Schiedsgericht zur Lösung der „Frage" vorschlagen. Gar so leicht und hemmnislos wie vor Zeiten ist das Losschlagen keinesfalls mehr. Wird die Vernunft — wie so oft in letzter Zeit — wieder siegen?

* *
*

Der diesjährige internationale Presse-Kongreß fand an Bord eines in der Adria kreuzenden Schiffes statt. Nach einem Toast auf den Kaiser und nach Begrüßung des Statthalters und Lloydpräsidenten sagte der Präsident des Kongresses, Chefredakteur Wilhelm Singer, in seiner Eröffnungsansprache:

„Wir sind hier zusammengekommen, um unseren sozialen Kontrakt mit uns selbst und mit der menschlichen Gesellschaft zu revidieren und zu erweitern: mit der menschlichen Gesellschaft, deren Wortführer im Namen des Friedens und der Eintracht zu sein, wir mit Stolz empfinden dürfen, indem wir so das ungeschriebene Gesetz der internationalen Freundschaft beleben, das sich unter den wechselnden Formen neben den Staatsgesetzen zu behaupten sucht, zum Wohle der Zivilisation. Und so geben wir — wenigstens zeitweise und in großer Verkürzung — das Abbild der Vereinigung der Nationen, die zum Range einer freiwillig übernommenen und gern befolgten Religion erhebt: die Gerechtigkeit, den guten Glauben, die Billigkeit, die Ehre und die internationale Freundschaft."

Freilich wieder nur „Worte". Aber dadurch werden die Begriffe geläufig.

Die Königsberger Kaiserrede. — Der Kaiser und der Weltfrieden. — Die Cholera. — Der deutsche Kronprinz gegen internationale Bestrebungen. — Die Entfestigung Königsbergs. — Die Aviatik als Kriegsinstrument und als Friedensinstrument. — Die Aktion des „Journal". Stellen aus dem Aufruf. — Neutralisation des Schwarzen Meeres. — Der österreichische Thronfolger bei Baron Rothschild. — Ein Friedensministerium. — Die Kretafrage. — Das russische Kaiserpaar in Deutschland.

Schloß Stockern, N.-Oe., Anfang September.

Acht Wochen sind seit dem Erscheinen der letzten Randglossen vergangen. Aber „die letzten sollen die ersten sein". Ich will nämlich nicht mit den am weitesten zurückliegenden Ereignissen diese Chronik beginnen, sondern mit einem der allerjüngsten: der Königsberger Kaiserrede[1]). Das Aufsehen, das diese Kundgebung erregt hat, war

[1]) 25. August 1910 bei der Abendtafel für die Provinz im Königsberger Schloß.

beinahe so groß wie jenes, das im Jahre 1908 durch den bekannten nach England gerichteten Kaiserbrief hervorgerufen wurde. Der Text der Königsberger Rede wurde in allen Tagesblättern kritisiert, und das meiste Aergernis hat die Betonung des Gottesgnadentums verursacht; hier seien nur jene Stellen festgehalten und kommentiert, die mit unserer Sache in Zusammenhang stehen.

Hier im Schlosse hat der große Soldatenkaiser der Franzosen residiert und ließ, nachdem Preußens Macht zusammengebrochen war, Stadt und Land seine erbarmungslose Hand fühlen.

Wann wird man verstehen und empfinden, daß die Attribute „groß" (im huldigenden Sinne) und „erbarmungslos" nicht demselben Subjekt zuerkannt werden können?

Was lehrt uns diese hohe Figur? (Königin Luise.) Sie lehrt uns, daß, wie sie einst ihre Söhne vor allen Dingen mit dem einen Gedanken erfüllt hat, die Ehre wiederherzustellen, das Vaterland zu verteidigen, wir Männer alle kriegerischen Tugenden pflegen sollen.

Es gibt Tugenden, die im Krieg geübt werden: Mut, Aufopferung, Gemeinsamkeitsgefühl — aber die können alle auch außerhalb des Krieges zu viel segensreicherer Wirkung kommen, sind daher nicht spezifisch kriegerisch. Spezifisch kriegerisch sind: Rücksichtslosigkeit, blinder Gehorsam, Lust am Dreinschlagen und jene „Erbarmungslosigkeit", welche „große" Soldatenkaiser ziert. Die Tamerlans, Alexander und Napoleon sind aber nicht mehr die Ideale unserer und der kommenden Zeit: jetzt werden die Fürsten mit den Titeln Peacemaker und Friedenskaiser geehrt. Es drohen auch keine solchen Eroberer mehr wie jene. Sie sind unmöglich geworden.

Wie in der Zeit der Erhebung jung und alt herbeiströmte, so sollen auch wir stets bereit sein, um vor allem unsere Rüstung lückenlos zu erhalten, im Hinblicke darauf daß unsere Nachbarn so gewaltige Fortschritte gemacht haben — —

Die sie aber nur im Hinblick auf den Fortschritt ihrer Nachbarn machen. — O sinnloser, verderblicher Zirkel!

denn nur auf unserer Rüstung beruht unser Frieden.

Also hier ist er wieder, jener alle anderen so namenlos insultierende Satz, daß nur die Angst vor unsern geballten Fäusten sie davon zurückhält, auf uns herzufallen. Und hier ist wieder feierlich verkündet, daß trotz aller offiziellen Vorschläge auf Rüstungseinschränkung, die seit einer Reihe von Jahren von verschiedenen Seiten immer wieder vorgebracht werden, der deutsche Kaiser entschlossen ist, immer wieder abzulehnen. Die Absage ist deutlich.

Und was sollen unsere Frauen von der Königin lernen? Daß die Hauptaufgabe der deutschen Frau nicht auf dem Gebiete des Versammlungs- und Vereinswesens liegt, nicht im Erreichen von vermeintlichen Rechten — — sondern in der stillen Arbeit im Hause und in der Familie.

Also auch eine Absage an die gesamte Frauenbewegung, von der — trotz ihrer weltumspannenden Erfolge — der deutschen Frau befohlen wird, sich fernzuhalten.

— Sie sollen Kindern und Kindeskindern klarmachen, daß es heute nicht darauf ankommt, sich auszuleben auf Kosten anderer, sondern einzig und allein das Vaterland im Auge zu haben, einzig und allein alle Kräfte für das Wohl des Vaterlandes einzusetzen.

Mit anderen Worten: Soldaten aufziehen. Denn im Gedankengange dieser Rede deckt sich das Vaterländische mit dem Kriegerischen. Die Frauensache ist aber eine Menschheits- und Menschlichkeitssache und läßt sich dem Begriffe Vaterland nicht mehr unterordnen. Das „Wohl des Vaterlandes" läßt sich in unserem Zeitalter der wachsenden Solidarität der Welt nicht mehr „auf Kosten anderer" Vaterländer anstreben, und auch nicht durch ewige, das Volksmark verzehrende Rüstungen, sondern durch Einsetzung des gesicherten, gesetzlichen, internationalen Friedens. Und das Recht, an dieser Aufgabe mitzuarbeiten, werden sich zur sozialen Einsicht erwachte Frauen — und namentlich die geborenen und geschworenen Feindinnen des Krieges: die Mütter — nicht nehmen lassen.

* *
*

Sonderbar: bei alledem ist Kaiser Wilhelm doch ein Schützer und gewissenhafter Wahrer des Friedens.

„Zwei Seelen, ach, wohnen in seiner Brust." Eben jetzt ist ein Buch erschienen — A. H. *Frieds* „Der Kaiser und der Weltfrieden" —, in welchem alle Aussprüche und Taten Wilhelms II. aneinandergereiht sind, durch die er sich als Pazifist zeigt. Das Buch enthält keine Vermutungen, Kombinationen, Suggestionen, sondern Tatsächliches, Authentisches, und wer sich ein wahres Bild dieses zugleich ultramodernen, und ultrafeudalen Geistes machen will, muß nicht nur die in militärischen und konservativen Kreisen gehaltenen Reden lesen, sondern auch das Friedsche Buch. Aussprüche wie „L'Europe est trop petite pour être divisée", „gemeinsamer Pulsschlag der Interessen", „Hochhaltung und Aufrechterhaltung der europäischen Kulturmission", „Solidarität, die unmerklich in das Programm der Staatslenker übergeht", „Ein Weltreich, das durch das gegenseitige Vertrauen der nach gleichen Zielen strebenden Nationen" — solche und noch viele ähnliche Aussprüche deuten darauf hin, daß der pazifistische Gedanke eines engeren Zusammenschlusses der europäischen Staatenwelt auf irgendeiner organisatorischen Grundlage dem Kaiser nicht so fern liegen kann, wie es aus dem Ausspruch „daß der Frieden allein auf Rüstung" — also auf Furcht und Drohung — beruhen kann, schließen ließe. Wenn die Zeit von zwei widerstreitenden Weltanschauungen durchdrungen ist, so gibt es Menschen, die ganz von der einen oder ganz von der anderen erfüllt sind; es gibt aber auch Menschen, in deren Innern dieser Streit selber sich abspielt. Welche der beiden Anschauungen endlich so weit die Oberhand gewinnen wird, daß sie sich in Taten umsetzt, das läßt sich vor dem Ende nicht sagen.

* * *

Das Choleragespenst hat sich wieder gezeigt. In der Wiener Presse vom 12. August wurde der Gedanke angeregt, daß durch eine gemeinsame Aktion der europäischen Mächte Rußland veranlaßt werden sollte, durch besondere Gesetze hygienische Kanalisationen und Trinkwasserleitungen zu schaffen, um in der Zukunft auch die andern Staaten vor der jährlichen Beunruhigung zu befreien. „Vielleicht", heißt es weiter, „könnte eine Sanitätsdelegierung aller europäischen Staaten nach Art der Genfer Konvention eine Remedur schaffen. Vielleicht findet der hier ausgesprochene Gedanke des Zusammenschlusses der Staaten gegen diesen Feind der Menschheit fruchtbaren Boden, und die beste Prophylaxe zur Bekämpfung der Choleragefahr in Europa ist gegeben." Ganz richtig. Mit den Kordons an den Grenzen läßt sich nichts erreichen. Zusammenschluß zur Besiegung der Grundursachen des Uebels muß die Losung sein. Immer mehr greift die Einsicht und die Gepflogenheit um sich, alle Aktionen zum Wohle und zur Hebung der Nationen zu internationalisieren. Absperrung bedeutet nur Schädigung und Schaden.

* *

Der deutsche Kronprinz wurde in der Aula der Königsberger Universität als Rector magnificentissimus und Rector perpetuus eingesetzt [1]). Darauf hielt er eine Rede. Und sagte — als Dolmetsch der deutschen Jugend, deren Wünsche er in seinen zwei Bonner Studentenjahren „durchgefühlt zu haben glaubt" —: „Wir sehnen uns nach Betonung unseres deutschnationalen Volkstums im Gegensatze zu den internationalisierenden Bestrebungen, welche unsere gesunde völkische Eigenart zu verwischen drohen."

Mit anderen Worten also: nieder mit dem Zusammenschluß der Völker und der Geister.

* *
*

Etwas Erfreuliches — im pazifistischen Sinne Erfreuliches — hat uns Kants Vaterstadt in dieser letzten Zeit doch gebracht. Nämlich die Ankündigung von ihrer bevorstehenden Entfestigung. Es ist ein Anfang, ein Beispiel. Die Tatsache ist erfreulich; weniger sind es die Worte, mit welchen der Kaiser sie bei seinem Besuch im Königsberger Rathause erwähnte: Es habe vom militärischen Standpunkte einen gewissen Entschluß bedeutet, sagte er, daß eine Grenzfeste teilweise ihrer Wälle entkleidet werden soll. Doch habe er die feste Zuversicht, daß es dank der Vortrefflichkeit seines Heeres (also wieder der Hinweis auf die in blassester Furcht zitternden Nachbarn) mit Gottes Hilfe auch fernerhin gelingen werde, den Frieden aufrechtzuerhalten. „Falls uns doch einmal beschieden sein sollte, für unsere Existenz uns schlagen zu müssen, dann werden die ostpreußischen Regimenter genügen, um Wall und Graben zu ersetzen."

[1]) 23. August 1910.

Im herannahenden Zeitalter der **Aviatik bedeuten Wall und** Graben überhaupt nichts, nichts, nichts. **Daß doch die meisten Menschen** — und die Kriegsverwaltungen **besonders — die Folgen umwälzender** Erfindungen erst dann in Rechnung ziehen, bis sie eingetreten sind!

* *
*

Verweilen wir bei der Aviatik. Auf diesem Gebiete hat sich in den letzten Wochen wieder vieles zugetragen. Einige Todesopfer, neue Rekords, ungeheure Fortschritte. Und in allen Staaten werden Forderungen für Luftkriegsbudgets eingeleitet. Weil die Völker wirklich noch nicht genug an den Dreadnoughts zu tragen haben! Die Atmosphäre muß „lückenlos" gerüstet werden. Man fängt zwar sehr bescheiden an — es handelt sich ja nur um Anschaffung von ein paar Luftschiffen und Fliegern, zu Rekognoszierungszwecken — nur zu Rekognoszierungszwecken, das klingt so harmlos.... Dabei werden aber fleißig Proben mit Herabwerfen von Sprengstoffen gemacht. Das Hauptflugereignis der letzten Zeit war der Circuit de l'Est. Dieser siegreich gelungene Rundflug wurde von den Chauvinisten dies- und jenseits des Rheins als ein politisches Ereignis betrachtet, als das Präludium des Revanchekriegs. Die französischen Nationalisten gerieten in Taumel. Max Nordau schrieb darüber einen glänzenden Artikel für die N. Fr. Presse, worin er nur den einzigen Fehler beging, zu sagen, „Frankreich" sei im Taumel. Nein, gerade Frankreich ist das Land, wo die Bedeutung der Aviatik für den Höherflug der menschlichen Psyche und für die kommende Annäherung der Völker am meisten und lautesten verkündet wird. Gegen die von den Chauvinisten gepriesene Verwendung der Fliegekunst zu Kriegszwecken wird nirgends so energisch Protest erhoben, wie dort. Der „Matin" hat einen Preis von 100,000 Fr. für den Ostrundflug ausgesetzt, und die gelungene Sportleistung ist von den kriegerischen Parteien als der siegesverkündende Beweis gefeiert worden, daß der Aeroplan ein vortreffliches Kriegsinstrument darstellt. Sofort wurde die Gegenansicht laut. Das „Journal" schreibt einen Preis von 200,000 Fr. aus, um für 1911 einen internationalen Rundflug von Hauptstadt zu Hauptstadt zu organisieren (Paris—Berlin—London—Brüssel—Paris) und überschreibt den Aufruf da. 21. August):

„Der Aeroplan, Instrument des Friedens."

Der Ton dieses Aufrufs ist ein begeistert pazifistischer. Hier seien einige Stellen daraus angeführt:

— Die Menschheit steht an einem Wendepunkt ihrer Geschichte. Ueber den Grund und Boden, das Symbol des Eigentums, um das man sich streitet, hinaus erheben sich die Menschen in den unwägbaren, unteilbaren Raum, den keiner je zu behalten vermag.

— Wenn irgend etwas kommen soll — wie einst die Taube in die Arche Noahs —, das den Jahrhunderte alten Groll der Rassen und Nationen auslöscht, so wird es durch diesen Luftraum sein, der allen gemeinsam gehört, der sich nicht teilen, noch nehmen läßt, der von der Menschheit nur erobert werden kann, wenn sie sich selber: ihre Leidenschaften, ihren Hochmut, ihre Vorurteile und Haßgefühle besiegt, um sich in dem gleichen Wunsch für das allgemeine Wohl der Menschen zu vereinigen.

Die Stimme des Friedens hat sich schon kräftig hören lassen, aber auf dem Boden, wo sie sich gegen zu viele Schranken und Grenzen, gegen zu viele Erinnerungen stößt, — aber in der freien Atmosphäre, wo es noch keine anderen Erinnerungen gibt, als an Männer aller Nationen, die gemeinsam ein wissenschaftliches und humanitäres Ziel verfolgen — der Franzose Blériot, der Deutsche Lilienthal, die Amerikaner Wright usw. —, da kann jene Stimme mächtig erschallen.

— So lang wir im eigenen Lande bleiben, um da eine unnütze Pseudo-Kriegsrevue abzunehmen, entwickeln wir den Aeroplan als Instrument des Kriegs. Indem wir aber die Grenzen überschreiten und die Fremden einladen, um mit uns von unserem Lande aufzusteigen und mit uns durch den allen gehörigen Raum in das ihrige zu fliegen, entwickeln wir den Aeroplan als Instrument der Friedfertigung und der Eintracht.

— Wir hoffen, daß unsere Stimme über die Grenzen gehört wird, und daß keinerlei Empfindlichkeit sich gegen diese friedliche Invasion sträuben wird, zu der wir alle Aviatiker aller Nationen einladen."

Gleich in den ersten Tagen haben sich fast alle bekannten Flieger zur Teilnahme gemeldet — als erster Blériot. Wie dieser Rundflug ausfällt, ob er überhaupt zustande kommt, ob er seinen pazifistischen

Charakter beibehält — das alles sind andere Fragen. Hier handelt es sich um die Initiative, die an sich eine glänzende Betätigung des Friedensgedankens ist und die kriegerische Bedeutung, die man dem Circuit de l'Est zugeschrieben hat, vollkommen wettmacht.

* *
*

Das türkische Blatt „Tanin" regt die Idee an, das Schwarze Meer zu neutralisieren. Es sei die ganze russische Schwarze-Meer-Flotte in die Ostsee zu überführen, wogegen die Türkei die Verpflichtung übernähme, nach dem Schwarzen Meere keine Kriegsschiffe zu schicken. Dadurch könne einer drohenden türkisch-russischen Konkurrenz in den Marinerüstungen vorgebeugt und die Meerengenfrage gelöst werden. Ein vortrefflicher Vorschlag, dem aber die beiden Kriegsverwaltungen, die jetzt so fieberhaft in der ganzen Welt Schiffseinkäufe besorgen, kaum Folge leisten werden. In Amerika hat eine solche Vorbeugung durch die Neutralisierung der großen Seen zwischen Kanada und den Vereinigten Staaten schon vor hundert Jahren stattgefunden.

* *
*

Wann werden wir die Neutralisierung der Adria erleben? Inzwischen bauen unsere Finanziers auf eigene Kosten (an der nachträglichen Zustimmung und Vergütung durch die Delegation zweifeln sie wohl nicht) einige Dreadnoughts. Der Thronfolger Franz Ferdinand (eifriger Leser der antisemitischen „Reichspost") hat dem Baron Rothschild einen Besuch auf dessen Gute abgestattet. Ein reichsdeutsches Blatt legte diesen Besuch als einen Dankbarkeitsakt aus, weil das Haus Rothschild an dem patriotischen Dreadnoughtbau beteiligt ist. Diese Auslegung begegnete hier einem Dementi: „Der Erzherzog wollte nur die Rothschildschen Holzanlagen besichtigen, der Erzherzog interessiere sich für Holz." Durch dieses geschickte Dementi wird zugleich die etwa auftauchende Meinung totgemacht, daß der Besuch ein Akt der Freundlichkeit war. Interesse für Holz, weiter nichts.

* *
*

Im Gegensatz zu den Rothschildschen Schiffsbauopfern steht die Stiftung, welche der Londoner Finanzier Sir Ernest Cassel unlängst errichtet hat. Sir Ernest, der zum Freundeskreise König Edwards gehörte, ein geborener Deutscher, hat 4 Millionen ausgesetzt, um ein Fürsorgesystem zu schaffen, das gleichzeitig den minderbemittelten Engländern, die in Deutschland weilen, und den Deutschen in England, die sich in gleicher Lage befinden, zugute kommen soll. Das Werk hat also einen deutsch-englischen Gemeinsamkeitscharakter, und was seine Bedeutung noch erhöht, ist der Umstand, daß die Souveräne beider Länder dessen Protektorat übernommen haben. Das „Berliner Tageblatt“ bemerkt hiezu: Die beiden Nationen haben sich allzulange getrennt, und der irrige Gedanke, daß sie sich gegeneinander schützen müßten, hat zu immer neuen Mißverständnissen geführt. Mit um so aufrichtigerer Freude muß man diesem gemeinsamen Schutzbündnis gegenüberstehen, diesem Bündnis zum Schutz der Heimatfremden gegen Gefahr und Not.

* *
*

Das Abgeordnetenhaus und der Senat der Vereinigten Staaten haben eine fünfgliederige Kommission (an deren Spitze Roosevelt stehen soll) eingesetzt [1]), deren Aufgabe es sein wird, zur Förderung der Schiedsgerichts- und Abrüstungsfrage Europa zu bereisen. Und noch eine andere Nachricht kam aus Amerika, über die uns aber noch die genaueren Daten fehlen: Im Schoße der Regierung selber ist ein Unterdepartement für Weltfrieden geschaffen worden. Die uralte Forderung der Pazifisten nach Friedensministerien hätte somit den Anfang ihrer Verwirklichung gefunden. Nur Geduld. Wir schwimmen nicht mehr gegen den Strom. Der

---

1) Durch die sogenannte Bennett-Bill wurde (Juni 1910) beschlossen, eine Kommission von 5 Mitgliedern einzusetzen, „die erwägen soll über die Möglichkeit der Ausnützung vorhandener internationaler Behelfe zum Zwecke der Beschränkung der Rüstungen aller Staaten der Welt auf dem Wege internationaler Abkommen, und über die Gestaltung der kombinierten Flotten der Welt zu einer internationalen Gewalt zum Schutze des allgemeinen Friedens und die etwaigen andern Mittel zur Verminderung der Regierungsausgaben für Militärzwecke und zur Verringerung der Kriegswahrscheinlichkeit in Betracht ziehen und darüber berichten soll“. Es wurden 10,000 Dollars als Kosten für diese Kommission bestimmt. Es kam aber nicht zur Ernennung dieser Kommission, da Europa sie nicht wünschte.

Zeitstrom fließt jetzt dahin, wo unser Ziel winkt, und unsere Gegner, so mächtig und zahlreich sie auch noch seien, stehen und gestikulieren am zurückweichenden Ufer.

* *
*

Der Kretakonflikt ist noch nicht gelöst. Ein Krieg der Türkei gegen Griechenland gehört noch zu den drohenden Möglichkeiten. Um so mehr, als ja das jungtürkische Regime von einer Militärrevolution ausgegangen und von militärischem Geist durchdrungen ist. Ob es da den Mächten gelingt, die Kriegsgefahr zu bannen — so lange zu bannen, bis auch in der Türkei das allgemeine Friedensbedürfnis der modernen Welt zur Geltung kommt?

* *
*

Das russische Kaiserpaar hat eine Auslandreise gewagt und weilt jetzt in Deutschland[1]). Aber unter welchem Aufgebot von Bewachung! Eine tiefe Tragik liegt darin. Gerade zwölf Jahre ist es her, daß der Zar die Haager Konferenz einberief und den Satz verkündete: „Es ist die höchste Pflicht der Regierungen, die Völker von der Last der Rüstungen zu befreien." Diesen Satz haben die übrigen Regierungen abgelehnt. Die Tat des Zaren ist aber doch nicht fruchtlos geblieben; aus ihr erwuchs das Haager Tribunal, die Wiederholung der intergouvernementalen Konferenzen und alles, was damit zusammenhängt; das scheint die ganze Welt (mit Ausnahme der Pazifisten) vergessen zu haben. Wäre der Zar dem eigenen Programm, der dem Widerstand seiner Thronkollegen und seiner Umgebung begegnete, hartnäckig treu geblieben, er wäre heute der bewundertste unter den Kronenträgern. Unglückseligerweise hat in seinem Reiche die Reaktion und das Gewaltsystem die Oberhand gewonnen, und in den Augen der Mitwelt wird der Herrscher (ob mit Recht oder Unrecht — wer weiß es genau?) mit diesen Zuständen identifiziert. Und darin ist die Tragik des Riesenwacheaufgebots begründet.

[1]) Das Zarenpaar weilte vom 30. August 1910 bis zum 14. November in Hessen.

Die Revolution in Portugal. – Finanzielle Einkreisung. – Petroleumkrieg und Zollfragen. – Geheime Militärkonventionen. – Rumänien auf der ersten Haager Konferenz. – Ein Ausspruch des Präsidenten Taft. – Vor 40 Jahren. – Klagen und Proteste gegen die Teuerung. – Rüstungsdelirium. – Depesche aus Spanien. – Ministerrat und Delegationen. – Monarchenbesuche und enger geknüpfte Bande.

Wien, 7. Oktober.

In Portugal Revolution und Regimewechsel[1]) nach Ablauf von zwei oder drei Tagen. „Die Geschichte ist eine ewige Wiederholung" werden viele Leute sagen: „Throne werden gestürzt und wieder aufgerichtet; Regierungen eingesetzt und wieder abgesetzt; Pulver und Blut sind die Werkzeuge — Verrat, Abfall, Aufruhr, Reaktion... kurz, es ist immer das nämliche... und bei dem allen führt Gewalt die Regie. Und ihr träumt von Abschaffung der Gewalt, ihr unbelehrbaren Pazifisten?" Nun, vorläufig verlangen wir nur ihre Einschränkung. Und verlangen, daß sie aufhöre, als das oberste systemisierte Gesetz zu gelten. Und eine Wiederholung der ewig alten Geschichte war diese Revolution wahrlich nicht. Etwas ähnliches hat sich noch nie und nirgends zugetragen. Der königliche Palast von den eigenen Kriegsschiffen bombardiert — dem König und seiner Mutter aber die Flucht erleichtert; — kaum ein Widerstand; überall fliegt die republikanische Flagge auf — keine fremde Macht mischt sich ein; eine Regierung, ein Ministerium ist nach zweimal achtundvierzig Stunden im Amt und besteht aus Männern der Wissenschaft, aus Dichtern und Philosophen; an die auswärtigen Staaten wird telegraphiert, daß alle internationalen Verpflichtungen eingehalten werden, die Ordnung geschützt wird, und daß alles wieder seinen geregelten Gang gehen soll. Eine so kurze Revolution hat man noch nie erlebt. Freilich ist das Ereignis erst wenige Tage

[1]) Vom 4.—6. Oktober währt die Revolution in Lissabon, die mit der Entthronung der Dynastie Braganza (17. Oktober) endigt.

alt, und die bekannt gewordenen Nachrichten widersprechen einander noch. Es könnten noch Komplikationen kommen; doch hat es nicht den Anschein. Und ein besonders neuer Zug: alle Telegraphendrähte abgeschnitten, und darüber hinweg — doch Kunde bringend von Schiff zu Schiff, von Land zu Land, das modernste der technischen Wunder: der Funkentelegraph. Nein, es war keine banale Revolution. Wird die portugiesische Republik Bestand haben, wird sie sich zur iberischen erweitern, diese zur lateinischen Union und letztere schließlich zur Förderation von Europa? Prophezeien ist nicht die Aufgabe des Chronisten.

* *
*

Les affaires sont les affaires. Was es in der letzten Zeit für Getue mit gesuchten, refüsierten und doch abgeschlossenen Staatsanleihen gegeben hat, das war schon nicht mehr schön. Daß ein politisch Lied ein garstig Lied ist, weiß man; wenn es aber gar im Börsenjargon vorgetragen wird, ist es besonders widerlich. Die Türkei will Schulden machen; Ungarn will Schulden machen und Frankreich will nicht Kredit geben. Da hat sich das verrostete Klischee der „Einkreisung" wieder an die Oberfläche gehoben. Man weiß ja, alle außerhalb Deutschlands gebildeten Ententen wurden als politische Einkreisung durchschaut; jetzt sieht man in den Geldern, die den Dreibundmächten oder dreibundfreundlichen Mächten verweigert werden, eine „finanzielle Einkreisung". Zu jenem börsenpolitischen Lied besorgt Säbelgerassel die Begleitung, und das gibt schon die allerscheußlichste Musik. Wofür werden denn alle diese Anleihegelder eingestandenermaßen benötigt? Zu Artillerievermehrung und Kriegsschiffbau. Natürlich nur zur Friedenssicherung. Man will sich nur verteidigen und ebenfalls mit dem Hieb parieren können. Gegen wen? Gegen denjenigen, von dem man sich das erforderliche Geld dazu ausleihen will. Der Widersinn ist zu flagrant.

Das ganze Kriegsanleihesystem ist ja eine Einrichtung, ge[illegible] die der Pazifismus sich längst aufgelehnt hat. Immer tiefer [illegible] die Völker dadurch in Schulden gestürzt, immer höher di[illegible] geschraubt, und damit die Kriegsdrohungen vermehr[illegible] Weltfinanz findet sich immer bereit, das Geschäft [illegible] Tag ist aber hoffentlich nicht mehr fern, wo di[illegible] wird, daß sie eine internationale Macht ist, die ihre Mittel nur mehr für internationale Interessen wird verwenden dürfen, wenn sie zum Wohle der Welt und damit zum eigenen Wohle handeln will.

* * *

Neben den Anleihefragen sind es die Zollfragen, über die man sich kriegerisch gebärdet. Da war zwischen Frankreich und Oesterreich ein „Petroleumkrieg“ in Sicht. Erhöhter Zoll auf Naphtha! „Wie unfreundlich!“ klagten unsere Blätter. „Frankreich, das sich stets so wohlwollend erwiesen, nimmt jetzt eine so feindliche Haltung an!“ Natürlich müssen dann Repressalien geübt werden. Wer darunter leidet, das sind die Konsumenten dort und da, und nebenbei entsteht Bitterkeit und wirkliche Feindschaft. O über den Unfug des Zoll- und Protektionssystems — über diese gegen den Wohlstand freiwillig aufgerichteten Schranken. Grenzsperren, damit wir ja nicht haben können, was uns der Nachbar geben wollte, und ja nicht hinausschicken können, was uns der Nachbar gern abkaufte. Der Pazifismus als Wissenschaft sollte den so wichtigen Zweig der Handelsfreiheit eifriger studieren und entschiedener zum Postulat erheben.

* * *

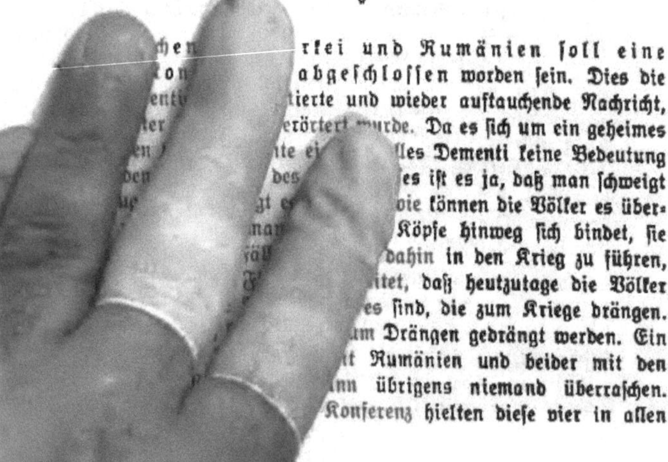

[illegible]hen [illegible]rkei und Rumänien soll eine
[illegible]on[illegible] abgeschlossen worden sein. Dies die
[illegible]tierte und wieder auftauchende Nachricht,
[illegible]erörtert wurde. Da es sich um ein geheimes
[illegible]lles Dementi keine Bedeutung
[illegible]es ist es ja, daß man schweigt
[illegible]die können die Völker es über-
[illegible]Köpfe hinweg sich bindet, sie
[illegible]dahin in den Krieg zu führen,
[illegible]itet, daß heutzutage die Völker
[illegible]es sind, die zum Kriege drängen.
[illegible]um Drängen gedrängt werden. Ein
[illegible]it Rumänien und beider mit den
[illegible]nn übrigens niemand überraschen.
[illegible]Konferenz hielten diese vier in allen

Abstimmungen (gegen Schiedsgericht, gegen Abrüstung, gegen Untersuchungskommissionen) fest zusammen, und der Allerentschiedenste unter den Neinjagern war der rumänische Delegierte, Herr *Beldtmann*. Ebenso wie von der rumänisch-türkischen, wird von einer bulgarisch-griechischen Geheimalliianz gemunkelt, und immer sollen nur Allianzen da sein, um sich *gegen Dritte* zu wenden. Diese Auffassung ist den in alten Gleisen denkenden Politikern nicht auszureden, und wo immer zwei sich die Hände reichen, greifen die anderen an den Revolver, den sie in der Tasche haben; nichts flößt den geballten Fäusten mehr Verdacht ein als geschüttelte Hände.

* * *

Im Palast, der das „*Bureau der amerikanischen Republiken*“ beherbergt (dieser Palast ist eine Gabe Carnegies, gerade so wie der, der jetzt im Haag gebaut wird), sprach vor kurzem Präsident *Taft* die folgenden Worte:

„Wir einundzwanzig Republiken können es nicht vertragen, daß irgend zwei oder drei unter uns miteinander streiten. Und Herr Carnegie und ich werden nicht ruhen, bis nicht alle neunzehn unter uns durch richtige Maßnahmen intervenieren können, um den Streit zwischen irgend zwei anderen zu unterdrücken.“

Könnte ähnliches nicht auch — von Europa einstweilen abgesehen — auf dem Balkan angestrebt werden?

* * *

Der Sedantag hat sich zum 40. Male gejahrt. Mannhaft ist bei dieser Gelegenheit die deutsche Friedensgesellschaft durch eine würdige Eingabe dafür eingetreten, daß die offiziellen Siegesfeiern nach so langer Zeit endlich eingestellt oder doch jedes beleidigenden Charakters gegen den respektierten Gegner entkleidet werden mögen. Die alldeutsch-chauvinistische Presse trat mit maßlosen Beschimpfungen gegen diese Aktion auf. Der Gedenktag hat wieder zahlreiche Reminiszenzen an die Geschichte und Vorgeschichte des Krieges von 1870 hervorgerufen. Besonders interessant für unsere Partei erscheinen mir die nachfolgenden Erinnerungen, die ich in einem österreichischen Militärblatt fand, weil dadurch ein grelles Licht auf das politische Denken und kriegerische Fühlen gewisser Kreise geworfen wird. Der Raum gestattet nicht den ganzen Artikel abzudrucken (siehe Danzers Armee-Zeitung Nr. 34—35), doch hier ein Auszug:

— — — In Oesterreich durchzitterte noch die Erinnerung an das Jahr 1866 alle Nerven, als im Spätfrühling 1870 plötzlich die Gefahr eines deutsch-französischen Krieges auftauchte. Mit einem Schlag war das Habsburgerreich in zwei oder — genau genommen — in drei Lager geteilt: in das Lager der Neutralitäts-, der Preußen- und der Franzosenfreunde.

Das Lager der Friedensfreunde gab es damals überhaupt noch nicht.

— — — Die Neutralen wurden aufs ärgste befehdet von der Kriegspartei, die in der Armee ihre tiefsten Wurzeln und in der „Wehrzeitung" ihr führendes Organ hatte. Ihr Programm war: Revanche für Sadowa, losschlagen und den Preußen in den Rücken fallen. Wie ein unbezwingbares Feuer lief die Kriegsbegeisterung damals durch die Reihen des Heeres. Man fand die mannigfachsten Gründe für das Eingreifen der Waffen — — — und die Vorstellung, Preußen gehe nur darauf aus, nach einem Siege über die Franzosen Oesterreich zu zertrümmern, wurde zur fixen Idee.

Ach solche fixe Ideen sind unter den Kriegsfreunden und durch sie unter der Menge stets im Umlauf.

— — Die Haupt- und Staatsaktionen der Regierungen blieben den Blicken der Oeffentlichkeit verborgen. Die Kriegspartei hörte nicht auf, für den Krieg Stimmung zu machen; in der Armee loderte die alte, wohl wenig weltkluge, aber doch schöne Begeisterung fort. Atemlos beobachtete man die Vorgänge am Rhein — — — dann kamen die ersten Nachrichten: Weißenburg, Wörth, Spichern — dann Mars-la-Tour — Gravelotte — und die Hoffnungen der Kriegspartei sanken wohl, aber sie erstarben nicht. Erst Sedan war das Ende!

Vierzig Jahre sind seit damals verflossen. Wieder jährt sich der große 2. September. Aber die k. und k. Armee steht heute ganz anders zu ihm als damals. Aus dem Sieger von Sedan ist ein treuer Freund geworden, der stets bereit ist, seinen siegreichen Degen auch für unsere Sache in die Hand zu nehmen."

So verwandeln sich die militärischen Feindschaften und Freundschaften mit ihren „zwar wenig weltklugen, aber schönen Begeisterungen". Begeistern wir uns lieber für etwas immer Wahres und Unwandelbares, nämlich die Zusammengehörigkeit der Kulturmenschheit — das wird nicht nur schöner, sondern auch weltklüger sein.

* *
*

[illegible]

[illegible]

* * *

Auch in Wien fand neulich, im Hinblick auf die am 12. Oktober zusammentretenden Delegationen, denen die altgewohnte Aufgabe zufällt, die **militärischen Mehrforderungen** nach einigen Einwendungen und Debatten zu bewilligen, ein Ministerrat statt. Darüber wurde, wie alljährlich, in den Blättern folgende Mitteilung (Malze Nr. 17) veröffentlicht:

> Wie gewöhnlich, so handelt es sich auch diesmal bei der Zusammenstellung des Heeresbudgets um den Widerstreit zwischen zwei einander entgegengesetzten und durchaus natürlichen Tendenzen. Die Heeresleitung ist begreiflicherweise bemüht, eine möglichst ausgiebige finanzielle Unterstützung ihrer auf die Erhöhung der Wehrfähigkeit der Monarchie gerichteten Pläne durchzusetzen, und die beiden Regierungen müssen ebenso selbstverständlich dafür sorgen, daß bei den Opfern, die sie der Erhöhung der Wehrmacht zu bringen bereit sind, die finanzielle Leistungsfähigkeit

der beiden Staaten nicht überschritten werde. Es handelt sich somit darum, jenen Punkt ausfindig zu machen, auf welchem das Gleichgewicht zwischen diesen einander zuwiderlaufenden Tendenzen hergestellt werden kann.

Da wird um den Kameelrücken herum deliberiert, wieviel noch aufgeladen werden kann (ein Opfer, zu dem die edlen Treiber immer bereit sind), ohne daß es breche. Sollte das betreffende Wüstenschiff nicht auch befragt werden?

* *
*

Es haben in den letzten Wochen mehrere Monarchenbesuche stattgefunden [1]). Dabei wurden Ehrenkompagnien abgeschritten. Und Toaste wurden gesprochen (Walze Nr. 38),... die traditionellen, guten Beziehungen zwischen den beiden Ländern, „Bande, die immer fester geknüpft werden" usw. Ach, nicht am Festerknüpfen, sondern am Weiterschlingen der Bande soll gearbeitet werden, damit das Netz der Völkerfreundschaft endlich vollendet werde.

[1]) Am 20. September 1910 weilte Kaiser Wilhelm in Schönbrunn. Am 4. Oktober Besuch des belgischen Königspaares in Wien.

Die österreichisch-ungarischen Delegationen. — Aus Thronrede und Exposé. Die Stimme der Vernunft. - Verständigung mit Italien. Vizeadmiral Chiari als Gewitterprophet. — Kalibervergrößerung der englischen Dreadnoughts. Ein Spionageprozeß. — Lloyd George über das Problem der Not. — „Aufteilung" Persiens. Der Zar in Potsdam. — Eine Angriffswaffe gegen lenkbare Luftschiffe. — Das Schlußwort beim Kältekongreß.

Wien, Anfang November.

Der Zusammentritt und die Verhandlungen der österreichisch-ungarischen Delegationen[1]) bieten jedesmal interessante Momente für jene Beobachter der zeitgeschichtlichen Erscheinungen, die sich mit den Fragen von Krieg und Frieden, von Rüstungen und zwischenstaatlichen Beziehungen befassen. Hier werden die Forderungen der Kriegsverwaltung aufgestellt, immer mit den gleichen Begründungen und fast mit den gleichen Worten. Ebenso schablonenhaft folgen die Bewilligungen. Ein Triumph der Konvention. Ein elegantes Vorreiten — in spanischer Gangart — des wohldressierten Phrasenschimmels. Alles: Thronrede, Exposé des Ministers des Aeußeren, Ansprachen der Präsidenten, Erklärungen der Minister, Darstellung der Referenten: alles läuft nur auf eins hinaus — und dies hat der ungarische Delegierte Stefan Rakoszky bündig mit den Worten ausgedrückt: „Das ganze Exposé macht den Eindruck, als ob es nur den Zweck hätte, den Satz über die Notwendigkeit von Opfern für Armee und Marine zu unterstreichen."

* *
*

In der Thronrede hieß es: „Meine Kriegsverwaltung wird die nachträgliche verfassungsmäßige Genehmigung der Delegation für die außerordentlichen Ausgaben einholen, welche

[1]) Am 12. Oktober 1910 in Wien.

während der vorjährigen äußern Krise unvermeidlich waren. Dank der hierdurch bewirkten größeren Bereitschaft von Heer und Flotte wurde meine Regierung in die Lage versetzt, den Boden einer friedlichen Politik nicht zu verlassen. In dieser Erfahrung liegt ein Ansporn, der Verwaltung von Heer und Marine die unumgänglich notwendigen Mittel zur Erhaltung der Schlagfertigkeit der Wehrkraft zur Verfügung zu stellen, und hierdurch der Monarchie die Möglichkeit zu geben, nebst ihren Interessen auch die des europäischen Friedens wirksam vertreten zu können." Ferner enthält die Thronrede und ebenso das Aehrenthalsche Exposé die Mitteilung, daß „unsere Beziehungen zu allen auswärtigen Mächten vortreffliche seien". — Mir ist, als hätte ich Aehnliches schon früher einmal gehört. Das klingt in diesen offiziellen Ansprachen genau so neu und genau so glücksichernd, wie das „Glückliches Neujahr!" an jedem 1. Januar. Die Beziehungen, die es erheischen, daß man rastlos sich vorbereitet, gegeneinander zum Schlage auszuholen, scheinen manchen naiven Gemütern nicht gar so vortrefflich. Das ist's ja eben, was nottut: die Beziehungen auf eine andere Basis zu bringen; und gerade Versammlungen, wie die der Delegationen, wären der Ort, wo man die Notwendigkeit solcher Umwandlung hervorheben könnte. Gespannt, und leider vergeblich, horchen die Pazifisten draußen, ob unter ihren Gesinnungsgenossen von der Interparlamentarischen Union keiner die Gelegenheit wahrnimmt, die Prinzipien der internationalen Verständigung, auf der sich die Union ja aufbaut, hier zur Geltung zu bringen.

* * *

Die Stimme der Vernunft hat sich dennoch vernehmen lassen. Die Delegierten Seitz, Dr. Renner und Professor Masaryk (und noch einer, dessen Name und Worte mir nicht vorliegen) sprachen in pazifistischem Sinne.

„In das Loblied für die Rüstungen" sagte Seitz, „kann ich absolut nicht einstimmen. Schon aus sachlichen Gründen nicht. Wir haben einfach das Geld nicht dazu. Wir können unsere bescheidensten Kulturforderungen nicht befriedigen.... Es muß daher bedauert werden, daß unsere Vertreter im Haag gegen den englischen Vorschlag auf obligatorische Schiedsgerichte gestimmt haben, und daß die englische Stimme zugunsten einer verhältnismäßigen

Festsetzung der Stärke der Flotten bei uns kein Echo gefunden hat. Wir haben eine bescheidene Küste und könnten uns mit dem Küstenschutz vollauf begnügen. Wenn man in Italien rüstet, so wäre zu erwägen, ob hier nicht ein Einvernehmen wegen Einschränkung dieser Rüstungen erzielt werden könnte. Der Redner beantragt eine Resolution, in der die Regierung aufgefordert wird, mit der italienischen Regierung Verhandlungen über die beiderseitige Einstellung der Flottenrüstungen einzuleiten. — Zu dieser Resolution, die dem Marineausschuß vorgelegt wurde, bemerkt der Berichterstatter, daß er diesen Bestrebungen bessern Erfolg wünsche, als jenen, die seinerzeit von Rußland ausgegangen sind und im russisch-japanischen Krieg geendet haben (!). Die Resolution sei jedoch nicht an die richtige Adresse gerichtet, und er beantrage, sie dem Ausschuß für Aeußeres zu überweisen. Hier wurde sie mit einem Höflichkeitssatz beiseite geschoben. Dr. Renner hält den Antrag seines Parteigenossen (beide Delegierte sind Sozialdemokraten) aufrecht. „Wir müssen von Anbeginn an gegen das Bestreben protestieren, Oesterreich in einen Wettbewerb der Seerüstungen mit Italien zu stürzen. Italien hat eine überwiegende Küstengrenze, unsere Seeküste aber schließt an das kleine Küstenland, das niemandem begehrenswert erscheint, demnach sind Seerüstungen — noch dazu gegen einen Bundesgenossen willkürlich und herausfordernd. Sie scheinen nicht einmal österreichischer Initiative zu entspringen, und offenbar haben persönliche Einflüsse zwischen dem Berliner und dem Wiener Hofe den maritimen Rüstungswahnsinn nur genährt. Wir verlangen darum eine Abkehr von diesen unverantwortlichen Einflüssen und Bestrebungen, wir verlangen eine Verständigung mit Italien und eine fortschreitende Abrüstung in der Adria. Wir wissen, daß wir mit diesem Antrag noch unterliegen werden; aber wir werden ihn im Interesse des Friedens so lange wiederholen, bis ihm die wachsende Vernunft die Mehrheit sichert." Der Antrag wurde abgelehnt.

* *
*

Daß er abgelehnt wurde, ist ganz natürlich. Nicht etwa nur, weil er von einem Sozialdemokraten kam — hat man doch einem ähnlichen Vorschlag, den der König von Italien selber kürzlich machen wollte, kein Gehör geschenkt —, sondern weil es dem militärfrommen und rüstungsvergrößerungsgeneigten Milieu zu sehr widerstrebt. Verständigung mit einem Verbündeten! Welch alberne Idee!! In den verschiedenen Delegationseröffnungsreden war zwar auch gesagt worden, daß die „Bande mit Italien sich in letzter Zeit wieder besonders innig gefestigt haben", und die Leitartikel der Tagesblätter begrüßten dies als eine besonders wichtige Freudennachricht. Das hinderte aber den Vizeadmiral a. D. Chiari nicht, schon am nächsten Tag in der „Reichspost" zu schreiben, daß alle die Aufbesserungen und Vermehrungen unserer Flotte nichts nützen; man müsse eine ganz neue bauen — auch wenn sie hundertmal mehr kostet —, denn mit der bestehenden, und ob man sie noch so sehr verstärkt, können wir nicht auskommen, wenn das am südlichen Himmel stehende Gewitter losgeht.... So prophezeit jeder, was er wünscht. Wir anderen sehen am Horizont das Frührotdämmern der aufsteigenden Vernunft.... Der Unterschied ist nur der: mit dem Rufe „Es wird Tag" wird — selbst wenn man sich täuscht — die Nacht nicht verlängert; aber mit jenen Gewitterprophezeiungen sammelt man selber — vielleicht wissentlich und absichtlich — die Elektrizität, die sich im vernichtenden Blitz entladen wird.

* *
*

In England wird gemunkelt — so heißt es in verschiedenen Zeitungskorrespondenzen —, daß der österreichische Admiral Montecucoli sich Vertrauten gegenüber geäußert haben soll (o politischer Tritsch-Tratsch), daß nach den zwei bestellten noch weitere fünf Dreadnoughts gebaut werden sollen. Dagegen meldet man bei uns, daß England das Kaliber seiner schweren Schiffsartillerie von 30,5 auf 34,3 Zentimeter vergrößert, was wieder zur Folge hat, daß auch der Tonnengehalt der Schiffe vergrößert werden muß. Natürlich (man findet das eben selbstverständlich) müssen alle anderen Mächte dasselbe tun. „Das Auftauchen der englischen Dreadnoughts", bemerkt der Korrespondent, „hat alle Mächte gezwungen, ihre Schiffe allmählich zu vergrößern, dadurch wuchsen natürlich die Baukosten bedeutend an." Immer wieder vergißt man, daß England im Jahre 1899, vor dem Bau des ersten Dreadnought, durch Lord Goschen erklären ließ, daß der geplante Bau unterbleiben würde, wenn man im Haag über die Rüstungsfrage sich einigt. Andere Mächte aber schlossen die Rüstungsfrage von der Konferenz aus. —

Dies ist in diesen Blättern schon oft gesagt worden; es kann aber nicht oft genug wiederholt werden, denn das Abwälzen der Verantwortlichkeit für den ganzen Rüstungswahnsinn auf England wird auch gar zu konsequent fortbetrieben. Immer schiebt einer die Schuld auf den anderen, aber sie sind alle vom gleichen Wahnsinn ergriffen — und verkünden obendrein das Dogma, daß, wenn einer sich wahnsinnig gebärdet, alle anderen es nachahmen *müssen*.

* *
*

In Wien hat sich kürzlich *ein Spionageprozeß* abgespielt. Ein einstiger Offizier, *Bartmann*, war beschuldigt, wichtige Vorkehrungen ausgespäht zu haben, um sie fremden Staaten zum Kaufe anzubieten. Der Angeklagte verneint dies: er habe die Käufer einfach düpiert. „Uebrigens sei es doch gewiß das größte Verdienst," setzte er hinzu, und man merke sich diese Anschauung, die ein grelles Licht auf den moralischen Tiefstand des ganzen Spionagesystems wirft, denn was der Angeklagte da zu seiner Verteidigung sagte, ist nicht nur seine Anschauung, sondern ist ein auf diesem Gebiete geltender Grundsatz: „übrigens ist es gewiß das höchste Verdienst, wenn man einen fremden Generalstab anschmiert."

* *
*

Der englische Schatzkanzler, *Lloyd George*, hat wieder einige Reden gehalten über das Problem, das ihm am meisten am Herzen liegt: *das Problem der Armut und des Elends*. Er ist des Glaubens, daß diese Krankheiten der menschlichen Gesellschaft verschwinden könnten. Hier nur zwei kleine Bruchstücke aus jenen Reden. Im City-Temple (nachdem der Referent ein Gebet gesprochen) führte der Minister aus: das Problem Europas ist die Not. Ueberall schwelgt eine kleine Minderheit in sinnloser Ueppigkeit, und die arbeitende Menge hungert. Dieser Zustand ist jedem gerecht denkenden, sittlich fühlenden Menschen unerträglich und muß geändert werden. Die Kriegsrüstungen der zivilisierten Welt kosten nicht bloß jährlich fünfhundert Millionen Pfund, sondern sie entziehen ihm auch noch die Kraft der besten Gehirne und der wirksamsten Arbeit. England würde durch Abrüstung jährlich siebzig Millionen Pfund ersparen... usw. — Und an anderer Stelle: „— — — Ich könnte Ihnen noch viel mehr erzählen, um zu zeigen, daß eine ungeheure Volksmasse hier in diesem reichsten Lande ein Leben der Armut führt, das an der Grenze der Not und der Verzweiflung dahinschwankt. Dieser Zustand beschränkt sich nicht auf England — im Gegenteil: die hohen Lebensmittelpreise, verursacht durch die Besteuerung aller Lebensnotwendigkeiten, machen die Dinge in den Ländern des europäischen Kontinents noch schlimmer! Ich möchte nun ein paar Fingerzeige geben, wie die Sozialreform der Verschwendung Halt gebieten könnte, durch die die Lebenserhaltung des größten Teils der Bevölkerung herabgedrückt wird. Nehmen Sie nur das, was für Rüstungen verausgabt wird. Die „zivilisierten" Länder der Erde geben jährlich rund zehn Milliarden für Kriegszwecke aus. Gewiß müssen auch wir, solange die anderen Mächte rüsten, unsere Weltstellung um jeden Preis verteidigen. Erst die Rüstungseinschränkung auf Grund einer internationalen Verständigung kann uns Sicherheit geben, weil sie sowohl uns als den fremden Staaten die Macht nimmt, Unrecht zu tun. Meine Absicht ist nur, zu zeigen, welche ungeheuerliche Verschwendung diese Ausgaben bedeuten, durch die sich die Menschheit auf eine allgemeine Schlächterei vorbereitet." Er sagt doch ungeheuerliche Dinge, dieser Staatsmann! „Uns die Macht nimmt, Unrecht zu tun." Können wir denn jemals Unrecht tun oder Unrecht haben? Das patriotische Dogma zu erschüttern, daß wir allezeit im Rechte sind!! Und die kluge Versicherungsprämie gegen den Krieg, für die alle Mächte ihre Rüstungen ausgeben, „Vorbereitung auf allgemeine Schlächterei" nennen! Das ist doch gegen alles Herkommen.

*   *
*

England und Rußland intervenieren in Persien. Handelt es sich um Annektierungsgelüste oder wirklich nur, wie die beiden Regierungen behaupten, um Schutz gegen geplante Gewalttaten? Noch weiß man es nicht, aber schon schreiben die Blätter über die Angelegenheit unter der Kopfmarke „Die Aufteilung Persiens". Das Wort „Aufteilung" hat so einen politisch-historischen Klang, erinnert an das Arrangement mit Polen. Aber seit 1773 hat sich doch manches verändert in der Welt. Das „Aufteilen" ist nicht mehr Mode.

*   *
*

Der Zar hat sich zum Besuche Kaiser Wilhelms nach Potsdam begeben[1]). Der Empfang spielte sich unter Ausschluß der Oeffentlichkeit ab. Eskorte, Leibschwadron der Gardes du Corps; schwarze Küraße, Adlerhelme und Lanzen, hohe Blechmützen und Großkreuze. Die russische Hymne durch ein Kavallerietrompeterkorps, Parademarsch des Alexanderregiments, Defilé der Ehrenkompagnie... Liegt nicht eine tragische Düsterkeit in diesen Freundschaftsbesuchen zwischen Spalieren von Kürassieren und Kanonieren?

* *
*

Paris, 21. Oktober. Auf dem Eiffelturm wurden gestern mit einer vom Geniehauptmann Taron erfundenen Angriffswaffe gegen Lenkballons Versuche unternommen. Die Waffe besteht aus einer Lanze, die aus einem Ballon oder Aeroplan auf einen tiefer schwebenden Lenkballon geschleudert werden, die Hülle des Ballons durchbohren und dabei gleichzeitig eine Petarde zur Explosion bringen soll, wodurch das Gas des Ballons entzündet würde. Diesem trockenen Bericht ist nur noch der Satz hinzugefügt: „Die Versuche sollen ein günstiges Resultat ergeben haben." — Schluß. Keine Bemerkung. Nicht einmal ein Ausrufungszeichen. Aber, du nüchterner Nachrichtgeber, siehst du denn nicht ein, daß das Wort „günstig" viel zu kalt ist? „Beglückend" — „erhebend" wäre das mindeste gewesen. Eine so geniale Kombination... die Petarde platzt, das Gas entzündet sich, die Bemannung verbrennt... Es ist doch herrlich, daß der Mensch die Luft erobert hat. Wie stolz darf er sein, daß ihm da oben so Günstiges gelingt.

* *
*

Daß alle internationalen Kongresse — nicht nur die der Friedensgesellschaften — mehr oder weniger Friedenskongresse sind, das wurde wieder einmal durch das Schlußwort illustriert, das an dem in Wien abgehaltenen Kältekongreß dessen Vorsitzender Geheimrat von Linde ausgesprochen hat. „Schon die bloße Tatsache der Gemeinsamkeit," sagte er, „mit welcher beinahe alle kultivierten Völker der Erde eine solche Aufgabe aufnehmen, ist als ein mächtiges Mittel zur Annäherung und zur Unterstützung der Friedensbestre-

[1]) 4. November 1910.

bungen zu betrachten. Ein Schimmer von Zukunftsfortschritten strahlt davon aus."

Ja — aber die Petarde des Geniehauptmanns?... Mein Gott, wir wissen es ja, daß zwei verschiedene Mächte noch miteinander ringen. Trachten wir nur immer, jene Macht zu verstärken, in deren Dienst wir stehen.

Tolstois Tod. — Trennung der Geister über seinem Grabe. — Sein letzter Brief über die Todesstrafe. — Aus den österreichisch-ungarischen Delegationen: Dobernig, Grabmayer ꝛc. — Aus der italienischen Kammer. — Bissolatti für Rüstungseinschränkung. — Die Rede San Giulianos. — Das Vaterunser in der Armee. — Militärische Verwendung der Luftschiffe und Aeroplane. — Schießübungen an den Mittelschulen. — Die Wahlen in England, Konstitution für China. — Die Botschaft Tafts über die Friedenskommission.

Wien, Anfangs Dezember.

Tolstoi ist nicht mehr![1]). In ihm müssen wir Friedenskämpfer alle — auch solche unter uns, denen seine radikalen Forderungen und Methoden unausführbar scheinen — den Hohepriester der Friedensidee verehren. Das Gebot „Du sollst nicht töten", hat niemand in seiner ganzen Wucht und Klarheit so verstanden und so vertreten wie er. Doch das Leben, das Werk, das Sterben dieses herrlichen Menschen ist kein Gegenstand, der „glossiert" werden kann. Bände und Bibliotheken werden sich noch mit Tolstoi-Forschung füllen und sein Geist selber wird bis in ferne Zukunft wirken und leben. Nur eines, was sich bei diesem Todesfall gezeigt hat, möchte ich in diesen Blättern hervorheben, weil es sich auf unsere Sache bezieht. Es wurde nämlich wieder einmal deutlich der Abstand zwischen den zwei Lagern ins Licht gerückt, in die unsere Welt gespalten ist: das Lager, wo die Friedensfreunde stehen und — das andere. In der

[1]) 21. November 1910.

Duma, im deutschen Reichstag und im österreichischen Reichstag traten für die Ehrung des toten Dichters und Apostels, mit Hinweis auf seine Friedens- und Menschenliebe, die Freiheitlichen und Sozialisten ein, während die „wahren russischen Männer", die Klerikalen, die Reaktionäre, sich sträubten oder schwiegen. Das Glänzendste in dieser Richtung hat der Christlichsoziale Bielohlawek geleistet. Sein Urteil lautete: „Tolstoi war nicht nur ein Tepp, sondern Europas größter Charlatan." In fast sämtlichen Parlamenten wurde dem erhabenen Schatten eine offizielle Ehrung dargebracht — bei uns nicht. Vermutlich weil er ein Exkommunizierter war. Und da darf eine fromm gesinnte Regierung nicht huldigen, sie darf nicht eingestehen — was doch die Wahrheit ist: Tolstoi war Europas konsequentester — vielleicht einziger — Christ. Wer außer ihm hat als allgemein bindendes, alle gesellschaftlichen, alle staatlichen Lebensformen zu umfassendes Gesetz das Erlöserwort vertreten: „Liebet euch untereinander"?

* * *

Eine große Weisheit, die in Tolstoi's letztem Briefe (Optima-Kloster, 13. Nov.) ausgesprochen wird, sollen wir im Gedächtnis behalten. Er erhebt sich gegen die Todesstrafe und sagt über die Art, sie zu bekämpfen: „Man braucht, glaube ich, hauptsächlich nicht den Ausdruck der Entrüstung gegen die Tötung von Menschen und nicht die Darstellung der Schrecknisse der Hinrichtungen, sondern etwas ganz anderes. Wie Kant sich so schön ausdrückt, ‚gibt es solche Verirrungen, die nicht widerlegt werden können. Dem irrenden Geist muß man solche Kenntnisse beibringen, die ihn erleuchten, dann verschwindet die Verirrung von selbst.' Ich weiß, das ist nicht leicht. Die Gutheißer und Lenker der Henker empfinden durch den Instinkt der Selbsterhaltung, daß jene Kenntnisse ihnen die Möglichkeit rauben würden, ihre für sie kostbare Stellung zu erhalten, und weisen daher nicht nur selbst diese Kenntnisse zurück, sondern geben sich alle Mühe, sie auch vor allen anderen Menschen zu verbergen, indem sie die Verbreiter dieser Kenntnisse allen möglichen Leiden und Verfolgungen aussetzen."

Diese Worte Tolstoi's über die Todesstrafe lassen sich ganz unverändert auf den Krieg und dessen Bekämpfung anwenden. Auch die Gutheißer des Krieges wehren sich instinktiv gegen die Kenntnisse und Erkenntnisse des Pazifismus. Ausdrücke der Entrüstung und Schilderungen der Greuel helfen da auch nicht.

* *
*

Die Delegationsverhandlungen, von welchen im vorigen Heft[1]) berichtet wurde, sind seither fortgesetzt und zu Ende geführt worden. Dabei sind noch einige unsere Sache betreffende Aeußerungen gefallen. Unter anderem: Delegierter Dobernig sagte[2]): In den Völkern komme allgemein das Friedensbedürfnis zum Durchbruch. Dies habe auch im Kärnthner Landtag einen bezeichnenden Ausdruck gefunden. Dort wurde der Schluß gefaßt, den Landesschulrat zu ersuchen, womöglich am 18. Mai, dem Jahrestag der ersten Haager Konferenz, die Schuljugend in den Volks- und Bürgerschulen in passender Weise beim Unterricht auf die Friedensidee und die Aufgabe der Schiedsgerichte im Sinne des Haager Programms aufmerksam zu machen. Bezeichnend ist die Art, in welcher der Berichterstatter Graf Walterskirchen hierauf geantwortet hat: Die Friedensidee in den Schulen zu propagieren sei ja sehr schön; er zweifle jedoch, daß die Japaner ihren Sieg erfochten hätten, wenn in ihren Schulen jedes Jahr die Friedensidee propagiert worden wäre. „Vielleicht nicht, Herr Graf," hätte man darauf antworten können, „aber vielleicht hätten in diesem Falle die Japaner gar nicht Port Arthur überfallen und es wäre vielleicht vor Ausbruch des Krieges eine Vereinbarung im Haager Sinne zustande gekommen, wie sie jetzt zwischen Rußland und Japan nach dem Kriege abgeschlossen worden ist. Und wäre es zu bedauern, wenn die menschliche Leidensgeschichte um den entsetzlichen ostasiatischen Feldzug samt seinen revolutionären Folgen ärmer wäre?

* *
*

Einen (für uns) erfreulichen Zug boten die Delegationsverhandlungen auch durch die Rede des Abgeordneten Grabmayer, der mit Wärme und größtem Freimut für die Verbesserung

[1]) „Friedens-Warte" 1910, Seite 201: „Von den Delegationen."
[2]) Am 17. Dezember 1910.

der österreichisch-italienischen Beziehungen eintrat, wobei er die Unnatürlichkeit des Gegeneinanderrüstens gegen Verbündete hervorhob und auch nicht verhehlte, was österreichischerseits zu geschehen hätte, um den berechtigten Forderungen und Gefühlen des südlichen Nachbars Rechnung zu tragen, z. B. Gewährung der Universität in Triest, Gegenbesuch in Rom. Ganz leer sind die Prinzipien der modernen Friedensbestrebungen in dieser Delegationssession nicht ausgegangen.

* *
*

In der italienischen Kammer[1]) wurde auch ein Antrag gestellt auf Einberufung einer Abrüstungskonferenz durch Italien und Oesterreich-Ungarn. Der Antragsteller war Abgeordneter Bissolatti (Sozialist). Merkwürdig war die Antwort des Ministers San Giuliano[2]). Zuerst sprach er einen ganzen Rosenkranz von Liebenswürdigkeiten an die Adresse Oesterreichs, „innigste Freundschaft", „es gibt keinen Irredentismus" und ähnliches. Dann, was die Rüstungsfrage betrifft, sagte er, daß die beiden Staaten nicht gegeneinander rüsten, jeder ein Interesse daran habe, daß der andere stark sei, daß man aber von Rüstungseinschränkung nicht sprechen dürfe, weil dies die „Freundschaft erkalten macht". Sonderbar: wenn zwei Kameraden ermahnt werden, einander nicht die Zähne zu zeigen, so werden sie dadurch in ihrer Sympathie beeinträchtigt. Die hohe Politik ist doch wahrlich das Feld, auf dem die Vegetation des Unsinns und des Widerspruchs erstaunlich gedeiht. Daß zwei Verbündete an der gegenseitigen Stärke Freude haben, kan man sich noch vorstellen, wenn ihre vereinte Macht gegen einen bedrohenden Dritten gerichtet ist; daß sie aber ihre gegenseitigen Grenzen mit Forts und Minen spicken, daß jede Mehrforderung für die Dreadnoughtbauten durch den Hinweis auf die gefahrdrohenden Marinepläne des anderen Adriastaates begründet wird — — und daß dies warme Freundschaft heißt, die nur dadurch getrübt werden könnte, wenn die Zumutung einer Verständigung laut wird — — — das sind doch Begriffsungeheuer, die nur in dem fünfdimensionalen Raum diplomatischer Phraseologie sich bewegen können! Aber Leit-

[1]) 1. Dezember 1910.
[2]) Am 2. Dezember 1910.

artikler finden sich, die volles Verständnis und dankbare Bewunderung dafür haben.

* *
*

Vor kurzem wurde eine alte Streitfrage zwischen Italien und Oesterreich beigelegt, indem Italien auf den „Zwölferkogel" verzichtete. Abgeordneter Brunialti klagte deshalb die Regierung an, diese behaupte zwar, das Preisgegebene sei nur ein völlig wertloser Steinhaufen gewesen, aber so könnte man den Verzicht auf andere Staatsgebiete beschönigen. (Lärm und Widerspruch.) Der Abgeordnete aber fuhr fort: die Regierung habe da bedauerlichen Schwachmut bekundet. Der Krieg sei ein Unglück, schlimmer als ein Krieg und schlimmer als eine Niederlage sei aber der Verzicht auf eigene Würde und auf die Achtung der Welt. (Lärm, Widerspruch, schwacher Beifall.) Dieser Widerspruch bedeutet — nicht, daß die eigene Würde und die Achtung der Welt wertloser geworden, sondern daß die moderne Welt ihre Achtung für andere Dinge zollt, als für die Behauptung von Steinhaufen. Auch über das Unglück des Krieges habe sie jetzt einen anderen Maßstab gewonnen; sie läßt es nicht mehr so leicht unter die geringeren Uebel einreihen.

* *
*

Der deutsche Kaiser soll unlängst geäußert haben, er wünsche, daß jeder seiner Soldaten täglich das Vaterunser bete. Wenn es nur mit den Lippen geschieht, so kann's ja dem soldatischen Geist nicht schaden. Wenn aber dabei nur einmal in der Seele das vollständige Verständnis aufleuchtet: „Vater unser — unser Vater" .... wessen? Doch aller Menschenkinder.... also sind wir alle Brüder. Amen. Und jetzt ans Maschinengewehr.

* *
*

Der vom Pariser „Journal" organisierte Städterundflug (unter dem Motto „L'Aéroplane, instrument de paix") wird rüstig weiter vorbereitet. Die Zustimmungen und Anmeldungen fliegen zu. Das Berliner Verlagshaus Ullstein hat für die Preise einen Zuschuß von

200,000 Mark gezeichnet. Als Datum zum Starten ist der 4. Juni 1911 festgesetzt [1]).

* *
*

Und nun der Gegensatz: In „Streffleur's militärischer Zeitschrift" erschien ein Artikel des Kommandanten der Verkehrstruppenbrigade: „Die militärische Bedeutung der Motorballons und Drachenflieger." Hier seien nur einige Sätze daraus wiedergegeben: „Die Aufgaben, zu deren Durchführung Motorballons im Festungskriege zu verwenden wären, sind: Rekognoszierung, Detailermittlung durch Fernphotographie, Lancierung von Lufttorpedos zur wirksamen Schädigung von Etablissements, Objekten, Munitionsdepots, moralische Einwirkung durch Bombardement von volkreichen, geschützten Städten." — Weiter: „Im Seekriege wird die Verwendung von Motorballons nicht mehr zu entbehren sein. (Was wir aber wahrlich entbehren könnten, wären die Seekriege selber! B. S.) — Zur Beobachtung feindlicher Kriegshäfen, Küstenbefestigungsanlagen jenseits geschützter Minenzonen. Die Möglichkeit, aus so großen Höhen oft bis auf den Meeresgrund sehen zu können, befähigt die Motorballons auch zur Aufklärung gegen Unterseeboote. Auch können Motorballons zur Zerstörung oder wirksamen Schädigung feindlicher Marine-Etablissements (Docks, Werften, Munitionsdepots) und auch zu direkter Bekämpfung feindlicher Kriegsschiffe in Verwendung treten." Jetzt folgt eine Aufzählung der möglichen Leistungen der Drachenflieger. Und zum Schluß heißt es: „Ist ein Staat in der glücklichen Lage, beides — Motorballons, Drachenflieger und Ballonabwehrgeschütze — anschaffen zu können, dann wird er über außerordentlich wertvolle Hilfsmittel verfügen." Nun werden sich aber alle Staaten in diese „glückliche Lage" versetzen — wo bleibt dann der Gewinn, der aus diesen wertvollen Hilfsmitteln fließen soll?

* *
*

Ein Erlaß des Unterrichtsministeriums [2]) hat den Schießunterricht in den Mittelschulen eingeführt. In der In-

[1]) Der Friedensrundflug (siehe oben II. Bd. Seite 263) kam jedoch infolge nationalistischer Hetze nicht zustande.

[2]) des österreichischen.

struktion hierzu heißt es: „Bei der Vornahme des Schießunterrichts in den Pausen, dann bei Ausflügen usw. wird sich vielleicht Gelegenheit ergeben, den Schülern mancherlei Erkenntnisse zu vermitteln. Diese hätten zu umfassen: Allgemeines über die Wehrmacht und deren Organisation, Kartenlesen, Erzählung kriegsgeschichtlicher Episoden usw. Jede sich darbietende Gelegenheit wäre zu benutzen, um bei den jungen Leuten durch Besichtigung von Geschützen, Maschinengewehren, Gewehr- und Munitionsfabriken usw. das Interesse an militärischen Einrichtungen wachzurufen." Für eine Kadettenschule wäre ein solches Programm am Platze. Nun, man will eben, dem Geist der Zeit zum Trotz, die ganze Bevölkerung im kriegerischen Geiste großziehen. Das wird nicht gelingen. Für weite Kreise des gegenwärtigen und noch mehr des heranwachsenden Geschlechts gibt es höhere Interessen als Munitionsfabriken.

* *
*

Die Wahlen in England passionieren die ganze übrige Welt[1]). Wieder ein Beweis, wie sehr die ganze Welt miteinander verbunden ist, wie jeder fühlt, daß seine eigenen politischen und sonstigen Ideale gewinnen oder verlieren, je nach deren Siegen und Niederlagen im entferntesten Ausland. Die Tarifdeformierung — euphemistisch Tarifreform genannt — wurde einstweilen von den Unionisten fallen gelassen. Hoffentlich wird auch das Kriegsgespenst beiseite gestellt. Eine Aenderung der Verfassung bereitet sich jedenfalls auch in Großbritannien vor; es ist ja jetzt allenthalben solch eine Wandelbewegung in die Regierungsformen eingerissen — selbst China will sich eine Konstitution geben. Dieses große Ereignis findet viel zu wenig Beachtung.

* *
*

Die letzte Botschaft Tafts[2]) bringt auch weite Perspektiven. Der Präsident spricht von jener zum Gesetz erhobenen Ernennung

[1]) Das Parlament ist durch eine Rede des Königs am 28. November 1910 aufgelöst worden.

[2]) 6. Dezember 1910.

einer fünfgliederigen Kommission, deren Aufgabe es **sein wird**, das obligatorische Schiedsgericht, die Einschränkung der **Rüstungen**, oder — noch weiter ins Auge gefaßt: eine **Friedensliga der Mächte** in die Wege zu leiten. Was ein solcher **Vorschlag** bedeutet, wenn in der offiziellen Botschaft des Staatsoberhauptes **vorgebracht**, das wird man einige Zeit lang in der Allgemeinheit **auch kaum** auffassen. Wir verstehen es: ein neuer gewaltiger Vorstoß ist's.

1911

Drei Ereignisse von der Jahreswende. — Die amerikanische Rüstungskommission. — Die Carnegie-Stiftung. — Der vorbehaltlose Schiedsvertrag zwischen den Vereinigten Staaten und England. — Das Rätsel des Reichskanzlers von Bethmann Hollweg. — Der österreichische Flottenverein und seine Förderer. — Flotte und kein Ende! Das Muster eines Flottenabkommens von 1814. — Die neue Türkei vom Gesichtswinkel eines Militärschriftstellers. — „Weidmanns Heil!" den amerikanischen Schützen. — Das deutsch-russische Abkommen.

Wien, 12. Januar 1911.

Das Ende des Jahres 1910 und der Anfang von 1911 haben für die Entwicklung der Friedensbewegung, die ja ein Teil der Kulturentwicklungsgeschichte ist, einige hochwichtige Erscheinungen gezeitigt. Der Lokalpolitiker und Tagespolitiker, den nur das interessiert, was im Umkreis der örtlichen und zeitlichen Nähe geschieht, hat für die Tragweite jener Erscheinungen wieder kein oder nur gar wenig Verständnis aufgebracht. Und doch handelt es sich dabei um Großes, Richtunggebendes, Ausschlaggebendes. Es kommt aus der Neuen Welt. Drei Aktionen sind es, die ich meine: Die im Repräsentantenhaus eingesetzte Friedenskommission, die Stiftung des Carnegie-Friedensfonds, der Antrag Tafts an Großbritannien zum Abschluß eines einschränkungslosen Schiedsgerichtsvertrags. Diese drei Aktionen, mit allem, was drum und dran ist, rechtfertigen den Ausspruch des Senators Elihu Root bei der Eröffnung eines Meetings in Washington [1]), 15. Dezember: „Die Friedensbewegung ist nunmehr aus dem Stadium der Theorie in das der Praxis eingetreten." Ich will zu den drei Paragraphen, welche ver-

[1]) Auf dem Kongreß der „American Society for the judicial settlement of international disputes".

dienen, in der Chronik des Pazifismus mit großen roten Buchstaben angeführt zu werden, wir einige Bemerkungen fügen:

Ad 1.

In einem Brief, datiert Skibo Castle, 30. Juni 1910, schrieb mir der Schloßherr:

> — — —. Die größte letzte Neuigkeit ist die Annahme eines Antrages im Repräsentantenhaus und im Senat zur Einsetzung einer Kommission zwecks Zustandebringung eines Friedensbundes zwischen den Staaten[1]. Herr Roosevelt soll der Präsident dieser Kommission werden. „This means business." Amerika geht ernsthaft ans Werk. Ich hoffe, daß wir nicht mehr weiter zu Kriegsrüstungen getrieben werden. Das gute Werk geht tapfer vorwärts. Getreu der Ihre
>
> Andrew Carnegie.

In seiner letzten Botschaft an den Kongreß erwähnte Präsident Taft die Einsetzung dieser Kommission. Der Antrag, dessen Text an anderer Stelle dieser Nummer[2]) abgedruckt ist, stieß zuerst auf einige Zweifel; es traten aber außenstehende Korporationen (darunter der New Yorker Friedensverein, dessen Präsident A. Carnegie ist, so auch die Ginnsche „Peace school" u. a.) dafür ein; eine Deputation einflußreicher Männer befürwortete sie beim Auswärtigen Amt, und dieses ließ ihn dann mit unterstützenden Worten an das Haus zurückgehen, wo er nunmehr einstimmig angenommen wurde. Dann ratifizierte ihn der Senat, worauf der Präsident ihn unterzeichnete — und die Bill ward zum Gesetz. Damit verkündeten die Vereinigten Staaten Nordamerikas vor aller Welt, daß sie bereit seien, im Rate der Völker die Ideen eines Friedensbundes der Staaten zu vertreten.

Ad 2.

Nicht die Summe, nicht die 10 Mill. Doll.[3]) sind es, die der Sache einen solchen Impuls geben — ein einziger Dreadnought kostet

---

[1]) Siehe oben II. Bd. S. 265, 287, 288.

[2]) „Friedens-Warte" 1911, Seite 4.

[3]) Am 14. Dezember 1910 machte Carnegie in New York einem Kreise von ihm berufener Vertrauensmänner die Mitteilung, daß er ein Kapital von 10 Millionen Dollars für einen Friedensfonds gestiftet habe, deren Einkommen zu dem Zwecke verwaltet werden soll, „um die Abschaffung des internationalen Krieges — dieses häßlichsten Flecks unserer Zivilisation — zu beschleunigen".

mehr. Es sind die begleitenden Umstände, es ist der Stiftungsbrief — an sich ein Dokument von apostolischer Kraft — es ist die Zusammensetzung des Kuratoriums, das aus den Spitzen der in öffentlichem Amte stehenden Männer der Union besteht mit einem Elihu Root als Vorsitzenden, mit dem Staatsoberhaupt als Ehrenpräsidenten. In dem Stiftungsbrief wird ohne Umschweife, ohne Vorbehalte „die Abschaffung des Krieges" — „this foulest blot on civilisation" als das einzige zu erreichende Ziel hingesetzt, und in der Resolution, mit welcher das ernannte Kuratorium das Vertrauensamt „für den vom Stifter vorgeschriebenen Zweck annimmt", heißt es, „daß alle denkenden Männer und Frauen ihm dankbar und freudig bereit sein sollten, zu helfen, daß das sehr erstrebenswerte Ziel, in das er seine Hoffnung setzt, erreicht werde". Obwohl Carnegie keine bestimmten Direktiven gibt und die Mittel und Wege den Entschlüssen seiner Vertrauensmänner überläßt, so weist er doch in der Stiftungsurkunde auf den Ausspruch Tafts hin, daß er keinen Grund sehe, die Klausel der „nationalen Ehre" in den Schiedsverträgen beizubehalten — und diese Platform des Präsidenten gibt Carnegie als die Linie an, auf der weiter vorgegangen werden soll. Man sieht, die Spende soll hauptsächlich dazu dienen, den positiven Friedensaktionen der Regierung jenen Nerv zu geben, dessen auch die Kriegspolitik nicht entraten kann.

Ad 3.

Die vor einigen Tagen im Depeschenteil der Blätter kurz mitgeteilte Nachricht, zwischen den Vereinigten Staaten und Großbritannien sei der Abschluß eines allgemeinen Schiedsgerichtsvertrages im Zuge [1]), hat bei unserem Publikum wenig Eindruck gemacht. Es wurden in unseren Hauptzeitungen auch keinerlei Leitartikel daran geknüpft, also wußte man nicht recht, worum es sich handelt. Wenn man aber die Nachricht in Zusammenhang mit der Einsetzung der Friedenskommission, mit der Stiftung Carnegies und mit der „Platform Tafts" betrachtet, so erkennt man, daß da nichts Geringeres in Angriff genommen worden ist, als die auch von Camp-

[1]) Am 6. Januar 1911 hatte Präsident Taft mit Mitgliedern des Senatsausschusses für auswärtige Angelegenheiten über die Umwandlung des bestehenden anglo-amerikanischen Schiedsvertrages in einen vorbehaltlosen Vertrag, d. h. in einen solchen, in dem die Fälle, die die „vitalen Interessen" oder die „Ehre" beider Länder berühren, ebenfalls der schiedlichen Lösung unterworfen sein sollen.

bell-Bannermann in seiner Guildhall-Rede und von Roosevelt in seiner Christiania-Rede verkündete „Friedensliga der Staaten". Ein Schiedsvertrag, der alle Streitfälle dem Forum des Schwertes entzieht, verbunden vielleicht mit der Fusion der beiderseitigen Flotten: das ergibt doch einen Bund, der — indem er allen andern Staaten zum Anschlusse offen steht — den Kern zu einer allgemeinen Rechts-Föderation bilden kann. Jener einschränkungslose Vertrag, der schon im Jahre 1897 auf dem Punkte war, abgeschlossen zu werden, und der an einem Zufall (die drei an der Zweidrittelmajorität mangelnden Stimmen) scheiterte, wird jetzt wieder, in erweiterter Form, mächtig unterstützt, offiziell in Verhandlung genommen. Das ist ein Ereignis — ein kulturhistorisches Ereignis — das von den Sehenden nicht hoch genug einzuschätzen ist und vielleicht eben darum von den Blinden so wirkungslos abprallt. — Ja, wenn irgendwo eine halbverhüllte Kriegserklärung in Sicht gewesen wäre, da hätte es Sensation genug gegeben — aber diese entschiedene, offene, laute, von den leitenden Männern eines mächtigen Staates der Mitwelt gebotene Friedenserklärung, die läßt die Allgemeinheit kalt. Die Allgemeinheit hat eben, wie es scheint, noch kein Organ dafür. Dieses auszubilden bleibt immerhin noch die Aufgabe der pazifistischen Vereine — denn auf Widerstand, besonders auf passiven, wird die amerikanische Aktion noch stoßen, das ist zweifellos. Von den Kriegsanhängern gar nicht zu reden: selbst unter den Mitgliedern der pazifistischen Organisationen — interparlamentarische Union, Haager Gerichtshof, Völkerrechtsinstitute usw. — gibt es viele, die den Frieden wollen — unter Beibehaltung des Krieges. Diesen werden Carnegie und Taft zu radikal sein, zu weit gehen. Schließlich aber können doch nur die Führer sein, die weiter gehen als andere.

* *
*

In seiner Rede über die auswärtige Politik [1]) kam der deutsche Reichskanzler auf das Verhältnis zu England zu sprechen. Ich halte es für zweckmäßig, sagte er, darüber folgende Erklärung abzugeben. Herr v. Bethmann Hollweg, der bisher frei gesprochen, ergreift ein Blatt und liest:

[1]) In der Reichstagssitzung vom 10. Dezember 1910.

„Ueber unsere Beziehungen zu England und angebliche Verhandlungen mit diesem über eine vertragsmäßige Beschränkung der Rüstungen zur See, muß ich zunächst hervorheben, daß es wohl publici juris ist, daß die großbritannische Regierung wiederholt dem Gedanken Ausdruck gegeben hat, eine vertragsmäßige Beschränkung der Flottenrüstungen herbeizuführen. Diesen Gedanken hat die englische Regierung bereits in der Konferenz im Haag geäußert. Seitdem hat England diesen Gedanken wiederholt erneuert, ohne jedoch Anträge zu stellen, die für uns einen Anlaß zur Annahme oder Ablehnung geben konnten. (Der Antrag war ja ein prinzipieller: „Reden wir darüber", und dieser wurde wiederholt abgelehnt. B. S.) Wir begegnen uns mit England in dem Wunsche, Rivalitäten inbezug auf die Rüstungen zu vermeiden, und haben dem in unverbindlichen, aber von freundschaftlichem Geiste getragenen Verhandlungen Ausdruck gegeben. Die Aussprache darüber und die darauf folgende Verständigung über die beiderseitigen wirtschaftlichen Interessen gab Gelegenheit zur Beseitigung des gegenseitigen Mißtrauens bezüglich der Rüstungen zu Wasser und zu Lande. (Aber nicht zu ihrer Einschränkung. Uebrigens sind Rivalität und Mißtrauen die Wesenselemente der Rüstungen, die sich daraus nicht eliminieren lassen. B. S.) Der Gedankenaustausch dürfte eine Garantie bieten für die friedlichen Absichten auf beiden Seiten und zur Beseitigung des Mißtrauens führen, das sich zwar nicht zwischen den Regierungen, aber in der öffentlichen Meinung vielfach geltend gemacht hat."

Diese Ausführungen schienen offenbar noch zu klar und verständlich. Sie sagen zwar nicht viel, aber doch etwas. Der Text wurde daher in der offiziellen Fassung mit der gehörigen diplomatischen Undurchsichtigkeit versehen und im Telegraphenbureau wie folgt veröffentlicht:

Bis zu den Worten „Gedanken Ausdruck gegeben hat" gleichlautend, und dann abweichend: „daß eine vertragsmäßige Festlegung der Flottenstärke (also nicht mehr das ominöse Wort „Beschränkung der Rüstungen" — so etwas niederzuschreiben sträuben sich die wohlgesinnten Kanzleikielfedern —) der einzelnen Mächte zu einer wesentlichen Beruhigung in den internationalen Beziehungen beitragen. Auch wir begegnen uns mit England in dem Wunsche, Rivalitäten inbetreff der Rüstungen zu vermeiden, haben aber in den unverbindlichen, von gegenseitigem freundschaftlichen Geiste getragenen Pourparlers stets den Gedanken vorangestellt, daß eine offene und vertrauensvolle Aussprache und darauf folgende Verständigung über die gegenseitigen wirtschaftlichen und politischen Interessen der beiden Länder das sicherste Mittel zur Beseitigung jeglichen Mißtrauens wegen des gegenseitigen Kräfteverhältnisses zu Wasser und zu Lande sei".

Diese Stilprobe wurde hierauf in den politischen Blättern als eine, jegliches Mißverständnis verscheuchende Friedenskundgebung begrüßt und an leitender Stelle kommentiert, während sie doch offenbar in die Rätselecke gehört.

* * *

Wenn bei uns zu Lande ein Millionär (Wundervogel, wo bist du?) sich bewogen fühlte, einen Friedensfonds zu stiften, er fände wohl unter unsern höchsten Würdenträgern des Staates kein Kuratorium, das ihn verwalten wollte. Nur dem Flottenverein erblüht die Gunst von oben. Die „Flagge", das Vereinsorgan, enthält schmeichelhafte Zuschriften an das Präsidium vom Marinekommandanten Grafen Montecuccoli und vom Handelsminister Dr. Weißkirchner. Die Dankbarkeit des Admirals ist schließlich natürlich, aber woher das Entzücken des Handelsministers? „Mit aufrichtiger Freude habe ich aus den mir gemachten Mitteilungen einen Aufschwung des Vereinslebens und eine Erstarkung der Organisation entnommen, wie sie wohl den schönsten und am lautesten sprechenden Beweis für die Tragfähigkeit und die werbende Kraft der von dem geehrten Verein mit so viel ehrlicher Ueberzeugung, ja Begeisterung, und so früchtereichen Erfolgen vertretenen patriotischen, wirtschaftsfördernden (!) Idee erbringt, der Idee, daß auch wir Oesterreicher auf dem Meere zu Hause sind und allen Anspruch, aber auch die Pflicht haben, uns dort heimisch einzurichten."

Ach, was ist das z. B. doch für gemütliches, heimliches, häusliches Möbel, so ein von Flatterminen lieblich umkräuselter Dreadnought! Im weiteren Verlauf schwenkt der Minister zwar auf die Handelsmarine ab, aber man weiß doch, daß sich der Verein mit dieser nur „im Nebenberuf" beschäftigt, die Hauptsache bleibt die den Flottenkommandanten so dankbar stimmende Beschaffung von Opfergaben für die Kriegsmarine. Der Brief Dr. Weißkirchners schließt mit dem herzlichen Wunsch, „daß es dem österreichischen Flottenverein beschieden sein möge, sich in jugendfrischem Aufstreben der mächtigen Förderung seines durchlauchtigsten Protektors stets in gleicher Weise wert zu erweisen, wie bisher.“

* *
*

Flotte und kein Ende! Der Dreadnought ist das Wahrzeichen unserer friedensehnenden, friedenversichernden, friedenbenötigenden Zeit. Dieser Widerspruch tut sich von allen Seiten kund. Am 29. Dezember hat der Erzherzog Thronfolger in Vertretung des Kaisers die Delegationen in Budapest empfangen. In der Thronrede, die er verlas, kam die übliche Stelle von den guten Beziehungen zu allen übrigen Mächten, aber daneben noch die ausdrückliche Versicherung, daß nirgendsher eine Kriegsgefahr drohe und der Weltfrieden gesichert erscheint. Und gleich darauf, ohne den geringsten Uebergang: „Zur Ausgestaltung der Marine und zum Bau der erforderlichen Dreadnoughts usw.“ Die Thronrede nennt die Summe noch nicht, die von den Delegationen verlangt werden wird, doch man weiß, es werden 300 Millionen sein. Ein Artikel der „Zeit“ befaßt sich mit dem Stande der italienischen Flotte und dem Ausbau der österreichischen: „.... Wenn dann die mit vielversprechenden Anfängen binnen nur drei Jahren zur Konsolidierung gelangte Werft von Monfalcone in entsprechender Zeit ebenfalls den Dreadnoughtbau wird wagen können, so würden auf unserer Seite acht gegenüber den zehn italienischen Neubauten gleichzeitig realisierbar sein, usw.“ Das Ergebnis dieser Betrachtung besteht also darin, daß auch diese technische Frage für uns keineswegs aussichtslos ist. Die beste Friedensgewähr beruht für alle Zeiten in dem gegenseitigen Gleichgewicht der Kräfte, demnach in der Möglichkeit, auch die fieberhaften Rüstungen der einen Partei durch analoge Maßnahmen paralysieren zu können.“ — Der Artikelschreiber weiß wahrscheinlich nichts von der schon hundert Jahre währenden Friedensgewähr, welche die Abrüstung der großen Seen zwischen Nordamerika und Kanada geboten hat? Für 1914 wird jetzt schon eine große Friedensfeier geplant zur Erinnerung daran, daß im Jahre 1814 die tausend Meilen langen Küsten an beiden Seiten der Seen von ihren Befestigungen befreit und die auf den Gewässern befindlichen Kriegsschiffe in Handelsschiffe umgetauscht wurden. Wieviel Geld, wieviel

Bitterkeit, wieviel gegenseitiges Wettrüsten und wer weiß? — wieviel Kriege sind dadurch erspart worden? Könnten Italien und Oesterreich-Ungarn nicht das gleiche auf der Adria versuchen? Den „soldatisch" Gesinnten auf beiden Seiten würde der Gedanke freilich ungeheuerlich erscheinen. Diese Gesinnung ist das größte Hindernis, das sich der Organisierung der Welt entgegenstemmt. Hier eine Probe dieser Denkungsweise. In einem Aufsatz über die Neutürkei und ihre Wehrkräfte schreibt ein Militärschriftsteller:

„Existieren bleiben kann und wird sie, wenn sie nur die goldenen Worte Mohammeds „Das Paradies ist unter dem Schatten des Schwertes" und die Mahnung ihres „deutschen Schutzheiligen" Goltz im Sommer 1908 „Seid stark, und man wird gerecht gegen euch sein" jederzeit befolgt. Das eine ist sicher: die nächste Zukunft der Neutürkei gehört den türkischen Soldaten. So sehr es unter dem alten Regime förmlich ein großes patriotisches Opfer war, türkischer Soldat zu bleiben und sich dabei echte Soldatenlust und Begeisterung zu bewahren, so sehr ist es jetzt für echte Soldatennaturen eine Freude, Soldat der Neutürkei zu sein. Die Soldaten aller europäischen Armeen, die in eine trübe, langweilige Friedenszukunft sehen, können ihre türkischen Kameraden um ihre Zukunftsaussichten tief beneiden. Ihnen gehört die Zukunft der Neutürkei, sie können sie zu einer glänzenden machen — und im schlimmsten Falle steht ihnen ein glorreicher Untergang bevor." (Danzers Armeezeitung, Nr. 51—52.)

* *
*

Unglücksfälle hat es in den verflossenen Wochen wieder in Unzahl gegeben: Erdbeben, Eisenbahnzusammenstöße, Grubenbrände, Aviatiker-Abstürze — — — ach unser kleiner, armer Planet! Wenn nur wenigstens jener Wolf verschwinden könnte, der noch immer des Menschen Wolf ist. Darum zum Schluß ein freudiges „Waidmanns Heil!" jenen amerikanischen Schützen, die dieses Wild aufs Korn genommen haben.

* *
*

Zwischen dem deutschen Kaiser und Zar Nikolaus und ihren Ministern hat in Potsdam eine Entrevue [1]) stattgefunden, bei

[1]) 4. November 1910. Siehe oben II. Bd. S. 280.

der ein Uebereinkommen über die strittige Bagdadbahn-Frage getroffen und überhaupt Annäherung angebahnt wurde. Immer deutlicher und sichtbarer ziehen sich die Freundschaftsfäden zwischen den Mächten der beiden Dreibünde — was fehlt da noch am Netz des Sechsbundes? Die Chauvinisten überall waren über die Potsdamer Abmachungen sehr unwirsch; die friedliche Hinwegräumung strittiger Fragen stört sie in ihren Kreisen. Daily Telegraph jammerte, daß wenn Rußland und Deutschland wirklich übereingekommen seien, bei keinerlei gegen den einen oder den anderen gerichteten Angriffen sich daran zu beteiligen, damit der eigentliche Zweck der Triple-Entente illusorisch geworden sei. Es ist doch eine einfache Jingo-Lüge, daß dieser Zweck jemals ein kriegerischer gewesen sei. So erklärt denn auch Pichon in seiner letzten Rede über die auswärtigen Angelegenheiten, daß sich Frankreich, dessen Politik eine dezidierte Friedenspolitik sei, nur darüber freuen könne, wenn für Rußland und Deutschland Schwierigkeiten, die zu Konflikten führen konnten, aus dem Wege geschafft worden seien. Es sei dies eine Garantie mehr für den Weltfrieden. Am Schlusse seiner sehr pazifistischen Rede hebt aber auch Pichon unter den Friedensgarantien den Ausbau von Heer und Marine hervor. Durch diesen Widerspruch, der allgemein zwischen Zweck und Mittel aufrecht erhalten wird, entsteht jene ewig geteilte Auffassung, der die politischen Ereignisse und Aktionen überall begegnen. Alles wird darauf berechnet, daß es den Pazifisten und den Chauvinisten zugleich Befriedigung bringe, und bringt doch beiden Aerger. Wenn Ententen und Freundschaften als Bedrohungen des Friedens und Mordmaschinenerhöhung als Sicherung des Friedens angesprochen werden können, so geschieht gar nichts, was ehrlich bedroht und was ehrlich sichert. Das Werkzeug soll doch mit der gewollten Arbeit übereinstimmen: man schafft sich doch nicht Drehbänke an, um darauf Violine zu spielen, und Stradivariusse wird man nicht als Heizmaterial betrachten.

Die Pest in China. — Die Befestigung von Vlissingen. Militärische Kommentare dazu. — Die Marine- und Heeresforderungen vor den Delegationen. — Das Exposé des Ministers des Aeußern. Vertrauensvolle Beziehungen. Professor Exner interpelliert wegen der Initiative Tafts. Einer wartet auf den andern. — Protestversammlungen im Volke. — Technische Fortschritte. — König Georg zu Professor Harnack. — Zollabkommen zwischen Kanada und den Vereinigten Staaten. — Der Rosenkavalier. — Uebung auf dem Tempelhofer Felde. — Russisch-italienischer Schiedsgerichtsvertrag.

Wien, 11. Februar.

Wieder schwirren mit unheimlichem Klang dieselben Namen durch die Luft, wie zur Zeit des fürchterlichen russisch-japanischen Krieges: Mandschurei, Charbin, Mukden ...; wieder dringt Leichengeruch, Wehgeschrei und verzweifelter Jammer von jenen unseligen Stätten herüber. Und weil sie diesmal all das Unglück nicht selber machen, sondern von höheren Gewalten damit gegeißelt werden, so empfinden es die Menschen als etwas viel Schauerlicheres, und wären bereit, alles, alles Erdenkliche zu tun, um es einzudämmen, abzuwenden, aufzuheben. Wenn aber bewußtlose Stoffpartikelchen, Miasmen oder unschuldige Ratten Tod und Verderben verbreiten, so ist das nicht tragischer — eher weniger so — als wenn bewußte Absicht, freiwillige Grausamkeit, entschlossene Gewinn- oder Ehrsucht das tun. Vor dem schwarzen Tod erfaßt sie Entsetzen — vom roten Tode, der — wie auf den mandschurischen Schlachtfeldern, vom „roten Lachen" des Wahnsinns begleitet wird, hören und schreiben sie gern. Das Sterben, das die Natur auferlegt, das „große Sterben" der Seuchen gar, das ist das Maximum des Unglücks — nur das Töten ist löblich. Uebrigens, wer weiß, ob die jetzt in jenen Gegenden entstandene Pest nicht eine Fortsetzung, d. h. eine Folge des letzten Krieges ist? Solche Keime entwickeln sich mitunter sehr langsam. Aber gleichviel, woher es kommt, das drohende Gespenst — es ist da, und ein Bangen erfaßt uns alle. Wir rufen nach Waffen zur Abwehr. Wir haben Feinde, wirkliche Feinde — ja. Da sind die Elemente: gegen die müssen wir uns schützen; aber da sind noch Schmutz, Verwahrlosung, Elend: die müssen wir vertilgen. Unterdessen: hoffen wir, daß die Seuche erlischt, ehe sie zu uns dringt. Und hoffen wir, daß sie hier überhaupt keinen Boden fände. Noch ist ja aller Grund vorhanden, dies zu hoffen.

* *
*

Viel Lärm hat sich über die Frage der Befestigung von Vlissingen erhoben[1]). Wir denken dabei unwillkürlich an die bevorstehende Jahrhundertfeier zur Erinnerung an die Aufhebung sämtlicher Forts längs der großen Seen zwischen den Vereinigten Staaten und Kanada. Und noch immer will man Festungen errichten! Doppelt traurig ist das, wenn die Kunde davon aus den Ländern kommt, die schon als Lehrer und Werkmeister des Friedens sich gezeigt haben. Die Vereinigten Staaten, von wo jetzt so energische pazifistische Aktionen ausgehen, und — Befestigung des Panamakanals; und Holland, die Stätte, wo die Haager Konferenzen tagen und wo der Carnegiesche Friedenspalast erbaut wird — will seine Küsten vor Fällen schützen, die einer Ordnung angehören, die das alles einfach ignoriert, wofür das Haager Tribunal errichtet worden ist! Ach, wie wenig doch die Mehrzahl der Holländer (darunter die an der Spitze stehenden) die Größe der Rolle zu schätzen wissen, die ihnen in der Geschichte sozialer Entwicklung zugefallen war, als Geburtsland der kommenden Weltorganisation. Die Kommentare, die bei solchen Anlässen durch die Blätter gehen, sind das Widerliche und Gefährliche dabei, denn sie sind alle auf die Voraussetzung gestimmt, daß jedes Land rings von lauernden Feinden umgeben ist, und daß ein kommender Krieg so sicher ist wie kommende Jahreszeiten.

* *
*

Die Marine- und Heeresvorlagen sind nun den Delegationen von Oesterreich-Ungarn vorgelegt. Der Flottenkommandant und der Kriegsminister haben das „unumgänglich Notwendige" verlangt. Notwendig, um den Krieg zu vermeiden, der noch hundertmal mehr

[1]) Anfangs Januar 1911 brachte die Frage der Befestigung Vlissingens große Aufregung in die internationale Politik.

kosten würde; notwendig, um, wenn dieses so kostspielig Vermiedene doch kommt, den Sieg zu sichern; notwendig, um unsern Handel zu fördern; notwendig, um uns Ansehen und Respekt zu verschaffen; also zugleich als Bürgschaft für Frieden, Sieg, Geschäft und Prestige. Das alles um nur eine halbe Milliarde: es ist geschenkt. Die Delegationen sind auch entschlossen, ja zu sagen.

* *
*

In einem Exposé sagte der Minister des Aeußern [1]), daß „es heute keine Frage gibt, die für den Frieden Europas gefährlich wäre. Alle großen Mächte sind mit inneren Problemen beschäftigt und bestrebt, die Beziehungen untereinander vertrauensvoller zu gestalten.“ Noch vertrauensvoller? Leider nicht: wenn das heutige Vertrauen sich schon in solche Kosten von Furcht- und Drohmaterial ausdrückt, wie teuer würde ein noch gesteigertes Vertrauen zu stehen kommen! Zum Schlusse der Rede heißt es, daß trotz der günstigen Lage „in unserer so rasch lebenden Zeit, wo auch der Gang der Ereignisse sich zuweilen überstürzt, und in Hinblick auf die leider so leichte Erregbarkeit der öffentlichen Meinung in allen Staaten der politische Barometer unvermittelt auf schlechtes Wetter zeigen kann.“ Daher muß man, um „für den Frieden und die Interessen der Monarchie erfolgreich eintreten zu können, über eine schlagfertige Flotte und Armee verfügen“. Gerade so lauten die Exposés aller auswärtigen Minister, überall seit den letzten 40 Jahren. Es liegt eine verzweifelte Monotonie darin. — Und dennoch, die neuen Töne fangen zu erklingen an — hier leiser, dort lauter. Die Rede, mit welcher Jaurès das Exposé Pichons beantwortete [2]), hat den neuen Ton gar kräftig angeschlagen, und auch in der österreichischen Delegation fand sich ein Interpellant, der den Minister fragte, wie er sich zu der Initiative des Präsidenten Taft (die Ernennung einer Kommission zum Studium der Rüstungseinschränkungen) verhalte [3]). Jetzt erst teilte Graf Aehrental den Text der Kommunikation mit, welche von der amerikanischen Regierung an die unsrige gelangt war, und

[1]) Graf Aehrenthal am 31. Januar 1911 bei den in Budapest tagenden Delegationen.

[2]) In der Debatte der französischen Kammer vom 13. Januar 1911.

[3]) Delegierter Geheimrat Dr. Exner in der ersten Sitzung des Ausschusses der Delegationen für Auswärtige Angelegenheiten vom 30. Januar 1911.

er fügte hinzu, daß der Präsident erst dann die Mitglieder der Kommission ernennen wolle, bis die europäischen Regierungen ihre Geneigtheit ausgesprochen haben werden, auch solche Kommissionen einzusetzen. Ehe die österreichische Regierung sich ausspreche, wolle sie erst bei den andern anfragen; im ganzen sei ja die Idee recht schön, hätte aber wenig Chance, weil jetzt die Ansicht herrsche, daß der Frieden nur durch Rüstungen zu erhalten sei, und daß ein Erfolg nur möglich wäre, „wenn alle Mächte sich anschließen würden". Wenn aber immerfort nur herumgefragt wird, ob die anderen mittun und was die anderen denken, ehe man selber tut oder spricht, so kommt man nicht vom Fleck. Einstimmigkeit ist auch durchaus nicht nötig. Wenn nur zwei oder drei große Staaten beginnen, eine Liga zu bilden, wie sie die amerikanische Resolution vorsieht, so wird sich der Anschluß der anderen vollziehen. Mit dieser Antwort unseres Ministers ist die Sache jedoch nicht unter den Tisch gefallen. Der mutige Interpellant, Herrenhausmitglied Exner, wird im Plenum noch einmal darauf zurückkommen. Auch steht bevor, daß von verschiedenen Korporationen aus der Bevölkerung Gesuche an das Ministerium gelangen werden, der Initiative des Präsidenten Taft gemäß zu handeln.

* *
*

Ein großer Bruchteil der Wiener Einwohnerschaft — nämlich die Arbeiter — bäumt sich gegen die militärischen Neuforderungen energisch auf. Täglich finden in den Vororten drei oder vier — von Tausenden besuchte — Protest-Versammlungen statt — auch eine für Arbeiterinnen ist einberufen worden —, wo der Wahnsinn der Ueberrüstung rückhaltlos verurteilt wird. Die Zustimmung der Zuhörer ist dabei eine begeisterte und stürmische. Aber in den großen „bürgerlichen" Blättern werden diese Versammlungen nicht einmal erwähnt. Womöglich sollen die hohen Kreise nicht einmal erfahren, welche Stimmung in den arbeitenden Volkskreisen herrscht. Ist denn Information nicht die erste Pflicht der Presse? Schweigen ist in gewissen Fällen passive Lüge. Schlimmer noch: es ist mitunter (das sagt schon der gebräuchliche Ausdruck „totschweigen") lautloser Mordversuch.

* *
*

Auf den Gebieten der [illegible] Fortschritte haben sich neuerdings große Errungenschaften ergeben. Auf den Aeroplanen kann man [illegible]. In der drahtlosen Telegraphie ist es gelungen, die weitesten Entfernungen zu meistern, und man sieht auch weiter, daß die [illegible] der Kraft bald ermöglicht [illegible].

* * *

Die englisch-deutschen Freundschaftsbesuche nehmen ihren Fortgang. Jüngst waren es die deutschen Geistlichen, die nach London kamen. König Georg V. empfing ihren Führer, Professor Sieper[1], und sagte ihm: „Man hat meinen Vater „the Peacemaker" genannt, und ich bin entschlossen, in seine Fußstapfen zu treten." Das könnte [illegible] mit der Legende, wonach Eduard VII. die Entente mit Frankreich eingefädelt haben soll, um gelegentlich Deutschland zu vernichten. Eine Legende, deren Unrichtigkeit wir Pazifisten aus den Ursprüngen der ganzen Entente kennen; denn diese wurde einzig und allein von den Pazifisten beider Länder in die Wege geleitet und mit ihrem Geiste erfüllt. Auch ist sie tatsächlich niemals anders [illegible], trotz der Bemühung sämtlicher französischer, englischer und [illegible] Chauvinisten, ihr den Charakter einer geheimen Militärkonvention anzudichten. Wir Pazifisten sind auch Zeugen der Entstehung der deutsch-englischen Freundschaftsaktion, die so gewaltige Dimensionen angenommen und die schon sehr drohende Wolke eines Konflikts verscheucht hat, gewesen; denn wir haben ihrer Geburt beigewohnt, die in sehr bescheidenem Orte stattgefunden hat; zwar nicht in einer Krippe — aber in einem kleinen Teesalon während des Luzerner Friedenskongresses im Jahre 1905.

* * *

Zwischen Kanada und den Vereinigten Staaten ist der Zoll aufgehoben worden — ein herber Schlag für die Schutzzollpartei —, d. i. die Kriegspartei Großbritanniens. Aus allen Friedensstaaten spricht wieder Friedensforderndes. Ohne den Schiedsspruch in der

[1] von Professor Sieper, am 5. Februar 1911.

Fischereifrage[1]) (bei dem sich unser Lammasch so schöne Lorbeeren geholt) wäre es zu dieser Vereinbarung zwischen Kanada und der Union nicht gekommen.

* *
*

Die Première des „Rosenkavalier" in Dresden bot — auf künstlerischem Gebiet — einen Vorgeschmack der kommenden politischen Zusammengehörigkeit. Es war — obwohl es sich in Dresden abspielte und einen deutschen Musiker und deutschen Dichter zu Urhebern hatte — ein international empfundenes Ereignis. Im Publikum Aristokraten, Schriftsteller, Musiker, Theaterdirektoren und Kritiker aus den deutschen Städten, aus London, Paris, Petersburg, New York, Mailand, Rom und Wien. Dieselbe Spannung vor der Vorstellung, dasselbe Entzücken nach der Vorstellung erfüllte sie alle. Ich glaube, in keinem einzigen aus der genießenden Gemeinde regte sich der Wunsch, gelegentlich im Leibe eines Parkettnachbars, der der andern Allianzgruppe angehört, ein Bajonett umzudrehen.

* *
*

Ich denke an Bajonette wegen eines andern Schauspiels, das sich vor einigen Tagen auf dem Tempelhofer Felde abgespielt. Nachtübung mit Leuchtkugeln und Scheinwerfern. „Ein herrliches Bild!" ruft der Berichterstatter. „Rasendes Feuer, Maschinengewehrgeknatter, laute Hurrarufe — wenn eine Leuchtkugel aufblitzt, sind die Regimenter wie verschwunden, denn jeder Mann wirft sich auf den Bauch; immer näher bringen die Gegner aufeinander, endlich wird der Feind mit dem Bajonett aus dem Schützengraben hervorgeholt." .... Feind? Feind? Es gibt keinen mehr in Europa, wenn ihr ihn nicht künstlich durch verschiedenfarbige Lappen konstruiert.

* *
*

„Petersburg, 25. Januar. Auf dem Ministerium des Aeußern erfolgte heute der Austausch der Ratifikationsurkunden des

[1]) Die Beilegung eines hundertjährigen Streites durch das Haager Schiedsgericht am 7. September 1910 unter dem Vorsitz des Völkerrechtsgelehrten Prof. Lammasch (Wien).

[illegible]

Schwarze Punkte und ihr Verschwinden. — Der [illegible] Konflikt. — Die Rüstungsfrage in den verschiedenen Parlamenten. — Die Vorschläge für Verminderung einer [illegible]? — [illegible] „Schiffe". — Der Marinekommandant über englische und amerikanische Friedensvorschläge. — Dr. v. Bethmanns Rede; die [illegible] Freundschaftsbestrebungen; [illegible] des Deutschen Reichs. — Der englisch-amerikanische Schiedsvertrag und die Bewegung dagegen. — Zwei Schlagworte: „[illegible]" und die „Einkreisung".

[illegible], März.

Ehe es eine Friedensbewegung und eine wachsende Friedens[illegible] gab, ehe eine Institution eingesetzt war, die befugt ist, Völkerstreitigkeiten juristisch beizulegen, mit einem Wort, als der Krieg die unbestrittene und unausweichliche Endstation politischer Verwicklungen darstellte, da hütete man sich, in Friedenszeiten existierende Differenzen aufzudecken; man ignorierte so viel und so lange als möglich die sogenannten „schwarzen Punkte", wenn man wußte, daß, wenn wirklich ein Gewitter sich zusammenzog, es auch unweigerlich niederging. Jetzt ist das anders geworden. Unzählige Fragen und Lagen, die nicht nur wie schwarze Punkte, sondern schon wie schwarze Wolken am politischen Horizont aufgestiegen waren, haben sich — infolge der erwähnten Stimmungen und Einrichtungen [illegible] in nichts aufgelöst. Dutzende von Kriegen, die „vor der Tür standen", sind vor der Schwelle umgekehrt. Dabei zeigt sich aber das Phänomen, daß die Tagespresse mehr als je, wenn irgendeine Differenz zwischen den Staaten — sei's in Europa, Amerika oder Asien — auftaucht, sofort mit einer gewissen Gier die betreffende Sache als den kommenden Krieg hinstellt. Da gibt es keine zwei Wochen Ruhe mehr. Kaum ist einer der unausbleiblichen blutigen Zusammenstöße ausgeblieben, so wird wieder ein neuer erblickt — fast könnte man sagen: begrüßt —, und in den Kommentaren darüber fällt es der Publizistik nicht ein, darauf hinzuweisen, daß die überwiegende Mehrheit den Krieg nicht will, und daß es bereitliegende, schon bewährte Mittel gibt, die betreffenden Schwierigkeiten friedlich zu lösen. Diese kriegswitternde Passion hat sich in den letzten Wochen wieder deutlich hervorgetan. Da gab es einen Notenwechsel zwischen der russischen und der chinesischen Regierung. Um eine Lappalie handelte es sich[1]) — irgendein nicht eingehaltener Paragraph eines alten Vertrages — irgendeine Forderung gewisser Handelsvorteile und dergleichen. Gleich hieß es „Krieg in Sicht". Die russische Note wurde „Ultimatum" genannt. Das Vorgehen Rußlands bezeichnete man als dem berechtigten Wunsch entspringend, durch einen neuen Feldzug in der Mandschurei das im vorigen Feldzug eingebüßte Prestige wiederherzustellen; über die gegenseitigen Streitkräfte wurden Berechnungen angestellt — es fehlte nicht viel, so hätte man schon eine Karte des Kriegsschauplatzes veröffentlicht. Und das im Augenblick, wo in jenen Gegenden die Pest wütet! Statt aufzuschreien, daß es der Gipfel des Verbrechens und des Wahnwitzes wäre, jetzt — während man internationale Kongresse zur Bekämpfung der Seuche vorbereitet — an Ort und Stelle eine förmliche Verschleppungsanstalt einzurichten. Zum Glück — es war wieder nichts. Die schon verbreiteten Gerüchte über russischen, französischen und englischen Einmarsch waren falsch. Das Wort Haager Schiedsgericht (wohin jener Konflikt auch gehört hätte) ward ausgesprochen; doch war es nicht einmal nötig, sich an diese Instanz zu wenden, denn die chinesische Antwort hat den Konflikt befriedigend gelöst. Mit schlecht verhehltem Bedauern muß unser Publizist auf den russisch-chinesischen Krieg verzichten. Aber er sucht sich zu trösten. An die Nachricht der Beilegung knüpft er die Bemerkung: „Die chinesische Frage, als Großes und Ganzes genommen, ist jedoch damit keineswegs beseitigt. Sie steht erst im Beginn und wird durch innere Um-

[1]) China weigerte sich, den ablaufenden Vertrag über Turkestan zu erneuern. Rußland drohte am 16. Februar 1911 mit der Besetzung einer Grenzstadt.

wandlung des Reichs noch lange und oft in den Vordergrund gerückt werden. Sie ist eine der kritischen Fragen des Jahrhunderts." Wann werden die Lenker der öffentlichen Meinung — und das wollen die Vertreter der Presse doch sein — endlich lernen, die Aufgabe des Jahrhunderts: die Organisation der Welt, in den Vordergrund zu rücken?

* * *

In den Parlamentsdebatten der verflossenen Wochen standen überall die wachsenden Militärvorlagen zur Diskussion, aber daneben erhoben sich überall auch Stimmen zugunsten anzubahnender Vereinbarung zur Einschränkung der Rüstungen. Diese Stimmen werden wohl nimmermehr verstummen. Einige interessante Sätze aus den verschiedenen Parlamentsreden, für und gegen, seien hier angeführt: Im deutschen Reichstag[1]) sagte das Zentrumsmitglied Speck: „Wir wünschen eine Verständigung auf dem Gebiete der Rüstungen." Stücklen, Sozialdemokrat, betonte: „In Frankreich ist die Friedensliebe der Massen genau so stark wie bei uns." Der Nationalliberale Bassermann hingegen verteidigte die Notwendigkeit der militärischen Verstärkungen: „Das Wiederaufleben des Revanchegedankens müsse man gewärtigen. England, Oesterreich und Frankreich verstärken ihre Heere und Flotten — ebenso Amerika und Japan; da kann man sich doch nicht darauf berufen, daß augenblicklich der Friede nirgends gefährdet werde." Es ist doch sonderbar, daß man in einem Atem behaupten kann, der Friede sei durch Bajonette gesichert, und dabei als Beweis seiner Gefährdung die Bajonette der andern bezeichnet. Kriegsminister von Heeringen führte das oft gebrauchte Argument an: „Man bedenke doch die Kosten eines unglücklichen Krieges.... die Kriegsentschädigung würde nicht 5, sondern 50 Milliarden betragen..." Stillschweigend wird da angenommen, daß die zur Sicherung des Friedens notwendigen Verstärkungen den Krieg nicht verhindern, aber den Sieg verbürgen werden. Nun haben aber beide Gegner es an Verstärkungen nicht fehlen lassen — würden zum Schlusse beide siegen? Um die Güte einer Sache ist es schlecht bestellt, zu deren Verteidigung man mit solchen Fehlschlüssen jonglieren muß.

* * *

[1]) Februar 1911 stand eine Erhöhung der Friedenspräsenzstärke zur Debatte.

In der französischen Kammer beantragte Sembat, daß man mit dem Bau der zwei Dreadnoughts bis zur Beendigung der Besprechungen mit England und Deutschland über etwaige Einschränkung der Rüstungen warten solle. Pichon lehnte ab: das würde unter den gegenwärtigen Umständen zu keinem Ergebnis führen, und würde sogar gefahrvoll sein. „Für uns besteht die Hauptgarantie des Friedens in der Stärke unserer Marine und unseres Heeres." (Lebhafter Beifall.) Sembat begnügte sich nun, zu verlangen, daß die Einschränkungsfrage auf das Programm der nächsten Haager Konferenz gesetzt werde. Dies wird mit großer Mehrheit angenommen. Cela n'engage à rien. Es bleiben da noch so viele Chancen: daß diese dritte Konferenz gar nicht zusammentritt, daß andere Mächte — wie schon früher — gegen diesen Programmpunkt protestieren, und daß schließlich, wenn die Frage doch auftaucht, man sie ablehnend erledigt. Oder, wenn es hochgeht, zu dem Beschlusse gelangt, sie bis zur vierten Konferenz zu studieren. Die preußische Kreuzzeitung bemerkte, daß dieser Beschluß der französischen Kammer gar nichts bedeute, was wieder den Temps zu der Bemerkung veranlaßte, daß es nichts Unwürdigeres — und dabei Gefährlicheres — gibt, als die „Bêlements pacifistes". Dieser Ausdruck „pazifistisches Geblöke" ist vom Temps erfunden und häufig wiederholt worden; offenbar wünscht er, ihn zur landläufigen Redensart zu machen. Die angesehensten politischen Blätter in ganz Europa wetteifern darin, die Friedensbewegung zu diskreditieren. Wie lange noch?

* *
*

Auch in den österreichischen Delegationen wurde noch öfters das Thema: Einvernehmen zur Rüstungseinschränkung, vorgebracht. Daß irgendwo auf Erden irgend jemand aufrichtig solche Vorschläge machen könnte, das will ein Marinekommandant natürlich nicht glauben: „Wenn Delegierter Dr. Ellenbogen vom aufgehenden Stern des Friedens gesprochen hat," sagte Graf Montecuccoli, „so kann ich feststellen, daß in jedem Jahre die Zeit kommt, in welcher England, wenn es sein Budget in Sicherheit hat, den Stern des Friedens aufgehen läßt. Auch Taft hat mit derselben Hand, mit der er die Einladung für die Friedenskommission aussandte, die Botschaft an den Kongreß geschickt, in welcher er für die Befestigung — allerdings eines Friedenswerkes — des Panamakanals 62½ Millionen Kr. erlangt." Das ist aber eben der Unterschied: dort wird doch wenigstens die eine Hand zur Vereinbarung der Einschränkung ausgestreckt, während hier beide Hände nur für die Verstärkung arbeiten.

* *
*

Sehr erfreulich war eine vom Delegierten Dr. v. Grabmayer gehaltene neuerliche Rede über das Verhältnis zu Italien. Es waren freimütige, offene, versöhnliche Worte. Und das Echo, das sie fanden, sowohl bei uns, als in der italienischen Presse und im italienischen Parlament, war ein ebenso vortreffliches. Auch der Kaiser sprach dem Delegierten Grabmayer seine Anerkennung darüber aus. Ueberhaupt, in der Sache austro-italienische Freundschaft wird jetzt viel Ersprießliches getan und vorbereitet. Oesterreichische Abgeordnete werden dem italienischen Parlament einen Besuch abstatten und sollen dort mit großen Ehren — in Gegenwart des Königs und der Minister — empfangen werden. Eine Zusammenkunft der beiderseitigen Handelskammern und Gewerbevereine wird auch in Angriff genommen — und dies auf Anregung des Vizepräsidenten der österreichischen Friedensgesellschaft, Professor Kobatsch. Sicherlich werden durch solche Kundgebungen die Mißstimmungen verscheucht, die zwischen den beiden Völkern bestehen, und so wird man vielleicht zu einer Vereinigung der beiden Flotten, zu einer Neutralisation der Adria oder — was kann man wissen — zu irgendeiner Form wirklicher Friedensallianz gelangen.

* *
*

Eine andere Frage, die uns im höchsten Grade spannt, und über die wir in unsern Zeitungen keine eingehenden Berichte erfahren, das ist der angekündigte einschränkungslose Schiedsgerichtsvertrag zwischen den Vereinigten Staaten und Großbritannien. Doch stand folgendes unter den Depeschen: New York, 21. Februar: Eine von irisch-amerikanischen und deutsch-amerikanischen Gesellschaften abgehaltene Versammlung hat einstimmig einen Beschluß angenommen, der gegen den Schiedsvertrag zwischen den Vereinigten Staaten und Großbritannien Stellung nimmt, da eine derartige Allianz den Groll der anderen europäischen Mächte hervorrufen und die Beziehungen der Vereinigten Staaten zu diesen Mächten verschlechtern würde. Das ist doch charakteristisch: dieser Groll, wenn zwei Staaten übereinkommen, miteinander nicht Krieg zu führen. Einen ähnlichen Vertrag mit den Vereinigten Staaten abzuschließen, stände ja allen Mächten frei. Aber freilich, das ist's ja eben, was man nicht will, und was man fürchtet, als Beispiel eingesetzt zu sehen. Wir hingegen setzen auf solche Beispiele unsere besten Hoffnungen.

* *
*

Lord Roberts hört nicht auf, für die allgemeine Wehrpflicht zu agitieren. Er wohnte einer Versammlung im His Majesty Theater bei, in der beschlossen wurde, eine Zweigabteilung der Liga für die allgemeine Wehrpflicht für die Angestellten der Theater zu gründen. Und im Laufe seiner Ansprache berührte er die Hoffnungslosigkeit und völlige Wirkungslosigkeit der Territorialarmee gegenüber einer Invasion. Immer noch dieses Invasionsgespenst! Von dem vernünftigen Teile Englands längst verscheucht, wird es von den Jingos immer noch gehätschelt. Die nehmen nicht so leicht Abschied von einem Lieblingswauwau.

* *
*

Da gibt es noch ein anderes Gespenst, die Einkreisung. Neulich sagte Graf Aehrenthal: Die Legende der Einkreisung kann zu den Toten gelegt werden. Für dieses Wort muß man ihm danken. Wir anderen haben jene Legende immer bestritten. Aber es ist gut, daß sie nun so offiziell bestattet worden ist. Doch es wird diese Verstorbene nicht hindern, noch eine Zeitlang — gerade so wie die „Invasion" — als „Geist" umzugehen. Man wird vielleicht zugeben, daß die Einkreisung aufgehört hat (etwa mit dem Verschwinden Eduard VII.); daß sie aber niemals existierte, daß sie nur Legende war, das wird man in den Kreisen, die mit jener Legende operierten, noch lange nicht gelten lassen.

Sir Edward Greys Rede. — Seine zweite Rede beim Bankett der Arbitration-league. — Das von innen verriegelte Gefängnis. — Admiral Lord Beresford als Pazifist. — Bethmann Hollweg über Grey-Taft. — Beifall in der internationalen Chauvinistenpresse. — Lord Roberts aus seiner Verlegenheit gerettet. — Aktionen zugunsten des Taftschen Vorschlages. — Senator Lamarcelle. — Rußland-China. — Die erste Rede der ersten Parlamentsfrau. — Demonstration der Arbeiterinnen in Wien. — Der Friedens-Rundflug gescheitert. — Freiwilliges Luftschifferkorps.

Wien, Anfang April.

Die — von unserer Warte aus — als die wichtigste unter den jüngsten Ereignissen zu betrachtende Erscheinung ist die von Sir Edward Grey gehaltene Rede[1]) über den Vorschlag Tafts. An anderer Stelle[2]) ist die Rede im Wortlaut wiedergegeben. Einzelne Sätze daraus muß ich aber hier hervorheben. Es liegt so viel Schwung und Größe darin und solche Prägnanz des Ausdrucks. „Verbluten im Frieden": das ist das rechte Wort für die voraussichtliche Wirkung der fortgesetzten Rüstungen. Und von Tafts Vorschlag (einschränkungsloser Schiedsvertrag) sagte er, daß er nur ausgeführt werden kann, wenn die öffentliche Meinung sich bis zu dem Niveau erhebt, eine solche Sache nicht mit Hinblick auf diese oder jene praktischen Gewinne, die eine oder die andere Nation dabei erringen kann, zu betrachten, sondern von der Höhe des Standpunktes aus, daß es sich um eine große Weltbewegung handelt. Beim Jahresdiner der von Randal Cremer gegründeten Arbitration-league[3]) kam Sir Edward Grey auf dasselbe Thema zurück. An sich ist es schon ein beredtes Gesinnungszeichen, wenn

---

1) Bei der Beratung des Flottenetats am 13. März 1911.
2) „Friedens-Warte" 1911, Seite 110.
3) Am 17. März 1911.

der Minister des Aeußern ein Friedensgesellschaftsbankett präsidiert; so etwas ist bisher in Mitteleuropa nicht recht denkbar. Bei dieser Gelegenheit sagte Sir Edward: „Wenn ein Schiedsvertrag zwischen zwei großen Ländern nach den von Präsident Taft für möglich gehaltenen Grundlinien zustande kommen soll, so werde er von den beiden beteiligten Mächten ohne Hintergedanken abgeschlossen. Die Bedingung eines Defensivbündnisses in einen solchen Vertrag einfügen, hieße seine Aussichten verschlechtern. Aber man braucht sich keine Grenzen zu setzen in den Hoffnungen auf die Folgen, die sich im Lauf der Zeit ergeben können; die sich, wie ich denke, weit über die Grenzen der beiden betreffenden Länder hinausdehnen müssen. Die Wirkung des gesetzten Beispiels auf die ganze Welt müßte eine wohltätige sein. „Ein gutes Beispiel setzen, heißt hoffen, daß andere ihm folgen werden, und wenn andere Mächte folgen, so wird es schließlich etwas wie eine Friedensliga der Staaten geben." Als er weiter über die widerspruchsvolle, verzweifelte Lage sprach, in die sich die Welt durch ihre ewig steigenden Rüstungen verstrickt hat, gebrauchte er das schöne Bild: „Wir sind in einem Gefängnis, das von innen zugesperrt ist[1])." Ja, nur an uns würde es liegen, das Tor nach außen zu öffnen — aber wir tun es nicht. Auch wenn einer uns den Schlüssel bietet — wir nehmen ihn nicht!

* * *

Interessant ist, daß Admiral Lord Beresford dem Taftschen Plane zustimmte. Er berief sich sogar darauf, daß er selber vor zwei Jahren für einen solchen Vertrag plädiert hat. „In einer Rede beim Pilgrimsdiner im August 1909 zu New York habe ich mich zugunsten eines Schiedsvertrages — der alle Streitfälle umfaßt — zwischen England und den Vereinigten Staaten ausgesprochen. Ich glaubte damals und glaube auch jetzt, daß ein solcher Vertrag den Weltfrieden sichern und schließlich Abrüstung herbeiführen würde. Ich glaube, ein einfaches Uebereinkommen würde genügen. Ohne ein solches wird der internationale Rüstungswettlauf unweigerlich mit allgemeinem Bankerott oder einem baldigen Krieg enden. Es gibt

[1]) Dieses Bild gebrauchte Sir Edward Grey in seiner Unterhausrede vom 13. März.

keinen andern Ausweg. Amerika muß in dieser Bewegung die Initiative ergreifen. England ist die verwundbarste Nation der Erde, weil die Absperrung ihrer Handelswege sie im Kriegsfall schon in der ersten Woche übel zurichten würde. Darum muß England um jeden Preis Führung in den Rüstungen beibehalten. Es ist daher verhindert, der übrigen Welt seine Friedensansichten aufzuzwingen. Aber die Vereinigten Staaten sind absolut unverwundbar. Daher können sie die Führung zur Einsetzung des allgemeinen Schiedsgerichts übernehmen. Wenn Amerika nicht imstande ist, ohne Hilfe das Friedensprinzip einzusetzen, so würde es ihm zweifellos mit der Mitarbeit Englands gelingen. So könnten z. B. diese beiden Mächte, die ja die Märkte der Welt beherrschen, es beinahe unmöglich machen, daß zwei andere Mächte — es ist mir gleichgültig, welche zwei gedacht werden — einen längeren Kampf führen könnten. Diese Beherrschung der Märkte, gestützt auf die vereinigten Flotten der beiden Länder, würde unausbleiblich den Krieg unmöglich machen. Darum wünschte ich, daß Amerika den ersten Schritt mache; ich glaube, England würde folgen. Wenn die Regierungen der beiden Nationen nicht handeln, so mögen die beiden großen anglo-sächsischen Familien spontan vorgehen." In diesen Worten liegt freilich der Begriff von Zwang und Herrschaft — und dagegen könnte sich das Selbstbewußtsein der anderen sträuben. Aber was hindert die anderen, sich dem Prinzip des Friedens und der Einigung anzuschließen? Die „Friedensliga der Staaten", ob sie anfänglich auch nur aus zweien, später aus dreien zusammengesetzt wäre, stände doch immer allen offen. Diese Einigung, trotz aller Widerstände und Bremsen, ist doch das nicht mehr zu vermeidende Endziel. Hier bekennt sich auch ein Flottenkommandant dazu.

* *
*

Wie klang der Wiederhall der Grey-Taftschen Eröffnungen im deutschen Reich? Ganz konsequent. Die seit der ersten Haager Konferenz hervorgekehrte Ablehnung der zwischenstaatlichen Justiz und der Abrüstung ist diesmal wieder mit aller gewohnten „realpolitischen" Kälte und Entschiedenheit festgehalten worden. Die Unvermeidlichkeit des Krieges wird neuerdings proklamiert. Die Rüstungseinschränkung als nicht möglich und nicht wünschenswert abgewiesen. Verträge sind nichts wert; — wenn's

„an die Nieren" geht, brennen die Papiere „wie Zunder" [1]). (Eine vertrauenerweckende Zusicherung für etwaige, vom Reichskanzleramt gezeichnete Abmachungen.) „Die ultima ratio kann nicht ganz weggestrichen werden." — „Zur Friedfertigkeit aber gehört Stärke. Es gilt noch immer der alte Satz, daß der Schwache eine Beute des Starken wird." — Beute, Beute.... ein häßliches Wort: ein Raubwort, ein Raubtierwort. Die sich ihrer Stärke brüsten, tun sie es, um nicht Beute zu werden, oder um sie sich zu holen? Jedenfalls muß einer dem andern fortwährend das zumuten, was er von sich leugnet. Und das soll der bleibende Zustand sein, der dem „Wesen der Menschheit" und dem „Wesen der Staaten" entspricht? Der Kanzler hat ganz so gesprochen, wie es dem Gegner des Schiedsgerichts- und Abrüstungsprinzips, wie es dem konservativen Militaristen geziemt, und innerhalb dieses Ideenkreises hat er sogar mit anerkennenswerter Mäßigung und Klarheit gesprochen. Die Rolle, die von den deutschen maßgebenden Kreisen: Hof, Regierung, Parlament (die Sozialdemokraten ausgenommen), Presse seit Auftreten des Friedensproblems, auch auf den Haager Konferenzen selber gespielt wurde: kühle Ablehnung — diese Rolle wurde hier neuerdings in vollendeter Weise durchgeführt.

* *

*

Der Beifall unter Gleichgesinnten hat auch nicht gefehlt. Ein internationaler Beifall, natürlich — heutzutage ist ja alles international gruppiert — auch die Nationalisten. Freilich noch nicht in sichtbarer Form, aber im Geist. Sämtliche Jingoblätter Englands, alle chauvinistischen Zeitungen Frankreichs (von der deutschen „völkischen" Presse gar nicht zu reden) sind von den Ausführungen des Kanzlers entzückt. Der „Globe" sagt: „Herr v. Bethmann verwirft die liebenswürdigen Theorien der sentimentalen Pazifisten in England und in Amerika als unausführbar. Er stellt sich auf den Standpunkt der unaustilgbaren Grundbedingungen des menschlichen Lebens. Das alles ist heute für die Idealisten, die den Tatsachen

[1]) Der Reichskanzler v. Bethmann Hollweg sagte in seiner, der Frage der Schiedsgerichtsbarkeit und Abrüstung gewidmeten Rede am 30. März 1911: „Aendert sich dieser Zustand, entwickeln sich zwischen den beiden Nationen Gegensätze, welche ihre Lebensbedingungen berühren, welche, wie man im gewöhnlichen Leben zu sagen pflegt, an die Nieren gehen, dann möchte ich den Schiedsvertrag sehen, der nicht wie Zunder zerfällt."

nicht ins Gesicht schauen wollen, betrübend; aber wir für unsern Teil sind dem Kanzler für den **gesunden Menschenverstand**, der sich in seinen Worten ausdrückt, dankbar." Der „Temps", der ja das schöne Wort von „Bélements pacifiques" geschaffen hat, ist natürlich auch voll Bewunderung über die Kanzlerrede.

* * *

Am freudigsten bewegt ist aber **Lord Roberts**, der die Personifikation des britischen Militarismus darstellt, der die allgemeine Wehrpflicht einführen will, um der deutschen „Invasion" gewachsen zu sein; Lord Roberts war wieder einmal daran, eine Resolution zur besseren Verteidigung des bedrohten Vaterlands einzubringen, als ihm die Rede Bethmanns eine willkommene Begründung dazu brachte: „Ich war einigermaßen in Verlegenheit," sagte er am 3. April im Oberhause, „daß ich diese Resolution einbringen sollte, während der Erregung, die durch die Hoffnungen auf die allgemeinen Abrüstungen hervorgerufen sind, Hoffnungen, die, wie man nun sagt, sicher und schnell in Erfüllung gehen sollen. Meine Verlegenheit ist aber durch ein gänzlich unerwartetes Ereignis gemindert worden, nämlich durch die Rede des deutschen Reichskanzlers. Diese bemerkenswerte Rede, so voll von mannhaftem Empfinden, wirkt auf mich auf eine Weise ein, für die ich nur schwer einen Ausdruck zu finden vermag." Weiter führte er aus: Großbritannien sollte gegen die Möglichkeit einer Invasion vorbereitet sein — es brauche außer der regulären Armee eine Million Mann. — Zum Glück stößt Lord Roberts auf Widerstand; der Kriegsminister selber antwortete sofort, indem er sich gegen die obligatorische Wehrpflicht wendete. „Gerade jetzt", fügte er hinzu, „befindet sich Großbritannien in einem Meinungsaustausche mit den Vereinigten Staaten, um, wenn möglich, einen allgemeinen Schiedsgerichtsvertrag abzuschließen. Der deutsche Reichskanzler habe von der Bereitschaft Deutschlands gesprochen, mit England Informationen über die Flotte auszutauschen (das ist ein praktischer Fortschritt — vielleicht nur als eine kleine Konzession gedacht, aber es ist ein kleiner Keil, der in die Mauer des **Mißtrauens** getrieben wird, auf die sich doch das ganze System der [illegible]üstungen stützt, B. S.). Wenn ein solches Verfahren eingeschlagen [illegible]d, wird es dazu beitragen, die Gefahr einer Panik zu verringern, die bewirkt hat, das Flottenbudget nicht nur Großbritanniens, sondern auch anderer Länder in die Höhe zu treiben."

* *
*

Natürlich wird das anglo-amerikanische Schiedsgerichtsprojekt auch in den beiden betreffenden Ländern auf Widerstand stoßen — denn antipazifistische Kreise gibt es überall. Aber gegen diesen Widerstand treten die Anhänger in jenen Ländern energisch auf. Was die englischen Kirchen, was W. T. Stead, und was der Lord-Mayor[1]) in dieser Richtung unternehmen, davon berichtet die Friedenswarte an anderer Stelle[2]). Hier sei eine Nachricht aus New York mitgeteilt. Vertreter der amerikanischen Presse, kaufmännischer, juristischer, finanzieller und Arbeiter-Kreise versammelten sich im New York Preß Club und einigten sich auf die Gründung einer nationalen Körperschaft „zwecks Unterstützung der Bemühungen des Präsidenten Taft zur Herbeiführung des anglo-amerikanischen Vertrags". Demonstrationen werden veranstaltet. Für den 8. April ist ein großes „Peace-dinner" im Preß Club angesagt, dem Andrew Carnegie vorsitzen wird und der versprochen hat, bei diesem Anlaß eine weittragende, überraschende Mitteilung zu machen. .... Was wird es sein? Gleichviel, man sieht: das Friedensproblem wird immer lauter, immer häufiger in beiden Welten erörtert; es kann nicht mehr von der Tagesordnung verschwinden.

* *
*

Nicht nur dem Feldmarschall Roberts hat Bethmann Hollweg zu Dank gesprochen, auch den französischen Antipazifisten hat er Wasser auf die Mühle getrieben. Der englische Feldmarschall erreichte die Annahme der Resolution, welche besagt, daß angesichts der strategischen Vorkehrungen der anderen Länder Großbritannien mit Sorge erfüllt ist[3]); der französische Senator Lamarcelle er-

[1]) Vezey Strong.

[2]) „Friedens-Warte" 1911, Seite 124: „Aktionen zugunsten des amerikanisch-englischen Schiedsvertrages."

[3]) Die Resolution Roberts für Einführung der allgemeinen Wehrpflicht wurde am 5. April 1911 mit 99 Stimmen gegen 40 angenommen.

klärt, indem er sich auf die Rede des Reichskanzlers bezieht, das Schiedsgericht sei bei Lebensfragen vollkommen ausgeschlossen. „Die Kriegsbudgets wachsen an und überall sind Kriegsdrohungen vorhanden. Der Augenblick sei schlecht gewählt, um vom Pazifismus zu sprechen." Das ist, als sagten die Aerzte: „Eine Epidemie ist im Anzug — der Augenblick ist schlecht gewählt, von hygienischen Maßregeln zu sprechen." — Und noch eins: warum führen dieselben Leute, die stets die Kriegsrüstungen als Friedensbürgschaft preisen, dieselben Rüstungen als die drohende Kriegsgefahr an? Wann wird denn dieser Widerspruch endlich in seinem eigenen Widersinn zusammenbrechen? Lamarcelle fügte hinzu: „Wir müssen den patriotischen und kriegerischen Sinn im Herzen nähren, wie es Deutschland tut. Der Krieg hat seine Schrecken, er hat aber seinen Ruhm. Er ist notwendig." So ist's recht. Das ist offenes Visier. Die Freunde des Krieges sollen ihn rückhaltlos verteidigen; dadurch wird die rückhaltlose Verteidigung des Pazifismus erleichtert.

* *
*

Der Konflikt Rußland-China ist beigelegt [1]). Wieder einer der zahlreichen Feldzüge, „die uns nicht erreichten", mit denen sich unsere gegenwärtige Geschichte füllt. China hat nachgegeben. War es Klugheit, war es Schwäche? Die Militaristen werden das letztere sagen. Jedenfalls war's ein Segen.

* *
*

Zum erstenmal ist in ein europäisches Parlament eine Frau als Abgeordnete eingezogen [2]). Frl. Rogstad, eine Lehrerin, wurde zum Mitglied des Storthing in Christiania gewählt. Für die Frauenbewegung eine hochbedeutsame Tatsache. In der ersten Rede, die sie am 22. März gehalten hat, führte Frl. Rogstad aus, daß sie Friedensfreundin sei, für Schiedsgerichte eintrete und hoffe, daß, ebenso wie das Faustrecht dem Recht und Gesetz weichen mußte, auch

[1]) Auf Grund des am 25. März seitens Rußlands gestellten Ultimatums über die Erneuerung des Turkestan-Vertrages (siehe oben II. Bd. S. 307) stimmt China am 28. März in allen Punkten zu.

[2]) 17. März 1911.

Kriege und Militärwesen einmal aus der Welt geschafft werden. Trotzdem werde sie nicht gegen ein ordentliches Heeresbudget stimmen, das die Selbstverteidigung zur Grundlage hat. — Es ist interessant, und verdient notiert zu werden, daß die erste Frau, die als Parlamentarierin fungierte, mit ihrem ersten Wort für die künftige Rechtsorganisation der Welt eintrat.

* * *

In Wien haben die Arbeiterinnen eine Riesendemonstration zugunsten des Frauenstimmrechts veranstaltet. Zu Tausenden, aber in größter Ordnung und Ruhe, zogen sie durch die Straßen. Im Gartenbausaal wurden Reden gehalten. Adelheid Popp sagte u. a.: „... Wir wollen aber auch dagegen kämpfen, daß Millionen verschwendet werden, für Mordzwecke und Bruderkrieg. Wir wollen, daß die Mordrüstungen ihr Ende nehmen und diese Millionen verwendet werden für die Bedürfnisse des Volkes!" — Feminine Politik? Nein: humane Politik. Und daß die Zeit im Anzuge ist, in der das Wohl und die Rechte der Menschheit als oberste politische Richtschnur gelten werden, davon ist die beginnende Mithilfe der einen, bisher entrechteten Menschheitshälfte nur eines der Symptome.

* * *

Der vom „Journal" angeregte europäische Rundflug, der unter dem Motto „L'aéroplane, instrument de paix" stattfinden sollte, und schon mit einer halben Million Fr. dotiert und der Ausführung ganz nahe war, scheiterte an der Hetze der Nationalisten [1]). Diese gründeten ein eigenes Blatt, um den Rundflug als „antipatriotisch" zu stürzen. Bande!

Der K. K. Oesterr. flugtechnische Verein ist im Begriff, im Einvernehmen mit dem Aeroklub eine „freiwillige Fliegerformation" zu organisieren, die in den Dienst der Wehrmacht gestellt werden soll. Dieser Nachricht wird in der Presse folgendes beigefügt: „Daß solche Formationen nicht ohne wesentliche Unterstützung des Staates (also aus den Steuergeldern!) sich ins Leben rufen lassen,

[1]) Siehe oben 11. Bd. Seite 263, 285 und 286.

liegt auf der Hand; hoffentlich finden sich auch in privaten Kreisen Freunde dieser Idee. Alle Staaten haben bereits bedeutende Mittel aufgebracht, um im Kriegsfall die Aviatik in den Dienst ihrer Heere zu stellen. Hoffen wir, daß die Oeffentlichkeit in generöser Art die Bildung eines österreichischen freiwilligen Luftschifferkorps fördert." Langsam wird darauf hingearbeitet, eine dritte Streitkraft zu schaffen. Zuerst etwas private Wohltätigkeit seitens für patriotisch geltenwollender Sportsleute, dann reicht das nicht, und die Budgets werden — „weil die anderen Staaten es tun", in allen Staaten mit neuen „Voranschlägen" belastet. Das Luftministerium wird für „Ausgestaltung" seines Ressorts sorgen. Wird man es auch dazu kommen lassen? Daß es für die Rüstungen keine Grenzen gibt, wissen wir, man hat es uns erst neuerlich als das Ergebnis eines jahrelangen angestrengten „Studiums" verkündet [1]). Und ist denn die menschliche Dummheit ebenso grenzenlos — hat man zu ihrer Einschränkung noch keine „Formel" gefunden?

Kämpfe und Aufstände in Albanien und Marokko. — Was das Zeitungspublikum in Atem hält. — Der einschränkungslose anglo-amerikanische Schiedsvertrag. — Protest in der gelben Presse. — Nervenzermürbung als Kriegsmittel. — Der Champagnerkrieg. — Aus einem Briefe Carnegies.

Wien, Anfang Mai.

Eine reiche Ernte in diesen letzten Wochen, sowohl für die Friedenseher wie für die Kriegswitterer! An der Peripherie der zivilisierten Welt, unter wilden Bergvölkern, fanatischen Orientalen, rauflustigen Mexikanern wird rebelliert, geschossen, geraubt. Vor einigen Jahrzehnten, ehe der pazifistische Geist erwacht war, ehe die pazifistischen Notwendigkeiten sich fühlbar machten, hätte der zehnte Teil dieser aufsteigenden Flämmchen genügt, um den erwarteten

[1]) Gemeint ist wohl die Rede des Reichskanzlers v. Bethmann Hollweg vom 30. März 1911, wonach das Abrüstungsproblem „unlösbar" bleibt, „solange die Menschen Menschen und die Staaten Staaten sind".

Weltbrand zu entzünden. Gelegenheit wäre geboten gewesen, Gebiete „einzustecken“, Stämme „niederzuwerfen“, Kolonialreiche zu „erobern“ und dabei den eigenen Haß-, Neid- und Kriegslustgefühlen Luft zu machen. Daneben hätte es nirgends Friedens-Aktionen und Demonstrationen gegeben, wie jetzt, sondern nur allgemeines Bereithalten zum Losschlagen. So schlimm ist es nun nicht mehr — es ist aber noch immer schlimm genug. Die französische Expedition nach Marokko (wie eindringlich und vergeblich hatte doch Jean Jaurès gegen das Abenteuer gewarnt!) kann einen furchtbaren Kolonialkrieg nach sich ziehen, da nun die afrikanischen Stämme fanatisiert sind. Und was noch bedenklicher ist, die europäischen Kriegsanhänger sehen in einer möglichen Festsetzung der Franzosen auf marokkanischem Gebiet einen willkommenen Anlaß zu einem deutsch-französischen Konflikt. Man darf nicht dulden, sagen mit ernstverbissener Miene die Alldeutschen, daß die französische Streitmacht sich durch schwarze, wilde Soldaten vermehre und dadurch zum Revanchekrieg Kräfte sammelt. Oder man sagt auch — diesmal nicht ernstverbissen, sondern in rechtschaffenheitsdurchdrungenem Ton: Verträge dürfen nicht gebrochen werden (außer wenn dies ein verbündeter Freund tut — oder wenn sie als „Zunder“ zu betrachten sind [1]). Bis jetzt übrigens hat Frankreich keinen Vertragsparagraphen gebrochen — die Angelegenheit wird möglicherweise wieder in einer Konferenz geschlichtet werden. Das Verantwortungsgefühl der Regierenden und der Widerwillen gegen den Krieg in den Massen sind schon zu sehr eingewachsen, als daß die Kriegsparteien so leicht die Oberhand gewännen.

* * *

Und nun zu den Siegesnachrichten aus den Pazifistentagen. — Nein, verweilen wir noch ein wenig bei dem, was das Zeitungspublikum in Atem hält. Die Friedensbulletins nehmen nur einen kleinen Raum ein, werden übersehen, oder mit einer kleinen Mißtrauenskritik abgetan. Die zwei mächtigsten Staaten der Erde, die auf nahezu einem Drittel des Planeten ausgebreitet sind, wollen unter

[1]) Anspielung auf die Annexion von Bosnien und der Herzegowina und auf die Reichskanzlerrede über die Schiedsgerichtsbarkeit vom 30. März 1911. Siehe oben Bd. II Seite 315.

sich (und gegen niemand) das kommende kriegslose Reich einsetzen: das ist doch nicht interessant; da gehen ganz andere Dinge in entlegenen Ortschaften vor, von denen man früher nie etwas gehört, aber in deren eigener Sprache man jetzt schon zu schreiben und zu lesen gelernt hat: die Bewohner der Schauja sollen zu einer Harka zusammengezogen werden, um sich der Mahalla anzuschließen [1]). Oder die erschütternde Depesche: der Vali von Skutari meldet, daß Melissoren die Kula von Diliale zerstört haben. Oder noch wichtiger: In Djakova wurde der Steuereinnehmer fortgejagt. Wir erfahren aber auch durch das Depeschenbureau die strategische Meldung: „In der Linie Schipzanik-Kastrati ist die Lage unverändert." Der naive Zeitungsleser glaubt immer noch, daß er durch Aufnahme solcher Nachrichten seinen historischen Horizont erweitert, ein Glaube, der noch aus dem Schulunterricht stammt, der den Anschein weckt, als rücke die Kulturentwicklung nur an jenen Stellen vorwärts, wo sich die Harkas den Mahallas anschließen, wo Steuereinnehmer verjagt, wo geraubt und getötet wird. In der Guildhall [2]) hingegen, im Haag und auf dem Baltimorer Friedenskongreß [3]) — den das Staatsoberhaupt eröffnet —, da wird ja nur geschwätzt. Wer wird da hinhorchen?

* * *

Also es ist Wahrheit geworden. Wir erleben es. Das Endziel des Pazifismus: Recht statt Gewalt — Ausschaltung des Krieges als gesetzliche Methode zur Austragung von Streit-Ideen, die von den praktischen Politikern den verantwortungslosen Träumern überlassen wurden, werden jetzt als Programmpunkt einer von Trägern der Macht eingeleiteten Aktion verkündet. Der einschränkungslose Vertrag zwischen den Vereinigten Staaten und Großbritannien ist in beiden Ländern so energisch auf den Schild erhoben worden, daß dessen Abschluß kaum mehr bezweifelt werden kann. Und selbst, wenn es einer Gegenpartei gelingen sollte, ihn zu vereiteln, schon seine Aufnahme ist Ereignis und sichert seinen endlichen Sieg. Die Demonstration in Guildhall, über die an anderer Stelle genau

[1]) Vorgänge aus den marokkanischen Wirren.

[2]) Am 28. April 1911 findet unter dem Vorsitz des Lord Mayors in der Guildhall eine große Versammlung zur Unterstützung des geplanten angloamerikanischen Schiedsvertrags statt. Hauptredner: Asquith, Balfour, der Bischof von Hereford u. a.

[3]) Am 3. Mai 1911 wird der dritte amerikanische Friedenskongreß durch den Präsidenten Taft eröffnet.

berichtet wird*), läßt sich als historisch-politisches Ereignis gar nicht hoch genug schätzen. Daß beide Parteien — die Regierung und die Opposition — durch die Stimmen Asquiths und Balfours für den Vertrag eingetreten sind (und mit welchem Enthusiasmus!), das ist das Großartigste dabei. Hätten nur die Mitglieder der gegenwärtigen Regierung gesprochen, wie leicht hätten die Gegner dahinter wieder ein Parteimanöver vermutet; wie leicht hätten sie wieder sagen können: „Ja, wartet nur, bis die anderen ans Ruder kommen."

* *
*

Wer die Tragweite der Taft-Greyschen Aktion und des von ihr geweckten Echos erfaßt, der muß fühlen, daß eine neue Epoche — nicht nur im Anzuge — sondern tatsächlich schon eingetreten ist. Daß nicht bereits in den ersten Stunden die ganze Welt die Signatur dieser Epoche tragen kann, ist selbstverständlich. Es wird noch viel Widerstand geleistet werden. Nicht nur in den übrigen Ländern, auch in den beiden englisch sprechenden Ländern selber, wo die Staatsoberhäupter und die Regierungsleiter — selbst die Leiter der Opposition — sich laut zum pazifistischen Willen bekennen; auch in England und Amerika trachten die imperialistisch und jingoistisch Gesinnten das begonnene Werk zu verkleinern, zu verdächtigen, zu hintertreiben. Die gelbe „Morningpost" z. B. protestierte gegen die angekündigte Versammlung in Guildhall. „Jeder, der sich daran beteiligt, unterstützt die amerikanische Verschwörung gegen England." — Präsident Taft selbst habe Einschränkungen für den sogenannten einschränkungslosen Vertrag gefordert, und zur selben Zeit, wo er das Schiedsgericht anbot, tat er alles, um das britische Reich zu zertrümmern, da er mit Kanada auf der Basis des Freihandels verkehren wolle, was die unmittelbare Auflösung des britischen Reiches zur Folge hatte. Das ganze Anerbieten eines uneingeschränkten Schiedsvertrags war nichts als ein Blender." — Ob wohl der Journalist, der das geschrieben, sich auch gegenwärtig beim Pressekongreß in Rom als „Apostel der Zivilisation und Werkzeug der sittlichen Vervollkommnung" feiern läßt?

* *
*

*) Siehe „Friedens-Warte" 1911, Seite 134.

Unterdessen sinnen unsere geschulten militärischen Köpfe auf anderes. Kapitän zur See a. D. Persius schreibt in der Hartungschen Zeitung: Der moderne Seekrieg wird sich hauptsächlich als ein Kampf der Nerven gegen Nerven darstellen. Deshalb verdient das Unterseeboot besondere Beachtung als Kriegsinstrument. Die Nerven des Feindes müssen durch geheimnisvolle Unterseebootangriffe zermürbt und bis zu ihrem Zusammenbruch belastet werden. Wer sich da als der Stärkere zeigt, dem wird der Sieg beschieden sein." — Wie denn, wenn beide „Feinde" zermürbt werden?

* *
*

In der Champagne hat der sogenannte „soziale Krieg" gewütet[1]). Die Winzer, die für sich allein die Benützung ihres Weingebietes sichern wollten, haben mit eigenen Händen das Gebiet ruiniert. Die Reserve von Millionen Flaschen, mit der man einem Mißjahr hätte trotzen können, wurde verschüttet und die Fabrikanten und Händler geplündert gebrandschatzt, mißhandelt, mußten das Land verlassen, die Weinstöcke sind verbrannt und ausgerissen und werden jetzt jenen keinen Verdienst mehr geben können, und die Winzer, die den Wettbewerb aus anderen Provinzen nicht dulden wollten, werden nun erst recht dem Elend ausgesetzt sein. Als ob Zerstörung etwas anderes bringen könnte als Verarmung! Die „Sabotage" ist eine entsetzliche Verirrung der sozialen Bewegung. Frédéric Passy, der mir über diese bedrohliche Wendung schreibt, schließt seinen Brief mit dem Ausruf: „Ach, ist denn unsere Erdkugel etwa das Irrenhaus des Weltalls?"

* *
*

Ich möchte mit einem hoffnungsvolleren Briefzitat schließen. Andrew Carnegie schreibt mir aus New York unterm 26. April: „.... Wir sind am Vorabend der größten friedlichen Revolution, die man jemals gesehen. Es ist wie ein Wunder..."

---

[1]) In der Champagne kam es im Februar und April zu Ruhestörungen seitens der Winzer, die sich durch einen Senatsbeschluß benachteiligt fühlten.

Offizieller Pazifismus; Sir Edward Grey und der Premierminister von Kanada über den englisch-amerikanischen Schiedsvertrag. — Das Carnegie-Bankett. — Was Sir Edward aus Norman Angells Buch gelernt. — Jahresversammlung der Peace-Society unter dem Vorsitz des Lord Mayor. — Balkanwirren, Mahnungen der Mächte zugunsten Albaniens. — Unglück auf dem Flugfeld von Issy. — Die Luftkriegfrage auf dem Völkerrechtskongreß in Madrid. — Türkisch-persischer Grenzstreit vor dem Haag. — Kaiser Wilhelm in London. — Vom deutschen Flottenverein. — Rouvier †. — Die neue österreichisch-ungarische Wehrvorlage.

Juni 1911.

In diesen Blättern werden seit einer Reihe von Jahren die politischen Ereignisse vom pazifistischen Standpunkt glossiert. Wir sind aber jetzt in eine Epoche getreten, wo pazifistische Ereignisse im Vordergrund der Politik stehen. Wenn dies in der mitteleuropäischen Presse auch noch nicht zum Ausdruck kommt, ein Blick auf englische Zeitungen zeigt es deutlich. Der „Weltfrieden" — einst das in den verschiedenen Friedensvereinen und -kongressen behandelte, reservierte Gebiet aus Utopia — ist, seit dem amerikanischen Schiedsgerichtsantrag, zum hochoffiziellen, ministeriellen, und gouvernementalen Tagesproblem geworden. Es geziemt sich also, daß in der zeithistorischen Chronik der Friedens-Warte die Kundgebungen, die in den letzten Wochen in London stattgefunden haben, an erster Stelle registriert werden — noch vor den Kampfbewegungen der Melissoren und Mediten. Sir Edward Grey, der Leiter der auswärtigen Angelegenheiten des britischen Reiches, läßt keine Gelegenheit vorübergehen, ohne laut zu verkünden, daß die pazifistischen Ideale seine Ideale sind, und daß er deren Erreichung in nächster Nähe winken sieht. Im vorigen Heft der Friedens-Warte [1]) wurden

[1]) Jahrgang 1911, Seite 110.

die Reden zitiert, die Sir Edward zuerst im Parlament, dann in der Versammlung der Arbitration-League und zuletzt in der denkwürdigen, vom Lord Mayor einberufenen Versammlung in der Guildhall[1]) über den Taftschen Vorschlag gehalten hat. Seither — es war am 24. Mai — brachte er denselben Gegenstand bei dem zu Ehren der verschiedenen Premierminister der Kolonien veranstalteten Festmahl zur Sprache. „Der neue englisch-amerikanische Schiedsgerichtsvertrag hat Aussicht," sagte er, „etwas wie eine Grenzmarke in der Entwicklung der Menschheit zu werden. Er wird die Bahn zu einem großen staatlichen Fortschritt in der friedlichen Beilegung von Streitigkeiten eröffnen. Er wird ein Beispiel und ein Ziel sein, nach dem jedes Land streben wird. Wir wünschen diesen Vertrag erst mit den Vereinigten Staaten abgeschlossen zu sehen, bevor wir erwägen, welcher Ausdehnung er fähig ist. Wenn aber die Initiative des Präsidenten Taft segenbringende Folgen für andere Nationen haben wird, so wird England es um so freudiger begrüßen." Der Premierminister von Kanada, Sir Wilfrid Laurier, sagte: „Nach dem englisch-amerikanischen Schiedsgerichtsvertrag, der schließlich zustande kommen wird, wird ein Bündnis zwischen allen Staatswesen englischer Zunge vorhanden sein, das den Weltfrieden für immer sichern würde." Mit diesem Ausspruch ging Sir Wilfrid noch weiter, als man in den Kreisen der Pazifisten geht — diese glauben, daß bis zum Ziele noch gar manche Etappen liegen.

* * *

Noch weiteres von Sir Edward Greys politischen Kundgebungen. Am 1. Juni fand im National Liberal Club ein Huldigungsfest für Andrew Carnegie statt. Sir Edward präsidierte. Nach dem Königstoast machte er Mitteilungen über den Regierungsantrag zugunsten der Einbringung der Frauenrechtsbill, hierauf gab er eine wichtige Erklärung über die Parlamentsbill ab und dann ging er auf das Thema des Tages über: Die Friedensbewegung und die Rolle, die darin von Andrew Carnegie gespielt wird. Unter den Gründen, die das anfänglich so langsame Fortschreiten

---

[1]) Irrtum: in der Guildhallversammlung vom 28. April hat Sir Edward Grey nicht gesprochen.

der Bewegung gegenwärtig beschleunigen, sei einer der wirksamsten die Empfindung des steigenden Druckes der Rüstungen. Nicht nur durch die gesteigerten Steuern wird dieser Druck gefühlt, sondern durch die steigenden Reformbedürfnisse, die nicht befriedigt werden können, wenn die Kosten der Rüstungen stets anwachsen. Doch um diese Kosten wirksam zu verringern, müssen die Nationen im Verein handeln. Wir können in dieser Frage nicht allein vorgehen. Wir müssen Gesellschaft haben (Applaus). Ein zweiter Grund für den Fortschritt der Friedensidee liege in der umsichgreifenden Einsicht, daß selbst im erfolgreichsten Kriege der Sieger mehr verlieren könnte, als er gewinnt. Diese Idee sei vortrefflich ausgeführt in Norman Angells Buch „Europas optische Täuschung", welches Buch auch zuerst die Aufmerksamkeit des Redners auf diese Idee gelenkt habe. Der Wert des Buches bestehe besonders darin, daß es den Beweis erbringen will — nicht, daß der Krieg abscheulich, sondern daß er töricht ist. Weiter polemisiert Redner gegen die Behauptung, daß die Abschaffung des Krieges den nationalen Charakter verderben würde. — Nun, das alles sind Dinge, die in den pazifistischen Schriften und Versammlungen hundertmal wiederholt worden sind; das neue ist nur, daß sie jetzt ganz offiziell von der ganzen politischen Welt laut proklamiert werden. Zum Schluß kam Sir Edward wieder auf die Taftsche Initiative zurück und bezeichnete sie von neuem als den Beginn einer neuen Richtung.

Die Londoner Peace Society hielt am 18. Mai ihre Jahresversammlung ab. Und auch das war eine offizielle Veranstaltung, denn sie fand in der Guildhall, unter Vorsitz des Lord Mayor statt. Ein besonderer Zug in den Reden, Berichten und Resolutionen war dieser: Die Einbeziehung Deutschlands in die durch den Taftschen Vorschlag inaugurierte Friedensliga der Nationen. Oft wird von Zweiflern das Argument vorgebracht: „Nun ja, die englischsprechenden Länder können miteinander solche Verträge abschließen und einhalten, denn sie sind ja ohnehin in voller Harmonie — aber für die übrige Welt ist das nicht möglich — und wo bleibt z. B. der gefahrdrohende Gegensatz zwischen England und Deutschland?" Auf diese Frage haben sämtliche Redner: der Lord Mayor, der Arbeiterführer Ramsay Macdonald, Lord Weardale und der Reverend Canon Mastermann erschöpfende Antwort gegeben. Sie alle erkennen die deutsch-englische Freundschaft als Bedingung des Weltfriedens, sie alle arbeiten daran und sehen auch, wie deren

Sympathie auf beiden Seiten anwachsen. Die künstlich geschürte Feindschaft hat weder Grund noch Zweck. Während zwischen Amerika und England vor hundert Jahren ein großer Krieg gewütet hat und seither mehrere Male (Alabama, Venezuela) vor der Tür stand, haben England und Deutschland niemals gegeneinander gekämpft, niemals einen wirklichen, unüberwindlichen Streit geführt. Nichts, absolut nichts (außer den Interessen der beiderseitigen Kriegsparteien) steht einer vollen Verständigung und — in der Folge — dem Abschluß weitreichender Verträge im Wege. Etwa die sogenannte Handelsfreiheit? „Haben wir denn," so fragte [illegible], „keine Handelsfreiheit mit den Vereinigten Staaten?"

* * *

„Die türkisch-montenegrinische Kriegsgefahr"; „Gefährliche Beziehungen"; „Verschärfung der Rüstungen." So lauteten die „Headlines" zu den Depeschen aus Konstantinopel. Und diese meldeten: Die Pforte hat die Reserven in Südalbanien einberufen und den [illegible] der [illegible] [illegible]. Die Stimmung ist sehr ernst. — Die türkischen Offizierskreise drängen zum Krieg mit Montenegro. (Nichts natürlicher als das.) Nun geschah dieses: Rußland — nein, sagen wir die russische Regierung, ich hasse diese Verallgemeinerung, die hinter jeder Aktion eines Staatsmannes immer ein ganzes Land als verantwortlichen Willen sieht — also die russische Regierung ließ durch ihren Botschafter Tscharykoff die türkische Regierung auffordern, sie solle ihre friedliche Gesinnung gegenüber Montenegro aussprechen, denn die an der montenegrinischen Grenze konzentrierten Truppen bilden eine Gefahr für den Frieden. — Diese Aufforderung brachte Tscharykoff mündlich und höflich vor. Tscharykoff war russischer Delegierter im Haag — ich kenne ihn als aufrichtigen Friedensfreund und regelmäßigen Leser der Friedens-Warte. In der Presse wurde die russische Mahnung zum Frieden als außerordentliche „Demarche" [illegible] — als ein „Eingriff in die Souveränität" [illegible] und wenn die so beliebte [illegible] Kriegsgefahr [illegible] — denn die Türkei wird sich doch so etwas [illegible] lassen" — Warum können die anderen Mächte es [illegible] diesen russischen Schritt [illegible] — sich in die [illegible] der Türkei zu mengen. Nun aber beginnt es doch auch unter den anderen Mächten sich zu regen, weil aus Albanien gar zu grauenvolle Nachrichten kommen.

* *
*

Auf dem Flugfeld von Issy hat sich ein großer Unglücksfall ereignet[1]). Ein herabsausender Aeroplan verwundete schwer den Ministerpräsidenten Monis und tötete den Kriegsminister Berteaux. Kondolenzen flogen aus allen Ländern — auch von fremden Kriegsministerien — herbei. Auch sonst hat die Aeronautik in den letzten Wochen — neben großen Triumphen, wie die Flüge Paris-Rom usw. — zahlreiche Todesopfer gekostet. Der herrliche Fortschritt wird schwer erkauft, und was besonders die reine Freude vergällen muß, mit der sonst dieser Sieg des menschlichen Genius uns erfüllen mußte, ist der allenthalben festgehaltene Plan, ihn zur Menschenvernichtung auszunützen. Wo bleibt da der Protest? Von seiten der Kriegsministerien kann man ihn nicht erwarten; aber das Völkerrechtsinstitut, das mit dem Nobelfriedenspreis gekrönte, hätte ihn doch erheben sollen. Und was geschah? Auf dem Völkerrechtskongreß, der kürzlich in Madrid abgehalten wurde, ward die Frage des Luftkrieges auf die Tagesordnung gesetzt. Das Verbot oder doch die Einschränkung desselben hat zu lebhaften Debatten geführt. Englische Juristen waren für das unbedingte Verbot jedweden Kampfes in der Luft; hingegen die Franzosen für volle Kriegführung im Luftraum. Eine Mittelmeinung will (o Rabulisterei!) zwischen horizontaler oder vertikaler Kampfesweise unterscheiden und nur letztere zulassen. Ersteres ist Schießen zwischen zwei Luftschiffen, letzteres zwischen dem Festlande und dem Luftfahrwege. — Seid beruhigt, Völker, — die Lehrer und Verfechter eurer Rechte schützen euch vor horizontalen Höhenmassakern, verkürzen dabei aber auch die künftigen Lufttruppen nicht um ihr vertikales Vergnügen.

* *
*

Eine vom 6. Juni datierte Depesche hieß: Der türkisch-persische langjährige Grenzstreit wird dem Haager Schiedsgericht unterbreitet. — Die hochbedeutsame Meldung war von kei-

[1]) 21. Mai 1911.

nem Kommentar begleitet. Solche Nachrichten haben doch nichts Sensationelles; man kann nicht einmal eine Landkarte dazu drucken[1]).

* *
*

Der Besuch des **Kaisers Wilhelm in London**, zur Enthüllung des Viktoriadenkmals, hat einen sehr günstigen Eindruck hinterlassen[2]). Daß **König Georg** zum preußischen Feldmarschall ernannt worden, gehört zu den **Widersinnigkeiten unserer aus internationaler Höflichkeit und gleichzeitiger internationaler Bedrohung zusammengesetzten Zeit**. Wie müßte sich denn Feldmarschall Georg benehmen, wenn die angesagte Invasion einträfe? Uebrigens hat man die beiden Vettern oft in angelegentliches Gespräch vertieft gesehen. Es wäre nicht zum Staunen, wenn nächstens irgendeine tiefgehende Versöhnungs- und Verständigungsaktion zwischen den beiden Ländern eingeleitet würde. Wie gern würden wohl manche Königsheroen einander loyal die Hände zum kriegsausschließenden Bunde reichen, wenn sie nicht die Gefangenen ihrer Kriegsheroen wären. Diesen dürfen sie doch nicht ihre *raison d'être* rauben....

* *
*

Gegen Verständigungen zur Einschränkung der Kriegsbedrohung erheben gewisse Kreise [illegible] Einsprache. [illegible] Unter Teilnahme des **Prinzen Georg von Bayern** trat am 28. Mai in Nürnberg der deutsche Flottenverein zur 11. Hauptversammlung zusammen. Großadmiral **von Köster** sagte: „Wenn auch vielfach der Sieg der Friedensidee erhofft und gepredigt wird, so hält England an seinen eigenen Rüstungen fest und verstärkt sie von Jahr zu Jahr. [illegible] tritt und verlangt in der Kammer energisch [?] für stärkere Rüstungen zu Wasser und zu Lande ein; Amerika baut trotz der größten Friedensbestrebungen immer größere Schiffe und wird auch bald mit Mehrforderungen für die Armee hervor-

[1]) Anspielung [?] an die [illegible] gemeldeten [?] Zeitungen, bei dem Kai- [illegible] [illegible] Sarajevo [?] [illegible] [illegible]

[2]) [illegible] 1911 traf der deutsche Kaiserpaar [?] in London ein und nahm [?] [illegible] Enthüllung des Denkmals für die Königin Viktoria teil.

treten; Rußland bemüht sich, seine Flotte zu rekonstruieren[1]); die Türkei ist aus ihrer Ohnmacht zu neuem Leben erwacht; China ist auf das eifrigste bestrebt, in die Reihe der gerüsteten Mächte einzutreten. Kurzum, überall sieht man sich vor, bei der kommenden Gestaltung der Weltwirtschaft die Lebensinteressen wirksam zu vertreten." — Zum Schluß der Versammlung wurde nicht nur gegen Beschränkung im Schiffsbau Protest erhoben, sondern die Forderung aufgestellt, daß jährlich ein großer Kreuzer mehr gebaut werde, als im Flottenprogramm von 1908 vorgesehen ist. — Dadurch wird den Vermehrlustigen anderer Länder willkommener Anlaß zu Mehrforderungen gegeben, auf die Großadmiral Köster bei seinen nächsten Mehrforderungen sich wird berufen können — zur „Wahrung der weltwirtschaftlichen Lebensinteressen". Die Lektüre des Norman Angellschen Buches wäre dem Präsidium des deutschen Flottenvereins zu empfehlen.

* *
*

Der österreichische Flottenverein ist in gehobener Stimmung. Er veranstaltet eine Festreise zum Stapellauf unseres ersten Dreadnought, der in einigen Tagen unter großem Gepränge, Glockenklang, Gebeten, Anwesenheit von Hof und edlen Damen stattfinden wird. Genau so, wie vor ein paar hundert Jahren die feierlichen Auto da fé. Zwar wird man nicht zur höheren Ehre Gottes die anwesenden Opfer brennen sehen; doch wird man die Holz- und Eisenstöße segnen, auf denen künftige Opfer den Tod bringen und finden sollen, zur höheren Ehre — menschlichen Wahns. Das klingt „unpatriotisch" und wird in starkem Widerspruch zu den hymnischen Artikeln stehen, die von der bevorstehenden Zeremonie berichten werden. Es tut mir leid — aber in ein paar hundert Jahren (hoffentlich schon früher) werden alle eine solche Feier in demselben Lichte betrachten, in dem heute schon allen jene festlich-andächtigen „Handlungen des Glaubens" aus den vergangenen Jahrhunderten erscheinen.

* *
*

[1]) Hierbei sei daran erinnert, was Kaiser Wilhelm in seinem Trinkspruch auf den Zaren am 6. August 1907 in Swinemünde gesagt hat: „Wir alle sind von dem Wunsche durchdrungen, daß es Eurer Majestät vergönnt sein möge, den eingeleiteten Ausbau der russischen Flotte erfolgreich durchzuführen."

Der einstige Minister Rouvier ist gestorben[1]). Man sagt ihm nach, so nebenbei, daß er den wegen der Marokko-Angelegenheit drohenden deutsch-französischen Krieg verhütet hat. Faßt man denn, welche grenzenlose Groß- und Wohltat damit dem Toten zugeschrieben wird? Nein, man faßt es nicht; man ist es bisher zu sehr gewohnt, Lob und Ehre und Verhimmelung denjenigen zu weihen, die Kriege herbeigeführt haben. Das Umwerten der Werke, im öffentlichen Geist, ist eine gar langsame Prozedur.

* *
*

Oesterreich hat eine neue Wehrvorlage erhalten. Zweijährige Dienstzeit — nicht für alle, nur für einige. Aber, sei bedankt, Gott Mars!: eine bedeutende Verstärkung des Heeres — im „Ernstfall" können wir 2 Millionen Landeskinder dem vertikalen und horizontalen Tod entgegenführen; auf jeden Fall aber können wir jährlich wieder eine erhebliche Anzahl von Millionen mehr zahlen, was auch kein Spaß ist.

[1]) Am 7. Juni 1911, 69 Jahre alt, zu Neuilly s. Seine.

Ereignisse verschiedener Tragweite. – Die Entsendung des „Panthers“ nach Marokko. Kriegsfanfare der Rheinisch-Westfälischen Zeitung. Gewahrte Ruhe. – Montenegro mobilisiert. Die Ratschläge der Mächte an die Türkei. – Die Nervenstränge des Friedens. – Protest gegen die Londoner Seerechtsdeklaration. – Prinz Windischgrätz über die Aviatik im Kriege. – Erfindung lenkbarer unbemannter Boote durch elektrische Wellen. – Europäische Konversation.

Schloß Stockern, 7. Juli 1911.

Es ist viel geschehen in den letzten vier Wochen: Königskrönung in London. Neuwahlen mit Besiegung der christlich-sozialen Führer in Oesterreich. Ratschläge der Mächte an die Türkei, den Albanesen Konzessionen zu machen. Geburt eines Elefantenbaby, genannt Mädi, in Schönbrunn. Monarchistische Umtriebe in Portugal. Nachricht von der bevorstehenden Unterzeichnung des anglo-amerikanischen Schiedsgerichtsvertrags. Triumph der Wiener Operette in Paris. Entsendung eines deutschen Kriegsschiffes nach Marokko. Erfindung der Manövrierung unbemannter Boote mittels elektrischer Wellen. Internationaler Seemannsstreik. Mobilisierung Montenegros. Entsendung eines Delegierten der deutschen Staatskirche zur Friedenskonferenz am Lake Mohonk. Stapellauf des ersten österreichischen Dreadnought. Sturz des französischen Ministeriums.

Es sollte ein Messungs- und Wägungsapparat erfunden werden, mittels dessen die Wichtigkeit und Tragweite der Ereignisse und Erscheinungen festgestellt würde, mit welchen die Oeffentlichkeit beschäftigt wird. Denn der Lärm und das Interesse, die sich an diese Dinge knüpfen, sind in gar keinem proportionalen Verhältnis zu deren wirklicher Bedeutung. Ich habe das Elefantenbaby erwähnt, weil sich nachweisen ließ, daß diesem glücklichen Familienereignis, in unsern Blättern wenigstens fünfzigmal mehr Raum gewidmet war (von der Schiffstaufe in Triest gar nicht zu reden) als über die Nachricht, daß die anglo-amerikanischen Verhandlungen über den uneingeschränkten Schiedsvertrag dem befriedigenden Abschluß nahestehen.

[illegible] heute ein [illegible] oder [illegible] Telegramm in den Zeitungen, das [illegible] niemand bemerkt hat. Dagegen die Entsendung des [illegible] nach Agadir[1]! Da hieß es gleich: „[illegible] der [illegible] Gefahr." Es besteht in der Presse und in [illegible] Kreisen noch immer die Auffassung, daß nur das bedeutend und bemerkenswürdig ist, woraus sich eventuell ein Krieg entwickeln könnte; das hingegen, woraus die [illegible] Kern des organisierten Rechtsfriedens herauswächst, das wird in der Öffentlichkeit — namentlich Mitteleuropas — kaum beachtet.

* * *

Die [illegible] Kreise leben und [illegible] in dem Wahn, daß, wenn es irgendwo eine Schiffsdemonstration oder einen Grenzzwischenfall oder einen Aufruhr gibt, dann sogleich aus solchen Funken der Weltbrand entstehen wird. Auf diese Voraussetzung waren auch die verschiedenen in den letzten Jahren erschienenen Zukunftskriegsromane aufgebaut: ein Attentat am Balkan, ein Zusammenstoß an fremder Küste — darauf allgemeine Erregung, [illegible] Volksleidenschaft, gegenseitige Beschuldigungen: und es geht los. In letzter Zeit aber — trotz der Zwischenfälle und Wirren will's nicht losgehen. Es liegt nämlich etwas ganz Neues in der Luft: der Friedenswille der Völker, die Vermeidung des Kriegsrisikos seitens der Regierungen, die [illegible] bisher [illegible], [illegible] in Aktion getretene Friedensbewegung und das in allen großen Fragen jetzt immer häufiger, immer bestimmter hervortretende Zusammenarbeiten der Mächte.

Und ein Zusammenarbeiten, das dahin zielt, die Kriegsgefahren zu dämpfen — nicht zu schüren. Das zeigt sich auch wieder in der Marokko-Affäre. Am ersten Tag freilich, als die Agence Havas-Depesche die Entsendung des „Panther" meldete, da waren die Kriegswitterer wieder mit Alarmrufen bei der Hand. Blätter namentlich, in deren Bezirk die Kanonenfabriken liegen, tun sich hervor. Die „Rheinisch-Westfälische Zeitung" z. B. begrüßt die Absendung des deutschen Kriegsschiffes als „befreiende Tat", richtet heftige Angriffe ge-

[1] 1. Juli 1911.

gen Frankreich und ruft die Erinnerung an 1870 wach, indem sie schreibt: „Wenn die Franzosen sich unterfangen, in Marokko „Ordnung zu stiften“, können wir das gleiche tun. (Die Gänsefüßchen deuten an, daß, wenn man „Ordnung stiften“ sagt, man „erobern“ meint.) Vor Agadir liegt nun ein deutsches Kriegsschiff. Die Verständigung mit uns steht ihnen noch frei. Wollen sie nicht, dann mag der „Panther“ die Wirkung der Emser Depesche haben. „Das deutsche Volk wird zeigen, daß es seine Ehre zu wahren weiß.“ In diesem grimmigen Ton pflegen die Nationalisten das Wort Ehre zu gebrauchen — hoffend, daß die andern ebenfalls das gleiche Wort zischen werden. — Es ist aber nicht so gekommen. Außer in ein paar unansehnlichen chauvinistischen Organen ward überall die Ruhe gewahrt und Verständigung aller, auch der direkt unbeteiligten Mächte wird wieder angebahnt. Die Zeit ist vorüber, wo es bei Streitigkeiten der Völker überhaupt keinen andern Ausweg gab als dreinschlagen, und wo es, wenn zwei sich stritten, dem andern überhaupt versagt war, versöhnend, beruhigend, kriegverhindernd einzugreifen. Jede Einmischung war schon an und für sich ein neuer casus belli. Das ist alles gründlich anders geworden.

* *
*

Der König von Montenegro mobilisiert. Zwar nur, wie er behauptet, mit den „friedlichsten Absichten“, aber in jene Gegenden Europas ist der pazifistische Geist noch gar nicht eingedrungen. Jene Bevölkerungen sind kriegerisch — bei ihnen sind „Soldat“ und „Held“ gleichwertige Ausdrücke, und das Waffentragen ist ihre stolzeste Freude. Auch in der Türkei ist die Kriegspartei sehr stark. Und die Greuel und Grausamkeiten, die in der Niederwerfung des Albanesenaufstandes verübt worden sind, die an die einstige Armenierverfolgung erinnert, die geben Zeugnis von dem wilden Kriegsgeist, der in jenen Ländern noch lebt. Wenn da ein Krieg aufflammen sollte, es wäre nicht zu verwundern. Beruhigend klingt aber die Nachricht, daß Rußland, Oesterreich und Italien in dieser Angelegenheit miteinander im Einvernehmen handeln wollen. Sollte es ihnen auch nicht gelingen, die Balkanbewohner am Raufen zu hindern, wenigstens werden sie nicht selber für die einen und die andern gegeneinander Partei nehmen.

* *
*

Da las ich neulich folgenden Satz: „Ueberall herrscht die Ueberzeugung, daß eine sehr vorsichtige Behandlung der Marokkofrage nötig ist. Sie berührt die Nervenstränge des Weltfriedens." Ist man es denn noch nicht nachgerade satt, daß der Weltfriede — statt eine fundierte Institution zu sein — so offenliegende Nervenstränge hat, auf denen die Diplomaten und Pressevirtuosen mehr oder minder geschickt Violine spielen?

Zum Glück schlägt jetzt in allen zivilisierten Ländern die politische Stimmgabel schon laut das Friedens-a an; aber das ist ein zu unsicherer — das ist kein haltbarer Zustand mehr.

* *
*

In London fand am 27. Juni eine Protestversammlung gegen die Londoner Seerechtsdeklaration statt. Der Führer der Konservativen, Balfour, führte aus: Die Deklaration sei nicht eine Verbesserung des internationalen Brauches, sondern ein Schritt zurück. Sie vermindere Englands Kraft im Gegenangriffe mit Hilfe der Blockade, während sie es dem Feinde (wo und wer ist denn dieser ewige fiktive „Feind"?) erleichtere, England auszuhungern. Die Gefahr für England sei jetzt, zu verhungern, nicht die Invasion. Sollte man glauben, daß das die Sprache hochzivilisierter Leute ist, die eben in einer großen Festveranstaltung mit all den Nachbarn fraternisiert haben, unter welchen sich die Invasions- und Aushungerungsplanenden befinden? Nun ja, eine solche Deklaration wie die Londoner, die die Kriegseventualitäten stehen läßt und regelt, ist auch keine echte Friedensarbeit und läßt von ihrem eigenen Standpunkte aus allerlei strategische Zweifel und Proteste zu Recht bestehen; dem anglo-amerikanischen Schiedsvertrag gegenüber, der den Krieg ausschalten soll, hat sich Balfour ganz rückhaltlos zustimmend ausgesprochen und würde es sicherlich auch einem anglo-deutschen gegenüber tun. Vorausgesetzt natürlich, daß das vom deutschen Kanzler ausgesprochene Axiom, daß Verträge wie Zunder brennen, außer Kurs gesetzt würde.

* *
*

Die Aviatik wird, ohne daß sich die Oeffentlichkeit viel darum kümmert, immer mehr und mehr dem Heeresdienste einverleibt. Von allen Ländern her hört man von Bestellungen von Flugmaschinen für die Armee — auch Kreditforderungen für diesen Zweck werden schon angekündigt; freilich in noch so geringer Höhe, daß die dem schweren Millionenbudget gegenüber abgehärteten Steuerzahler dabei noch kein Gruseln packt. Hören wir, wie Prinz Ludwig Windischgrätz, Mitglied des ungarischen Magnatenhauses, in einem „Aviatik und die Armee" betitelten Artikel („Die Zeit", 25. Juni) über diese Dinge spricht. Der Artikel gilt dem Flug Wien-Budapest, auf den die „Zeit" einen Preis ausgesetzt hatte. Darin heißt es u. a.: Die in Oesterreich gebauten Maschinen haben sich glänzend bewährt. Sie können mit den Luftfahrzeugen der übrigen Kulturländer getrost in Konkurrenz treten. Der Fernflug Wien-Budapest war ein großer Erfolg für die heimische Industrie, aber auch, und darauf lege ich das Hauptgewicht, für die österreichisch-ungarische Armee. — — Es wäre hoch an der Zeit, wenn auch die Regierung, besonders die österreichisch-ungarische Kriegsverwaltung, ähnlich wie die deutsche und besonders die französische, Opfer für die Luftschiffahrt brächte. Was bisher geschah, ist wahrlich eines Großstaates kaum würdig. Wenn Oesterreich-Ungarn Geld für Dreadnoughts hat, muß es auch Geld für Luftschiffe und Flugmaschinen haben. Gewiß der gegenwärtige Stand der Aviatik läßt noch keine großen, keine sensationellen Umgestaltungen in der Kriegführung erwarten. Die Luftschiffe und die Aeroplane werden wohl noch manche Aenderung erfahren, ehe sie auf dem Schlachtfeld einen entscheidenden Faktor abgeben. (Der entscheidenste Faktor auf diesem lieblichen Felde ist und bleibt der Zufall, geehrter Prinz.) Doch auch derzeit sind die Aviatiker schon im Krieg von Nutzen. („Derzeit" gibt's ja überhaupt keinen Krieg, an dem Lufttruppen beteiligt sind.) Sie können rekognoszieren und beobachten. (Oh, sie werden noch viel mehr können, z. B. Sprengstoffe auf Pulvermagazine fallen lassen. — Aber sehen denn die Lobredner neuer Waffen niemals ein, daß das sogenannte Nützliche im selben Grad schädlich ist, da es ja von beiden Gegnern gleichzeitig angewandt wird? Man schadet sich gegenseitig mehr — das ist der ganze Nutzen.) Die Pointe des Artikels ist die nochmalige Betonung, daß die militärische Großmachtstellung der Monarchie durch die Eroberung der Luft gestärkt werden könne, und daß jeder Armeefreund und jeder Patriot wünschen muß, daß der glückliche Ueberlandflug kein Ende, sondern nur ein Anfang bedeute. — Nun, es gibt schon mehr Leute — nicht so sehr Armee- als Menschenfreunde, die sich von der Eroberung der Luft einen gewaltigen Einfluß auf die Höherentwicklung der Kultur im allgemeinen und auf die Kriegführung im besonderen — nämlich auf das Nichtmehrführen von Kriegen — versprechen.

* *

*

Übrigens mehr noch als die Eroberung der Luft dürfte die Erfindung des Schullehrers Wirth (Manövrierung unbemannter Boote und Aeroplane durch elektrische Fernwirkung) eine Umwälzung auf dem Gebiete des „Nicht-mehr-Krieg-führen-Könnens" hervorbringen. Daneben wächst aber auch das Nicht-mehr-Krieg-führen-Wollen in immer weiteren Kreisen an. Da ist nun neuestens in der diplomatischen Sprache ein neues Wort aufgetaucht: „Entente der Konversation". Unter dieser Spitzmarke meldet die „Neue Freie Presse" unterm 3. Juli aus Paris: Wie der Temps erfahren haben will, hätte die deutsche Regierung den Wunsch nach einer Konversation mit Frankreich ausgesprochen und diesem Wunsche noch den anderen hinzugefügt, daß auch Spanien an diesen Besprechungen teilnehme. Darauf hätte auch England das Verlangen kundgegeben, den Verhandlungen zu folgen, die also zu vieren stattfinden würden, vielleicht sogar zu fünfen, meint der „Temps", wenn Rußland sich anschließe. Auch die Agence Havas meldet unter gleichem Datum: Was den Wunsch Deutschlands betrifft, Unterhandlungen zu pflegen, so habe sich Frankreich diesem Wunsche seit langem günstig gezeigt. Obwohl die deutsche Initiative die Lage geändert habe, sei Frankreich stets geneigt, eventuelle Vorschläge Berlins anzuhören, und es bleibe zur Konversation bereit.

Marokko. — Zwei hinter dem Vorhang; Hetzereien und Klatschereien. — Offiziöse Zurückweisung der Alldeutschen. — Die Mission der Presse. — Friedensdemonstrationen. — Die angesagte Friedensversammlung im Treptower Park. — Vorhersage, daß es nicht zum Kriege kommt. — Die Angelegenheit der einschränkungslosen Schiedsverträge. — Verschiebung der Verhandlung im amerikanischen Senat. — Admiral Togo in Washington. — Der abgeänderte anglo-japanische Bündnisvertrag. — Japanische Militär-Luftschiffe. Handelsinteressen und die Kosten eines modernen Seekrieges. — Eine Schlachtenerinnerungsfeier in den Vereinigten Staaten. — Tafts pazifistische Tätigkeit. — Richard Barthold als Ueberbringer eines Briefes an Kaiser Wilhelm. — Rassenkongreß, Carnegie-Stiftung in Aktion und die Konferenz des britischen Imperiums. — Der Bonbon-Tag des österreichischen Flottenvereins. — Betrübendes und Bedrohliches.

Wien, 2. September 1911.

Marokko hieß die Parole der seit der letzten Chronik verflossenen Zeit. Auf der Spitze dieses Wörtchens balancierte wieder einmal die Frage: Krieg oder kein Krieg. (Und das nennen die Leute den durch die Rüstungen gesicherten Frieden.) Weil wir Pazifisten an der Alternative: Krieg oder kein Krieg so lebhaft interessiert sind, so wurden wir vielfach um unsere Meinung über die schwebende Angelegenheit befragt, von deren Abwicklung die Entscheidung abhängig ist. Der Abstand zwischen der Angelegenheit und der Entscheidung scheint uns aber so enorm, daß wir uns gar nicht dabei aufhalten können, die Für und Wider des Abwicklungsobjektes punktweise zu kommentieren; was unsern ganzen Sinn dabei erfüllt, ist nicht die Berechtigung oder Verwerflichkeit der zur Verhandlung gestellten [Geg]enstände, sondern einzig der ungeheuerliche Umstand, daß dabei [die Sc]hicksalsfrage: Krieg oder Frieden aufgeworfen ist. Setzen wir [den F]all, zwei Geschäftsleute, die in verschiedenen Häusern wohnen, verhandeln über eine abzuschließende Transaktion, wobei sie über den Betrag der Einzahlung, der Profitverteilung, der Entschädigungsansprüche, der Gebarungsmodalitäten usw. noch nicht einig sind, und es wäre zugleich abgemacht, daß, wenn man zu keinem Uebereinkommen gelangt, die beiden Häuser in Brand gesteckt würden. Wenn man nun die übrigen Bewohner der Häuser befragen wollte, was ihre Ansicht über die zur Verhandlung stehenden Interessen sei — so würden sie doch nur antworten: Unser und euer und aller Nachbarn größtes Interesse ist, daß die Mordbrennerei unter keinen Umständen stattfinde, daß die Eventualität dieses Unglücks nicht von dem Ausgang einer Feilscherei abhängig gemacht werde. Oder mit andern Worten — Worte, die den Kern der pazifistischen Forderung darstellen —, wenn die Diplomaten sich nicht einigen können, so ist die Streitfrage vor die internationale Justiz zu bringen. „Eine solche gibt es nicht“, sagen die andern. „Doch“ — antworten wir — „das Haager Tribunal steht offen.“ — „Das ist noch nicht mit genügend anerkannter Autorität ausgestattet“, lautet die Gegeneinwendung. — Dann werde es so ausgestattet; *der jetzige Fall zeigt wieder so recht eindringlich, wie bitter notwendig es ist, daß wir dagegen geschützt und gesichert werden, daß man unsere Häuser, die einen Wert von — sagen wir — einer Milliarde Mark haben, niederbrenne, weil Zwei sich über die Verwendung von zehn Pfennigen nicht einigen konnten.*

* * *

Die Zwei sitzen hinter einem Vorhang; niemand darf wissen, was sie einander vorschlagen und abschlagen. Wie sie heißen, weiß man genau: *Cambon* und *Kiderlen-Wächter*[1]; zur Abkürzung nennt man sie aber Frankreich und Deutschland. Freilich handeln und verhandeln die Zwei nicht nach eigenem Urteil und eigenem Begehr, sondern nach Instruktionen; aber diese Instruktionen kommen auch nur von ein paar Personen, die man kennt, und nicht von „Frankreich und Deutschland“. Mit aller Bestimmtheit kann man annehmen, daß sowohl die Zwei wie ihre Auftraggeber Verständigung

[1] Die die Marokkoverhandlungen im Sommer 1911 betrieben. Die Verhandlungen begannen am 9. Juli und endigten durch den Vertrag von Berlin 4. November 1911.

wünschen und keinen Krieg wollen. Aber die Gefahr lauert draußen. Die Verhandlungen ziehen sich so lange hin, werden sogar unterbrochen, und da ergibt sich für die chauvinistischen Parteien Zeit und willkommene Gelegenheit, auf ihr Ziel hinzuarbeiten. In den ersten Tagen da verkündeten die Blätter und die Depeschenbureaus nur, daß man nichts weiß und nicht sagen kann, was vorgeht. Dann aber begannen die Kommentare, die Vermutungen, die Klatschereien; — das Publikum wurde ängstlich und nervös. Jetzt war der Augenblick für die französischen Revancheurs und für die Alldeutschen gekommen, die üblichen Hetzereien, Fanfaronaden und Drohungen vorzubringen, die geeignet sind, kriegerische Stimmung zu erwecken. Einstens genügten solche Auslassungen, wie sie jetzt von der alldeutschen Presse verbreitet wurden, um wie ein Lauffeuer durch die ganze Bevölkerung zu gehen und jenen „furor" zu schaffen, den Regierungen, die selber kriegslustig sind, gern für den Zwang ausgeben, der sie zum äußersten treibt. Diesmal machten sich auch die Gegenstimmen — nämlich die der Friedenswollenden — laut, und die Regierung selber machte gegen die Kriegstreiberei Front: Die „Norddeutsche Allgemeine Zeitung" veröffentlichte unterm 5. August folgende offiziöse Erklärung:

> „Die „Post", die wir in diesem Fall nicht als Organ der Freikonservativen anerkennen, hat einen Artikel veröffentlicht, worin sie, ohne über den Stand der Marokkoverhandlungen im geringsten unterrichtet zu sein, von einem „Augenblick unsäglicher Schande", von einer „Demütigung Deutschlands", vom Rücktritt des Reichskanzlers und des Staatssekretärs des Aeußern und von einem „neuen Olmütz" phantasiert. Wir würden diesen Ausgeburten eines überreizten Gehirnes keine Beachtung schenken, wenn die „Post" sich nicht am Schlusse ihrer Ausführungen erdreistet hätte, dem Kaiser unter der feigen Form rhetorischer Fragen politische Schwäche, ja Begünstigung des Auslandes zum Schaden deutscher Interessen vorzuwerfen. Die „Post" eignet sich mit diesen Ausführungen Gedanken an, denen wir nur in ausländischen Schmähartikeln zu begegnen gewohnt sind. Der Versuch, solche Nichtswürdigkeiten unter dem Schein patriotischer Besorgnis in der deutschen Presse zu verbreiten, verdient die schärfste Zurückweisung."

* *
*

Leider waren es nicht nur die ausgesprochen chauvinistischen Blätter, die Oel ins Feuer gossen; auch die ausländischen Zeitungen veranstalteten Interviews und Polemiken, die zu Verbitterungen und Verdächtigungen Anlaß gaben. Wann wird sich denn die Presse endlich der hohen Mission bewußt werden, deren sie sich so gern auf Preßkongressen rühmt, für und nicht gegen den Völkerfrieden zu wirken?

* *
*

Doch heutzutage läßt sich nicht mehr als „öffentliche Meinung" ausgeben, was in den Leitartikeln steht. Die Völker haben **eine neue Methode** ihrer Gesinnung Ausdruck zu geben: Versammlungen und Demonstrationen. **Und weil der Friedensgedanke im Volk schon mächtig lebt**, so gibt es bei solchen Anlässen, wie die jetzige Marokko-Affäre, gewaltige Friedensdemonstrationen. Hier eine Depesche aus Berlin vom 29. Juli:

> „Die Vertreter der französischen Gewerkschaften, die seit einer Woche in Berlin weilen und deren einer, wie berichtet, dieser Tage aus Berlin ausgewiesen worden ist¹), erschienen gestern in zwei Versammlungen, die als Friedensdemonstrationen gedacht waren, vor der Berliner Arbeiterschaft. Beide Versammlungen waren überfüllt und mußten polizeilich geschlossen werden. Anwesend waren im ganzen etwa 10.000 Personen.
>
> In einer der Versammlungen begrüßte Reichstagsabgeordneter Robert **Schmidt** die französischen Delegierten und sagte in seiner Rede unter anderem: Es sind ernste Konflikte auf dem Gebiete der auswärtigen Politik ausgebrochen. Was liegt näher, als daß in einem solchen Augenblick die deutsche Arbeiterschaft aufgerufen wird, Partei zu ergreifen für die Idee des Weltfriedens und gegen diejenigen, die diesen Frieden stören wollen. Wir bieten dem Chauvinismus dies- und jenseits des Rheins Trotz, wir lassen uns durch den gegenwärtigen Trubel nicht irreführen, wir reichen der Arbeiterschaft Frankreichs die Hand, wir wollen alles einsetzen, um den Frieden aufrechtzuerhalten. (Stürmischer Beifall und Zustimmung.)
>
> Im Namen der französischen Delegierten sprach das Mitglied der französischen Generalkommission **Jouhaux**. Er sagte: Wir sind gerade

¹) Der französische Sozialist **Yvetot**, der bei einer Versammlung im Berliner Gewerkschaftshaus am 24. Juli die Politik beider Regierungen scharf angegriffen hat. Er sagte u. a.: „Wenn die Regierungen es versuchen sollten, die Völker gegeneinander aufzuhetzen und eine Nation gegen die andere in den Kampf zu treiben, so werden wir zeigen, daß die Völker schönere Aufgaben zu erfüllen haben. Versucht es nur einmal, Ihr Scharfmacher, ein Volk gegen das andere aufzuhetzen, ein Volk gegen das andere zu bewaffnen. Ihr werdet sehen, ob nicht die Völker einen ganz anderen Gebrauch von den Waffen machen werden, als Ihr ihnen in die Hand gebt. Wartet ab, ob die Völker nicht einen anderen Feind bekämpfen werden, als Ihr glaubt!"

in diesen Tagen Zeugen diplomatischer Verwicklungen, deshalb ist es in verstärktem Maße unsere Pflicht, hier für den Frieden zu demonstrieren. (Lebhafter Beifall.) Wir müssen uns heute erheben, wie wir uns im Jahre 1901 erhoben haben, als der französisch-englische Konflikt schwebte. Damals gingen französische Arbeiter nach London, um mit den englischen Arbeitern für den Frieden zu wirken. Das glückliche Resultat dieses Zusammenwirkens ist die Entente cordiale, die wir heute sehen. (Beifall.) Der Redner wendete sich dann in sehr heftigen Worten gegen die angeblichen Bestrebungen, einen Krieg herbeizuführen, und schloß: Unser Herz gehört dem Frieden, nieder mit dem Krieg! (Langanhaltender Beifall.)

In beiden Versammlungen wurde eine Resolution angenommen, in der es heißt: Die Versammelten fordern die Arbeiter Deutschlands wie Frankreichs auf, angesichts der gegenwärtigen drohenden Kriegsgefahr jederzeit auf dem Posten zu sein und ihren ganzen Einfluß zur Verhinderung eines Krieges aufzubieten. Sie fordern die Einberufung der verantwortlichen Volksvertretung, um dieser die Mitentscheidung über die Lösung internationaler Konflikte zu ermöglichen."

* *
*

Das ist der Bericht von einer dieser Friedensversammlungen, doch hat es deren eine ganze Anzahl gegeben und für Sonntag, den 3. September (also später als diese Zeilen zum Druck geschickt werden), ist wieder eine Monstreversammlung für den Frieden angesagt, und zwar im Treptower Park[1]). Dem Amtsvorsteher von Treptow ist die Genehmigung zugekommen, nachdem in der am 31. August im Ministerium des Innern abgehaltenen Konferenz dagegen keine Bedenken erhoben wurden, und auch die Eigentümerin des Parkes, die Stadt Berlin, sich damit einverstanden erklärt hat. Die sozialdemokratische Partei hat die Versammlung einberufen. Das wird vielen Friedensgegnern Anlaß geben, die ganze Demonstration nur als parteipolitische darzustellen. Es wäre zu wünschen, daß die Millionen aus bürgerlichen Kreisen, die Kriegsgegner sind, sich zu einer Friedenspartei organisierten, die ebensolche große Demonstration veranstalten würde. Oder wenn sie sich wenigstens — unbekümmert um die andern Programmpunkte der Sozialisten, denen sie eventuell nicht beistimmen — solchen Versammlungen anschlössen, wie man dies in England sieht, wo die pazifistisch gesinnten

[1]) Denkwürdige Riesenversammlung mit über 200,000 Teilnehmern.

Lords mit den Arbeiterführern zusammen an Friedensdemonstrationen teilnehmen.

* *
*

Noch sind die Verhandlungen hinter dem Vorhang nicht abgeschlossen, und so mißlich es ist zu prophezeien, so wage ich doch zu sagen, daß sie zu einem für beide Regierungen befriedigenden Abschluß gelangen werden und daß in dem großen Kampfe, der jetzt in der Welt zwischen Pazifismus und Bellizismus tobt, ein neuer Sieg der Friedenssache aus der Marokkoaffäre hervorgehen wird, eine neue, glücklich bestandene, schwere Belastungsprobe.

* *
*

Die große wichtige Angelegenheit der von Präsident Taft vorgeschlagenen einschränkungslosen Schiedsgerichtsverträge ist in Stockung geraten. Unsere Gegner triumphieren schon, sie sei gescheitert. Unterschrieben waren ja die Verträge bereits zwischen den Vereinigten Staaten und England und den Vereinigten Staaten und Frankreich [1]). Auch Deutschland hatte sich willig erklärt, zu verhandeln. Doch im amerikanischen Senat, wo die unterzeichneten Verträge hätten ratifiziert werden sollen, erhoben sich einige Bedenken und Abänderungsvorschläge wurden laut. Die Senatsession sollte nur mehr wenige Tage dauern. Da zog Präsident Taft es vor, die Sache in die nächste (im Dezember zu eröffnende) Session zu verlegen, damit nicht in der Eile etwa ein paar Amendements durchgingen, die den ganzen Sinn der Verträge abschwächen könnten. Also: abwarten.

* *
*

Der japanische Admiral Togo, der einige Besuche an europäischen Höfen machte, wo er als Kriegsheld gefeiert wurde und gewiß niemand das verpönte Wort Frieden in den Mund nahm, ist nun auch in Amerika angelangt, und Präsident Taft gab ihm zu Ehren ein Diner im weißen Hause. Der Präsident drückte dem Ad-

[1]) Am 3. August 1911.

miral gegenüber den Wunsch aus, Japan möchte mit den Vereinigten Staaten, England und Frankreich in der Weltbewegung für den internationalen Frieden zusammengehen. Dann brachte er einen Trinkspruch auf den Mikado aus und sagte weiter:

„Ich erkenne mit Freude die wichtige Rolle an, die Japan für die Erleichterung des Abschlusses der Schiedsgerichtsverträge zwischen England und Amerika und zwischen Frankreich und Amerika dadurch gespielt hat, daß es das große moralische Schiedsgerichtsprinzip bei dem kürzlichen Abkommen mit England ohne weiteres und vorbehaltlos anerkannte. Ich habe die Hoffnung und das Zutrauen, daß die Zeit nicht fern ist, wo Japan sich in der Lage sehen wird, sich der jetzt so verheißungsvoll eingeleiteten Bewegung anzuschließen."

* *
*

Diese letzten Worte des Präsidenten werden Vielen unverständlich sein, denn in Europa herrscht die Auffassung, daß der englisch-japanische Vertrag ein Hindernis für den anglo-amerikanischen Friedensbund abgibt. Und in der Tat, so wäre es gewesen, denn ein Paragraph der Vertrages lautet, daß, wenn eines der beiden Länder durch ein drittes ohne Provokation angegriffen würde, so müßte das andere ihm im Kriege Beistand leisten. Würde also z. B. Amerika gegen Japan einen Krieg beginnen, so müßte England mit Japan gehen, wo bliebe da die Grundbedingung des einschränkungslosen Schiedsgerichtsvertrages, nämlich, daß zwischen den beiden Kontrahenten der Krieg ausgeschaltet ist? Das hat man in Japan und in England eingesehen und dem anglo-japanischen Vertrag wurde ein Paragraph beigefügt, worin es heißt, daß, wenn einer der hohen Kontrahenten mit einer dritten Macht einen einschränkungslosen Schiedsgerichtsvertag abschließen sollte, so ist es vereinbart, daß nichts in dem vorliegenden Kontrakt eine solche Vertragspartei verpflichten könnte, gegen die Macht Krieg zu führen, mit der ein solcher Schiedsvertrag in Kraft wäre.

Diese Klausel wurde in Hinblick auf die eingeleitete anglo-amerikanische Aktion hinzugefügt und der so veränderte Vertrag wurde am 13. Juli in London unterzeichnet. Dies deutet darauf hin, daß Japan an den so gern als „unvermeidlich" bezeichneten Krieg mit Amerika nicht denkt. Admiral Togo hat sogar dem Wunsche Ausdruck gegeben, daß Japan — wie der Präsident in seinem Trinkspruch sagte — sich jenen Verträgen anschließe. Aber nicht nur die Höflichkeitsphrase eines Einzelnen liegt da vor. Die letzten Nachrichten aus Tokio berichten, daß die allgemeine Meinung Japans einen solchen einschränkungslosen Vertrag mit den Vereinigten Staaten wünsche, „da ein Krieg mit diesem Lande undenkbar sei". Gute Beispiele sind ansteckend, aber wer hätte geglaubt, daß ein solcher Satz, der ja zwischen den zwei englisch sprechenden Völkern ziemlich natürlich klingt, nun auch von einem asiatischen Volk aufgegriffen wird?

* *
*

Damit soll aber nicht gesagt sein, daß *in Japan* nicht auch noch *sehr eifrige Rüstungspolitik* betrieben wird. Eben wird dort ein Militärluftschiff konstruiert (System Yamada-Isaburo), das an Größe alles bisher auf diesem Gebiete gesehene übertrifft. Es wird 600 Fuß lang sein, bei einem Durchmesser von 50 Fuß. Sechs Motoren mit 120 Pferdekräften werden ihm eine Schnelligkeit von 70 Meilen pro Stunde ermöglichen. Vorkehrungen sind getroffen, um pneumatische Kanonen anzubringen, die imstande sind, Bomben durch die Luft zu schleudern, die eine Kriegsflotte vernichten können. Wenn die Versuche, die mit diesem neuen „Dirigeable" vorgenommen werden, vollständig gelingen, was man voraussetzt, so wird Japan eine ganze Flotte solcher Schiffe bauen und wird auf diesem Gebiete der mächtigste Staat der Erde sein. Was werden wir dann tun? Etwa mit Japan Schiedsgerichtsverträge anbahnen? O nein, wir werden versuchen, 650 Fuß lange Aeronefs zu bauen. An Geld fehlt es ja nicht. Die schon an verschiedenen Stellen ausbrechenden Hungerrevolten kümmern uns weiter nicht. Not an Fleisch, an Brot, an Spitälern, an Schulen — das läßt sich alles stoisch ertragen, *nur um Himmels willen keinen Mangel an pneumatischen Kanonen in der Luft!*

* *
*

Man ist ja auch so sehr um die berühmten „*Handelsinteressen*" und *Absatzgebiete* besorgt, daß man — damit ein paar Fabrikanten etwas profitieren — bereit ist, Seekriege zu führen. Es ist daher interessant, die Kosten einer modernen Seeschlacht, wie sie von einer technischen Fachrevue berechnet worden sind, mit den zu erkämpfenden „Handelsinteressen" zu vergleichen. Vierzehnzöllige Kanonen feuern Geschoße ab, die 3000 Fr. kosten und geben zwei oder drei Schüsse in der Minute. Nun denke man sich zwei Eskadres, die durch fünf Stunden kämpfen; welche Ziffer ergibt sich da, allein für verschossene Munition, ohne noch die vernichteten Schiffe zu zählen? Die Revue kommt zu dem Resultat, daß der fünfstündige Kampf an Munition 150 Millionen Fr. kosten würde. Ich kann es nicht nachrechnen, denn in dem mir vorliegenden Bericht fehlt die Zahl der Schiffe. Ein Seeoffizier wird da Auskunft geben können. Jedenfalls ist aber von allen Kriegsvorwänden pekuniärer Gewinn der dümmste; denn der moderne Krieg kostet beiden Parteien viel tausendmal mehr, als die eine oder die andere dabei erlangen kann.

* *
*

Erinnerungsfeiern von Schlachtenjahrestagen können auch zu Friedensfeiern werden. In Manassas, Virginia, wurde das fünfzigjährige Jubiläum der ersten im Sezessionskrieg geschlagenen Schlacht begangen. Vielleicht war diese Feier die erste ihrer Art, denn von der üblichen Kriegsverherrlichung kam dabei nichts zur Sprache, im Gegenteil: vom Geist des Friedens war die Feier getragen. Man urteile: Hunderte von alten Veteranen, die an jener Schlacht teilgenommen hatten — als Kämpfer der Süd- und der Nordpartei — trafen auf dem Schlachtfeld zusammen, stellten sich in zwei Reihen einander gegenüber, die Blauen nach Süden, die Grauen nach Norden blickend; dann schritten sie aufeinander zu, reichten sich die Hände und blieben durch fünf Minuten mit verschlungenen Händen stehen zum Zeichen ewiger Freundschaft. Veranstalter dieses neuartigen Erinnerungstages war ein Mann (George C. Round ist sein Name), der vier Jahre lang bei der Nordarmee gefochten hatte und der seit der Zeit in Manassas gelebt hat. In seinem Sinne sollte aus dem Jubiläum der berühmten blutigen Schlacht ein Beitrag zur Förderung der Weltfriedensbewegung werden — und ist es auch geworden. Präsident Taft, der die ganze Nation vertritt, und der heute als der hervorragendste Vertreter der Friedensbewegung dasteht, wohnte dieser Manassasfeier bei und plaidierte bei dieser Gelegenheit wieder für das Ende der Kriegsinstitution. Er forderte die Veteranen beider Parteien auf, ihm in seinen Bestrebungen behilflich zu sein. Die Männer, die die Greuel des Krieges gesehen, sollten, nach seiner Empfindung, die ersten sein, die Friedenssache vorwärts zu bringen. Als nun der Präsident verkündete, daß an diesem selben Tage ein einschränkungsloser Schiedsgerichtsvertrag, der gleiche wie mit England, mit Frankreich unterzeichnet worden sei, da erhoben sich die anwesenden Krieger alle von ihren Sitzen und brachen in stürmische cheers aus. Der Yankee-Kriegsruf und das Rebellen-Schlachtgeschrei vermengten sich, um die Friedensbotschaft zu akklamieren.

Man kennt in Europa viel zu wenig die eifrige Tätigkeit, die das Oberhaupt der Vereinigten Staaten als Pazifist entfaltet. Kürzlich hielt er im Invalidenheim von Texas einen Vortrag über Krieg und Frieden. Er sagte darin u. a., daß mehrere amerikanische Kriege durch Schiedsgericht zu vermeiden gewesen wären, so namentlich sei er überzeugt, daß die kubanische Frage ganz gut von einem Schiedstribunal hätte geregelt und der amerikanisch-spanische Krieg dadurch erspart werden können. Gegenwärtig überbringt das Kongreßmitglied Richard Barthold, der Gründer der amerikanischen interparlamentarischen Gruppe, dem Kaiser Wilhelm ein eigenhändiges Schreiben Tafts. Daß der Schreiber darin seinen Lieblingsgedanken irgendwie erwähnt haben wird, läßt sich kühn voraussetzen; darauf deutet schon die Wahl seines Boten.

* *

*

Als wichtige Zeitereignisse müssen signalisiert werden der erste Rassenkongreß, der im Juli in London abgehalten worden ist[1]), und der über die einzelnen Föderationsbestrebungen der Nationen hinaus, schon die schließliche Zusammenarbeit aller Rassen der Erde ins Auge faßt; ferner das In-Aktion-treten der Carnegiestiftung, deren zweite Sektion (nationalökonomisches Gebiet) zu einer Beratung in Bern[2]) zusammengetreten ist, an der die berühmtesten Gelehrten dieses Faches aus allen Ländern teilgenommen haben. Schließlich die imperialistische Konferenz in London, in der die Gouverneure der „Dominions" und „Commonwealths", Canada, Australien usw. über die Zukunft des britischen Imperiums verhandelt haben[3]). Hier

[1]) Am [illegible] Juli 1911. Es waren [illegible] Teilnehmer aus allen Zonen anwesend.

[2]) Am 14. August 1911 [illegible] die Verbände der wirtschaftlich-historischen Abteilung der Carnegie-Friedensstiftung in Bern.

[3]) [illegible] 1911.

fehlt der Raum, über diese Konferenz eingehend zu berichten, dies sei für später vorbehalten; es sei nur mitgeteilt, daß dabei die eigentliche imperialistische Idee (im Sinne der Tarifreformer, der Konskriptionsanhänger, der Joe Chamberlainpartei mit einem Wort) völlig in die Brüche gegangen ist. Was da zutage gefördert wurde, ist der Bund freier Nationen, die sich ihre Selbständigkeit voll bewahren, bis auf die Einschränkung, daß der Krieg zwischen ihnen ausgeschaltet bleibt — ein Bund, der übrigens allen, auch außerbritischen Nationen, offen steht *).

* * *

Ach, und unser süßer, süßer Flottenverein! Der hat in ganz Oesterreich Bonbon-Tage abgehalten. Natürlich unter der Aegide von Damenkomitees. Holde junge Mädchen leisten lächelnd Agentendienste für die noch ungenügend fundierte Dreadnoughtindustrie, indem sie mit patriotisch-unwiderstehlicher Zudringlichkeit flaggengeschmückte Zuckerl verschleißen. Und Gipfel der rührenden Lieblichkeit: eine zweieinhalbjährige Erzherzogin überreicht ihrem kaiserlichen Großpapa eines der Bonbons, wie sie im ganzen Reich verkauft werden, in einer künstlerisch ausgeführten Kassette aus rotem und weißem Silberemail mit dem Abzeichen des Flottenvereins. An dieser unschuldsvollen Geste des kleinen Engelchens müssen doch alle seraphische Chöre des Himmels — und alle Zuckerbäckerjungen der Erde — ihre helle Freude haben!

* * *

Viel Betrübendes und Bedrohliches spielt sich gegenwärtig in der Welt ab: Ueberall die steigende Teuerung, die schon bis zu Teuerungsrevolten führt. Streiks und „Sabotage". Aus Rußland die Nachricht, daß neue Einschränkungen der Rechte der Juden verordnet wurden; aus Süditalien mittelalterlich anmutende Krawalle gegen Choleraärzte; aus Konstantinopel die Schreckenskunde, daß dort und in Albanien die furchtbare Seuche in der Tat ausgebrochen ist und sich verbreitet. Die Folge offenbar der albanesischen Kämpfe. Diese wurden als innere türkische Angelegenheit betrachtet; aber die Cholera bleibt nirgends eine innere Angelegenheit; sie kümmert sich um keine Grenze und kann nirgends als „lästige Ausländerin" ausgewiesen werden.

*) Im Juliheft der Steadschen Review of Reviews kann man über dieses großartige Ergebnis der „Imperial Conference" genauen Aufschluß finden.

Brief Frédéric Passys über den italienischen Kriegszug. — Der Bankbruch des bewaffneten Friedens. — Ein sonderbarer Krieg. Ruf nach Vermittlung. — Eine edle Geste der Türkei. Marokko. Zerstörung des französischen Panzers Liberté. Kämpfe in Portugal. Englandhetze und englische Reden. Attentat auf Stolypin. Revolverschüsse im österreichischen Abgeordnetenhaus. Der Schiedsvertrag scheitert im Senat. Niederlage des kanadischen Ministeriums. — Die Teuerung. — Was Bloch vorhergesagt.

Wien, 7. Oktober 1911.

Im Augenblick, als ich mich an den Schreibtisch setzte, um über das tripolitanische Unglück[1]) zu berichten (ein größeres Unglück gibt es nicht als die Loslassung der Kriegsfurie!), erhielt ich einen Brief Frédéric Passys. Besser läßt sich das Ereignis nicht glossieren, also setze ich die Worte unseres Altmeisters hierher.

Neuilly, 3. Oktober.

„Liebe Freundin. Gewiß sind Sie, wie ich, erzürnt und betrübt über den Zustand unseres armen Europas in diesem Augenblick. Der brutale Gewaltstreich Italiens ist ein Attentat gegen die Menschheit und eine Herausforderung an die Zivilisation. Aber man muß erkennen, daß er logisch ist im Hinblick auf das Benehmen der andern Mächte in Afrika, in Marokko und anderswo. Und schon fängt man von manchen Seiten an (s. die Indépendance belge), zu finden, daß Italien nicht anders handeln konnte und daß man ihm nichts vorwerfen kann. Der Temps als erster verkündet den Bankbruch des Pazifismus, und die andern folgen ihm nach. Ach leider, leider! Wir werden wieder eine Periode internationalen und vielleicht auch sozialen Wahnsinns durchmachen — eins das andere nach sich ziehend. Denn im Grunde ist die Moral der Gewalt dieselbe in der internationalen wie in der sozialen Politik. „Sie verwalten schlecht Ihre tripolitanische Provinz", sagt Graf San Giuliano zu der türkischen Regierung; „Sie ziehen daraus nicht alle Vorteile, die

…ptember 1911 übermittelte Italien der Türkei ein Ultimatum von Tripolis. Ablehnung durch die Türkei am 29. September.

daraus zu ziehen wären! Also müssen Sie verstehen, daß es unsere Pflicht ist, dieselbe zu okkupieren, um Ordnung hineinzubringen, und ihre Pflicht, sich diesem Arrangement zu fügen."

„Sie, Herr Graf, oder Ihr Souverän, besitzen Gründe, Parks, Schlösser, die unproduktiv sind: Es mangelt nicht an Leuten, die freudig bereit wären, darauf Früchte und Gemüse zu bauen. Laden Sie sie doch ein, diese Gründe zu okkupieren, oder machen Sie sich gefaßt darauf, daß sie das — im Namen Ihrer Moral — ohne Ihre Erlaubnis tun werden. Und Ihr Apulien, Ihr Kalabrien, und diese ganzen Länderstriche des Elends und der Unwissenheit.... Wir sind bereit, würde ein Heer von Hungernden Ihnen sagen, sie auszunützen, wenn es uns gestattet wird, sie zu okkupieren. Die Türken selber könnten das Argument gegen Sie kehren."

O Sophisterei, Heuchelei und Lüge, wann wird eine Welle von Licht und Gerechtigkeit euch wegfegen aus dem Bewußtsein der Minister, der Diplomaten und der Massen?

Leben Sie wohl. Verzweifeln wir nicht; wir werden das letzte Wort behalten. Aber wann? Wenn wir schon lange nicht mehr sind. Wird man dann auch nur wissen, daß wir gesprochen, geschrieben — daß wir geweint und gelitten haben über die Bosheit der einen und die Torheit der andern? Einerlei; fahren wir fort, zu tun, was wir tun können. Immer der Ihre. Frédéric Passy.

„Bankbruch der Friedensbewegung". Auch hierzulande haben wir dieses Wort hören müssen. Es ist falsch: der bewaffnete Friede ist's, der bankerott ist. Unser Prinzip steht wie auf einem ragenden Fels; die ihn umbrandenden Ereignisse können es nicht herunterspülen; aber das Prinzip des „si vis pacem" — das allen kriegerischen Vorbereitungen als Maske dient, das ist durch den masken- und mäntelchenlosen Gewaltakt der italienischen Regierung als widersinnig erwiesen. — Ich sage absichtlich „italienische Regierung" und nicht „Italien". Vergessen wir nie, daß das alte Kriegssystem eine über alle Länder verbreitete Sache ist, die bald da, bald dort zum Ausbruch kommt; daß daneben in allen Ländern (mehr oder weniger; in Italien eher mehr als weniger) das werdende Friedenssystem seine Anhänger und Freunde hat. Ueberall sind die nationalistischen und imperialistischen Parteien am Werk. Sie führen hartnäckige Preßkampagnen, wodurch Stimmungen erzeugt werden, die auf die Regierungen, wenn auch friedenswünschende Männer darunter sind, zum Kriege drängend wirken; — um so leichter, als ja doch in jeder Regierung das militärische Element mächtig vertreten ist. Ein großer Teil des arbeitenden Volkes in Italien hat noch wenige Tage vor dem Ultimatum Protestkundgebungen, Streikansagungen und dergleichen versucht; — aber die Organisation war nicht fest genug, die Chauvinisten waren stärker, und die Menge wird von den Stärkeren mitgezogen. Mögen unsere Freunde nirgends den Fehler begehen, in ihrem berechtigten Schmerz und ihrer berechtigten Empörung über die so plötzlich und so verheerungsdrohend geschleuderte Kriegsfackel, ihre Anschuldigungen mit einem Länder- oder Nationennamen zu formulieren.

* *
*

Ein sonderbarer Krieg übrigens. Er zeigt, wie die ganze Atmosphäre der modernen Welt sich für die Entfaltung dieses Dinges nicht mehr eignet. Vor Zeiten genügte jeder schwarze Punkt am politischen Horizont, um den Ausbruch des Gewitters zu sichern; in den letzten Jahren wurden auch die schwärzesten Wolken verscheucht, und heute wird vielleicht, nachdem der Donnerstrahl schon eingeschlagen, das schöne Wetter wieder raschest hergestellt. Kaum war der Krieg erklärt, so erhoben sich von allen Seiten die Rufe nach Vermittlung, nach Aktion der Mächte. Und das Merkwürdigste, Noch-niedagewesenste von allem: der Krieg wird nur von seiten des Angreifers geführt. Der Angegriffene, oder besser: der Angepackte, an der Kehle Gepackte, schlägt nicht zurück, und kann auf diese Weise wohl gemordet, aber nicht besiegt werden. Tolstois Lehre: „Widerstrebe nicht dem Uebel" wird hier zum ersten Male in der Kriegsgeschichte der Völker befolgt, und sonderbar: diese christlichste aller Maximen — es ist ein islamitisches Volk, das sie anwendet. Mit bewundernswerter Zurückhaltung und Selbstbeherrschung gibt da die Türkei der Welt ein großes Beispiel.

* *
*

Für das Prinzip „Krieg" ist der Begriff „Menschenleben" ein Plunder, die Hinopferung Unschuldiger gehört zu des Krieges Selbstverständlichkeiten, daher hat der Unterzeichner der Kriegserklärung reuelos mit diesem Federstrich viele Tausende seiner Landesgenossen[1]), die in Feindesland leben, der Rache des Gegners

[1]) Der [illegible] [illegible]luß, alle in der Türkei lebenden Italiener binnen [illegible] [illegible] zu senden, wird auf die Vorstellung des deutschen [illegible] [illegible]men (9. Oktober 1911).

preisgegeben, einer Rache, die von der üblichen Ausweisung bis zu fanatisierter Massakerwut sich steigern kann. Und siehe da: in der Türkei wird — bis jetzt — den Italienern kein Haar gekrümmt. Bis jetzt.... Wenn die Mächte noch lange zögern, so wird die türkische Regierung den Ausbruch des Hasses unter den Massen nicht weiter dämmen können. Ich weiß wohl, wie die meisten, in alten Geleisen denkenden, diese Haltung der Türkei auslegen werden: „Sie ist zu schwach, sie ist nicht genügend gerüstet" — wird man sagen. Und wenn das wäre, müßte man den Umstand nicht segnen, daß dieses Ungerüstetsein der Welt die Kalamität erspart hat, die ein sofortiges Zurückschlagen nicht nur über beide beteiligten Länder, sondern auch über das übrige Europa verhängt hätte? Wenn man noch so gerüstet ist, einen Stärkeren gibt es immer. Daß der Stärkere nicht länger das Recht haben soll, den Schwächeren zu vernichten, daß dieser, wenn angefallen, die Sicherheit habe, von Dritten Hilfe zu erlangen: das ist der Gang der Zivilisation. Leider ist die Zivilisation noch nicht bis in das Gebiet des Staatenverkehrs gedrungen.

* *
*

Die Tripolis-Sache ist so erschütternd, so voll von grausigen Möglichkeiten und doch noch von Friedenshoffnungen begleitet, kurz, so alle Gedanken füllend und alle Gefühle aufwühlend, daß die andern Ereignisse des letzten Monats — und es ist doch gar viel geschehen — verblassen. Marokko, das die Welt so lange in Atem hielt, war endlich zu einem günstigen Abschluß gekommen. Genaues wußte man freilich immer noch nicht, aber Cambon nahm bei Kiderlen das Diner — also atmen wir auf! Seither haben sich abermalige Schwierigkeiten ergeben; ganz einig ist man noch immer nicht. Die Bemühungen der Nationalfanatiker, einen Krieg daraus zu machen, scheinen jedoch endgültig gescheitert. Möge vielmehr daraus eine wirkliche Annäherung — eine deutsch-französische Freundschaft — erstehen, wie dies Jaurès neuerlich wieder als Forderung aufgestellt hat, so wäre das für Europa das beste Ergebnis.

* *
*

Die marokkanische Krise, auch ohne Krieg, hätte der traurigen Folgen genug. Sie hat viele Hundert Millionen gekostet durch die Verwüstung, welche die Sorge angerichtet hat. Ein Run auf die Sparkassen fand statt, der diese zur Zahlungsunfähigkeit hätte bringen können. Schon der vorausgeworfene Schatten möglicher Kriege bringt finanzielle Stockungen und Verluste herbei. Die gemäßigten Blätter leitartikelten in folgendem Ton: „Die Beendigung der Marokkokrise wird überall, wo nicht die Leidenschaften mitsprechen, die höchste Befriedigung hervorrufen. Eine Zeit der Beunruhigung ist damit zum Abschluß gebracht, und die Hoffnung ist wieder gestattet, daß der europäische Friede vor ernsten Erschütterungen behütet bleiben wird.“ Und wirklich, mit solch stets unterbrochenen „gestatteten Hoffnungen“ begnügt man sich? Immer noch will man nichts davon wissen, den europäischen Frieden durch europäische Föderation auf eine sichere Grundlage zu stellen. Immer nur am Rand des Abgrundes radfahren und sich freuen, wieder nicht abgestürzt zu sein. Wie lange übrigens die Hoffnung auf unerschütterten Frieden anhalten dürfte, das hat das italienische Ultimatum gezeigt.

* * *

Ein französisches Kriegsschiff — (ein stolzes — dieses Prädikat wird den schwimmenden Vulkanen automatisch angehängt; so wie alle Verleger „rührig“, alle Prinzessinnen „anmutig“ — so sind alle Kriegsschiffe „stolz“), die „Liberté“, ist im Hafen von Toulon in die Luft geflogen¹). Ueber zweihundert arme Seeleute fanden einen fürchterlichen Tod — teils in den Flammen, teils in den Fluten. Ursache: die Selbstentzündung des Pulvers B. So vermutet man wenigstens und schafft von sämtlichen Schiffen das Pulver weg, so daß sich die Marine momentan in entwaffnetem Zustand befindet. Warum lockt das nicht die anderen Flotten zum Ueberfall? Das zerstörte Schiff kostete 40 Millionen. Eine nationale Sammlung wird eingeleitet, zuerst für die Hinterbliebenen der Verunglückten, was ja sehr lobenswert ist, dann aber auch zur Herstellung eines neuen [illegible], als wäre dieser Besitz wirklich das Wertvollste un[illegible]ern. Was diese stolzen Fahrzeuge bezwecken und [illegible] ihre wirkliche Bestimmung erfüllen, d. h. durch

[illegible]ember 1911 infolge einer Pulverexplosion.

Flatterminen, Torpedos oder Sprengstoffladungen aus den Lüften, vernichtet werden, das läßt sich durch folgende Beschreibung der Liberté-Katastrophe einigermaßen vorstellen: „Die Leichenteile liegen in dem Marinehospital nach Gliedmaßen geordnet haufenweise zusammen; hier die Rümpfe, dort Arme, dort Beine. Ein dirigierender Arzt erklärte: „Zum erstenmal haben wir hier eine Probe dessen, was im Kriegsfalle von den Wirkungen modernen Pulvers zu erwarten ist; die Chirurgen werden furchtbare Arbeit haben, weil die explodierenden Giftgase die ganze Muskulatur zerstören."

* * *

Die Englandhetze hat in Deutschland wieder eingesetzt. Zuerst anläßlich einer Rede Lloyd Georges zur Marokkosache [1]). Unzählige Zeitungsartikel kommentierten — nicht die Rede selber, sondern eine Auslegung, die ihr von einem Blatt gegeben wurde. Was der englische Minister gesagt hatte, wurde in diesen Artikeln nicht widerholt, sondern immer nur darüber sich empört, daß er etwas so Gräßliches gesagt. Das ging in das ganze Lesepublikum über; nach und nach entrüsteten sich alle; selbst die Pazifisten, die doch Lloyd George als einen der Ihrigen kannten, beklagten sich über seine Schwenkung; aber niemand hätte wörtlich sagen können, wie die inkriminierte Stelle lautete. Es war einfach die in einer politischen Rede so natürliche Aeußerung, daß, falls die Interessen Englands durch den Ausgang der Marokkosache geschädigt werden sollten, England sich dies nicht gefallen ließe, auch um den Preis des Friedens nicht. Eben weil Lloyd George bei der Opposition als Pazifist bekannt und verpönt ist, mochte er hervorgehoben haben, daß seine Friedensliebe nicht die Preisgabe der Rechte seines

---

[1]) Drohrede gegen Deutschland gehalten bei einem Festmahl im Mansion House: „Aber wenn uns eine Situation aufgezwungen würde, in der der Friede nur durch Aufgabe der großen und wohltätigen Stellung erhalten werden könnte, die England sich in Jahrhunderten von Heroismus und Erfolg erworben hat, und nur dadurch, daß Großbritannien in Fragen, die seine Lebensinteressen berühren, in einer Weise behandelt würde, als ob es im Rate der Nationen gar nicht mitzählte, dann — ich betone es — würde ein Friede um jeden Preis eine Erniedrigung sein, die ein großes Land wie das unsrige nicht ertragen könnte."

Vaterlandes bedeute. Und nun kam eine zweite Hetze in die Blätter über eine vermeintliche Rede des Marineministers Mc Kenna; doch dieses erwies sich als eine glatte Fälschung. Den Täter kennt man nicht. Am 4. Oktober hielt Minister Churchill in Dundee eine Rede, aus der die folgenden Sätze hier angeführt seien:

„Was die marokkanischen Schwierigkeiten betrifft, kann die Politik Großbritanniens klar als eine Politik bezeichnet werden, die, wie Asquith und Schatzkanzler Lloyd George erklärten, eine vollkommen gerade und ehrliche ist. Wir wünschen ernstlich, Frankreich und Deutschland zu einem Abkommen gelangen zu lassen, das für beide befriedigend und vorteilhaft und für uns nicht nachteilig ist. Kein englischer Minister äußerte je öffentlich und geheim eine Silbe, welche einen solch glücklichen Schluß verzögern oder hemmen könnte. Wir wünschen eine Erledigung zu sehen, welche die marokkanische Frage ein für alle Male beendigt, und welche — dies ist weit wichtiger als irgend etwas, was mit Marokko geschehen könnte — diese beiden großen Nationen, die der Menschheit unschätzbare Dienste geleistet haben, in die Lage setzen würde, zusammen zu leben unter der Bedingung gegenseitiger Achtung. Das ist die einzig sichere Grundlage, auf welcher der Friede Europas aufgebaut werden kann. Der Wunsch nach einem solchen Abkommen leitet die ganze Politik Greys."

Auch Mc Kenna hat wieder gesprochen. In der Grafschaft Monmouth hielt er am 3. Oktober eine Rede, in der er ausführte, an die Stelle der Kriege seien jetzt Schiedsgerichte getreten.

„Das ganze Interesse der Welt sei darauf gerichtet, den Frieden wiederherzustellen. Es gebe kein Auswärtiges Amt in Europa, das nicht die gemeinsame Hoffnung teile, daß befriedigende Bedingungen für eine Beilegung gefunden werden möchten, bevor und nicht nachdem große Opfer an Menschenleben zu beklagen seien. Auf die Frage, ob er ein freundliches Einvernehmen mit Deutschland zum Zwecke der Beschränkung der Flottenrüstungen begünstige, erwiderte Mc Kenna: Nichts würde der Regierung größere Befriedigung gewähren, als wenn sie imstande wäre, Abkommen zu treffen, welche die Rüstungen zu Wasser und zu Lande begrenzen.

* * *

In Kiew weilte der Zar, um Truppenrevuen abzuhalten und zu einem berühmten Heiligtum zu wallfahrten. Mitten in einer Galatheatervorstellung wird Stolypin, der Ministerpräsiden, niedergeschossen.[1]) Terror, Terror überall! Auch der Gemordete hat terroristisch geschaltet. Die Partei der schwarzen Hundert war ihm gewogen. Nach seinem Tode wollte sie zur Sühne ein großes Pogrom veranstalten. Die Bedrohten flohen aus der Stadt. Doch der Kaiser gab den Befehl aus: Es seien keine Unruhen zu veranstalten. Unruhen ist für Massaker ein sanfter Ausdruck — aber immerhin: für dieses abwinkende Zeichen sei der — trotz aller Konstitution — noch immer Alleinherrschende bedankt.

* *
*

Auch in Oesterreich fielen Attentäterschüsse. Von der Galerie des Abgeordnetenhauses feuerte ein dalmatinischer Tischlergehilfe, Sozialdemokrat, während der Rede des sozialdemokratischen Führers Dr. Adler fünf Revolverschüsse auf den Justizminister ab.[2]) Eine Wahnsinnstat. Daraufhin wurde die ganze sozialistische Partei von den Gegenparteien „Mörder! Anarchisten!" geschimpft. Immer dieses Uebertragen der Schuld eines einzelnen auf ganze Gruppen, Völker oder Rassen!

* *
*

Und noch etwas Trauriges: der amerikanische Senat hat es abgelehnt, die von Präsident Taft schon unterzeichneten schrankenlosen Schiedsverträge mit England und Frankreich zu ratifizieren.[3]) Er machte Aenderungsvorschläge, die der Präsident nicht annahm. Und dieser befindet sich jetzt auf einer Rede-Rundfahrt durch die Staaten, um Stimmung für die Annahme des Vertrages in der nächsten Session (Dezember) zu machen. Die Feinde des Schiedsprinzips waren in

[1]) Bei einer Festvorstellung zu Ehren des Zaren am 14. September 1911.

[2]) 5. Oktober 1911.

[3]) Es war der Senatsausschuß für auswärtige Angelegenheiten, der gegen die Schiedsverträge Tafts die gleichen formalen Bedenken erhob wie bereits 1897 gegen den Olney-Pauncefort-Vertrag. S. diesen oben Bd. I S. 395 u. 396.

hellem Jubel. Und eine andere erfreuliche Sache, die schon als vollzogen begrüßt wurde, ist gescheitert: die Zollaufhebung zwischen Kanada und den Nordamerikanischen Staaten. Der liberale Premier Laurier ist gefallen, mit ihm die ganze kanadische Regierung. Es wurden 122 Konservative und 84 Liberale gewählt. Dieses Ergebnis hat die Rückwirkung, daß die Tarifreform-Partei in England wieder gestärkt ist. Und der große Jingodichter Rudyard Kipling triumphiert.

* *
*

Die Teuerung. Alle Lebensmittel steigen im Preise, das Fleisch, die Milch, die Wohnungen werden unerschwinglich für die armen Klassen, und schon entstehen Teuerungsrevolten. Von der Teuerung zur Hungersnot ist nur ein Schritt, und wenn es erst zu Hungerrevolten kommt... Ueber die Erscheinung der Preissteigerungen wird sehr viel debattiert, projektiert und studiert; aber nur die wenigsten nennen die Wurzel des Uebels: die stets steigenden unproduktiven Ausgaben für Zerstörungszwecke. Daneben sind freilich auch die Zölle, die Grenzsperrungen, die wachsenden Steuern schuld — aber diese sind ja auch nur verschiedene Formen desselben Systems. In der kostspieligen Großmachtstellung des Staates können die Leute nicht wohnen, und vom Pulver B. können sie sich nicht nähren.

* *
*

Was kommen müßte, wenn einst der große „Zukunftskrieg" ausbräche, das hat Johann Bloch schon vorhergesagt. Nämlich vollständiger wirtschaftlicher Zusammenbruch und Anarchie. Was schon jetzt — im gegenwärtigen Zustand — da ist, nämlich steigende Not, revolutionäre Ansätze, Krieg — das zeigt die Unhaltbarkeit dieses Zustandes: der bewaffnete Friede ist bankerott.

Die italienischen Pazifisten — Die Hölle ist los. — Die Vernichtung idealer Güter im Tripoliskrieg. — Zwei Episoden. — Die Revolution in China. — Der Abschluß des Marokkogeschäfts. — Die Wirkung der Brisanzgeschosse. — Das Wirthsche Fernlenkboot. — Alleluja! — Das Stillschweigen der zivilisierten Welt. — Warum „italienische" Grausamkeiten? — Friedensproteste und die Mächte.

z. Zt. Budapest, 7. November 1911.

Seit sechs Wochen tobt jetzt unser losgelassener Feind. Der Feind der Friedenskämpfer führt keinen Ländernamen, sondern heißt einfach Krieg. Darum können wir nicht verstehen, daß Menschen, die sich Pazifisten nennen und als solche auch jahrelang glorreich gewirkt haben, plötzlich den gemeinsamen Feind als Freund ansprechen, wenn er zufällig im Namen ihres Landes seine Schrecken entfaltet. Der Ausbruch und der Verlauf des Krieges um Tripolis hat uns allen unendlich viel des Schmerzlichen gebracht; aber das Schmerzlichste beinahe und sicher das Unbegreiflichste wird uns das Verhalten der kriegsbegeisterten italienischen Friedensfreunde [1]) bleiben. Das letzte Heft der Vita Internazionale war eine Art Armeezeitung.

* *
*

Es ist nicht möglich, alle die Ereignisse und Nachrichten, die, einander überstürzend, vom Kriegsschauplatz zu uns gedrungen sind, zum Gegenstand von Betrachtungen zu machen; sie sind zu zahlreich und zu unsicher. Die italienische Zensur ließ keine Berichte durch und daher reisten die Kriegskorrespondenten ab; Siegesnachrichten kamen gleichzeitig nach Konstantinopel und Rom, und in

[1]) Theodor Moneta, der alte Kämpe des Pazifismus, spendet der italienischen Regierung ungeteilten Beifall. Er spricht in der Nr. 19 des XIV. Jahrganges der „Vita internazionale", dem Organ der Mailänder Friedensgesellschaft, von der „Gerechtigkeit unserer Sache", von der „Legitimität der italienischen Ansprüche" usw.

beiden Städten wurde gejubelt. Verschwiegenes und Erlogenes: das läßt sich nicht kommentieren. Wir wissen nur soviel: die Einwohner des überfallenen Landes setzten sich doch zur Wehr — wurden deshalb „Rebellen" genannt, und als solche behandelt. Wir wissen, daß die Hölle dort los ist: Hinrichtungen, Menschenjagden, gegenseitige Wut, gegenseitige Grausamkeiten. Warum nur immer außerhalb des Kriegsschauplatzes das Publikum sich so erhitzt über „italienische" Grausamkeiten oder „arabische" Hinterlistigkeiten und Wildheiten. Alle und alles ist grausam und wild im Kriege — und muß es sein.

* *
*

Die letzte Nachricht lautet, daß Italien die Annexion von Tripolitanien proklamiert hat.[2]) Damit wird sich voraussichtlich die Türkei nicht bereitwilligst einverstanden erklären, und der Krieg (der im Einverständnis mit den Mächten lokalisierte) wird sich nach anderen türkischen Meeren und Gebieten ausbreiten und möglicherweise auch fremde Länder in Kampf verwickeln. Prophezeihen läßt sich übrigens zu Kriegszeiten nichts. Es treten so verschiedene Ueberraschungen, Verwicklungen und Zufälle auf, daß jede Vorherberechnung unmöglich ist. Nur eines läßt sich mit Bestimmtheit sagen: was den Krieg begleitet und ihm folgt, ist Unheil. Gesäter Haß, zerstörte Güter, geweckter Fanatismus — das ist das sichere Fazit. Dazu kommt, daß in diesem besonderen Krieg zu den zerstörten Gütern nicht allein die zerschossenen Mauern, die hingelegten Pflanzungen, die ruinierten Firmen und (in militärischer Schätzung last und least) die vernichteten Menschenleben gehören, sondern die Giltigkeit der Haager Konventionen, und damit die schönsten Erfolge und Hoffnungen eines langjährigen Fortschrittkampfes. Das brutale Faust- und Eroberungsrecht hat man schon als überwunden betrachtet. Der tripolitanische Feldzug hat es wieder zu Ehren gebracht.

* *
*

Zwei Episoden (einer italienischen Zeitung entnommen) sollen hier mit den eigenen Worten des Berichtes — festgehalten werden

Königs vom 3. November.

1. Es handelt sich um eine unter „afrikanischen Palmen" dargebrachte Huldigung für die Gefallenen: „Umgeben von einem Kreis von Kanonen, und einem Wald von Gewehren, deren Bajonette in der Sonne glänzen, erhebt sich ein kleiner ländlicher Altar, vor dem die Militärkapläne Gebete emporsteigen lassen. Alle Herzen schlagen einmütig vor diesem Ausdruck lieblicher Menschlichkeit und pietätvoller Huldigung für die Brüder, die für Italien und mit dem Namen Italiens im Herzen und auf den Lippen gefallen sind. In der Höhe flattert die Trikolore und sie scheint uns höher als je. Die Trompeten erdröhnen in Absätzen mit schrillem Kriegsruf, während von weiterher in süßen Harmonien ein von der Militärkapelle gespieltes „Ave Maria" ertönt..."

2. Unter der Kopfmarke, in Riesenbuchstaben:

Das erste Experiment der Welt eines
Aeroplans als Kriegstorpedo, ausgeführt von Leutnant Garotti.

„Die Türken, wie bekannt, haben den Arabern zu verstehen gegeben, daß unsere Aeroplane geflügelte Genien seien, die Allah aus Konstantinopel schickt, um die Verteidiger der Fahne der Propheten zu trösten:

„— Aber von heute an — so sagte uns Garotti, werden sie das nicht mehr glauben!"

„Als ich in die Nähe des Lagers kam," fuhr der kühne und tapfere Offizier fort, „erhob ich mich aus dem Bereich möglicher Schüsse; dann machte ich einige konzentrische Kreise über der Oase. Als ich glaubte, gerade über dem Zentrum des türkischen Lagers zu sein, ließ ich eine Granate fallen. Der Lärm des Platzens und das Echo fürchterlicher Schreie drang bis zu mir. Zugleich ertönte eine Gewehrsalve, aber mein „Etrich" wurde nicht getroffen. — Dreimal kehrte ich zur Oase zurück und warf eine zweite Granate, die noch größere Verheerung im Lager anrichtete. Ich sah, wie die Menschen und Tiere nach allen Richtungen flohen, wie wahnsinnig geworden, und meine übrigen Granaten warf ich in eine Sandhöhlung hinab, wo viele der Fliehenden Zuflucht gesucht hatten."

Die Nachricht von dem kühnen und wohlgelungenen Experiment des tapferen Leutnants Garotti wurde durch einen Tagesbefehl des Oberkommandos den Truppen bekanntgeben, wo sie den lebhaftesten Enthusiasmus weckte.

Weiter unten nennt dieselbe Zeitung diese neuerrungene Waffe „Himmelstorpedo". (Torpediniere del cielo.)

Also dazu hat der Mensch es endlich erreicht, sich in Himmelshöhen zu schwingen? Die ewige Ehre des tripolitanischen Feldzuges wird es bleiben, daß er der erste war, den Hochmord einzuführen. Und man begreift auch, daß der Leutnant (wie der Chronist erzählt) bei seiner Rückkunft von dem gelungenen Ausflug mit sichtbarer Zufriedenheit und strahlender Miene den Umstehenden die Hand drückte.

* *
*

In dem Vierhundert-Millionen-Reiche China spielt sich eine gewaltige Revolution ab. Die Dynastie der Mandschus soll verjagt werden. Bald heißt es, die Republik sei erklärt,[1]) dann wieder, die kaiserliche Regierung gewähre eine Konstitution. — Meutereien, Gefechte, Brandlegungen: alle möglichen Gerüchte werden verbreitet; aber auch da erfährt man noch nichts sicheres. Soviel ist nur gewiß die asiatischen Völker gehen großen Umwandlungen entgegen.

* *
*

Das Marokkogeschäft ist endlich abgemacht.[2]) Weder die alldeutschen noch die französischen Nationalisten sind damit zufrieden. Während der Verhandlungen gaben sich die beiden genannten Parteien die größte Mühe, daß statt der Verhandlungen die schwebende Frage durch kriegerische Auseinandersetzung gelöst werde. Jetzt werden sie versuchen, aus den Paragraphen des Uebereinkommens selber Streitfragen zu konstruieren. Zum Glück sieht ein Paragraph vor, daß allfällige Differenzen, die sich aus dem Vertrag ergeben könnten, vor das Haager Schiedsgericht gebracht werden sollen. Vortrefflich. Aber man fragt sich, warum nicht zu allem Anfang als selbstverständlich angenommen wurde, daß, falls die langen geheimen Debatten nicht zur Einigung führen sollten, die Sache im Haag entschieden werde und daher gar kein Anlaß war, in jenen Geschäftsbesprechungen eine Gefahr zu sehen und den endlichen Ab-

[1]) [illegible] ...er 1915 wurde die „Republik der Mitte" proklamiert.
[2]) [illegible] ...trag von Berlin vom 4. November 1911.

schluß als überstandene Gefahr zu begrüßen. Wir dürfen nicht immer jubeln, daß die Herren Politiker das Unheil gnädig von uns abgewendet haben, sondern müssen fordern, daß hinter den politischen und diplomatischen Pourparlers überhaupt kein Unheil drohen dürfe. Einigen sich die Herren, so ist es gut; einigen sie sich nicht, so mögen sie vor den Richter gehen — nicht aber unser Gut und Blut hinwerfen wie man eine Münze auf den Tisch wirft „grad oder ungrad?" um zu entscheiden, wer den Profit haben soll.

* *
*

Generalleutnant z. D. v. Reichenau beschreibt im „Tag" die Wirkung der Brisanzgeschosse. „Der Laie", fügt er hinzu, „vermag sich vielleicht einen annähernden Begriff von dem Eindruck eines solchen Feuers auf die beschossene Truppe zu machen, wenn er des Grauens und Schreckens gedenkt, die bei dem verbrecherischen Gebrauch schon verhältnismäßig sehr kleiner Sprengkörper unter die Augenzeugen solcher Tat getragen werden. Und nun stelle man sich vor, welche Wirkungen schwere Stahlgeschosse — bei größeren Kalibern bis zu 30 kg Inhalt — auf die beschossenen Truppen hervorbringen müssen. Es handelt sich da nicht um einen Schuß, sondern um einen Hagel von Geschossen aus Batterien von Schnellfeuergeschützen. Erhitzte Phantasie wird sich die Schrecken der Hölle nicht furchtbarer auszumalen wissen, als die Wirkungen eines Feuers sich gestalten, das unter betäubenden Detonationen Deckungen und Material zerstört, lebende Ziele aber gräßlich zerfetzt."

Ja, der Unterschied zwischen dem verbrecherischen Gebrauch kleiner und dem patriotischen Gebrauch großer Sprengkörper ist bedeutend... Der Militärphilosoph fährt fort: „Jedenfalls werden aber manche derer, die den Krieg abschaffen wollen, fragen: ‚Warum denn die Mitmenschen so martern, warum sie so Furchtbarem aussetzen?' Auf solche Frage wird am besten mit der Gegenfrage geantwortet: ‚Warum denn Blitz und Donner, warum Orkane und Ueberschwemmungen?' Darauf könnte man die Rückgegenfrage machen: „Warum bauen wir Blitzableiter und Dämme?" Und die andere Frage: „Wenn schon die Natur uns genügend Unheil droht, warum noch Größeres und Schrecklicheres selber schaffen?"

* *
*

Unlängst ist das Wirthsche Fernlenkboot auch in Wien vorgeführt worden und hat, wie es in der betreffenden Zeitungsnotiz heißt, „zunächst das Interesse der Kriegsverwaltung erregt". Der Erfinder glaubt, daß es die Torpedoboote als solche entbehrlich macht. Es können auch von einer Sendstation gleichzeitig mehrere dieser Lenktorpedos an ihre Ziele gesendet werden. Für die Zukunft, die vielleicht nicht einmal so ferne liegt, ist auch eine Ausnutzung der Erfindung zum Betriebe von unbemannten Lenkballons sowie Drachenfliegern zum Abwerfen von Geschossen im Bereich der Möglichkeit. — Alleluja!

* *
*

Ich sage Alleluja nicht nur in ironischem Sinne, denn ich sehe voraus, daß die Wirthsche Erfindung — der Tod ohne Draht, der Tod mit Taster — in ihren vielen Entwicklungen, den Krieg — der uns Pazifisten schon längst eine moralische Unmöglichkeit dünkt — zu einer physischen Unmöglichkeit machen wird.

* *
*

Immer wieder kehren die Gedanken zum tripolitanischen Kriege zurück. Er ist ein auf der gegenwärtigen Stunde schwer lastendes Unglück. Ein Telegramm, das nach dem Beschluß einer Moscheeversammlung (7. Oktober) aus Konstantinopel an die Neue Freie Presse gerichtet worden ist, drückt sehr deutlich aus, was in den Augen der ganzen Welt (mit Ausnahme Italiens) dieser Krieg darstellt:

„Italien, das doch unter die Großmächte zählt, hat uns, jedes internationale Recht und jeden internationalen Brauch mit Füßen tretend, die geschlossenen Verträge und die bestehenden Vereinbarungen mißachtend, ohne daß wir den geringsten Anlaß geboten hätten, angegriffen, ganz einfach, um seinen Wunsch zu befriedigen, sich Tripolis' zu bemächtigen, das einen integrierenden Teil unseres Vaterlandes bildet.

Wenn die zivilisierte Welt und diejenigen, die an ihrer Spitze [d]urch ihr Stillschweigen einen solchen Angriff auf die Rechte und auf die Würde des Menschen, auf die heiligsten Gefühle dulden, was können vom Abendlande und der europäischen Zivilisation der Orient und insbesondere die muselmanische Welt denken, die nach dieser Zivilisation verlangen und sich dem abendländischen Leben anpassen wollen. Ist nicht dieses Stillschweigen geeignet, ihnen die bitterste Enttäuschung einzuflößen, in ihnen Gefühle des Mißtrauens entstehen zu lassen, die für die Zukunft nur Mißverständnisse erzeugen können, die wenig vereinbar mit den allgemeinen Interessen der Menschheit sind?"

* * *

Viele Erzählungen und Gerüchte von „italienischen" Grausamkeiten schwirren durch die Presse. — Grausamkeiten, sicherlich; aber warum „italienische?" Der Krieg selber ist grausam und kann nicht anders als grausam geführt werden. Betrachtet man die Kriegshandlungen vom bürgerlich-moralischen Standpunkt, so erscheint jede seiner „Operationen" als barbarisch; betrachtet man sie vom strategischen Standpunkt der militärischen Nützlichkeiten und Notwendigkeiten, so sind sie eben nichts als kriegerisch. Dann kommt noch der Seelenzustand dazu: ein Gemenge von Wut, Rachsucht (jede Repressalie scheint gerecht), Angst, jägerische Verfolgungssucht, aufgestachelte Mordlust, Verzweiflung — und die „Grausamkeiten" sind fertig. Gewiß werden auch die Italiener von ihren Gegnern grausam behandelt. Verstümmlung, mit Dolchen ausgestochene Augen, das ist den italienischen Verwundeten um Tripolis geschehen. Aller Wahrscheinlichkeit nach sind die Araber grausamer als die Italiener, und wie grausam die Türken sein können, haben die Armeniermassakers gezeigt. Der Mensch, dem eine Waffe in die Hand gegeben wird, mit dem Befehl „töte", und noch irgendein fanatisierendes Schlagwort dazu, — der wird zum Tiger. Viele Gegner des Pazifismus gebrauchen uns gegenüber das Argument: „Krieg wird es immer geben, weil die Bestie im Menschen darnach lechzt." Das ist eine Lüge oder eine unbewußte Umkehrung von Ursache und Wirkung: Nicht weil er eine Bestie ist, muß der Mensch Krieg führen, sondern weil er noch Krieg führen muß, hört er bisweilen auf, Mensch zu sein.

* * *

Bedeutend sind die Proteste, die Appelle, die Demonstrationen, die sich seit Ausbruch jenes Krieges erhoben haben: in Parlamentsinterpellationen, in Volksversammlungen, in Meetings, in dem von W. T. Stead versuchten Kreuzzug und auf hundert anderen Wegen wurde versucht, dem Rückfall der erschreckten, kulturfortschrittsbeflissenen Menschheit in mittelalterliches Faustrecht ein Ende zu bereiten. Aber das alles ist nicht laut, nicht allgemein, nicht leidenschaftlich organisiert genug, um das Ziel zu erreichen. Und die „Mächte" — die es könnten, das sind in „Realpolitik" verstrickte, von eigenen vergangenen und vielleicht auch geplanten zukünftigen Sünden gedrückte, phantasie- und elanlose, protokoll-, statuten- und konventionensteife Schemen, die keines großmütigen Entschlusses fähig sind. Man beobachte den auf diplomatischen Filzschuhen schleichenden Gang der Mediationssache in den Kabinetten aus folgenden zwei, aus „diplomatischen Kreisen" stammende Zeitungsnotizen: 17. Oktober: Es soll über eine europäische Vermittlung im italienisch-türkischen Kriege ein Meinungsaustausch der Mächte angebahnt worden sein. — 3. November: In der internationalen Presse tauchen neuerdings Meldungen über Mediation auf. Die Anregung dazu soll von einer europäischen Großmacht ausgehen. Wie es scheint, darf man diese Meldungen bestätigen, jedoch mit der selbstverständlichen Einschränkung, daß es sich bloß darum handelt, einen Gedankenaustausch in die Wege zu leiten, keineswegs aber darum, schon in diesem Augenblicke, da die Vorbedingungen noch vollständig fehlen, eine solche Mediation eintreten zu lassen. Die Anregung ist von allen Mächten sympathisch aufgenommen worden, und der Gedankenaustausch, der sich mit der politischen Situation beschäftigt, wird fortgesetzt.

Nebenan brennt's. Hilfeschreie dringen herüber. Wir besitzen eine prächtige, selbstkonstruierte Feuerspritze im Haag. Sollen wir sie holen? Gemach! Lasset uns, mit gebotenen Einschränkungen, Gedanken austauschen, und wenn schon alles kracht und flammt, dann werden wir eine Fortsetzung des Gedankenaustausches in die Wege leiten.

Eine schmerzliche Zeit. — Berichterstattung aus Tripolis. Militärische Notwendigkeiten. Die Annexionserklärung. — Grausamkeiten und Scheußlichkeiten. — Operationsberichte. — Die Mächte gegen die Dardanellenblockade. — Italienische Proteste gegen den Krieg; chauvinistische Intoleranz. — Treue Pazifisten. — Abschluß der Marokkoaffäre. — Das Nicken des deutschen Kronprinzen. — Deutsch-englische Beziehungen. Zitate aus den englischen und aus den deutschen Parlamentsreden. — Rücktritt des Generalstabschefs Conrad v. Hötzendorf. — Taft über die Friedensbewegung.

Wien, 8. Dezember 1911.

Die zurückliegenden vier Wochen waren ganz und gar von Krieg und Kriegsgeschrei erfüllt. Und wo auch Friedensstimmen sich erheben wollten, jener Lärm hat sie verschlungen. Es wäre hoch an der Zeit, daß unsere Bewegung auch stürmend und donnernd in das Gewirre hineinführe — aber ach, nur der Wahnsinn kennt einen Paroxismus — die Vernunft kennt ihn nicht. Voll tiefen Kummers, voll banger Sorge stehen wir Pazifisten den gegenwärtigen Ereignissen und deren möglichen Konsequenzen gegenüber. Es ist eine Trauerzeit, das wollen wir nicht verleugnen. Wir bekennen uns zu unserem Schmerz. Ein Schmerz, der nicht ohne Zorn ist.

* *
*

Also denn: lasset uns die ganze Truppe von Kalamitäten Revue passieren. Tripolis zuerst: Die „Operationen" im Oasengebiete haben in den letzten Wochen keine entscheidende Wendung gebracht. Uebrigens, weiß man denn, was dort vorgeht? Die fremden Kriegskorrespondenten haben teils freiwillig ihre Erlaubnisdokumente dem italienischen Kommando vor die Füße geworfen, teils sind sie ausgewiesen worden. Man erfährt nur, was die offizielle italienische Kriegsberichterstattung für gut findet, mitzuteilen. Von der Cholera ist gar nicht mehr die Rede. Während in Friedenszeiten jeder Staat verpflichtet ist, allen anderen Staaten über jeden einzelnen Fall Meldung zu erstatten, hört man jetzt von Ausbreitung oder Eindämmung der doch in jenen Gegenden konstatierten Seuche keine Silbe mehr. Im Krieg hört eben alles auf, was die menschliche Gesellschaft zu Schutz, Förderung und Sicherung ihrer Lebensinteressen ersonnen hat. Nur mehr ein Gesetz gilt: die militärischen Notwendigkeiten. Zu diesen gehört es offenbar auch, daß die ganze Oasenstrecke, auf der die Eroberer sich weiterbewegen wollen, von allen Hindernissen — als da sind: Menschen, die sich wehren wollen, Häuser, Pflanzungen, Waldungen usw. — zu „säubern", wobei die Ertragsfähigkeit des Bodens für die nächsten zehn Jahre vernichtet wird — was vielleicht nach dem naiven Urteil des gesunden Menschenverstandes als eine sonderbare Art erscheinen mag, die Kultur nach fernen Gegenden zu tragen. Vorhin sagte ich, es sei im tripolitanischen Feldzug kein neues Ereignis zu verzeichnen. Da vergaß ich vollständig etwas ganz bedeutendes — etwas, das gewöhnlich für umwälzend, für entscheidend gilt. Nämlich: Tripolis und die Cyrenaika wurden annektiert, für italienischen Besitz erklärt. Das ist eigentlich ein Abschluß. Es ist aber, als ob nichts geschehen. Es war eine platonische Annexion.

* *
*

Ueber die „italienischen Grausamkeiten", von welchen die fremdländischen Korrespondenten Schilderungen und Photographien mitgebracht hatten, erhoben sich überall — in Blättern, Parlamenten, Versammlungen — empörte Proteste. Ich protestiere gegen diese Proteste. Nämlich gegen ihre Form, die den Hauptakzent auf das Wort „italienische" legt. Grausamkeiten des Krieges sind es, nicht der Italiener. Massakers von Wehrlosen: Frauen, Greisen, Kindern, erscheinen besonders hassenswert und unritterlich; wenn man das rügt, so scheint man zu verstehen zu geben, daß die Hinmordung Bewaffneter etwas Ehrenvoll-Kommentmäßiges an sich habe; aber im Kriege mit seinen Wutparoxismen und mit seinen „militärischen Notwendigkeiten" geht es niemals ohne Hinopferung von Unschuldigen ab („unschuldig" sind übrigens die meisten, die im Felde stehen; schuldig sind die, die aus den Ministerien und aus den Redaktionsstuben sie ins Feld schickten). Die Brände, die Seuchen, [illegible]r Hunger, die den Krieg begleiten, machen vor niemand halt. Um die Italiener zu rechtfertigen, daß nicht sie die Grausamen sind, meldet „Agenzia Stefani“ folgende, durch Stabsärzte beglaubigte Grausamkeiten der Araber: In einem Hause in Henni fand man die Leichname von 28 furchtbar verstümmelten Soldaten. Einige waren gekreuzigt, anderen der Bauch aufgeschlitzt, wieder andere gepfählt. In einer Araberhütte fand man die Leichen von sieben Bersaglieris, die mit dem Kopf über dem Erdboden lebend eingegraben waren. Einem Unglücklichen waren die Augen ausgerissen und an die Schläfen genäht worden — man sah noch den Faden. Ferner fand man... Genug! Glauben denn die Berichterstatter, daß sie mit diesen Bildern nur Haß und Entrüstung gegen den Feind erwecken und damit den Krieg desto berechtigter erscheinen machen? — Also, solchen Schicksalen setzen die Leiter und Lenker die Söhne des Landes aus! Wildgemachten, von ihnen selber wildgemachten Tigern werfen sie die Opfer vor, und die Zurückgebliebenen sollen dann den Tigern fluchen? Frauen, Mütter! deren Liebstes nicht heimgekehrt und die ihr solche Dinge erfährt, könnt ihr noch beten, könnt ihr noch eine Nacht schlafen?!

* * *

Der Spaß kostet den Italienern täglich eine Million. Hätte man nicht mit dem zehnten Teil dieses Geldes Ansiedlungskonzessionen erkaufen können, das Land bebauen, bereichern und mit Kulturwerken überschütten? Statt dessen (wieder ein Stückchen aus einem Stefani'schen Siegesbericht): „Beim Durchsuchen der Oase fand man viele Leichen, die von den türkischen Truppen im Stiche gelassen wurden. Aber noch mehr sollen unter den Trümmern der Häuser liegen, die entweder eingestürzt oder in die Luft gesprengt wurden, bevor ihre erbitterten Verteidiger sich retten konnten. Auch die regulären türkischen Truppen, die sich in Seft verschanzt hatten, haben infolge der Aktion unserer Artillerie beträchtliche Verluste erlitten. Seit gestern werden Desinfizierungs- und Assanierungsmaßnahmen in den erörterten Stellungen durchgeführt.“ Wenn das nicht stolze Kulturarbeit ist: zuerst infizieren, dann desinfizieren und wieder infizieren.

* * *

Da sich in jenen afrikanischen Gebieten keine Entscheidung erhoffen läßt, sondern ein vielleicht jahrelang währender Guerillakrieg entstehen kann, so ist es begreiflich, daß die Flotte des Angreifers nunmehr die Türkei in ihren europäischen Häfen und Inseln molestiert und versuchen wollte, (wie die schöne militärische Phrase lautet) „den Feind ins Herz zu treffen“, gegen Konstantinopel vorzudringen und die Dardanellen zu blockieren. Da sind die Mächte erwacht. Denn eine Blockade der Dardanellen würde den internationalen Handel stören. Rußland protestierte, die anderen schlossen sich dem Protest an. Auf den Pariser Vertrag von 1856, auf den Londoner Vertrag von 1871, und auf den Berliner Vertrag (die Haager Verträge hatte man stillschweigend übergehen können) beriefen sie sich. Die „Neue Freie Presse“ schrieb: „Eine Blockade der Meerengen ist nach diesen Vertragsbestimmungen eine völkerrechtliche Unmöglichkeit. Wenn es eine völkerrechtliche Polizei gäbe, müßte sie augenblicklich gegen Italien einschreiten, wenn es tatsächlich die Blockade versuchen wollte.“

Da haben wir's, was die Welt brauchen würde: eine völkerrechtliche Polizei gegen „völkerrechtliche Unmöglichkeiten“. Aber nicht nur handelsstörende Blockaden, nicht der Bruch einzelner ökonomischer Vertragsbestimmungen, sollen von einer internationalen Polizei verhindert werden, — als größte völkerrechtliche Unmöglichkeit müßte gelten: der Völkermord.

* *
*

Hier also haben die Mächte ihr Veto eingelegt [1]). So heftig auch die imperialistisch-italienische Presse drängte, die Flottenaktion in die europäisch-türkischen Meere zu tragen, so hochmütig sie erklärte, man würde den Krieg nur nach den eigenen Interessen und nach den strategischen Notwendigkeiten fortführen, ohne sich von irgendjemand etwas dreinreden zu lassen — so hat Italien doch nachgegeben und erklärt, es wolle „vorläufig“ auf die Blockade verzichten. — Ich falle auch in die allgemeine Gewohnheit und sage „Italien“ statt italienische Regierung oder Kriegsleitung. Was kann denn das ganze

[1]) Unterm 14. November 1911 teilen die Regierungen von England, Frank- und Rußland der Pforte mit, daß sie gegen eine Blockade der Dardanellen om Schritte unternehmen.

Land, was das ganze Volk für alle diese Maßnahmen? Lassen wir das schöne Land, das wir bewundern, das edle Volk, das wir lieben, aus dem Spiele, wenn wir von den Torheiten und den Verruchtheiten reden, die auf dem Gebiete des Krieges von den Kriegsmachern des Landes ausgeführt werden. Der Massenrausch, das Massenfieber, oder nennen wir es nur beim Namen: der Massenwahnsinn, der sich zur Kriegszeit der Völker bemächtigt, der erfaßt wohl noch — mit atavistischer Gewalt — die Mehrzahl, aber nicht die Gesamtheit. Wenn sich einzelne erheben und rufen „Nieder mit dem Krieg", so werden sie von den Fanatikern mit Lynchjustiz bedroht. Tausende mögen wohl im Stillen dasselbe rufen; wir wissen aber auch von vielen, die es auch laut zu sagen wagen. Im Stadtrat von Rom und Mailand — vor feindseligen und erbitterten Zuhörern — sprach Della Seta — zuerst leise dann mit zu immer größerer Kraft anschwellender Stimme: Man glaube nicht, daß die Sozialisten ohne Schmerz der Soldaten gedenken, die ihr junges Leben auf dem Schlachtfeld lassen; man glaube nicht, daß sie den Familien den Beistand weigern wollen. Die Ablehnung gilt dem Kriege als solchen, in dem sie ein Unheil für das Land und einen Hemmschuh für die Kultur sehen. — Bonerdi und Montemartini sprechen im selben Sinne. Montemartini bekleidet als Generaldirektor des statistischen Amtes eine hohe Amtsstellung. Von den Studenten wurde gegen Montemartini und Della Seta eine Radaudemonstration veranstaltet. Alle Leute, die auf der Straße gegen den Krieg sprechen, werden arretiert; in Mailand wollte eine Witwe zur Sammlung für die Opfer des Krieges eine kleine Summe spenden, die sie unter dem Motto: „Von einer, die den Krieg mißbilligt" einsandte. Die Spende wurde wegen des Mottos als unannehmbar zurückgewiesen. Intoleranz gehört eben zu den von nationalistischer und chauvinistischer Leidenschaft ausgelösten Erscheinungen. Ueberhaupt erinnert das ganze Verhalten des Straßenpublikums und der „wohlgesinnten" Presse Italiens jetzt an den seinerzeitigen Anti-Dreifuß-Taumel in Paris. Dort mußte man auch „Vive l'armée!" sagen oder es hieß „à l'eau! à l'eau!" Und auch diese Analogie zeigte sich. Allen jenen, die im In- und Ausland für den unschuldig Verurteilten Partei nahmen, wurde nachgesagt, sie seien von einem jüdischen Konsortium gezahlt, — und jetzt heißt es in der italienischen Presse, daß alle ausländischen Blätter, die das tripolitanische Unternehmen mißbilligen, oder die unvorteilhaften

Berichte von Kriegskorrespondenten veröffentlichen — von der Türkei gezahlt seien und werden dabei natürlich auch „Judenblätter" genannt. Es ist überall die gleiche Methode.

* *
*

Nicht die Sozialisten allein sind es in Italien, die dem Friedensideal treu bleiben, und wir müssen die Namen dieser Treuen, soweit wir davon erfahren, hier verzeichnen: Der Pazifist Giretti hat gegen die Schwenkung der Unione lombarde[1]) protestiert; Alma Dolens (Teresa Pasini) hat am 25. November in Lodi einen öffentlichen Friedensvortrag gehalten, und die Erklärung sei auch erwähnt, die die Fürstin Colonna aus ihrer Villa am Lago maggiore an ein englisches Blatt geschickt hat: „Obwohl Italienerin, mißbillige ich lebhaft das Vorgehen meiner Landsleute in Tripolis und bin überhaupt mit Andrew Carnegie der Ansicht, daß Krieg eine Schande für den gegenwärtigen Stand der Zivilisation ist."

* *
*

Der lange, lange Marokkohandel ist also glücklich zum Abschluß gekommen. Der Reichskanzler teilte dies dem versammelten Reichstag mit[2]). In der Hofloge saß der deutsche Kronprinz und hörte gespannt zu. Die Debatte wird eröffnet. Man sollte glauben, die Reden würden sich auf dem Felde des deutsch-französischen Abkommens bewegen und hervorheben, daß — ob nun dieses oder jenes Detail mehr oder minder Vorteil bietet, das vor dem politisch so wichtigen und erfreulichen Ergebnis verschwindet, daß zwischen diesen beiden Nachbarstaaten eine Uebereinstimmung erzielt wurde, durch die nicht nur Konfliktgefahren abgewendet, sondern auch weitere ersprießliche Annäherung ermöglicht wurde. Nein. Der Führer der Konservativen hält eine Kriegsrede gegen — England[3]). Und der Kronprinz nickt und klopft Beifall. Diese Episode, obwohl sie im Augenblick große Sensation machte, ist schon beinahe vergessen

[1]) Der Mailänder Friedensgesellschaft.

[2]) Am 9. [illegible]vember 1911.

[3]) [illegible] v. Heydebrand.

— Sensationen dauern jetzt nicht lange, denn es gibt deren zu viele. Kaiser Wilhelm hat hierauf ostentativ seinen Kanzler zum Diner geladen und zugleich auch den Kronprinzen. Ein Witzblatt meinte, daß der Vater dem Sohne vor dem Essen sagte — „Also — jetzt gib dem Onkel Bethmann schön die Hand." Am folgenden Tag reiste der Kronprinz nach Danzig zurück, alarmierte, um sich zu trösten, sein Husarenregiment und ließ es exerzieren.

* *
*

So ward die ganze Marokkofrage in raschem Dekorationswechsel in eine Frage der deutsch-englischen Beziehungen verwandelt. Am Abgrunde eines deutsch-französischen Krieges war man vorbei — jetzt wurde enthüllt, daß ein deutsch-englischer Krieg nur an „einen Faden" gehangen (sind die Völker diese ewige Damokles-Existenz nicht schon satt?), denn ein Kapitän Faber hatte erzählt, daß in englischen Kriegshäfen bereits Torpedonetze herabgelassen worden waren[1]). Jetzt galt es also, diese ominösen „Beziehungen" (die trotz jahrelanger gegenseitiger Freundschaftsbesuche und -beteuerungen immer noch gespannt bleiben, weil gewisse Kreise rastlos bemüht sind, sie zu — spannen) wieder einmal zu untersuchen und zu bessern. Auf die Marokkodebatte im Deutschen Reichstag folgte eine solche im englischen Parlament[2]) und dabei war weniger von Marokko als von dem deutsch-englischen Verhältnis die Rede. Mit Spannung lauschte die Welt den Worten der britischen Staatsmänner. Diese Worte konnten ja wieder (man verzeihe das Bild, um das mich Wippchen beneiden könnte) als der Faden gelten, an dem der europäische Frieden baumelt. Zum Glück, sowohl im Unter- wie im Oberhause ist in ebenso würdevollem wie versöhnlichem Ton von der Angelegenheit gesprochen worden. Einige Sätze, die um ihrer Wichtigkeit und Weisheit und Friedlichkeit willen besonders festgehalten werden sollen, damit bei künftigen Anlässen daran erinnert werden kann, seien hier angeführt. Sir Edward Grey: „Was ich wünsche, was auch hoffentlich möglich ist, obwohl es für den Augenblick schwierig erscheinen mag, ist, daß die Besserung der deutsch-englischen Be-

[1]) Enthüllungen über die Kriegsbereitschaft Englands des konservativen Parlamentariers Hauptmann Faber bei einem Festmahl in Andover.

[2]) Am 27. November 1911.

ziehungen nicht nur uns, sondern auch unsere Freunde einschließe. — Bonar Law (der Führer der Unionisten): „Die Idee, daß in England eine feindliche Stimmung gegen Deutschland herrsche, ist völlig unbegründet. Wir hören oft sagen, daß infolge des Gegensatzes der Interessen ein Krieg zwischen England und Deutschland über kurz oder lang unvermeidlich sei. Ich glaube nicht an diese unvermeidlichen Kriege. Wenn es jemals zum Kriege kommen sollte, so wird es nicht das unvermeidliche Ergebnis natürlicher Gesetze sein, sondern das Ergebnis menschlicher Torheit." — Premierminister Asquith: „Unsere Freundschaften haben keinen exklusiven oder eifersüchtigen Charakter, und wir werden uns um so mehr freuen, wenn wir ihren Umfang erweitern und in den Bereich ihres friedenstiftenden und versöhnenden Einflußes andere Mächte einschließen können. Wir haben keine Ursache zu irgendeinem Streite mit irgendeiner der großen Mächte der Welt. Das allererste britische Interesse, heute wie immer, ist der Weltfrieden." — Lord Morley: „... dies hindert uns nicht im geringsten, den Vertrag (die engl.-franz. Entente) auszudehnen. Landsdowne hoffte ja auch, daß dies geschehen würde, als der Vertrag abgeschlossen wurde." — Lord Landsdowne: „Ich glaube, die Hauptströmung der öffentlichen Meinung in Großbritannien und Deutschland ist stark zugunsten freundlicher Beziehungen und für den Abschluß einer Verständigung bezüglich aller Fragen, die noch ungelöst bleiben und für die Ueberzeugung, daß das Interesse beider Mächte die Erhaltung des internationalen Friedens ist."

* * *

Nach dieser englischen Replik folgte ein Duplik im deutschen Reichstag [1]). Davon auch einige Zitate: Abgeordneter Bassermann: „Wir müssen von allen diesen Dingen (auswärtige Politik) ausschließlich vom deutschen Standpunkt aus sprechen... König Edwards ganze Politik ging dahin, Deutschland zu isolieren oder einzukreisen... Wenn man die Rede Greys liest, kommt man doch auf den Gedanken, daß diese Politik fortgesetzt wird.... Was wir wünschen, ist, daß unsere Politik eine wohlvorbereitete sein möge, die sich jeden Augenblick bewußt sei der gewaltigen Machtmittel, die wir besitzen. Wie sind denn die großen Friedensbewegungen ausgelaufen? Wo ist denn die Idee geblieben, daß nunmehr jede internationale Streitfrage vor dem Haager Schiedsgericht zum Austrag kommen wird? Davon ist heute nicht mehr die Rede." — Abgeordneter Lattmann (im Namen der aus Alldeutschen und Antisemiten bestehenden Vereinigung): „... Wir haben das Vertrauen zu unserem Volke, daß es sich angesichts der Vorgänge der letzten Monate, angesichts der englischen Ueberfallsgelüste der internationalen Gefahr bewußt bleibt. Deshalb ist die Erhaltung eines starken Heeres und einer schlagfertigen Flotte eine der wesentlichsten Voraussetzungen einer kraftvollen Stellung Deutschlands unter den Völkern." — Freiherr v. Hertling (im Namen des Zentrums): „Die Rede Greys ist, ich muß es sagen, für uns eine Enttäuschung gewesen. Wir müssen verlangen, daß unserer Expansion von den Engländern keine Hindernisse in den Weg gelegt werden. Den Worten des Reichskanzlers, daß wir gegen Eventualitäten gerüstet sein müssen, schließen wir uns an. Kaltblütig, im Bewußtsein seiner Kraft, gestützt auf sein gutes Heer und sein gutes Recht, wird das deutsche Volk der Zukunft entgegensehen." — Fürst Hatzfeld: „Die Verhandlungen im englischen Parlament haben uns leider erkennen lassen, daß der Leiter der englischen Politik ein tiefes Mißtrauen gegen Deutschland hegt. Leider besteht die Wahrscheinlichkeit, daß England an die Seite jeder anderen Macht treten wollte, mit der Deutschland in Krieg geraten würde. Es gibt kein friedfertigeres Volk als uns! Wir nehmen Akt von den Stimmen der Freundschaft, die von verschiedenen Seiten im Parlament laut geworden. Aber wir verlangen, daß diesen Worten endlich auch die Taten folgen. Ueberall drohen politische Verwicklungen. Da darf Deutschland nicht schlafen. Wir können allen Situationen mit Ruhe entgegensehen, aber wir müssen unser Pulver stets trocken halten."

Waren alle diese waffenklirrenden Reden die richtige Antwort auf die englischen Einladungen, sich über alle Fragen zu verständigen — die Ententen auszudehnen? Zum Glück, es wurden auch andere Töne angeschlagen: Dem Abgeordneten Bassermann trat Schrader entgegen: „Ihre zielbewußte Politik scheint mir eine Machtpolitik zu sein; worauf es aber ankommt, das ist der Grundsatz einer Politik des Rechtes." Bebel erklärte, daß seine Partei an der Verständigung mit England festhalte und wies, wie immer, jeden Gedanken an Krieg energisch zurück. Und was die Hauptsache ist, die Rede des Reichskanzlers war von freundlicher Korrektheit und hat in England befriedigt.

* *
*

In Oesterreich-Ungarn hat es auch eine Sensation gegeben. Der Chef des Generalstabes, Freiherr Conrad von Hötzendorf hat seinen Posten verlassen[1]). Nicht das ist das Sensationelle, sondern die daran geknüpften Preßkommentare und Interpellationen, und besonders die im Publikum mündlich kursierende Version: „Conrad und der Thronfolger wollten Krieg mit Italien; Aehrental und der Kaiser wollten nicht.“ Wer von einzelnen Personen — und seien es auch die höchsten — will oder nicht will, darauf sollte es wahrlich nicht mehr ankommen dürfen. Und weder das italienische, noch das österreichisch-ungarische Volk wollen eines das andere bekriegen: das hat sich in den durch diese Krise hervorgerufenen Protesten und Erklärungen gezeigt. Das Mißtrauenerweckende, das Verbitternde, das Gefährliche mit einem Wort zwischen den beiden, das sind vornehmlich die militärischen Maßnahmen und Befestigungen an den Grenzen. Immer deutlicher zeigt es sich: was den Frieden am ärgsten bedroht, ist das unselige para bellum-System. Darum halten auch alle kriegerisch Gesinnten so fest daran.

* *
*

Ich muß es mir versagen, noch von den übrigen Weltwirren — Persien, China — zu sprechen; diese Glossen sind ohnehin schon viel zu lang geworden. Nur eines, nach all dem Betrübenden doch Erfreuliches, möchte ich erwähnen, schon um Herrn Bassermann zu beweisen, daß die von ihm totgesagte Friedensbewegung noch lebt und daß auch vom Schiedsgericht mitunter noch „die Rede ist“:

Berlin, 7. Dezember. Der Korrespondent des „Tageblattes“ hatte in Washington eine Unterredung mit dem Präsidenten Taft. Der Präsident der Vereinigten Staaten bezeichnete die gegenwärtigen

[1]) 30. November 1911.

Rüstungen als drückende Lasten für alle Nationen. Trotz der allgemein vorhandenen Friedensneigung müssen diese Rüstungen zunächst aufrechterhalten werden, solange die Völker keine andere Möglichkeit sehen, als die Austragung ernster Differenzen mit den Waffen. Sobald aber der von den Vereinigten Staaten angestrebte Gerichtshof[1]) gebildet und die ersten Streitfälle auf diesem Wege beigelegt sein werden, wird sich die Einschränkung der Rüstungen in Amerika und Europa von selbst ergeben. Der Präsident hofft, daß die neuen großen Möglichkeiten, die die Eröffnung des Panamakanals für die Verbindung der Völker schafft, der Friedensbewegung günstig sein werden.

[1]) Der ständige Staatengerichtshof (nicht Schiedshof), dessen Grundlagen im Jahre 1907 im Haag beschlossen wurden.

1912

Neujahr. - Fortgesetzter Krieg und Friedensgerüchte. — Informierte Kreise. — Mangelnde Grundlagen zur Vermittlung. — Aus der Republik China. Friedenskonferenz in Shanghai. — Botschaft nach Washington. — Graf Julius Andrassy über das Verhältnis zu Italien. Verwerflichkeit von Präventivkriegen. — Die Kriegsparteien, die es tatsächlich gibt. — Lord Lonsdale beim deutschen Kaiser. — Kapitän Lux. — Wie die europäische Gleichgewichtslage zu lösen wäre. — Kriegsäronautik. — Crispis Memoiren.

Wien, 8. Januar 1912.

Keine Neujahrsbetrachtungen! Die wirklichen Wendepunkte im Zeitenlauf, die haben mit dem Datum nichts zu tun. Wenn ein Christoph Columbus sich einschifft, ein Gutenberg den ersten Druck liefert, ein Blériot den Aermelkanal überfliegt: das sind die Neujahrstage der Menschheitsgeschichte; und jene Tage, an welchen die Leibeigenschaft, die Folterjustiz und ähnliche Dinge gefallen sind — und noch fallen werden — die bedeuten die Sylvesterfeiern eines begrabenen Zeitabschnitts. Ach, Sylvesternacht der nun schon vieltausendjährigen Kriegsepoche, wann werden wir dich begehen dürfen? Dann erst werden wir rufen: Prosit!

* * *

Unterdessen wälzen sich ununterbrochen die Schrecken von 1911 nach 1912 hinüber. Um Tripolis herum wird weiter gekämpft, gestorben, gehenkt, gezüchtigt, überfallen, und wie sonst diese kulturverbreitenden Aktionen beschaffen sind. Gerüchte, daß der Krieg bald aufhören werde, steigen auf. In Konstantinopel ward das Wort von einem möglichen Friedensschluß, „bei dem die Ehre und das Prestige geschont bliebe", ausgesprochen. Italien gibt auch die gnädige Erklärung ab, daß, wenn sein Wille — über Tripolitanien unumschränkter Herr zu sein — bedingungslos erfüllt wird, es das Kriegsführen einstellen und der beste Freund der Türkei sein werde; und die Mächte fangen wieder an, darüber Gedanken auszutauschen, was sich in der Sache, wenn sie beendet wäre, vermitteln ließe. Grundlagen müssen gefunden werden, auf welchen Vorschläge sich aufbauen ließen, vorläufig sei noch nichts solches gegeben, also muß man geduldig weiter massakrieren lassen. Die Blätter informieren sich in „informierten Kreisen" wie die Dinge stehen und erhalten die Informationen, daß niemand etwas weiß — daß es jedenfalls verfrüht wäre, etwas von einem Friedensschlusse zu sprechen, für den die Voraussetzungen noch nicht wahrnehmbar, da die beiden Kriegführenden in ihren Ansprüchen noch zu weit auseinander gehen. Das mysteriös-diskrete Geschleiche auf samtenen Sohlen, das von den Staatsmännern und Diplomaten der „Neutralen" um ein Kriegstheater herum aufgeführt zu werden pflegt, erinnert an das Gebaren vorsichtiger Katzen um einen heißen Brei.

* *
*

China, das revolutionsdurchschütterte Riesenreich, hat sich als Republik erklärt. Bis zur definitiven Einsetzung und Anerkennung der „Republik China" wird es wohl noch manche Kämpfe geben. Aber, daß dieses Land, das uns Europäern als die Verkörperung des Begriffes allerstrengsten Konservatismus erschien, nun auf einmal nach solchem radikalen Umsturz strebt, das dünkt schier märchenhaft. Es ist aber etwas so Unerwartetes und Gewaltiges, wie etwa ein Vulkanausbruch. Für die Zukunft des Globus (wir müssen wirklich schon aufhören zu glauben, daß unsere Lebensinteressen allein an Europa geknüpft sind) wird dieses Erwachen und Recken des gelben Riesen unberechenbare Folgen haben. Es brauchen aber keine schlimmen Folgen zu sein — im Gegenteil. Der Friedensgedanke, der die alte chinesische Kultur durchdringt, wird wohl auch der neuen chinesischen Kultur die Signatur geben. Am 24. Dezember hat das republikanische Kabinett in Shanghai eine Art Friedenskonferenz abgehalten. Die Botschaft des neuen Ministers des Aeußeren, Wu Ting Fang (der lange Zeit [illegible]after in Washington war), die er an jenem Tage an die [illegible] Staaten durch die Associated Press gelangen ließ, zeigt [illegible]nesischen Staatsmänner sich ihre Aufgabe [illegible] — hier in diesen, der Organisation der [illegible] eingezeichnet werden:

„Grüße an das Volk der Vereinigten Staaten und der Welt, von einem Vertreter der neugegründeten Schwesterrepublik. Wir hoffen und erwarten die Erreichung unseres großen Zieles. Wenn dies geschehen ist, so wird das nicht nur dem chinesischen Volke, sondern allen Nationen, mit denen wir in kommerzieller und diplomatischer Verbindung stehen, zum Wohle gereichen. Ich bin überzeugt, daß alle Nationen mit unserem Kampfe um die Freiheit und bessere Regierung sympathisieren. Ich erwarte vertrauensvoll, daß die Nationen, wie sie erklärt haben, streng neutral bleiben werden, bis zum Abschluß unseres Kampfes." Wu Ting Fang.

* *
*

In der Weihnachtsnummer der „Neuen Freien Presse" hat der K. ung. Minister a. D. und Mitglied des ungarischen Reichstags, Graf Julius Andrassy, einen ausgezeichneten und mutigen Artikel veröffentlicht. Anläßlich des unlängst durch die Demission Baron Conrads in Umlauf gekommenen Gerüchtes, daß es in Oesterreich eine mächtige Kriegspartei gibt, die einen Krieg gegen Italien führen wollte, erklärte Graf Andrassy, daß die Verwirklichung dieses, hochgestellten Personen zugeschriebenen, Planes so schändlich und unfaßbar wäre, daß man ihn unmöglich ernst nehmen könne. Graf Andrassy sagt: Das Heraufbeschwören eines nicht unbedingt notwendigen Krieges ist eines der größten Verbrechen (da die Pazifisten der Ansicht sind, daß es überhaupt keine „unbedingt notwendigen" Kriege gibt, so betrachten sie jedes Heraufbeschwören eines solchen als verbrecherisch). „Das einzige, scheinbar ernst zu nehmende Argument", so heißt es in dem Artikel weiter, „wäre, daß, wenn wir Italien nicht in einem Moment angreifen, wo es sich in einer Klemme befindet, die Italiener sich auf uns stürzen würden, sobald wir in schwierige Verhältnisse geraten. Auch das ist nicht stichhaltig. Bismarck hat jene Kriege scharf verurteilt, welche nur geführt werden, weil es wahrscheinlich sei, daß sie eines Tages nicht zu vermeiden sein werden. Er fand, daß man damit unmittelbar eine sichere Gefahr heraufbeschwört, um eine in Zukunft zu erwartende, ganz ungewisse, zu vermeiden. Welcher Leichtsinn in einem solchen auf Weissagungen beruhenden Kriege liegt, beweist nichts besser als unser Verhältnis zu Rußland." Mit Rußland war nämlich vor einigen Jahren auch ein unvermeidlicher Krieg erwartet, und es fehlte nicht an militärischen Stimmen, die während des russisch-türkischen Feldzugs den Moment für gekommen erklärten, einen Präventivkrieg gegen Rußland zu führen. Der Vater des Grafen Julius Andrassy widersetzte sich damals dieser abenteuerlichen Politik. Der Artikel enthält folgendes treffliche Bild: In einem Eisenbahncoupé haben einmal zwei Passagiere aufeinander geschossen, weil jeder von dem anderen glaubte, daß er auf ihn schießen würde. Jeder nahm die Nervosität des anderen als Zeichen böser Absichten. Zwei hysterischen Personen mag dergleichen passieren. Dürfen zwei Großmächte dasselbe tun?

* *
*

Tatsache ist, das gibt auch Graf Andrassy zu, daß die Stimmung zwischen den beiden Nachbarn nicht zufriedenstellend ist, und er schreibt dies dem Umstande zu, daß es in jedem der beiden Reiche Leute gibt, die glauben, daß der andere früher oder später einen Angriff unternehmen werde, und er meint, daß das als trauriges Erbteil des Hasses, diese gegenseitige Furcht zurückgeblieben ist. Er rät daher, die italienische Freundschaft zu pflegen, die Mißverständnisse zu beseitigen und die Dynastien einander näher zu bringen, damit die Freundschaft der Monarchen die Freundschaft der Völker besiegle.

Warum aber, so frage ich, soll man erst auf dem Wege der Freundschaft zur Vermeidung des Kriegführens gelangen? Das wäre eine fatal unsichere Existenz in der Gesellschaft, wenn alle jene, mit denen man auf gleichgültigem oder vielleicht etwas gespanntem Fuße steht, einem darum als Totschläger und Totzuschlagende zu gelten hätten? Muß man denn einander entweder in den Armen liegen oder an die Gurgel packen? Sehen wir der Tatsache ins Gesicht: Es gibt Leute in Italien, die den „Austriaco", und Leute bei uns, die den „Katzelmaker" nicht mögen. Es gibt auch Leute auf beiden Seiten der Alpen, die gern einen Krieg herbeiführten — [illegible] (besonders seit der tripolitanische Feldzug die [illegible] die aufgestachelt) Irredentisten, die die [illegible] — wenn nicht gar die Wiederh[illegible] — ersehnen, es gibt milit[illegible] sehen gern sich soldatische [illegible] Wiederherstellung der [illegible] um diesem entgegen[illegible] beider

Länder nicht erst Freundschaftsergüsse zu inszenieren, brauchen nicht das Vorhandensein der Kriegswoller und Kriegshetzer abzuleugnen, sie brauchen nur im Bewußtsein ihrer Zahl, ihrer Vernunft, ihres über die Grenzen reichenden Einverständnisses hintreten und sagen: Wir wollen keinen Krieg — wir denken nicht daran.

* *
*

Zwischen England und Deutschland stehen ja die Dinge ähnlich — schon seit zehn Jahren. Die Friedenswoller werden auch recht behalten, wie es allen Anschein hat. Zu viele sehen ein, welches Verbrechen und welches Unglück ein deutsch-englischer Krieg wäre. Und wie aus den Mitteilungen des Lord Lonsdale hervorgeht, der eben von einem Besuch beim deutschen Kaiser zurückgekehrt ist, ist dieser der entschlossenste Gegner eines solchen Krieges[1]). Das pazifistische Wollen und Denken fängt jetzt allenthalben an, leidenschaftlich und aktiv zu werden. Früher war es nur passiv und aller Eiferlärm und alle Tatkraft waren nur auf seiten der Kriegerischen. — Der Chauvinismus, der sich als Patriotismus drapiert und als exasperierter Nationalismus gebärdet, fühlt sich von der neu aufsteigenden Weltanschauung bedrängt und erhebt sich allenthalben desto lauter; — in Preußen stürmt er als Wahlparole hinaus, in Frankreich bejubelt er den aus der deutschen Festungshaft entflohenen Kapitän Lux[2]). (Ob sich denn das Kriegssystem nicht schämt, daß Spionage — diese Ekeltat — zu seinen Dienstpflichten zählt?), in England ruft er nach Konskription und Schutzzöllen, in Italien prügelt er auf der Straße jeden, der nicht in die Kriegsjubelhymnen einstimmen will — aber dem allen gegenüber regt und reckt sich der neue Geist und rüstet zur Tat. — Welcher Tat? Es wäre ganz einfach. Alle diese Drohungen, Gefahren, Rüstungen, Verdächtigungen, Intrigen und Kannegießereien kommen nur von Gleichgewichtsverhältnissen und möglichen Verschiebungen der zwei großen europäischen Mächtegruppen: Triple-Entente und Dreibund. Mein Gott, sie bestehen ja beide aus zivilisierten, friedensbedürftigen und friedens-

---

[1]) Am 6. Januar 1912 veröffentlichten die „Daily News" ein Interview [illegible]rd Lonsdale über die Friedensliebe des deutschen Kaisers.

[2]) Der nach Frankreich zurückkehrende Spion wird von seinen Vorgesetzten [illegible]l empfangen (1. Januar 1912).

bewunderten [illegible] — was machen sie, sich zum Schiedsmann zu verschmelzen?

* *
*

Neues aus der Kriegs-Technik. Der [illegible] Vorschlag [illegible] die Forderung des Erfinders, daß im Wege der Gesetzgebung ein [illegible] gebildet werde, dessen Unterhalt das [illegible] zu übernehmen hätte. In Frankreich wurden [illegible] auf militärische Verwendung [illegible]. [illegible] Erfinder von Maurice Saulnier, [illegible]. [illegible] kann der Lenker [illegible] mit großer Sicherheit auf die Erde [illegible] lassen. Die Albatros-Werke in Berlin-Johannisthal [illegible] ihren neuesten [illegible]-Zweidecker, Type 1912 (wie [illegible] 1912 [illegible]). Die Völker sehen ruhig zu, wie da die [illegible] herrmacht, die, wenn sie sie nicht von der Höhe herab mit [illegible] beizen, ihnen doch jedenfalls aus der Tiefe der [illegible] heraufholen wird.

* *
*

Die lehrreichen [illegible] zur [illegible] Aufdeckung der diplomatischen [illegible] mehren sich. Nun sind die Memoiren Crispis erschienen. Folgende Aufzeichnungen seien der Meditation der Figuren übergeben, die auf den politischen Schachbrettern gezogen werden sollen. Ueber ein Gespräch mit dem König berichtet Crispi dem Ministerpräsidenten wie folgt: „Der König erhofft für Italien nichts von den Kombinationen, die infolge des orientalischen Krieges getroffen werden, da es dafür zu spät sei. Zuversichtlich denkt er über die andere Kombination — das Bündnis mit dem Deutschen Reiche. Der König fühlt das Bedürfnis, seine Tage mit einem Siege zu beendigen, um dem italienischen Heer die Kraft und das Ansehen wiederzugeben, die ihm gegenüber Europa fehlten und damit hat er recht." Von Salisbury ist noch eine interessante Ausführung verzeichnet: Er meinte, daß die Besetzung Tripolitaniens durch [illegible] sich vollziehen werde, nur sei der Augenblick noch nicht ge[illegible] Er bitte Italien zu warten. „Die italienische Regierun[illegible] [illegible]olitanien haben, aber um den Hirsch zu [illegible] warten, daß er ihm in Schußweite kommt, sonst entwischt er ihm, sogar, wenn er verwundet ist." Besonders lehrreich erscheint mir die Mitteilung, daß Crispi für den Fall eines Krieges mit Frankreich von Salisbury eine Verstärkung der englischen Flotte im Mittelmeer erbeten, und Salisbury hatte zugesagt. — Wie liebenswürdig doch diese Herren sind!

Fortdauer des tripolitanischen Krieges. — Groß-Vezier Said Pascha über das türkische politische Programm. Abgeordneten Cirmenis Ansichten über Völkerrecht. — Streit mit Frankreich. Berufung auf die Haager Konventionen des Kriegsrechtes. — Die Zweihundertjahrfeier Friedrichs des Großen. — Deutsch-englische Freundschaftsaktion in England. — Paneuropa als konkretes Ziel. — Die letzten Wahlen im Deutschen Reich. Die nationalistische Presse fordert Krieg. — Oesterreichische Aeroplane für China. — Die Kunst des Schürens. — Die Taftschen Schiedsverträge.

Wien, 9. Februar.

Jetzt dauert der unselige Krieg um Tripolis schon über vier Monate. Wie viel Schmerzgestöhne und Todesröcheln ist in dieser Zeit schon zum Wüstenhimmel aufgestiegen, und noch immer niemand, der Einhalt gebietet? Die Bestürzung, die die ganze Welt erfaßte, als die italienische Kriegserklärung hereinbrach, der allgemeine Wunsch, daß irgendein Mittel gefunden werde, den Krieg noch abzuwenden, oder doch schnellstens zu beenden, diese Gefühle, sollte man meinen, müßten in den vier Monaten immer heftiger geworden sein; aber nein — im Gegenteil, es ist, als hätte man sich schon an das Faktum gewöhnt: dort in Nordafrika wird Krieg geführt, und die Gleichgültigkeit wächst; die Mächte tauschen nicht einmal mehr darüber Gedanken aus, wie man einen Gedankenaustausch gegebenenfalls in die Wege leiten könnte. Selbst das Interesse an dem Verlauf des Feldzugs erlischt — denn man erfährt ja doch nichts Sicheres. Hin und wieder kommt eine Meldung aus Konstantinopel von einem türkischen Siege, [illegible] „[illegible]" [illegible] dahin richtiggestellt [illegible], daß es sich nur um ein Gefecht handelt, bei dem viele hundert türkische Araber auf der Walstatt blieben und italienischerseits nur ein [illegible] verwundet wurde. Ob die Gefühle der Begeisterung, die in den ersten Kriegstagen [illegible] herrschten, auch schon abgeflaut sind? [illegible]. Neue [illegible] müssen kommen, um die Stimmung aufzufrischen. [illegible] doch rechtzeitig irgendwelche Vorschläge, um unter Wahrung des beiderseitigen Prestige [illegible] ein Ende des Gemetzels und [illegible] und Schiffeversenkens herbeizuführen. Je länger [illegible] steht, je mehr Unheil [illegible] bis in ferne Zukunftstage.

* * *

Großvezier Said Pascha hat zu dem Korrespondenten der „Daily News" interessante Dinge gesagt: „Unsere Politik ist die Friedenserhaltung und [illegible] die Schaffung eines besonderen herzlichen Einvernehmens mit allen unseren Nachbarn; gewissenhafte Achtung für die Verträge und, wenn über ihre Auslegung ein Streit entsteht, friedliche Verhandlungen; wenn die Verhandlungen fehlschlagen, der Haager Schiedsgerichtshof. Kurz alles, was die aufgeklärte Menschheit unserer Zeit zur Verhinderung eines kriegerischen Zusammenstoßes vorgesehen hat, [illegible], das wir übrigens, wie unsere ganze militärische Geschichte beweist, durchaus nicht fürchten, wenn hartnäckige Unduldsamkeit uns zwingen würde, unseren Mut und unsere Waffen in die Wagschale zu werfen." — „Und die tripolitanische Frage?" bemerkte der Korrespondent. — „Habe ich nicht", erwiderte Said Pascha, „soeben von der Pflege unseres Gartens gesprochen? Ich wußte nicht, daß Tripolis aufgehört hatte, ein Teil davon zu sein." —

Interessant ist es auch, demgegenüber die folgenden Worte zu stellen, die in einem Artikel enthalten sind, den der italienische Abgeordnete Benedetto Cirmeni in der „Neuen Freien Presse" (18. Januar) veröffentlicht hat. Er spricht von den sich erhebenden Gerüchten über bevorstehende Friedensverhandlungen und bemerkt hierzu: „Die einzige Friedensbedingung Italiens ist die Anerkennung seiner [illegible] und absoluten Souveränität über das ganze afrikanische [illegible]. Sämtliche sonstigen Vorschläge, die in irgendeinem

Maße diese Bedingung schmälern können, werden von der italienischen Regierung kurz und bündig beharrlich zurückgewiesen werden." Und an anderer Stelle: „Nachdem Italien der Türkei das Ultimatum überreicht und ihr den Regeln des Völkerrechts gemäß den Krieg erklärte, hat es den größten und vollgültigsten Rechtstitel auf das volle Eigentum des umstrittenen Gebietes erworben. Es liegt dann auch kein Grund vor, daß die Türkei die Oberhoheit über ein Gebiet behalten soll, das sie im Krieg verloren hat. Nachdem sie die von Italien gemachten Ausgleichsvorschläge zurückgewiesen, muß die Türkei die Folgen des von ihr gewollten Krieges tragen." Das sind schon recht staunenswerte Betrachtungen; aber die Krone des Cirmenischen Artikels ist doch der folgende Satz: „Werden seine Bedingungen nicht angenommen, dann wird Italien den Krieg fortsetzen, selbst wenn es überzeugt wäre, daß die Weiterführung des Krieges bis zum Frühjahr die Auflösung der Türkei in Europa und den so gefürchteten Weltbrand entfachen würde." Hierzu eine Glosse zu machen, versagt mir völlig die Kraft.

* *
*

Die Folgen und Verwicklungen, die, wenn einmal losgelassen, der Krieg nach sich zieht, sind unabsehbar; so hat sich durch verschiedene Operationen von angehaltenen Schiffen und beschossenen Eisenbahnanlagen ein Streit zwischen Italien und dem ihm so befreundeten Frankreich entsponnen, der sich schon zur Feindschaft zuzuspitzen drohte[1]). In diesen Streitigkeiten hat man sich oft — zur Verteidigung des italienischen Vorgehens — auf die Haager Konvention des Kriegsrechtes berufen: was laut Paragraph soundso zu kapern erlaubt, was zu bombardieren nicht verboten sei u. dergl. m. Daraus geht hervor, welche Abschwächung und Gefährdung der Friedenssache darin liegt, daß die zur Einsetzung des Friedensrechts einberufenen Friedenskonferenzen sich von den gegnerischen Elementen auf den Abweg drängen ließen, die Kriegsbräuche zu kodifizieren. Schon heute müssen die Pazifisten außer- und innerhalb der Haager Delegation ihre Hauptforderung und ihren ganzen Einfluß

[1]) Am 19. Januar 1912 wird der französische Postdampfer „Manouba" von einem italienischen Kreuzer aufgebracht. Der Fall erregt große Erregung in Frankreich. Er wurde später durch das Haager Schiedstribunal beigelegt.

dafür geltend machen, daß die dritte Haager Friedenskonferenz sich einzig mit der Verfolgung ihrer ursprünglichen Ziele: „Internationale Gerichtsbarkeit", „Erörterung der Erlösung von den Rüstungslasten" befassen möge.

* * *

Die Zweihundertjahrfeier Friedrichs des Großen ist in Berlin feierlich begangen worden [1]. Festsitzung in der Akademie, Festvorstellung in der Oper, Festpredigt in der Kirche — alles trug militärischen Charakter. In der Oper war das ganze Parkett mit Offizieren aller Waffengattungen besetzt, der Theaterintendant trug Gardekürassieruniform und der Reichskanzler die Uniform eines Generalmajors. Das Festspiel von Lauff zeigt auf der Bühne das Kriegslager von [illegible]: die Soldaten aller Waffengattungen geben ihrer Begeisterung für den König Ausdruck. König Friedrich erscheint und hält eine Rede, in der er mitteilt, daß er trotz aller Warnungen die Schlacht zu liefern gedenke. Wer ihn verlassen wolle, solle vor der Front gehen. Natürlich folgen ihm alle mit Begeisterung in die Schlacht. Bei der Festsitzung der Akademie der Wissenschaft, der der Kaiser beiwohnte, trug der Chef des Generalstabs v. Moltke das Reichsbanner; Kriegsminister von Heeringen trug [illegible] das [illegible] Reichsschwert; Großadmiral von Tirpitz das Reichssiegel; Feldmarschall von der Goltz das Zepter. Nach einer Ansprache des Kaisers (in der er, wie es sich in diesen Räumen geziemte, nicht dem Kriegerischen, sondern dem Geist der Wissenschaft huldigte) hielt der Geheimrat Dr. Koser die Festrede, in der er wieder [illegible] und [illegible]: „Unsere Feier ist eine Erinnerungsfeier [illegible] — in ernster Zeit. Noch heute müssen wir [illegible] Worte zu wiederholen, scharf auf unserer [illegible] bereit sein, uns von [illegible] verderblichen Anschläge [illegible] als in den Hallen der Wissenschaft [illegible] im Tempel der Christenliebe. Als Text wurde ein Wort des Propheten [illegible] gewählt: „Wenn sie gleich alle zusammentreten, müssen sie dennoch sich fürchten und zuschanden werden." Der [illegible] [illegible] im Lande ein Mißtrauen [illegible] werden [illegible] Ausland sieht das ganz anders an als wir selbst, und gerade in der Mißgunst, mit der es unser Tun und Lassen verfolgt, liegt ein Zeugnis unserer Kraft und Größe. Gott", so schloß der Prediger, „läßt uns nicht zuschanden werden. Und so lange unsere Armee, vom obersten Kriegsherrn bis zum letzten Soldaten, der Zuversicht lebt, und wenn zugleich alles zusammenarbeitet, müssen sie dennoch sich fürchten und zuschanden werden. So lange wird Preußen groß sein." Also jetzt wissen wir es; der Prophet Jesaias hatte Preußen im Sinne, und unter denen, die sich fürchten müssen, dachte er offenbar an die Tripelentente. Darum möge nur „die ganze Armee der Zuversicht leben, und — und — (was wäre wohl ein passendes Schlußwort?) — — und (ja richtig: stehen wir nicht vor dem Altar des Bergpredigers?) und liebet euch untereinander.

* * *

In den letzten Tagen des Januar hat in Glasgow eine deutsch-englische Freundschaftsversammlung stattgefunden[1]), in der auf Vorschlag des früheren englischen Botschafters in Berlin, Sir Frank Lascelles, eine Resolution angenommen wurde, die jede Bewegung begrüßt, welche die Entwicklung freundlicher Beziehungen zwischen Deutschland und England zum Ziele hat. Sir Frank hat diese Resolution damit begründet, daß Argwohn und Mißtrauen zwischen Deutschland und Großbritannien in hervorragendem Maße durch mißverständliche falsche Darstellungen verursacht werden. — Diese Kundgebung ist übrigens nur eine von den vielen, die gegenwärtig in England veranstaltet und geplant werden, um der unseligen beiderseitigen Kriegshetzerei ein Ende zu machen. Die Reise des Kriegsministers Haldane und des Admirals Lord Beresford nach Berlin gehören in dieselbe Kette von Aktionen. Wenn die Chefs des Heeres und der Marinedepartements selber in das vermeintliche Feindesland reisen und dort offen erklären, daß ein Krieg zwischen den beiden betreffenden Ländern ein Verbrechen wäre[2]), so zeigt das doch deutlich, daß ein solches Ding nicht gewünscht und nicht geplant wird.

* * *

[1]) 29. Januar 1912.

[2]) Dies erklärte Lord Beresford anläßlich seines Berliner Aufenthaltes (8. Februar 1912) einem Vertreter der Presse.

[illegible] Völkerfrieden und [illegible] Antrag von 110 [illegible] von [illegible] Millionen [illegible] worden ist. Das erste, was dem [illegible] Beratung vorgelegt werden soll, wird jedoch [illegible] Wehrforderung sein. Das liegt schon so im [illegible] der seit einer Reihe von Jahren die [illegible] ist. Man wird aber nicht mehr sagen [illegible] von den nationalistischen Parteien be- [illegible] Einheit der Nation hinter diesen For- [illegible] Debatten, die nicht nur unter [illegible], sondern auch unter dem Einfluß [illegible] englisch-deutschen [illegible] die Pazifisten [illegible] natürlich exasperiert und fordert ohne Umschweife, daß zur Gesundung des Landes Krieg geführt werde. Auch ohne besonderen Anlaß. Die „Post" veröffentlichte zum Geburtstage des Kaisers einen Artikel, worin sie ausführt, daß der allzulange Frieden das Volk verdorben habe, und in dem sie dem Kaiser, „dessen Traum, dereinst als Fürst des Friedens gepriesen zu werden, der Erfüllung ferner sei als je", den Geburtstagswunsch darbringt, daß ihn die Stunde entscheidender Erkenntnis stark und bereit finden möge zu jedem Entschluß und mutiger Tat. — Wahrlich, einem Monarchen wird es schwer gemacht, das Friedensprinzip zu verwirklichen. Und doch — der Fürst, der zu dieser mutigen Tat die Kraft und die Ausdauer finden wird, dem blüht in der kommenden Geschichtsschreibung der größte Ruhmeskranz.

* *
*

Die Eroberung der Luft und der Krieg. Diesem Kapitel gebührt unsere größte Aufmerksamkeit. Wieder läßt sich neues verzeichnen: Aus Wienerneustadt wurde unterm 24. Januar gemeldet: Der chinesische Offizier Lee, der hier bei Illner im Fliegen ausgebildet wurde, ist mit zwei für die chinesische Armee bestimmten Eindeckern nach China abgereist. Ein zweiter chinesischer Offizier wartet die Fertigstellung weiterer Etrich-Apparate für die chinesische Armee ab. Die hiesigen Monteure Rüthofer und Johann Warschalowsky haben sich zur Montierung der Apparate nach China begeben. Wie man sieht, unsere Industriellen beteiligen sich fleißig an der Verschärfung der so beliebten „gelben Gefahr".

* *
*

Auch die irredentistische Gefahr ist ein beliebter Gegenstand — in unseren Militärkreisen. „Gestatten Sie mir," so schreibt ein alter Offiz[illegible] Danzersche Armeezeitung, „einen Vorschlag [illegible] Soldaten gewisse Aeußerungen der irreden[illegible] unserm Nutzen verwerten können." Der Ein[illegible]trag, daß jeder Angriff der irredentisti[illegible] Offizieren unverzüglich zur Kenntnis [illegible]daten gebracht werde. „Das wären lebens[illegible] Soldaten, an die sich nützliche Besprechungen über unseren Stand, seine Pflichten, seine Notwendigkeiten, seine äußeren und inneren Feinde anknüpfen ließen. Mir altem Soldaten dünkt es, als müßte die irredentistische Bewegung — unsererseits geschickt ausgenützt — wie der Zug eines kräftigen Gebläses auf die Glut unseres soldatischen Geistes wirken." Schöner und offener kann man wahrlich nicht die Theorie des „Schürens" lehren.

* *
*

Während ich schreibe, ist die große Entscheidung noch nicht gefallen, ob die amerikanisch-englischen und amerikanisch-französischen bereits unterschriebenen einschränkungslosen Schiedsverträge vom Senat ratifiziert werden oder nicht. Vielleicht ist, wenn diese Blätter erscheinen, der Senatsbeschluß schon bekannt, und vor der weittragenden Bedeutung dieses Ereignisses (wenn nämlich Zustimmung und nicht Ablehnung erfolgt ist) wird das Interesse an den anderen gegenwärtigen Vorkommnissen erblassen. In Amerika ist man in „maßgebenden Kreisen" (Taft, Carnegie, Knox) voll Zuversicht, aber — — es wäre beinah zu schön, als daß es sollte sein[1]).

---

[1]) Am 7. März 1912 nahm der Senat die vorbehaltlosen Taft'schen Schiedsverträge mit Großbritannien und Frankreich wohl an, jedoch unter Streichung wesentlicher Punkte, die den Charakter der Verträge so beeinflußten, daß Taft ihre Ratifikation ablehnte.

Der Streik der englischen Bergarbeiter. — Neu aufgenommene und wieder fallen gelassene Mediationsvorschläge der Mächte. Darf man Kriegführende stören? Ein Ausspruch Tafts. — Deutsch-englische Annäherung. Aus Asquiths Rede. — Kriegerische Aviatik. Eine Million gesammelt für die französische Luftflotte. Was der Flieger Rossi erzählt. — Graf Aehrenthal †.

Wien, den 8. März 1912.

In diesen letzten Wochen ist etwas Gewaltiges in die Erscheinung getreten — beinahe lautlos, unheimlich und gigantisch: der Bergarbeiterstreik in England. Eine Million Menschen legen am selben Tage[1]), zur selben Stunde ihr Werkzeug nieder! Welch ein Bild von Disziplin, Zusammengehörigkeit und Entschlossenheit. Es ist auch eine Schlacht. Aber in ganz neuer Form. Ueberhaupt — will man denn noch immer nicht sehen, wie unsere Zeit im Zeichen des „Ganz-Neuen" steht? Eine Schlacht ist es — bisher eine gewaltlose — und beinahe schon ein Sieg. Denn die Regierung will einen Minimallohn als Gesetz einführen, und damit ist die freie Verfügungsmacht aus den Händen des Privatunternehmers genommen; damit ist schon ein Stückchen Sozialisierung des Staates erreicht. Umwälzungen bereiten sich vor, die unabsehbar sind. Die direkten materiellen Folgen sind schon bedrohlich genug. Stillstand der Arbeit im sozialen Körper, das ist wie Stockung des Bluts in den Adern. Schon wird der Verkehr eingeschränkt, schon schließen sich die Fabriken, schon steigen die Preise — und diese Wellen, die bisher noch nur ein leises Wellengekräusel sind — die stoßen bis an die fernsten Ufer an; — überall, auf der ganzen Erde, wird man die Rückwirkung spüren — wehe, wenn aus den Wellchen sturmgepeitschte Wogen werden! Wie die ganze Welt in ihrem Handel, ihrem Reichtum, ihrer Existenz mit einem Wort — zusammenhängt, diese Lektion wird der Berg-

[1]) Am 29. Februar. In wenigen Tagen streckt sich der Streik auf ganz England aus.

arbeiterstreik den Zeitgenossen doch wenigstens lehren. Möglicherweise geht die Sache ruhig aus und alles kommt wieder ins Geleise; aber ihre Nachwirkungen werden sich weit über Zeit und Raum erstrecken. Es war nur ein Anfang — d. h. ein sichtbarer Anfang, denn unbemerkt hat es sich schon gar lange vorbereitet. Alles ist ja Fortsetzung; nur wessen wir in der ewigen Fortsetzungsreihe zum erstenmal gewahr werden, das nennen wir „Anfang".

* *
*

Da stellte sich in der europäischen Diplomatie wieder die bekannte Anbahnung vorsichtigen Gedankenaustausches ein, begleitet von leisen Sondierungen und Vorschlägen. Diese wurden bald fallen gelassen. Da kam England auf die Idee, sämtliche Mächte mögen Italien zur Einschränkung des Kriegsschauplatzes verhalten. Wieder regte sich da etwas, das auf eine entstehende Europaseele deutet. Aber die beiden Mittelstaaten, Italiens Dreibundgenossen, erklärten, da nicht mitzutun — es würde gegen das strikte Gebot der Neutralität verstoßen. Es würde auch gegen jenen Respekt verstoßen, der in gewissen Kreisen vor der Erhabenheit des Begriffes „Krieg" herrscht. So etwas darf man nicht aufhalten, einem zum Schlage Ausholenden darf man nicht in den Arm fallen.... Im Gegensatz zu diesen Anschauungen unserer alten Welt muß ich wieder in die neue hinüberblicken. Wie sagte doch Präsident Taft bei der Einweihung der panamerikanischen Union, diesem Bund von einundzwanzig Republiken von Nord- und Südamerika? „Wir müssen es erreichen", — sagte das Staatsoberhaupt der Vereinigten Staaten — „daß, wenn zwei, was immer für zwei, von den einundzwanzig miteinander kämpfen wollen, die neunzehn andern sie daran verhindern."

* *
*

Die deutsch-englische Versöhnungs- und Verständigungssache hat — zum Verdruß der beiderseitigen Mißtrauensschürer — große Fortschritte gemacht. Die Missionsreise Lord Haldanes[1]) (des Kriegsministers, das ist das Pikante daran) hat ihr Ziel: Zer-

[1]) Vom 8.—11. Februar weilte Lord Haldane in Berlin.

streuung der Kriegswolken, mehr als erreicht. Denn nicht nur eine Detente ist erfolgt, sondern der praktische Weg einer Art Entente wurde betreten, indem über verschiedene strittige Interessen positive Vereinbarungen vorbereitet werden. Dies hat nach der Rückkunft Haldanes Premierminister Asquith deutlich in seiner Unterhausrede vom 13. Februar gesagt:

> Beide Regierungen sind von dem aufrichtigen Wunsche beseelt, einen besseren Stand der Dinge herbeizuführen.
>
> Im vergangenen Monat erhielten wir Anzeichen, daß der Besuch eines englischen Ministers in Berlin nicht unwillkommen sein würde und die Erreichung uns gemeinsamer Ziele erleichtern könnte. Daher ging Haldane nach Berlin.
>
> Seine Gespräche mit den deutschen Autoritäten umfaßten ein weites Gebiet. Auf beiden Seiten machte man mit vollständiger Freiheit Angaben und gab freimütige Erklärungen ab. Ich glaube aufrichtig, daß diese Konversationen mehr als ein bloß akademisches Resultat haben werden. Auf beiden Seiten sprechen unverkennbare Beweise für den aufrichtigen Wunsch, sich auf besseren Fuß zueinander zu stellen, unbeschadet der besonderen Beziehungen zu anderen Mächten.
>
> In diesem Geiste ist man auch gegenwärtig mit einer sorgfältigen Prüfung praktischer Möglichkeiten beschäftigt.

* * *

Das Werden und Wachsen der kriegerischen Aviatik müssen wir Pazifisten unablässig mit unserer Aufmerksamkeit verfolgen, einmal, weil sie so recht den Wahnwitz der Rüstungsüberbietungen zeigt, und auch zeigt, mit welchen mächtigen Fangarmen der Militarismus alles an sich reißt, was der schaffende Menschengeist erfinnt, und dann, weil wir uns vorbereiten müssen auf den Antrag, der vor die Haager Konferenz gebracht werden soll, das Verbot von 1899 zu erneuern, oder in Ermangelung eines solchen Antrags, sowie im Falle seiner Ablehnung, auf den Protest uns vorbereiten, der von der öffentlichen Meinung aller Länder sich erheben soll. Also hier einiges Neue von den Luftflotten.

Das Pariser Blatt „Excelsior" entblödete sich nicht, zu verbreiten, daß im deutschen Generalstab der Plan schon feststeht, mittels Fliegern nach Paris zu gelangen und dort genügend Sprengstoffmengen auf die Stadt herabzuschleudern, um sie zu zerstören. — In der Sorbonne hat unter dem Vorsitz Clémenceaus eine von 4000

Menschen besuchte Versammlung stattgefunden, in der beschlossen wurde, die französische [illegible] so rasch als möglich zu unüberwindlicher Stärke auszugestalten und dazu die Mittel aus den freiwilligen Spenden der Nation zu beschaffen. — Eine Sammlung wurde eingeleitet, und heute übersteigt die gezeichnete Summe schon eine Million. — Nachfolgend eine herzerfrischende Schilderung aus der Praxis des [illegible] Bombenwerfens, die sich sowohl an den ästhetischen Sinn wie an das Gemüt des Lesers wendet:

Beschießung eines Araberlagers bei Tripolis.

Was der Flieger [illegible] erzählt:

„Am Morgen des [illegible] Jänner stieg ich mit Kapitän Montu auf und nahm die Richtung nach dem etwa 30 Kilometer entfernten feindlichen Lager. Der Zweck der Reise galt der Rekognoszierung und der Erprobung einer [illegible]. Wir flogen in einer Höhe von [illegible] Meter. Nachdem wir [illegible] Kilometer zurückgelegt hatten, sichteten wir die ersten [illegible] Zelte, die uns mit einem so wohlunterhaltenen Gewehrfeuer begrüßten, daß ich nicht übel Lust hatte, auf die Fortsetzung der Reise zu verzichten. Aber ich schämte mich sofort meiner [illegible] und steuerte entschlossen direkt auf die türkischen Zelte zu, indem ich meinem Begleiter das Signal gebe, die mitgebrachte Bombe zum Abwurf bereit zu machen.

Hundert Meter vom Zentrum des Zeltlagers entfernt gebe ich das zweite Signal zum Schleudern und erhalte unverzüglich von Montu das den Abwurf meldende Gegensignal. Um die Wirkung zu beobachten, beuge ich mich nach links. Ich sah, wie sich eine dichte Staubwolke von Erde erhob und Menschen, Pferde und Kamele nach allen Richtungen auseinanderstoben. Es war ein wunderschöner Anblick. Die Bombe hatte die beabsichtigte Wirkung hervorgebracht.

Aber die Freude über diese Wahrnehmung wurde empfindlich durch den [illegible] beeinträchtigt, dessen ununterbrochenes Gewehrfeuer ...

Hier breche ich die Schilderung ab. Etwas Erstaunlicheres als das Wort „die Freude über diese Wahrnehmung" kann nicht mehr folgen.

Graf Aehrenthal ist gestorben[1]). Für uns Pazifisten knüpfen sich an das Andenken dieses Staatsmannes zwei sehr verschiedene Eindrücke. Er war der Urheber der Annexion Bosniens, und diese Tat wird ihm von der politischen Zeitgeschichte als Großtat angerechnet, und in Anerkennung dieser Tat sind ihm die Ehren erwachsen, mit denen er in seinen letzten Jahren überschüttet und nach seinem Tode mit kaiserlichem Pomp zu Grabe getragen worden ist. Wir andern haben in der Annexion den Bruch internationaler Verträge und die nahe Kriegsgefahr gesehen, die sie zur Folge hatte. Auch die vielen Millionen, die die damalige Herstellung der Kriegsbereitschaft kostete, und der damit — nicht nur Oesterreich-Ungarn, sondern allen europäischen Staaten — neu gegebene Anstoß zu weiteren Rüstungssteigerungen kann als Folge derselben Aktion betrachtet werden. Daß wir damals dagegen protestierten, dessen werden sich alle unsere Freunde erinnern. Das ist der eine Eindruck. Daß Graf Aehrenthal aufrichtig und energisch bemüht war, das friedliche Verhältnis zu Italien aufrechtzuerhalten, und daß er sich den militärischen Maßnahmen widersetzte, die von dem verbündeten Nachbar als verletzende Provokation aufgefaßt werden konnten, — das ist der andere, der gute Eindruck. Dafür weihen die Freunde des Friedens dem zu früh dahingerafften Minister rückhaltlose Dankbarkeit.

---

[1]) Am 17. Februar 1912.

Der unnütze Krieg. Die Intervention der Mächte, wie Italien sie wünscht. — Der wachsende Rüstungsparoxysmus: Luftflotten. — Stapellauf in Triest. — Die chauvinistische Woge in Frankreich. — Eine edle Geste Kaiser Wilhelms. — Der Kohlenstreik. — Attentat auf den König Viktor Emanuel. — Die Rede Churchills. Blick hinter die industriellen Kulissen der Rüstungen. — Die neuerstehende Friedenspartei in Italien.

Wien, April

„Der unnütze Krieg." So benennt die „Vita internazionale" die Fortsetzung des tripolitanischen Feldzugs. Und sie beklagt sich, daß die europäischen Mächte nichts tun, um dem weitern aussichtslosen, überflüssigen Gemetzel ein Ende zu bereiten. Die Türkei muß ja schließlich unterliegen, meint das Blatt. Italien kann nicht aufhören und kann die vorgenommene Besitzerklärung Libyens nicht rückgängig machen; — die Türkei kann auch nicht leicht sich freiwillig als besiegt erklären, also wäre das einfachste — meint das Blatt und drückt damit die offizielle italienische Meinung aus — wenn die Mächte die Türkei zwingen würden, den Krieg einzustellen. Ein paar hübsche, [illegible] Formeln könnten die Transaktion überzuckern. Die Kapitalisten des Auslands — so meint das Blatt — sollten, wenn ihnen der Frieden wirklich so heilig ist, ihre Regierungen zu dieser Intervention aneifern. Denn wenn die Mächte die Türkei nicht zur Nachgiebigkeit zwingen, dann muß Italien es tun, dann muß Italien die widerspenstige Feindin ins Herz treffen und rücksichtslos den Krieg nach allen verwundbaren Stellen tragen; muß alle Häfen, und muß Konstantinopel beschießen, auf die Gefahr hin, daß im Balkan der Brand auflodert und über ganz Europa sich verbreiten kann. Die Verantwortung solcher Katastrophen fiele dann auf die Untätigkeit der Mächte, und, wie es aus diesen Schlußfolgerungen hervorzugehen scheint, auch auf die un- [illegible] friedensfreundlichen Kapitalisten — aber durchaus nicht auf das Italien, das ja von den militärischen Notwendigkeiten gezwungen wird, den Krieg bis aufs äußerste fortzuführen. Und das Ende ist ja für die Türkei doch nicht zweifelhaft — früher oder später muß sie erliegen — also: „unnützer Krieg."

Sicherlich: unnütz ist heutzutage jeder Krieg. Das sollten sich alle sagen, die einen solchen beginnen wollen; — das sollen sich auch die Mächte sagen, und sofort vermittelnd oder verhindernd eingreifen. Diese Forderung erheben die Pazifisten immer, und einigen unter ihnen, die im Haager Rate saßen, ist es auch gelungen, sie in die Paragraphen der Konvention „zur friedlichen Schlichtung internationaler Konflikte" einzuführen. Aber eine so ungeheuerliche Lesung: „Wenn der Angreifende müde wird, dreinzuschlagen, so hindere man — den Angegriffenen, sich zu verteidigen", die läßt keiner jener Paragraphen zu, und für die ist kein noch so friedenssüchtiger Pazifist zu haben, denn sein Friedenswille geht nicht von dem Verlangen nach Ruhe, sondern von dem Verlangen nach Gerechtigkeit aus. Fürchterlich für die weitere Entwicklung der Gesellschaft der Völker wäre das geschaffene Präzedens: Wenn ein Starker in das Land eines Schwachen einfällt, dann werde (nach längerem Zusehen) die Unterstützung der Mächtigen dem — Starken zuteil. Nein, dagegen verwahren wir uns.

* *
*

Der Babelturmbau der Rüstungen wird in immer fieberhafterem Eifer fortgeführt. Wehrvorlagen, Heeresvermehrungen überall. Dreadnoughts über Dreadnoughts, Waffenbestellungen über Waffenbestellungen; als Antwort auf die deutschen Heeresverstärkungen drohen die Franzosen mit Einstellung schwarzer Truppen; was aber den höchsten Paroxysmus dieses ganzen Wahnsinns darstellt, das ist die wild-patriotische Begeisterung mit der allenthalben die Herstellung der Luftflotten betrieben wird. Die Millionen — aus dem Volkssäckel — strömen nur so zu. Und das ist doch erst der Anfang, der allererste Anfang. „Corriere della Sera" beschreibt einen neuerlichen Erfolg von aus den Lüften geschleuderten Bomben auf Araberzelte, und fügte hinzu: „Die einzige Ehre Italiens wird es bleiben, daß es zuerst diese neue Waffe benutzt hat, die bestimmt ist, in künftigen Kriegen eine so große Rolle zu spielen." — Ehre? wirklich — „Ehre" nennen sie das? Die Entwicklung dieser „fünften

Waffe" soll in diesen Blättern genau registriert werden. Wenn sie zur höchsten Vollkommenheit gelangt, so müßte sie die übrigen vier vernichten. Das scheint man gar nicht zu bedenken. Was soll denn der Zweck der Schiffsflotten noch sein, wenn sie von oben herab in Brand gesetzt werden können? Und welche Landtruppen können noch auf Straßen marschieren, in Lagern rasten, auf Eisenbahnen transportiert werden, wenn Straßen und Zelte und Bahnen unausgesetzt einer solchen nicht abzuwehrenden Zerstörung ausgesetzt sind.... Diese Fragen sind der Zukunft vorbehalten. Die Gegenwart gehört der Ausarbeitung und Vorbereitung der neuen Morderrungenschaft und davon wollen wir die fortlaufenden Phasen getreulich registrieren. Also denn: Die öffentliche Sammlung in Frankreich für den Bau von Kriegsaeroplanen hält jetzt bei drei Millionen. In Deutschland haben die Sammlungen gleichfalls begonnen. Prinz Heinrich äußerte bei einem Festmahl: eine Luftflotte tue uns bitter not, und er hoffe, daß die patriotische Bevölkerung die nötigen Summen gern herbeischaffen werde. Die Türkei bestellt Aeroplane für ihre Armee. Aus Tripolis liegt wieder ein erhebender Bericht von der praktischen Anwendung zweier „Lenkbaren" (österreichischer Provenienz) vor: „Das Luftschiff schwebte in einer Höhe von 1300 Metern über dem Lager. Kommandant Denti hielt drei Bomben bereit, eine kleinere und zwei große. Er warf die kleine zuerst hinab und sie fiel hundert Meter vor dem Zelt zu Boden. Dann wurden die großen geworfen, und durch Staub und Rauch sah man oben, wie die Leute nach allen Seiten flohen. Das Unheil, welches innerhalb des Zeltes angerichtet worden, konnte man vom Ballon aus nicht sehen." Der Korrespondent fügt hinzu, daß der neuen Waffe ungeheure Wichtigkeit beizumessen sei, daß man heute noch gar nicht beurteilen könne, welche Wirkung die aus einem lenkbaren Ballon geschleuderten Bomben auf den Ausgang einer großen Schlacht haben können. —

* *
*

Ende März wurde in Triest ein neuer Dreadnought vom Stapel gelassen. Glanzvolle Feste, Straßenjubel, Anwesenheit von Erzherzögen, Ministern, Parlamentariern, Geistlichkeit. In einem dieser „stolzen" Feier gewidmeten Leitartikel schreibt die „Neue Freie Presse" u. a.: „Die Dreadnoughts mit ihren gepanzerten Drehtürmen, mit ihren Geschützen, die zentnerschwere Geschosse zehn Kilometer weit schleudern, die schnellfeuernden Kanonen, die Arbeit der kleinen zierlichen Magazingeschütze, und dorten in den Lüften, so weit entfernt, daß die Geschosse von unten nicht treffen können, kreisen die Motorballons und Flugmaschinen, gelenkt von mutigen Piloten, die Tod und Verderben herunterwerfen auf die Schlachtschiffe, von denen jedes ein Stück unseres Nationalvermögens bildet. Dreadnoughts, Wassertorpedos und Lufttorpedos, das Brüllen und Krachen der Geschütze, alles das zusammen muß jede Vorstellung der Hölle übertreffen. Aber die österreichisch-ungarische Monarchie muß diesen Weg gehen — —" Wirklich, den Weg zur Hölle muß man gehen? Und noch dazu unter Pomp und Glanz, unter Freudenjubel und Segenssprüchen? Warum muß man? Die Antwort liegt bereit: weil die anderen diesen Weg gehen. Und warum gehen ihn die anderen? Die müssen eben auch, weil die anderen — — Nein wahrlich, über solche Schildbürgerei werden unsere späteren Nachkommen hell auflachen. Wir indessen können nur weinen.

* *
*

Ueber Frankreich hat sich in den letzten Wochen plötzlich eine Woge von Chauvinismus ergossen, von heftigster „vive l'armée"-Stimmung, die vom unversöhnten Revanchegedanken durchdrungen ist. Alle Camelots du Roy, alle Cocardièrs, Bonapartisten, Orléanisten, Nationalisten, Antisemiten, Klerikalen — kurz „toute la bande" derjenigen, die zur Dreyfußzeit „vive l'armée!" riefen, sind jetzt wieder lebendig geworden, und die Sensations- und Reaktionspresse verstärkt ihren Chor. Diesmal handelt sich's nicht darum, Zola ins Wasser zu werfen, sondern mittels fliegender und schwarzer Truppen Deutschland zu besiegen oder doch ihm einen Mordsrespekt einzujagen. Die Intellektuellen tun da natürlich nicht mit. Hinter dem Geschrei liegt auch nicht die Gesinnung des Volkes. Kaiser Wilhelm hat mit einer wirklich schönen Geste auf diese chauvinistischen Clownereien geantwortet: er hat sich beim französischen Botschafter in Berlin zu Tische geladen[1]). Damit hat er diese Patriotarden von hüben und drüben höchst wirkungsvoll beschämt.

* *
*

---

[1]) Am 19. März 1912.

Der große englische Kohlenstreik geht seinem Ende entgegen. Die neue Phase aber, in die das soziale Problem durch diese Aktion und ihre Nebenerscheinungen getreten ist, die hat das Problem in ein neues helles Licht gerückt, und die begonnenen Kämpfe werden weitergeführt werden. Doch jedem Problem wohnt eine Lösung inne. Vielleicht wird auch diese zu finden sein. Jedenfalls hat man gelernt, daß man sie suchen muß.

* * *

Auf den König von Italien wurde ein Attentat verübt[1]). Zum Glück ohne Erfolg. Die Sache hat sogar ein günstiges Nachspiel gehabt. Kaiser Franz Josef schickte als erster ein teilnahmsvolles Telegramm. Darüber waren die Italiener so ergriffen, daß sie „Evviva l'Austria" riefen. Ach, wann werden denn die Völker begreifen, daß zwischen ihnen — wie zwischen gebildeten Leuten — Freundlichkeit die erste und zugleich die lohnendste Anstandspflicht ist, daß mit der hingereichten Hand alles zu erreichen ist, mit der geballten Faust — nichts.

* * *

Der englische Marineminister Churchill hat eine klare und aufrichtige Flottenrede gehalten, in der er sagte, daß für jeden über das Programm gebauten deutschen Kiel zwei englische gebaut würden[2]), daß, wenn aber Deutschland innehält oder gar zurückgeht, England das gleiche tut, „was für beide Länder eine Wohltat wäre." Es wurde hüben und drüben beleidigend gefunden, daß da Deutschland offen als der Gegner bezeichnet wurde, während es doch alter diplomatischer Brauch ist, in offiziellen Ministerreden die Rüstungen nur als gegen „alle Eventualitäten" gerichtet auszugeben — beileibe nicht gegen den Nachbar, mit dem man schon jahrelang in gegenseitiger Heuchelei lebt, viel eher gegen einen Ueberfall

---

[1]) Als sich der König am 14. März 1912 zum Pantheon begab, wurden zwei Schüsse auf ihn abgegeben. Der König blieb unversehrt.

[2]) Am 18. März 1912 im Unterhaus. In der Rede heißt es: „Ich bin nicht bereit, gegenwärtig dem Hause die Annahme des Standard: „Zwei Kiele gegen einen!" zu empfehlen. Die Zeit mag kommen, wo dies notwendig wird."

aus dem Mond oder dem Mars. In Deutschland vergaß man, indem man sich über Churchills Worte ärgerte, daß vor kurzem einige Redner riefen: „England ist der Feind“, und der Kronprinz dazu von seiner Loge aus beifällig nickte[1]). Der Weg zur Verständigung geht nur über Aufrichtigkeit. Und leicht ließe sich an Churchill die Antwort richten: Gut, hören wir beide zu bauen auf: wir wollen ja Freunde sein. Freilich gibts da noch Schwierigkeiten. Hören wir, was der englische Industrielle Sir Robert Hatfield[2]), der sich jüngst zwei Wochen in Deutschland aufgehalten hat und von Kaiser Wilhelm empfangen worden ist, zum Korrespondenten der „Daily Mail“ gesagt hat: „Ob die Deutschen mit dem Bau von Kriegsschiffen einhalten werden? Diese Frage scheint mir mehr wirtschaftlicher als politischer Natur zu sein. Ich, für meine Person, vermag nicht wohl einzusehen, wie Deutschland mit dem Ausbau seines Flottenprogramms einhalten kann, ohne es auf wirtschaftliches Unheil ankommen zu lassen. Riesige Geschäftszusammenhänge von Krupp und dem „Vulkan“ sind ermutigt worden, ungeheures Kapital in Anlagen für Flottenschiffbau zu stecken. Wenn England Deutschland auffordert, Schiffswerften zu schließen, oder Krupps Unternehmen zum alten Eisen zu werfen, so kommt das fast einer Aufforderung zu industriellem Selbstmord gleich. Welche Nation könnte sich das gestatten?“ — Diese Auffassung läßt tief blicken. Zuerst braucht man Fabriken für die Rüstungen, dann aber braucht man die Rüstungen (ergo die wachgehaltenen Feindschaften) für die Fabriken. Wollte man irgendwo die Todesstrafe abschaffen, müßte man erst bedacht sein, ob das nicht die Galgenmacher schädigt.

* * *

In Italien mehren sich die Proteste gegen den Krieg. In Parma demonstrierte eine Menge von 10,000 Menschen gegen die Fortsetzung des tripolitanischen Feldzugs. In Mailand haben die Sozialisten jenen ihrer Abgeordneten das Mandat entzogen, die im Parlament für den Krieg gestimmt hatten. Die treu und konsequent

[1]) In der Reichstagssitzung vom Dezember 1911; s. oben Bd. II S. 372, 373.

[2]) Sir Robert Hatfield, der Erfinder des Magnesiumstahls, bereiste Deutschland. Seine dort empfangenen Eindrücke sind niedergelegt in einem Interview der „Daily Mail“ vom 24. Februar 1912.

gebliebenen Pazifisten sammeln sich, um neue Vereine zu gründen. Die Namen Giretti, Alma Dolens, Alziator, Domenico Maggiore (Herausgeber der vortrefflichen Revue Luce del Pensiero) und andere, den Verein „Società operaia pro Arbitrato e disarmo", alle diese müssen wir hochhalten und von ihnen und denen, die sich ihnen anschließen, das Wiederaufleben des italienischen Pazifismus erhoffen. — Erinnert man sich noch, welches Bedauern die ganze Welt erfüllte, als auf der Venezianer Piazetta der Markusturm zusammenstürzte. Das ganze Bild des geliebten Venedigs war einem dadurch verdorben. Aehnliches, nur noch viel schmerzlicher, empfanden wir, als unser geliebtes Land der Schönheit und der Kultur, das in der Friedensbewegung so voran war, plötzlich Krieg erklärte und als der Turm der „Unione lombarde" zusammenfiel. Der Markusturm ist jetzt wieder aufgebaut — sogar mit andern Steinen — und das gewohnte treue Bild der Piazetta ist wieder hergestellt und alle Liebhaber Venedigs atmen auf. Und so werden wir aufatmen, wenn der zusammengestürzte Pazifismus wieder — wenn auch mit andern Steinen — neu auf[illegible]ein wi[illegible]

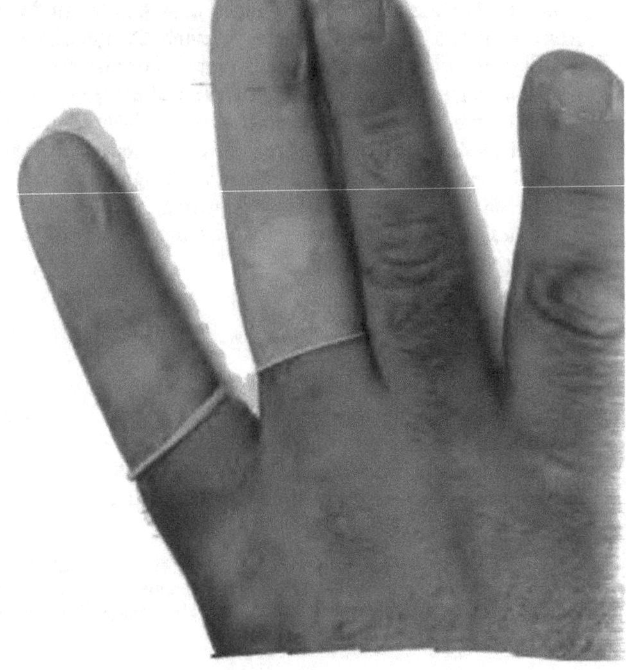

Der Untergang der Titanic. — W. T. Stead. — Internationale Seegenossenschaft. — Die Sperrung der Dardanellen. — Bestürzung unter den Neutralen. — Lokalisierung des Krieges. — Die Antwort der „Tribuna". — Der Untergang des Dampfers „Texas". — Chronik der Luftkriegsflotte. — Kriegsminister Auffenberg über die notwendige „vierte Waffe". — Frédéric Passy.

Wien, 4. Mai 1912.

Wieder ging ein Schrei — ein fürchterlicher, heulender Angstschrei — durch die Welt und wieder einmal haben die Bewohner der Erde in gemeinsamer Anteilnahme an fremdem Schmerz miteinander kommuniziert. „Nearer to thee, o my God" fühlen sich, in so grauenhafter Todesstunde, die Menschen gezogen, aber auch näher zu einander, näher zum echten Menschentum. Wie die Freude, „Tochter aus Elisium", drängt auch der Schmerz zu dem Dichterruf: „Seid umschlungen Millionen". Eine entsetzlichere, bis zur Erhabenheit grauenvollere Tragödie wie dieses Untersinken der „Titanic" bei Nacht und Eiseskälte läßt sich kaum denken[1]). Wer war der stumme Massenmörder, der dieses Verbrechen begangen hat? Ach, nur ein bewußtseinsloser Eisberg, der genau dahin sich bewegte, wo physikalische Gesetze ihn hintrieben. Immer von neuem, wie bei jeder elementaren Katastrophe, drängt sich uns Kriegsbekämpfern auch hier wieder die maßlos staunende Frage auf: warum dieses berechtigte menschliche Mitgefühl nur bei unglücklichem Ungefähr und nicht bei gewolltem, geplantem Unglück, wie es — oft viel massenhafter und viel grauenvoller — den bewußten Mordvorbereitungen der „waffenfreudigen" Nationen entspringt? Ist ein Dreadnought minder unheildrohend als ein Eisberg? Freilich, dieser schwimmt gratis umher, während wir für den Dreadnought 60 Millionen zahlen

[1]) Am 14. April 1912 stößt der englische Dampfer „Titanic" auf seiner …ten Ausreise mit einem Eisberg zusammen und versinkt. Von den 2340 Men… die sich an Bord befanden, wurden nur 706 gerettet. Unter den Ertrun… befand sich der hervorragende englische Pazifist William T. Stead.

dürfen. Freilich, der Eisberg ist nur ein dummer Block, und so ein „stolzes" Schlachtschiff ist die Frucht des schärfsten, auf Menschenverderben gerichteten Geistes.

* * *

Noch viele Betrachtungen ließen sich von unserem Standpunkt über das „Titanic"-Unglück anstellen; aber nur ein eigenes Leid muß ich hier vor allem klagen: Stead — unser herrlicher Stead unter den Opfern! Der größten, wunderbarsten Einer! Was die Friedenssache an ihm besessen und verloren, das wird in diesen Blättern an anderer Stelle gewürdigt — ich will nur im Geist niederknien ... Stead, mein armer, mein teurer Freund, lebewohl!

* * *

Infolge der Katastrophe wurde eine Anregung gegeben: es sei eine „internationale Seegenossenschaft" zu bilden; von einem auswärtigen Amte möge zur Erörterung der Sicherheitsfrage im Seeverkehr eine Konferenz einberufen werden[1]. Der Vorschlag fand in den Blättern beifällige Würdigung. Ganz natürlich; es ist eine schöne Sache um die Sicherheit zur See, um Sicherheit überhaupt. Aber wunderbar: es existiert doch eine internationale Genossenschaft zur Beseitigung der herrschenden Unsicherheit — nicht nur vor Schiffbruch, sondern vor Verheerung durch Brand und durch Seuchen, vor Gütervernichtung und Mordbrennerei, kurz die [illegible]genossenschaft —, die findet, wie man weiß, keine beifällige Würdigung in den Blättern.

* * *

Die Italiener beschossen die Außenforts der Dardanellen; aber nach einem kurzen Bombardement dampfte die Flotte wieder ab. Anfänglich hieß es, als sollte der Weg nach Konstantinopel forciert werden, dann hieß es wieder, als wäre nur

[1] Die Anregung ging von Deutschland aus. Am 12. November 1913 trat in London „Die internationale Konferenz für die Sicherheit des Lebens auf dem Meere" zusammen.

eine Demonstration beabsichtigt gewesen. Eine Demonstration, deren Sinn besonders deutlich durch den gewählten Zeitpunkt — eben wurde wieder von den Mächten über Friedensbedingungen sondiert — hervortreten sollte: Pression. Die Folge des plötzlichen Angriffs war verstärkte Verteidigung. Die Türken legten neue Minen, und versperrten die Dardanellen. Und jetzt trat ein, was die Pazifisten stets als eine Begleiterscheinung des „Zukunftskrieges" — nämlich des Krieges unter den modernen Handels- und Verkehrsverhältnissen — hingestellt hatten: die Störung und Aufhebung von Handel und Verkehr, nicht nur auf dem Gebiet der Kriegführenden, sondern überall. Alle werden geschädigt, auch die Neutralen, auch die Unbeteiligten. Es gibt in der neugeschaffenen Weltlage überhaupt keine „Unbeteiligten" mehr. Das Wort wird man zu den andern Fossilien einer vergangenen Epoche legen müssen. Groß war und ist nun die allgemeine Bestürzung. Am eigenen Leibe spüren die Neutralen die Wirkungen des Krieges. Sie versuchen die Türkei zur Freilegung des so wichtigen Verkehrsweges und Italien zu dem Versprechen zu bewegen, daß es den Versuch der Dardanellenforcierung nicht wiederholen, daß es seine Operationen auf das tripolitanische Gebiet beschränken werde. Dieses Versprechen war ja zu Anfang des Krieges sozusagen stillschweigend gegeben und als gleichfalls stillschweigende Bedingung von den zuschauenden Mächten auferlegt worden. Und nun ward es gebrochen, da will man, daß es jetzt formell ausgesprochen werde? Und falls das geschähe, es für bindend halten? Ist es denn nicht der Grundcharakter des Krieges, daß er alles Gesetzliche, alles Bindende mit seinem Schwertschlage zerreißt?

* * *

Wenn nun die Neutralen es wirklich erreichten, daß der Krieg lokalisiert bleibe, glauben sie denn wieder unbeteiligt sein zu können. Wird man in seinen Interessen wirklich nur verletzt, wenn Handelsschiffe am Fahren verhindert werden? Und gibt wirklich nur die vorgefallene Tatsache Anlaß zum Begreifen und Abwehrenwollen eines Uebels? Will man denn nie ein Stückchen in die Zukunft schauen? Sieht man nicht, wenn der Krieg nur auf Tripolitanien beschränkt bleibt, daß dort unter der heißen Wüstensonne die aufgehäuften Leichname unfehlbar die Cholera und andere Seuchen hervorbringen werden, und daß es für Seuchen keine gesperrten Wege gibt, daß diese von Nordafrika aus ungehindert nach Europa segeln werden, was doch noch größere „Interessen" verletzen wird, als dies aufgehaltene Handelsschiffe zu tun vermögen.

Im hohen Grade interessant ist die Antwort, welche Italien durch die offiziöse Stimme der „Tribuna" auf jene Zumutung gegeben hat. Sie ist ein Dokument der kriegerischen Weltanschauung, das wir, die wir diese Anschauung bekämpfen, genau studieren sollen. Die „Tribuna" vom 29. April schreibt:

> „Wir haben bereits der Vermutung Ausdruck gegeben, daß die Türkei versucht haben dürfte, die Sperrung der Dardanellen bei den neutralen Mächten auszubeuten. Wir erklären neuerlich, daß, wenn Italien aus eigenem Antrieb seine Aktion in gewissen Meeren und an gewissen Küsten beschränken wollte, das nicht bedeutet, daß es willens sei, sich andere Beschränkungen in anderen Meeren und an anderen Gebieten auferlegen zu lassen."

Also in nichts sich binden, unumschränkt bleiben — mit einem Worte: Rücksichtslosigkeit. „Ich, nur ich und sonst nichts", das ist die Losung des nationalistisch-kriegerischen Geistes. Und wenn einmal Mars ins Amt gesetzt ist, dann waltet nur mehr sein Gebot. Die „Tribuna" fügt zwar dem zuletzt angeführten Satz die Worte hinzu: „wobei Italien freilich beachten wird, die Interessen der Neutralen nicht über das Maß des unumgänglich Notwendigen hinaus zu schädigen." Sehr gnädig. Aber, wir kennen sie, diese „militärischen Notwendigkeiten". Sie sind es, in deren Namen alle Dörferniederbrennungen, alle Massenhinrichtungen vorgenommen werden, sie sind es, die, in Verträge und Vereinbarungen als Klausel eingefügt, die ganze Kraft des Textes aufheben.

„Wir können nicht darauf verzichten," fährt das Blatt fort, „unser möglichstes zu tun, um die Türkei dort zu treffen, wo sie am empfindlichsten ist, und um sie zu zwingen, die unvermeidliche Lösung des Konflikts anzunehmen. Die Mächte können nicht umhin, uns dieses unantastbare Recht zuzubilligen..."

Das ist wohl richtig. Die Mächte können nicht umhin. Denn sie alle bekennen sich zu dem „unantastbaren" Dogma, daß der Kriegführende alles darf und alles soll, was dem Kriegszweck dient. Hat man sich für neutral erklärt, so läßt man dieses Dogma walten, und sieht ruhig zu, wie die beiden Kriegführenden miteinander fertig werden. Das war in früheren Zeiten ein ebenso bequemes als gefahrloses Verhalten. Jetzt aber stellt sich heraus, daß die Schädigungen, die zwei Länder einander zufügen, auch den übrigen schaden. Da beginnt die Verlegenheit. Das eigene Interesse wird tangiert, und da ist es mit dem ruhigen, respektvollen Abwarten, das sich Neutralität nennt, vorbei. Die Mächte werden unruhig, sie fordern Einschränkung des Kriegsschauplatzes — sie fordern freilich nicht laut und öffentlich, um jene unantastbaren Rechte nicht anzutasten, aber von Kabinett zu Kabinett werden sicher die Mahnungen gehen und auch das Dogma von der völlig unabhängigen Handlungsfreiheit muß weichen. Italien versichert, daß es die Dardanellen nicht zu forcieren versuchen wird; tut das aber auch nicht laut und formell, sondern mit dem Vorbehalt: „Ich verspreche nichts. Ich tue es nicht, weil es mir aus strategischen Gründen, aus eigenem Interesse, nicht behagt." Und so ist die traditionelle Haltung der Rücksichtslosigkeit gewahrt. Die Dardanellen werden der Schiffahrt wieder freigegeben und der Zwischenfall wird als erledigt bezeichnet.

* *

*

Der unter amerikanischer Flagge fahrende Dampfer „Texas", mit zahlreichen Passagieren an Bord, stieß bei der Ausfahrt aus dem Hafen von Smyrna auf eine Seemine und wurde zerstört. Den Menschen wurden von der Explosion die Glieder abgerissen. Ueber hundert fielen ins Wasser und ertranken. Ein Fall, ebenso traurig — nein, trauriger, weil durch Menschentorheit und Menschentücke verschuldet — wie der Untergang der „Titanic". Aber welcher Unterschied in der Sensation! Warum? Weil der Luxusdampfer mehr und millionenreiche Reisende trug? Nein — weil nur die Elemente anzuklagen waren. Da darf man laut jammern. Wenn es sich aber um Krieg und Kriegsinstrumente handelt, muß man zurückhaltender sein — man darf doch das System von Minenlegung nicht beleidigen. Zwar bemerkten die Blätter seufzend, daß das Kriegsmittel „Unschuldige" hingerafft hat, daß es durch bösen Zufall solche traf, denen es nicht bestimmt war. Und auch die Frage wurde erörtert, wer trägt die Schuld? „Der Kapitän, der unvorsichtig gewesen", antwortete man. Nein — der einzige Schuldige war da der Krieg. Tiger und Schlangen, Tuberkulose und Krebs sucht man auszurotten; auch Eisberge und Vulkane würde man gern unschädlich machen, wenn man nur könnte, aber — Flatterminen und Luftbomben? Allen Respekt.

* *
*

A propos von Luftbomben: ich pflege ja hier die Fortschritte zu registrieren, welche jene Krankheit macht, der die vom Kriegsdusel berauschte Welt verfallen ist, und die sich jetzt als delirium volens äußert. Die Agenzia Stefani meldet aus Tripolis vom 1. Mai: „Heute früh sind die lenkbaren Luftschiffe P II und P III zu Rekognoszierungszwecken aufgestiegen. Sobald sich die beiden Luftschiffe über dem feindlichen Lager befanden, wurde seitens des Feindes ein lebhaftes Gewehrfeuer gegen sie eröffnet, ohne jedoch den geringsten Schaden zu machen. Gegen 10 Uhr vormittags befand sich P II über dem feindlichen Lager von Azizia, das mit großem Erfolg bombardiert wurde. Vom Luftschiff wurden etwa 30 Bomben auf das Lager herabgeworfen. Zur gleichen Zeit ließ auch das Luftschiff P III ungefähr ein Dutzend Bomben auf das Lager von Sibi ben Aden herabfallen, die außer panischem Schrecken großen materiellen Schaden verursachten." — Das also ist die sich vorbereitende Kriegführung der Zukunft! Eigentlich wird man da auf Forcierungen von Meerengen und Gebirgspässen ganz verzichten können — man fliegt einfach zur „verwundbarsten" Stelle hin und zerhagelt sie. Diesem großen Ziele arbeiten die Völker fieberhaft entgegen. Die Sammlungen für Luftflotten, von den Regierenden angeregt, werden überall eifrigst betrieben, und die Millionen fliegen herbei. Die Blätter bringen auf der ersten Seite Aufrufe; der König von Italien gibt als Beispiel eine Spende von 100,000 Lire — an das patriotische Gefühl aller Kreise wird appelliert. „Der italienische Justizminister (so meldet der „Tag", 30. 4.) ermächtigte die Direktoren der Gefängnisse und Arbeiterhäuser, unter den Sträflingen Sammlungen zugunsten der Luftflotte zu veranstalten." Caliban [1]) dichtet dazu:

Luftballon und Flugmaschino
Gegen Oesterreich! Freudig blechen
Für den Einbruch ins Trentino,
Die gewohnt sind, einzubrechen.

* *
*

[1]) Der bekannte Glossendichter des „Tag".

In Oesterreich werden Sammlungen wohl nächstens eingeleitet werden, denn schon verkündete der Kriegsminister Auffenberg in seiner Rede in den Delegationen, daß im Krieg der Zukunft der Luftflotte eine große Bedeutung zufallen werde und daß wir den Vorsprung einholen müssen, den die anderen Nationen in dieser „vierten Waffe" schon gewonnen haben. Mit welcher Kaltblütigkeit und Selbstverständlichkeit die Kriegsminister doch vom künftigen Kriege reden, wie von etwas so Sicherem und Heiterem, wie etwa der morgige Sonnenaufgang. Das Wort „Vorsprung" enthüllt übrigens so recht den Charakter des Rüstungswettlaufs, in dem die Völker begriffen sind. Rekord, Rekord: darum handelt sich's. Damit will eins dem andern imponieren. Daß die Bahn des Wettlaufs in der Richtung des Abgrunds liegt — wen kümmert's?

* *
*

Zum Schluß ein Wort der Huldigung dem Manne, den die ganze pazifistische Welt als ihren Meister anerkennt und der in diesem Monat seinen neunzigsten Geburtstag [1]) begeht: Frédéric Passy. — Ich suche nach einem Wort, das imstande wäre, die ganze Liebe und Ehrfurcht, die dieser Gestalt gebührt, auszudrücken — nach einem Wort, das die Größe dieses Charakters, die Wirkung dieses Lebens bezeichnen könnte, und ich finde, um dies alles vollklingend zusammenzufassen, nur fünf Silben, nur den Namen selber: Frédéric Passy.

[1]) Am 22. Mai 1912.

hat, an dem Gedeihen der Türkei interessiert ist, und inwiefern es gefährlich wäre, wenn jeder Staat sich in der Türkei Sondervorteile holte, und solche Kompromissereien mehr, beschäftigen den weisen Politiker gegenüber der neuen Ausbreitung des italienischen Feldzugs. Während es doch wahrlich keinen anderen Wunsch und kein anderes Trachten in der Kulturgemeinschaft geben sollte, als diesem unseligen Kriege Einhalt zu tun.

* *
*

Interessant ist es, die Meinung zu vernehmen, die in Italien über die Situation herrscht. Der französische Korrespondent Carrère schreibt darüber dem „Temps" einen langen Bericht, worin es u. a. heißt: „Die Türkei beharrte und beharrt noch dabei, nicht nachzugeben. Da also alles, was in Afrika gemacht worden ist, sie nicht überzeugen konnte, so mußte sie Italien an einer anderen Stelle, nämlich an der kleinasiatischen Küste und im Aegäischen Meere, verwunden. Die Operationen am Roten Meer sind vollständig gelungen, denn sie haben der feindlichen Nation erheblichen politischen, ökonomischen und militärischen Schaden zugefügt. Aber das alles genügt nicht, und Italien mußte versuchen, die Türkei tiefer zu verletzen, indem es durch das Bombardement der Dardanellen ihr Prestige in der Levante verminderte, mehrere Einheiten in den Grund bohrte und die telegraphische Verbindung zwischen Kleinasien und dem Archipel zerstörte. Die Pforte wollte nicht nachgeben, da nahm Italien ein Dutzend Inseln, und bald wird der ganze Archipel in den Händen der Italiener sein. Es ist nicht Italiens Schuld, wenn es durch den Eigensinn der Türkei gezwungen wurde, den Kriegsschauplatz zu erweitern, und daß nun zu der alten tripolitanischen, nunmehr die ägäische Frage gekommen ist, eine Frage, die um so ernster ist, als einerseits durch die Ausweisung der Italiener Repressalien geübt wurden, und andererseits die griechische Bevölkerung der Inseln von dem Wunsch erfaßt wurde, dem türkischen Joch zu entkommen. Je eigensinniger die Türkei in ihrem Widerstand bleibt, desto gefährlicher wird das Problem, vor das die europäische Diplomatie durch den italienisch-türkischen Krieg gestellt wird. In Italien weiß man ganz gut, daß Europa an den Ereignissen im Aegäischen Meer stark interessiert ist, aber es darf sich nicht einmengen, ohne die Neutralität zu verletzen, und wenn es die Türkei von anderen Verlusten schützen will, so muß man diese zu überzeugen trachten, daß Lybien auf immer für sie verloren ist. Daraufhin wäre Italien bereit, im Geiste von größter Gerechtigkeit und Billigkeit über die Frage der Inseln zu verhandeln. Aber wenn Europa glaubt, auf die Türkei keinen Einfluß ausüben zu sollen, dann hat Italien das volle Recht, sich nach Möglichkeit für den Schaden zu repressieren, den ihm die Verlängerung des Krieges verursacht hat. Es steht fest, daß man heute in Italien weniger denn je den Frieden wünscht. Es gibt jetzt gar keinen Grund, den Krieg rasch zu beendigen, und wenn er fortdauert, so werden die neuen Eroberungen im Mittelmeer zum größten Teil definitiv bleiben. Man hat die Idee einer Konferenz vorgebracht. Italien würde nur einzig unter der Bedingung zustimmen, daß ihm der Triumph seines eigenen Standpunktes inbezug auf Lybien von vornherein gesichert würde. Im Hinblick jedoch auf die tiefen Gegensätze, die zwischen Tripelallianz und Tripelentente herrschen, läßt sich kaum denken, daß eine Konferenz zustande kommen könnte. Wenn die Mächte ein Interesse daran haben, daß die Türkei zum Schlusse nicht erniedrigt und amputiert werde, und ferner ein Interesse daran, daß keine Komplikationen im Balkan entstehen, so müssen sie darüber einig werden, daß Lybien den Italienern gehört. Italien ist entschlossen, bis zum Ende auszuharren; das italienische Volk, in steter Uebereinstimmung mit seiner Regierung, ist nach wie vor begeistert für seine Armee und für seine Marine, und ist bereit, alle Opfer zu bringen, da es versteht, daß das künftige Geschick des Vaterlandes in dieser entscheidenden Stunde auf dem Spiele steht." — „Dies ist" — so fügt Carrère hinzu — „die allgemeine Ansicht der politischen Kreise in Rom, und es mag nützlich sein, daß man sie im Ausland kennen lerne und darüber nachdenke." Ja, es mag nützlich sein, über diese Ausführungen recht aufmerksam nachzudenken. Darum habe ich sie, trotz ihrer Länge, hier wiedergegeben. Sie geben ein umfassendes Dokument kriegerischer Denkungsweise ab. Man droht, man prahlt, man schlägt dem gesunden Menschenverstand ins Gesicht; behauptet Unwahres und begründet es durch Unsinniges. Das ist die Welt aber gewohnt und nimmt es als natürlich hin. Im Kriege ist ja das Uebertreten aller Gesetze — gesetzlich. Wer wird da ins kriegerische Horn blasende Politiker und Publizisten unter Denkgesetze zwingen wollen?

* *
*

Ein Umschwung der Stimmung in Italien gibt sich durch verschiedene Anzeichen kund. So hat Abgeordneter Defelice, Korrespondent des „Secolo" in Tripolis, an den dortigen Platzkommandanten, General Salsa, ein offenes Schreiben gerichtet, in welchem er die schwersten Anklagen wider die ganze Tripolisunternehmung erhebt. Defelice, der bisher ein begeisterter Vorkämpfer dieses Feldzugs gewesen ist, nennt jetzt Tripolis eine Hölle und erklärt, daß die Opfer an Blut der tapferen Söhne Italiens verfehlt seien. Er werde seine Anklagen vor das Parlament bringen. Von mancher Seite mögen jetzt schon die Protestationen sich erheben, aber selbstverständlich wird dies in der kriegerisch gesinnten Presse sorgfältig verschwiegen werden.

* * *

Die deutschen Wehrvorlagen sind im Reichstage angenommen worden[1]). „Mit überwältigender Mehrheit" heißt es. Nun, die widersprechenden Stimmen der Sozialdemokraten können zwar im Reichstag keine Mehrheit zustandebringen, bedeuten aber doch die Stimmen von vier Millionen Wählern. Der Redner der Sozialdemokraten, Gradnauer, sagte: „Das Verhältnis Deutschlands zu England ist entscheidend für die politische Entwicklung Europas und die gegenwärtige Militärvorlage. Wir müssen zu einem Ausgleich mit England kommen — wir müssen bedenken, daß England in Rüstungssachen eine Verständigung angestrebt hat." — Der Zentrumsabgeordnete Erzberger sagte: „Wir stimmen für diese Vorlagen, weil wir es für eine Pflicht gegen unser deutsches Volk und Vaterland halten, das in Zukunft als Großmacht zu erhalten wir als Ehrenpflicht ansehen, dessen Stärke gleichzeitig den Frieden in Europa sicherstellt. Die größere Stärke Deutschlands bedingt auch eine erhöhte Friedenssicherheit." (Beifall im Zentrum.) Dieser überraschend neue Satz von der Friedenssicherung durch die eigene militärische Stärke, löst immer wieder und in allen Parlamenten den gleichen Beifall aus. Auch Bassermann holt sich lebhaften Beifall, indem er eine Etaterhöhung an Mannschaft und Pferden bei der Artillerie verlangt, und zum Schluße sagt: „Im

[1]) Die neue Wehrvorlage ist am 22. April 1912 dem Reichstag vorgelegt worden. Sie gelangte in letzter Lesung am 14. Mai zur Annahme.

Ganzen begrüßen wir die Stärkung der Wehrkraft. Wir besitzen in der Armee ein Machtmittel, das wir so auf der Höhe erhalten müssen, daß es jederzeit der Erhaltung des Friedens diene, aber, wenn der Krieg unvermeidlich ist, uns zum Siege führe." — Genau dasselbe wird im Nachbarparlament unter dem gleichen Beifall gesagt, und da stellt sich die zwar nicht neue, aber wirklich großartige Behauptung heraus, daß zwei einander feindlich gesinnte Nachbarn sich gegenseitig durch ihre militärische Stärke am Losschlagen hindern, und wenn es trotz dieses unfehlbaren Mittels (dessen Beschaffung die beiden Völker mittlerweile zugrunde richtet) dennoch zum Losschlagen kommt, beide ganz sicher siegen werden! Der Abgeordnete Liesching spricht für die Fortschrittliche Volkspartei: „Deutschland muß kriegsgerüstet sein" (war es vor dieser Mehrforderung etwa nicht gerüstet?). „Das gilt namentlich mit Rücksicht auf die chauvinistische Stimmung in Frankreich." Nach der Annahme der deutschen Wehrvorlage wurde jedoch die französische chauvinistische Stimmung erheblich verstärkt.

*   *
*

Es ist in der Tat erschreckend, welche Dimensionen gegenwärtig der Chauvinismus in Frankreich annimmt. Ob in den Herzen der Bevölkerung — das weiß ich nicht und bezweifle es, aber auf der Gasse und in der Presse. Der Mob, der dem Musikzapfenstreich nachmarschiert und dabei „vive l'armée" und mitunter auch „à bas l'Allemagne" brüllt, der jeden, der nicht mitbrüllt, krumm zu prügeln droht — dieser Mob erinnert an die ärgsten Zeiten des Zolaprozesses. Und die Zeitungen! Außer Loysons „Droit de l'homme" und Jaurès' „Humanité" blasen die gesamten gelesensten Zeitungen („Figaro", „Journal", „Echo de Paris", „Matin") förmliche Kriegsfanfaren. In jeder Spalte — sei es als Leitartikel, als Tagesanekdote, als Bericht — überall dieselbe Note: der Krieg kommt — es lebe die Armee. Hier sei, unter vielen, der Inhalt einer einzigen Nummer des „Echo de Paris" (1. Juni) angeführt: An der Spitze ein leitender Artikel des ob seiner Beredsamkeit berühmten [illegible]hrers der Klerikalen im Parlament, M. de Mun, worin für eine [illegible]he Allianz mit England plädiert und gegen jegliche deutsch-[illegible] Versöhnung polemisiert wird; ferner eine Enquête von [illegible]ier: „Wie grüßen echt französische Frauen die Fahne?"

Und darauf eine Reihe von „echt patriotischen" Antworten von Frauen, die keine höhere Hoffnung für ihr Vaterland kennen als die, die durch die Fahne symbolisiert wird, und die dem Wunsch Ausdruck geben, daß ihre Söhne für diese Fahne sterben mögen. Dann ein Bericht über ein Festbankett zur Feier der Absetzung des Präfekten von Carcassonne, der sich des Verbrechens schuldig gemacht hatte, gegen eine von militärischen Behörden eingeleitete Sammlung zugunsten der Luftflotte zu protestieren. Außerdem noch eine ganze Reihe von Berichten über technisch-militärische Fragen. — Europa ist an Bellicitis erkrankt und welcher Chirurg wird es rechtzeitig retten?

* *
*

Königin Wilhelmine von Holland hat dem Präsidenten Fallières einen Besuch gemacht[1]). Bei der Festtafel wurden natürlich Toaste gesprochen. Die Königin sagte: „Sie besitzen eine Armee, auf die Frankreich stolz sein, und auf welche es als den sichersten Hüter seines Ruhmes und seiner Ehre blicken muß." — Fallières antwortete: „Die Armee wird auf die Anerkennung stolz sein, die von einer Königin ausgesprochen wurde, die die würdige Erbin der Tugenden ihres Hauses ist, und die weiß, was eine Nation von der Tapferkeit ihrer Soldaten und ihrer Ergebenheit an die Fahne zu erwarten hat." Und solche Reden von und zu einer Königin, die die Ehre hat, daß in ihrem Land das erste Völkertribunal errichtet worden! — Darauf keine Anspielung, sondern immer nur die alte Schablone der Heeresbewunderung.

* *
*

In Oesterreich wurde, trotz manchem Protest aus Lehrer- und Mütterkreisen, der Schießunterricht in den Mittelschulen eingeführt. Der Landesverteidigungsminister und auch der Unterrichtsminister hielten anläßlich einer Vorführung sehr anerkennende Ansprachen. Ritter von Hussarek legte der Jugend ans Herz, die Schießübungen nicht nur als eine Art Sport zur Steigerung der körperlichen Geschicklichkeit, sondern im Dienste höherer Gedanken zu

[1]) Vom 1.—3. Juni 1912.

betrachten: also Liebe zum allerhöchsten Kaiserhause und Erhöhung der Wehrkraft. Und nochmals betonte er: Darauf komme es ja im Leben des einzelnen wie in der Gesellschaft hauptsächlich an, daß jeder seinen Beruf wie sein sonstiges Tun im Lichte höherer Gedanken aufzufassen lerne. Das sind sehr richtige Worte; ob sie aber auf die Einübung der Kunst, auf Nebenmenschen zu zielen, sehr richtig angewendet erscheinen — darüber ließe sich streiten.

* *
*

Premierminister Asquith sprach über die englische Flotte, die vor den Augen des Königs manövriert hat. Er drückte in der Versammlung von Finanzmännern, in der er das Wort ergriff, den Wunsch aus, daß die Rüstungskosten einst für nützlichere, fruchttragende Zwecke verwendet werden möchten — und die Welt von dem Alp befreit werde, der jetzt noch auf einigen ihrer edelsten Bestrebungen lastet.

Anderes sagen die Pazifisten auch nicht.

* *
*

Nachschrift.

(London, 8. Juni.)

In wenigen Stunden schiffe ich mich auf der „New York“ (Amerika-Linie) in Southampton ein, um nach Amerika — vorerst nach San Francisco — zu fahren. Was mich in die neue Welt führt, und was ich dort erfahre, werde ich in den nächsten Nummern der „Friedens-Warte“ erzählen [1]).

---

[1]) Anfangs Juni 1912 begab sich Bertha von Suttner zu einer Vortrags-Rundreise nach den Vereinigten Staaten, von der sie erst zu Weihnachten zurückk[illegible]

Brief aus Amerika.

An Bord U.S.M.S. „New York“,
16. Juni 1912.

Mein lieber Fried!

Für den Chronisten der Zeitgeschichte ist es ein ganz eigentümliches Gefühl, eine Woche zu durchleben, in der für ihn die Zeit geschichtelos verstreicht. Das Schlimmste an der Sache ist, daß ihn das liebe Wichtigkeitsbewußtsein verläßt, mit dem er gewohnt ist, die Weltereignisse (nämlich das, was seine Morgen- und Abendblätter des Langen und Breiten davon erzählen) zu betrachten. Am Ende ist das alles nicht gar so bedeutend — am Ende gibt es Millionen Menschen, die das ganze Jahr so unwissend und unbekümmert um das, was die Tageszeitungen Wahres und Unwahres berichten, dahinleben, wie wir Seereisende es durch sechs oder sieben Tage unfreiwillig tun. Auch die räumliche Entfernung vom Schauplatz der gewohnten Interessen kommt hinzu, um das Gefühl des Miterlebens abzuschwächen. Immer weiter, weiter weg.... — eintausend, dann zwei-, dann dreitausend Meilen Wasserfläche trennen uns von den Orten, wo sich die von uns so intensiv beobachteten Dinge abspielen. — Wie entrückt ist nun der italienisch-türkische Krieg; die deutsch-englischen und deutsch-französischen Feindschafts- und Freundschaftssymptome, wie weit die militärischen Flugplätze? Und wie steht's um die Massenstreiks?

Als wir am 8. Juni in Southampton uns auf dem Dampfer „New York“ der Americanlinie einschifften, hieß es, daß dies vielleicht für lange Zeit das letzte den dortigen Hafen verlassende Schiff sein werde, weil der Streik sämtlicher Transportarbeiter den nächsten Tag ausbrechen werde [1]). — Eine ernste, unabsehbar weittragende Sache.... Kaum ist ein Streik beigelegt, so bricht ein anderer aus — ist das der Beginn sozialer Umwälzungen?

[1]) Bereits am 23. Mai 1912 sind 100,000 Hafenarbeiter in Streik getreten.

Nach einigen Stunden ruhiger Fahrt durch den Aermelkanal und auf spiegelglatter See legte unsere „New York" in Cherbourg an. Da gab's eine Nachricht, so recht geeignet, in der gewohnten Art dieser Blätter glossiert zu werden. Wieder eine Katastrophe in den Annalen der „friedenssichernden" Kriegsvorbereitungen. Die französische Marine manövriert im Hafen von Cherbourg. Am Horizont war eine Reihe von Schlachtschiffen sichtbar. Die sensationelle Nachricht lautete: Ein Unterseeboot wurde mitten entzweigerissen und sank[1]) — samt seiner achtundzwanzig Mann starken Besatzung. Gewiß sind wieder allerseits Kondolenzen laut geworden. Das trefflichste Wort sagte ein Mitreisender — ein junger Franzose, der in Geschäften nach Südamerika fährt: „Wie verrückt doch die Menschen sind, daß sie gegeneinander solche Dinge in Szene setzen!"

So ganz weltentrückt wie einst kann man heutzutage auch auf hoher See nicht mehr sein. Die drahtlose Telegraphie bringt auch hier ihre Kunde von der Außenwelt. Am sechsten und siebenten Tag der Ueberfahrt erfuhren wir:

Der Transportstreik hat 300,000 Arbeiter ergriffen.

Lord Haldane ist nicht mehr Kriegsminister, sondern High Chancellor[2]).

Miß Lilian Russel (eine amerikanische Schauspielerin) hat geheiratet. Wie ich ersehe, hat die Dame die Gewohnheit, sehr häufig zu heiraten.

Da die Zustände in Cuba sich verschärfen, werden zwei weitere amerikanische Kriegsschiffe dahin geschickt. (Bei uns wird man behaupten, die Vereinigten Staaten wollen Cuba „einstecken".)

Seemannsstreik in Havre. Die Abfahrt von „La France" verschoben.

Frédéric Passy gestorben[3])!

So erwartet die schmerzliche Kunde war — uns Pazifisten trifft sie hart. Ein schlechtes Jahr, eine starke Verlustliste für uns: Stead, Novicow[4]), Passy....

[1]) Das Unterseeboot „Vendémiaire" mit 20 Mann und ? "

[2]) 10. Juni 1912.

[3]) Am 12. Juni 1912.

[4]) Ende Mai 1912.

In der Marconidepesche heißt es: „Frédéric Passy, der französische Oekonomist." Warum dieser Titel? Als der große Friedenskämpfer, als der *große Mensch* wird F. Passy in der Geschichte fortleben — nicht als Professor der Wirtschaftslehre.

Nur mehr wenige Stunden trennen mich von der Landung auf amerikanischem Boden. In höchster Spannung blicke ich den Dingen entgegen, die ich in der neuen Welt erleben werde. Begeisterung, Rat und Tat erhoffe ich mir. Belehrung werde ich zurückbringen — aber auch hier will ich Aufklärung bringen. Sie sollen es erfahren, unsere Freunde, wie die Dinge bei uns stehen, und wo der Hebel anzusetzen wäre. Diese Fahrt ist die letzte Anstrengung meiner ihrem Ende nahenden Laufbahn; daß ich sie mit heiligem Ernst unternommen habe, können Sie mir glauben, lieber Mitstreiter.

Von New York führt mein Weg direkt nach *San Francisco* (sechs Tage Pacificbahn), wo am 24. der Kongreß der „*General Federation of Womens Club*" stattfindet — eine Vereinigung von Millionen strebender, energischer, für Menschenwohl leidenschaftlich arbeitender Frauen. Die haben mich gerufen, auf daß ich die Frage beantworte: „Was können wir tun, um den Weltfrieden zu fördern?" — Ich werde versuchen, es ihnen zu sagen.

Adieu indessen. Meine nächste Nachricht erhalten Sie aus Kalifornien. Mit treuem Gruß an die ganze „Friedenswarte"-Gemeinde

Ihre

Bertha Suttner.

ein

ein

angen=

Menschen=

es fast nie=

flüssen hat die

gen, die zwischen den

Brief aus Amerika.

Lake Geneve bei Chicago,
15. Juli 1912.

Mein lieber Herr Fried!

In meinem vorigen, noch an Bord geschriebenen Brief versprach ich, Ihnen — und meinen lieben „Friedenswarte"-Lesern — allmonatlich die Eindrücke und Erlebnisse mitzuteilen, die meiner hier harrten. Nun bin ich vier Wochen in der neuen Welt und wollte lieber statt einigen Briefseiten ein paar Druckbogen und einige hundert Meter Films zur Verfügung haben, um das Erlebte und Erschaute wiederzugeben; so aber werde ich, um mich der Knappheit des Raumes anzupassen, mitunter in Telegraphenstil verfallen müssen.

Am 17. Juni Landung im Hafen von New York — begrüßt von der fackelschwingenden Freiheitsstatue (ohne Licht keine Freiheit und umgekehrt); empfangen von einer Deputation amerikanischer Pazifisten (Dr. Richard, Professor an der Columbiauniversität, Gründer der deutschen New Yorker Friedensgesellschaft; Mr. Short, Sekretär des Carnegie-Friedens-Vereins; Dr. Felix Adler u. a. m.); ausgefragt von einem Halbkreis von Journalisten (Halten Sie den Weltfrieden für wünschenswert? Für ausführbar und wie?) und an die Wand gestellt von einer scharf zielenden Knipserkompagnie und gnädigst freigelassen von der Zollbehörde.

Hierauf Willkomm-Luncheon im Hotel Astoria und ein paar Stunden später Weiterfahrt nach San Francisco. Es handelt sich ja nur um eine Reisedauer von fünf oder sechs Tagen und Nächten, die Amerikaner nennen das „a trip", zu deutsch: Ausflug. Auf der Durchfahrt hielten wir uns ein paar Stunden in Chicago auf. Hier war eben der große Rummel für die „Nomination" des künftigen Präsidenten im Gang. Die „Election" findet erst im November statt. Bis dahin können sich die Parteien weiter in den Haaren liegen. In Chicago wurde von den drei Kandidaten: Roosevelt, Taft und Wilson der letztgenannte nominiert.

Mir fehlt, wenn ich auf Pazifisten-Missionsreise bin, der Touristensinn. Die Namen der Stationen, die Zahl der Meilen, ja sogar die straßenumsäumenden Landschaftsbilder entgehen mir, und das ist auf der Pacificbahnstrecke wirklich schade, denn von Schönheiten, Großartigkeiten, Sonderbarkeiten strotzt es da. Und an Abwechslung kein Mangel: Hunderte von Meilen weite Weizenfelder, Hochgebirge, Sandwüsten, Urwald, lebhafte Städte und Städtchen, durch deren Gassen der Zug — nicht pfeifend, sondern glockenläutend — rast, Indianerdörfer, heerdenbesprenkeltes Weidenland, und was das Wunderbarste ist: der sogenannte „Great canyon". Hier gibt es einen Aufenthalt von sechs Stunden, um den Reisenden Gelegenheit zu gewähren, dieses Naturschauspiel, das in der Welt nicht seinesgleichen hat, mit Muße zu genießen. Der Canyon ist eine unendlich lange und unendlich tiefe Schlucht aus totem Gestein, das in allen Farben spielt und in allen Formen — Säulen, Bogen, Höhlen — sich schichtet, nur die oberste Linie auf beiden Seiten ist vollständig eben. Zwei Plateaus liegen sich da gegenüber, gras- und blumenüberwachsen, und dazwischen ein meilenweiter steinerner Abgrund. Auf dem einen Plateau steht ein Hotel, von dessen Terrassen die Reisenden und Ausflügler das schauerlichschöne Bild betrachten, wenn sie nicht vorziehen, einen Maultierritt durch die Schlucht selber zu unternehmen — was ich übrigens, aus Rücksicht für das Maultier, unterlassen habe.

Nun ging es weiter, dem Staate Kalifornien zu, da gab's noch einmal Wüstenland zu durchqueren, so pflanzen- und wasserlos, so ohne Lebensmöglichkeit, daß es den Namen Tal des Todes trägt. Ein Mitreisender erklärte, daß der Name daher stamme, weil an einer Stelle giftige Dünste aus der Erde steigen, die jedes Leben vernichten. Holla! dachte ich (in Amerika erwacht der Spekulationsgeist), da ließe sich vielleicht eine große G. m. b. H. zur Ausbeutung der tötlichen Stoffe bilden und bei den verschiedenen Kriegsministerien könnte man profitable Bestellungen erzielen.... Aber ein anderer Mitreisender zerstörte die Legende von den mordenden Dünsten und erklärte den Namen Tal des Todes damit, daß einst an jener Stelle ein Trupp von Pionieren sich verirrt habe und verdurstet sei. Noch ein paar Stunden weiter und rechts und links unabsehbare Orangenhaine: wir waren in Kalifornien. Nicht die Natur, sondern Menschenfleiß hat diese Haine dorthin gestellt, in eine Gegend, wo es fast niemals regnet. Künstliche Bewässerung aus entfernten Flüssen hat die weiten Strecken mit schmalen Kanälen versehen, die zwischen den

Fruchtbäumen fließen. Wie Silberstreifen glitzern sie neben den dichtbelaubten Bäumchen, unter denen in goldigen Haufen die abgefallenen Orangen auf dem Boden liegen.

Wir erreichten eine kleine kalifornische Stadt — Redlands —, wo es wieder ein paar Stunden Aufenthalt gab, die zu einer Rundfahrt benutzt wurde. Eine Rundfahrt durch Feenland. Unter dem Begriff „kleine Stadt" muß man sich in Amerika nicht eine auf geringem Raum zusammengepferchte Ansammlung von Häusern in engen Gäßchen denken, sondern einen weitgestreckten Park, in welchem in gehörigen Abständen schmucke einstöckige Villen stehen — jede ein „home" für sich. Nur ein kleines Geschäftszentrum gibt es da, d. h. ein oder zwei Straßen mit aneinanderstoßenden mehrstöckigen Häusern und Kaufläden. Die breiten Straßen, wo die Villen stehen, sind alle mit Bäumen eingesäumt. In Redlands waren es Alleen von riesig hohen Palmen oder Pfefferbäumen mit ihrem gefiederten Laub und rot glühenden Beeren. Und um alle Stämme ranken sich Blüten, und Blüten sprießen auf dem Boden rings um den Baum herum. Die Hecken sind Blumenwände, und die Häuser und Balkons und Terrassenstufen sind mit Blumen übergossen, als wäre eben ein Platzregen aus Füllhörnern gefallen. Wir sahen da auch den Smiley-Hügel, ein weit ausgedehnter, wunderbar gepflegter Besitz des Mr. F. Smiley, in dessen Haus alljährlich die Lake Mohonk-Konferenzen stattfinden.

Am selben Abend wurde in einem zweiten kalifornischen Städtchen — Riverside — Halt gemacht. Wir wurden in ein Hotel geführt, das ein altes spanisches Kloster war. Als wir in den vor dem Gebäude liegenden Garten traten, war der Eindruck zauberhaft. Rechts und links die alten Bogengänge, am Himmel ein glänzender Vollmond, und melodisches Glockenspiel zitterte durch die mit schweren Düften gefüllte, in leichter Brise bewegte Luft. In den Aesten der Bäume flatterten Papageien, die eben ihr Nachtruheplätzchen aufsuchten. Nachdem das Glockenspiel verstummt war, drang durch die offenen Saaltüren des Hotels Musik heraus: das Miserere, gespielt von Orgel und Harfe.

Den nächsten Aufenthalt nahmen wir in Los Angeles — diesmal für drei Tage. Die dortige Friedensgesellschaft hatte mich zu einem Vortrag eingeladen. Was Redlands und Riverside in Miniatur, das Los Angeles im großen — ein meilenweiter, mit mehr oder minder luxuriösen Heimstätten bestreuter Park. Mir wurde Gastfreundschaft in einem künstlerisch eingerichteten Privathotel geboten, und um ein für allemal einen Begriff der amerikanischen gastlichen Gewohnheiten zu geben, will ich mitteilen, aus was das mir in Los Angeles zur Verfügung gestellte Appartement bestand: Salon, zwei Schlafzimmer, Badezimmer, Wintergarten. Von drei interessanten Zusammenkünften, die ich in Los Angeles hatte, will ich erzählen. Zuerst General Otis, ein Veteran des Sezessionskrieges, jetzt Herausgeber einer großen Tageszeitung. Er las mir einen Plan vor, den er zur Herstellung des Weltfriedens entworfen hat, einen Plan, der den Beifall des Präsidenten Taft gefunden, und der bei nächster Gelegenheit dem Repräsentantenhaus und Senat vorgelegt werden soll. Das in achtzehn Paragraphen abgefaßte Projekt ist dahin zu resümieren, „daß der Präsident der Vereinigten Staaten beauftragt werde, die anderen Großmächte aufzufordern, sie mögen in irgend einer offiziellen Form einleitende Schritte zu einer internationalen Allianz tun, die den Namen „Weltfriedenspakt" zu führen hätte, und daß, wenn nicht weniger als drei Mächte die Einladung angenommen haben und über die Hauptzüge des Abkommens übereinstimmten, sie nun im Namen aller drei eine Einladung an die übrigen ergehen lassen, mit der offenen Erklärung, daß der Zweck der Allianz sei, Maßnahmen zu treffen, die den Weltfrieden garantieren". Die Heere und Flotten der dem Bunde beigetretenen Mächte hätten sich zu verschmelzen. Hinter dem Weltfriedensbunde stünde nach und nach eine Weltarmee.

Meine zweite interessante Begegnung war mit Madame Séverance, eine 93jährige Frau, genannt „die Mutter der Klubs". Denn sie ist es gewesen, die unter großen Kämpfen und Widersprüchen den ersten Frauenklub (von denen es jetzt in den Vereinigten Staaten über 50,000 gibt) ins Leben gerufen hat. Die alte Dame bewohnt ein von einem herrlichen Garten umgebenes Häuschen; ihr Arbeitszimmer — sie schreibt und dichtet noch — ist voll Erinnerungen an große Zeitgenossen, die sie besucht haben oder mit ihr korrespondierten: da findet man die Tolstois, die Herzen, die Darwins, die Marconis. Ein Museum der Geister.

Die dritte Zusammenkunft war mit Frau Refugia Orozco, die Gattin des Insurgentenführers in Mexiko, General Orozco, der eben gegen Präsident Madero verzweifelt kämpfte. Die Frau war vom Kriegstheater geflohen; sie sprach nur spanisch und unsere Unterhaltung wurde durch einen Dolmetsch vermittelt. Sie sagte, wie sehr sie und auch ihr Mann die Herstellung des Friedens wünsche — aber beide Parteien seien entschlossen, nicht nachzugeben; die Regierungsleute hätten geschworen, alle Insurgenten zu vernichten, und sie erzählte von den Grausamkeiten der regulären Truppen: — verbrannte Frauen und Kinder und dergleichen. (Immer werden die Gegner als die Grausamen geschildert — als ob im Kriege nicht alle und alles grausam wäre.) Natürlich hatte sich auch hier ein Momentphotograph eingefunden und der nächste Tag brachte das Bild der Mexikanerin mit dem scharfen aztekischen Profil und der Oesterreicherin — na, Sie wissen ja, wie die aussieht; beide einander in die Augen schauend und die Hand reichend.

Noch eine Nachtfahrt und wir kamen an unser eigentliches [illegible] ziel, San Francisco, an. Die Stadt ist nicht mit der Bahn [illegible] reichen, man muß erst eine Bucht — die berühmte „goldene [illegible] — überqueren.

San Francisco, das vor sechs Jahren so vo[illegible] zerstör[illegible] wieder in voller Pracht aufgebaut. Hin und [illegible] ma[illegible] Trümmerspuren und Lücken in den Straßen. [illegible] es nicht wahr haben, daß die Zerstörung das [illegible] war — das große Feuer, das ununterbrochen [illegible] Nächte wütete, das habe den Ruin verschuldet. [illegible] mals in ihrer Zeitrechnung: vor oder nach dem [illegible] vor und nach dem Feuer. Das Wort Erdbeben w[illegible] Boden als unsicher erscheinen lassen — Feuersbrü[illegible] Sie vergessen aber, daß jenes Feuer infolge des [illegible] setzlich hauste, weil durch dieses alle Wasserleitunge[illegible]

San Francisco, seine Gebäude, sein Park, sei[illegible] seine Bucht sind paradiesisch schön. Aber ich will [illegible] schreibung nicht aufhalten; was mich hierher gefü[illegible] der Zauber des Orts, sonder[illegible]haltung des gr[illegible] der föderierten Frauenklub[illegible]nigung, di[illegible] glieder repräsentiert, und die[illegible] einen [illegible] Es war eine imposante Veran[illegible]iumph[illegible] lichen parlamentarischen und org[illegible]eist. lungen wurden mit größter Sachli[illegible] Die Vorsitzende — Mrs. Moore von [illegible] dierte mit vollendeter Geschicklichkeit und Würde. Dabei auch mit Anmut. Weibliche Anmut und Eleganz war da überhaupt stark vertreten. Dabei großer Ernst und Hochsinn in den Reden und Debatten, viel praktischer Geist und dabei idealer Schwung in den behandelten Gegenständen.... Diese betrafen Fragen der Erziehung, der Wohlfahrt, und ich erlebte die Befriedigung, daß die Friedensfrage als ständiger Studiengegenstand in das Erziehungsdepartement der Klubs eingeführt wurde. Und die weitere Befriedigung, daß am Schlußabend, an dem ich sprach (es war am 4. Juli, dem nationalen Festtag), das Podium mit der amerikanischen Fahne geschmückt war, zu dieser Gelegenheit weißumrandet, und die von mir mitgebrachte, gleichfalls weißumrandete schwarz-gelbe Fahne hing daneben.

Im schwarzgelben Lande wurde indessen, wie ich erfuhr, die Erhöhung der Wehrmacht im Parlamente durchgepeitscht, von der Tagespresse bejubelt und vom Geldmarkt mit einem vierprozentigen Sturz der Rente beantwortet. Ueber solche und andere spärliche Nach[illegible]hten, die mir aus Europa zukamen (fortgesetzte Untätigkeit nebst [illegible]ichtigten Pourparlers der Mächte gegenüber dem italo-türkischen [illegible] Pulverexplosionen, Luftflottensammlungen usw.), rand[illegible] mir im Kopf herum — aber das liegt ja alles so weit [illegible] besser, ich schreibe Ihnen nur Amerikanisches. Davon [illegible]iefe mehr.

[illegible]em Gruß!

Ihre Bertha v. Suttner.

Brief aus Amerika.

Chicago, 12. August 1912.

Mein lieber Fried!

Ich glaube, daß noch einiges von meinem Aufenthalt in San Francisco nachzutragen ist; es ist mir nicht genau erinnerlich, wo ich in meinem letzten Brief die Mitteilung meiner Erlebnisse abschloß. — Die weite Entfernung und der wochenverschlingende Korrespondenzaustausch macht, daß man allen Zusammenhang des Verkehrs mit dem andern Kontinent verliert. Es wäre wirklich erforderlich, daß die Erde bald durch eine drahtlose Zehnpfennigpost verbunden würde! Wird auch kommen.

Die Umgebung von San Francisco ist paradiesisch. Ich folgte der Einladung einer Dame, Mrs. Hearst, die in dem benachbarten Hügelland eine Hazienda (mit diesem spanischen Namen werden die vornehmen Landhäuser bezeichnet) besitzt, die an äußerer und innerer Pracht nichts zu wünschen übrig läßt. Mrs. Hearst ist die Mutter des weltbekannten Zeitungskönigs William R. Hearst, unter dessen Leitung fast die ganze amerikanische Tagespresse steht. An der Tafel der Frau Hearst hatte ich zum Nachbar einen Neffen der Hausfrau (wie klein und rund ist doch die Welt!). Professor Flint ist sein Name, mit dem ich mich über gemeinsame Wiener Freunde unterhalten konnte, denn er hat in unserer Stadt Medizin studiert und sprach mit großer Anerkennung von unseren Eiselsberg, Pirquet und anderen.

In San Francisco habe ich sechs Vorträge gehalten: zwei vor dem Frauenkongreß, einen vor dem Frauenklub, der uns Gastfreundschaft bot, einen in einer Kirche („Lay down your arms" stand über der Kirchentür), einen vor dem Commonwealth-Club (Industriellenvereinigung) und einen bei einem Festdiner des Frauenstimmrechts-Vereins. Es galt, die Tatsache zu feiern, daß in diesem Jahre die [illegible]en Kaliforniens das Stimmrecht erhalten haben. Dies ist der [illegible] den 49 Vereinigten Staaten Amerikas, in welchen der [illegible] Hälfte der Bewohnerschaft das Wahlrecht erteilt worden ist; die Agitation wird über das ganze Land fortgesetzt, und es ist wohl kaum zu bezweifeln, daß die anderen 43 Staaten allmählich nachfolgen werden.

Einen siebenten Vortrag hielt ich in dem benachbarten Universitätsort Berkeley. Der dortige Maire, Mr. Wilson, zeigte uns eine Kanone, eine auf den Philippinen erbeutete Kanone, die früher vor dem Rathause gestanden, die aber jetzt in den Stadtpark transportiert wurde, ganz von Rosen überblüht und mit folgender Inschrift versehen:

Let women weep no longer for their children slain by mans caprice,
From out the pulsied month of war — there comes silent prayer of peace.

Die feierliche Uebertragung der Kanone hatte bei einer von Mr. Wilson zur Unterstützung der Taftschen Schiedsgerichtsverträge einberufenen Versammlung stattgefunden. Berkeley besitzt neben seiner Universität ein griechisches Theater, wo einem im Freien sitzenden vieltausendköpfigen Publikum musikalische und dramatische Vorführungen geboten werden. Direktor Reinhardt würde um diesen Schauplatz neidisch sein.

Nur ungern verließ ich die Stadt an der „Goldenen Bucht", von deren Schönheiten und Reichtümern ich ja kaum den hundertsten Teil kennen lernen konnte. Wieder mußte ich vier Tage und fünf Nächte auf der Pacific-Bahn verbringen, mit einem einzigen mehrstündigen Aufenthalt in Salt Lake City, der Mormonenstadt. Die dortigen Heiligtümer: in einem Park verstreute Tempel, Standbilder, Inschrifttafeln wurden uns gezeigt. Darunter die berühmte Kirche, in der die Akustik zufällig so beschaffen ist, daß man von einem Ende des Raumes zum andern den Laut eines geflüsterten Wortes oder einer fallengelassenen Stecknadel deutlich hören kann. Der Führer gab uns Traktätchen mit, die uns zum Mormonenglauben hätten bekehren sollen, was jedoch nicht vollständig gelang.

In Chicago erwartete mich ein großer Kongreß: 15,000 Lehrer und Lehrerinnen aus allen Staaten, verbunden in einer Liga, die den Titel: „National Education association" führt, kommen zu Beratungen und Erfahrungsaustausch zusammen. Die „Friedensschule", als deren Sekretärin Mrs. Fanny Fern Andrews im Vorjahr Wien besuchte, ist der Assoziation angeschlossen und es war dieser Schule ein Tag im Programm zugewiesen. Ein Wettbewerb zwischen Schülern, präsidiert von Prof. Jordan von der Stanford Universität, brachte eine Reihe von Vorträgen über die Friedensfrage zu Gehör, wobei zwei Jünglinge von 18 Jahren und zwei Mädchen von 14 bis 15 Jahren wohlverdiente Preise erhielten. P. P. Claxton, der Unterrichtsleiter im Ministerium des Innern, dessen Brief an die Schulbehörden in der Juninummer der Friedenswarte abgedruckt war[1]), wohnte der Veranstaltung bei. Ich erlebte dabei die Freude, daß er die Absicht äußerte, eine etwas verkürzte Auflage von „Die Waffen nieder" als Schullektüre einzuführen.

Ich selber habe auf diesem Kongreß zwei Vorträge halten müssen: einen bei der Friedensschul-Versammlung und den zweiten bei deren Schlußfestabend im großen „Auditorium" des Chicagoer Opernhauses.

Und nun (Sie und meine andern Freunde wollen ja doch genau die Etappen meiner Amerikareise erfahren) begab ich mich in ein ruhiges Sommerquartier in der Umgebung der Stadt. Meine eigentliche Kampagne beginnt erst im Herbst. Nur kurze Ausflüge mache ich aus meinem stillen Hauptquartier ins Weite. Mehrere Tage verbrachte ich als Gast der Mrs. R. T. Crane am Lake Geneve. An diesem See liegen die herrlichen Landhäuser der hiesigen Millionäre. Ich habe da genußreiche Tage verlebt; die Beschreibung davon gehört aber nicht in diese Blätter, die ja nur von den pazifistischen Dingen berichten sollen.

Meine Ferien unterbrechend, begab ich mich nach Chautauqua im Staate New York, wo ich zu einem Vortrag im dortigen Amphitheater berufen war. Es gibt zahlreiche Chautauquas in den Vereinigten Staaten; dieses im Staate New York ist das eigentliche, das Original Chautauqua (der Name ist indianisch); die anderen sind Nachahmungen. Nur zwei Sommermonate lang sind diese Institutionen im Gange; in Europa gibt es nichts Aehnliches. Schule, Badeort, Sportplatz, Universitätskurs, Sommerfrische, Vortragszykl[illegible] Erbauungstempel, Musikabende — alles dies und noch anderes [illegible] solches Chautauqua. Der Mittelpunkt ist das Amphith[illegible] berühmtesten Gelehrten, Prediger, Künstler Vorlesu[illegible] sieben oder acht an jedem Tag. Während ich [illegible]

[1]) „Friedens-Warte" 1912, Seite 233.

P. P. Claxton, der Herausgeber der United Preß in New York, ein Missionar aus China, ein berühmter Orgelspieler, der uns die Meistersinger vortrug, und andere auf dem Programm. Am Abend belehrende Kino-Vorstellung. Viel wird geboten, viel aber auch verboten: Automobile, Kartenspiel, geistige Getränke, Tabak, maulkorblose Hunde und Tanz: dies ist aus dem umfriedeten Gebiet verbannt. „Muckerei!" wird der oberflächliche Europäer dazu sagen. O nein, ein ganz anderer tiefer Sinn liegt in diesen Dingen. Es ist Rassenzucht. Die Amerikaner arbeiten daran, ein gesundes, reines, geistig helles Geschlecht heranzubilden. Die verschiedenen Kirchen selber lehren — nicht Dogmen —, sondern Einheit und Eintracht aller gottsuchenden Seelen. Und in ihren Tempeln wird Darwinismus, Sozialismus, Feminismus, Pazifismus — nicht etwa bekämpft, sondern gelehrt.

Neulich ging's in Chicago hoch und lebhaft her. Die neue politische Partei, sie nennt sich „progressive party", nominierte ihren Präsidentschaftskandidaten: Theodore Roosevelt, und dieser entwickelte sein Programm. Darin figuriert die Befestigung des Panamakanals, die Erbauung zweier Schlachtschiffe jährlich, als „bestes Mittel zur Erhaltung des Friedens", und die Verurteilung der Taftschen uneingeschränkten Schiedsverträge. Zwei Seelen, ach, wohnen in Roosevelts Brust: die pazifistische und die rauhreiterische. Zu meinem und der großen Friedensgemeinde Amerikas Schmerz hatte diesmal die rauhreiterische Seele gesprochen. Miß Jane Addams, die als die größte lebende Frau der neuen Welt gilt, hat, obwohl sie der Friedensbewegung angeschlossen ist, sich in den Dienst der Roosevelt-kampagne gestellt, vermutlich, weil auf seiner Plattform das Frauenstimmrecht steht. Eine große Gemeinde ihrer Gefolgschaft ist über diesen Widerspruch in ihrem Verhalten bitter enttäuscht. [illegible] eit ei[illegible]en Brief an sie sie um Aufklärung [illegible] ume, [illegible] die wenigsten, daß Roosevelt [illegible], Dar- [illegible] Woodrow Wilson.

[illegible] Blätter bringen furchtbar [illegible] meines Gast- [illegible] auch unsere Blätter [illegible] der Linie, wo das [illegible] den unerträglichen [illegible] nach dem Golf von [illegible] -sichern, [illegible] Lorenzstrom nach dem [illegible] atz in der Umgebung wurde [illegible] acht mit den Indianern stattfand [illegible] weder Sinn noch Gedächtnis. Zum Glück ist ja immer noch im Steigen — England und Deutschland rivalisieren offen. „Glaubt ihr," sagen die Deutschen zu den Vettern, „daß wir gefährlich seien? Daß wir euch angreifen wollen? Das ist ja nicht wahr — wir rüsten gegen niemand, nur zu unserem eigenen Gebrauch. Aber wenn ihr's glauben wollt, ist's uns auch recht, dagegen können und wollen wir nichts tun." Ein hübscher Ton! Und der italienische Krieg dauert noch fort, und die Mächte leiten noch immer Gedankenaustausche in die Wege, ob an eine Friedensvermittlung vielleicht zu denken wäre.... Und unser auf 500,000 erhöhtes Heer, nach dessen kostspieliger Bewilligung der Kriegsminister sich beeilte, neue Millionen zu fordern, um unsern Stahl in Bronze zu verwandeln oder umgekehrt. Völker, eure Zukunft liegt in der Metallqualität der Kanonenschlünde! — Dazu das Krupp-Jubiläum und die deutsch-tschechischen Ausgleichsverschiebungen; die Luftflottenvermehrungen, die albanesischen Kämpfe, die royalistischen Umtriebe in Portugal, und der angesagte eucharistische Kongreß, der eine Art von Vermählung von Kreuz und Schwert symbolisieren wird, gar nicht mitgerechnet. Amerika, du hast es besser!

Mit Grüßen an den ganzen Freundeskreis

Bertha von Suttner.

Brief aus Amerika.

Chicago, 14. September.

Mein lieber Herr Fried!

Diesmal kann ich nichts Reisebeschreibendes bieten. Ich habe die letzten Sommerwochen in aller Seßhaftigkeit und Zurückgezogenheit in einem Landhaus bei Chicago zugebracht, in Gesellschaft meiner Reisebegleiterin, Mrs. Proudfoot, ihres Gatten und ihrer Schwester. Ich war fleißig beschäftigt, mit Hilfe Mrs. Proudfoots, eine neue abgekürzte englische Uebersetzung von „Die Waffen nieder“ herzustellen, da der Leiter des öffentlichen Unterrichts, P. P. Claxton, den Wunsch geäußert hat, das Buch als Schullektüre einzuführen. Nur zwei Vortragsausflüge habe ich indessen absolviert, und zwar nach Towerhill (auch eine Art Chautauqua), und nach Portage, einem Städtchen in Wisconsin, wo die Tower-Hill-Gemeinde einen dreitägigen Kongreß abhielt. An der Spitze dieser Gemeinde steht ein Kirchenmann, Dr. Jenkins Lloyd Jones ist sein Name. Als ich ihn predigen gehört, hätte ich ihm die Hand küssen mögen, so hingerissen war ich. Seit Egidy bin ich auf keiner Rednertribüne einer mächtigeren Persönlichkeit begegnet. Jones und ein anderer, jetzt verstorbener Kirchenmann, waren die Initiatoren des Religionskongresses in Chicago 1893. Beide waren keine Dogmatiker, sondern Häretiker. Wofür sie zu Anfang ihrer Laufbahn verfolgt, jetzt aber hochverehrt sind. Denn langsam hat sich der größte Teil der hiesigen Kirchlichkeit in eine wissenschaftlich-ethische Gesellschaft gewandelt. Die Räume, wo Dr. Jones predigt, sind mit den Büsten Emersons, Darwins und anderer edler Denker geschmückt.

Portage liegt an der Wasserscheide; im Garten meines Gastgebers erhebt sich eine kleine Fontäne, gerade auf der Linie, wo das Wasser auf der einen Seite durch den Mississippi nach dem Golf von Mexiko, auf der anderen Seite durch den St. Lorenzstrom nach dem Atlantischen Ozean sich ergießt. Ein Platz in der Umgebung wurde mir gezeigt, wo eine berühmte Schlacht mit den Indianern stattfand — ich habe aber für derlei weder Sinn noch Gedächtnis. Zum Glück sind hierzulande die Kriegserinnerungsstätten selten, und ich habe es als besonders genußreich empfunden, daß ich, seit ich in Amerika bin, keine einzige militärische Uniform gesehen habe — ein Phänomen, das viele meiner Landsmänninnen — besonders die jungen — unerträglich finden würden.

Portage hat auch den Charakter, den ich an andern kleinen Städten der Neuen Welt beobachtet habe: nämlich, daß sie eine in weiter parkähnlicher Landschaft ausgebreitete Villenkolonie darstellen; eine Sammlung von reizenden „homes", in denen nur eine Familie — nicht in Luxus — aber in vollständigem Komfort lebt. Alles hat man, was zur Behaglichkeit gehört: Zentralheizung, elektrisches Licht, Vacuum-cleaner, Pianola, Badezimmer, reichhaltige Bücherei, hochgeistige Monatsschriften; nur eines fehlt hier: es gibt keine Dienstboten. Außer bei Millionären, findet man keine Diener. Höchstens aushelfende Arbeiter. Die bleiben aber oft aus; Frau und Töchter des Hauses besorgen die Hausarbeit. Sie tun es mit Lust, und es benimmt nichts ihrer Würde und hindert sie nicht, sich in öffentlichen Angelegenheiten zu betätigen. Die Sache des Frauenstimmrechts macht hier große Fortschritte; in sechs Staaten besteht es schon, in den übrigen wird mit größtem Eifer (auch seitens der Männer) dafür agitiert. Auch in der neuen von Roosevelt geführten „progressing party" — „bull-moose party" genannt, bildet die Frauenrechtsfrage eine Platform. Warum bull-moose? „Moose" ist ein breithorniges, hirschähnliches Wild, das in den hiesigen Wäldern häufig vorkommt. Eines Tages, nachdem Roosevelt bei einem Konvent angestrengt gesprochen hatte, fragte ihn jemand, ob er nicht müde sei. „Nicht die Spur," antwortete der Präsidentschaftskandidat, „ich fühle mich frisch wie ein Moose-Stier." — „Daher der Name."

Für unsere Kreise ist es sicher am interessantesten zu erfahren, wie Roosevelt und seine Partei sich zur Friedenssache stellen. In der Parteiplatform findet sich folgender Paragraph:

> „Die Fortschrittspartei beklagt, daß in unserer Zivilisation noch das barbarische System des Kriegführens fortbesteht, mit seiner riesigen Verschwendung und daraus folgenden Verarmung der arbeitenden Klasse. Wir verpflichten unsere Partei, ihr Möglichstes zu tun, um gerichtliche und andere friedliche Mittel zur Schlichtung internationaler Differenzen einzuführen.
>
> Wir befürworten eine internationale Uebereinkunft zur Einschränkung der Streitkräfte zur See. Solange ein solches Uebereinkommen nicht

getroffen ist als bestes Mittel zur Erhaltung des Friedens, verpflichten wir uns, für die Gegenwart unsere Politik, jedes Jahr zwei Kriegsschiffe zu bauen, beizubehalten."

Mit dem letzten Satz wird der erste wieder aufgehoben, und die ganze Erklärung auf der blöden, alten, wettrüstenden Formel des „si vis pacem" erhalten.

In seiner Rede sagte Roosevelt zu dieser Frage:

„Ich halte es für wesentlich richtig, daß unsere kleine Armee auf einem hohen Stand der Vollkommenheit erhalten werde. Die Flotte muß beständig weitergebaut werden, und der Bauprozeß darf nicht unterbrochen werden, bis — und nicht früher — es sich als möglich erweist, durch internationales Uebereinkommen eine allgemeine Rüstungseinschränkung zu sichern. Der Panamakanal muß befestigt werden. Es wäre verbrecherisch gewesen, ihn zu bauen, wenn wir nicht bereit gewesen wären, ihn zu befestigen und unsere Flotte so stark zu machen, daß es für jedwede Macht sehr gefährlich wäre, uns zu attackieren oder über uns Kontrolle zu üben. Wenn wir vor ein paar Monaten so unweise gewesen wären, die Schiedsgerichtsverträge anzunehmen, so wären wir jetzt verpflichtet, die Frage schiedsrichterlich entscheiden zu lassen, ob wir das Recht haben, unseren eigenen Verkehr von Zoll zu befreien. Die Zollfrage illustriert lebhaft die Torheit und die Ruchlosigkeit jener Verträge."

Wie man sieht, Roosevelt haßt die von Taft vorgeschlagenen Verträge, die einen so großen Sieg der Friedensbewegung bedeutet hätten, und seinem Einfluß ist es zuzuschreiben, daß sie im Senat gescheitert sind. Wenn er zur Präsidentschaft gelangt, ist ihre Wiederaufnahme in den nächsten vier Jahren kaum zu hoffen; aber bis heute stehen die Chancen, daß Wilson gewählt wird, besser. Daß von den zwei Seelen, die in Roosevelts Brust wohnen, nur die eine pazifistisch, die andere aber sehr rauhreiterisch ist, wissen wir ja längst. Gewiß, er ist nicht der einzige in Amerika, der eine angeborene Vorliebe für das Kriegerische hegt — aber er gehört damit zu einer kleinen Minorität. Dies zu beobachten hat sich mir schon hundertfache Gelegenheit geboten.

Zu denen, die dieses mein Vertrauen in die amerikanische Friedensgesinnung und den amerikanischen Einfluß auf die Entwicklung der Frage teilen, gehört auch ein — österreichischer Erzherzog. Eben heute erhielt ich einen Brief von den Baleareninseln, worin es heißt:

„Ich teile ganz Ihre Meinung, daß die Vereinigten Staaten für die gute Sache viel helfen können. Arbeiten Sie nur unermüdlich weiter, wie

Sie es bisher getan haben, und Sie werden viele für Ihr Wirken dankbare Menschen finden, darunter auch Ihren ganz ergebenen Ludwig Salvator."

Meine heutige Post hat mir noch einen anderen interessanten Brief gebracht. Mr. B. S. Gray, Vorsitzender der Bibliothekabteilung des Commonwealth-Club in San Francisco, schreibt mir von einer Anregung, die er den Organisatoren der Pacific-Weltausstellung vorgelegt hat, nämlich, daß eine soziologische Abteilung geschaffen werde unter dem Titel „Die Aktualitäten und Möglichkeiten menschlichen Fortschrittes" — beigetragen von den Gelehrten und Denkern der Welt. Es würde dies einen ganz neuen Zug in die Physiognomie der Ausstellung bringen — bis jetzt ist etwas Aehnliches noch nicht versucht worden; immer nur haben diese großen Weltmärkte die mechanischen und gewerblichen, nebenbei auch die künstlerischen, niemals aber die sozialen und moralischen Fortschritte der Menschheit gezeigt. Dieser unter der Aegyde des Commonwealth-Club von San Francisco stehende Plan wird von den Universitäten lebhaft unterstützt. Es soll nun etwas Höheres gezeigt werden als die Entwicklung von Transportmitteln und Werkzeugen, mit denen der Mensch seine ewigen Kämpfe führt, nämlich dieses größte Wunder in der Entwicklung des Menschen selber und seiner Stellung zum Nebenmenschen, sowie der Dinge, die er zur Aufhebung der Uebel und zur Verbesserung der allgemeinen Lebensbedingungen tut.

„Schon beginnen", so heißt es in Mr. Grays Brief, „die Massen zu begreifen, und das manchmal sehr lebhaft, daß es große Bedürfnisse gibt, die allen Völkern gemeinsam sind. Indessen, infolge der großen Verschiedenheit und Kompliziertheit der Verhältnisse und der Beziehungen, kann keine Stadt, kein Staat, keine Nation, kein Land selbständig oder gar in Gegnerschaft zu den andern, die zermalmenden Probleme ausarbeiten, vor welche die Gesellschaft gestellt und von welchen sie bedroht ist. Alle beginnen, wenn vielleicht auch nur dumpf, zu empfinden, daß internationale Zusammenarbeit auf breiter und hochherziger Grundlage das einzige Mittel für weitere Entwicklung, wenn nicht sogar das einzige Mittel, das zu retten, was schon gewonnen ist."

Ich gebe diese Worte als ein Beispiel des Geistes wieder, der in ... intellektuellen Kreisen Amerikas vorherrscht. Und ich hoffe, daß ...ziologische Abteilung der Pacific-Ausstellung sich verwirklichen

Um auf die Dreadnoughts zurückzukommen, von welchen die Bull-Moosepartei den fortgesetzten jährlichen doppelten verspricht, sei die Tatsache mitgeteilt (und das ist eine der wichtigsten zeitgeschichtlichen, die man sich denken kann), daß der Kongreß in seiner letzten Tagung mit großer Mehrheit entschieden hat, daß fortan nicht zwei, sondern nur ein Dreadnought gebaut werden soll. Ein Abstrich an bereits bewilligter Seerüstung — das ist ein Unikum, und jedenfalls als Richtung und als Beispiel von hoher Bedeutung.

Das eine neue Schlachtschiff sollte „Pennsylvania" getauft werden. Davon ist man abgekommen, denn die Heimat Penns, des großen Friedensstifters, ist von Quäkern bevölkert. Nun soll das Ungeheuer „Pittsburg" heißen. Die Stahlpanzerfabrikstadt fühlt sich sehr geschmeichelt und will dem Schiffe ein Silberservice im Werte von 10,000 Dollar widmen. Carnegie wurde um einen Beitrag ersucht. Er kabelte aus Skibo-Castle zurück:

„Pittsburgs Triumphe sind die des Friedens. Es werden ihm durch Vernichtungsmaschinen, die seinen Namen tragen, keine Ehren erwiesen. Im Gegenteil, ich finde, daß es dadurch degradiert wird. Ich betrachte die Widmung des Silberservice durch den Stadtrat als eine sträfliche Vergeudung der Gelder des Volkes." A. Carnegie.

Das ist eine konsequente, aufrechte Haltung, die sich viele unserer Halbpazifisten zum Beispiel nehmen könnten, die sich in einem Atem Friedensfreunde nennen und sich an Luftflottensammlungen beteiligen.

Nun will ich Ihnen etwas mitteilen, lieber Herr Fried, was gar keine zeitgeschichtliche Bedeutung hat, was vielleicht aber Sie, und einige meiner befreundeten Warte-Leser überraschen könnte, nämlich der abgesteckte Fahrplan meiner bevorstehenden Herbstkampagne. Für den 9. September bin ich gebucht in Lincoln, dann — in verschiedenen Zeitabständen: Omaha, Boston, Rochester, Columbia, St. Louis, Atlanta, Madison, Chicago, Acron, Milwaukee, Philadelphia, Grand Rapids, Evanston, Buffalo, Albany, Washington, New York. Von New York: Einschiffung zur Heimkehr 14. Dezember. Zu Weihnachten zu Hause. In den größeren Städten sind stets mehrere Vorträge (in Klubs, Kirchen, Universitäten), in den kleineren Neugründungen von Friedensgesellschaften. Vielleicht schieben sich noch einige andere Städte ein; immerhin ist das Arbeitsprogramm auch so ganz respektabel, nicht wahr? — Außerdem habe ich Privateinladungen zu Andrew D. White, zu Bryan (dem früheren Präsidentschaftskandidaten), zu Edwin Ginn u. a. Und in den östlichen Städten werde ich Gelegenheit haben, mit den leitenden Pazifisten: mit Präsident Taft, Carnegie, Prof. Elliot, Hamilton Holt, Scott, Butler usw. zusammenzukommen.

Verspätet, aber regelmäßig, erhalte ich aus Wiener Blättern Kunde von den Vorgängen in Europa. Die Zeitungen von Chicago berichten nur sehr wenig davon. Daß jetzt in Wien der Eucharistische Kongreß mit glänzender militärischer Beteiligung tagt, und daß ringsum in allen Landen die Generalproben zu der Tragödie des kommenden Krieges (dessen Nichtkommen neun Zehntel der Menschen erhoffen) abgehalten werden, das alles läßt erkennen, daß das Mittelalter noch weiter blüht. Die geheimen Konversationen der Mächte über einen italienisch-türkischen Friedensschluß nehmen ihren Fortgang, und endlich dämmert die Ahnung von einer annehmbaren „Formel". Die Zeit ist hoffentlich nicht mehr allzufern, wo die einfachste Formel, die gegen Abschlachtungen, Seuchenfabrikation und Güterzerstörung gelten sollte, nämlich: „Laßt uns menschlich sein", fraglos und ohne Zögern angewendet werden wird. Zu vereintem Handeln der Mächte wird ja immer öfter ein Anlauf genommen — so wie jetzt wieder durch die lobenswerte Anregung des Grafen Berchtold. Aber vor allem müßten die Mächte auch ihre höhere Interessengemeinschaft anerkannt haben, um rasch und entschieden gemeinsam zu handeln: Triple-Alliance und Triple-Entente müßten zum Sechsbund verschmelzen.

Hier wird fleißig zur 100-Jahrfeier des englisch-amerikanischen Friedens gerüstet[1]). Ueberall haben sich Kommissionen gebildet; an der Spitze der englischen Kommission steht Sir Edward Grey. Die Jahre 1914 und 1915 werden sich durch die kanadische und die Kanaleröffnungsfeier zu großen Friedensfesten gestalten. In Mitteleuropa rüstet man zu großen Völkerschlacht-Erinnerungsfeiern.

Daß ich dieses Jahr dem Genfer Kongreß fernbleiben mußte, macht mir Herzeleid. Aber (wie der berühmte Herr von Todesco zu sagen pflegte) bin ich ein Vogel, daß ich zu gleicher Zeit an zwei Orten sein könnte?

Es grüßt Sie Ihre

Bertha von Suttner.

[1]) Der Friedensschluß von Gent, 24. Dezember 1814, hat den letzten Krieg " England und den Vereinigten Staaten besiegelt.

Brief aus Amerika.

St. Louis, 20. Oktober 1912.

Mein lieber Fried!

So hat denn das grausige Spiel wieder begonnen: **Krieg am Balkan**[1]). Und fortgesetzte Ohnmacht der Mächte. Ob sich das übrige Europa — wo es so viele Kriegshetzer und Kriegsinteressenten gibt — der Gefahr erwehren wird, gleichfalls in Flammen aufzugehen? Wer wollte da zu prophezeien wagen? Es gibt ja doch auch schon eine starke Friedensströmung, ein allgemeines Friedensbedürfnis, einen auf Vernunft und Menschlichkeit gegründeten Friedenswillen, mit einem Wort: eine lebendige Friedensbewegung — vielleicht gewinnt doch diese die Oberhand. Die Pazifisten werden **ihre** Waffen nicht strecken, sondern unerschüttert weiter kämpfen. Lassen Sie also auch mich Ihnen weiter erzählen, was sich seit meinem letzten Briefe auf amerikanischem Boden an pazifistischen Erscheinungen abgespielt hat.

In der ersten Oktoberwoche tagte in Boston der von 800 Delegierten besuchte internationale Kongreß der Handelskammern. Der Tätigkeit **Edwin Ginns**[2]) und **E. D. Meads**[3]) war es zu danken, daß der Kongreß in ihrer Stadt abgehalten wurde, und die beiden brachten in meisterlichen Reden die Völkerfriedensfrage aufs Tapet und schlugen eine Resolution zugunsten der schiedsrichterlichen Entscheidung aller zwischenstaatlichen Streitigkeiten vor. Eine Resolution zugunsten solcher Entscheidung zwischen den Staaten und ausländischen Individuen stand bereits auf der Tagesordnung; da aber der Meadsche Antrag nicht programmäßig war, wollte das Präsidium ihn anfänglich nicht zur Abstimmung zulassen, sondern für den nächsten Kongreß zurückstellen. Es erhob sich aber von so vielen Seiten —

[1]) Der erste Balkankrieg begann durch die am 8. Oktober 1912 seitens Montenegros an die Türkei erfolgte Kriegserklärung.

[2]) Begründer der „World Peace Foundation" in Boston.

[3]) Hervorragender amerikanischer Pazifist, Leiter der „World Peace Foundation".

namentlich von amerikanischer Seite — so lebhafte Unterstützung des Antrages, daß doch darüber abgestimmt werden mußte, und die einstimmige Annahme brachte solchen Jubel hervor, daß die Kongressisten auf die Stühle stiegen und ihre Tücher schwenkten.

Beim Schlußbankett war Präsident Taft anwesend. In seiner Rede (ich habe sie gehört) sagte er:

> „Sie sind hierhergekommen, um den Handel zu unterstützen, und Handel ist Friede. Ich will jetzt nicht auseinandersetzen, was zur Erreichung des Weltfriedens getan werden kann, denn ich habe über das ganze Land darüber gesprochen — aber ich bin der Meinung, daß wir zu irgendeiner Lösung des Problems gelangen müssen und daß wir in Zukunft irgendeinen Rettungsausweg aus den Lasten der wachsenden Rüstungen finden müssen. Und Sie werden diese Lösung nimmer finden, bis Sie nicht ein Mittel einsetzen, um jede internationale Streitigkeit — ob sie auch Ehre und Lebensinteresse berühre — durch einen Gerichtshof, auf den sich alle Nationen verlassen können, zu schlichten."

Am folgenden Tage hatte ich Gelegenheit, mit dem Präsidenten ein paar Worte zu wechseln. Mein Gastgeber, Mr. Ginn, war eingeladen, mit Mr. Taft in dessen benachbarter Sommerresidenz eine Partie Golf zu spielen. Wir Damen waren aufgefordert, zuzusehen. „Spielen Sie auch Golf, Baronin?" fragte nach der Vorstellung Mr. Taft. — „Nein, Herr Präsident, ich bin nicht nach Amerika gekommen, Golf zu spielen, sondern Frieden zu predigen." — „Dann stehen wir auf derselben Platform." — „Ich weiß es — und im Namen aller Pazifisten Europas wollte ich Ihnen danken für das, was Sie in dieser Richtung getan." — „Oh, nächstens wollen wir viel mehr tun."

Mr. Tafts Sekretär sagte mir, daß der Präsident in der letzten Zeit, seit er jene Schiedsgerichtsverträge vorgeschlagen, fünfzehnhundert Reden zu deren Unterstützung gehalten hat. Nachdem die Golfpartie zu Ende war, gestattete der Präsident die photographische Aufnahme einer Gruppe: Ginn, Taft, Suttner. Das Wetter war trübe, die Aufnahme mißlang. Schade, das hätte für die illustrierten Blätter ein eigentümlich pazifistisch angehauchtes Bild gegeben.

Und nun einiges von meinen Rundreise-Erlebnissen. Von Chicago, woher ich Ihnen zuletzt geschrieben, fuhren wir nach Lincoln im Staate Nebrasca. In dieser Stadt steht das Denkmal des großen Abraham. Er ist dargestellt, wie er nach der Schlacht von Gettysburg seine berühmte Ansprache verliest. Die Figur steht vor einer Marmortafel, in die der Text der Ansprache eingegraben ist: „The government of the people, for the people and by the people shall never perish from the earth." — Wir waren im Hause Bryan zu Gast. Der Hausherr, der von allen Staatsmännern Nordamerikas vielleicht der beliebteste ist, und der, wenn er diesmal um die Präsidentschaft kandidiert hätte, sicher gewählt worden wäre, war leider auf einer Vortragstour abwesend. Ich hatte ihn im Jahre 1906 in London kennen gelernt, wo ich ihn auf der Interparlamentarischen Konferenz in einer hinreißenden Friedensrede gehört habe. Mrs. Bryan, unsere Wirtin, erzählte uns von der Reise um die Welt, auf der sie vor wenigen Jahren ihren Gatten begleitet hat, und zeigte uns ein Album, das die photographischen Aufnahmen all der Festlichkeiten enthielt, mit denen die Bevölkerung der Vereinigten Staaten M. William J. Bryan bei dessen Rückkehr empfangen haben. Am Tage unserer Anwesenheit in Lincoln kam zufällig Theodor Roosevelt in die Stadt, eine seiner Reden zu halten. Wir erhielten Zutritt auf das Podium. Das „Auditorium" (so heißen hier die Vortrags- und Konzertsäle) war natürlich dicht gefüllt und Gruppen von Studenten begrüßten den Expräsidenten mit ihren verschiedenen „yells". (Jede Universität, jedes Kolleg hat ein besonderes Chorgeschrei.) Im ganzen aber zündete seine Rede nicht. Sie enthielt weiter nichts als Herabsetzendes und Beleidigendes für die zwei anderen Präsidentschafts-Kandidaten und deren Parteien. Eine häßliche Methode, die dem „Colonel" viele Sympathien entzieht. Nachdem er zu Ende war, wechselte Roosevelt mit den auf dem Podium anwesenden Personen einige Worte. Er erinnerte sich daran, mich vor acht Jahren im weißen Hause empfangen zu haben, und zu Mrs. Proudfoot, die er zuletzt samt ihren sechs Kindern in Wien gesehen, sagte er: „You are the type of American woman that I like."

Von Lincoln fuhren wir in die Hauptstadt Nebrascas — Omaha. Hier hielt ich einen Vortrag in der presbyterianischen Kirche. Ich erwähne dies, weil es immerhin als interessant zu verzeichnen ist, daß hierzulande Laienvorträge über Pazifismus in Kirchen gehalten werden, mit Einrechnung von Orgelspiel und Hymnengesang. Omaha ist eine kleine und noch sehr junge Stadt — kaum 25 Jahre alt — aber auch, wie alle Kleinstädte Amerikas, eine Ansammlung von reizenden „homes". Was wird bei diesem raschen Anwachsen von Städten und Reichtümern dieses Land nach 50 Jahren sein?

Jetzt ging unsere Fahrt nach Boston, und die nächsten drei

Wochen verbrachten wir bei der Familie Ginn. Der Gründer der World-peace Foundation und Chef der größten Schulbuchhandlung der Vereinigten Staaten, Edwin Ginn, besitzt ein Prachtschlößchen in der Umgebung Bostons, und dieses war unser Hauptquartier, von wo aus wir zahlreiche von Mr. Mead vorbereitete Vortragsausflüge nach der Stadt und benachbarten Ortschaften absolvierten. Besonders interessant war mir Concord, wo der große Emerson begraben ist. Ein anderes interessantes Ausflugsziel von Boston ist eine alte in Lexington gelegene Schenke „Tavern of the red horse", besonders berühmt geworden durch Longfellows Gedichtzyklus „Tales of the wayside inn". Alles ist da treu aus der alten Zeit — da George Washington und Lafayette hier einkehrten — erhalten worden. Briefe von diesen beiden unter Glasrahmen hängen an der Wand. Holzbalken an den Decken der niedrigen Gaststuben, Küche mit offenem Herd, alte Holzschüsseln und Weinhumpen — ein gewaltiger Unterschied gegenüber den Astor-Hotels von heute. Auch vom Unterschied der Kriegführung und Mobilisierung zwischen 1776 und heute zeigt Lexington ein Bild. Auf einem kleinen Rundplatz hinter einer Brücke steht auf hohem Sockel eine Bauerngestalt mit geschulterter Flinte. Die Inschrift sagt:: „Here the embattled farmer stood and fired the shot heard round the world." Damit ist folgende Episode aus der Revolutionszeit 1776 verbunden: Das aufständische Boston war von den herannahenden englischen Truppen bedroht, da ritt auf weißem Roß Paul Revere durch seine Gegend, schlug an die Tore und Fenster der Farmerhäuser mit dem Rufe: „Auf nach Lexington." Mit Musketen oder Hacken bewaffnet kamen die Männer hervor und folgten dem Rufe, und einer gab an jener Stelle, knapp vor der Brücke, über die der Feind herannahte, den ersten Schuß ab. Das war der Beginn der Schlacht von Lexington, durch welche die Engländer am Vormarsch verhindert wurden und die Unabhängigkeit der Kolonisten verlangt wurde.

Ich hatte öfters Gelegenheit, in Schulen und „colleges" zu sprechen — einmal zu jungen Studenten, öfters zu College-Schülerinnen. Ueberall fand ich, daß der Schulvorstand und die Lehrerschaft in der pazifistischen Bewegung zu Hause sind. Als selbstverständlich scheint es ihnen zu gelten, daß die Welt dem Friedensziel entgegengeht und daß die aufwachsende Generation in dieser Richtung erzogen werden soll.

Die Unterrichtsanstalten bestehen hier zumeist aus einer ganzen

Kolonie von prachtvollen Bauten, in weiten, landwirtschaftlich schönen Gründen gelegen. Das Geld hierzu fließt reichlich aus den Losen der öffentlichen Wohltäter. Was Amerika für die Erziehung der Jugend getan und tut, übersteigt unsere Begriffe. „Patriotismus" hier, heißt die Sorge für die Entfaltung des kommenden Geschlechts.

Am 7. Oktober veranstaltete der deutsche Klub im Ballsaal des Hotel Somerset einen großen Empfang von 200 deutschen Aerzten, die in Washington einen Kongreß abgehalten und nun auf einer Rundreise durch die Vereinigten Staaten sich eben in Boston befanden. Die Herren aus Deutschland werden wohl einigermaßen gestaunt haben, daß die zu diesem Empfang ausgegebenen Karten die Aufschrift trugen: Zu Ehren der Baronin B. v. Suttner. Und ich selber staunte sehr, als bei meinem Eintritt und während der Präsident des Klubs mich zum Podium führte, das Orchester die österreichische Volkshymne intonierte. Dazu müssen Sie gewiß auch lächeln, lieber Fried. Diesmal sprach ich zum erstenmal seit meinem hiesigen Aufenthalt in deutscher Sprache zu meinen Hörern. Ich erzählte ihnen, wie verbreitet und vertieft das Interesse und die Mitarbeit an der Friedenssache in Amerika zu finden ist.

Von Boston aus machten wir einen kleinen Ausflug nach New York, nicht um Vortrag zu halten, sondern um mit Pierpont Morgan zu sprechen, an den ich von ganz besonders hoher Seite eine Empfehlung hatte. Der Milliardär empfing mich im Arbeitszimmer seiner imposanten Bibliothekshalle. Mein Zweck war, ihn zu bewegen, für einen Preßfonds zugunsten der Friedenssache einen Betrag zu spenden. Mr. Morgan, der eben damit beschäftigt ist, auf seine Kosten Pompeji ausgraben zu lassen, antwortete, daß er sich für die Friedensbewegung keineswegs interessiere und nichts daher tun könne. Auch eine Erfahrung; bis auf Ginn und Carnegie ist die amerikanische Millionenwelt dem Pazifismus noch unerschlossen.

Am Tage als ich das gastliche Ginnsche Haus verließ, um eine weitere Tournee nach Springfield, Worcester usw. anzutreten — es war am 15. Oktober —, da brachten die Zeitungen die Nachricht von dem Attentat, das ein Narr auf Roosevelt ausgeübt hatte[1]).

[1]) Am 15. Oktober 1912 schoß in Milwaukee ein irrsinniger Arbeiter auf Roosevelt, der nur leicht an der Brust verwundet wurde.

Mit der Kugel in der Brust hielt der Expräsident seine angesetzte Rede. Sein mutiges und ritterliches Benehmen bei diesem Anlaß wird ihm mehr Stimmen gewonnen haben als Dutzende seiner vorhergegangenen Parteireden.

Immerhin: die Chancen stehen noch immer am günstigsten für Woodrow Wilson. Wenn Sie dieses veröffentlichen, ist die Frage, welche jetzt die Union so lebhaft in Atem hält, schon entschieden [1]). Einstweilen hält mich in Atem die bange, fürchterliche Frage: was wird noch aus diesem Balkankrieg?!

Brief aus Amerika

Philadelphia, 23. November.

Mein lieber Fried!

Lassen Sie mich über Europa schweigen. Was sich dort seit meinem letzten Schreiben zugetragen, läßt sich im Rahmen dieser Amerikaberichte nicht gebührend kommentieren. Es wäre ja jede Nachricht veraltet, jede Prophezeiung überholt, jede Klage zu schwach, jede Anklage zu mild. Blödsinn und Wahnsinn, Tücke und Verbrechen und namenloser Jammer — und inmitten all der Tragödie die satirische Posse der „Formel"-suchenden Mächte!...

Also reden wir von Amerika. Meine nächste Station war St. Louis. Wieder eine prachtvolle, reichtumstrotzende Großstadt. Hier, wie allerorten, waren wir in ein gastliches Familienheim aufgenommen. Auf dem Bahnhof begrüßte mich unser Par-Kollege Richard Barthold [2]), der kürzlich von der Interparlamentarischen Konferenz aus Genf zurückgekehrt war. Mein Aufenthalt in St. Louis

---

[1]) Am 7. November 1912 erhielt Wilson 6,157,000 Stimmen und siegte damit über Roo[illegible] und Taft.

[2]) Deu[illegible]ischer Parlamentarier, Gründer und langjähriger Vorsitzender [illegible]chen Gruppe der interparlamentarischen Union.

währte drei Tage, und ich hatte sechs Vorträge zu absolvieren — nebst anderen Veranstaltungen. Am ersten Abend sprach ich im Cityclub vor 800 Zuhörern. Am nächsten Tag war ich vom Präsidenten der Universität in Columbia (einem benachbarten Ort) eingeladen, auf der mit weiß umrandeter Landesfahne geschmückten Mitteltribüne, der Fußballschlacht als Ehrengast beizuwohnen. (Ein- für allemal: wenn ich hier die Ehren erwähne, die mir auf meiner Friedensmissionsreise erwiesen werden, so tue ich dies nur zur Charakterisierung des Ansehens, in welchem in der neuen Welt unsere Sache gehalten wird.) Das Schauspiel, und namentlich die leidenschaftliche Anteilnahme des vieltausendköpfigen Publikums interessierte mich sehr. Football hat für die amerikanische Hochschuljugend und für die Bevölkerung dieselbe aufregende Wichtigkeit, wie die Stiergefechte für Spanier und wie — — Balkankriege für die beobachtenden „Mächte".

Ferner hatte ich einen Vortrag im Tempel der „Ethischen Kultur". Ja, die Ethische Gesellschaft in St. Louis hat ihren eigenen Tempel, wo jeden Sonntagmorgen ein Andachtsgottesdienst mit Musik und Predigt stattfindet. Der jeweilige Vortrag wird nämlich als „sermon" angekündigt. Ferner wurde während meines Aufenthaltes ein Missouri-Zweig des amerikanischen Friedensvereins gegründet, wobei ich Patenstelle vertrat und Barthold zum Obmann gewählt wurde. Bei einem mir vom Commercialclub gegebenen Diner hielt der zufällig in St. Louis anwesende Leiter des Finanz-Departements eine mit unserem Friedensevangelium übereinstimmende Rede. Auch in den Schulen und Universitäten fand ich überall, daß die Professoren und die Lehrerinnen mit unserer Sache vertraut sind und sie in den Unterricht eingeführt haben.

Vom Staate Missouri ging meine Reise — durch herrliche Landschaften — nach dem Staate Georgia, in dessen Hauptstadt Atlanta ich Vortrag hielt. Der neuerwählte Gouverneur des Staates und dessen Frau waren unsere Wirte. Dadurch, daß wir überall nicht in Hotels, sondern bei Familien wohnten, habe ich viel Einblick in das amerikanische häusliche Leben gewonnen — ich werde Europäern nur Erfreuliches darüber erzählen können.

Georgia ist der Staat, der durch den Sezessionskrieg am meisten verwüstet worden war. Hier führte General Sherman seine siegreichen Truppen zur Küste. Hier hat er so viel Jammer gesehen und [illegible] wissen, daß er [illegible] den Ausspruch tat: „Ich bin des Krieges müde — er ist nur ein [illegible] — Krieg ist Hölle, sein Ruhm ist [illegible]". Jetzt ist aber wieder alles aufgeblüht — Städte und Felder in Glanz und Reichtum. Mit uns reiste ein [illegible], der uns [illegible] über zu erwerbende Grundstücke zum Preise von 500 Dollar, auf denen man durch Orangen- und Zitronenpflanzungen in drei Jahren reich werden kann. Agenten sagen zwar nicht immer die Wahrheit — aber Tatsache ist es ja, daß hier [illegible] unabsehbare Vermögen gemacht werden, und zwar in kürzester Zeit.

[illegible] Aufenthalt [illegible] in [illegible]. Dieser Ort besitzt eine der berühmtesten [illegible] — bestimmt durch [illegible] Geld. [illegible] gingen die [illegible]. In dieser [illegible] ist [illegible], der im letzten Jahr [illegible] in Berlin war. Leider war er während meines kurzen Besuches von [illegible] abwesend. Ein besonderer Zweig dieser Lehranstalt ist eine [illegible]. Wunderbar, wie [illegible] und was da [illegible]. In [illegible] habe ich gleichfalls der Gründung eines Friedensvereins beigewohnt.

Nach einem [illegible] und [illegible] langten wir zu [illegible] Aufenthalt in Chicago an, wo ich für zwei Dutzend Versammlungen gebucht war. Es war eine bewegte Zeit — bewegt auch durch die [illegible], die vom [illegible] herkamen und die mich [illegible] Mitteilungen zogen. In meinen Vorträgen [illegible] ich mich gezwungen, mehr vom gegenwärtigen Kriege, als vom künftigen Weltfrieden zu reden. Natürlich unter dem Gesichtspunkt, daß die Zufälligkeiten des Tages nichts gegen die Wahrheit ewiger Prinzipien, nichts gegen den Entwicklungsgang der menschlichen Gesellschaft beweisen.

Ich erhielt einen [illegible] Brief von der Königin von Rumänien. Es war die Antwort auf mein Schreiben, das ich aus [illegible] an sie gerichtet hatte, über meine [illegible] Arbeit Mitteilung machend. Sie hat englisch geschrieben, ich antwortete ihr in gleicher Sprache. Ich gebe hier den Inhalt in Übersetzung [illegible]

Sinaia, 10. Oktober 1912.

Dearest Madam! Ihr Brief berührte mich beinahe wie ein Schmerzensschrei, da er mir an demselben Tage zukam, als der Krieg vor unseren eigenen Toren ausbrach. Nur die Donau rollt ihre gestiegenen Fluten zwischen uns und dem schaudervollen Unglück.

Der König tat alles, was in seiner Macht lag, um Frieden zu stiften unter all diesen aufgeregten Völkern, unter diesen jungen Nationen, welche ihre Kraft in der einzigen Art fühlen und manifestieren wollen, die auf unserer dunklen Erde bekannt ist, wo die Losung Kampf heißt.

Ich kann nicht mehr schreiben, denn ich weiß nicht, was die Frühstunden des morgigen Tages künden mögen. Alles ist dunkel wie die strömenden Regenwolken, die seit so vielen Wochen den Himmel verbergen. Möge Ihr Werk in den aufgeklärten Ländern gedeihen, in denen Sie jetzt weilen. Das ist mein größter Wunsch.

Immer die Ihre

Elisabeth, Carmen Sylva.

Mein Aufenthalt in Chicago wurde mit einem im Art-Institute (Gemäldeausstellungspalast) abgehaltenen „Empfang" inauguriert. Das ist eine eigene amerikanische Gepflogenheit — diese „recapniss". Der Ehrengast steht da, ihm zur Seite einige andere zu ehrende Besucher: so standen diesmal zu meiner Rechten der Minister des Innern, Mr. Fisher und Frau, und der österreichische Vizekonsul Herr v. Hoffmann und Frau; links stellt sich derjenige auf, der die in einer Reihe herankommenden Besucher einen nach dem andern vorstellt. Verbindlichst lächelnd, dem Vorgestellten in die Augen schauend, wiederholt man den eben gehörten Namen und versichert mit warmem Händedruck „very glad to meet you."

Ich will hier nicht herzählen, wo ich überall während meines Chicago-Aufenthaltes vorgetragen habe, nur möchte ich erwähnen, daß ich in drei Gotteshäusern auf der Kanzel stand. Und um zu zeigen, wie in liberalen amerikanischen Kirchen Friedensandachten gehalten werden, will ich hier das Programm einer solchen, in der von Jenkins Lloyd Jones geleiteten Kirche abgehaltenen Sonntagsfeier mitteilen: 1. Orgelspiel, 2. Vater unser, 3. Chorgesang: Wie lieblich die Friedensboten, von Mendelssohn, 4. Bibellektion

Viola, Dr. Jones, 5. Sopransolo: Die Felder des Friedens, 6. Gebet, 7. Hymne, von allen mitgesungen: O ihr Nationen. (Zu dieser Hymne wird von der „neuen Erde", von dem „Schwesterhof der Nationen" gesungen.) 8. Die Predigt, Sprache von Sumner, 9. Hymne: Der kommende Tag des Friedens. 10. Segen und Amen, Orgelnachspiel.

Von der Universität in Evanston, wo ich auch sprach, muß ich berichten, daß dort vor zwei Jahren von einem Ungenannten eine Spende von 20000 Dollar gewidmet wurde zu dem Zwecke, daß häufig und regelmäßig Friedensvorträge vor den Studenten gehalten werden.

Am 5. November, dem Tage der Präsidentenwahl, war ich in einer öffentlichen Versammlung, wo das Publikum mit Spannung die Depeschen erwartete, die von dem Ergebnis der Wahlen in den einzelnen Staaten Kunde geben. Erst am nächsten Tage war das Endresultat bekannt: Woodrow Wilson, war erwählt, ist Präsident der Republik. Viele, die den hochgesinnten Mann persönlich kennen, versicherten mir, daß er ein warmer Pazifist ist.

In der nächsten Umgebung von Chicago liegt — was wir eine Sommerfrische nennen würden — ein herrlicher Ort: Lake Forest. Hier haben die Chicagoer Millionäre ihre Landhäuser, vielmehr Schlösser, in einem einzigen, meilenweit erstreckten Park verstreut. Ich machte da ein paar Tage — von entzückendem Luxus umgeben bei der Familie Chatfield Taylor. Wie doch die Welt klein und rund ist. Im Salon des schönen Hauses fand ich die mit Widmung versehenen Bilder zweier sehr bekannter schöner Erzherzoginnen: Infantin Eulalia von Spanien und die geschiedene Kronprinzessin, Gräfin Montignoso.

Ich bin in einem Konzert des Chicagoer philharmonischen Orchesters gewesen, von dem gerühmt wird, daß es eines der besten der Welt sei. Eine reizende amerikanische Sängerin namens Gluck wirkte mit, und mit klangvoller Stimme und großer Kunst trug sie ein paar Mozartarien vor. Auch einen Liederabend der unvergleichlichen Schumann-Heink habe ich besucht, und ein Programm von Schubert, Franz und Richard Strauß genossen. Die Künstlerin, die vom hiesigen Publikum angebetet wird, hat jetzt in Chicago ein Heim.

…e Tage habe ich in Milwaukee zugebracht. Diese Stadt be-
…die 200000 Deutsche — die schon in der gegenwärtigen

Generation schon stark amerikanisiert sind. Dann kehrte ich nach Chicago zurück, wo ich noch an mehreren Orten Vorträge hielt und wo mir der österreichisch-ungarische Hilfsverein, zusammen mit dem deutschen Klub Germania, in den prachtvollen Räumen dieses Klubs ein glänzendes Abschiedsfest gaben.

Jetzt bin ich in Philadelphia, wo ich heute dem Konvent der amerikanischen Frauenstimmrechtskämpferinnen beiwohnte. Die Sitzung fand im dichtgefüllten Opernhause statt und auf der Straße waren Tausende, die keinen Einlaß finden konnten. Das ganze war ein Erlebnis, und ich hebe mir die Mitteilung darüber für meinen nächsten Brief auf. Morgen, auch im Opernhause, findet die Schlußversammlung statt. Rednerinnen: Mrs. Catt, die internationale Präsidentin der Stimmrechtsliga (künftigen Sommer wird sie zum Frauenkongreß nach Budapest kommen) und ich. Da werde ich mir alles vom Herzen sprechen, was an Schmerz, an Entrüstung und Angst darauf lastet in Betrachtung des tobenden Balkankrieges und des so nahegerückten möglichen europäischen Krieges. Bloch erbrachte doch den Beweis, daß der Zukunftskrieg in Europa unmöglich sei — weil er Ruin und Revolution und Zusammenbruch nach sich ziehen müßte, aber dem menschlichen Uebermut und kriegswütenden Frevelmut scheint nichts unmöglich zu sein!

1913

Brief aus Amerika.

An Bord des St. Paul, 15. Dez. 1912.

Dies ist der letzte Bericht meiner Amerika-Fahrt. Gestern haben wir uns in New York eingeschifft, und nun geht es wieder dem heimatlichen Kontinente zu, der eben von allen möglichen Kriegserschütterungen heimgesucht ist. Zwar lauteten die letzten Nachrichten etwas beruhigend; aber wie werde ich die Zustände drüben finden? Jetzt werde ich ein paar Tage zwischen Wasser und Himmel dahinschaukeln, ohne Kunde von den das Festland bewegenden politischen Ereignissen, und diese Ruhefrist will ich benutzen, um die Erlebnisse und Eindrücke zu schildern, die sich seit meinem vorigen Bericht aus Amerika dem Gedächtnisse eingeprägt haben.

Ich war geblieben bei dem großen Frauenstimmrechts-Konvent in Philadelphia, an dem die Bevölkerung so lebhaften Anteil nahm, daß der Opernsaal zu klein war, das Publikum zu fassen, so daß auf offener Straße vor verschiedenen Gruppen Vorträge gehalten wurden. Am 25. November abends Schlußversammlung im ausverkauften Opernhaus. Rednerinnen: Frau Catt (über Mädchenhandel — „white slavery"), Jane Addams und ich. — Am folgenden Tage gab mir der „Political Club" ein Diner mit darauffolgendem Vortrag im großen Drexelsaal. Oskar Strauß, der ehemalige Botschafter in Konstantinopel, präsidiert und spricht über den Balkankrieg. Dieser ist auch mein Thema, denn seit dieser Krieg ausgebrochen ist, spreche ich nicht mehr in abstraktem Sinne von der Friedenssache, sondern von der aktuellen Lage. Ich trete der Auffassung entgegen, die sich eines großen Teiles des amerikanischen Publikums bemächtigt hat, daß dieser Krieg zur Befreiung der Christen im Balkan notwendig war und durch die Verdrängung der Türken aus Europa vielleicht günstige Folgen nach sich ziehen wird. Kein Krieg ist notwendig heutzutage, behaupte ich, und keiner kann günstige Folgen bringen. Die Verquickung der Schlächtereien mit religiösen Fragen ist Anachronismus, Heuchelei und Blasphemie.

Von Philadelphia fuhren wir wieder nach Winchester bei Boston, in das herrliche Heim E. Ginns, wo der „Thanksgiving day" gefeiert wurde. Es ist dies einer der größten Feiertage der Vereinigten Staaten — die Erinnerung an eine große rettende Ernte. Da wird überall in den Familien gefestet und ein Truthahn verzehrt. In Boston hatte ich noch drei Vorträge zu absolvieren: im Centuryclub, in Dr. Everett Hale's Kirche und in Fordhall, vor einem Arbeiterpublikum.

Nun ging es nach Buffalo. Wieder eine riesengroße, reiche Stadt, mit Prachtanlagen und -bauten und über einer halben Million Einwohner. Die Metropolen wimmeln nur so in den Vereinigten Staaten; die meisten sind jüngsten Ursprungs, und wachsen, wachsen.... Was wird das erst in den nächsten 50 Jahren werden? In Buffalo sprach ich in dem schönsten Frauenklub, den ich noch je gesehen — ein Palais.

Auch in Pittsburg hielt ich mich auf. Das ist die Stahl- und Eisenstadt, die rechte Krösusstadt. Hier hat Carnegie sein Vermögen erworben, und hier steht auch die Carnegie-Hall, ein Volksheim in großem Stil. Ich war Gast im Hause eines andern Industriekönigs, namens Kennedy. Zur Charakteristik des amerikanischen Mädchenerziehungs-Systems möchte ich erwähnen, daß die jungen Töchter Kennedys nicht etwa auf „moderne" Vergnügungen oder Phantasie-Handarbeiten ihre Interessen beschränkten, sondern daß sie das Gefängniswesen studierten, unter Leitung die Gefängnisse besuchten, um an der Reform des Strafwesens mitzuarbeiten. Irgend etwas zur Hebung der menschlichen Gesellschaft zu leisten: das ist in der amerikanischen Welt sozusagen Anstandspflicht bei vornehm und gering, jung und alt, Mann und Frau.

In Baltimore waren wir im Hause der Geschwister Marburg aufgenommen. Auch ein mit den reichsten Kunstschätzen gefüllter Palast. Leider war einer der Brüder Marburg, der ein hervorragender Pazifist ist, da er ja die Gesellschaft für „Judicial settlement of international disputes" gründete und leitet, von Baltimore abwesend, weil er vor wenigen Tagen nach Brüssel abreisen mußte, um dort seinen Posten als neuernannter Gesandter der Vereinigten Staaten anzutreten. Wenn solche Diplomaten Schule machen....

In Washington habe ich einen schönen, bedeutenden Tag erlebt. Dr. James Brown Scott, den ich vom Haag her kenne, wo er einer der hervorragendsten amerikanischen Delegierten an der zweiten

Konferenz war, früherer Solicitor des Staatendepartements und jetzt oberster Leiter der Carnegiestiftung, hat mir die Honneurs dieses Tages gemacht. Einen tätigeren, überzeugteren Friedensarbeiter als diesen prächtigen Menschen gibt es nicht. Was desto wertvoller ist, als er seine Karriere im andern Lager begonnen hat. Er kennt den patriotisch-martialischen Begeisterungs-„frisson“ und hat als Freiwilliger den spanisch-amerikanischen Krieg mitgemacht. Der Krieg selber mit seinen Greueln und das Studium des Völkerrechts und der Friedensbewegung hat ihn bekehrt, und seine warme Begeisterungsfähigkeit betätigt sich jetzt im Dienste der internationalen Justiz. Sehr Interessantes hat er mir von einer vor kurzem nach Rom unternommenen Reise erzählt, wo er mit dem Papst und dem Kardinal Mery del Val Fühlung nahm wegen einer gegen den Krieg gerichteten Enzyklika.

Bei einer Automobilrundfahrt durch die Stadt unter sonnigem Himmel, habe ich wieder den Eindruck gewonnen, daß Washington mit seinen weitgestreckten Plätzen, mit seinem Kapitol, seinem Obelisk, seinem Bibliotheksgebäude den Charakter der Großartigkeit, der Erhabenheit an sich trägt; — diesmal kam auch noch der neuerbaute Palast „Panamerican Union“ hinzu, der mit seinen herrlichen Sälen, seinen Symbolen und Inschriften an sich einen Tempel des Begriffes Pax darstellt.

Abends wurde mir ein Bankett gegeben, bei dem Mr Scott präsidierte. Hundertfünfzig geladene Gäste, darunter viele Vertreter des diplomatischen Korps, wohnten dem prunkvollen Feste bei. Ich fühle mich bei dergleichen immer etwas beschämt und muß mir innerlich wiederholen: die Sache, die Sache wird gefeiert!

Mein letzter Aufenthalt in den Vereinigten Staaten war — eine Woche lang — in New York, wo ich neun Vorträge gehalten habe, darunter in der Columbia-Universität, im deutschen Friedensverein (dessen Vorsitzender, Professor E. Richard mit Eifer und Geschick für unsere Sache tätig ist. Auch sein eben erschienenes Buch „Kulturgeschichte Deutschlands“ ist von pazifistischem Geist durchweht); ferner im Opernhaus von Brooklyn, in mehreren Mädchenschulen, im Political Club, in der New Yorker Friedensgesellschaft und bei den mir gebotenen Banketten. Das eine, von Mrs. Elmer Black veranstaltete, vereinte 350 Damen der Gesellschaft, unter ihnen die Präsidentinnen von 26 Frauenklubs, die Gattinnen des Gouverneurs von New York-City, und des Gouverneurs von New York-States, mit offiziellen Grüßen von Stadt und Staat; von Mrs. Taft war ein Telegramm eingelangt. Auf dem zweiten Bankett — im Hotel Astor — präsidiert von Andrew Carnegie, wurden bedeutsame politische Reden gehalten. Nach N. Murray Butler, dem Präsidenten der Columbia-Universität, der in meisterhafter Weise über die kriegerischen Ereignisse des Tages, gesehen im Lichte der pazifistischen Doktrin, Betrachtungen anstellte, betrat Josef Choate die Tribüne. Der greise Rechtsgelehrte und Diplomat (er ist geboren 1832), der Botschafter in London war und auf der II. Haager Konferenz an der Spitze der amerikanischen Delegation stand, hat dort die Errichtung eines ständigen Schiedshofes vertreten und sich erfolgreich für die Periodizität der Haager Konferenzen eingesetzt. Hier, in seiner Bankettrede polemisierte er mit allem Freimut gegen die Haltung der Regierung in der Panama-Zoll-Angelegenheit und verteidigte den klaren Sinn des Vertrages — bei dessen Abschluß er mitgearbeitet hatte — wonach Gleichberechtigung für die Schiffe aller Nationen und Rekurs an das Schiedsgericht bei etwa auftauchenden Schwierigkeiten unzweideutig stipuliert war.

Am 14. Dezember nahm ich von Amerika Abschied und segle nun dem alten Weltteil zu, voll der großartigsten und neuartigsten Eindrücke. Ich behalte mir vor, darüber so viel als mir möglich ist, meinen Landsleuten mitzuteilen, um so für mein Teilchen beizutragen, etwas von dem Unverständnis und der Verkennung zu verscheuchen, die noch in Europa der neuen Welt gegenüber vorherrscht. Was werde ich nun auf unserm Kontinent finden, Krieg oder Frieden?...

* *
*

Wien, 12. Januar 1913.

Nun bin ich auf dem Schauplatz der europäischen Wirrnisse zurückgekehrt und kann das Glossieren der Tagesereignisse wieder aufnehmen. Auf die bange Frage: „Finde ich Krieg oder Frieden," fand ich die Antwort — kein Krieg, Gott sei Dank, aber noch lange keinen Frieden, Gott sei's geklagt [1])! Aber die Signatur des Tages

[1]) Am 3. Dezember 1912 war zwischen den Balkanstaaten ein Waffenstillstand abgeschlossen worden, währenddem in London Friedensversuche unternommen wurden.

ist die höchste Potenz der Unsicherheit. Nicht nur nicht voller Geigen, sondern voller Damoklesschwerter hängt der Himmel. Und das nennen die Leute „Frieden", den sie mittels Gleichgewichtbalancierungen, Drohungen, Bluffs und dergleichen Methoden zu erhalten sich bemühen. Die Haare, an denen jene Schwerter über den Häuptern der armen Völker baumeln, ändern mit jedem Tag ihre Namen. Heute heißen sie Adrianopel und Silistria. Wie werden sie morgen heißen? Etwas Gutes hat diese hohe Politik. Sie verschafft uns sehr genaue geographische Kenntnisse. Wer hätte vor Jahresfrist noch sagen können, ob „Durazzo" der Name eines Briganten, eines Tenors oder eines Berges sei? Heute weiß jedes Kind in Oesterreich, daß es ein Adriahafen ist, dessen Verbleiben in serbischen Händen nicht zu dulden sei, koste es auch einen Weltbrand.

Und doch, und doch: — das pazifistische Bedürfnis der Welt, das Durchdringen des Völkersolidaritätsprinzips hat sich in diesen kriegerischen Tagen doch durchgerungen und der Ungeduld der verschiedenen europäischen Kriegsparteien zum Trotz, ein friedensvermittelndes Europa — wenn auch erst als Schattenriß — entstehen lassen. Dreibund und Tripleentente und Türkei und Balkanstaaten haben sich in London um einen größeren Tisch gesetzt. „Friedenskonferenz" ist zwar ein viel zu hochklingender Name für diese Zeiterscheinung, aber als solche ist sie symptomatisch. Das Bedürfnis, Kriege nicht fortzusetzen und nicht fortsetzen zu lassen, macht sich schon bei allen Teilen geltend; aber so lange das mit den alten Formeln und nach den alten Methoden versucht wird, kann der Friede, „den wir meinen", nicht erlangt werden. Sie sitzen nebeneinander — das ist schon viel — aber sie arbeiten noch gegeneinander. Sie vertreten Interessen, die sie so gern vital nennen, obwohl ihre Verfechtung so letal ist — aber es sind widerstreitende winzige Interessefelchen. Das große, gemeinsame Interesse — die Ruhe und das Leben sämtlicher beteiligter Nationen auf sichere Basis zu stellen — ist noch nicht aufgefaßt. Es fehlt die „Vision" davon. Wir armen Pazifisten, die man ja so gern Visionäre nennt, wir haben sie. Mit dieser Bezeichnung glaubt man etwas Geringschätziges zu sagen, als ob die Fähigkeit, mit dem geistigen Auge die Konturen eines zukünftigen Bildes zu sehen, nicht die Grundlage jedes schöpferischen Wirkens wäre — sei der Visionär nun Künstler, Ingenieur oder Politiker. Aber nicht etwa nur wir zünftigen Pazifisten malen uns den Grundriß des kommenden organisierten kriegslosen Zeitalters aus — das Bild lebt schon in den Massen des arbeitenden Volkes, das hat der große Tag von Basel[1]) bewiesen, es schwebt einer Anzahl hochmögender Politiker vor, das zeigt sich in den verschiedenen offiziellen Verständigungs- und Versöhnungsaktionen in Europa; es hat sich in Universitätskreisen, in staatsmännischen Kreisen — bis zum Staatsoberhaupt hinauf — zu einer Weltanschauung und zu einem politischen Programm verdichtet; das habe ich in Amerika erfahren.

Das neue System. - Der angesagte Krieg. — Das Handschreiben Kaiser Franz Josefs. — Das pazifistische Gift. — Das letzte Aufflackern. - Italiens Schule. — Was heißt vermitteln? — Human und militärisch. — Schämen muß man sich, Zeitgenosse zu sein. — König Alfonso. — Die Vermilitarisierung Oesterreichs. — Zwangstaufen. — Das englisch-deutsche Marineabkommen.

Wien, 4. Februar 1913.

Seit dem Ausbruch des Balkankrieges ändert sich die politische Situation mit jedem Tag, mit jeder Stunde. Und jede neue Variation wird von der Presse mit Folgerungen, Betrachtungen, Kombinationen und Prophezeiungen begleitet, die einander aufheben und widersprechen, die von den Ereignissen Lügen gestraft werden, und die untereinander einen Wirbeltanz aufführen, wie die Vorstellungen eines wilden Traumes. Und das kommt daher: Wie im traumbefangenen Gehirn das ordnende Bewußtsein fehlt, so fehlt im politischen Handeln und Denken von heute das feste Prinzip, die sichere Zielrichtung. Die allgemeine Meinung unter den „maßgebenden" und „unterrichteten Kreisen" und die Denk- und Stilgewohnheiten der Zeitungen stehen einerseits noch im Banne der kriegerischen Welt-

[1]) Am 24. November 1912 trat in Basel ein außerordentlicher internationaler Sozialistenkongreß zusammen, um gegen die europäische Kriegsgefahr Stellung zu nehmen. Einstimmige Kundgebung gegen den Krieg. Der Kongreß tagte im alten Baseler Münster.

anschauung, sind aber andrerseits doch schon beeinflußt von dem Friedenswillen und der Friedensnotwendigkeit der modernen Welt. Vor hundert Jahren, selbst vor fünfzig Jahren, hätte es zu solchen Verdrehungen und Windungen, solchen Irrnissen und Wirrnissen in den offiziellen Schritten und den offiziösen Kommentaren nicht kommen können; — da waren der Krieg, die Gewalten, das Eroberungsrecht noch die unbestrittene Grundlage des Staatenlebens. Das ist heute — außer in den Augen der verschiedenen Kriegsparteien — nicht mehr der Fall. Wir Pazifisten werden von den täglich veränderten, toll wirbelnden Ereignissen nicht zum Schwanken und zum Selbstwidersprechen gebracht; weil auch wir auf einer festen Grundlage — der Grundlage der Prinzipien — stehen, auf denen unsere Ueberzeugungen ruhen. Wir sind Zeugen, wie diese Prinzipien sich störend in das alte System einfiltrieren und können daraus die erneute Sicherheit schöpfen, daß ein neues System im Werden ist.

* *
*

Den Verhandlungen, Botschafter-Reunionen, Delegierten-Konferenzen, Pourparlers und selbst Déjeuners ist es nicht gelungen, den eingegangenen Waffenstillstand in einen tatsächlichen Friedensschluß zu verwandeln, sondern infolge einer temperamentvollen Ministerratssitzung in Sofia wurde ein neuer Krieg daraus[1]), angesagt zur üblichen Theaterstunde — 7 Uhr abends — des 3. Februar. Dann sollte es wieder ans „Lokalisieren" gehen. Nur um Gotteswillen keinen europäischen Krieg! Sie alle hoffen, wünschen, beten, daß es zu keinem Brand komme — als ob der von Gott weiß wo entzündet werden könnte, — während sie es doch alle selber in der eigenen Hand haben, ihn zu entzünden oder nicht.

* *
*

Kaiser Franz Josef hat durch einen Spezialgesandten ein Handschreiben an Zar Nikolaus geschickt[2]). Niemand weiß,

[1]) Da sich die Kriegführenden wegen Adrianopels nicht zu einigen vermochten, begannen die Bulgaren am 3. Februar, abends 9 Uhr, das Bombardement.

[2]) Am 1. Februar 1913 sandte der Kaiser den Oberstleutenant Prinzen Hohenlohe mit einem Handschreiben nach Petersburg.

was drin steht, aber die ganze europäische Presse kommentiert — und wahrscheinlich mit Recht —, daß dies eine Anbahnung zu freundschaftlicher Beziehung zwischen den beiden Kaiserreichen und daher zur Verminderung der Konfliktsgefahr führen wird. Desto besser, wenn dies der Fall ist. Sowohl der Kaiser von Oesterreich, wie der Einberufer der Haager Konferenz, sind dem Kriege abhold und wenn die beiden direkt miteinander verhandeln (nicht durch ihre Ministerräte), so wird es sein, um Gefahren zu bannen, nicht zu schüren. Aber so erfreulich diese Tatsache im konkreten Fall auch wäre, sie würde doch wieder zeigen, auf wie unsicherem Boden Glück und Leben der Völker stehen, wenn dies davon abhängen soll, ob zwei Mächtige freundlich lächeln oder die Brauen zusammenziehen.

* *
*

Immerhin, freuen wir uns, wenn das pazifistische Gift, vor welchem gewisse Vortrags- und Tägliche-Rundschau-Generale ihre Zeitgenossen so eifrig warnen, auch in die Regionen der Mächtigen dringt. Ich glaube, die drei gegenwärtigen europäischen Kaiser würden für ihr Leben gern einen gesicherten Frieden einsetzen. Aber als Kriegsherren sind sie einigermaßen die Gefangenen ihrer Kriegsheere. Sie können nichts tun, was dem Prestige, was der Unentbehrlichkeit des Militärs zuwider wäre. Und doch, wenn sie es wagten, welche Ruhmestat in den Augen künftiger Historiker!

* *
*

Unterdessen aber hat der wiedererwachte militärische Geist erschreckende Dimensionen angenommen. Als ob es keine organisierte Friedensbewegung, keine interparlamentarische Union, keinen Haag gäbe, wird wieder das Eroberungsrecht proklamiert; wieder die Erwerbung von Landfetzen und Steinhaufen als das höchste Staatsinteresse gepriesen und mit der Geste „La Bourse ou la vie" rücksichtslos durchgesetzt; wieder gehört „mit Gottes Hilfe" das Hinmorden von Hunderttausenden zu den kulturfördernden Glanzaktionen. Wir müßten verzweifeln, wenn wir nicht wüßten, daß dies nur das letzte Aufflackern einer zum Erlöschen bestimmten Flamme ist.

* *
*

Der plötzliche Regierungswechsel in der armen Türkei hat den Friedensschluß, der durch die Nachgiebigkeit der abgesetzten Regierung schon gesichert war, wieder fraglich gemacht [1]). Und nun zeigte sich — ganz unerwarteterweise — die neue Regierung auch nachgiebig. Bulgarien hat aber deren neue Antwort auf die Note der Mächte gar nicht abgewartet, sondern den Waffenstillstand flugs gekündigt. Mit diesem Nichtabwarten hat Italien Schule gemacht. Vermutlich hat der temperamentvolle Ministerrat in Sofia noch andere Pläne. Es ist ja auch schon verkündet: Erhöhung der Kriegsentschädigung, die Türkei muß doch die Kosten der durch ihre „Hartnäckigkeit" (sie mag nun einmal nicht ganz tot sein, die Eigensinnige) verschuldeten Verlängerung des Krieges zahlen. Ferner wäre der Einmarsch in Konstantinopel auch nicht übel....

* *
*

Wie hat sich nun eigentlich die Vermittlungsaktion der Mächte erwiesen? Vermitteln heißt doch, mit gleicher Gerechtigkeit für beide Parteien, von beiden gleichwertige Konzessionen zu erreichen. Madame de Staël sagt irgendwo: Die Menschen haben den Drang, dem Stärkeren zu Hilfe zu eilen. Scheint es nicht, daß auch die Mächte diesem Drange gefolgt sind?

* *
*

Bulgarien hat eine Neuerung eingeführt: es dürfen keine Verlustlisten eingeschickt werden. Eine militärische Zeitschrift bemerkte hierzu: „„Vom humanen Standpunkt mag diese Maßregel hart erscheinen, vom rein militärischen Standpunkt ist sie jedoch nützlich, sie vermeidet Gärung in der Bevölkerung und Demoralisierung unter

[1]) Enver Paschas Revolution vom 23. Januar 1913 stürzte die Regierung Kiamil und setzte Mahmud Schefket zum Großvezier ein. Die alte Regierung war zum Friedensschluß bereit gewesen.

den Truppen." Ganz richtig. Zugegeben. Aber ist damit nicht wieder einmal der Gegensatz zwischen human und militärisch unterstrichen?

* *
*

A propos von Humanität: Jetzt sickern nach und nach die Berichte über die Massakers heraus, die auf dem Balkan verübt worden sind: Frauen und Kinder, die mit Petroleum begossen und angezündet werden; Leute, die man mit Bajonetten in die Flammen jagt — und anderes mehr. Es ist zum Aufschreien. Schämen muß man sich, Zeitgenosse zu sein. Freilich, chauvinistische Blätter benutzen dies, um zu beweisen, was die jeweiligen Massakreure für Bestien sind und daß ihr ganzer Stamm ausgerottet werden müsse. Serbenfeindliche Blätter in Oesterreich z. B. schwelgen in solchen Berichten, wenn sie von Serben handeln und folgern daraus, daß sie immer recht hatten, gegen Serbien zu hetzen. Sie vergessen, daß „Atrocitäten" in jedem Kriege vorkommen und von allen Nationen ausgeübt worden sind. Haben im Jahre 1900 die Europäer in China (um von hunderten nur ein Beispiel anzuführen) nicht die Chinesen an den Zöpfen zusammengebunden und mit den Bajonetten ins Wasser gejagt? Im Kriege sind die rohen Instinkte der Rohen losgelassen — und deren gibt es doch unter den Massen immer. Und bei den Nichtrohen kann ein Mordrausch, ein Rachewahnsinn, eine Verzweiflungswut ausbrechen. O, über diese Höllenzustände, die unsere über jeden Humanitätsdusel erhabenen „Realpolitiker" sich nicht entschließen können, aus der Welt zu schaffen!

* *
*

In Spanien hat sich etwas Sonderbares abgespielt. König Alfons hat Sozialdemokraten und Republikaner in sein Palais berufen, um sich über ihre Ansichten berichten zu lassen. Und allerlei liberale Maßregeln wurden eingeführt. Hat wieder einmal ein spanischer König sich sagen lassen: „Geben Sie Gedankenfreiheit, Sire"? Und wird, zum Unterschied von Philipp, Alfonso auf seine verschiedenen Posas hören?

* *
*

Die seit der Balkankrise eingetretene Vermilitarisierung in Oesterreich ist erschreckend. Das neue Militärleistungsgesetz hat die Altersgrenze der Pflichtigen von 42 auf 50 Jahre ausgedehnt, und dem Militärkommando sind eine ganze Reihe von neuen Verfügungsrechten über die bürgerliche Bevölkerung und deren Besitz eingeräumt; neue, enorme Militärforderungen sind angekündigt, und schon wird im Abgeordnetenhause ein neuer Finanzplan mit erhöhten Steuern durchberaten. Die „Grenzsoldaten" werden noch immer nicht zurückgerufen, es werden sogar noch immer mit aller Plötzlichkeit Reserven an die Grenze beordert, und täglich betragen die Kosten dieser Bereithaltung zwei Millionen Kronen. Und was das Schlimmste ist: in Offizierskreisen wird der kommende Ausbruch des Krieges als unvermeidlich, als bald bevorstehend und als wünschenswert proklamiert. Gewisse Blätter schüren die kriegerische Stimmung, und in den vornehmen Gesellschaftsschichten wird diese Gesinnung als patriotische Pflicht gehegt. Wären nicht auch andere Kräfte und Einflüsse am Werk: schon längst hätte man „losgeschlagen". Unser Land ist dasjenige, in welchem die pazifistische Propaganda am notwendigsten wäre, leider aber gegen die größten Schwierigkeiten zu kämpfen hat.

* *
*

Die verschiedensten Meldungen von Siegen und Niederlagen kommen wieder aus den Balkanländern herüber — Adrianopel brennt, Heere flüchten.... kurz, was des Jammers mehr ist und was man so Weltgeschichte nennt. Man weiß nicht, was von den Depeschen und Berichten wahr ist, was nicht. Soll man z. B. glauben, was der Korrespondent der „Humanité" mitteilt, daß die Verbündeten — so zwischen durch den Metzeleien, Schändungen und Plünderungen — an der türkischen Bevölkerung auch Zwangstaufen vornehmen? Warum nicht? Der finsterste mittelalterliche Geist ist ja dort drüben wieder erwacht.

* *
*

Während ich diese Chronik zur Post schicken will (8. Februar), kommt die Kunde von dem vorgeschlagenen deutsch-englischen

Marineabkommen[1]). Das eröffnet ganz neue Perspektiven. Es ist die Betretung einer anderen Bahn. Eine vom Pazifismus längst vorgezeichnete, von der „Realpolitik" aber bislang hartnäckig zurückgewiesene Bahn. Wir können uns des Ereignisses in tiefer Ergriffenheit freuen. Viel wird zwar von gegnerischer Seite getan werden, um den Weg durch Verdächtigungen und mit sonstigen Hindernissen zu verrammeln — aber die Massen derer, die erst an eine Sache glauben und sie unterstützen, wenn sie einmal von offizieller Seite vorgeschlagen ist, werden nun mit uns sein und nach und nach die Argumente selber entdecken, die sie so lange nicht hören wollten. Europa, das furchtbar gärende, steht vor zwei Alternativen: vor dem tiefsten Unheil, dem Weltbrand, oder dem höchsten Heil, der Einigung. Durch den Schritt der Marineämter von Deutschland und England haben sich die Zeichen gemehrt, daß das Heil obsiegen will.

[1]) Am 7. Februar erklärte Admiral v. Tirpitz im Reichstag den englischen Vorschlag eines Flottenverhältnisses von 16 : 10 für akzeptabel.

Alle Wirren noch unentwirrt. — Die Suffragettes. — Der Ueberrüstungswahnsinn in Deutschland und Frankreich. — Was geht auf dem balkanischen Kriegstheater vor? — Durchsickernde Greuelberichte. — Erinnerungsfeiern für 1813. — Ein Doppelmanifest der deutschen und französischen Sozialisten. — William Jennings Bryan und seine letzte Friedensrede. — Ein Sacrilegium. — Woodrow Wilson, Ehrenpräsident der amerikanischen Friedensgesellschaft.

Wien, 7. März 1913.

Es brodelt und kocht und gärt weiter im europäischen Hexenkessel. Es schäumt von Krieg und Kriegsvorbereitungen und tropft von Frieden und Friedensverhandlungen. An der österreichischen und russischen Grenze soll abgerüstet, die Truppen sollen zurückgezogen werden [1]); aber wie langsam, zögernd, widerwillig geschieht das! Nur Mobilisierungsorders werden rasch, rücksichts- und rückhaltlos ausgeführt. Aber die Demobilisierung: welche Kautelen, welche Schwierigkeiten, welche Geheimniskrämerei: nur nichts Günstiges und Beruhigendes offiziell versprechen und verkünden. Freilich, es ist ja alles unentwirrt: Der König von Montenegro erklärt, er komme ohne Skutari nicht in seine Berge zurück; Rumänien kann nicht ohne Silistria sein; Bulgarien besteht auf Kriegsentschädigung — Mediation wird verlangt und angenommen, aber unter dem Vorbehalt, daß man sich vielleicht nicht danach richten wird; Janina ist gefallen — darüber der obligate Straßenjubel in Athen. Ein neuer Staat — Albanien — ist in Triest [2]) konstruiert worden, doch können dessen Abgrenzungen noch zu hundert Verwicklungen Anlaß geben. Wenn nicht bald ein neues strahlendes Prinzip alle diese Nebel verscheucht — was muß es da noch für Zusammenstöße und Vernichtungen geben!

* *
*

---

[1]) Infolge des Handschreibens Kaiser Franz Josefs kam ein österreichisch-russisches Uebereinkommen über die Demobilisierung an den Grenzen (11. März 1913) zustande.

[2]) Vom 2.—4. März 1913 tagte in Triest ein Albanerkongreß.

Auch *die Suffragettes* in London führen Krieg. Man kennt ihre Taten. Die Oeffentlichkeit fängt an, sich zu empören. Und mit Recht. In einem Leitartikel über diesen Gegenstand fand ich folgenden Satz: „Soll man den Frauen jetzt das Stimmrecht geben? Wäre das die einfachste Lösung der Frage? Es wäre die gefährlichste, die sich denken ließe. *Es wäre die Anerkennung der Gewalttätigkeit als zulässiges Instrument zur Durchsetzung politischer Wünsche.*" O, über deine Naivität, Zeitungsschreiber! Weißt du denn nicht, daß diese deine Worte die geltende Grundlage unserer großen heutigen diplomatischen und militärischen Weltordnung ausdrücken: Gewalttätigkeit und Gewaltandrohung als zulässiges Instrument zur Durchsetzung politischer Wünsche? — Nein, das soll den Frauen nicht zuerkannt werden — im Gegenteil, die Frauen werden vielleicht berufen sein, diese Zulässigkeit aufzuheben. Aber jedenfalls war der Artikelschreiber blind gegen das Faktum von der Allgemeingültigkeit des Prinzips, vor dem er warnt.

* * *

Der europäische Ueberrüstungswahnsinn hat einen neuen Anfall — man könnte es schon Paroxysmus nennen — bekommen, auf den niemand gefaßt sein konnte. Mitten in einer Zeit, wo die ganze europäische Diplomatie angeblich damit beschäftigt ist, Schwierigkeiten und Streitfragen zu schlichten, wo es überall zwischen den Mächtegruppen „Entspannungen", Annäherungen und dergleichen gibt; wo durch die so hoch gestiegenen Lasten der Militärausgaben und die gleichzeitig steigenden Steuern, Zölle und Lebensmittelpreise die Völker an den Rand der Verzweiflung gebracht werden, mitten in diese Friedenssehnsucht und Friedensnotwendigkeit nebst offizieller Friedensbeteuerung platzt plötzlich in Deutschland *eine neue Milliardenforderung für Heeresverstärkung*[1]) aus, die in Frankreich augenblicklich mit dem Antrag auf Wiedereinf[illegible] rung der dreijährigen Dienstzeit beantwortet wird. Beiderseit[illegible] Sicherung des Friedens natürlich. Sie werden nicht müde, diese [illegible] phrase des „si vis pacem" zu wiederholen. Nicht, daß sie [illegible]

---

[1]) Am 10. März 1913 stimmen die leitenden Minister al[illegible] dem Vorschlage zu, eine neue Heeresvorlage durch eine ein[illegible] abgabe zu decken.

wollen, aber die *Machtstellung* wollen sie. Die deutsche Vorlage war zwar auch eine Antwort. Nämlich auf jenen Pariser Zapfenstreichlärm, der in letzter Zeit alle nationalistisch-chauvinistischen Elemente aufgerüttelt und zu neuen „à Berlin"-Rufen ermutigt hat. Vielleicht war aber auch dieser Lärm eine Antwort, und zwar auf die Agadirgeste. Und so lassen sich diese gegenseitigen Drohungen in einer rückwärtsliegenden Kette durch unendlich viele Glieder zurückverfolgen; soll diese Kette denn auch endlos in die Zukunft verlängert werden? Das geht einfach nicht. *Ein gewaltsames Ende muß da kommen. Entweder Krieg oder Revolution oder — was auch denkbar ist — ein Erwachen der Vernunft.* Ein Fallen der Schuppen von den Augen....

* *
*

Was inzwischen auf dem Balkan geschehen, man weiß es nicht. *Der moderne Krieg hat den Kriegsberichterstatter ausgeschaltet,* also erfährt der Bürger heute beinahe weniger als zu Fausts Zeiten, was da vorgeht, wenn drunten in der Türkei die Völker aufeinanderschlagen. Das belagerte Adrianopel fällt nicht; vor den Tschataldschalinien geschieht nichts; die „Operationen" werden durch Schneefall gehindert — es ist, als wäre die ganze Landpartie wegen schlechten Wetters abgesagt. Doch wer weiß, was vorgeht? Vie[illegible] haben auf beiden Seiten die kriegsmüden Truppen [illegible] nicht weiter." Soviel ist gewiß: Entscheidendes ist [illegible] Abteilung des Balkankrieges nicht eingetroffen, [illegible]her von der siegenden Partei hinaustelegraphiert [illegible] sich immer mehr und mehr bestätigen, was *Bloch* [illegible] daß [illegible]odernen Schlachten überhaupt keine Ent[illegible]

* *
*

[illegible] und nach vom Kriegsschauplatz herüber. [illegible]r die schon in der ersten Abteilung des [illegible]*sträubenden Greuel.* Ganze Broschü[illegible]aubigten Beschreibungen von den Grausam[illegible] Banden, bulgarischen Komitatschis, albanesi[illegible]den Türken begangen wurden. Europa schaudert wohl, greift aber nicht helfend ein, denn es gibt ja noch keine europäische Gendarmerie. Und die Leser jener Berichte rufen empört: „Oh diese Komitatschis", „Oh diese Banden" — während es einfach heißen sollte: „Oh dieser Krieg!" Er allein ist der Schuldige.

* *
*

In ganz Deutschland werden große Vorbereitungen zur hundertjährigen Erinnerungsfeier der Befreiungskriege von 1813 getroffen[1]). Dabei dürfte leider viel chauvinistischer Geist angefacht werden. Man wird hervorheben, wie ruhmvoll, wie beglückend Kriege in ihren Folgen sein können — Befreiung vom Napoleonischen Joch —, und vergißt, daß der Bestand und die Glorifizierung des Krieges der Boden ist, aus dem die Napoleone hervorwachsen können. Manche Stimmen erheben sich auch, um zu sagen: Die großen Rüstungsvermehrungen der letzten Zeit sind vielleicht ein Zeichen, daß sich eine Wiederholung von 1813 vorbereitet, daß die ernste Zeit eine ähnliche Abrechnung erfordert. Allerdings, wieder lastet ein Joch auf uns — nicht nur auf Deutschland und Oesterreich, sondern auf der ganzen Welt. Der Unterdrücker heißt nicht Napoleon, er heißt Krieg. Den Befreiungskrieg gegen diesen Tyrannen zu unternehmen, das wäre die richtige, unseres Jahrhunderts würdige Feier des Jahres 1813.

* *
*

Die Parteileitungen der französischen und deutschen Sozialdemokratie[2]) haben gleichzeitig ein Manifest gebracht, wodurch dem perfiden Doppelspiel der Chauvinisten und Rüstungsinteressenten beider Länder ein Ziel gesetzt ist, die sich bemühen, in Frankreich die Begünstigung des Militarismus durch die deutsche Sozialdemokratie, und in Deutschland die Begünstigung des

[1]) Am 10. März 1913 setzte die Jahrhundertfeier mit einer Gedenk[illegible] im Berliner Dom ein, der der ganze Hof beiwohnte. Nach der Feier [illegible] vorbeimarsch im Lustgarten. Der Kaiser verlas vom Pferde einen [illegible]

[2]) Am 1. März 1913 erlassen die sozialdemokratischen Par[illegible] lands und Frankreichs einen gemeinsamen Protest gegen die [illegible] beider Länder.

Militarismus durch die französischen Sozialisten vorzuspiegeln. Jetzt aber hallt derselbe Ruf gegen den Krieg, dieselbe Verurteilung des bewaffneten Friedens in beiden Ländern wider. Das Manifest erklärt, daß „die Volksmassen mit überwältigender Mehrheit den Frieden wollen und den Krieg verabscheuen". Das ist wahr; warum aber verkündet dies nicht die Mehrheit der Volksvertreter in den Parlamenten? Ferner wird die Forderung erhoben, daß alle Streitigkeiten zwischen den Staaten schiedsrichterlich geschlichtet werden. Das war das erste Prinzip des „bürgerlichen Pazifismus" — ein Prinzip, über das er schon hinaus ist, indem er Föderation der Staaten und eine ständige internationale Justiz fordert. Der Sozialismus macht sich immer mehr die Prinzipien des einst von ihm so verhöhnten „bürgerlichen" Pazifismus zu eigen. Es gibt eben keinen „bürgerlichen" — sondern nur Pazifismus überhaupt. Zeit wäre es, daß nicht die Sozialisten allein den Mut aufbringen, gegen die Geißel des Krieges und des bewaffneten Friedens zu protestieren, sondern daß in allen Ländern eine eigene Friedenspartei gegründet werde. Eine Partei der Weltorganisation — um das matt klingende Wort Frieden zu ersetzen.

* *
*

Während meines Aufenthalts in Lincoln (Nebraska) war ich Gast im Hause Bryan. Leider war der interessante Hausherr abwesend, auf einer Vortragstour. Er, der schon öfter selber Kandidat für die Präsidentschaft gewesen, diesmal aber abgelehnt hatte, nominiert zu werden, bereiste das Land, um für Woodrow Wilson zu agitieren. Er hätte gewiß sehr hohe Chancen gehabt, gewählt zu werden, [illegible] aus allem, was ich in Lincoln, seiner Vaterstadt,
[illegible] ...eren Orten von ihm erfuhr, deutete darauf hin,
...ngesehenste Staatsmann der Vereinigten Staaten
... Jahren bin ich ihm in London begegnet, während
...ischen Konferenz, und hörte ihn dort eine glän-
...lten. Um so mehr bedauerte ich seine Ab-
..., doch fand ich von seiten seiner kongenialen
...n bestätigt, die in jener Londoner Rede
...waren. Daß William Jennings Bryan in
...r wirkt, kann man aus folgender Nachricht
... (Nordkarolina) erklärte er in einer Rede
... gebieterische Pflicht der Vereinigten Staaten,

nicht nur auf jede mögliche Weise mit den Mächten der ganzen Welt für den Fortschritt des Friedens zusammenzuwirken, sondern auch in der Abrüstung ein glänzendes Beispiel zu geben. Durch ihre Lage und durch ihre Stellung unter den Nationen seien die Vereinigten Staaten besonders dazu geeignet, mutig diese Haltung einzunehmen. Wenn man bedenkt, daß höchstwahrscheinlich Bryan Staatssekretär im Kabinett Wilson, und nach Wilson vielleicht Unionspräsident werden wird, so gewinnen solche Worte doppelte Bedeutung.

* *
*

Den Manen William T. Steads, des größten Friedenskämpfers unter den Publizisten, ist empörende Unbill widerfahren. Die von ihm gegründete „Review of Reviews", diese Hochburg des Pazifismus, ist nun unter der Redaktion seines Sohnes Alfred zum Organ des jingoistischen Imperialismus geworden. Tarifreform (das ist Aufhebung des Freihandels), Rüstungsvermehrung, Haß der gegenwärtigen liberalen Regierung, Warnung vor der deutschen Invasion — kurz, die ganze Lyra — werden jetzt in unsres Steads Blatt vertreten. Das Februarheft liegt vor mir. „Der neue Schrecken" heißt das Titelblatt und stellt einen über der britischen Flotte schwebenden deutschen Zeppelin vor. Der Leitartikel hierzu heißt: „Unser die See; des Feindes die Luft." Welcher Feind? Deutschland. Frankreich baute zwar auch eine Luftflotte; diese ist aber nicht gegen England gerichtet, während die deutsche Luftmacht „direkt gegen unser Land und gegen kein anderes konstruiert wird". Der Artikel endet mit einem Aufruf zur Sammlung von Geldern zur Schaffung einer englischen Luftflotte. Alfred Stead eröffnet die Liste mit einer Spende von 50 Pfund und verlangt, daß, als würdiges Denkmal für seinen Vater und in Treue zu seinen Idealen, ein Kriegsäroplan gebaut werde, der — oh Blasphemie — den Namen W. T. Stead führen soll. Es gibt im Leben des großen Publizisten eine Phase, die etwas widerspruchsvoll ist, nämlich sein Eintreten im Jahre 1885 für den Standard der englischen Flotte „zwei Kiele gegen einen". Daran klammert sich nun sein Sohn — und vergessen ist nun Steads ganzes Friedenswerk: seine Haltung im Burenkrieg, seine Unterstützung des Zarenmanifestes durch Friedenskreuzzüge, seine Arbeit während der zwei Haager Konferenzen, sein tätiger Eifer bei allen deutsch-englischen Annäherungs-Aktionen; auch vergessen, daß er als Träger einer Botschaft an einen amerikanischen Friedenskongreß in den Fluten des Ozeans versank. Ja, sicherlich, er hätte gegen die Gefahr eines Luftangriffs von seiten Deutschlands gekämpft, aber nicht durch Schaffung von Gegenangriffswerkzeug, sondern durch die Verständigung mit Deutschland und durch Bekämpfung der Alarmmacher, der Invasionspropheten — kurz, der Jingos im eigenen Lande.

* *
*

8. März.

Nachschrift: Präsident Wilson hat die Ernennung zum Ehrenpräsidenten der amerikanischen Friedens- und Schiedsgerichtsgesellschaft angenommen. — Ex occidente lux.

Der Kampf zwischen Krieg und Frieden. — Das neu auftauchende Gebilde „Europa“. — Die Friedenspolizei. — Die einigen Großmächte. — Neuer Ausbruch des Rüstungswahnsinns. — Bethmanns Rede. — Die Milliarde als Deckung. — Churchills Vorschlag, ein Jahr zu pausieren. — Sasonows Sieg über die Panslavisten. — Skutari oder den Tod. — Der König von Griechenland ermordet. — Parlamentseröffnung in China.

Wien, 12. April 1913.

Die Weltgeschichte hat bisher eine Unzahl von Kriegen zu verzeichnen gehabt: biblische, punische, persische, römische, germanische, napoleonische usw. bis zu den balkanischen; Religionskriege, Eroberungskriege, Kabinettskriege, Rassenkriege — das Ringen spielte sich um Länderstrecken, um Glaubensbekenntnisse, um alles mögliche ab — aber das gewaltigste Ringen, von dessen Ausgang das künftige Schicksal der Menschheit abhängt, das findet in unserer Gegenwart statt — ohne daß die Zeitgenossen es recht gewahr werden —, nämlich der Kampf zwischen der alten Gewalt- und der neuen Rechtsordnung. Krieg und Frieden liegen einander in den Haaren. Das Ende des Feldzugs ist nicht zweifelhaft; der Krieg mag noch manche Schlacht gewinnen; aber der Frieden, der durch die naturgesetzmäßige Entwicklung zur Organisation und zum Zusammenschluß langsam aber sicher immer neue Positionen gewinnt, immer größere Gebiete erobert, muß schließlich Sieger bleiben: „Per orbem terrarum humanitas unita“, wie der Wahlspruch der „Union des Associations Internationales“ heißt. Für die kurzsichtigen ein gar nicht wahrnehmbares Ziel — für das visionskräftige geistige Auge aber funkelt es schon klar und hell am Zukunftshorizont.

* *
*

Im Lichte dieser abstrakten Anschauungen lassen sich die konkreten Fälle, die sich überstürzenden Ereignisse der letzten Wochen betrachten, da erscheinen sie alle als die Phasen des sich vollziehenden

Prozesses. Da ist vor allem die Entstehung von „Europa" als politischer Begriff. Als der Begriff einer Einheit, die ihren Willen über Länderverteilung, Grenzregulierung, Feindseligkeitseinstellung und Friedensbedingungen geltend macht. Und zwar nicht mehr länger durch bloße diplomatische Noten, sondern durch ihre vereinigt demonstrierenden Flotten [1]). Und so wie der Begriff „Europa" als politische Person in die Tagespresse eingeführt wurde, so erschien da auch dieses neue Wort: „europäische Friedenspolizei". Beides funkelnagelneue Erscheinungen in der tatsächlichen Gestaltung der Dinge, beides uralte Forderungen des Pazifismus. Dreibund und Dreiverband als Sechsunion — was wollten wir denn mehr? — was war es anderes, das Novicow in seiner „Fédération de l'Europe" als Sicherung des Friedens hinstellte, was von der Mitwelt als unmöglicher Traum verlacht und ignoriert wurde und was jetzt im Mittelmeer greifbar vorhanden ist?

* *
*

Freilich ist diese Union nur eine temporäre, provisorische; aber warum sollte sie, nach dem herrlichen Ergebnis, das sie hatte — die Verhütung des Weltbrandes —, sich nicht als positiv und dauernd einsetzen? Die Vision von ihrem Nutzen und ihrem Segen ist durch diese — wenn auch nur momentane — Verkörperung zu deutlich geworden, als daß die Forderung nach ihrem vertragsmäßigen Bestand sich nicht immer lauter und immer allgemeiner erheben sollte. Wenn die Einigung der Großmächte in dieser Krisis nicht zustande gekommen wäre, wenn das alte, hochmütig bellizistische System, daß jeder Staat einzeln für seine „vitalen" Interessen handeln muß, die Oberhand behalten, wenn auch nur ein Staat sich von dem Konzert losgesagt hätte, so wäre das denkbar höllenhafteste Unglück hereingebrochen, daß die Millionenheere und Riesenflotten der beiden Mächtegruppen zu gegenseitiger Zerfleischung und Vernichtung losgelassen worden wären. Ehre und Ruhm sei den Staatsmännern und den hinter ihnen stehenden Staatsoberhäuptern, die

[1]) Gemeint ist die von den europäischen Mächten beschlossene Flottendemonstration gegen Montenegro. „Im Namen der internationalen Flotte, welche die Großmächte Europas vertritt", verkündete der englische Admiral Burney am 10. März 1913 die Blockade der montenegrinischen Küste.

diesen, wenn auch nur ad hoc geltenden Zusammenschluß bewerkstelligt haben.

* * *

Zu beklagen ist es, daß die einmütige Aktion der Mächte, die dem Balkankrieg ein Ende gebietet, nicht viel früher eingesetzt hat und so das Tod- und Zerstörungswerk überhaupt verhindert hätte, das nun über ein halbes Jahr den Balkan verwüstet und Europa in Mitleidenschaft gezogen hat[1]). Ich muß immer wieder an das Wort Tafts denken, das er bei der Einweihung des Palastes der Panamerican Union gesprochen hat: „Wir wollen nicht eher ruhen, wir 21 Republiken, als bis, wenn zwei davon miteinander raufen wollen, die 19 anderen sie daran verhindern.“ Wenn Europa es will, es fest und ernstlich will, so wird der Balkankrieg der letzte Krieg auf europäischem Boden gewesen sein. Daß es jedoch noch viele gibt in Europa, die den Krieg wollen, ihn fest und ernstlich wollen, das wissen wir Pazifisten nur zu gut.

* * *

Und nun, während so eifrig in allen Staatsämtern und Botschafterreunionen daran gearbeitet wurde, den Frieden zu retten, während überall Entspannungen sich fühlbar machten, Vorschläge zu Verständigungen auftauchten, Kundgebungen gegen den Krieg — darunter eine höchst bedeutungsvolle im Elsaß[2]) — stattfanden, während noch hundert Schwierigkeiten überwunden werden mußten, man alle Hände, alle Köpfe und alle Herzen voll zu tun hatte, um die balkanischen Wirren zu klären und die europäischen Gefahren abzuwenden, platzte plötzlich die deutsche Milliardenwehrvorlage herein — augenblicklich beantwortet mit der französischen Wiederaufnahme der dreijährigen Dienstzeit. Als ob Hannibal schon

---

[1]) Am 16. April 1913 kam ein erneuter Waffenstillstand zwischen Bulgarien und der Türkei zustande.

[2]) 12. März 1913 große Friedensversammlung in Mülhausen unter Teilnahme aller Parteien. Gegen die Revanche-Chauvinisten, gegen den Krieg, für Lösung der Völkerstreitigkeiten auf friedlichem Wege.

vor den Toren stände! Ein paroxistischer Anfall des noch immer zunehmenden epidemischen Wahnsinns.

* * *

Die große Rede, mit der der deutsche Reichskanzler die neue Vorlage begründet hat[1]), eröffnet ganz merkwürdige und für uns Pazifisten sogar erfreuliche Ausblicke. Vor allem ist der Ton zu loben, der keine trotzige Drohung enthält. Dann wird konstatiert, daß zwischen England und Deutschland die Beziehungen sich vertrauensvoll und freundlich gestalten; ferner, daß die Gefahren gegen die man sich vorsehen muß, nicht von der französischen Regierung und nicht vom französischen Volke, auch nicht von der russischen Regierung noch dem russischen Volke zu gewärtigen seien, sondern von dem in französischen Chauvinistenkreisen verstärkt hervorbrechenden Revanchelärm und von der leidenschaftlichen panslawistischen Agitation, die in Rußland offen verkündet, daß die slawische Rasse gegen die germanische Rasse den Kampf aufnehmen will. (Daß es auch alldeutsche Kriegshetzer gibt, vergaß der Herr Kanzler zu erwähnen); deutlich und klar ist also hier der Herd der Kriegsgefahr angegeben: die chauvinistisch-nationalistischen Hetzer allerorten. Und diese sollten Regierungen und Völker nicht abwehren können? Weil diese Mißtrauen säen, prahlen und drohen, sollen die Regierungen sich auf den Krieg vorbereiten und damit den Chauvinisten der andern Völker wieder Nahrung zu neuer Haß- und Mißtrauensverbreitung geben? Darum sollen die Völker — die ja den Krieg nicht wollen — sich in Rüstungen verbluten? Nein, was not tut, um den Kriegsparteien entgegenzutreten, ist in jedem Lande die Bildung einer Friedenspartei, die auch offen und laut für die Verständigung und Verbündung der Staaten eintritt, und die Regierungen müssen (wenn ihr so oft verkündeter Friedenswille aufrichtig ist) diese Partei als Regierungspartei anerkennen und womöglich zu ihrer Unterstützung — Friedensministerien schaffen. Die Sozialisten *sind* Kriegsgegner; sie demonstrieren und handeln zugunsten der Völkerverbrüderung, haben auch gegen die neuen Forderungen in Deutschland und Frankreich tapfer protestiert, aber weil sie

[1]) Am 7. April 1913.

zugleich andere Ziele verfolgen, hält man ihren Pazifismus nur für ein Mittel zum Zweck. Ihre Stimme ist im Parlament nicht ausschlaggebend. Aber ihr Einfluß zur Dämpfung der Kriegstreibereien ist doch gewaltig. Ihr Verhalten gibt den Beweis, daß im Volke Millionen von Menschen leben, die von Massenschlächtereien nichts mehr wissen wollen, die gegen die anderen Völker keinerlei Haß mehr aufbringen können.

* *
*

Noch ist das Wehrgesetz nicht angenommen. Es wird noch darüber verhandelt und zugleich wird schon die Deckungsfrage erörtert. Das sollten diejenigen, die gegen das Gesetz selber sind, gar nicht tun. Kaninchen, die den Mut fänden, dagegen zu protestieren, daß sie verspeist werden, müßten sich nicht in Verhandlungen darüber einlassen, in welcher Sauce sie eventuell zubereitet sein wollen.

* *
*

Marineminister Churchill hat den Vorschlag gemacht, die englische und deutsche Marine mögen ein Jahr im Weiterbau pausieren[1]). Die Sache wurde als „nicht konkret" beiseite geschoben. Nun wird, wie es heißt, Mr. Churchill nach Berlin reisen und „Konkretes" vorbringen. Der Widerstand der Rüstungsinteressenten wird sicher sich fühlbar machen. Im Wettlauf ist auch nur eine Minute stillestehen unangebracht. Es könnten zwei oder drei Minuten draus werden, oder gar eine Verminderung der Schrittlänge aufkommen. Nur weiter, weiter, weiter, nur immer schneller, schneller — der Abgrund lockt zu sehr. Hoffentlich kommt er doch noch rechtzeitig, derjenige — sei es nun ein Mensch oder ein Volk oder ein zwingender Umstand —, dem ein gebieterisches „Halt!" gelingt.

* *
*

Eines der wichtigsten Ereignisse in der gegenwärtigen Krise war der Sieg Sasonows über die russische Kriegspartei.

---

[1]) Am 26. März 1913 hat Lord Churchill in einer Rede den Vorschlag gemacht, daß in der Zeit eines Jahres kein neues Kriegsschiff für irgendeine Flotte gebaut werden soll.

Und seine abgegebene Erklärung: „Rassenverschiedenheit bedeutet noch nicht Rassengegensatz“ wird hoffentlich, weil von so hörbarer Stelle und in so entscheidender Stunde gesprochen, in das allgemeine Verständnis dringen und die fatalistisch-resignierte Idee verscheuchen, daß es ja zwischen den Slawen und Deutschen, zwischen den Gelben und Weißen usw. doch einmal „zur Auseinandersetzung kommen muß“. In der Tat ja: Auseinandersetzung tut not, wo Streit und Mißtrauen herrschen, aber eine ganz andere als mit Kolbenschlägen.

* * *

Letzter Akt; (hoffentlich) letzter Auftritt. Die Bühne stellt eine felsige Gegend vor; ferner Kanonendonner.

Eine Stimme: Skutari oder den Tod!

Zweite Stimme: Wie wär's um 20 Millionen?

Erste Stimme: Na,... darüber ließe sich diskutieren [1])....

* * *

Der König von Griechenland ist ermordet worden [2]) mitten in seiner Siegesfreude. Seine letzten Worte beinahe waren ein Ausdruck der Genugtuung, daß ein Deutscher Dreadnought ihm Salutschüsse darbringen werde. Und da fiel der Schuß aus Mörderhand. Ein Blatt meldete das Verbrechen mit den Worten: „Etwas Häßliches ist auf den Krieg gefallen.“ Häßlich — ja; traurig — gewiß; unentschuldbar — sicherlich; aber der obige Satz klingt doch wie: „Etwas Nasses ist auf die See gefallen.“

* * *

In China ist das Parlament eröffnet worden. Was beginnt da für eine Aera in dem Reich der Mitte, das uns als das Urbild tausendjährigen Stillstands galt? Als ob es Stillstand überhaupt gäbe!

[1]) Anspielung auf das Darlehen von 20 Millionen, das den König von Montenegro veranlaßt haben soll, Skutari am 5. Mai 1913 aufzugeben.

[2]) Am 18. März 1913 in Saloniki.

Skutari geräumt. Der europäische Friedenswille. — Die Wirkung der Blockade. — Europäische Förderation als Ziel. — Sir Max Wächters Aufruf. — Resolution der Elsässischen Zweiten Kammer. — Blicke in das Lager der Kriegsfreunde. — Lied an das Maschinengewehr. — Die Aussichten unseres nächsten Krieges. — Wilsons und Bryans Friedensaktion. — Das Buch des deutschen Kronprinzen. — Eine neue Kanonenfabrik.

Wien, den 7. Mai.

Das Haar, an dem wieder einmal der Frieden unseres Weltteils hing, ist nicht abgerissen. Schon war Oesterreich-Ungarn bereit, sich vom europäischen Konzert loszutrennen und selbständig in Montenegro einzumarschieren, um die Räumung Skutaris zu erzwingen. Da kam die erlösende Nachricht: König Nikita fügte sich dem Willen der Mächte. Schon war der Becher geschüttelt — die eisernen Würfel fielen nicht. Es muß doch schon ein starker Friedenswille in der Welt vorwalten, daß trotz all der Gefahren und Verwicklungen, Drohungen und Zwischenfälle der Krieg abermals vermieden worden ist. Dieser Wille hat sich auch deutlich in manchen Aeußerungen ausgedrückt, die während der Krise gefallen sind. So sagte ein englischer Diplomat zu einem Vertreter des Reuterschen Bureaus am 29. April:

„Das Publikum darf nicht außer acht lassen, daß die Hauptaufgabe, ja die Kardinalaufgabe der Botschafterreunion darin besteht, den europäischen Frieden zu erhalten und daß die verschiedenen durch den Balkankrieg entstandenen Fragen nur zweiten Ranges sind. An diese wichtigste Tatsache muß man sich erinnern, und man wird die Fragen, die sich täglich aufwerfen, nach ihrem richtigen Verhältnis werten." Ebenso sprach Sir Edward Grey; und ebenso hieß es in einer offiziellen russischen Kundgebung: die Aufrechterhaltung des europäischen Friedens sei die wichtigste Aufgabe; alle Methoden, den Willen der Mächte durchzusetzen, seien von diesem Standpunkt zu beurteilen.

* *
*

Trotz allen Gespötts und Aergers über Botschafterreunion, über erfolglose Flottendemonstration, hat sich doch die Wirkung der internationalen Verständigung und der gewaltlosen internationalen Polizeiaktion durchgesetzt. Die verhöhnte Blockade hatte zur Folge, daß Montenegro die Zufuhr von Lebensmitteln abgeschnitten war, und der Hunger allein genügt hätte, zur Nachgiebigkeit zu zwingen und nun geschieht auch noch, daß eine internationale Truppe in Skutari einmarschieren und in ihre Hände die Stadt übergeben wird[1]). Dieses neue Gebilde: „Europa", das sich aus dem Willen, von einer Konflagration verschont zu bleiben, sozusagen automatisch herausgebildet hat, ein Europa, das einen Gesamtwillen besitzt und eine vereinte bewaffnete Macht, um diesen Willen durchzusetzen, — das muß nun von einem neuen, noch höheren Willen beseelt werden, nämlich, seine Einigkeit zu stabilisieren und damit den so mühsam erhaltenen Frieden für die Zukunft zu sichern.

* *
*

Die europäische Föderation — dieses alte Postulat der Friedensbewegung — reift heran. Die Symptome mehren sich. Viele Fäden spinnen sich von den beiden Mächtegruppen hinüber und herüber. Als Forderung, wie gesagt, ist die Sache alt: Pandolfi erhob sie auf dem Friedenskongreß von 1891 in Rom und veröffentlichte eine Artikelserie darüber in der Revue „Die Waffen nieder"; Emile Arnaud tauft sein Blatt: Les Etats unis d'Europe; Novicow veröffentlichte sein klassisches Buch „La Fédération de l'Europe", und die letzte Nummer der Friedens-Warte enthielt die Formel: „Dreibund und Dreiverband zur Sechsunion". Nun hat Sir Max Wächter, der lange Zeit für eine europäische Zollunion plädiert und seinen Plan persönlich fast allen Staatsoberhäuptern unseres Erdteils vorgetragen hat, eine neue Aktion in Angriff genommen. Im ersten Maiheft der Fortnightly Review veröffentlicht er einen bemerkenswerten Artikel über die politische Lage, über die Rüstungskosten und über die Mittel zur Erreichung des Weltfriedens. Als solches empfiehlt er die Gründung einer „European Federation League" und fordert alle mit seinen Ausführungen sympathisieren-

[1]) Am 14. Mai 1913 besetzte eine Abteilung des internationalen Geschwaders Skutari.

den Leser auf, sich ihm anzuschließen. Zu diesem Zweck hat er ein provisorisches Bureau eröffnet: 39, St. James Street Piccadilly, London; Sekretär Sir Francis Temple. Dieser Schritt Sir Max Wächters gehört auch in die Serie der Forderungen; doch zugleich mehrt sich auch die Serie der Zeichen des — noch embryonalen, aber schon lebenspulsierenden — Werdeprozesses der europäischen Union. Dazu gehören auch die deutsch-französischen Annäherungsaktionen, so die Berner Konferenz (11. bis 13. Mai), der beiderseitigen Parlamentarier [1]) und die wiederholten Kundgebungen der elsässischen Politiker. Erst heute, 7. Mai, hat die zweite Kammer des elsässischen Landtags einstimmig einen Antrag angenommen [2]), den Statthalter zu ersuchen, die Vertreter Elsaß-Lothringens im Bundesrate zu instruieren, daß sie sich mit Entschiedenheit gegen den Gedanken eines Krieges zwischen Frankreich und Deutschland wenden und auf die Annäherung der beiden Staaten hinarbeiten. — Die Sozialisten aller Länder fassen solche Resolutionen schon lange, aber man glaubt, darüber mit der Behauptung hinweggehen zu können, daß dahinter andere Parteizwecke verborgen sind; wird man aber die gleichen Kundgebungen der anderen Parteien auch so überhören können?

* *
*

Blicken wir einmal in das andere Lager. Nämlich derer, die den Krieg lieben, die ihn herbeisehnen, die ihn gegen die Angriffe des Pazifismus glühend verteidigen. Auch Idealisten in ihrer Art. An solche wendet sich Norman Angell vergebens — denn was frommt der Beweis, daß dabei kein Profit ist. Darüber sind sie erhaben, sie wollen gar nichts gewinnen durch den Krieg, sie beten ihn einfach an, sein Bild (nicht seine Wirklichkeit — die erfassen sie nicht) füllt sie mit Wonne. Hier als Beispiel ein Gedicht aus der Danzerschen Armeezeitung. Der Herausgeber findet es genial. Daß es als Gedicht schön und talentvoll ist, das finde ich auch.

---

[1]) Vom 11.—13. Mai tagte in der Aula der Berner Universität die erste Verständigungskonferenz französischer und deutscher Parlamentarier. Es waren 110 Franzosen und 43 Deutsche anwesend.

[2]) Sämtliche Parteien der zweiten Kammer des elsaß-lothringischen Landtages hatten einen Antrag eingebracht, der sich gegen den Gedanken eines deutsch-französischen Krieges richtet.

Lied ans Maschinengewehr.

Hast tausend Kugeln in deinem Leib
Und Pulver viele Pfund.
Heil dir, du eisenschwang'res Weib,
Jetzt schlägt die erlösende Stund'.
Gib deine Kinder her!
Du treu' Maschingewehr!
Spei' wie eine Kröte
Dein zischend Gift!
Und wen's trifft,
Den töte!

Und wer dir dient, muß niederknien
Als wie vor Gottes Thron.
Ins Feld trag' ich am Arm dich hin,
Als wärst mein lieber Sohn.
Du bist mir nicht zu schwer,
Du treu' Maschingewehr!
Ich spiel' auf deiner Flöte
Ein Lied, das pfeift und gellt.
Und wem's nicht gefällt,
Den töte!

Ihr klugen Pferdchen, flink getrabt!
Mit euren schlanken Hufen.
Wir haben lange Fried' gehabt,
Der Kaiser hat gerufen!
Vorwärts zu Sieg und Ehr',
Du treu' Maschingewehr!
Ich knie bei dir und bete:
Gott schütze Oesterreich!
Und wer's bedroht mit Schelmenstreich,
Den töte!

Frömmigkeit klingt in dem Liede auch an. Daß doch diese Dauer- und Wonnetöter gar so gern denjenigen anrufen, von dem sie doch glauben, daß er sagte: Du sollst nicht töten.

* * *

Die genannte Armeezeitung lese ich übrigens mit Eifer. Es ist für uns Pazifisten so interessant und nützlich, zu wissen, was die Kriegerischen sagen, wenn sie unter sich sind, und zu erfahren, was sie denken, fühlen und planen. Hier der Anfang eines Leitartikels (13. März).

Die Aussichten unseres nächsten Krieges.

Der Friede ist wieder einmal gerettet. Wir demobilisieren. Die Kurse steigen und der Tanz um das goldene Kalb kann wieder lustig anheben. Niemand aber zweifelt, daß der jetzt bejubelte Friede zu den kostspieligsten Errungenschaften gehören wird. Die Gegensätze, die sich seit dem Oktober des vergangenen Jahres aufgetürmt haben, bestehen ungeschwächt weiter und nur zu bald wird — so Gott will — für uns Soldaten die jetzt zum zweitenmal versäumte Gelegenheit (1908, 1913) wiederkehren. Lassen wir alle Sentimentalitäten und getäuschten Hoffnungen beiseite und bereiten wir uns zielbewußt für die dritte Gelegenheit vor.

Ist das nicht eine Mahnung für die Friedenspartei, zielbewußt dafür zu arbeiten, daß die 1908 und 1913 glücklich überstandenen Gefahren sich nicht wiederholen können? An einer anderen Stelle leistet sich das Blatt folgende sozialphilosophische Betrachtung: „Ein langer Friede ist eine große Gefahr für den modernen Fortschritt, für Propagierung großer Gesichtspunkte; hingegen treten Nörgeleien, beengte einseitige Auffassung, Voreingenommenheit, ja Idiosynkrasie wieder in ihr volles Recht." Gewiß, inmitten von platzenden Granaten, brennenden Dörfern und dergleichen ist kein Raum für Nörgeleien, und gegenüber von meilenweiten Leichenfeldern und 25,000 Cholerafällen schwindet die beengte einseitige Auffassung; und dann, wenn man seine Zeit nur mit Kunst, Wissenschaft, Reisen, Handel, Arbeit ausfüllt, statt mit Bohren des Bajonetts in fremde Eingeweide — wo bleibt da der „moderne Fortschritt?"

* *
*

Hocherfreulich war die aus den Vereinigten Staaten kommende Nachricht, daß Bryan, im Einverständnis mit Präsident Wilson, dem diplomatischen Korps einen Friedensplan entwickelt hat[1]), der die Grundlage zu Vertragsverhandlungen abgeben

[1]) Bryans Friedensplan sieht die Bildung einer internationalen Untersuchungskommission vor, der alle zwischen Staaten entstehenden Streitfälle, auch wenn sie die Ehre oder die vitalen Interessen berühren, für den Fall, daß die diplomatische Erledigung erfolglos blieb, überwiesen werden sollen. Diese Kommission soll die Sachlage prüfen und nach einem Jahre Bericht erstatten. Den Streitteilen bleibt es überlassen, ob sie sich nun ausgleichen, den Fall einem Schiedsgericht unterbreiten oder Krieg führen wollen. Die Schiedsgerichtsbarkeit tritt bei diesen Verträgen vollständig zurück. Der amerikanische Senat kann seine bekannten Einwände nicht mehr machen. Bis jetzt haben die Vereinigten Staaten 10 solcher Verträge abgeschlossen.

soll. Die genaueren Einzelheiten dieser Aktion waren in den ersten Depeschen noch nicht bekanntgegeben; aber man sieht, daß es der neuen Regierung Ernst ist, das Vertragswerk Tafts — vielleicht mit einigen neuen Modalitäten — wieder aufzunehmen und die edle Führerrolle in der Friedensbewegung durchzuführen, für die kein Land so geeignet ist wie Amerika. Alle Erfahrungen, die ich dort gesammelt habe, bekräftigen mich in dieser Zuversicht.

* *
*

Nach dem Erfreulichen wieder etwas Trauriges. Wir Friedenskämpfer werden ja so heftig zwischen Himelhochjauchzen und Zutodebetrübtsein hingeworfen, wie nur je „eine Seele, die liebt". Das Betrübende ist — das Buch des deutschen Kronprinzen. Es wird, wie man zu sagen pflegt, „viel böses Blut machen". Denn es zeigt den künftigen Träger der deutschen Kaiserkrone, der einst über Krieg und Frieden zu entscheiden haben wird, als Bekenner von der Unvermeidlichkeit des Krieges, und wenn er auch zugibt, daß „der Riesenbrand, wenn einmal entfacht, nicht mehr so rasch erstickt werden kann, und daß die Berufenen sich ihrer ungeheuern Verantwortung voll bewußt sein müssen" — so zeigt er sich als Bewunderer des Krieges, als offener Gegner der modernen Friedensbestrebungen, die er als Utopie und als „undeutsch" betrachtet. „Gewiß soll und kann die diplomatische Geschicklichkeit wohl eine Zeitlang die Konflikte hintanhalten; aber wie der Blitz ein Spannungsausgleich zweier verschiedener Luftschichten ist, so wird das Schwert bis zum Untergang der Welt immer des letzten Endes ausschlaggebender Faktor sein und bleiben." Das ist apodiktisch. Im Artikel über die Gardes du Corps heißt es:

„Wer solche Attacken mitgeritten hatte, für den gibt es nichts Schöneres auf der Welt, und doch: noch eines erscheint dem echten Reitersmann schön: wenn alles dies dasselbe ist, aber am Ende des Schnellaufes uns der Feind entgegenreitet und der Kampf, für den wir geübt und erzogen sind, einsetzt, der Kampf auf Leben und Tod. Wie oft bei solchen Attacken hat mein Ohr den sehnsüchtigen Ruf eines daherjagenden Kameraden aufgefangen: „Donnerwetter, wenn das doch ernst wäre." Reitergeist! Alle, die rechte Soldaten sind, müssen fühlen und wissen: Dulce et decorum est pro patria mori."

Nun ja: „Reitergeist". Aber ein Kaiser ist doch berufen, über andere als über Kavalleristen zu herrschen — es gibt daneben auch noch Gelehrte, Dichter, Bürger, Bauern, Arbeiter, Frauen — denen der entgegenreitende Feind nicht so wünschenswert erscheint. Das ist es eben: „geübt und erzogen" sind die rechten Soldaten darnach; — ist es da nicht natürlich, daß sie den Kampf wünschen? Aber Leben und Wissenschaft, Erfahrungen und Denken üben und erziehen doch noch zu ganz anderen Dingen, als zur schneidigen Reiterei. Vielleicht wird auch der Kronprinz noch um sich blicken, vielleicht wird er von seines Vaters ernstem Friedenswillen und helläugigem Weltinteresse etwas abgewinnen; — hoffen wir, daß „Donnerwetter!" nicht sein letztes Wort ist. —

* *
*

In Ungarn wird eine neue Kanonenfabrik errichtet [1]). Wieder investierte Millionen und wieder soundso viel Leute, die daran interessiert sind, daß genügende Bestellungen einlaufen, mit anderen Worten, daß kein Mangel an Kriegsgefahren eintrete. Wie die Gefahr der mangelnden Gefahr beschworen wird, wie die internationale Waffenindustrie das Schüren nationaler Furcht- oder Trutzgefühle betreibt, um den Absatz der vertrusteten Mordware zu sichern, das hat der Abgeordnete Liebknecht dokumentarisch aufgedeckt. In Pazifistenkreisen wurde schon längst auf das Bestehen des über alle Landesgrenzen verzweigten Kriegssyndikats hingewiesen; David Starr Jordans Buch über das „heimliche Reich" (damit meint er die zu Kriegszwecken anleihegebenden Banken) zeigt den finanziellen Untergrund des ganzen Rüstungsrummels, aber natürlich dringen die Lehren und Warnungen der Friedensliteratur nicht so weit in die Oeffentlichkeit, wie solche im Parlament vorgebrachte sensationelle Enthüllungen. Zwar wird man versuchen, darüber hinwegzu—schweigen, aber die Masken sind doch schon gelockert worden. Und schließlich müssen sie fallen.

[1]) Durch Vertrag vom 6. Mai 1913, den die österreichisch-ungarische Regierung mit den Firmen Krupp und Skoda abgeschlossen, wird in Raab eine ungarische Kanonenfabrik errichtet.

Das Ende des Balkankrieges. — Streit zwischen den verbündeten Siegern. — Generalstabsoberst Redl, Spionage und Kontrespionage. — Ein Augenzeuge über die Beschießung von Skutari. — Das Schwert des Brennus. — Die Hochzeitsgäste am Berliner Hof. — Georg V. über seinen Vater. — Vorgeführte Gefechte. — Titanic und Nevada. — Satan in der Luft. — Berner Konferenz und andere verheißungsvolle Zeichen.

Wien, 4. Juni 1913.

Der Krieg zwischen den Balkanstaaten und der Türkei ist zu Ende[1]). Noch zögerten einige der Beteiligten, den Präliminarfrieden zu unterzeichnen und versuchten allerlei Verschleppungen, aber Sir Edward Grey — der Wortführer Europas — machte dem ein energisches Ende. Es ist doch eine schöne, verheißungsvolle Neuerscheinung, daß jetzt die Feldzüge nicht von den Kriegführenden auf dem Kriegsschauplatz beendet werden, sondern durch die Verhandlungen, man könnte beinahe sagen durch die Befehle von auswärtigen, am grünen Konferenztisch vertretenen Mächten. Noch ein Schritt mehr, und die Mächte werden den Ausbruch des Krieges verhindern, nicht nur sein Ende und seine Resultate dekretieren.

* *
*

Jetzt müßte verhindert werden, daß die siegreichen Verbündeten untereinander, wegen Teilung der Beute (das Wort „Beute" drückt so richtig den raubtierischen Charakter aller Eroberungskriege aus) sich an die Kehle fahren. Lehrreich wäre das zwar und würde zeigen, wie Krieg immer wieder Krieg erzeugt und wie hinfällig die Phrasen von „Christenbefreiung", Jochabschütteln" usw. sich erweisen, wenn einmal Habgier, Haß und Mordwut losgelassen sind. Uebri-

[1]) Am 31. Mai 1913 gelangte in London der Vorfrieden zwischen der Türkei und den Balkanstaaten zur Unterzeichnung.

gens wird der Streit, mit Hilfe Europas, vielleicht doch ohne serbisch-bulgarischen oder griechisch-bulgarischen Krieg geschlichtet werden. Für Differenzen über Gebiets- und Vertragsfragen gibt es ja schon ein Tribunal. Alle Blätterstimmen sollten darauf hinweisen, statt immer die Sensationsnachrichten der gegenseitigen Forderungen und Drohungen zu verbreiten, wodurch sie die Haß- und Mißtrauensstimmung nur verschärfen. Die Balkandelegierten in London haben auch Verwahrung gegen solche übertriebene Meldungen eingelegt, und sie erklärten, „daß die schwebenden Fragen, wenn sie auch delikater und schwieriger Natur seien, keineswegs zu Feindseligkeiten führen werden, denn die Verbündeten seien fest entschlossen, diese Fragen einer freundschaftlichen Lösung zuzuführen. Ein Krieg zwischen ihnen wäre ein wahnwitziges Verbrechen, eine Eventualität, an die nur eine verschwindende Zahl von Chauvinisten denken könne — die Regierungen aller Balkanstaaten rechnen mit dem Haager Schiedsgericht als ihre letzte Zuflucht." Das ist vernünftig gesprochen. Die Frage ist nur, ob sich die Chauvinisten wirklich als „verschwindend" und nicht als überhandnehmende Kriegspartei erweisen.

* * *

Ein Oberst des österreichischen Generalstabs, Redl war sein Name, erschießt sich, wird in aller Stille begraben, und offiziell wird der Fall durch eine Nervenkrankheit des überarbeiteten Offiziers erklärt [1]). Die Täuschung dauert aber kaum 24 Stunden. Gerede und Gerüchte fliegen durch die Stadt, Interpellationen fallen im Parlament, und die Wahrheit kommt — behördlich bestätigt — an den Tag: Oberst Redl war ein Spion, sein Verbrechen wurde entdeckt, und eine Feme hat ihm die Pistole zum Selbstgericht in die Hand gedrückt. Die Sensation ist eine ungeheure. Alle Blätterspalten und alle Stadtgespräche ergehen sich in Entsetzen über den Einzelfall und in Betrachtungen über die Spionage im allgemeinen. „Die Folgen sind gar nicht auszudenken," heißt es, „wenn der Mann, der an der Spitze der Kundschaftsabteilung des Kriegsministeriums gestanden, wo die vertraulichsten Angelegenheiten zu führen sind, zum Verräter

[1]) Ende Mai 1912 erschießt sich in einem Wiener Hotel der Oberst Redl, nachdem er überführt worden war, daß er Militärgeheimnisse einer fremden Macht verkauft hatte.

im Dienste eines fremden Staates wird, mit dem wir im letzten Winter so ernste Auseinandersetzungen hatten....“ — „Was hier aufgedeckt wird, ist so fürchterlich,“ schreibt ein Blatt, „daß die ganze Bevölkerung mit lähmendem Entsetzen erfüllt ist. Der Mann, der das weiß, was im Kriege vielleicht über Sieg und Niederlage entscheidet, verrät es dem Feinde.. er war bereit, Hunderttausende österreichischer und deutscher Soldaten in die Falle zu locken, sie und die Sache, der sie dienen, der Vernichtung entgegenzuführen.“ Diese Sprache zeugt von dem abergläubischen Gruseln und zitternden Respekt, mit welchem das Volk die Mysterien der Kriegskanzleien betrachtet — als wäre das höchste Wohl und Wehe des Staates, die Sicherheit der Bevölkerung, Glück oder Untergang, von den verschiedenen ausgeheckten Marschplänen, Truppenverschiebungen, Mobilisierungs- und Bewaffnungs-Details und sonstigen „Reservat“-Angelegenheiten abhängig, die den Gegenstand der militärischen Geheimtuerei einerseits und der militärischen Auskundschaftung andererseits abgeben. Nein, ihr Völker, nicht davon hängt euer Wohl ab, ob der eigene Aufmarschpunkt verheimlicht und der gegnerische ausspioniert worden, sondern davon, daß der Aufmarsch überhaupt verhütet wird. Wir hatten ernste Auseinandersetzungen mit dem fremden Staat, allerdings; — aber diejenige Auseinandersetzung, die darin bestand, daß Prinz Hohenlohe mit einer Friedensmission des Kaisers nach Petersburg reiste, und der Befehl, den der Zar erteilte, die Truppen von der Grenze zurückzuziehen, das war eine wichtige und segensreiche Transaktion, ganz unabhängig von den Praktiken der Spionage und Konterspionage. Selbst vom militärischen Standpunkte aus sollte man doch schon zur Ueberzeugung gelangt sein, daß Siege und Niederlagen von Zufällen und Verwicklungen abhängen und daher nicht jahrelang vorher in den Generalstabskanzleien als gehütete Geheimnisse gebraut werden können. Daß der Krieg ein Anachronismus geworden ist, das behaupten wir Pazifisten, und es wird von den Gegnern bestritten; aber daß innerhalb des modernen Krieges und nach den Gesetzen seiner eigenen Struktur die ganze Heimlichkeit und das ganze Spionagesystem zum Anachronismus geworden ist, das müßten doch die militärischen Fachleute selber zugeben. Zudem ist es eine Gemeinheit. Und da, wo der Verrat auftritt, stellt sich die Infamie ein. Redl hat infam gehandelt, und daß er nebstbei ein ausschweifender, lasterhafter Mensch war, kann als Erklärung, nicht aber als Milderung gelten. Was er getan, war der Gipfel der Ehrlosigkeit —

daß er aber „Hunderttausende der Vernichtung entgegenführen wollte", das trifft nicht zu — er wird wohl selber gewußt haben, daß keine so gut bezahlte Mitteilung keine solche verhängnisvollen Folgen haben kann. *Der* macht sich jenes Riesenverbrechens schuldig, Hunderttausende in Tod und Verderben zu jagen, der zum Kriege hetzt, der einen Krieg entfesselt — nicht aber der, der einen sogenannten „Kriegsplan" verkauft, ein Ding, das sich vor einem Feldzug ebensowenig entwerfen läßt, als etwa ein Schachspielplan vor der Partie. Ehrlos ist der Verräter, aber nicht grausam.

* *
*

Ueber *die Beschießung von Skutari* erzählt ein Augenzeuge:

> „Die Stunden vergehen und Tage und Wochen; Schuß kracht auf Schuß herein in die armselig schwachen Häuser und zerfetzt Menschen und Vieh, Habe und Hausrat.
>
> Sie flüchten in Keller und leben, Höhlenmenschen gleich, in dumpfen Löchern, über deren Wände das Wasser herabrinnt, glücklich, Schutz gefunden zu haben: aber als hätte er es geahnt, beginnt der Feind statt der „kleinen" Pulvergranaten Melinitgeschosse in die Stadt zu werfen.
>
> Da hilft kein Keller mehr, keine Verschanzung: Häuser verschwinden vom Erdboden, durch drei Stockwerke schlägt das Geschoß in den Boden und reißt Dächer und Mauern, Balken und Steine zu einem Trümmerhaufen zusammen.
>
> Besonders nachts lieben sie es, Melinitgranaten zu schleudern, weil mehr Leute auf einem Fleck beisammen liegen; sie fällt in ein Zimmer, wo — nach Albanesenart — zehn Menschen zusammengedrängt schlafen, und am nächsten Tage findet man ihre Arme und Beine in den umliegenden Straßen und ihre Eingeweide auf den Dächern...."

Man sollte glauben, das könne nicht mehr überboten werden; es kommt aber noch ärger. Es wird erzählt, daß der Feind etwas Neues erfunden hat: die regelmäßigen „Halbstundenschüsse". Alle dreißig Minuten, genau, wenn der Zeiger die Stunde zeigt, kommt eine Melinitgranate dahergesaust... man weiß, daß zur festgesetzten Sekunde jeder in seiner Beschäftigung innehält und des zischenden Todes harrt, aufatmend, wenn der platzende Stahl den Nachbar trifft. Das täglich von 7 Uhr früh bis spät am Abend, durch sechs Wochen. Die Bevölkerung floh in die Kathedrale — aber auch die wurde beschossen. Dann heißt es weiter:

„Nun begann das Versteckenspiel zwischen dem Volk und seinen Peinigern. Matratzen auf dem Kopf, Kinder an der Hand, so zogen sie winselnd durch die Straßen aus den beschossenen Quartieren und solche, die im Augenblick weniger bedroht sind. Wie die gefangenen Ratten fuhren sie....“

Genug! Solche Berichte lesen die Leute. Niemand wird dadurch aufgeschreckt, die Bürger gehen weiter ihren Geschäften nach, politisieren im Kaffeehaus über die Chancen der Belagerer und Belagerten, und die Militärs studieren weiter Festungstaktik. Nichts dringt in die Herzen, nichts streift die Gemüter. Haben denn alle die Leute — es sind ja viele gute und gescheite darunter — nur mehr Steinherzen und Hornhautgehirne, wenn der Begriff „Krieg“ sie immunisiert? Nur wir Pazifisten sind erschüttert und empört — die andern lassen das alles von sich abgleiten. Sie schämen sich nicht, sie kränken sich nicht, sie ärgern sich nicht. Aber uns nennen sie die Sanftmütigen, die Geduldigen, die „Sich-alles-gefallen-lassenden“. Umgekehrt ist es: wir sind die Zornmütigen, uns reißt die Geduld, in leidenschaftlichem Schmerz, in siedender Entrüstung rufen wir hinaus: „So darf es nicht weitergehen.“

* *
*

Und noch eine wichtige positive Aktion Woodrow Wilsons. Er hat befohlen, daß, während Verhandlungen (über die Einwanderungsfrage) mit Japan im Gange sind, keinerlei Bewegungen und Dislokationen der Flotte vorgenommen werden dürfen. Bisher liebte man es, bei schwebenden Streitfragen das Rasseln der Waffen bis in die Verhandlungssäle hörbar zu machen. Man nennt das „seinen Ansprüchen Nachdruck geben“. Oder es hieß auch, „das Schwert in die Wagschale legen“. Na, es gibt ja eigentlich kein Schwert mehr, und Melinitgranaten, Seeminen und fliegende Zeppelins werden sich doch nicht mehr so recht zur Abwägung internationaler Rechtsfragen eignen. Dieser Befehl Wilsons, die militärischen Drohungsmanöver während eines zwischenstaatlichen Prozesses aufzuheben, entspricht schon ganz dem Sinne jenes Weltfriedensprojektes, das er allen Staaten unterbreiten will und das zuallererst von jener Nation angenommen worden ist, die immer als der zukünftige Kriegsgegner

Amerikas bezeichnet zu werden pflegt[1]). Man konnte ja gar nicht von dem Blühen des amerikanischen Pazifismus reden, ohne daß unsere Gegner schmunzelnd einwarfen: „Was ist aber mit Japan? Der Krieg zwischen den Vereinigten Staaten und Japan ist ja doch unvermeidlich." Wirklich? Nun, legen wir ihn getrost zu den zahlreichen anderen unvermeidlichen und niemals ausgebrochenen Kriegen.

* * *

Zur Hochzeit der Kaisertochter[2]) sind der König von England und der Zar nach Berlin gekommen. Dazu bemerkten die Blätter ausnahmslos, daß dies keine politische Bedeutung habe, weil es sich nur um ein Familienfest handle, und fügten ebenso ausnahmslos im selben Atem hinzu, daß die Zusammenkunft doch ein hochpolitisches Friedensanzeichen sei. Tatsache ist, daß solcher Freundschaftsverkehr zwischen den Kriegsherrn ganz unmöglich ohne Einfluß auf ihre Entscheidungen über Krieg oder Frieden sein kann. Auch werden sie sicherlich — gerade jetzt nach Beendigung der gefährlichen Balkankrise — über das Thema miteinander gesprochen haben. Der König von England nahm die Gelegenheit wahr, um auf der englischen Botschaft an eine Deputation der englischen Kolonie folgende Worte zu sagen: „Indem Sie gute Beziehungen mit dem Volke, das diese Ihre Adoptivheimat bewohnt, pflegen, tragen Sie dazu bei, den Weltfrieden zu sichern, dessen Erhaltung mein sehr ernster Wunsch ist, wie es der Hauptzweck und das Ziel des Lebens meines teuren Vaters war." Das sind feierliche und pietätvoll gesprochene Worte: „Hauptzweck und Lebensziel." Die neunmal weisen deutschen Realpolitiker und fleißigen Zeitungsleser werden wohl verschmitzt dazu lächeln, denn die Ansicht, daß Eduard VII. ein abgefeimter Feind und „Einkreiser" Deutschlands war, ist dort zur eingewurzelten fixen Idee geworden. Uns Pazifisten, die wir die Entwicklungsgeschichte der englisch-französischen Entente kennen, und wissen, welche Schritte Eduard VII. unternommen hat, wir wissen auch, daß er den von seinem Volke ihm verliehenen Titel „Edward the peacemaker"

[1]) Japan hat sich am 2. Juni 1911 bereit erklärt, einen Vertrag auf Grund des Bryan'schen Entwurfes einzugehen.

[2]) Am 24. Mai 1913 findet in Berlin die Vermählung der Tochter des Kaisers mit dem Herzog Ernst August von Braunschweig statt.

ebenso verdiente, als er stolz darauf war; uns sagte Georg V. nichts Neues; doch ist uns erfreulich, zu hören, daß er für sich selbst auch die Gesinnung in Anspruch nimmt, die er an seinem Vater rühmt.

* *
*

Aber warum mußte wieder (oh, daß doch unter veränderten Bedingungen und Zeiten die Gewohnheiten der alten Zeit immer wieder routinemäßig abgehaspelt werden!), warum mußte der Kaiser dem Zaren zur Unterhaltung eine militärische Uebung mit einem „heftigen Gefecht" zeigen? Gegen wen würden denn diese Soldaten fechten müssen, wenn das Spiel Ernst wird? Gegen den geehrten Gast. Ich besprach diesen Vorfall mit einem Gesinnungsgenossen: „Sagen Sie mir nur, was denken denn die Fürsten bei einem solchen Schauspiel unter solchen Umständen?" Die Antwort, die ich erhielt, war vortrefflich und erklärt alles: „Nichts denken sie."

* *
*

Vor einem Jahr ungefähr ging die „Titanic" unter, von einem elementaren Ding, einem Eisberg, getroffen. „Nearer to thee, my God" spielten die todesmutigen Musikanten. Am letzten 24. Mai geriet der amerikanische Passagierdampfer „Nevada" bei der Ausfahrt aus dem Hafen von Smyrna in die Linie der Torpedominen. Der Vorderteil des Schiffes stieß auf eine Mine, eine Minute später auf eine zweite, und zwei Minuten darauf auf eine dritte. Es erfolgte eine Explosion. Der Dampfer sank sofort. Dreihundert Opfer. Diese Minen werden von Menschen gelegt — für Menschen.... Oh, „näher zu dir, Satan". —

* *
*

Von einer Probefahrt des Luftschiffes L. Z. XVI wurde aus Friedrichshafen geschrieben: „Die Fahrt war insofern bemerkenswert, als vom Oberdeck aus mit einem Maschinengewehr scharf geschossen wurde. Es wurden im ganzen 500 Schüsse abgefeuert, wobei es sich zeigte, daß die ganze Anordnung ihrem Zwecke vortrefflich entspreche und sicheres Arbeiten mit dem Maschinengewehr zulasse."... Satan in der Luft. — — —

* *
*

Andererseits aber auch wieder die frohen, verheißungsvollen Begebenheiten: die deutsch-französische Parlamentarierzusammenkunft in Bern; die Schaffung einer neuen deutsch-französischen Liga; die sich ausbreitende und befestigende Versöhnung zwischen Deutschland und England; die Mission Carnegies beim Deutschen Kaiser [1]) und vor allem der überhandnehmende Begriff „Europa", das ist ein klares Ziel. Hartnäckig muß es gefordert werden. Wie einst das „Carthaginem esse delendam", muß jetzt immer wieder wiederholt werden: Europa ist zu föderieren.

[1]) Am 16. Juni 1913 überreicht Carnegie im Berliner königlichen Schloß dem Kaiser die Adresse der amerikanischen Friedensgesellschaften aus Anlaß seiner 25jährigen krieglosen Regierung.

Der dritte Balkankrieg. — Der Versuch des Zaren, dem Kriege vorzubeugen. — Eine neue Verhetzungsparole. — Rumänien mobilisiert. — Das europäische Gleichgewicht. — Scheidemann über das neue deutsche Wehrgesetz. — Kaiser Wilhelms Regierungsjubiläum. — Pazifistische Worte des Kaisers. — Interpellation im englischen Unterhause. — Der Aufruf König Konstantins an sein Volk.

Wien, 6. Juli 1913.

Im Oktober 1912 fand in der Kathedrale von Sofia ein feierliches Hochamt statt. Zar Ferdinand hatte eben zum Feldzug des Krieges gegen den Halbmond angerufen, um die christlichen Brüder vom Türkenjoche zu befreien; der Pope segnete die Waffen und ließ ein Gebet zum Himmel steigen, daß Bulgarien, Serbien, Montenegro und Griechenland siegen mögen. Dem lieben Gott wurde da eine genaue Geographielektion gegeben. Eine Art fähnchenbesteckte Landkarte des Balkans wurde ihm geboten, damit er sich bei Erteilung seines Beistandes ja nicht irre, damit er von dem Regen seiner Huld ja nichts über die Grenzen verspritzen lasse. Oh, es war ein frommer, ein zivilisatorischer, ein edler Krieg! — — Elender Phrasenschwall: ein Beutezug war's, weiter nichts. Das zeigt sich heute klar, da die siegenden Brüder sich um der Beute willen zerfleischen [1]).

* *
*

Es ist also geschehen. Der dritte [2]) Balkankrieg ist nun ausgebrochen; es wird wieder gemordet, gesengt, verwüstet, massakriert, geschändet, gehaßt, getobt, und dem Zeitungsleser wird's als Weltgeschichte serviert. Noch ehe eine Kriegserklärung erlassen, stießen die

[1]) Anfang Juli 1913 brach der dritte Balkankrieg aus, der Kampf Bulgariens gegen Serbien, Griechenland, Rumänien und Montenegro, denen sich später noch die Türkei anschloß.

[2]) Der dritte deshalb, weil man den nach dem Waffenstillstand vom Dezember—Januar geführten Teil als den zweiten Balkankrieg bezeichnet.

an den Grenzen aufgehäuften Truppen aneinander (solches Gegenüberstellen bewaffneter Massen ist ja bekanntlich nur Vorsichtsmaßregel: si vis pacem); die Grenzen wurden überschritten, die Felder rasch mit Leichen bedeckt — aber Krieg war's noch nicht, es sollte für diesen Zustand eine neue „völkerrechtliche" Bezeichnung gefunden werden. Die Verantwortung für den Friedensbruch wälzt einer auf den andern — keiner hat angefangen — der andere war's, oder wenn man's doch selber war, so hatte der andere „provoziert".

*   *
*

Mit tiefstem Schmerz muß es uns erfüllen, daß nun wieder dieses namenlose und verbrecherische Unglück losgebrochen ist. Würden diese sich überstürzenden Nachrichten von fünftägigen Schlachten, von 600,000 Mann, die sich auf dem kleinen Raum bekämpfen und schon 20,000 Tote zu melden haben, nicht mit unsäglicher Trauer und Ekel füllen, so könnten wir eigentlich triumphieren und sagen: seht, das sind die Früchte des Krieges: neue Kriege; seht, das ist die Entlarvung all der Heucheleien, die ad absurdum-Führung der ganzen Mord- und Raubpolitik. Wer hat recht? Ihr, die ihr behauptet, daß heute Kriege noch Ruhm, Ehre, Gewinn bringen können, oder wir, die wir den „modernen" Krieg als Anachronismus, den Krieg überhaupt als Hölle erkennen? Und nun sind die Gefahren eines Weltbrandes wieder da. Sollte auch dieser, durch die berühmte „Lokalisierungs"-Formel abgewendet werden, unausbleiblich sind die wirtschaftlichen Schäden, die Handelsstockungen und die Seuchen. Jetzt in der Sonnenhitze die Tausende von Kadavern, denen ebenso mörderische Miasmen entsteigen, als den Kanonen mörderische Geschosse — nur daß sie noch weiter, über jede Grenze hinweg, ihren Wirkungsradius haben. Aber auch die Gefahr der Verbreitung des Krieges selber ist wieder nahegerückt. Die seit Monaten mühsam zurückgehaltenen Kriegsparteien werden jetzt wieder hervortreten: „Endlich ist unser Tag gekommen."

*   *
*

Knapp vor Ausbruch der überstürzten, ohne vorherigen Abbruch der diplomatischen Beziehungen losgelassenen Feindseligkeiten trat Zar

Nikolaus hervor und telegraphierte an die Könige von Serbien und Bulgarien, sie mögen ihren Streit vor sein Schiedsgericht bringen (warum nicht vor den Haag?, das wäre besser gewesen), und in seiner Depesche zitterte etwas von dem Pathos, das in seinem Manifest von 1898 lag: ein heftiger Wille, drohendes Unglück abzuwenden. Und er suchte — von aller üblichen offiziellen Winkelzügigkeit und Reserve frei — starke Akzente: „Der Bruderkrieg wäre ein Verbrechen, wäre ein Ruin der slawischen Sache", und dabei gab er seinem Appell den Nachdruck einer leisen Drohung — er wies auf seine Macht hin, den Friedensbrecher zu strafen. Man atmete auf, durch diesen Schritt würde vielleicht der Krieg vermieden werden. Alle hätten (auch die Balkanvölker) dem Zaren dankbar sein, ihn unterstützen sollen. Es kam anders. Graf Tisza erklärte: Die Balkanvölker dürften sich nicht von Rußland beeinflussen lassen; sie müßten auf ihrem Rechte, Krieg zu führen, bestehen. — Frieden dürften sie schließen, wann sie wollten, aber nur nach eigenen Interessen und nach eigener Entschließung. Oesterreich würde nicht dulden, daß im Namen der slawischen Idee die Handlungsfreiheit der Bulgaren oder der Serben eingeschränkt würde. Ein oder zwei Tage dauerte noch das Schwanken; die Friedensparteien schlugen Demobilisierung vor, und es zeigte sich Geneigtheit, die vier Ministerpräsidenten nach Petersburg zu entsenden. Aber die Kriegsparteien waren flinker. Sie warteten nicht erst die Entscheidung ab — und ohne Kriegserklärung drangen die bereitstehenden Truppen über die Grenze, und die vollzogene Tatsache des Krieges war gegeben. — „Der Zar hat sich blamiert", hörte man von vielen Seiten sagen. Als ob, wenn einer etwas Ersprießliches vorschlägt, nicht diejenigen sich blamierten, die den Vorschlag unbeachtet lassen. Freilich, dann heißt es, der Vorschlag war nicht edel gemeint. Und zu dieser Stunde — ich mache darauf aufmerksam — ist hierzulande die Parole ausgegeben: „Rußland und Frankreich wollen die Serben unterstützen." Das famose Einkreisungsmärchen, das zur englisch-deutschen Verhetzung so gute Dienste getan, das wird jetzt der neuen Situation angepaßt: „Die Triple-Entente will den Dreibund einkreisen." Die Leute fangen schon an, es zu glauben und zu wiederholen. Täglich kehrt dies in verschiedenen Varianten in der offiziösen Presse wieder (die Melodie ist wahrscheinlich vom ministeriellen Bureau ausgegeben), und die öffentliche Kannegießerei gipfelt in der Weisheit: „Rußland ist der Feind — der Krieg mit

Rußland ist unvermeidlich." Die ganze Schuld des neuen Balkankrieges wird auf Rußland geschoben.

* *
*

Und nun geschah das Allerunerwartetste: Rumänien erklärte, daß es seine Neutralität aufgeben wolle und mobilisiert[1]). Es will sich in Bulgarien etwas holen. Wie — dieser treue, stillschweigende Alliierte des Dreibundes schwenkt ab? Daß Rumänien es mit den Dreibundmächten hielt, davon hat es auf der Haager Konferenz Beweise gegeben: So oft England oder Rußland irgend etwas kriegshemmendes — Rüstungseinschränkung, Schiedsgerichtshof, Untersuchungskommissionen usw. — vorschlugen und Deutschland samt Oesterreich dagegen protestierten, protestierte Rumäniens Vertreter Dr. Beldimann, am allerlebhaftesten mit. Wenn die große Auseinandersetzung zwischen den zwei Mächtegruppen kommen würde, dann würde der Dreibund — so glaubte er fest — auf die Mitwirkung Rumäniens rechnen können. Und jetzt?.... Ach, daß doch endlich einmal dieses Gespenst der (gar nicht existierenden) Feindschaft der beiden Gruppen aus der Welt geschafft würde. Beide haben das gemeinsame größtmögliche Interesse: die Vermeidung eines europäischen Brandes — also ist ihre Verschmelzung in einen Sechsbund die vitalste Notwendigkeit. Das ist die Forderung, die nicht hartnäckig genug von allen, außer den kriegswollenden Parteien, erhoben werden muß.

* *
*

Damit verschwände auch jenes andere Gespenst: das „Gleichgewicht". Eigentlich werden ja jetzt alle Kriegsvorbereitungen, Kriegsdrohungen, alle politischen Berechnungen und diplomatischen Schachzüge immer nur um jenes Gleichgewichtes willen gemacht. Was war die Ursache der Riesenwehrvorlage, die eben jetzt in Deutschland bewilligt worden ist? Das durch den Balkankrieg gestörte Gleichgewicht — die Kräfte waren verschoben, ein neuer Balkanbund gebildet.... Und siehe, im Augenblick, wo die Vorlage erledigt wurde, ist der Balkanbund auseinandergefallen.

[1]) Am 4. Juli 1913.

Bei der dritten Lesung des Wehrgesetzes sagte der Sozialdemokrat Scheidemann: „Wir protestieren, wie unsere Gesinnungsgenossen aller Länder gegen das Gesetz und gegen den Geist, aus dem es geboren ist. Was ist denn erreicht mit der Vorlage? Alle Welt rüstet seit dem Augenblick; alle Welt wird von uns gezwungen, zu rüsten, und wir sind schwächer geworden als die anderen. Wenn Sie diese Vorlage ablehnen, wird es keine vierundzwanzig Stunden dauern und Frankreich verzichtet auf den dreijährigen Dienst. Das Volk will die Versöhnung mit Frankreich. Es liebt den Frieden wie Frankreich." — Solche Worte unterschreiben wir Pazifisten alle. „Ihr seid also Sozialdemokraten?" ruft man uns zu. — Das folgt nicht daraus. Wenn ein — sagen wir — ein Okkultist gelegentlich bemerkt, daß $2 \times 2 = 4$ ist, so werden Sie ihm wohl zustimmen. Sind Sie darum ein Okkultist?

* *
*

Ein Militär denkt über die Erledigung der Wehrvorlage anders als Scheidemann. So schreibt ein General a. D. in einem Artikel über die Bewilligung der Heeresverstärkungen: „Das ist fürwahr eine stattliche Leistung des deutschen Volkes! Willig unterzogen sich seine Vertreter dem Gebot, der veränderten europäischen Lage Rechnung zu tragen. Ihrer Pflicht gemäß erwirkten sie zwar Ersparnisse ($^1/_{10}$ Pfennig von 10,000 Mark. B. S.). Es mindern aber die Abstriche nicht das Wesen der Vorlage, und wohlzufrieden kann die Heeresverwaltung mit ihrem Schlachtenerfolg sein. Mit ihr das Volk, indem ihm eine Garantie (!) geschaffen ist, daß die imponierende Krafterhöhung seiner Armee neidende Völker in ihren friedensfeindlichen Bestrebungen einschränken wird. Schwer, sehr schwer sind aber die Opfer, die das Volk für das wiedererlangte Gefühl seiner Sicherheit bringen muß." „Sicherheit" ist gut.

* *
*

Kaiser Wilhelm hat sein 25jähriges Regierungsjubiläum gefeiert. Andrew Carnegie überbrachte ihm zu dieser Gelegenheit im Namen der amerikanischen Friedensvereine eine von 400 hervorragenden Männern unterschriebene Adresse und beglückwünschte den Monarchen, daß er durch ein Vierteljahrhundert den Frieden erhalten habe [1]). „Ich hoffe," antwortete Wilhelm II., „daß es mir noch weitere 25 Jahre gelingen wird." Ueberhaupt hat er anläßlich dieses Jubiläums manches erhabene Friedenswort geäußert. So heißt es in dem vom Reichsanzeiger veröffentlichten kaiserlichen Erlaß:

> „Ich danke Gott, daß ich mit Befriedigung zurückblicken darf auf die vergangenen 25 Jahre ernsten Schaffens, auf die großen Errungenschaften, welche sie dem Vaterlande gebracht haben. Daß dies unter den befruchtenden Strahlen der Friedenssonne geschehen ist, deren Kraft jedes am Horizont auftauchende Gewölk siegreich zerstreute, macht mich besonders glücklich. Ein Herzenswunsch ist mir damit in Erfüllung gegangen."

Auch bei einem weniger feierlichen Anlaß kam Kaiser Wilhelm auf die Friedensidee zurück. Bei dem Festessen des Regattavereins in Brunsbüttelkoog hielt er eine Rede, in der er die glänzende Entwicklung des deutschen Rudersports während seiner Regierungszeit hervorhob. Er sei stolz darauf, denn der Rudersport erziehe eine tüchtige Jugend und tüchtige Männer. Will der Rudersport weiterhin eine solche Entwicklung nehmen, so sei das nur möglich, wenn der Friede auch weiter wie bisher während seiner Regierungszeit erhalten bleibe.

Ganz richtig. Alles braucht den Frieden, um sich glänzend entwickeln zu können: jede Kunst, jede Industrie, jede Wissenschaft, jedes häusliche Glück. Ausgenommen natürlich die Kanonenindustrie und Verwandtes. Der Gedanke liegt nahe, daß bei solchen Gesinnungen der Kaiser zu dem Entschluß gelangt, den Frieden fernerhin nicht nur zu erhalten, sondern zu sichern; zu sichern auch über seine Regierungszeit hinaus. Möge er sich in Herbeiführung der europäischen Föderation an die Spitze stellen. Er hat die Macht dazu. Und das Herz dazu.

* * *

Im englischen Unterhause kam eine Rede des Grafen Gleichen zur Sprache, der Brigadegeneral und Kommandeur von

[1]) Siehe oben II. Bd. Seite 494.

Belfast ist. Er habe gelegentlich eines Banketts beim Lord-Mayor von Belfast geäußert, daß Leute wie Keir Hardie, Andrew Carnegie und andere Friedenshelden an Gehirnerweichung litten. Er habe mit Vergnügen gehört, daß die Regierung im Begriffe sei, ein Institut für Geistesschwache zu errichten, und hoffe, daß die genannten Herren darin Aufnahme finden werden. Als Soldat müsse er beklagen, daß man gegenwärtig nicht mehr vom Krieg spreche. — Mr. Swift Mac Neil stellte die Anfrage, ob es erlaubt sei, daß ein Offizier in der Oeffentlichkeit derartige Reden halte. Der Fall ist interessant. Erstens, weil darüber interpelliert wurde, zweitens, weil der betreffende englische General ein Deutscher ist, ein Sohn des Prinzen Victor Hohenlohe-Langenburg — und als Soldat bedauerte, nicht mehr vom Krieg — einem Kriege gegen Deutschland — sprechen zu hören; drittens, weil der Vertreter des Kriegsministeriums dem Interpellanten antwortete, daß Graf Gleichen erklärte, daß seine Worte in der Presse nicht ganz richtig wiedergegeben waren, und zugleich, daß er für jede unbewußt getane Beleidigung Abbitte geleistet habe. — So weit sind wir auf dem Festlande nicht. Pazifisten werden nicht in Schutz genommen, wenn ein hoher Militär sie öffentlich angreift. Uebrigens finde ich, daß ein Kriegsanhänger zu solchem Angriff ein gutes Recht hat.

* *
*

König Konstantin hat an seine Griechen einen Aufruf erlassen: „Ich rufe mein Volk zu neuem Kampfe!" — Dann werden die Sünden Bulgariens aufgezählt, und zum Schlusse heißt es: „Auch dieser Kampf wird von Gott gesegnet, wie der erste, und diesen Segen flehe ich heute auf uns herab." Die geographische Lektion wird durch neue Verhaltungsmaßregeln für den Segenspender modifiziert. O Blasphemie!

Ende des Beuteaufteilungskrieges. — Ein neues Schlagwort: Gleichgewicht; die Politik der Balancierstange. — Der Bukarester Friede. — Vergleichende Berechnung der Verlustziffern. — Weitere Probleme und Gefahren. — Greueltaten, gegenseitige Anklagen. Eine Depesche König Konstantins. — Barbarisierung der Luft. — Der Prozeß Krupp. — Die Sanktion der internationalen Polizei.

August 1913.

Vier Wochen lang hat der Beuteaufteilungskrieg auf dem Balkan gewütet, dann kam ein fünftägiger Waffenstillstand, schließlich der Antrag zu dessen dreitägiger Verlängerung [1]). Es genügt also ein Entschluß, ein Befehl, und das unvermeidliche Elementarereignis „Krieg" hört auf. Gibt das nicht zu denken? Für acht Tage kann man „Die Waffen nieder" dekretieren, damit unterdessen Zeit und Muße ist, am grünen Tisch über Grenzdemarkationen zu verhandeln? Warum versucht man nicht einmal, ein solches Dekret für acht Monate, für acht Jahre — für immer — zu erlassen, um Zeit und Muße zu haben, durch Arbeit, Studium und Tat das Leben der Menschheit zu immer höherer Entfaltung zu bringen? Das gegenseitige Morden, Dörferanzünden, Augenausstechen, Brückensprengen, Leichengiftverbreiten ist doch wirklich keine sehr zweckentsprechende Methode. Selbst auf den Schlachtfeldern versagt sie schon und bringt keine Entscheidung mehr. Früher galt doch erobertes Gebiet als unbestreitbares Eigentum: jetzt rücken die Sieger irgendwo hinein und müssen auf Grund von Abmachungen Unbeteiligter wieder hinausrücken. Die Soldaten erkämpfen, die Diplomaten erfeilschen die Ver-

[1]) Am 30. Juli 1913 trat die Friedenskonferenz der Balkanstaaten in Bukarest zusammen. Der Waffenstillstand, der zuerst für fünf Tage festgesetzt wurde, wird später um drei Tage verlängert. Am 7. August 1913 wird der Präliminarfrieden, am 10. August der endgiltige Frieden unterzeichnet.

teilung des Erkämpften, und schließlich kommen noch die Mächte und „überprüfen" das Erfeilschte.

* * *

Und nach welchem Grundsatz wird gekämpft, verhandelt, geprüft? Man sollte glauben, es gäbe da nur einen: Gerechtigkeit. Das ist aber gerade das einzige Prinzip, das bislang niemals beachtet worden ist. — Seit Urzeiten hieß es Gewalt und Macht. Die Bemühung, an Stelle dieser beiden Recht und Billigkeit zu setzen, die führt den Namen Pazifismus, und es ist ihr ja schon gelungen, sichtbare und wirksame Organe in die Erscheinung zu rufen. Das Haager Tribunal steht da. Aber unfertig. Noch kann es von den Liebhabern der Macht und der Gewalt unbeachtet bleiben. In jüngster Zeit ist im politischen Felde ein neuer Fetisch aufgetaucht: Gleichgewicht. Schlagworte sind wie Moden; sie verbreiten sich mit derselben Raschheit, sie erfreuen sich derselben Beliebtheit und sie drängen sich mit derselben Tyrannei auf, wie — neue Hutformen oder ein neuer Gesellschaftstanz. Das durch den Balkankrieg verschobene Gleichgewicht der europäischen Allianzen diente als Begründung der deutschen Milliardenwehrvorlage und der darauf folgenden dreijährigen Dienstzeit in Frankreich; das mangelnde Gleichgewicht zwischen den Balkanverbündeten zwang sie, sich zu zerzanken und sich zu zerfleischen; Rumänien konnte kein Uebergewicht der Bulgaren dulden und rückte mit 500,000 Mann dagegen aus, war aber sofort bereit, falls Bulgariens Gegner ein Uebergewicht gewännen, auch gegen diese sich zu kehren. Die patriotische Begeisterung der Rumänen hätte sich heute in Haß gegen die Bulgaren, morgen gegen die Serben und Griechen äußern müssen, je nach den Erfordernissen des Gleichgewichts. Alle Verhandlungen über Grenzregulierungen berufen sich auf das Gleichgewichtsbedürfnis. Der König von Griechenland in seiner Proklamation, die Delegierten auf der Bukarester Konferenz, alle gebrauchen sie das Zauberwort. Sogar im französischen Senat bei der Verhandlung des Gesetzes über die dreijährige Dienstzeit führte General Pau unter allgemeinem Beifall aus: „Es genügt nicht, stark zu sein, wir müssen auch dem Gegner Respekt vor unserer Kraft einflößen. Dazu ist notwendig, aus unserer militärischen Organisation jedes dem Gleichgewicht der Kräfte widersprechende Prinzip auszuschalten. Anders handeln, hieße den Gegner in Versuchung führen." Um recht sicher zu ruhen — das hat man uns schon lange gelehrt —, müssen die Staaten sich auf Bajonette setzen; und um sich in dieser bequemen Stellung zu erhalten, müssen sie — das ist die neueste Errungenschaft — eine Balancierstange handhaben.

* *
*

Der zweite Balkankrieg — nämlich der Beuteverteilungskrieg zwischen den Siegern des ersten — ist zu Ende. Am 7. August verkündete die europäische Presse den „Frieden von Bukarest" und jubelte, daß nun die Welt von dem Alp dieses fürchterlichen Krieges befreit ist, und die Gefahr einer europäischen Konflagration nicht mehr droht. Nicht dieser Krieg war ein Alp, sondern der Krieg als Institution lastet schwer auf der menschlichen Gesellschaft, und die Gefahr eines europäischen Brandes ist so lange nicht behoben, als die beiden Mächtegruppen sich nicht zusammenschließen. Nicht der „Frieden von Bukarest" bringt irgendwelche Bürgschaft oder Erlösung, wohl aber kann der Verlauf des Balkankrieges dem übrigen Europa den Anstoß geben, sich zu diesem rettenden Zusammenschluß aufzuraffen. Auf der kleinen Halbinsel standen sich eine Million und zweimalhunderttausend Soldaten gegenüber, und die addierten Ziffern der Toten — ohne die Ermordeten und die Opfer der Cholera und anderer Epidemien dazuzurechnen — ergeben die Zahl 350,000. Die finanziellen Kosten betragen fünf Milliarden *). Ich möchte den Mathematikern des Gleichgewichts raten, einmal statt der Balancierstange eine Wage und eine Rechentafel zur Hand zu nehmen und folgende Abwägungen und Berechnungen vorzunehmen: 1. Wie verhalten sich die gegebenen Verluste zu den durch den ganzen Feldzug erreichten Gewinnen? Was hätten jene Länder mit den geopferten Menschenkräften unter Anwendung der geopferten Geldkraft an Kulturfortschritten erreichen können? 3. Wie hoch würden sich

*) Diese Ziffern sind der Schätzung eines Korrespondenten des „Corriere della Sera" entnommen, der sämtliche Balkanschlachtfelder besucht hat. Die 500,000 Mann starke mobilisierte Armee Rumäniens ist nicht eingerechnet, da sie ja nur einen widerstandslosen Spaziergang gemacht hat.

die Verluste beziffern, wenn statt der kleinen Balkanstaaten die europäischen Großmächte miteinander Krieg führten?

* *
*

Uebrigens ist der ganze „Balkanfrieden" ziemlich prekär. Er wurde aus purer Erschöpfung geschlossen. Bulgarien in seiner Not, bedrängt von fünf Feinden, muß alle diktierten Bedingungen annehmen, tut es aber unter dem Vorbehalt, daß es auf eine Revision der Mächte oder auf eine künftige Revanche hofft. Versöhnung, Verbindung liegt da nicht vor, sondern ein durch gegenseitiges Gemetzel und gegenseitige Verleumdung gesäter ungeheurer Haß. Zudem ist noch eine große ungelöste Komplikation da: Die totgeglaubten Türken sind wieder in Adrianopel einmarschiert[1]) und die türkische Armee schwört, daß sie freiwillig die heilige Stätte nicht wieder hergeben wird. Und vom Standpunkte des Kriegsrechts hat sie ganz recht. Jetzt kommt noch die Frage der ägäischen Inseln dazu, und außerdem das unfertige neugeschaffene Albanien, über dessen Südabgrenzung und Thronbesetzung man sich in London noch wird die Köpfe zerbrechen müssen. Ueberhaupt, der Sonderbarkeiten und der Nochniedagewesenheiten bietet die ganze Balkanwirrnis eine Fülle. Diese Spontangeburt eines selbständigen Kulturstaates aus einem blutrache-treibenden Bergvolke heraus; dann dieses andere Novum und Unikum: der Einmarsch einer halben Million Bewaffneter ins Nachbarland, wobei es zu keinem Schuß und zu keinem Schwertstreich kommt, weil der Ueberfallene gar keine Verteidigung versucht. Die grausame Invasion (denn grausam ist es doch, einen schon halbtot am Wege Liegenden fünfmalhunderttausend Pistolen an die Brust zu setzen: „den Streifen Turtukaja bis Baltschik oder das Leben") endet mit einem Depeschenwechsel zwischen Zar Ferdinand und König Carol, worin der letztere von den langjährigen guten Beziehungen spricht, die durch die letzten Ereignisse „ungetrübt geblieben sind." Man muß sich an die Stirne greifen und fragen: Ist das alles ein Kapitel Weltgeschichte oder Operettentext?

* *
*

[1]) Am 22. Juli 1913.

Die Rubrik „Greueltaten" ist in den letzten Wochen dieses Krieges wieder ungeheuer vermehrt und von den Angeschuldigten heftig dementiert worden. Da bliebe immer noch eine Masse gegenseitiger Verleumdungsgreuel übrig. Aber die Kriegsgeschichte aller Zeiten und aller Länder zeigt, daß Verwüstungen, Verstümmelungen, Plünderungen, Mordbrennereien usw. die unausbleiblichen Begleiterscheinungen der Schlachten sind. C'est la guerre. Da hilft kein Leugnen: Hier einige Muster der gegenseitigen Anklagen: „Sofia, 21. Juli. Der Kommandant der zweiten Armee meldet: Die Serben haben die Stadt Radowischta in Brand gesteckt und die Bevölkerung niedergemetzelt. Die bulgarischen Dörfer (folgen sieben Namen) sind von den Griechen zerstört worden. Ein Teil der Bevölkerung ist mit den Bulgaren zurückgezogen. Alle diejenigen, die nicht rechtzeitig flohen, sind von den Griechen niedergemacht oder verbrannt worden." — „Saloniki, 24. Juli. Von der Bevölkerung von Doxato, angesichts der mit vier Feldgeschützen herannahenden Bulgaren, waren etwa 100 Einwohner zurückgeblieben, die sich in ihren Häusern einschlossen. Sie sahen sich den ärgsten Ausschreitungen der bulgarischen Truppen preisgegeben. Frauen, Kinder und Greise wurden schonungslos massakriert, die Frauen geschändet und Säuglinge von den Soldaten auf die Bajonette gespießt oder durchs Fenster auf die Straße geworfen. Auch Offiziere beteiligten sich an den Greueltaten sowie Zivilbeamte, darunter der Friedensrichter Bassow und der Polizeichef Pristow." Dieser vom griechischen Preßbureau veröffentlichte Bericht scheint mir als ein Muster der Verleumdungsmethode gelten zu können; die bajonettgespießten Kinder klingen mir doch zu unglaubwürdig und mahnen an die Kriegsszenen mittelalterlicher Holzschnitte. Dagegen kann doch der folgende Bericht über das Ergebnis der Untersuchung des österreichisch-ungarischen und italienischen Konsuls in Saloniki nicht als eine tendenziöse Erfindung gelten: „19. Juli. Die bulgarischen Truppen verließen Serres auf die Meldung von der Niederlage der bulgarischen Streitkräfte bei Lahara. Sie kehrten dann aber auf die Höhen vor der Stadt zurück und begannen, ohne jeden Anlaß, wohl wissend, daß kein griechischer Soldat in Serres anwesend war, die Stadt zu beschießen. Mehrere Abteilungen mit Offizieren, auch viele Komitatschis, drangen in die Stadt ein und begannen mit Brandlegung und Gemetzel. Man erkannte mehrere Offiziere. Ganz besonders betätigte sich der Sekretär des Generals Bulkow." Zum Schluß sei noch die Depesche festgehalten, die der

König von Griechenland an das Ministerium des Aeußern nach Athen gerichtet hat: „Das Hauptquartier der 6. Division meldet: Bulgarische Soldaten haben auf Befehl ihres Hauptmannes den Metropoliten von Demir Hissar, zwei Priester und mehr als hundert Notabeln in den Hof der Schule geführt und dort getötet. Bulgarische Soldaten haben zu gleicher Zeit zwei Mädchen geschändet. Ein Mädchen, das Widerstand leistete, wurde grausam ermordet. Protestieren Sie in meinem Namen bei den Vertretern der zivilisierten Mächte gegen diese Unholde in Menschengestalt; protestieren Sie auch bei der ganzen zivilisierten Welt und erklären Sie, daß ich mich zu meinem Bedauern gezwungen sehen werde, Rache zu üben, um den Unholden Schrecken einzuflößen und sie zur Besinnung zu bringen, bevor sie wieder ähnliche Verbrechen begehen. Die Bulgaren übertreffen alle Greuel der vergangenen barbarischen Zeiten und beweisen, daß sie kein Recht mehr haben, sich unter die zivilisierten Völker zu rechnen. König Konstantin."

Dieses Recht, Ew. Majestät, hat keines der zeitgenössischen Völker, solange diese die barbarische Institution des Krieges beibehalten, solange man, um Unholden Schrecken einzuflößen, sich gezwungen sieht, anzukündigen, daß man selber — um Rache zu üben — als Unhold auftreten will. Rache für Taten, die vielleicht auch Rache waren, und die auch wieder Rache hervorrufen werden, und so ins Unendliche. Wo ist das erste und wo das letzte Glied dieser unseligen Kette?

* *
*

Barbarisierung der Luft. Eine Depesche vom 29. Juli aus New York meldet, daß der Flieger Masson über dem Hafen Guogmas eine Bombe warf, wodurch das mexikanische Kanonenboot „Tambico" zerstört wurde. Die Nachricht ist weder verblüffend, noch ist sie bestätigt. Das Barbarische liegt in dem Kommentar, den der fachmännische Mitarbeiter der „Presse" an die Mitteilung knüpft. „Die Kriegsgeschichte hat ein wichtiges Ereignis zu verzeichnen," so beginnt der zwei Spalten lange Artikel. Nun wird in die Zukunft geblickt: „In allen Armeen gibt es bereits ein ganzes Arsenal von Geschossen und Abwurfsvorrichtungen, um der Gefechtstätigkeit von Luftfahrzeugen, die bisher auf Nachrichtendienst beschränkt war, ein neues Gebiet zu eröffnen. In einem künftigen Kriege werden die

Luftfahrzeuge schwere, mit hochexplosiblen Präparaten gefüllte Bomben, Handgranaten und Brandgeschosse an Bord führen und der kriegerische Zerstörungs- und Vernichtungsakt wird noch ungeheurere Erscheinungsformen annehmen. Kriegshäfen und Festungen, Munitionsmagazine werden das Ziel feindlicher Aeroplanflüge sein." Und so weiter — die Beschreibung der entsetzlichen Wirkungen geht eine Zeitlang so fort und nun kommt die Schlußfolgerung. Man erwartet etwas wie den Vorschlag, daß die nächste Haager Konferenz wieder das Verbot des Bombenwerfens aus Luftfahrzeugen erneuern solle, oder doch eine Betrachtung, daß dies nicht so fortgehen könne.... aber im soldatischen Denkapparat vollziehen sich die Schlüsse in ganz anderer Weise: „Wir haben heute kein besseres Abwehrmittel gegen Bombenwurf aus Flugzeugen, als die Bekämpfung der feindlichen Aeroplane durch eigene Flugmaschinen. Eine reichliche Dotierung der Flotten und Kriegshäfen mit Flugmaschinen gibt die Möglichkeit, ähnliche Resultate zu erzielen, wie der Amerikaner Masson." Kurz, die Moral ist: „wir brauchen, dringend und massenhaft, armierte Flieger". Und schöne Damen veranstalten Blumentage zugunsten unserer Luftflotte.

* *

*

Der durch die Enthüllungen des Abgeordneten Liebknecht notwendig gewordene Krupp-Prozeß ist geführt worden[1]). Zuerst sollte dies mit Ausschluß der Oeffentlichkeit geschehen. Der Prozeß wurde dennoch öffentlich, aber er wurde daneben geführt. Was aufgedeckt werden sollte: die große internationale, mit Milliarden-Interessen die ganze Welt umspannende Zusammenarbeit der Waffenindustrie in hohen und höchsten Kreisen, das hat sich im Gerichtssaal in das Vergehen einiger subalterner Angestellter verwandelt, die über belanglose Fabrikationsdetails ein paar indiskrete Aufschlüsse gegeben hätten. Die eigentliche, unheimliche Frage von

[1]) In der Reichstagssitzung vom 18. April 1913 machte der Abgeordnete Liebknecht zuerst Mitteilungen über geheime Machenschaften der Rüstungsindustrie, die im weitern Verlauf zu einem Verfahren gegen Angestellte der Firma Krupp führten. Der Prozeß endigte am 5. August 1913 mit der Verurteilung von sieben Militärbeamten zu Gefängnisstrafe, und am 8. November durch die Verurteilung des Krupp-Agenten Brandt zu Gefängnis und eines andern Krupp-Beamten zu einer Geldstrafe.

der Verbindung der Kriegsfurchtmacher mit der Kriegswerkzeugs-Industrie — die ist gar nicht zur Sprache gekommen.

* *
*

Die Lage auf dem Balkan (während ich dieses schreibe) ist noch gar nicht geklärt. Die Türken in Adrianopel bereiten den „Mächten" eine arge Verlegenheit. Zur Durchsetzung ihres Willens — nämlich, daß die Londoner Abmachung respektiert werde — haben sie keine Handhabe. Europa, das embryonale Europa, dessen Herz man ja schon schlagen sieht, in dessen Gehirn schon ein Wille erwacht ist — hat noch keine Organe. Auf dem Programm des diesjährigen Friedenskongresses [1]) steht ein Punkt, dessen hohe Wichtigkeit durch die gegenwärtige Lage deutlich illustriert wird: Die Sanktion einer internationalen Polizei. Was jeder Rechtsstaat braucht, um seine Urteilssprüche den Staatsangehörigen gegenüber geltend zu machen: Die Gendarmerie im Hintergrund; das wird auch die Rechtsgemeinschaft der verbündeten Staaten brauchen. Alles das kommt langsam, aber es kommt. Die kranke Welt will genesen. Die Gesundheitsmittel sind entdeckt: Wasser, Luft und Licht sind die Elemente der physischen — Recht, Freiheit und Wohlwollen der politischen Hygiene.

[1]) Der im August 1913 im Haag zusammentrat.

Das Ende des Balkankriegs. — Die Zukunft im Lichte der Tagesbefehle. — Adrianopel wieder türkisch. — Die Einweihung des Friedenspalastes. — Telegramm des Zaren. — Die Katastrophen auf den Übungsplätzen. — Die F-Strahlen des Italieners Ulivo. — Die Cholera. — König Konstantin lobt die deutsche Kriegskunst. — China und Japan. — Nationalistisches Harakiri. — Zuversicht trotz alledem.

Wien, 13. September 1913.

Der Friede — was man so Friede nennt — ist in Bukarest unterzeichnet worden und hat dem Beuteverteilungskrieg zwischen den Balkanverbündeten ein Ende gemacht — was man so ein Ende nennt. Nämlich Atemschöpfen bis zum nächsten Krieg. Vielleicht werden die Ereignisse die Dinge anders gestalten, aber im Sinne der Friedensunterzeichner dominiert der Begriff: Revanche. Nicht etwa im stillen: es wird gar kein Hehl daraus gemacht. So hat König Ferdinand am Tage nach dem Friedensschluß in einem Armeebefehl folgendes gesagt:

> „Von allen Seiten bedrängt, mußten wir den Bukarester Frieden unterzeichnen, da unser Vaterland nicht imstande war, mit seinen fünf Nachbarn zu kämpfen, ohne Gefahr zu laufen, alles zu verlieren. Erschöpft und ermüdet, aber nicht besiegt, mußten wir unsere glorreichen Fahnen für bessere Zeiten zusammenfalten. Möge Gott euch alles lohnen, was ihr getan habt. Erzählt euren Kindern und Enkelkindern von der Tapferkeit unseres Heeres und bereitet sie vor, das ruhmvolle Werk zum Abschluß zu bringen, das ihr begonnen habt."

Wie es scheint gibt es im Kriege immer Sieger, aber niemals Besiegte; denn wenn das von fünf Nachbarn wehrlos gemachte Land von sich verkünden darf, daß es nicht besiegt ist, wann tritt dann dieser Zustand eigentlich ein? Und wenn alles, was ein Feldzug bringt — ob Gewinn oder Verlust —, „glorreich" und „ruhmvoll" ist, worauf sind die Gewinnenden so besonders stolz? Das Stechen, Hauen, Schießen, Plündern, Brennen selber — auch wenn es seinen Zweck nicht erreicht — gilt als das Bewundernswerte, als das Getane, „das Gott lohnen möge".

* * *

Aber auch die tatsächlichen Sieger betrachten den Frieden nicht als definitiv, erachten das Erreichte nicht als befriedigend. In dem nach dem Friedensschluß vom König Konstantin erlassenen Tagesbefehl heißt es:

„Unser Werk ist jedoch nicht vollendet. Griechenland muß stark, sehr stark werden. (Freuet euch, Krupp, Armstrong, Schneider!) Ich werde ohne Unterlaß arbeiten, um dieses Ziel zu erreichen. Bewahret den unumstößlichen Beschluß unser Aller, Griechenland militärisch sehr stark, von seinen Freunden geachtet, seinen Feinden furchtbar zu machen."

O, dieser Ehrgeiz nach dem Furchtbarsein! Lebt denn in unserer Zeit wirklich noch das Tamerlan-Ideal?

* * *

Kaum hatte man aus Bukarest verkündet, daß der Balkankrieg zu Ende sei, so machte sich, unter Enver Bey, die türkische Armee auf den Weg und nahm sich Adrianopel zurück. Das mit Tausenden von Blutopfern aufgepflanzte Kreuz wurde wieder durch den Halbmond ersetzt. Darüber Jubel in Konstantinopel, und die türkischen Heerführer wollen das ganze verlorene Gebiet zurückerobern, ja sogar bis Sofia vordringen. Die Bulgaren können sich nicht wehren, aber die Türken können die Hunderttausende im Felde stehenden Soldaten nicht ernähren. Und so kommt es zu direkten Friedensverhandlungen zwischen den beiden Gegnern[1]). Sie werden sich wahrscheinlich einigen, möglicherweise sogar ein Bündnis schließen. Das wäre doch der allerironischste Abschluß des mit so frommem Pomp unternommenen Kreuzzuges[2]).

* * *

[1]) Der türkisch-bulgarische Friedensvertrag wurde am 29. September 1913 abgeschlossen.

[2]) Dieser ironische Abschluß ist 1915 eingetroffen!

Genug vom Balkan. Es gibt auch lichtere Bilder in der Zeitgeschichte. Im Haag wurde der Friedenspalast feierlich eröffnet[1]). Alle Glocken der Stadt läuteten dazu: die internationale Völkerjustiz ist in ein prunkvolles Heim eingezogen. Sichtbar, greifbar steht der stolze Bau nun da: Tempel, Symbol und Arbeitsstätte. So ist der Genius des Friedens wenigstens nicht mehr obdachlos. Die Wirkung, die von diesem Monument ausstrahlen wird, ist noch unberechenbar. Andrew Carnegie hat der Welt ein Geschenk gemacht, das ihm ein paar Millionen gekostet hat, das aber, wenn es seine Bestimmung erfüllt, der Welt ungezählte Milliarden ersparen wird. Daß rings im Heer der Verständnislosen zu dem ganzen Bau, zu der ganzen Zeremonie gelächelt wurde, und auf den als Gegenargument gebrauchten Kontrast des Balkankrieges und der Rüstungssteigerungen hingewiesen wurde, das verschlägt nichts. Es ist noch nichts Neues und Großes in die Welt getreten, das nicht vom Hohngelächter der Toren begleitet worden ist.

* *
*

Der Zar hat folgendes Telegramm[2]) an die Königin der Niederlande geschickt:

„Ich bitte Eure Majestät, meine herzlichsten Glückwünsche anläßlich der feierlichen Einweihung des Friedenspalastes entgegenzunehmen. Ich hege die aufrichtigsten Wünsche, daß dieses Gebäude, welches bestimmt ist, den Gedanken des internationalen Schiedsspruches zu symbolisieren, zu dem Friedenswerke, das mir seit jeher am Herzen gelegen ist, beitragen und ein neues Band zwischen den Nationen werden möge, indem es ihnen als Mittelpunkt dient, wo die Streitigkeiten, die sie trennen, geschlichtet werden sollen.

Nikolaus."

Dieses Telegramm ist eine rückhaltlose Gesinnungserklärung, die sich genau mit dem Manifest von 1898 deckt. „Und der Krieg mit Japan," werden die ewigen Verneiner fragen, „warum wurde der nicht durch einen Haager Schiedsspruch verhütet?" — Nun, die Unterrichteten wissen, daß der Zar den Krieg nicht wollte. Andere waren

[1]) Am 28. August 1913.
[2]) 29. August 1913.

es, die ihn herbeigeführt haben. Nikolaus war entschlossen, den Streit im Haag schlichten zu lassen. An einem gewissen Tage, nachmittags 2 Uhr, sollte der Minister des Aeußern den nötigen Schritt ausführen, da geschah es, daß am Abend zuvor die Japaner, ohne Kriegserklärung, Port Arthur beschossen — und da war die Furie entfesselt.

* *
*

In erschreckender Weise mehren sich die Katastrophen, die in Friedenszeiten durch Kriegsapparate verursacht werden. Auf dem Steinfeld bei Wiener-Neustadt fand neuerlich die Explosion eines Pulvermagazins statt, wodurch mehrere Menschen in Stücke zerrissen wurden; im Hafen von Pola platzte beim Probeschießen ein Schiffsgeschütz, das dem Vizeadmiral Grafen Lanyus beide Beine zerschmetterte; der Beklagenswerte starb nach unsäglichen Qualen; bei Helgoland endlich manöverierte über den Schlachtschiffen ein Zeppelin. Er hat 2000 Meter hochsteigen müssen, „um vor den Schüssen der Schiffe sicher zu sein"; in dieser Höhe ergriff ihn ein Sturm und schleuderte ihn ins Meer — siebzehn Menschen in den Fluten begrabend [1]). Mit Tötungsübungen beschäftigt, wurden die Betreffenden getötet. Alle diese Sprengmittel und Luftvehikel werden immer riesenhafter und gefährlicher; schließlich wird, wenn das so fortgeht, die Kriegstechnik ihre eigenen Maschinen und deren Bediener vernichten, was ja im Grunde auf dem Manöverfelde nicht tragischer als auf dem Schlachtfelde ist. Wenn nun auch noch die vom italienischen Ingenieur Ulivo erfundenen F-Strahlen, die drahtlos auf Distanz jegliches Objekt vernichten, zu Uebungszwecken probiert werden, so kann man damit zufällig nicht nur ein Pulvermagazin, sondern das ganze Steinfeld in die Luft fliegen lassen. Die Vertreter der Staaten, die alle diese Mordwerkzeuge eingestandenermaßen gegeneinander konstruieren und probieren, können dann wieder, krokodiltränengefüllten Auges, Kondolenzdepeschen austauschen.

* *
*

Kriege können lokalisiert werden. Zum Glück (und zur Ehre der europäischen Regierungen), dem Balkankriege ist es

[1]) 9. September 1913.

nicht erlaubt worden, seine Flammen über die Grenzen hinübergreifen zu lassen. Aber gegen zweierlei Kriegsfolgen gibt es keine Grenzabsperrung: finanzielle Schäden und Seuchen. Die Depression im Handel, die der Balkankrieg verursacht hat, hat sich bis nach Argentinien fühlbar gemacht, und die Cholera, das unheimliche Gespenst, ist auf dem Wege zu uns. Sie hat unzählige Opfer unter den Kriegführenden und unter dem kampflos promenierenden Heere Rumäniens gefordert, und jetzt zeigt sie sich schon in Ungarn. Ob die fürchterliche Geißel anwächst und sich verbreitet — wer kann's wissen? Hoffen wir, daß die gesteigerte hygienische und medizinische Kunst die Seuche meistern wird. Wir wehren uns ja so tapfer und so geschickt gegen alle erdenklichen Uebel. Aber die Quelle des Uebels zu verstopfen?.... Warum nicht gar: Utopie.

* *
*

Etwas unsäglich Kindisches spielt sich eben ab. Der König von Griechenland hat aus der Hand seines Schwagers den Marschallsstab erhalten[1]). Darauf hielt er eine Dankesrede und lobte die deutsche Kriegskunst. Darob Beleidigung in Frankreich — die griechische Armee hat ja doch französische Instruktoren, also darf ein Grieche (der übrigens ein Däne ist) die deutsche Kriegsschule, in der er studiert hat, nicht preisen. Noch dazu, wenn man eben einen Besuch in Paris angesagt hat. Die nationale Empfindlichkeit dreht sich hauptsächlich um alles Soldatische. Diplomaten bemühen sich nun, die Worte des Königs zu erklären, abzuschwächen, zu entschuldigen... aber nun kommt hinzu, daß König Konstantin eine Einladung angenommen hat, die deutschen Manöver des kommenden Jahres mitzumachen.... Das sind doch gräßliche Verwicklungen.

* *
*

Und wie wird die Sache zwischen China und Japan enden? Auch dort drängt ein akuter Nationalismus, der sich bis zum Harakiri versteigt, zum Kriege. Japaner, die in Nanking wohnen, sind

[1]) Am 8. September überreichte Kaiser Wilhelm dem in Berlin anwesenden König Konstantin den Marschallstab.

in der chinesischen Revolution getötet worden; dafür verlangt die japanische chauvinistische Partei von China eine demütigende Genugtuung — und um das zögernde Ministerium des Aeußern zu schneller Tat, womöglich zum Einmarsch aufzustacheln, schlitzt sich einer im Ministerpalais den Bauch auf[1]). Wirklich, es ist, als ginge eine Woge von Kriegswahnsinn über die Welt.... Wird sich noch rechtzeitig eine Flut des Friedenswillens erheben, die jene unselige Woge verschlingt?

* *
*

Ja, trotzalledem, es wird. Denn mit einem Fragezeichen will ich nicht schließen. Dieser krumme Schnörkel paßt nicht in das Wappenschild von Fortschrittskämpfern. Ihr Speer heißt Wagemut und ihr Panzer: Zuversicht.

[1]) Am 5. September 1913 wird der politische Direktor des Ministeriums des Aeußern in Tokio, Abe, ermordet. Einer der Mörder schlitzte sich den Bauch auf. Der Grund des Mordes und des Selbstmordes war Unzufriedenheit mit der schwachen Auslandspolitik der Regierung.

Der Balkan und kein Ende. — Triumph des Maschinengewehrs. -- Aus dem Motivenbericht der italienischen Regierung. Europäischer Staatenbund. — Heeresverstärkung in Oesterreich. — Die chinesische Republik. — Vorbereiteter Bürgerkrieg in Irland. — Präsident Poincaré in Madrid. — Das Gleichgewicht im Mittelmeer. — Die Vollendung des Panamakanals.

Schloß Stockern, Oktober 1913.

Immer noch muß man vom Balkan reden. Die Friedensschlüsse und Kriegsausbrüche wechseln dort in rascher Folge miteinander ab; es wird mobilisiert, demobilisiert und wieder mobilisiert; nachdem Verbündete sich verfeindet haben, verbünden sich Feinde — man muß nur die zwischen Türken und Bulgaren gewechselten Freundschaftsversicherungen lesen —; trotz der verschiedenen eingetretenen offiziellen Kriegseinstellungen wird ununterbrochen weiter gekämpft, geplündert und gesengt; nebstbei kommt es zu einem richtigen Albanesenaufstand und Griechen und Türken rüsten gegeneinander, um über ein paar ziemlich bedeutungslose Differenzen einen neuen Feldzug zu inszenieren. Wenn einmal die Geschichte dieser Balkanereignisse wahrheitsgetreu geschrieben würde, so müßte sich daraus mit Sonnenklarheit die ganze Absurdität ergeben, die dem Begriffe „Krieg" in unserer Gegenwart anhaftet. Dreifach absurd, wenn man ihn in Gedanken in unser Westeuropa und in die Zukunft versetzt.

* * *

Den serbischen Truppen ist es schnell gelungen, die von ihren Bergen herabgestiegenen albanesischen Rebellen zu vernichten. Treuzot'sche Kanonen und das Maschinengewehr haben sich bewährt. Zum ersten Male wurde das Maschinengewehr von den Franzosen in Madagaskar erprobt. Der General beschrieb die Wirkung dieser Waffe mit folgenden Worten: „Die Geschosse klatschen in die Reihen, das Blut spritzt auf, das Fleisch fliegt in Stücken herum und auf dem Kampfplatz bleibt eine breiige, formlose Masse." Wahrlich: ein befriedigender Nutzeffekt — wie der militärisch-technische Ausdruck lautet.

* *
*

Bei der letzten Eröffnung des italienischen Parlaments brachte die italienische Regierung in ihrem Motivenbericht u. a. folgendes vor: „Die Tatsache, daß es infolge des einträchtigen Willens der Großmächte gelang, große Konflikte zu verhüten, ist ein Argument, das zur Hoffnung berechtigt, daß eine lange Periode des Friedens für Europa beginnt" (wir lebten schon in einer solchen langen Periode, als der lybische Feldzug sie unterbrach!). „Indes der Friede, der das höchste Interesse der Völker ist" (dies ist eine Konzession an den pazifistischen Gedanken. Es gibt aber Kreise, deren höchstes Interesse der Krieg ist, das wird freilich nur in Armeezeitungen und in Wehrvereinsversammlungen verkündet, und nicht in Regierungskreisen), „ist nicht sicher, wenn man nicht ein dauerhaftes Gleichgewicht der Kräfte" — (décidément; „Gleichgewicht" ist jetzt das beliebteste Schlagwort) „zwischen den verschiedenen Mächten aufrechterhält, und wenn somit nicht auch unsere Streitkräfte zu Wasser und zu Land (da haben wir's wieder, das verlogene para bellum-Argument) in dem Verhältnis aufrecht erhalten werden, das seiner politischen Lage, sowie der Bedeutung der großen Interessen, welche es wahren muß, entspricht." — Welche Interessen? Das sollte doch einmal genau präzisiert werden. Das Publikum gibt sich mit dem so vagen Begriff „Interessen" zufrieden, besonders wenn er durch den Zusatz „vital" verstärkt wird. Man fragt nicht nach der substantiellen Begründung — die am ehesten in den Kreisen der Waffenindustrien und ihrer Aktionäre gefunden werden könnten, oder unter den Schachspielern des Machtprestiges. Was für Interessen aber durch die Rüstungsanspannung geschädigt werden, darnach frägt man schon gar nicht und daß das höchste Interesse der Völker der Frieden sei, wie einen Augenblick früher zugegeben wurde, das ist schon ganz vergessen, und mit keinem Wort wird darauf hingedeutet, daß es ja schon eine Bewegung, schon Institutionen gibt, die für die Sicherung des Dauerfriedens ins Leben getreten sind und des Ausbaues und der Anwendung harren. Solches wird mit keinem Wort erwähnt, es wird absichtlich totgeschwiegen. Dies muß von seiten

Italiens besonders wundernehmen, wenn man bedenkt, wie vor dem lybischen Feldzug dieses Land in der Pflege des Pazifismus vorgeschritten war; wie mehr als zwei Drittel der Kammern der interparlamentarischen Union angehörten; wie der italienische Sekretär dieser Union (Marchese Pandolfi) die Idee eines europäischen Staatenbündnisses anregte.

Wenn auch nicht als erster: schon Victor Hugo hat die „Etats unis d'Europe" gefordert, und Lemmonier hat seine Zeitschrift so betitelt. Schlief war auch ein Verkünder des Staatenbundes, Novicow schrieb seine „Fédération de l'Europe", und heute ist es Sir Max Wächter, der diese Ideen verficht. Man sollte glauben, daß der Moment zur Verwirklichung gekommen sei. „Europa" ist schon mehr als ein geographischer Begriff, es ist — man könnte sagen — eine latente Persönlichkeit geworden. Es handelt und verhandelt, es wird angerufen, es verkündet laut, daß die Verhütung eines europäischen Krieges sein höchstes Ziel sei und richtet danach seine Konferenzbeschlüsse; es steckt Grenzen ab, es entsendet Schiffe und Truppen — nur eins fehlt ihm noch: die Existenz. Es besteht ja noch — im politischen Sinne — aus gegnerischen Gruppen, die sich gegenseitig zu balancieren und zu imponieren trachten, wobei jede sich selber dem wirtschaftlichen Ruin entgegentreibt. „Ein geeinigtes, verbündetes Europa", dies hat fortan das Losungswort des geklärten Pazifismus zu sein. Das kann man nicht oft genug wiederholen.

* *
*

Unser gemeinsamer Ministerrat in Oesterreich hat uns nun auch eine Heeresverstärkung im Preise von nahezu einer Milliarde beschert. Daß man vier neue Ueber-Dreadnoughts bauen will, läßt man uns schon wissen. In dem Ministerrate sitzen auch zwei Finanzminister, die durch mehrere Stunden bemüht sind, Abstriche zu machen, was ihnen ebenso sicher gelingt, als es den im selben Rate sitzenden Generalen gelingt, die prinzipielle Zustimmung für die unerläßliche Notwendigkeit der Verstärkungen zu erlangen. Die Sache spielt sich immer in denselben Geleisen ab, und die vorbereitenden Zeitungsartikel und offiziellen Mitteilungen benutzen frisch drauf los die ältesten Klischees. Z. B. „Das Bestreben der Heeresleitung, die Armee so zu heben, wie dies nach den Kraftanstrengungen der europäischen Staaten im letzten Jahre angemessen erscheint, wird mit dem begreiflichen Bestreben der beiden Finanzminister, mit der entsprechenden Schonung der finanziellen Leistungsfähigkeit der Steuerzahler vorzugehen, in Einklang gebracht werden müssen."

Statt der geforderten 40,000 Mann neuer Rekruten begnügt man sich schonend mit 31,300 Mann, und für die Zahlung der nötigen Summen (nahezu eine Milliarde) wird eine Verlangsamung der Fristen gewährt. So ist der schöne Einklang erreicht. Bis endlich die Saiten reißen. Die beiden „begreiflichen Bestrebungen" können nicht fortwährend befriedigt werden, denn die finanzielle Leistungskraft (vielleicht auch die Lammesgeduld) der Steuerzahler hat Grenzen; die militärische Mehrforderungskraft hat keine.

* *
*

Der japanischen Kriegspartei ist es nicht gelungen, den Konflikt mit China zur gewünschten Verschärfung zu bringen. Durch kluges Nachgeben hat China den Bruch verhütet. Inzwischen hat sich das Reich der Mitte einen Präsidenten gewählt [1]), und die Mächte erkennen die Republik an. Da ist ein gar großes demokratisches Gemeinwesen ins Leben getreten, das auf die weitere historische Entwicklung unseres Planeten noch gewaltigen Einfluß üben wird. Die einen werden prophezeien: „Wird nicht von Dauer sein." Andere werden besonders unheimlich ausrufen: „Gelbe Gefahr!" Warum soll gerade „gelb" gefährlicher sein? Als ob wir hier nicht jahrtausendelang unter den weißen Gefahren gelitten hätten und noch leiden! Während das chinesische Volk eigentlich jahrtausendelang ein friedliches Volk gewesen ist; — wenn es „Krieg erlernt", so wird es dies nur Europa zu verdanken haben. Und man muß bedenken: China richtet sich nach dem Muster der Vereinigten Staaten Nordamerikas, zu welchen es mit Bewunderung und Freundschaft aufblickt. Seit vielen Jahren sind die Söhne der ersten Familien aus China nach den amerikanischen Universitäten gewandert und haben von dort die Kenntnis der Einrichtungen und der Ideale der amerikanischen Demokratie in ihr Land zurückgebracht.

* *
*

[1]) Am 6. Oktober 1913 wird Juanschikai zum Präsidenten gewählt.

Ein ganz merkwürdiges Phänomen spielt sich jetzt in Irland ab: der von Sir E. Carson organisierte Widerstand gegen die Erfüllung des alten irischen Traums: Homerule. Ein regelmäßiger Rebellenkrieg wurde da angekündigt und die Rüstung dazu unter dem Enthusiasmus der Bevölkerung durchgeführt. Ulster will von Homerule nichts wissen; es will weiter von England regiert werden. Auflehnung gegen die Regierung und gegen eine zum Gesetz gewordene Institution; noch dazu bewaffnete Auflehnung; dagegen gibt's doch nur eine alte bewährte Methode: hineinschießen. Man nennt das, „das Land von den Rebellen säubern", oder „den Aufstand unterdrücken", oder kurzweg „Pazifikation". Die englische Regierung scheint anders vorgehen zu wollen, nämlich zu gestatten, daß von den acht Grafschaften Ulsters, die drei oder vier, wo die Unionisten überwiegen, sich vom Homerule ausschließen. Churchill schlägt auch vor, die Aktivierung des neuen Gesetzes bis zu den nächsten Neuwahlen zu verzögern. Kurz vor dem Bürgerkrieg schreckt die Regierung zurück — sie scheint etwas wie Respekt vor dem Volkswillen zu hegen. Das ist auch etwas Neues.

* *
*

Präsident Poincaré hat dem König von Spanien einen Besuch abgestattet [1]), und dabei wurde bei den üblichen Toasten auf „die freundschaftlichen Beziehungen der beiden Nachbarvölker" besondere gegenseitige Bewunderung der beiderseitigen Armeen und Flotten ausgedrückt. Natürlich wird in der politischen Welt sofort eine Verstärkung des Dreiverbandes gewittert, und daraus geschlossen, daß die Heeresverstärkungen des Dreibundes vielleicht schon in Voraussicht dieser Eventualität beschlossen worden sind. Das gibt wieder eine Verschiebung des famosen Gleichgewichts. Die Mittelmeerpolitik wird immer bedrohlicher, und kann nicht anders beschworen werden, als durch Dreadnoughts und Ueberdreadnoughts und Ueber-Ueberdreadnoughts — bis es endlich den F-Strahlen gelingt, mittels sowohl in Triest als in Marseille und in Gibraltar abgedrückter Knöpfe die sämtlichen Mittelmeerflotten in die Luft springen zu machen. Das wird auch ein gewisses Gleichgewicht herstellen. Gegen alle diese ge-

[1]) 7. Oktober 1913.

fährlichen Spielereien gibt es auch nur das eine Mittel: die Einigung Europas.

* *
*

Da ist im Weißen Hause in diesen Tagen in ganz anderem Sinne ein solcher Wunderknopf abgedrückt worden. Die Beschreibung davon liest sich wie ein Kapitel aus einem phantastischen Zukunftsroman — phantastischer noch als Kellermanns „Tunnel". „Es herrschte feierliche Stille, als Präsident Wilson punkt 2 Uhr auf den Knopf der elektrischen Leitung drückte, die die 6400 Kilometer lange Strecke von Washington bis zur Barriere von Gamboa[1]) verbindet. 40,000 Kilogramm Dynamit waren notwendig, um die Barriere zu sprengen." (O, Alfred Nobel, so träumtest du stets die Verwendung deiner Erfindung!) „Am Orte selbst war die Wirkung des Druckes eine kolossale. Zuerst eine gewaltige Detonation, die auf hundert Meilen her vernehmbar war. Eine riesige Staubwolke erfüllte die Luft, so daß im weiten Umkreise das Tageslicht verfinstert war. Das Erdreich geriet ins Schwanken und die Wassermassen drangen ein. Erst langsam, dann immer stärker ergoß sich die Flut in das Kanalbett. Das Werk war vollendet.... Die Kunde davon wurde telegraphisch ins Weiße Haus gemeldet und verbreitete sich wie ein Lauffeuer über das ganze Land — Salutschüsse erdröhnten, alle Glocken läuteten..."

Ein Siegeswerk ist es, der menschliche Genius — ein Friedenswerk, das ungeheure Perspektiven des Weltverkehres, der Welteinigung eröffnet. Das war ein Augenblick, um in die Knie zu sinken: „nearer, oh my God to thee" — —

---

[1]) Die Sprengung des Gamboadammes beseitigte die letzte Schranke des Panamakanals zwischen dem atlantischen und stillen Ozean. Sie wurde auf elektrischem Wege von Washington aus durch den Präsidenten Wilson am 10. Oktober 1913 vollzogen.

Das österreichisch-ungarische Ultimatum an Serbien. — Unausgesetzte Rüstungen. — Winston Churchills Vorschlag. — Das Echo in Washington. — Der Parlamentsschreck. — Von den Kriegsindustrien. — Fortgesetzte Balkanwirren. — Der Brand des Volturno. — Verbotene Luftzonen. — Ein abscheulicher Lügenartikel gegen d'Estournelles. — Ritualmordprozeß in Kiew.

Wien, den 7. November 1913.

Wieder einmal knapp am Abgrund vorbei! In der zweiten Hälfte Oktober (heute ist es beinahe schon vergessen, so rasch werden alte Sensationen von neuen abgelöst) wurde ganz plötzlich von Oesterreich-Ungarn an Serbien ein Ultimatum erlassen, des Inhalts, daß binnen zehn Tagen von sämtlichen Positionen, die Serbien jenseits seiner Grenzen in Albanien besetzt hielt, die Truppen zurückzuziehen seien. Widrigenfalls — nun, man weiß ja, was geschieht, oder was doch angedroht wird, wenn solch peremptorischem Befehl Widerstand geleistet wird. Es ist die alte Geste der an die Brust gesetzten Pistole. Nur daß, wenn Staaten — und nicht Straßenräuber — diese Geste machen, die Pistole mehrere hunderttausend Läufe hat. Dazu werden ja auch hauptsächlich die Heere und Flotten neuerdings zu immer größeren Dimensionen angeschwellt: als Drohinstrument, als begleitendes Orchester zum Text des stolzen Großstaatliedes: „Ich will". Oesterreich-Ungarn singt dieses Lied gar so gern allein, und nicht im europäischen Chor. Serbien hat nachgegeben. Schön — aber wie, wenn dies nicht der Fall gewesen wäre? Dieser Eventualität verschloß sich auch der Leitartikler der Neuen Freien Presse nicht, der unterm 22. Oktober schrieb: „Vor einigen Tagen war die Monarchie von einem Kriege nicht viel weiter entfernt, als das Hemd von der Haut. Eine Welle der Volksleidenschaften in Belgrad, eine plötzliche Auflehnung der militärischen Gewalten und die Kanonen hätten zu sprechen begonnen." Aber noch andere Chancen zum Losgehen der Kanonen hätte es gegeben. Ein so kleiner Staat wie der serbische kann natürlich den Befehlen eines so großen wie Oesterreich-Ungarn sich nicht widersetzen; aber was hätte

z. B. Rußland gehindert, wenn es Krieg gewollt hätte, zu erklären, daß es sich an die Seite Serbiens stellt? Immer deutlicher und immer dringlicher zeigt es sich, daß nur eine Einigung des gesamten West- und Mitteleuropa die Zustände Osteuropas regeln und den Weltteil vor einem Universalbrand schützen kann.

* * *

Unterdessen wird aber allenthalben mit dem fieberhaften Eifer und unter größten Opfern in einer Weise gearbeitet und vorbereitet („bereit sein ist alles!"), nicht, als wollte man den Brand verhüten, sondern als müsse man ihn gewärtigen und so verheerend wie möglich gestalten. Geld, Geld, Geld muß her! Und an allen Ecken und Enden Schatzscheinemissionen, Steuererzwingungen, Zollerhöhungen, und vor allem: Schulden, Schulden, Schulden! Der nationalökonomische Grundsatz, daß Reichtum nur durch Arbeit, durch Gütererzeugung geschaffen werden kann, daß aber alles erpreßte, aus einer Tasche in die andere eskamotierte, und namentlich alles geborgte Geld nicht reicher, sondern nur ärmer macht, dieser Grundsatz wird ganz vergessen, und die Staaten verschaffen sich munter drauf los Millionen und Milliarden zu dem Zwecke — einer staune —, Güter zerstören zu können. Und dies, obwohl rings — eben als Folge dieser kriegerischen Politik — die Kurse fallen, die Geschäfte stocken, die Preise steigen, die Arbeitslosigkeit überhand nimmt. Alles dies klingt verzweifelt, aber es läßt sich hoffen, daß der Exzeß dieser Mißlage eben zum Entschlusse führen wird, ihr abzuhelfen. Denn es handelt sich dabei nicht um einen unabwendbaren Verlauf von Naturgewalten, sondern um eine willkürlich eingeschlagene Richtung, die zu verlassen den meisten unmöglich scheint, was jedoch auf Irrtum beruht. Denn der Ausweg ist leicht einzuschlagen, er heißt: Verständigung.

Was Winston Churchill angeboten hat: Ein Uebereinkommen zu einem Pausejahr im Schlachtschiffbau, ist ein Schrittchen in dieser Richtung. Auf dem europäischen Festland hat dieser Ruf kein günstiges Echo geweckt. Auch nicht in ganz England. Die navy-league hat lebhaft protestiert und sogar die Gelegenheit benützt, um statt zwei — sechs neue Dreadnoughts zu fordern. Einzig im amerikanischen Repräsentantenhaus wurde am 31. Oktober von Hensley (Missouri) eine Resolution eingebracht, in welcher die Zustimmung zu einer Abrüstung im Umfange des Churchillschen Vorschlages verlangt wird. Der Sprecher sagte, er hege den Wunsch, daß die Resolution angenommen werde. Er fügte hinzu, daß Deutschland als Popanz benutzt worden ist, um bei den letzten Marinedebatten die Amerikaner zu schrecken. Ach ja, wir kennen dieses Spiel mit dem kreditbewilligungsfördernden Popanz. Bei uns heißt er der Ruß', der Serb'; in Deutschland der Franzos'; in Italien der Austriaco; in Frankreich Le Teuton; in England Germany; kurz, es hat dieser „Abgeordnetenschreck" noch mehr verschiedene Gesichter, als das in den steirischen Bergen hausende, Bauernschreck genannte, Untier.

* *
*

Die Geschäfte stocken, sagte ich vorhin. Nicht alle. Ein Blick in den Bericht eines Finanzblattes kann für uns Pazifisten ungeheuer lehrreich sein. Folgender Auszug aus einem Artikel des Wiener „Mercur" (Nr. 1727) wirft so manche Streiflichter auf die internationale Kriegsindustrie:

> Die Skodawerke sind seit ihrer Rekonstruktion in einer glänzenden Entwicklung begriffen. Bekanntlich haben sie nicht gleich nach ihrer Umwandlung in eine Aktiengesellschaft (1899) die Hoffnungen ihrer Gründer erfüllt. Nur für die erste Geschäftsperiode 1899/1900 wurde eine Dividende von 6 Prozent bezahlt, dann folgten fünf dividendenlose Jahre. Eine Reihe ungünstiger Umstände wirkten zusammen, um die Kinderkrankheiten dieses großen Unternehmens besonders gefährlich erscheinen zu lassen. Bei der Reform des österreichischen Artilleriewesens machten die Skodawerke große Anstrengungen, um die von ihnen konstruierte Feldgeschütztype durchzusetzen. Die Konstruktionen, die Schießproben verschlangen enorme Summen, und schließlich blieb man doch bei dem System der Bronzekanonen, die im Arsenal hergestellt wurden. Die Teilbestellungen für die Ausrüstung dieser Kanonen sowie die Bestellungen von Haubitzen stellten keine ausreichende Entschädigung für diese enormen Ausgaben dar. Erst die Reorganisation der österreichischen Marine — die Schaffung neuer und größerer Schlachtschiffe schon vor der Aera der Dreadnoughts — führte die Genesung der Skodawerke herbei. Jahr für Jahr waren sie damit beschäftigt, Armaturen für die Kriegsschiffe (Panzertürme mit Geschossen) herzustellen und die Dimensionen dieser Geschütze und damit die Höhe dieser Aufträge wurden immer größer, bis sie den Dreadnoughttypus erreichten. Für diese Armaturen hatten die Skodawerke ein faktisches

Monopol, und an der Ausführung derselben wuchsen sie empor, so daß sie auch bei Auslandsbestellungen immer konkurrenzfähiger wurden. Die Schiffsgeschütze haben die Skodawerke groß gemacht; darüber haben sie freilich auch die Erzeugung von Festlandsgeschützen nicht vernachlässigt und insbesondere den Export auf diesem Gebiete kultiviert. Es ist augenscheinlich nicht nur die Eskomptierung der Dreadnoughtgewinne, welche die Skodaaktien wieder zum Favorit des Publikums gemacht hat, sondern die Entwicklung der Firma von einem Landes- zu einem Weltunternehmen, das seine geographische Sphäre immer weiter ausdehnt und beginnt, neben Krupp und Schneider genannt zu werden.

Die Expansionstendenz der Skodawerke, ihre Entwicklung zur Weltindustrie kommt nicht nur darin zum Ausdruck, daß sie sich in immer größerem Maße an Lieferungen für fremde Staaten beteiligen, so haben sie zum Beispiel im vergangenen Jahre für die holländischen Seefestungen Aufträge gehabt und vor wenigen Wochen eine Lieferung auf Geschütze im Werte von zirka 5 Millionen Kronen von der Türkei erhalten. Viel charakteristischer ist die Art, in welcher sie sich gegebenenfalls Lieferungen sichern. So haben sie im vorigen Jahre zweimal Bestellungen für China dadurch erhalten, daß entweder die Banken ihres Konzerns oder sie selbst auch die Beschaffung des für die Lieferungen erforderlichen Kredits übernahmen in Form der Uebernahme von chinesischen Staatsscheinen, die in kurzer Zeit in London plaziert werden konnten. Wie es scheint, haben die Skodawerke die Absicht, gleich der Poldihütte irgendeine dauernde Beziehung zu der chinesischen Republik herzustellen. Die Nachricht von einer größeren chinesischen Anleihe, welche die Skodawerke gemeinsam mit Krupp übernehmen sollte, wurde zwar dementiert, aber daß diese Nachricht überhaupt verbreitet und geglaubt werden konnte, beweist deutlich, daß eine intime Beziehung der Skodawerke einerseits zu Krupp, andererseits zu China durchaus auf dem Gebiete der Wahrscheinlichkeit liegt.

Der Artikel fährt fort, indem er über die Zusammenarbeit der Skodawerke mit Krupp und mit der neuen Kanonenfabrik in Raab ziffernmäßige Auskunft gibt. Die Gewinne werden verteilt und in späteren Jahren werden die Skodawerke ein Drittel ihrer Geschützbestellungen an die ungarische Fabrik abgeben müssen. Mit folgenden Worten schließt der Aufsatz: „Die Zunahme des Armeebedarfs mag dies wohl ausgleichen, und es ist auch möglich, daß der ungarische Staat als Eigentümer der ungarischen Kanonenfabrik sich lebhafter für den Ersatz der Bronze- durch Stahlkanonen einsetzen wird.“ — Lebhafter einsetzen? Also denn: patriotische Brust töne, und Popanz, herbei! die Staatsnotwendigkeit ist fertig und — die Aktien steigen.

* *
*

Auf hoher See geriet ein Schiff in Brand. Drahtlos durchschwirrten die Hilferufe des Volturno den Aether, und von allen Richtungen eilten rettende Schiffe herbei. Hunderte der Passagiere wurden gerettet; viele sind zwar zugrunde gegangen, aber ohne Marconi — und ohne hilfsbeflissene Nächstenliebe — wären alle verloren gewesen. Das sind die Lichtbilder, die, zukunftserhellend, uns zeigen, was Ziel und Zweck der technischen Wunder sein soll und sein kann, die der menschliche Genius vollbringt: im Dienst des Lebens sich zu entfalten — und nicht des Tötens.

* *
*

Aus Paris wird gemeldet: Der angekündigte Erlaß über die verbotenen Luftzonen wird in kürzester Zeit erscheinen. Wie offiziös verlautet, wird in einem Umkreis von zehn Kilometern oberhalb aller Befestigungswerke sowie oberhalb aller Uebungsplätze des Landheeres und der Kriegsflotte das Ueberfliegen derselben verboten werden. Was für ein Polizeiposten wird denn in 1000 Metern Höhe aufgestellt sein, um die Uebertreter des Verbots aufzuhalten? Die Schildbürgerei solcher Verbote ist beinahe spaßhaft. Aber etwas sehr Richtiges liegt ihnen doch zugrunde. Die Beherrschung der Luft und Festungen und Uebungsplätze und dergleichen passen nicht zueinander. Eines von beiden: — das Fliegen oder das Kriegführen — wird vor dem andern schließlich weichen müssen.

* *
*

Die sich mehrenden Bestrebungen zu einer deutsch-französischen Annäherung sind der „Journaille" — wie Fried die kriegshetzerischen Preßleute nennt — ein Dorn im Auge. Einen wahren Rekord dieser Richtung fand ich in einem Artikel des Dresdener Anzeigers. Es wird darin eine „Friedensschalmei" des Temps besprochen: „In einer Zeit (so kommentiert der deutsche Journalist), wo der neue Geist des Chauvinismus in Frankreich die Gemüter stärker denn je beherrscht, wo die Wiedereinführung der dreijährigen Dienstzeit lediglich mit dem Blick auf uns begründet worden ist, muß eine solche einlenkende Sprache ohne weiteres überraschen. Als ein starkes Moment für diese Tatsache fällt ins Gewicht, daß die französische Armee während der nächsten sechs Monate, eben dank der einschneidenden Umwälzungen, in einem Zustande sich befindet, der eine kriegerische Verwicklung unerwünscht macht. Ist aber dieses Halbjahr erst vorüber, dann wird auch im ‚Temps' eine ganz andere Sprache wieder angeschlagen werden.... Merkwürdig genug, daß es gerade ein Vorkämpfer einer deutsch-französischen Annäherung war, der bekannte Baron d'Estournelles, dem auf der jüngsten Nürnberger Tagung des Verbandes für internationale Verständigung[1]) viele verratende Worte entschlüpften. Er trat für eine Entente zwischen beiden Mächten ein und ließ seine Worte in folgenden Sätzen ausklingen: ‚Mögen Sie in Deutschland gewissenhaft und unabhängig die Lage prüfen und uns das Maß der Zugeständnisse machen, das man machen kann; aber beeilen Sie sich! In wenigen Jahren ist es vielleicht schon zu spät.' Vielleicht, so fügen wir hinzu, ist es schon in einem halben Jahre zu spät, wenn der Zustand der Desorganisation der französischen Linientruppen überwunden ist. Zugleich erinnern wir uns, daß der eben genannte Senator es war, der in dem Augenblick, als in Frankreich das Gesetz der dreijährigen Dienstzeit zur Erörterung stand, mit der äußersten Energie auf die Verstärkung der Zahl und Offensivkraft der französischen Wehrmacht hingewirkt und dabei in denkbar schärfsten Ausdrücken in Chauvinismus gearbeitet hat."

Das ist die allerunverschämteste Umkehrung der Tatsachen! Wir kennen die tapfere Rede, mit der d'Estournelles das „Dreijahr-Gesetz" im Senat bekämpft hat[2]), sich dabei stürmischen Unterbrechungen aussetzend, und den Haß der ganzen Kriegspartei inner- und außerhalb des Landes auf sein Haupt ladend. Es gibt eine Redensart: „Dieser Mensch lügt wie ein roter Hund." Wer diesen fernliegenden Vergleich erfunden hat, der kannte die Journaille nicht.

* *

*

Der Ritualmord-Prozeß in Kiew. Ganz im Geiste mittelalterlicher Hexenprozesse geführt, ist er eine Schande für Rußland. Doch nein, nicht für Rußland, denn auch dort erheben sich hef-

[1]) Am 5. Oktober 1913.

[2]) Vom 1. August 1913.

tige Proteste, sondern nur für die „schwarzen Hundert", für die „echt russischen Männer". Und ist nur Rußland reaktionär? Gibt es brutalen Antisemitismus nur dort? Der Dreyfußprozeß wurde mit derselben judenverfolgenden Absichtlichkeit geleitet und unter ganz ähnlichen Begleiterscheinungen. Das fürchterliche ist nur die allerdings in Rußland mehr als anderswo liegende Pogromgefahr. Im österreichischen Parlament wurde über den Prozeß und über die drohenden Pogrome interpelliert. „Gibt es denn da kein Forum?" fragte der Interpellant. Nein, leider, das gibt es noch nicht; aber die Vision davon ist in der pazifistischen Weltanschauung schon aufgestiegen. Sie wird sich verwirklichen, wie alles, was zugleich heiß ersehnt und klar begriffen ist, sich verwirklichen muß.

Die Unruh der Welt. — Gehäufte Vorschläge zum Einhalt der Rüstungen. — Die „Neue Freie Presse“ gegen die Rüstungspolitik. — Der enthüllte militärische Geheimvertrag. — Die Sensationsaffäre von Zabern. — Sturz des französischen Ministeriums. — Die italienische Thronrede. — Deutsche Instruktoren in der türkischen Armee. — Die Botschaft Wilsons.

Wien, den 6. Dezember 1913.

„Die Unruh der Welt“ (the world's unrest), das ist ein Satz, der gegenwärtig in der englischen Publizistik geläufig als Spitzmarke für die Betrachtungen über die Ereignisse des Tages gebraucht wird. Und wahrlich mit Recht: Stillstand und volle Ruhe hat es zwar niemals gegeben; aber ein solches Gären und Brodeln, eine solche Unsicherheit, eine solche Ueberstürzung von Gefahren, Drohungen, Konflikten und Krisen, wie die jüngste Zeit sie aufweist, das hat noch keiner von uns erlebt. Wenn das so weiter kracht und wirbelt und aufblitzt, was soll da kommen? Die Antwort wäre einfach: „Was kommen muß, ist Zusammenbruch, Weltkrieg, Anarchie....“ Aber diese Antwort stützt sich nur auf eine Kategorie der gegenwärtigen Unruhphänomene, und zwar die lautesten, sichtbarsten, zornigsten. Sie zieht nicht die stillen Kräfte und leisen Mächte in Rechnung, die, im Lichte aufdämmernder Erkenntnis und erwachenden Gewissens an der Arbeit sind, mit rettenden Ideen und erlösenden Taten das Unheil abzuwehren.

* * *

Nehmen wir aus der Fülle der weltbeunruhigenden Erscheinungen z. B. diese heraus: den Rüstungswahnsinn. Er tobt weiter — aber die stillschweigende Konvention, daß man in politischen Kreisen nicht dagegen reden darf, und der allgemeine Glaube, daß man nichts dagegen tun kann, die werden immer häufiger durchbrochen. Es seien hier einige Anzeichen aus der letzten Zeit notiert. Daß es nicht die ersten sind, wissen wir ja; wir haben doch das Manifest des

Zaren und so viele andere abgeschlagene Versuche und Anträge nicht vergessen. Aber um das Immer-wieder-Auftauchen handelt es sich. Und um das Auftauchen unter neuen Gesichtspunkten, neuen Umständen, neuen Notwendigkeiten. Und auch um die Begleitmusik, welche die Tatsachen zu dem Texte abgaben. Der Vorschlag Churchills, ein Ferienjahr im Flottenbau eintreten zu lassen, wurde schon in der vorigen „Friedens-Warte" [1]) besprochen; seither sind folgende offizielle Aeußerungen zu verzeichnen:

Lloyd George in seiner Rede vom 8. November in Middleton sagte: „Es wäre besser für England, Deutschland, Frankreich und Rußland, wenn sie die Ausgaben für Rüstungen ins Meer würfen, als sie für Maschinen zu Menschenschlächtereien zu gebrauchen. Ein Land allein kann das nicht tun, aber alle zusammen können es. Besonders wenn sie sich von gewissen Zeitungen freimachen würden."

Bei einer Versammlung der liberalen Partei in Leeds, deren Hauptresolution die Einschränkung der Rüstungen verlangte, sagte Premierminister Asquith: „Ich bedauere ebenso sehr wie jeder der Anwesenden, daß ein so großer Teil des nationalen Wohlstandes auf der ganzen Welt in unproduktive Kanäle geleitet wird. Wenn Sie mich fragen, ob das so weitergehen soll, muß ich zur Antwort geben, daß ohne Kooperation der Großmächte — angereizt durch die Forderungen ihrer Völker — keine Aussicht auf Besserung vorhanden ist. Ich selbst und meine Kollegen würden sicherlich gern jede Gelegenheit ergreifen, die Last, die schwer auf den besten Hoffnungen und edelsten Aspirationen der Menschen lastet, zu erleichtern."

Mit diesen Worten wird dem organisierten Pazifismus ein Placet gegeben, der ja darauf hinarbeitet, daß die Forderung der Völker die Regierungen zur Kooperation drängt.

Am 30. November machte der Marinesekretär Daniels dem Kongreß zu Washington seine Vorschläge. In der Einleitung seiner Rede drückte er die Hoffnung aus, daß die Vereinigten Staaten die Initiative ergreifen werden, um unter den Mächten eine dauernde, gegen das Uebermaß in den Marinerüstungen gerichtete Politik zu begründen.

[1]) Artikel von L. Persius, „Das bedenkliche Treiben der Flottenvereine", „Friedens-Warte" 1913, Seite 407.

Von so vielen Seiten her (und zwar von Marineministern selber) dieser Ruf nach Verständigung zur Einschränkung! Wie lange noch taube Ohren?

* * *

Die Auflehnung gegen die Rüstungen dringt schon an Stellen, wo man sonst nicht gewohnt war, sie zu finden. In ihrem Leitartikel vom 4. Dezember bespricht die „Neue Freie Presse" den Sturz des Ministeriums Barthou, das wegen der Rentenfrage, also wegen eines finanziellen Tiefstandes des sonst so übermütig reichen Frankreichs erfolgt ist. In dem Leitartikel wird dieses Ergebnis der allgemeinen Rüstungspolitik zugeschrieben, „die das Mark der Völker aussaugt, die zur wirtschaftlichen Arbeit nötigen Säfte verbraucht, den Mangel an Kapital hervorruft, die Lebensverhältnisse verschlechtert und Not über die Erde verbreitet." Und weiter: „Es scheint, daß die Fluten bis zu jenem Strich am Pegel gestiegen sind, wo ein Zerreißen der schützenden Dämme droht, und die Besorgnis aufblitzt, ob die Rüstungen nicht mit Verwüstungen enden werden." Erst jetzt blitzt diese Besorgnis auf, fünfzehn Jahre nach Johann von Blochs dröhnendem Alarmruf? Und weiter: „Die Rüstungspolitik ist überall vor einer sich auftürmenden Mauer angelangt. Die Völker werden durch die Bedrängnis der Versuchung zugänglich, sich entweder gegen die Kriegsminister aufzulehnen, oder verzweifelt durch Blut und Eisen aus dem jetzigen Wirrsal herauszustürzen." Zum Glück führen noch andere Wege aus dem Wirrsal hinaus: nämlich Vernunft und edler Wille.

* * *

Der „Matin" veröffentlichte einen Geheimvertrag, der im Juni 1912 zwischen dem serbischen und bulgarischen Generalstab abgeschlossen wurde. Darüber durch zwei Tage wilde Sensation in der österreichischen Presse, weil in dieser Militärkonvention vorgesehen war, daß die beiden Kontrahenten gegen etwaige Angriffe unserer Monarchie oder im Falle ihres Einmarsches in den Sandschak sich gegenseitig Schutz leisten und Oesterreich Krieg erklären würden. Wie eine geplatzte Bombe wurde diese Nachricht aufgenommen. „Geplanter Dolchstoß in den Rücken der Monarchie." — „Komplotte gegen den Frieden Europas." — „Also nicht gegen die Türkei, sondern gegen uns haben sich die Balkanstaaten verbündet!" — „Und Rußland war davon verständigt — also eine regelrechte Verschwörung, Oesterreich mit Krieg zu überziehen." König Ferdinand weilte eben in Wien. Als entlarvter Verräter wurde er bezeichnet, den man sofort ausweisen müsse. Doch da geschah, daß der Kaiser den bulgarischen Zaren in Schönbrunn mit aller Auszeichnung empfing, ihm auf dem Treppenabsatz entgegenging und nach einer halbstündigen Unterhaltung wieder zum Treppenabsatz hinausbegleitete. Da verstummte mit einem Schlage das antibulgarische Gezeter und es hieß: Die Veröffentlichung ist von der russophilen Partei Bulgariens ausgegangen, die damit Bulgarien vor Oesterreich-Ungarn zu kompromittieren sucht. Uebrigens habe die hiesige Regierung bereits längere Zeit vor Ausbruch des Balkankrieges genaue Kenntnis von diesen Verträgen gehabt, und hat sich doch nicht von ihrer bulgarenfreundlichen Politik abbringen lassen, weil sie „gewisse Versicherungen darüber hatte, daß diese Verträge nie erfüllt werden würden". Verträge mit Rückversicherungen, daß sie niemals erfüllt werden — das ist auch so ein hübsches Gericht aus der diplomatisch-militärischen Geheimkocherei! Nun wurde der publizistische Bulgarengroll gedämpft und die vorhandene Erregung ganz auf das intrigierende Rußland gelenkt, das mit Hilfe seiner beiden Verbündeten den Balkanbund zum Verderben Oesterreichs schmieden wollte. Es ist, als wäre die Welt von lauter Uebeltätern erfüllt und alle Regierungskunst und -weisheit nur auf das Durchblicken und Durchkreuzen der nachbarlichen Uebeltaten beschränkt. Diese Wendung kam aber auch wieder den eben in den Delegationen verhandelten Militärforderungen (und den Panzerplattenfabriken) zugute, weil es doch zeigte, wie gut man getan hatte, gegen die Nachbarn zu mobilisieren und wie notwendig es ist, gegen die weiteren Eventualitäten weiter zu rüsten.

* *
*

Die ganze Enthüllungssensation war aber schnell von der Bildfläche verschwunden, weil eine neue größere Sensation auftauchte: Zabern, Militärgroteske in vier Aufzügen[1]). Es hätte auch eine

---

[1]) Ende November 1913.

Tragödie werden können. Die ganze Affäre warf übrigens wieder ein grelles Licht auf den immer heftigeren Widerspruch zwischen dem sporrenklirrenden Degen-durch-den-Leib-rennenden Reitergeist und der modernen Zeit. Kaiser Wilhelm hat sich zum Glück zu rechter Stunde modern gezeigt. Wie übrigens das Kriegsgericht entscheiden wird, ist auch noch abzuwarten. Möglicherweise wird der General beförderungsweise versetzt, der Oberst leise gerügt, der junge „Führer wie wir sie brauchen" etwas unzarter am Ohr gebeutelt, am härtesten aber die ausplaudernden Rekruten gestraft.

* *
*

Der Ministersturz in Frankreich ist etwas mehr als eine gewöhnliche Krise — es ist auch ein Symptom der tiefgehenden Unrast, von der das Land geschüttelt ist. „Nieder mit der dreijährigen Dienstzeit!" rufen die einen in der Kammer. „Es lebe Frankreich!" rufen die andern zurück. Radikale und Reaktionäre stehen sich erbittert und kampfbereit gegenüber. Wird da wieder eine große Revolution vorbereitet? Nein, so sehr wiederholt sich die Geschichte nicht. Ganz neue Elemente sind jetzt in Tätigkeit gekommen. Wäre doch ein Léon Bourgeois an der Spitze der Republik!....

* *
*

Der König von Italien hat eine Thronrede[1]) gehalten, welcher man bei uns vorgeworfen hat, daß sie ohne Wärme vom Dreibund gesprochen und dabei Oesterreich-Ungarn gar nicht erwähnte. Warum sollen denn Alliierte, die zwischen einander Grenzforts bauen, miteinander warm sein? Der König sagte, der Dreibund und die Tripleentente sicherten durch ihr Gleichgewicht den Frieden. Wie sicher dieser Gleichgewichtsfrieden bei all den Verschiebungen ist, das haben wir im letzten Jahr gesehen. Ueberhaupt, wie kann man sich nur immer wieder freuen, daß der bestehende Zustand der Zwei-Mächte-Gruppen, der zu all den Rüstungen und Befürchtungen und Aufregungen Anlaß gibt, weiter besteht. Die Notwendigkeit der Neugestaltung — nicht Verschiebung — der beiden Dreibünde drängt sich doch immer eklatanter auf. Dann fiele auch

[1]) 27. November 1913.

die Frage weg, an welche Gruppe der etwaige wiederhergestellte Balkanbund sich anschlösse.

* *
*

Die Türkei, die totgesagte, richtet sich wieder eine neue Flotte und ein neues Heer auf. Sie bestellt sich deutsche Instruktoren[1]). Rußland protestiert dagegen. Bulgarien schickt seine übriggebliebenen Jünglinge in deutsche Kadettenschulen, auf daß sie sich vorbereiten mögen, das Verlorene zurückzugewinnen. Das wilde Albanien hat einen König erhalten, der sich eine Armee zusammenstellen wird. Die griechische Inselfrage schwebt noch.... Sind das alles Gefahren? Ah, bah! Man braucht ja nur Dreadnoughts zu bauen — da gibt es nichts zu fürchten mehr.

* *
*

Wenn man nach all dieser europäischen kriegerischen Unrast von der Botschaft vernimmt, die Präsident Wilson am 2. Dezember an den Kongreß gerichtet hat, so klingt das wie ein Geläute aus einem weltfernen Stern. „Unser Vaterland lebt glücklicherweise mit aller Welt in Frieden. Es mehren sich allenthalben die erfreulichen Kundgebungen, welche ein Erstarken der Freundschaft und des Gefühles der Interessengemeinschaft unter den Völkern zum Ausdruck bringen, so daß wir ein Zeitalter des gefestigten Friedens und des guten Einvernehmens voraussehen können. Mit jedem Jahrzehnt zeigen die Völker größere Bereitwilligkeit, in feierlichen Verträgen zur Erhaltung des Friedens, zu fortschreitender Offenheit und billigem Entgegenkommen sich zu verpflichten. Bisher waren es die Vereinigten Staaten, welche bei solchen Verhandlungen an der Spitze marschierten. Sie werden auch, wie ich ernstlich hoffe und bestimmt glaube, einen neuen Beweis ihres aufrichtigen Festhaltens an den Gedanken der internationalen Freundschaft gelegentlich der Ratifikation mehrerer Schiedsgerichtsverträge geben, die ihrer Erneuerung durch den Senat harren." — „Das Zeitalter des gefestigten Friedens": Woodrow Wilson sieht es kommen. Und er arbeitet dafür.

[1]) Die deutsche Militärmission unter Führung des Generals Liman v. Sanders trifft am 14. Dezember in Konstantinopel ein.

1914

Die Zustände auf dem Balkan. — Wie der dritten Belastungsprobe vorzubeugen wäre. — Der Zabernprozeß. — Eine Anrede des deutschen Kronprinzen: „Augenblick des höchsten soldatischen Glücks". — Lloyd George über den „organisierten Wahnsinn" der Rüstungen. — Aus der Thronrede des Königs Ferdinand. — Bryan über die Vorkehrungen zur Unmöglichmachung des Krieges. — Die Stabilität der Aeroplane. — Max Nordaus Jahresübersicht. — Aus dem unsichtbaren Kaiserreich. — Anatole France und Gerhart Hauptmann. — 10,000 Arbeitslose.

Wien, 10. Januar 1914.

Der Balkan läßt uns nicht zur Ruhe kommen. Das ist auch natürlich: „nothing is settled, that is not settled right", sagte Abraham Lincoln. Der dortige Frieden war kein Rechts-, sondern ein Erschöpfungsfrieden. Der Krieg gärt, brodelt, wetterleuchtet weiter. Ungeklärt ist die Albanierfrage, ungeklärt die Frage der griechischen Inseln. Die Türkei steht wieder als vollwertige Kriegsmacht auf dem Plan, gestärkt durch deutsche Militärinstruktoren — gerade so wie vor dem Feldzug, und seegeltungsstolz gemacht durch den Ankauf eines Dreadnoughts; Griechenland bestellt gleichfalls solche Schiffe, und es wird schon berechnet, welche der beiden Flotten die andere vernichten wird. Sogenannte „Putsche" werden veranstaltet, Freiwilligenkorps bilden sich, verelendete Bevölkerungen flüchten, kurz des Jammers und der Drohung kein Ende. Dabei sieht es aus, als ob der Balkan das Schachbrett wäre, über welchem die beiden Mächtegruppen gegeneinander ihre stumme Machtpartie spielten: Dreibund auf der Seite der Türkei, Dreiverband auf Seite Griechenlands. Gar so einfach ist aber die Sache nicht: Deutschland z. B., das den Türken Kriegsunterricht gibt, ist zu Griechenland in einem verschwägerten und bewundernden Verhältnis; dazu sind noch die anderen Balkanmächte da, — Rumänien, Bulgarien —, von denen man nicht weiß, ob sie zu Rußland oder zu Oesterreich neigen. Aus diesem Wirrsal wird man nie herauskommen, solange man nicht erkennt, daß die Mordaktionen — die gedrohten sowohl als die ausgeführten — niemals zu einer gedeihlichen Lösung führen, daß die unglücklichen Länder nur durch friedliche Arbeit, Reformdurchführung und Sanierungsanstrengungen sich wieder erholen und dann zu einem Bund sich schließen könnten, der weder dreibundfreundlich noch dreiverbandfreundlich, sondern einfach nicht balkanfeindlich wäre.

* *
*

Jetzt mehr als je wäre der Augenblick, daß die vernünftigen und wahrhaft friedensbedürftigen beiden großen Mächtegruppen, statt auf den Gleichgewichtsproblemen des Balkans und des Mittelmeers zu balancieren sich zu einer Rechtsalliance zusammenschlössen und so die positive Macht gewännen, die europäische Ruhe zu sichern. Der Friedenswille in der westlichen Welt ist schon so stark, daß er die Belastungsprobe des ersten und des zweiten Balkankrieges bestanden hat; — die jetzige Pause wäre zu benützen, eine dritte solche Probe nicht aufkommen zu lassen. Aber gegen diese Aufraffung der Vernunft wehrt sich leider der Kriegswille, der ja auch noch leider Gottes in so vielen Kreisen seine offene und seine geheime Wirkung ausübt.

* *
*

Das einige Europa — man werfe mir nicht vor, dies sei eine fixe Idee — wäre die sicherste Rettung. Mehr als eine fixe Idee: es hat eine politische Parole zu werden, wie einst das „einige Deutschland", wie „Italia una"; daran werden die Wählermassen sich begeistern, die Führer sich darauf stützen können. Wenn die Ent'Entemächte (hier muß ich eine Paranthese öffnen, um diese Ortographie zu begründen. Das Wort klingt mir nämlich so in den Ohren, seit meine Kammerjungfer es mir einmal so aus der Zeitung vorgelesen. Warum auch nicht? Sie mochte gedacht haben: wie es einen Doppeladler gibt, kann es ja auch eine Doppelente geben).

Also, wenn die Ent'Entemächte den Aar-Aarmächten — oder umgekehrt — den Vorschlag machen würden, jetzt in Anbetracht des am Balkan drohenden Ausbruchs neuer Kämpfe mit ihren Weltbrandgefahren, einen einzigen, friedensentschlossenen Bund zu bilden, so würde damit nicht nur Sicherheit, sondern allerlei anderes Glück erreicht werden. Aber das Wort Glück will die arme, vom Unglück seit Jahrtausenden gepeitschte Menschheit nicht hören — es dünkt ihr utopisch, beinahe lasterhaft. Für tugendhaft gilt, Unglück zu ertragen. Der unstillbare Drang nach Ueberwindung der Leiden hat seine Erfüllung nach dem Jenseits verschoben; dort will man nicht nur glücklich, sondern selig werden, und nicht nur für eine Lebensdauer, sondern gleich für ewig.

* *
*

Die Angelegenheit von Zabern mit dem ihr folgenden Prozesse nimmt immer mehr den Charakter einer Art Dreyfußaffäre an. Nicht um einzelne Personen und ihre Handlungen geht der Streit, sondern um das militärische Prestige. Und genau wie damals teilen sich die Parteien in die gleichen Lager: Hie die Konservativen, hie die Liberalen. Als erfreulich hat sich in der Sache die Haltung des Reichstags[1]) und die Reserve der Elsässer gezeigt. Wie günstig wäre der Fall für die Betätigung der Revancheidee gewesen, wenn diese im Elsaß noch so lebendig wäre, wie die Alldeutschen es — wünschen. Welche Weiterungen aus dem Zwischenfall noch entstehen können, ob sie einen deutsch-französischen Zusammenstoß herbeiführen oder eine deutsch-französische Annäherung — deren Notwendigkeit jetzt doppelt dringend erscheint — beschleunigen werden, kann man noch nicht wissen. Die Elemente für beide Alternativen sind vorhanden und durch den Fall in Ebullition gebracht worden. Der kleine Leutnant Forstner[2]) („Führer, wie wir sie brauchen" sagte der Kriegsminister) hatte keine Ahnung, welche Lawine er mit seinen Wackes-Streichen ins Rollen gebracht.

* *
*

Eine seltsame Anrede hat der Kronprinz an das Husarenregiment gerichtet, das er (man weiß nicht warum) verlassen mußte.

---

[1]) Reichstagsverhandlungen über den Fall Zabern am 28. und 29. November 1913. Mißtrauensvotum gegen den Reichskanzler mit 293 gegen 54 Stimmen.

[2]) Der Held der Zabern-Affäre.

„Es ist mir verflucht (!) schwer, und das Herz will mir brechen, daß ich nun nicht mehr an eurer Spitze durchs Leben reiten soll." — Und weiter: „Wenn einmal der König ruft, und das Signal Marsch, Marsch! wird geblasen, so denkt an den, dessen sehnlichster Wunsch es stets war, diesen Augenblick des höchsten soldatischen Glücks an eurer Seite miterleben zu dürfen." — Es ist derselbe Reitergeist, derselbe „Soldat-mit-Leib-und-Seele"-Geist, der schon in der bekannten Vorrede[1]) den Ausspruch getan, daß die höchste Wonne im Ernstfalle liege, wenn man mit der gezückten Lanze in den Feind reiten kann. Mittelalter, Mittelalter! Wenn nun Wilhelm II., der als Friedenskaiser Gepriesene, wirklich, wie sein bisheriges Verhalten und manche seiner goldenen Worte beweisen, die Wahrung des Weltfriedens hochhält, wird er sich beeilen, noch zu seinen Lebzeiten diesen Frieden auf so sichere Basis zu stellen und die Hand dazu zu bieten, solche Rechtszustände zu schaffen, daß es einem den Krieg sehnlichst herbeiwünschenden Nachfolger nicht möglich würde, zur Erfüllung dieses Wunsches selber zu rufen und Marsch, Marsch! blasen zu lassen. Uebrigens ist an dem Kronprinzen zu loben, daß er — Soldat mit Leib und Seele — zu stolz und zu aufrichtig ist, die Phrase aufrechtzuerhalten, daß die höchste Aufgabe des Militärs die Wahrung des Friedens sei.

* *
*

Lloyd George, so meldet Daily Chronicle vom 1. Januar, hat abermals gegen die Rüstungen gesprochen[2]). Das wesentlichste seiner Aeußerungen ist an anderer Stelle wiedergegeben[3]).

Der Korrespondent, der jene Aeußerungen des Ministers an eine Wiener Zeitung telegraphierte, fügt hinzu: „Man erklärt sie in politischen Kreisen dahin, daß das neue Flottengesetz noch nicht festgesetzt ist, daß im Kabinett darüber große Meinungsverschiedenheit herrscht und daß Lloyd George im Lande für seine eigene Auffassung Stimmung machen will." Es ist doch eigentümlich, daß, wenn ein Staatsmann spricht, namentlich wenn er etwas Vernünftiges, Ein-

[1]) „Wort zum Geleit", das der Kronprinz zu dem 1913 erschienenen Buch „Deutschland in Waffen" geschrieben hat.

[2]) In einem Interview, das der Herausgeber des Daily-Chronicle mit ihm gehabt hat, und das in dieser Zeitung am 1. Januar 1914 erschien.

[3]) „Friedens-Warte" 1914, Seite 22.

leuchtendes und Friedensfreundliches sagt, dahinter immer nur ein persönliches Motiv gesucht, nicht aber der Sinn der Worte selber geprüft wird. Ein Minister wird bald nicht mehr behaupten dürfen, daß $2 \times 2 = 4$ ist, ohne daß man ein verborgenes Spiel darin zu durchblicken sucht.

* *
*

Der König von Bulgarien — ich besitze ein Bild von ihm, auf das er eigenhändig das Wort Frieden (in griechischer Sprache noch dazu) geschrieben — hat seine letzte Thronrede [1]) mit folgenden Worten begonnen: „Nachdem im letzten Jahre das bulgarische Volk der ganzen Welt das Schauspiel einer militärischen Kraftanstrengung geboten und durch seine Waffen den unterjochten Völkern die Freiheit erworben hatte", usw. — Nicht die ganze Rede möchte ich glossieren, sondern nur den einen Satz von dem Schauspiel der militärischen Kraftanstrengung, das der (zwischen den Zeilen „bewundernden") Welt geboten wurde. In der Tat, so ist es. Nach der alten Gewohnheit aus der Zeit der germanischen Heldensagen und des trojanischen Krieges her ist die „Welt" gewohnt, mit andächtiger Spannung auf die Stätte zu blicken, wo Kämpfende aufeinanderschlagen. Nur das wurde als Weltereignis bewertet, bewundert, besungen und durch alle Schulgenerationen hindurchgeschleppt. Und heute auch werden die Nachrichten von besetzten Inseln, gekauften Kriegsschiffen, raufenden Gebirgsbewohnern, militärischen Instruktoren von den Blättern als das Wichtigste so breit als möglich mitgeteilt und vom Publikum als weltgeschichtliche Belehrung aufgenommen; und — wenn irgendwie in einer Schlachtenschilderung ein homerischer Ton angeschlagen wird — respektvoll bewundert. Was war das für eine Japanbegeisterung nach Tsushima; was war das für ein helles Bravo diesen Bulgaren, nachdem sie Adrianopel erobert... aber nach den Orten, wo die stille Höherentwicklung der Kultur vor sich geht, blickt man nicht, nach den Worten, die von Staatsmännern gesprochen werden, die eine neue bessere Weltordnung einführen wollen, lauscht man nicht. Und so kommt es, daß nur wir Pazifisten wissen, wie unser Ideal sich langsam in die Wirklichkeit umsetzt, während die Zeitungsleser davon keine Ahnung haben. Zwar werden ihnen die pazifistischen Tatsachen auch

[1]) Am 1. Januar 1914.

gemeldet, aber unvollständig, an verborgener Stelle und unkommentiert, während die kriegerischen Nachrichten von „informierten Kreisen“, „maßgebenden Stellen“ und „militärischen Fachmännern“ spaltenlang breitgetreten werden. Wo wurde z. B. über folgende Nachricht geleitartikelt, in welchen Kaffeehäusern oder Salons ward sie zum Tagesgespräch?: Aus New York wird telegraphiert: Staatssekretär Bryan erklärte: „Ein dauernder Weltfriede wäre die größte Errungenschaft unseres Zeitalters. Die Vereinigten Staaten werden stets in erster Reihe jener Mächte stehen, die bestrebt sein werden, den Frieden einzuführen. Es müßten von seiten der Staaten ernstlich jene Vorkehrungen getroffen werden, welche den Krieg unmöglich machen. Als geeignete Mittel hierzu seien das obligatorische Schiedsgericht und die Einschränkung der Rüstungen anzusehen. Die Zeit wird kommen und sie ist nicht mehr fern, wo der Krieg von jeder einsichtigen Nation als ein Ueberrest aus barbarischer Zeit angesehen wird.“ — Das wird innerhalb der Friedensbewegung freilich schon lange gelehrt, aber wenn es der leitende Staatsmann einer mächtigen Nation spricht, so sollte dies doch als ein Zeitereignis erkannt und behandelt werden.

Oder wenn ein Orville Wright verkündet, daß er die Stabilität des Aeroplans erreicht hat? Welchen Stoff zu Ausblicken in die Zukunft, in die Umwälzung des Verkehrs, in das Zusammenschrumpfen unseres heimatlichen Planeten? Was gäbe das für Leitartikel! Und die Vorbereitungen für die Eröffnung des Panamakanals, für die Jahrhundertfeier des englisch-amerikanischen Friedens? Wäre das nicht verheißender, als die in Schleswig-Holstein geplante Feier des Krieges von 1864 gegen die Dänen? Die in diesem Krieg verbündeten Deutschen und Oesterreicher sollten sich jubelnd nach 1864 zurückversetzen und dabei 1866 in ihrem Gedächtnis überspringen.

* * *

Dr. Max Nordau, der jeden 1. Januar in der Neuen Freien Presse einen Jahresüberblick veröffentlicht, sagt in den [illegible] trachtungen, die an anderer Stelle[1]) ausführlich zitiert sind, [illegible] gendes:

> In den internationalen Beziehungen hat die Moral [illegible] gespielt; jetzt ist auch die Vernunft aus ihnen verbann[illegible]

[1]) „Friedens-Warte“ 1914, Seite 24.

Hierzu möchte ich nur bemerken, daß Ausschaltung von Moral und Vernunft nicht zweierlei Erscheinungen sind, denn Moral ist Vernunft. Wenn Menschen, Menschengruppen auf Zusammenleben angewiesen sind, so diktiert die Vernunft gewisse Lebensverhaltungsregeln, die sich als Moralregeln festsetzen. Daß die Staaten heutzutage aufeinander angewiesen sind, zu dieser Einsicht hat sich die allgemeine Vernunft noch nicht aufgeschwungen. Der ganzen vortrefflichen Chronik möchte ich nur den Vorwurf machen, daß auch Nordau über dem Getöse des Seienden die leisen Töne des Werdenden zu sehr überhört. Unter den Ereignissen des Jahres wird z. B. die Einweihung des Völkerjustizpalastes im Haag nicht erwähnt. Immer wieder wird man an den Bericht des Pontius Pilatus an seinen kaiserlicher Herrn erinnert: „Nichts ist vorgefallen... ach ja, ich vergaß... ein Aufrührer ist gekreuzigt worden, aber wie gesagt, es ist nichts Wichtiges geschehen."

* *
*

Aus dem „Unseen Empire": „Belgrad, 28. Dezember. Nach Prüfung der französischen, deutschen und englischen Geschütze hat die serbische Regierung den Vertrag mit der Firma Krupp in Essen unterzeichnet auf Lieferung des gesamten Neubedarfs der serbischen Artillerie." Ferner: „Die Generalversammlung der Aktiengesellschaft Krupp hat bei Jahresabschluß einen Reingewinn von 43 Millionen Mark ausgewiesen und die Dividende zu 14 % gezahlt." Man begreift den instinktiven Widerwillen der Aktionäre gegen das Churchillsche Feier[illegible] Ferner: Auch ein Reingewinn von 40 Millionen [illegible]iel [illegible]lischen Panzerplattenring zu. Die französischen [illegible]d wohl auch nicht zu kurz gekommen.

* *
*

[illegible]at unlängst London besucht. Sein Freund [illegible]Barclay, der Vorarbeiter mit d'Estour- [illegible]der Entente, veranstaltete ein glänzendes [illegible] Der Gast sagte in seiner Rede: „Unsere [illegible]t mehr darin, die Welt zu erobern, sondern [illegible]n. Arbeiten wir zusammen für den Frieden

Gerhart Hauptmann — ich setze neben den größten zeitgenössischen französischen den größten zeitgenössischen deutschen Dichter — hat mir auf meine Mitteilung, daß die österreichische Friedensgesellschaft eine Vorlesung seines Jahrhundertfestspiels veranstaltet, mit nachstehender Depesche geantwortet: „Wenn Sie das Festspiel zur Förderung des Weltfriedens heranziehen, so ist dies die edelste Verwendung, die mein nationales Stück finden kann. Möge es in diesem Sinne weiterwirken. Herzlichen Weihnachtsgruß.

Gerhart Hauptmann.“

* * *

Zehntausend Arbeitslose haben in den Straßen von Wien demonstriert und die Klage erhoben, daß die Rüstungspolitik das Volk verarmt. Die Demonstration verlief ganz ruhig. Die es angeht, blieben noch ruhiger. Es ist etwas Merkwürdiges um die Taubheit und Blindheit der Welt gegenüber den Dingen, die sie nicht gerne hört und sieht. Man muß eben, um wahrzunehmen, hinhorchen und hinschauen. Und da will ich das Geheimnis sagen, wie man in unseren traurigen, schaurigen Tagen doch soviel Herrliches wahrnehmen kann. Man verschließe zwar das Auge nicht vor dem riesenhaften Gebiet dessen, was da ist, aber blicke standhaft nach den Dingen aus, die da werden.

Alarmruf über die geplante Erneuerung des Balkanbundes. — Die Vorbereitungen zur Friedenssäkularfeier. Eine Depesche des Kaisers Franz Josef an das amerikanische Komitee. — Sehnsucht nach großen Feldherrn. — Die Hoffnungen des M. de Mun. - Begründung der Wehrvorlage im ungarischen Parlament. — Zabern und die echt preußischen Leute. Militärisch-junkerliche Kraftausdrücke. — Ausbruch der Rüstungsseuche in Schweden. — Tournée des Grafen Okuma. — Internationale Polizei. — Ein Wort des Botschafters Paléologue.

Wien, 7. Februar 1914.

Ein Alarmruf geht durch unsere Blätter: balkanische Staatsmänner besprechen sich in Petersburg: Versöhnung droht! Die russische Diplomatie arbeitet daran, ein Bündnis zwischen Bulgarien und Serbien wieder herzustellen und sogar Griechenland daran anzugliedern. Griechenland soll an Bulgarien Istip und Kotschana zurückgeben, damit, falls die Türkei wegen der ägäischen Inseln Krieg machen wollte, Bulgarien, das einen militärischen Geheimvertrag mit der Türkei haben soll, nicht etwa an der Seite der Türkei fechten würde. Verstehen Sie? Die Sache ist etwas kompliziert. Darum heißt es ja Balkanwirren. Was ich hier hervorheben wollte, ist übrigens nicht, auf welche Weise das auf gegenseitigen Haß so schön beruhende balkanische Gleichgewicht wieder ins Schwanken kommt, sondern die Angst, die dabei in unserer Presse geschürt wird. Diese Angst ist so recht charakteristisch für den Tiefstand der Gesinnung, von der die übliche Kannegießerei beherrscht ist. Es brauchen nur zwei sich irgendwo anschicken, einander die Hand zu reichen, so schreit ein Dritter schon: die verschwören sich gegen mich. Und schreit es in der beleidigendsten herausforderndsten Weise. „Der Balkanbund", so kommentiert unsere Tagespresse — ob aus eigener Weisheit oder ob vom literarischen Bureau des Auswärtigen oder Kriegs-Amtes eingegeben, ich weiß es nicht — die Nachricht von den Besprechungen in Petersburg — „der Balkanbund ist ein Dolch in der Hand von Rußland, dazu bestimmt, das Gleichgewicht der politischen und militärischen Kräfte in Europa zu verschieben und bei passender Gelegenheit der österreichisch-ungarischen Monarchie in den Rücken gestoßen zu werden." Also solche Beschuldigungen, solche Injurien darf man seinen Nachbarreichen, mit denen man „korrekte" Beziehungen pflegt, öffentlich ins Gesicht schleudern; man darf dem andern Meuchelmordabsichten zuschreiben. — Das ist doch nicht verletzend; es ist ja nur ein Stück politischer Klugheit, die man bei diesem andern voraussetzt, die man aber durchschaut, weil man noch ein Stückchen klüger ist. Ins Militärische übersetzt, heißt jene Beschuldigung: „Mobilisieren wir." Man wird den Dolchstoß in den Rücken doch nicht abwarten sollen? Die Brust muß man bieten, die Stirn hinhalten. An die Grenze! Aber vorher noch ein wenig rüsten; bisher ist man mit den Waffenanschaffungen und Heeresverstärkungen doch viel zu sparsam gewesen. — Ins Pazifistische übersetzt, kann der Kommentar zu den Petersburger Besprechungen nur lauten: Willkommen jeder Versöhnungs-, jeder Verständigungsversuch. Statt Drohung dahinter zu wittern, hat man nur auch in derselben Richtung zu arbeiten: Einer Verständigung zwischen Oesterreich-Ungarn und Rußland stände (außer den beiderseitigen Kriegsparteien) nichts im Wege. Von Kaiser zu Kaiser, von Minister zu Minister, von Volk zu Volk wäre da friedenssicheres Uebereinkommen möglich. Nur Umkehr von den alten Pfaden der Räuberpolitik tut not. Die Pfade zur Kulturpolitik liegen offen.

* *
*

Die Vorbereitungen, die jetzt in Amerika getroffen werden, um die Friedensjahrhundertfeier zu begehen, sind überwältigend. Nämlich jener Frieden soll gefeiert werden, der am Weihnachtsabend 1814 zwischen den Vereinigten Staaten und Großbritannien geschlossen[1]) und 1817 durch die Abrüstung der großen Grenzseen befestigt worden ist[2]). Das Fest soll aber nicht den Charakter der Beschränkung auf die englisch sprechenden Völker haben. Sämtliche Staatsoberhäupter werden eingeladen, sich dabei vertreten zu lassen. Es soll ein Fest werden, das nicht allein der hundertjährigen amerikanisch-britischen Kriegslosigkeit, sondern dem angestrebten all-

[1]) zu Gent.
[2]) Rush-Bagehotvertrag.

gemeinen Zukunftsfrieden geweiht sein soll. Der Organisationsausschuß, der am letzten 24. Dezember in New York über die Festsetzung des Programms referierte, machte einen vorbereitenden Schritt zu der geplanten Universalität der Feier, indem es Weihnachtsgrüße an die Souveräne Europas sandte. Kaiser Franz Josef antwortete mit folgendem Kabeltelegramm: „Ich danke dem nationalen Friedenskomitee in New York für die freundlichen Grüße, die ich mit aufrichtiger Befriedigung empfangen habe, und mit der Versicherung erwidere, daß ich die einer eminent humanen Idee gewidmeten Bemühungen des Komitees mit großem Interesse verfolge." Kaiser Franz Josef ist ein Freund des Friedens; das hat er in letzter Zeit nicht nur durch solche freundlichen Worte wie diese bekundet, sondern auch mit Taten bewiesen.

* *
*

Unterdessen werden in Europa fleißig Schlachtenjubiläen begangen. Jetzt ist der Schleswig-Holsteinsche Feldzug von 1864 an der Reihe. Eben las ich einen drei Spalten langen Festartikel darüber aus der Feder eines österreichischen F.M.L. Nur an einen Satz daraus möchte ich eine Bemerkung knüpfen. Der Verfasser sagt: „Moltkes große operative Gedanken haben schon 1864 über alle Verhältnisse hinweg den Gang der Ereignisse beeinflußt, und zwar derart, daß dagegen alles andere kleinlich erscheint und die Sehnsucht aller Staaten von heute begreiflich macht, nach einem Feldherrn von der Größe dieses Mannes." Zu der „Sehnsucht" muß man ein Fragezeichen setzen. Die Völker alle (immer mit Ausnahme der Kriegsinteressenten) sehnen sich nach Frieden, d. h. nach Zuständen, wo man geschickte (in den meisten Fällen muß es heißen „glückliche") Schlachtenlenker nicht braucht. Wer fortan mit der Eisenbahn und nächstens noch mit dem Luftschiff reisen kann, sehnt sich nach keinem — noch so großen Postillon.

* *
*

Feuersbrünste anzustecken, um sich ein Ei zu sieden (wie dies d'Estournelles dem König von Montenegro vorwarf), gilt in manchen Köpfen noch immer als der Gipfel politischer Kochkunst. Hier wieder ein Beispiel davon: Im „Echo de Paris" vom 5. Januar gesteht der Führer der französischen Klerikalen, M. de Mun, daß er angesichts der Ereignisse von 1913 gehofft hatte, „daß die Stunde des unausbleiblichen slawisch-teutonischen Zusammenstoßes nicht im Orient schlagen würde, ohne an unserer Grenze die Stunde der riesenhaften Attacke anzuzeigen". Riesenhaft auch dieser Traum eines Christen — schreibt hierzu „La Paix par le droit" —: 200 Millionen Slaven und 100 Millionen Germanen einander totschlagend, um die Stunde der „Revanche" vorzurücken.

* *
*

Im ungarischen Abgeordnetenhaus wurde am 28. Januar die Wehrvorlage ohne Sang und Klang und ohne Opposition angenommen. Ein einziger Abgeordneter, Geza Polonyi, erklärte sich gegen die Vorlage, aber nicht aus pazifistischen, sondern aus innerpolitischen Gründen: sie sei eine Modifikation eines Wehrgesetzes, das in illegaler Weise durch die Verletzung der Geschäftsordnung zustande gekommen sei. Die Rede, die der Honvedminister, Baron Hazay, zur Begründung der Vorlage führte, und mit der er das Haus zur Annahme (zu der das Haus offenbar von vornherein entschlossen war) bewegte, verdiente in einem pazifistischen Kalender abgedruckt zu werden. Sie enthält alle, seit jeher von Rüstungsanhängern vorgebrachten, tausendmal widerlegten ältesten Argumente in schönster lückenloser Reihe und es ließen sich daran in methodischer Weise unsere Gegenargumente knüpfen. Es sind auch einige neuere Ansichten und Behauptungen dabei, die förmlich nach Entgegnung schreien. Einige Perlen aus dem rüstungsblanken Schatzkästlein oder, mit einem anderen Bilde, einige Rosinen aus dem kriegsknusperigen Gugelhupf seien hier vorgezeigt:

... Die Ereignisse auf dem Balkan haben die Lehre gebracht, daß man nur mit einer gehörig vorbereiteten Armee auf dem Kriegsschauplatze Erfolge erzielen kann.

... Im Krieg kann nur der siegen, der ein Plus an Macht besitzt und dieses zur Geltung zu bringen versteht. Man kann von einer Truppe nicht erwarten, daß sie mit Begeisterung in den Krieg zieht, wenn sie sieht, daß sie an Zahl inferior ist, und gewissermaßen das Gefühl hat, auf die Schlachtbank geführt zu werden.

... Die Geschichte lehrt, daß meist die größeren Heere über die kleineren siegen. Selbst ein Genie wie Napoleon hat dies zugegeben.

... Wir leben in schweren Zeiten. Rings um uns haben alle Staaten ihre Rüstungen vermehrt.

... Selbst solche Staaten, welche in ungünstigerer wirtschaftlicher Lage sind, sind gezwungen, bis zur äußersten Grenze der Kraftanstrengung zu gehen.

... Es kann geschehen, daß wir in einem Kampf auf uns allein angewiesen sein werden. Dem Heer muß immer ein relatives Maximum gegeben werden. Vermeiden wir auf militärischem Gebiete jede Stagnation oder Rückentwicklung.

... Die Behauptung, daß wir durch ein Menschenalter hindurch keinen Krieg haben werden — was Gott geben möge —, ist durch nichts bewiesen.

... Wollen Sie berücksichtigen, daß der jetzt abgelaufene Krieg kein Kinderspiel war und auch ein zukünftiger es nicht sein wird, sondern ein Kampf auf Leben und Tod, in welchem wir viel und sogar alles verlieren können.

... Uebrigens kann ich auch sagen, daß wir den gefürchteten militärischen Ausgaben nie ausweichen werden. Wir werden sie auch in Zukunft zahlen für unsere Hegemonie aus eigenem Willen, oder gezwungen für die Hegemonie anderer. (Lebhafter Beifall.)

... Der Krieg ist ein Kartenspiel, in welchem die Teilnehmer in unbeschränktem Maße mit so viel präparierten Karten spielen als sie sich zuhause verschafft haben. Im Kriegsspiel wird das Kriegsglück auch durch die präparierten Karten korrigiert.

... Wenn von einem Staate, der viele Feinde hat, die Nachricht verbreitet wird, er wolle seine Armee nicht entwickeln, so wird dieser Staat seinen Kredit verlieren, keine vorteilhaften Handelsverträge abschließen können und im Falle von Komplikationen von der Diplomatie am Gängelband geführt werden.

... Das Wort „si vis pacem para bellum" müßte eigentlich dahin variiert werden: „Wenn du Wohlstand und Kultur willst, dann mußt du über eine starke Armee verfügen."

... Wir wollen leben, und mit Gottes Hilfe werden wir auch leben, aber wir dürfen nicht vergessen, was die Türken vergessen haben: „Hilf dir selbst, so wird dir Gott helfen." (Lebhafter Beifall und Applaus.)

Vielleicht finden sich einige unserer Freunde angeregt, Broschüren zu schreiben, worin, an obiges Schema gelehnt, eine Darlegung der sozialen, ethischen und wirtschaftlichen Grundsätze der pazifistischen Wissenschaft geboten würde.

* *
*

Die Zaberner Affäre hat die echt preußischen Leute an die Oberfläche gewirbelt. Die wollen nicht Geringeres, als daß das Deutsche Reich in Ostelbien aufgehe. Am schärfsten erscheint dieser preußische Geist in einer Rede entwickelt, die der reaktionäre Politiker Oldenburg-Januschau in Thorn in einer konservativen Versammlung gehalten hat. Etwas derb vielleicht? — ah bah, wenn ein Kavalier ein bißchen mit den Sporren klirrt.... Also sprach Oldenburg über Zabern: „Ich bin neun Jahre Leutnant gewesen und habe es immer gewußt, daß Militär vorgehen darf, wenn es von Bengeln mit Dreck beworfen wird. Wenn nun die Elsaß-Lothringer das Militär mit Dreck bewerfen, dann verdienten sie, daß ihnen die Hosen stramm gezogen würden. Ich bin überzeugt, daß so etwas nicht passiert wäre, wenn in Elsaß-Lothringen preußische Landräte und ein preußischer Regierungspräsident an der Spitze der Zivilbehörden gestanden hätten. Ich habe es oft im Reichstag hervorgehoben, daß Trommel und Krückstock die großen Kulturträger Preußens gewesen sind, und wir müssen heute verlangen, daß in Elsaß-Lothringen Ordnung gehalten werde nach preußischem System."

In dieser ganzen Zabernsache hat sich gezeigt, daß die militaristisch-nationalistische Partei gar keine Aussöhnung, gar keinen Frieden mit den Reichslanden will. In letzter Zeit haben sich viel zu viele Annäherungsversuche gezeigt, viel zu viel Verzicht auf die Revanche-Idee. Jene Parteien aber brauchen diese Idee wie einen Bissen Brot — sie müssen die Feindschaft Frankreichs haben, sie müssen sich gehaßt und bedroht fühlen, und wenn solche Gefühle zu erlöschen drohen, so muß man sie möglichst anfachen. Hoffentlich gehen die vernünftigen Franzosen nicht in die Falle. Die unvernünftigen werden freilich erschrecken und die chauvinistischen an der ganzen Sache ihre diebische Freude haben.

* *
*

Die Klagen gegen den Wahnsinn der steigenden Rüstungen verstummen nicht. Nun hat auch Sir Edward Grey in diesem Sinne gesprochen. Aber der Wahnsinn ist eben eine Seuche. Jetzt hat sie auch Schweden ergriffen. Schweden, das auch eine stolze Feier begehen könnte, da es hundert Jahre lang keinen Krieg gehabt, Schweden, dessen König Oskar II. sich offen als Pazifist bekannt, Schweden, das dem letzten Stockholmer Friedenskongreß Huldigungen über das ganze Land darbrachte, das hat jetzt (dank der Hetzreden Sven Hedins) erreicht, daß 40,000 Bauern in das Königschloß gepilgert sind, um zu flehen, daß die Rüstungslasten vermehrt werden mögen [1]). Gewährung wurde versprochen, aber der Minister warnte vor den Spionagegerüchten und Invasionsprophezeiungen, die teils aus abergläubischer Furcht, teils aus Absicht ausgestreut werden. Es hat sich also nun auch in Schweden diese neueste Form der Rüstungstreiberei gezeigt: die patriotische Panik.

* *
*

Graf Okuma, Präsident der japanischen Friedensgesellschaft, Gründer und Kanzler der Universität Wasada, unternimmt eine Rundreise nach dem japanischen Süden und Westen und wird an verschiedenen Orten an den Meetings der dortigen Friedensgesellschaften sich beteiligen. Es wirkt erfrischend, wenn man eben die Berichte aus verschiedenen deutschen Wehrvereinen gelesen hat, auch solchen Nachrichten aus dem fernen Osten zu begegnen. Zwei Welten kämpfen miteinander. Von den Gesten der einen dringen gar laute Berichte in die Oeffentlichkeit, von denen der anderen hört man kaum. Nun ja: krachendes Gebälke macht Lärm, aufsprießende Saat macht keinen.

* *
*

Depesche aus Valona (Albanien): „Die provisorische Regierung hat bei der internationalen Kontrollkommission Schritte getan, damit diese von Europa die Absendung von internationalen Truppen zur Garantie der Ordnung und Sicherheit in der Stadt

[1]) Am 6. Februar 1914. Die Bauern wurden im Hofe des Königsschlosses vom König empfangen.

forderе." Man blicke genau auf diese wenigen Zeilen. Enthalten sie nicht in Embryo, was der Pazifismus von der Zukunft erstrebt: ein „Europa", das einig handelt und (wie Professor Vollenhoven beim letzten Friedenskongreß im Haag vorschlug) eine internationale Polizei?

* *
*

Der französische Botschafter in Wien, Herr Dumaine, erzählte einiges über den neuen Botschafter in Petersburg, Paléologue. Darunter folgenden höchst bemerkenswerten Satz: Als Generalkonsul in Sofia gewann er gründlichen Einblick in die Verhältnisse des Balkans. Er war schon damals fest überzeugt, daß ein Balkankrieg ausbrechen müsse, weil er, wie er sagte, „sich nicht vorstellen könnte, daß ein Volk, welches über ein so vorzügliches Instrument, wie es das bulgarische Heer schon damals war, verfügt, es nicht benützen sollte." Wie man nur so reden kann! Wir wissen doch aus zuverlässigen Quellen, daß die Heere (si vis pacem 2c.), je vortrefflicher, desto sicherere Friedensinstrumente sind. Man rühre doch nicht an unseren heiligsten, naivsten und beutelschnurlockerndsten Ueberzeugungen!

———

Der Alarm über russische Probemobilisierung. — Ein russischer Staatsmann über die politische Lage. — Norman Angellismus und was Sir Edward Grey darüber sagt. — Bismarcks Überfallplan von 1875. — Die schwedischen Rüstungen im Gesichtswinkel eines militärischen Fachmannes. — Neutralisierung der Kurorte. — Winterfest des alldeutschen Frauenbundes. — Aus England.

Wien, den 7. März 1914.

Man läßt uns nicht zu Atem kommen. Immer muß alarmiert werden. Jetzt ist es die vom Petersburger Korrespondenten der „Kölnischen Zeitung" angekündigte Probemobilisierung Rußlands [1]), die den ganzen Zeitungsblätterwald — und natürlich auch den erschreckten Bürger — rauschen und beziehungsweise zittern macht. Der „unvermeidliche" Krieg ist schon wieder da. Rußland bereitet sich vor, in Deutschland und Oesterreich einzufallen. Der Weltbrand in Sicht. Diese schöne Sicherheit danken wir den umsichtigen Vorkehrungen der si vis pacem-Leute. In all das Getöse über Mobilisierung, Kriegsanleihen, Kriegsspiele usw. tönen die Namen Putilow-W[illegible] Krupp-Werke, Skoda-Werke, Vickers, Armstrong und [illegible]be[illegible] hinein. Der internationalen Mordindustrie win[illegible]e. Und in der spannenden Pokerpartie, die die [illegible]eis von Prestige und Einfluß miteinander spielen, [illegible]sigere Bluffs gewagt.

*

*

[illegible]u[illegible]es und unwürdiges Treiben, [illegible]rnationale Politik und Publizistik be[illegible]tige Verdächtigungen, Beschuldigungen

[1]) [illegible]" vom 3. März 1914 brachte einen alarmieren[illegible]rbereitungen Rußlands an der Westgrenze. Der [illegible]iert.

und Verhetzungen. Nun ja, das ist der richtige Gesang zu der Orchestermusik der auffahrenden Kanonen, der bombenwurfprobenden Luftschiffe und namentlich der kriegsministeriellen Mehrforderungen. Zu dieser Höllenbegleitung passen die Haßarien und die hämischen Chöre. Nachdem die Welt durch Alarmnachrichten aufgeschreckt ist, folgen die Dementis. Das Organ des russischen Finanzministeriums schreibt am 5. März: „Die ‚Kölnische Zeitung' hat am 3. d. eine Meldung über angebliche Kriegsvorbereitungen an der Westgrenze Rußlands veröffentlicht. Diese Nachricht hat am Abend desselben Tages an der Pariser Börse eine ziemlich lebhafte Beunruhigung hervorgerufen, die sich im Kurse der an der Pariser Börse kotierten russischen Werte widerspiegelte. Diese Beunruhigung teilte sich heute der Petersburger Börse mit, die unter dem Einflusse der erwähnten Nachricht außerordentliche Bestürzung zeigte, die durch Manöver der Baissespekulanten noch zunahm. Wir sind in der Lage, formell zu erklären, daß die Meldung der „Kölnischen Zeitung" jeder Grundlage entbehrt und eine reine Erfindung ist." Und der unvermeidliche Krieg ist wieder einmal ausgeblieben.

* * *

Hören wir doch einmal, was ein russischer Staatsmann kürzlich im Reichsrat gesprochen hat. Der Redner war Baron Rosen, derselbe Rosen, der unmittelbar vor Ausbruch des Russisch-Japanischen Krieges Gesandter in Tokio und später Botschafter in Washington war. Die Rede galt der gesamten politischen Situation, der inneren wie der auswärtigen, und ihr Zweck war, den russischen Reichsrat zu ermahnen, der trostlosen Reaktion und dem kriegerischen Nationalismus, die sich der Leitung der inneren und äußeren Politik zu bemächtigen suchen, mutvollen Widerstand entgegenzusetzen. Rosen wandte sich gegen den Antagonismus zwischen Dreibund und Dreiverband, der den Interessen Rußlands vollkommen fremd sei, zu der unerträglich wachsenden Last der Rüstungen führe und schließlich einen furchtbaren Krieg zur Folge haben müsse. Also auch im russischen Reichsrat erhebt sich eine Stimme, und zwar nicht die eines Sozialdemokraten, sondern die eines Diplomaten, die für eine Verschmelzung der gegnerischen Allianzen, d. h. ein einiges Europa, plädiert und die sich gegen den Nationalismus wendet. Aber über diese Rede haben unsere Blätter keine spaltenlangen Kommentare gebracht, niemand sagte „Rußland“ verlangt den gesicherten europäischen Frieden und das Ende der unerträglichen Rüstungslast. Aber wenn irgendein Jingoblatt wie die Nowoje Wremja oder irgendein obskurer Nationalist irgendein verhetzendes Wort sagt, dann heißt es gleich: „Rußland“ will den Krieg. Und einige finden sich sogar, die daran den Vorschlag knüpfen: Schlagen wir lieber gleich los — wozu warten, bis die russische Rüstung vollendet ist? Das ist die — zum Glück schon sehr verpönte — Doktrin des Präventivkrieges.

* * *

In England (bei uns gilt der „Engländer“ als der allerentschlossenste Kriegswoller) macht der „Norman Angellismus“ große Fortschritte. Hier ist das Buch „Die große Täuschung“, trotz eines momentanen Rummels, schon fast vergessen, in England lebt es weiter; es wurde ein eigenes Norman Angell-Blatt gegründet, und Norman Angell-Gesellschaften und -Klubs bilden sich in den verschiedenen Städten des Reiches. Wird diese Bewegung von der englischen Regierung vornehm ignoriert? Man höre: „Wir haben in diesem Lande eine Norman Angell-Gesellschaft (der Sprecher ist Sir Edward Grey, der Minister des Auswärtigen, die Zuhörerschaft ist die Handelskammer von Manchester), die sehr anziehende und überzeugende Argumente, welche kräftig an den Verstand appellieren, verbreitet. Sie ernten unter uns großen Erfolg. Ich hoffe, mit der Zeit werden sie auch auf dem Kontinent Erfolge erzielen.“ Uebrigens ist soeben ein neues Buch von Norman Angell erschienen: „Die Grundlagen der internationalen Politik““. Das wird wieder viel von sich reden machen. Und alles, was im Punkte Pazifismus viel von sich reden macht, ist uns willkommen, selbst wenn wir mit dem Urheber nicht ganz einverstanden sind. Mit Norman Angell aber sind wir einverstanden.

* * *

Neulich, da ich schon von Büchern rede, hat der Elsässer Auguste Lalance ein Bändchen Lebenserinnerungen herausgegeben. Die älteren Friedenskongreßbesucher werden sich erinnern, in den neunziger Jahren oft mit ihm zusammengekommen zu sein. In der Memoirenliteratur findet man, viel besser als in Geschichtswerken, Aufschluß darüber, wie und von wem Kriege gemacht oder verhindert werden. Der Historiker trachtet, lange Erklärungen der politischen Notwendigkeiten und Völkerbewegungen zu geben, die einen Krieg herbeigeführt haben; der Memoirenschreiber erzählt absichtslos eine kleine Anekdote, und plötzlich fällt ein ganz unerwartetes Licht auf vergangene Ereignisse. „Im Januar 1875," so erzählt Lalance, „habe ich mit ein paar Freunden in einem Wald gejagt, durch den die von Mülhausen nach Straßburg führende Eisenbahn geht. Wir frühstückten im Hause eines Schrankenwächters auf der Straße von Wittelsheim, als wir an der Mauer einen Anschlagzettel erblickten, mit der Aufschrift: Marche des trains militaires und darunter war für alle fünf Minuten die Durchfahrt eines Zuges von Mülhausen nach Straßburg signalisiert. Wir befragten den Mann, was dies bedeute: ‚Man hat diese Zettel heute morgens angeschlagen,' antwortete er, ‚und ich habe Befehl, sobald ich ein gewisses Zeichen erhalte, alle Züge aufzuhalten und sie auf ein Garagegeleise zu lenken, um den Weg für die Militärzüge freizuhalten.' Man kann sich unsere Bestürzung vorstellen. Am andern Tage war der Zettel entfernt, und bald darauf erfuhren wir, daß Zar Alexander II. Bismarck mit einem sofortigen Angriff gedroht hatte, falls dieser seinen Plan, eines Einfalls in Frankreich, nicht aufgäbe."

* *
*

Der Konflikt, den das in Schweden ausgebrochene Rüstungsfieber hervorgerufen hat, ist in eine neue Phase getreten [1]). Das Parlament ist aufgelöst, Neuwahlen sind ausgeschrieben. An anderer Stelle berichtet eine Korrespondenz aus Stockholm über die ganze Lage [2]). Ich möchte hier nur notieren, wie hier ein „militärischer Fachmann" sich dazu äußert. Einfach nur von dem

[1]) Der Reichstag hatte den König wegen seiner Rede an die Bauern angegriffen, das Ministerium hat seine Demission gegeben. Das Ministerium Hammarskjöld konstituierte sich am 17. Februar. Am 3. März wird der Reichstag aufgelöst.

[2]) „Friedens-Warte" 1914, Seite 83: „Die politische Lage in Schweden" von Carl Lindhagen.

Gesichtspunkt der Gefechtsstärke in dem kommenden Krieg. Nicht ob er kommt, der Krieg, fragt sich der Fachmann, sondern wie er geführt werden wird. In dem mir vorliegenden Artikel heißt es: „Die Rolle Schwedens im Zukunftskriege wird naturgemäß von der Stärke und Bereitschaft seiner militärischen Machtmittel bestimmt werden. Seine augenblicklichen Kräfte zu Lande und zur See lassen einen wesentlichen Einfluß auf den Gang der großen Ereignisse in einem Kriege zwischen Deutschland und Rußland noch nicht erwarten.... Die Flotte dürfte einen Kampf auf hoher See kaum wagen, ihre Tätigkeit würde die einer bloßen Küstenverteidigung sein. Für diese Zwecke wird das Ausbauprogramm reichen. Dreadnoughts sind zu kostspielig für Schweden." Der Schlußsatz des Artikels lautet: „Das Königreich muß sein Hauptgewicht auf die Verstärkung und quantitative Hebung seiner Armee legen. Wenn die geplanten Reformen verwirklicht würden, könnte Schweden in den zwei Aufgeboten etwa 250,000 Mann aufbringen, eine Streitmacht, die ungefähr jener Serbiens entspricht, die Rußland gegen Oesterreich bereit hält." In diesen letzten Worten, die mit der schwedischen Sache gar nichts zu tun haben, ist mit der größten Selbstverständlichkeit schon ein von Rußland gegen uns geplanter Krieg angeführt. Nur so ganz nebenbei, der Leser wird schon verstehen, wie nützlich uns die 250,000 Schweden zur Paralysierung der unter zarischem Kommando stehenden 250,000 Serben werden. Suggestion und Insinuation — das gehört zur militärisch fachmännischen Methode. Das Bedauerliche ist nur, daß derlei Dinge nicht allein in militärischen Fachblättern stehen, sondern regelmäßig durch die Tagesblätter dem ahnungslosen und suggestionsempfänglichen Bürger zum Morgenkaffee gereicht werden.

* *
*

Regierungsrat Professor E. Heinrich Kisch macht den Vorschlag: Neutralitätserklärung der Kurorte und Verwendung derselben für erkrankte Soldaten im Kriegsfalle. Schon im Jahre 1866, als blutjunger Arzt, richtete er eine Denkschrift in diesem Sinne an das österreichische Kriegsministerium, sie blieb aber unbeantwortet. Jetzt nimmt er seinen Plan wieder auf. „In der langen Friedenszeit," so schreibt er in einem ausführlichen Artikel, „geriet mein Vorschlag in Vergessenheit. In der Gegenwart jedoch, wo die

Gedanken an Kriegsbereitschaft und Kriegshilfe (nur nicht Kriegsverhütung! B. S.) alle Herzen bewegen, alles Sinnen und Trachten aufpeitschen, ist es wohl zeitgemäß, meinen Vorschlag der großen Oeffentlichkeit vorzustellen. Es ist klar, daß mit der Neutralitätserklärung des Militärsanitätswesens nicht allen Ansprüchen der Humanität volle Rechnung getragen wird. (Das sagen wir auch!) In den schwindelnden Zifferreihen, mit denen man in der Fürsorge für die Opfer des modernen Krieges für die Verwundeten und Erkrankten rechnen muß..." Und so weiter. Nach Darlegung seines Planes ruft der Verfasser eindringlich: „Mögen alle patriotischen Vereinigungen, in erster Linie das Rote und das Weiße Kreuz, die Vereinigungen zur Krankenpflege im Kriege, eine energische gemeinsame Aktion einleiten, damit das österreichisch-ungarische Ministerium die Initiative zur internationalen Festsetzung der Neutralität der öffentlichen Kurorte ergreife, zu einer zeitgemäßen Erweiterung der bestehenden Genfer-Konvention in diesem Sinne. Es fehlt nicht an Präzedenzfällen — so schlossen Maria Theresia und Friedrich II. einen Vertrag, wonach die Kurorte Karlsbad und Teplitz in Böhmen, sowie die Bäder Landek und Warmbrunn in Schlesien für Kriegsdauer mit Schutzbriefen versehen wurden." (Warum nicht eine noch „zeitgemäßere" Erweiterung? Haager Schiedsverträge, klausellose, wären solche Schutzbriefe, nicht für einzelne Orte, sondern für die ganzen Länder.) „In der Gegenwart", so schließt der Artikel, „in welcher das Elend der immer verheerender „männermordenden" Kriege tausendfach vergrößert und verbreitet ist, muß auch die humane Fürsorge neue Mittel ersinnen, neue Bahnen schaffen, um dieses Elend zu mindern und zu lindern." Uns ganz aus der Seele gesprochen, Herr Professor: neue Mittel, neue Bahnen, ganz neue Bahnen! Aber das heute schon tausendfach, morgen zehntausendfach vergrößerte Elend wollen wir nicht nur lindern — was bald nicht mehr möglich sein wird —, sondern hindern.

* *
*

Ich bin nicht vergnügungssüchtig, aber dem Winterfest der Frauen-Vereinigung der Ortsgruppe Berlin des Alldeutschen Verbandes hätte ich doch gern beigewohnt. Es muß, nach dem Bericht der „Deutschen Warte" reizend gewesen sein: die farbenfrohen Balltoiletten, die leuchtenden Dekolletés brachten eine lichte, heitere Tönung in das vornehme Gesellschaftsbild, dem im übrigen das ernste Schwarz eleganter Fräcke seine Signatur gab". Zuerst gab es eine kleine Theatervorstellung, ein Bühnenspiel, betitelt „Die Waffen nieder?" Es behandelte in „ebenso treffender wie witziger Persiflage" — ich zitiere wieder den Berichterstatter — „die leidige Vertrauensseligkeit und Gutmütigkeit des deutschen Michels, der sich zum Schaden unserer politischen Weltmachtstellung nur zu oft vom smarten John Bull, von der charmierenden Marianne, oder dem bramarbasierenden Wodkaloff übertölpeln und einseifen ließ. Auch der die Tatkraft und Entschlußfähigkeit Michels so unheilvoll lähmende Einfluß des ‚Weltbürgermeisters' und seiner Tochter ‚Kosmopolinchen' — wir finden sie täglich in den Spalten des Berliner Tageblattes lebendig! — wurde mit ebenso kräftigen Seitenhieben bedacht, wie das rührselige utopistische Friedensgeschrei der unermüdlichen Berta von Suttner, die als larmoyante Wirtin des Gasthauses ‚Zum Völkerfrieden' auftrat. Zum Schluß erwacht das schlummernde Selbstbewußtsein Michels und in aufflammendem Zorn setzt er die neidischen Widersacher kurzerhand vor die Tür" — mit andern Worten, er wird brutal. Und nachdem sich der stürmische Beifall gelegt, begann der Ball. Die leuchtenden Dekolletés und die ernsten Fräcke „drehten sich im Kreise bis in den frühen Morgen hinein".

* *
*

England mit seiner Homerulefrage und mit den von Lloyd George aufgerollten Bodengesetzproblemen steht vor den schwierigsten und bedeutungsreichsten Fragen. Dabei läßt es aber die große Frage der Rüstungsausgaben nicht aus den Augen. Die Worte, die der Premier am 12. Februar an eine Abordnung des Parlamentarierkomitees des Gewerkschaftskongresses richtete, sollten allen Pazifisten als Richtschnur dienen. „Niemand ist ängstlicher bemüht als unsere Regierung — sagte Asquith — diesem Zustand ein Ende zu machen, aber das wahre Mittel läge in einer gemeinsamen Aktion der Völker."

Der neueste Schreck: Die rumänische Kulturliga. — General Bernhardi über einen Offensivkrieg. — Der Generalgouverneur von Moskau auf der ersten Haager Konferenz. — Die dritte Haager Konferenz. — Das Maschinengewehr im Luftschiff. — Die zweite Warnung Sven Hedins. — Der Home-Rule-Konflikt. — Eine variierte Marseillaise-Strophe. — Ein Sieg des Präsidenten Wilson. — Die Bedürfnisse des französischen Kriegsministeriums. — Aufträge für die Skoda-Werke. — Ein pazifistisches Stück von Galsworthy.

Wien, 4. April 1914.

Das allseitige Suggerieren „des" (nicht: „eines") kommenden Weltkrieges will nicht aufhören. Gegenwärtig ist es — angesichts der offiziösen Friedenserklärungen der russischen Politiker — über die russische Gefahr stille geworden; dagegen wird als neuestes Schreckensgespenst Rumänien aufgestellt. Es hat sich nämlich in Bukarest zugetragen, daß die dortige Kulturliga eine Versammlung abgehalten hat, in welcher nationalistisch-chauvinistische Kreise, meist Studenten, für Rußland und gegen Oesterreich demonstrierten und ein General vom Ueberschreiten der Karpathen sprach. Darüber wird nun des langen und breiten geleitartikelt; — wieder ist eine willkommene Lunte gefunden für das nach Explosion lechzende europäische Pulverfaß. Natürlich handelt es sich da nicht um die Frage, ob das kleine Rumänien das große Oesterreich-Ungarn mit Krieg überziehen will oder nicht, sondern darum, ob es zu Rußland oder zu unserer Monarchie, oder mit anderen Worten, ob es zum Dreibund oder zum Dreiverband halten will. Darum dreht sich jetzt der ganze diplomatische, politische und publizistische Lärm. Nicht wie die Nationen leben und gedeihen und sich entwickeln, ist das Hauptinteresse, sondern wie sie sich gruppieren. Wird Rumänien sich an Rußland, wird Schweden sich an Deutschland schließen? Wohin werden die Balkanstaaten gravitieren, wohin die Türkei? Oder kommt es gar zu einer Verschiebung unter den zwei großen gegnerischen Dreibünden? Alle diese bangen Sorgen machen es doch von Tag zu Tag klarer, daß diese zwei Anziehungszentren aufhören müßten, sich zur feindlichen Gegenüberstellung zu bekennen. Und aufhören, sich gegenseitig des Kriegswillens zu beschuldigen, während jedes den eigenen Friedenswillen beteuert. Beide Willensrichtungen sind tatsächlich vorhanden, aber nicht die eine da und die andere dort, sondern beide in allen Ländern. Es kommt nun darauf an, welche von beiden in Summa als die stärkere sich erweisen wird. Das ist der Punkt, wo das Uebergewicht entscheiden wird, und das ist auch die neue Weise, nach der, über die Landesgrenzen hinweg, die Geister sich gruppieren.

* *
*

In der Berliner „Post" veröffentlichte der bekannte zukunftsromanschreibende General F. Bernhardi einen Alarmartikel, worin er „Herstellung völliger Kriegsbereitschaft an unseren Grenzen" fordert. Die Gestaltung der politischen Lage sei derart, „daß wir einen notwendigen Krieg unter möglichst günstigen Bedingungen offensiv beginnen können". Weil sich bei dem allgemein verkündeten Standpunkt, daß die Rüstungen nur zur friedenssichernden Verteidigung dienen, die Dinge zu langsam entwickeln, so schüren die Kriegslüsternen zum Präventivkrieg. Sie stellen den Grundsatz auf: da es zum Schlagen kommen muß, so ist's besser, wir warten nicht ab, daß der Gegner sich weiter rüstet, um uns den Gnadenstoß zu geben. Das Raisonnement ist ja nicht schlecht — nur krankt es an der falschen Prämisse; es muß ja nicht zum Schlagen kommen. Dieses „Muß" ist das gefährlichste Dogma des kriegerischen Irrglaubens.

* *
*

Der Chef des russischen Generalstabes, General Schilinsky, ist zum Generalgouverneur von Moskau ernannt worden. Ich erinnerte mich, daß ein Oberst Schilinsky auf dem ersten Haager Friedenskongreß den russischen Antrag auf Rüstungsstillstand vorgebracht und mit Feuer vertreten hat. Nicht alle Generale sind notwendigerweise Rüstungsfanatiker. Ich schaute in meinem „Haager Tagebuch" nach und las die ganze Rede nach (S. 222). Einiges soll hier in Erinnerung gebracht werden. Es paßt alles noch zehnmal mehr auf heute. „... Man darf fragen, meine Herren, werden die auf der Konferenz vertretenen Völker völlig zufrieden sein, wenn wir ihnen das Schiedsgericht und Gesetze für Kriegszeiten bringen, aber nichts für die Zeit des Friedens, dieses bewaffneten Friedens, der so schwer auf den Völkern lastet, der sie so schwer drückt, daß man manchmal die Aeußerung hört, daß ein offener Krieg besser wäre, als dieser versteckte Rüstungskrieg..."

„.... Ich habe sagen gehört, daß das Geld, welches für Neurüstungen ausgegeben wird, im Lande bleibe. Das ist vielleicht wahr für die Länder, welche selbst Waffen erzeugen; aus den anderen geht das Geld ins Ausland. Aber selbst für die so privilegierten Länder, ist es denn ein wirklicher Vorteil für die Gesamtbevölkerung, wenn man im Lande die Waffen erzeugt? Möglich noch, wenn bar bezahlt wird, aber wenn man, um die neuen Waffen zu fabrizieren, eine neue Anleihe macht? Der Fabrikant hat sein Geld, der Arbeiter seinen Lohn (aus den Taschen der anderen. B. S.) bekommen, aber für das Volk ist die Transaktion damit noch nicht zu Ende. Die Schuld bleibt uns Allen: Bauern und Industrielle, Arbeiter und Gutsbesitzer, müssen durch lange Jahre diese Schuld und deren Interessen zahlen."

„... Uebrigens erreicht diese fortgesetzte Steigerung der Heeresmacht nicht ihren Zweck. Irgendeine Regierung vermehrt ihre Truppen; ihr Nachbar folgt dem Beispiel ohne Verzug, um das Gleichgewicht aufrecht zu erhalten; der Nachbar des Nachbars tut das gleiche, und so geht es ins Unendliche weiter und das Stärkeverhältnis zwischen den Ländern bleibt immer das gleiche."

„Nein, meine Herren, wenn man die Frage aufrichtig ins Auge faßt, so kann man nicht leugnen, daß die übertriebene Entwicklung der Rüstungen der Ruin der Nationen ist. Und die Nationen wissen es wohl..."

„... Rußland schlägt Ihnen vor: halten wir inne."

„.... Ist es nicht diese erste, so wird eine nächste Konferenz diese Idee aufnehmen, denn dieselbe entspricht der Notwendigkeit, entspricht dem Bedürfnis der Völker. Wir sind die ersten, meine Herren, welche berufen sind, diese Idee zu pflegen, dieses Problem zu lösen — überlassen wir nicht anderen die Ehre. Machen wir eine Anstrengung: wenn wir guten Willen und Vertrauen haben, so werden wir zu einer Einigung gelangen, die von den Nationen so glühend gewünscht wird.“ Bekanntlich wurde die Idee durch den deutschen Delegierten Oberst Schwarzhoff zu Falle gebracht, fünfzehn Jahre sind seither vergangen. Die Rüstungen haben sich seither verdreifacht — oder, ich weiß nicht, verzehnfacht — und noch geht es in immer rasenderem Tempo weiter. In der zweiten Konferenz wurde, auf Wunsch einiger Regierungen, die Frage ganz ausgeschaltet. Vielleicht gelangt man auf der dritten — wenn bis dahin der Abgrund nicht erreicht ist — zu einem Uebereinkommen.

* *
*

Nun wurde — so heißt es, es ist noch nicht offiziell — die nächste Haager Konferenz auf 1917 verschoben. Wenn der unvermeidliche, für jede „Schneeschmelze“ von den Kriegsamateuren zuversichtlich angesagte große europäische Krieg so lange vermieden bleibt und inzwischen die pazifistische Idee sich stärkt, so daß zur Konferenz eine überwiegende Anzahl echter Friedenswoller entsendet werden, so kann diese Konferenz durch Schaffung eines permanenten Schiedshofs nicht nur den Stillstand, sondern die automatische Herabminderung der Rüstungen herbeiführen.

* *
*

Am 14. März wurde aus Berlin telegraphiert: „Ueber dem Truppenübungsplatz in Döberitz bei Berlin fand gestern ein Scharfschießen des Militärluftschiffes L. V statt. Es war ein Drachenballon in die Höhe gelassen worden, unter dessen Korb ein mächtiger, etwa 10 Meter hoher Kasten als Ziel — in einer Höhe von etwa 300 Meter — angebracht war. Der Kasten hatte ungefähr die Größe eines Flugzeuges. Es handelte sich darum, vom Luftschiff aus dieses Ziel zu treffen. Das Luftschiff umkreiste das Ziel, das heftig hin und her wankte, in weitem Bogen und gab aus einer Entfernung von 1500 Metern aus dem Ballongeschütz und aus einem Maschinengewehr 15 Schüsse ab. Der Drachenballon wurde dann heruntergezogen, um die Treffer an der Zielscheibe festzustellen. Die Schießwirkung des Geschützes und des Maschinengewehrs war gut.“ War gut. Bei dem einen Worte muß ich verweilen. Es ist ja eines der lieblichsten der Sprache. Ueber Gutes muß man sich freuen. Also freuen wir uns. Freude, Tochter aus Elysium. Seid verschlungen, Milliarden. — Diesen Schuß der ganzen Welt!

* *
*

In der letzten Zeit wurde von Sven Hedin unter dem Titel „Zweite Warnung" eine neue Broschüre ausgearbeitet und in einer Million Exemplaren in ganz Schweden verteilt. Sven Hedin sieht in der bisherigen Neutralitätspolitik eine Gefahr und fordert zum Anschluß der schwedischen auswärtigen Politik an die Mächte des Dreibunds, hauptsächlich an Deutschland, auf. Interessant wäre, zu eruieren, wer die Kosten des Druckes und der Verteilung von einer Million Exemplaren trägt. Wir Pazifisten wissen, welche Schwierigkeit es ist, eine Broschüre, die für Neutralität, für Sicherung vor Kriegseventualitäten plädiert, überhaupt drucken und in ein paar hundert Exemplaren versenden zu lassen — aber alles, was für den Krieg wirkt, dem stehen die Millionenziffern zur Verfügung. Wer hat diese Flugschrift patroniert, vielleicht sogar bestellt? Das Kriegsministerium oder das Waffenfabrikssyndikat? Wir fordern unsere schwedischen Freunde auf, dieser Sache nachzuforschen.

* *
*

Der große Homerule-Konflikt in Großbritannien wird vielleicht, dank der Weisheit Asquiths, doch gütlich beigelegt werden. Jedenfalls hat sich gezeigt, wie doch schon der Zeitgeist sich gegen das einst so beliebte „Dreinschlagen" allenthalben sträubt. Wie vor dem auswärtigen, so schreckt das moderne Gewissen auch vor dem Bürgerkrieg zurück. Die Generale und Offiziere treten lieber aus dem Heere aus, als gegen ihre Landesbrüder die Waffen zu kehren; die Regierung macht lieber allerlei Konzessionen und Kompromisse, statt ihren Standpunkt durchzusetzen. Das Menschenleben fängt an, im Werte zu steigen.

* *
*

Der französische Schriftsteller Lucien Descaves hat in Verbindung mit dem Zeichner Steinlen unter dem Titel „Barabbas" ein merkwürdiges Buch herausgegeben. Ein Ausspruch daraus soll angeführt werden, denn er drückt eine ganze Weltanschauung aus, die in der neuen Zeit erwacht, einer Zeit, die eine neue Marseillaise braucht: „Ich schlage vor, daß der nächste Krieg begrüßt werde mit den Worten: Allons, Söhne des Alkohols, zu den Waffen! Die Stunde des delirium tremens ist gekommen."

* * *

Präsident Wilson hat einen großen Sieg errungen: er hat die Moral in die Politik eingeführt. Seiner eindringlichen, von den höchsten ethischen Gesinnungen getragenen letzten Botschaft nachgebend, hat der Senat eingewilligt, die Klausel der Bevorzugung amerikanischer Schiffe im Panamakanal aufzugeben[1]). Nicht das nationale Eigeninteresse, sondern die Pflicht der Vertragstreue und internationale Rücksichtnahme sei die politische Richtschnur: diesem Grundsatz hat das hochgemute Oberhaupt der Union Geltung verschafft.

* * *

Auf dem Balkan ist das Morden und Mordbrennen noch lange nicht zu Ende. Aus dem Süden des neugegründeten Albanien (O bedauernswerter Albanese, namens Wilhelm Wied) kommen wieder grausige Kampfberichte: „Koritza in Flammen", „Epirus im vollen Aufstand", Banden, „heilige Bataillone", und reguläre Truppen (wozu die vielen verschiedenen Bezeichnungen? Räuber sind sie einfach alle) sind wieder an der Arbeit: Dörfer werden vernichtet, die Bevölkerung „ausgerottet" und dergleichen mehr, da dies alles aber im Namen von nationalen Dingen geschieht, als da sind: Landeszugehörigkeit, Landesgrenzen und dergleichen mehr, so ist es nicht einfaches Verbrechertum, sondern „Ge-

[1]) Die Bevorzugung der amerikanischen Schiffahrt bei den Kanalgebühren wurde von England als ein Bruch des Hay-Pauncefotevertrages vom 18. November 1901 angesehen, der bestimmte, daß der Panamakanal „frei und offen sein soll für Handels- und Kriegsschiffe aller Nationen". Um diesen Vertragsbruch zu verhüten, wurde jene Kanalbill durch ein neues Gesetz vom 7. April 1914 aus der Welt geschafft, das der amerikanischen Schiffahrt keine Privilegien gewährt.

schichte" und fällt in das Ressort „nicht des Richters", sondern des „militärischen Fachmannes". Es wäre höchlich an der Zeit, daß Europa, wenn es wirklich solchen Greueln ein Ende machen will, eine internationale Polizei einsetzte. Die Nachricht von „Koritza in Flammen" ist zur Stunde nicht bestätigt; auch das ist noch nicht sicher, daß der albanische Kriegsminister 25,000 Mann ausrüsten will, um den Aufstand niederzuschlagen, aber soviel ist gewiß: im Balkankessel brodelt das Unglück weiter.

* * *

Die französische Kammer verhandelt den Gesetzentwurf, wodurch der Kriegs- und Marineminister ermächtigt werden, für die Bedürfnisse der nationalen Verteidigung einmalige Ausgaben in der Höhe von ungefähr zwei Milliarden zu machen[1]). Eigentlich sollte man dies nicht gesperrt drucken; die Ziffer Milliarde ist jetzt schon die geläufigste in den Kriegs- und Schuldenbudgets. Die beiden Minister verweisen auf die Notwendigkeit der Vergrößerung der bestehenden Pulverfabriken. Die Minister erklären weiterhin, es würden in acht bis zehn Monaten bei den 305 Millimeter-Geschützen Versuche mit Nitroglycerinpulver gemacht werden. Für so beglückende Ausgaben wird man den die Notwendigkeiten so genau kennenden Ministern ein paar Milliärdchen doch nicht verweigern.

* * *

Wir in Oesterreich bekommen übrigens auch neue Geschütze. Unser Kriegsminister hat kürzlich die Skoda-Werke besucht und dort einem großen Versuchsschießen beigewohnt. Die Skoda-Werke (ach, wer doch ein Päckchen Skoda-Aktien besäße!) sollen mit der Erzeugung der von ihnen konstruierten Fünfzehn-Zentimeter-Stahl-Haubitzen beauftragt werden. Dieselben sind bestimmt, die bisherigen aus den achtziger Jahren stammenden Bronzehaubitzen zu ersetzen. Der fachmilitärische Bericht darüber sagt: „Der russisch-japanische und der

[1]) Am 26. März 1914 nimmt die französische Deputiertenkammer eine Vorlage an, worin an einmaligen Ausgaben für Zwecke des Heeres 1143½, für die Flotte 765 Millionen verlangt werden.

Balkankrieg, in welchem die Anwendung starker feldmäßiger Befestigungen häufig vorkamen, haben erneut die Notwendigkeit dargetan, bei den Feldtruppen schwere Geschütze zur Bekämpfung dieser Befestigungen einzuführen. Die Bekämpfung moderner Befestigungen ist infolge der Fortschritte in der Fortifikation sehr schwierig geworden. Die Haubitzen aus den achtziger Jahren wären kaum in der Lage, den dadurch gesteigerten Ansprüchen zu genügen. In der neuen zur Einführung gelangenden schweren Stahlhaubitze erhält unsere Artillerie ein den modernen Ansprüchen entsprechendes, bewegliches und leistungsfähiges Geschütz." Mit einem Wort, ein allerliebstes, modernes, schickes, beglückendes Geschütz! Dieser Balkankrieg — er war zwar für die Auffassung der Sentimentalisten etwas schaurig und wild — hat uns doch sehr nützliche Erfahrungen gebracht. Die Frage ist nur, was werden sich denn nach den Erfahrungen der nächsten Jahre für moderne Ansprüche erheben?

* *
*

John Galsworthy, der gefeierte englische Autor, hat ein unlängst in London mit großem Erfolg aufgeführtes Drama geschrieben „The Mob". Es ist ein pazifistisches Stück. Der Held, Stefen More, bekämpft einen Krieg, der eben von England gegen ein kleines Volk geführt wird, die Freunde wenden sich von ihm, die politischen Gefährten sagen sich von ihm los, seine Wähler drücken ihm ihr Mißtrauen aus. Er aber bleibt standhaft. Die Brüder seiner Frau und ihr Vater sind Offiziere. Sie fleht ihn an, seinen Standpunkt aufzugeben. Er bleibt fest und sieht starren Auges, wie auch seine geliebte Gefährtin sich von ihm wendet und ihn verläßt. In all dem Zusammenbruch bleibt ihm noch ein Trost: die breiten Massen des Volkes müssen doch zu ihm halten, dieses Volk, das vom Krieg am furchtbarsten getroffen wird — aber auch das wendet sich gegen ihn. Der Mob beschimpft ihn, nennt ihn einen Vaterlandsverräter und schließlich sinkt er, von den Steinen des Volkes zu Tode getroffen, nieder. Es folgt noch ein Epilog. Der Vorhang geht über einem bewegten Londoner Straßenbild auf, als Jahre später gerade ein Stefen-More-Denkmal enthüllt wird. Und man liest auf dem Sockel die Inschrift: „Errichtet vom Lande zum ewigen Gedächtnis Stefen Mores" und „Seinen Idealen getreu". Die Niederschrift, die Aufführung und der Erfolg eines solchen Stückes sind auch Zeitgeschichte. Wenn ein dichterisches Genie sich für ein neues Kulturideal einsetzt, wenn eine mitfühlende Menge ihm zujubelt, so ist das ein großes, helles Ereignis, anders wichtig als balkanische Grenzregulierungen und selbst als die Einführung von Stahlhaubitzen.

Naher Kriegsausbruch zwischen den Vereinigten Staaten und Mexiko und die Vermittlungsaktion der Südrepubliken. — Der Streik in Colorado. — Die beiden Verrücktheiten unserer Zeit: Nationalwahn und Rüstungswahn. — Wieder enger geknüpfte Bündnisse. — Gefangennahme deutscher Luftschiffer in Rußland. — Epirotische Übergreueltat: 200 Gekreuzigte. — Der Text des Mediationsantrags. — Wilson **kein** Imperialist. — Sir Edward Grey über die Abschaffung der Kaperei. — Kriegsminister Falkenhayn über die Ideale der deutschen Jugend.

Wien, 9. Mai 1914.

Das für uns das unglaublichste, unbegreiflichste, schmerzlichste Ereignis der letzten Wochen war der so plötzlich nahgebrachte Kriegsausbruch zwischen der Union und Mexiko[1]). Und als Motiv: Forderungen, Verweigerungen und Bedingungen über Salutschüsse! Da war unser stolzestes, sicherstes, mit den schönsten Hoffnungen befrachtetes Friedensschiff wie von einem Eisberg angerannt. Und der hämische Triumph unserer Gegner! Und die ununterdrückbare Freude aller Kriegsfreunde! Schon bei der ersten Nachricht bringen die Blätter fachmännische Abschätzung der militärischen

[1]) Am 21. April 1914 landen in Veracruz 1200 Mann amerikanischer Truppen, die das Zollhaus und die Stadt besetzen. Am 26. April nimmt Präsident Wilson die angebotene Vermittlung der A-B-C-Staaten an. Die Friedensverhandlungen zu Niagara-Falls beginnen am 20. Mai und endigen am 24. Juni 1914.

Kräfte der beiden Länder und Landkarten dazu. Bei einem großen Empfang im Ministerium des Aeußeren wird der amerikanische Botschafter Mr. Penfield von vielen hohen Herren beglückwünscht zu der „Schneidigkeit“, mit der die Union vorgegangen. Aber die beifällige Freude ward bald wieder gedämpft. Argentinien, Brasilien und Chile tragen Vermittlung an, und Wilson und Bryan stimmen zu. Die südamerikanischen Republiken handeln in dem Geist, der ihnen durch Schaffung der Pan-Amerikanischen Union eingeflößt worden ist, und gierig greift Wilson nach diesem Rettungsseil — denn er hatte selber nicht geglaubt, daß es „Krieg“ war, dieses überstürzte Demonstrationsspiel gegen den verabscheuten Huerta. Und im ganzen Land, gleich am ersten Tag des „schneidigen“ Vorgangs, welcher Riesenprotest der pazifistischen Kreise (Frauen, Arbeiter, Geistliche und Hunderte von verschiedenen Korporationen), und nirgends Enthusiasmus für den Krieg — nicht einmal unter den Offizieren. Alles Früchte der mächtigen Erziehung zum Weltfriedensgedanken, die seit Jahren sich ausgebreitet hat und an der ja Wilson und Bryan kräftige Mitförderer waren. Nein, der Eisberg hat unsern Friedenstitanic nicht in die Tiefe gerissen. Nur stark havariert hat er ihn.

* *
*

Noch etwas Trauriges hat sich in Amerika zugetragen: die Niedermetzelung der streikenden Arbeiter in Colorado. „Die Interessen des Rockefellerschen Oeltrusts“, so erklären viele den Hergang. Auch hinter den ganzen mexikanischen Wirren werden geheime Treibereien amerikanischer Geschäftsleute gewittert. Wer kann hinter die Kulissen schauen? Alle die Gewalttaten bauen sich doch auf den zwei Grundirrtümern auf: daß man ein Land politisch besitzen muß, um von dessen Reichtümern Nutzen zu gewinnen, und daß überhaupt durch Totschlag und Zerstörung etwas Ersprießliches erreicht werden kann.

* *
*

Kehren wir nach Europa zurück. Nicht, daß es da viel freundlicher wäre. Damit will ich nicht sagen, daß Glück und Schönheit und erhabene Geistesflüge und täglich wachsende technische Herrlichkeiten nicht vorhanden wären; als wäre die aufsteigende Entwicklung der organischen und der seelischen Welt unterbrochen; nein; aber man ist es gewöhnt, bei Betrachtung der Tagesereignisse vor allem die politischen Dinge ins Auge zu fassen, von denen uns die Zeitungen allmorgendlich so viel zu zeigen und mit den häßlichsten Farben zu malen wissen, daß da allerdings das Traurige, das Blödsinnige, das schier Trostlose überwiegt. Da gibt es namentlich zwei Wahnsinnsarten, mit denen die gegenwärtigen Menschen sich gegenseitig politisch martern und schädigen: den Nationalwahn und den Rüstungswahn. Auf diese beiden Verrücktheiten lassen sich fast alle Leiden, Gefahren und Wirren zurückführen, die uns bedrücken. Das neueste Ereignis auf dem Nationalgebiete ist nun, daß infolge der Straßenkrawalle zwischen Italienern und Slowenen in Triest die Italiener des Reiches — namentlich die Studenten — allenthalben antiösterreichische Demonstrationen veranstalten und daß in Venedig eine österreichische Fahne zerrissen wurde. Auf dem Rüstungsgebiete ist bei uns zu Lande das Neueste, daß von den Delegationen (das Parlament ist wegen nationaler Obstruktionen außer Dienst gesetzt) nahezu eine Milliarde für Heeres- und Flottenverstärkung gefordert wird unter dem höflichen Hinweis darauf, daß wir mit allen fremden Mächten in korrekten, freundlichen Beziehungen stehen.

* *
*

Die beiden Mächtebündnisse haben auch wieder ihr schablonenhaftes Engerknüpfen betrieben. Namentlich wurde der Besuch des englischen Königspaares in Paris [1]) so gedeutet. Daß im vorigen Jahre die britischen Majestäten in Berlin waren, wird übersehen. Von den Jingos allenthalben wurde die Nachricht in die Welt gesetzt, daß die entente cordiale sich zu einer kriegerischen Schutz- und Trutzalliance steigern solle, was zu feierlichen Dementis und heftigen Kommentaren Anlaß gab. Auch der Dreibund wird immer fester und fester geknüpft, und beide Gegenbündnisse rühmen sich, daß die Erhaltung des Friedens gerade dem einen oder dem andern (je nach Zugehörigkeit des Redners) zu verdanken ist. Manche geben sogar höflich zu, daß beiden Bündnissen dieser kostbare Friede (o, die Völker wissen, wie kostbar; denn sie zahlen ihn) zu danken ist, weil dadurch das be-

[1]) Am 21. April 1914.

rühmte Gleichgewicht gewahrt wird — bei dessen geringster Störung die Friedenswächter doch offenbar übereinander herfallen müßten. — Und noch immer, trotz all diesen Widersinns, wird gezögert, die rettende Parole auszugeben: Europa una.

* *
*

Ein deutsches Flugzeug überflog die russische Grenze und landete im Gouvernement Perm. Die Flieger wurden festgenommen und zu Gefängnis verurteilt. Das Grenzüberfliegen ist nämlich in Rußland verboten, daher ein Verbrechen. Wir leben nämlich im „Zeitalter des Verkehrs". Warum wird nun nicht auch das Grenzüberschreiten zu Fuß und zu Wagen und zu Eisenbahn verboten? O, weil ja die Zollstationen Sicherheit bieten, lautet die Antwort, — und dann sind die Luftfahrzeuge besonders gefährlich wegen des Spionierens. — Zugegeben: Zollschranken und Festungsgeheimnisse vertragen sich nicht mit der neuesten Errungenschaft des menschlichen Genius. Aber die Frage ist nun: Was soll unter diesen neuen Bedingungen zurückweichen, die Benutzung jener Errungenschaft oder das Zoll- und Festungssystem?

* *
*

Nach einem bei der albanischen Regierung am 5. Mai eingelaufenen Telegramm sind in Zornova, südöstlich von Sepeleni, zweihundert mohammedanische Albaner, die vor den Epiroten nicht geflüchtet waren, gefangen genommen und in das benachbarte Dorf Kodro geschleppt worden, wo alle zweihundert **lebend gekreuzigt** wurden mittels in Hände, Füße und Brust eingeschlagener Nägel. Sodann wurde die Kirche in Brand gesteckt. Als gestern, zwei Tage nach der Greueltat, albanische Gendarmen Kodro besetzten, wurden die halbverkohlten Leichen vorgefunden.

Geht ein Sturm von Entrüstung durch die Welt? Nein — c'est la guerre. Denken wir uns nur eine Minute in das Leiden jener Unglücklichen hinein, werfen wir nur einen Blick in den Abgrund der wilden Bosheit ihrer Peiniger — und wollen wir da noch lange nach juridischen, volkswirtschaftlichen und „völkerrechtlichen"

Begründungen suchen, um zu verlangen, daß die Quellen solcher Vorkommnisse — der legitimierte Totschlag — (nicht etwa verstopft werde, das ist ja „utopisch") aber etwas seltener und etwas regulierter fließen? Sollen wir eine Kommission ernennen zum Studium dieser Episode, damit sie der nächsten Haager Konferenz, Abteilung „Kriegsgesetze", zum weiteren Studium vorgelegt werde? — Nein, die Zornmütigen wollen wir rufen, die da aufschreien: *Genug, ihr Teufel — wir wollen endlich Menschen sein!*

* *
*

Zum Troste muß ich meine Gedanken vom Balkan ab- und doch wieder — Amerika zuwenden, von wo — wenn auch gerade jetzt Kriegsähnliches dort ausgebrochen ist — Friedenstöne herüberschallen, wie man sie in ähnlicher Lage in unserem alten Europa nicht vernommen hätte. In der Chronik der Zeitgeschichte müssen wir die Worte festhalten, mit denen die *Mediation der Südrepubliken* angeboten und angenommen wurde: „In der Absicht, den Interessen des Friedens und der Gesittung zu dienen, und mit dem Wunsche, weiterem Blutvergießen vorzubeugen, geben wir, die Bevollmächtigten von Brasilien, Argentinien und Chile, uns die Ehre, der Regierung der Vereinigten Staaten unsere guten Dienste für eine friedliche und freundschaftliche Beilegung des Streitfalles zwischen den Vereinigten Staaten und Mexiko anzubieten." Präsident Wilson erwiderte: „Die Regierung der Union hegt das tiefste Vertrauen zu der Freundschaftlichkeit, dem guten Willen und der großmütigen Sorge um den Frieden und die Wohlfahrt Amerikas, die sich in der gemeinsamen Note Eurer Exzellenzen kundgeben. In Würdigung des Zweckes, zu dem Ihr Anerbieten gemacht wird, kann sich die amerikanische Regierung ihm nicht entziehen. Ihr Hauptinteresse ist der Friede Amerikas, die Herzlichkeit der Beziehungen zwischen dessen Republiken und unserem Volke sowie das Glück und die Wohlfahrt die nur aus freiem gegenseitigen Verständnisse und aus einer d[illegible] gemeinsame Ziele geschaffenen Freundschaft entstehen kann. [illegible] *großmütige Anerbieten Ihrer Regierunge*[illegible] *deshalb angenommen.*" So spricht kein „entlarv[illegible] list", als den man bei uns den Pazifisten *Wilson* hi[illegible] Bis man erst alle Ereignisse genau kennt, wird sich [illegible] es sich dem Präsidenten wirklich nicht um „Krieg" handelte, sondern um endliches Ordnungerzwingen im Nachbarhause, dessen wahnsinniges Gebaren nicht mehr zu ertragen war. Immer deutlicher stellt sich die Notwendigkeit heraus, den Streitkräften der Staaten den Charakter und das Wirkungsfeld internationaler Polizeigewalt zu geben.

* *
*

Noch etwas Erfreuliches: Sir Edward Grey hat im Unterhause die Erklärung abgegeben, daß er nicht mehr gegen die Abschaffung des Kaper-Rechtes eingenommen sei und daß er den Gegenstand vor die nächste Haager Konferenz bringen werde[1]). Zwar verspreche er sich nicht davon die Wirkung, auf welche die Anreger dieser Abschaffung hoffen, nämlich daß dadurch die übrigen Mächte ihre Rüstungen zur See einschränken würden. Und da mag er recht haben. Die Notwendigkeit, den Handel gegen die Kaperei zu schützen, wird zwar immer von den Marineexperten bei ihren Mehrforderungen vorgebracht, aber, wenn man nur ernstlich weiter rüsten will, findet man für einen verlorenen Vorwand leicht einen anderen. Der Wille muß sich umgestalten.

* *
*

In der Debatte über den Heeresetat im Reichstag[2]) sprach der
mi[illegible] Falkenhayn gegen die von den Sozialdemokra-
[illegible] hrung des Milizsystems. Aus dieser Rede müssen
[illegible] s Pazifismus, besonders folgende Worte inter-
[illegible] her der militaristische Geist sich in aller

[illegible] ß wieder, wie vor hundert Jahren, ein
[illegible] as Haus, in dem sie geboren ist und das
[illegible] s das Leben lebenswert macht, zu unter-
[illegible] szusaugen, deren sie bedarf, um einst den
[illegible] gen und die Ideale, die seit Jahrhunderten

die deutschen Herzen erfüllt haben, hämisch in den Staub zu ziehen. Es ist der Dämon des versponnenen Weltbürgertums, des unklaren Internationalismus und des Materialismus. Die Jugend beginnt, sich dagegen zu wehren und verlacht die falschen Propheten einer internationalen Verbrüderung auf Kosten der Stärke des eigenen Vaterlandes. Wenn wir diese Jugend nicht hätten, müßten wir sie schaffen. Gott sei Dank haben wir sie aber, und in ihrer Gesundheit und Frische, in ihrem nationalen Fühlen und Denken, in ihrem Streben nach Idealen gehört sie zur Armee, wie die Armee zu ihr gehört." — Also, wir haben keine Ideale, merken wir uns das, und lassen wir uns von der gesunden und frischen Jugend verlachen.

Voranzeige.

Bertha von Suttners „Randglossen zur Zeitgeschichte“, die den „Kampf um die Vermeidung des Weltkrieges“ schildern, endigen im Mai 1914. Krankheit verhinderte die Verfasserin, ihre Arbeit weiter zu führen. Am 21. Juni — acht Tage vor der Katastrophe von Sarajewo — schloß sie ihre Augen für immer. Wenige Wochen später stand Europa in Flammen, der Weltkrieg entbrannte. Noch immer wütet er.

Das vorliegende Werk wird seine Fortsetzung finden in der zusammengefaßten Veröffentlichung meines Kriegstagebuches, das ich Anfang August 1914 zu führen begonnen und seitdem bruchstückweise in der „Friedens-Warte“ zum Abdruck gebracht habe. Darin werden die Erscheinungen des Krieges vom pazifistischen Gesichtspunkte aus glossiert, wird der Versuch gemacht, aus dem Zusammenbruch der europäischen Kultur den Ausblick und den Weg zu einer glücklichern Zukunft zu retten, in der die Erkenntnis der Versäumnisse in der Vergangenheit dazu dienen soll, eine neue und vernünftigere Ordnung der schwergeprüften Menschheit zu errichten.

Bern, Herbst 1916.

Dr. Alfred H. Fried.

I. Namenregister.

(Die Zahlen innerhalb der Klammern bedeuten die Jahreszahlen.)

II. Sachregister.

BAYERISCHE STAATS-BIBLIOTHEK MUENCHEN

Q 1158

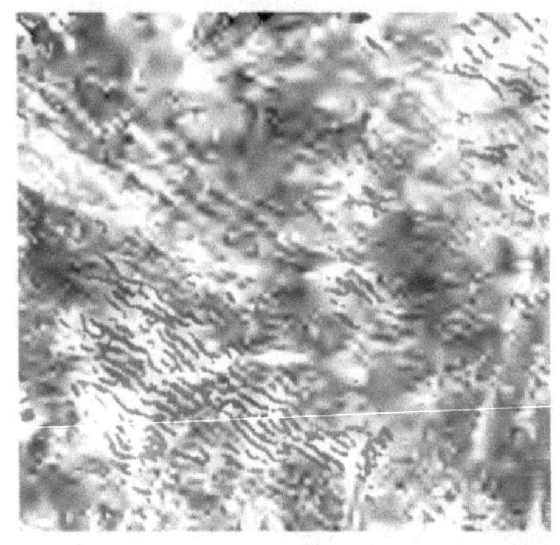

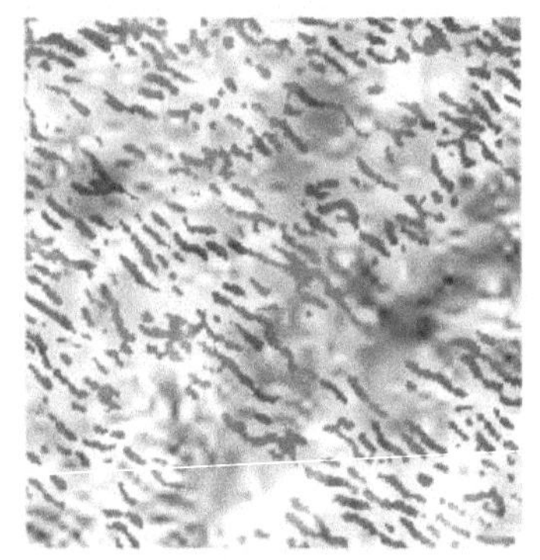

Zeitfracht Medien GmbH
Ferdinand-Jühlke-Straße 7
99095 Erfurt, Deutschland
produktsicherheit@kolibri360.de

Lean and Green Air Fryer Cookbook 2021

365-Days Fast, Tasty and Healthy Recipes to Help You Keep Healthy and Lose Weight. With 28-Days Meal Plan

Kathleen Rodarte

© Copyright 2021. All rights reserved.

This document is geared towards providing exact and reliable information concerning the topic and issue covered. The publication is sold with the idea that the publisher is not required to render accounting, officially permitted, or otherwise, qualified services. If advice is necessary, legal or professional, a practiced individual in the profession should be ordered.

From a Declaration of Principles which was accepted and approved equally by a Committee of the American Bar Association and a Committee of Publishers and Associations.

In no way is it legal to reproduce, duplicate, or transmit any part of this document in either electronic means or in printed format. Recording of this publication is strictly prohibited and any storage of this document is not allowed unless with written permission from the publisher. All rights reserved.

The information provided herein is stated to be truthful and consistent, in that any liability, in terms of inattention or otherwise, by any usage or abuse of any policies, processes, or Instructions: contained within is the solitary and utter responsibility of the recipient reader. Under no circumstances will any legal responsibility or blame be held against the publisher for any reparation, damages, or monetary loss due to the information herein, either directly or indirectly.

Respective authors own all copyrights not held by the publisher.

The information herein is offered for informational purposes solely and is universal as such. The presentation of the information is without a contract or any type of guarantee assurance.

The trademarks that are used are without any consent and the publication of the trademark is without permission or backing by the trademark owner. All trademarks and brands within this book are for clarifying purposes only and are owned by the owners themselves, not affiliated with this document.

Table of Contents

Introduction

A lean and green diet is yet another remarkable diet plan, that helps you to lose weight without Starving yourself and eliminating various food groups from your diet plan. As by the name, this cookbook is targeted towards all those people who want to enjoy some air fryer recipes that fulfill the criteria of a lean and green diet.

A lean and green diet is a great way to lose fat and weight without making once self feels hungry.

The focus of the diet is to eat a lot of fruits, vegetables, fish, eggs, and lean protein resources.

The lean and green cooking method becomes very simple when an air fryer is used instead of any other traditional appliance, as the air fryer is also a very good appliance to cook some low-fat food, thus the purpose of the lean and green diet of losing weight is well achieved, as we are skipping bad and high-fat content food.

Moreover, an air fryer is a very beneficial appliance for all those people who want to enjoy a much healthier and flavorful food.

So, if you want to lose some weight, then this cookbook is just for you.

In this cookbook we are covering the following:

- What Is Lean and Green Air Fryer Diet
- The Benefits of Lean and Green Air Fryer Diet
- Tips to Lean and Green Air Fryer Diet
- 365-Days recipes
- conclusion

Let's get started.

What Is Lean and Green Air Fryer Diet

The lean and green diet is yet another remarkable diet that allows the dieter to enjoy each food but in limitation. Yes, the purpose of the diet is to consume a low calories diet that alternatively leads to loss of weight.

The lean and green diet is high in protein and low in Carb and the serving is usually 5-7 ounces of lean Cooke protein.

It is a great diet to show some short-term weight loss. Though there are some limitations in the diet that are discussed further.

Food Allowed and Food Not Allowed

- Chicken
- Tofu
- Canola Oil
- Flaxseed
- Pork Chop or Tenderloin
- Ground Meat (At Least 85% Lean)
- Fish
- Shellfish

- Eggs
- Walnut
- Olive Oil
- Gum
- Turkey
- Lean Beef
- Low Carb Salad Dressings
- Olives
- Reduced Fat Margarine
- Nuts
- Low Carb Vegetables
- Vegetables, Leafy Green
- Popsicles
- Gelatin
- Lamb
- Mints
- Almond Milk
- Tea
- Coffee
- Condiments and Seasonings

Foods to avoid, unless included in the Feelings

- Fried foods
- Refined grains
- coconut oil, solid shortening
- full fat dairy
- Alcohol
- Sugar beverages
- Indulgent desserts
- High-calorie additions

The food that are not allowed can be added back during the 6-week transition phase

The Benefits of Lean and Green Air Fryer Diet

- Effective weight loss
- Easy to follow diet
- Meals are fortified
- Improve blood pressure
- Improve sleep and brain functionality
- Improves Digestion

- Less oily food
- More crispy and flavorful food

Tips to Lean and Green Air Fryer Diet

- Chose the leafy green vegetable to incorporate in meal plan.
- Go for the leans cut of the meat.
- Eat fruits in moderation.
- Look for the packed items for hidden sugar.
- Avoid boredom and isolation during meal time by enjoy meals with family.

Breakfast Recipes

Lean & Green Breakfast Cups

Prep Time: 15 Minutes | Cook Time: 8 Minutes | Makes: 4 Servings

Ingredients

- 5 organic eggs
- 1organic egg white
- 2 green chilies, chopped
- 3 green onions, chopped
- 10 pieces of Canadian bacon, chopped
- 1 cup spinach, torn
- Salt and black pepper, to taste

Directions

1. Preheat the Air fryer at 400 degrees F for 10 minutes.
2. Take a bowl and whisk eggs in it then add egg white and whisk well.
3. Now add green chilies, onions, chopped spinach, and season it with salt and black pepper.
4. Grease ramekins with oil spray and add bacon at the bottom.
5. Pour each ramekin with egg mixture.
6. Place ramekins inside the Air fryer, and close the lid.
7. Bake it for 8 minutes at 375 degrees F.
8. Once egg muffins are firm, serve and enjoy.

Serving Suggestion: Serve it with toast

Variation Tip: Use kale instead of spinach

Nutritional Information per Serving: Calories 312 | Fat 15.5g| Sodium 210mg | Carbs 4g | Fiber 0.5g | Sugar 0.8g | Protein 37.7g

Zucchini Egg Muffins

Prep Time: 15 Minutes | Cook Time: 22 Minutes | Makes: 4 Servings

Ingredients

- 4 cups grated fresh zucchinis, grated
- 1 teaspoon of olive oil
- 2 eggs, whisked
- 1/2 cup low-fat cheese
- 1/3 cup tablespoon almond flour
- Salt and black pepper, to taste
- 1/3 teaspoon garlic powder
- 1/4 teaspoon cumin, powder
- Oil spray, for greasing

Directions

1. Soak the grated zucchini in salted water for 10 minutes, then drain and squeeze to take out the excess liquid.
2. Preheat the air fryer by selecting AIR FRY mode for 5 minutes at 350 degrees F.
3. Select START/PAUSE to begin the preheating process.
4. Once preheating is done, press START/PAUSE.
5. Grease the ramekins with oil spray.
6. Set them aside for further use.
7. Heat olive oil in a skillet and cooked zucchinis for about 2 minutes
8. Then add garlic powder, salt, pepper, cumin, and skillet and cook for a minute.
9. afterward, transfer it to a plate and let it get cool
10. Whisk an egg into a small bowl.
11. Add in the zucchini mixture
12. Whisk it well and then add the cheese and almond flour.
13. Divide this mixture between the greased ramekins.
14. Place the ramekins in the air fryer basket, and air fry at 350 for 15 minutes.
15. Once done, serve.

Serving Suggestion: Serve it with coffee

Variation Tip: You can skip almond flour if wanted

Nutritional Information Per Serving: Calories 133 | Fat 9.5g | Sodium 131mg | Carbs 4.9g | Fiber 1.5g | Sugar 2.3g | Protein 8.2g

Lean and Green Cloud Bread

Prep Time: 15 Minutes | Cook Time: 6 Minutes | Makes: 2 Servings

Ingredients

- 1/16 teaspoon Cream of Tartar
- 3 Eggs Separated
- 1/2 cup Greek Yogurt, fat-free
- 2 tablespoons of Stevia, or less

Directions

1. Preheat the air fryer by selecting AIR FRY mode for 5 minutes at 300 degrees F.
2. Put the whisking appliance in the refrigerator for one hour before starting the process.
3. Take a whisking bowl and add egg whites to it.
4. Add egg yolk to a separate bowl and add Greek yogurt and stevia.
5. Add cream of tartar to egg whites and start mixer to mix it until peak form on top.
6. Do not over-stir.
7. Then add the egg yolk mixture to the egg whites and stir well.
8. Take a cake pan and place parchment paper on it.
9. Put this egg mixture in the cake pan and put it in the air fryer basket
10. Cook at air fry mode at 370 degrees for 6 minutes.
11. Once done, serve.

Serving Suggestion: Serve with tea.

Variation Tip: None

Nutritional Information Per Serving: Calories 32 | Fat 0.5g| Sodium 33mg | Carbs 1.2g | Fiber 0g | Sugar 1.2g | Protein 5.2 g

Air Fryer Egg Bite Cups

Prep Time: 12 Minutes | Cook Time: 13 Minutes | Makes: 6 Servings

Ingredients

- 6 large eggs
- 2 tablespoons of almond milk
- Salt and pepper to taste
- ¼ cup green peppers, chopped
- ¼ cup onions, chopped
- ¼ cup spinach, chopped
- ½ cup almond and cashew cream
- 3 slices of crumbled bacon

Directions

1. Take a mixing bowl and whisk eggs in it.
2. Then the remaining listed ingredients one by one, excluding crumbled bacon.
3. Keep whisk the ingredients for fine incorporation.
4. Place the silicone molds in the air fryer and pour in the egg mixture.
5. Top it with crumbled bacon.
6. Air fry it for 13-15 minutes at 310 degrees F.
7. Insert the toothpick at the center of the cup, when it comes out clean, the eggs are done, serve and enjoy.

Serving Suggestion: Serve it with ketchup

Variation Tip: Use coconut milk instead of almond milk

Nutritional Information Per Serving: Calories 431 | Fat 32.3g| Sodium 1540mg | Carbs 2.4g | Fiber 0.3g | Sugar 0.9g | Protein 30g

Baked Eggs for Breakfast

Prep Time: 12 Minutes | Cook Time: 15 Minutes | Makes: 4 Servings

Ingredients

- 5 Ounces of Ham, sliced into pieces
- 2 cups baby spinach
- 4 organic eggs, refrigerated
- 2 tablespoons almond milk
- ½ teaspoon olive oil
- Salt and pepper, to taste
- Oil spray, for greasing

Directions

1. Preheat the air fryer to 300 degrees F.
2. Now grease 4 ramekins and set them aside.
3. Heat olive oil in a pan and sauté the baby spinach for 2 minutes.
4. Divide this cooked spinach between 4 ramekins.
5. Divide the ham between 4 ramekins.
6. Whisk egg along with milk, salt, and pepper.
7. Pour the egg in ramekins; remember not to fill into the top.
8. Select the Bake function and bake it for about 15 minutes in the air fryer.
9. Serve and enjoy.

Serving Suggestion: Serve with tea

Variation Tip: Use coconut milk instead of almond milk

Nutritional Information Per Serving: Calories 164| Fat 9.9g| Sodium 605mg| Carbs 7.1g | Fiber 3.1g | Sugar 0.6g | Protein 12.6g

Lean and Green Soufflé

Prep Time: 10 Minutes | Cook Time: 10 Minutes | Makes: 6 Servings

Ingredients

- 6 organic eggs
- 6 tablespoons cashew and almond cream
- Salt and black pepper, to taste
- 1 cup Parsley, chopped

Directions

1. Take a bowl and whisk the egg in it along with parsley, cashew, and almond cream, and season it with salt and black pepper
2. Grease the soufflé cup with oil spray.
3. Fill the soufflé cups halfway with the egg mixture.
4. Air fry it in the air fryer for 10 minutes at 375 degrees F.
5. Serve and enjoy.

Serving Suggestion: Serve with coffee

Variation Tip: Use coconut cream instead of cashew and almond cream

Nutritional Information Per Serving: Calories 122| Fat 8.2g| Sodium 116mg | Carbs 3 g | Fiber 0.5g | Sugar 0.6g | Protein 8.8g

Frittata

Prep Time: 15 Minutes | Cook Time: 20 Minutes | Makes: 4 Servings

Ingredients

- ¼ pound breakfast sausage
- 4 eggs, beaten
- ½ cup Cheddar cheese, shredded
- 2 tablespoons green bell pepper, diced
- 1 green onion, chopped
- Cooking spray, for coating

Directions

1. Combine sausage, eggs, cheese, bell pepper, and onions in a bowl and mix to combine.
2. Preheat the air fryer to 360 degrees F.
3. Spray a nonstick 6 cake pan with cooking spray.
4. Place egg mixture in the prepared cake pan.
5. Cook in the air fryer until frittata is done, for about 18 to 20 minutes.

Serving Suggestion: Serve it with ketchup

Variation Tip: Use parmesan cheese that is low fat

Nutritional Information Per Serving: Calories 237| Fat 17.4g| Sodium 384mg | Carbs 5.3g | Fiber 0.9g | Sugar 3.5g | Protein 15.2g

Lean and Green Quiche

Prep Time: 15 Minutes | Cook Time: 20 Minutes | Makes: 4 Servings

Ingredients

- 1 cup thinly sliced mushrooms
- 1 red bell pepper, chopped
- 2 cups eggs, whisked
- 4 oz reduced-fat mozzarella
- 2 cups baby spinach
- 1/2 teaspoon of black pepper
- 1 teaspoon of garlic powder
- 1 teaspoon of olive oil

Directions

1. Preheat the air fry to 350 degrees F.
2. Meanwhile the air fryer is preheating, in a skillet sauté mushroom in olive oil and added bell pepper
3. Sauté it for 2 minutes and then transfers it to a pan.
4. Allow it to cool.
5. In a separate large bowl, whisk egg, milk, spinach, garlic powder, and pepper.
6. Mix in the sautéed mushrooms and red pepper mixture.
7. Take a pie plate and grease it with oil
8. Then pour in the mixture.
9. add shredded cheese on top.
10. Bake the quiche for 20 minutes or more, until set.

Serving Suggestion: Serve it with coffee

Variation Tip: Use coconut oil instead of olive oil

Nutritional Information Per Serving: Calories 177 | Fat 7.5g| Sodium 477mg | Carbs 6g | Fiber 1.1 g | Sugar 2.8g | Protein 236g

Snacks and Appetizers Recipes

Roasted Air Fry Nuts

Prep Time: 10 Minutes | Cook Time: 8 Minutes | Makes: 5 Servings

Ingredients

- 1 cup almonds
- 1 cup peanuts
- Pinch of sea salt

Directions

1. Preheat the air fryer at 300 degrees F.
2. toss the nuts with sea salt
3. Put the nuts in an air fryer basket and set the timer to 8 minutes at 325 degrees F.
4. To toss the nuts halfway through
5. Cool the nuts before serving.

Serving Suggestion: Serve as a delicious snack along with fresh fruits

Variation Tip: Use any other nuts that you personally like.

Nutritional Information Per Serving: Calories 330| Fat 29g| Sodium 52mg| Carbs 10g| Fiber 5.7g| Sugar 2.5g| Protein 13.6g

Hard Cooked Eggs

Prep Time: 12 Minutes | Cook Time: 10 Minutes | Makes: 4 Servings

Ingredients

- 4 large eggs, organic
- Salt and black pepper, to taste

Directions

1. Place the eggs into the air fryer basket.
2. AIR Fry them for 8-10 minutes at 300 degrees F
3. remove the eggs and transfer them to very cold water.
4. Peel, slice and serve with a sprinkle of salt and black pepper.

Serving Suggestion: Serve with roasted nuts

Variation Tip: Use paprika instead of black pepper

Nutritional Information Per Serving: Calories 72| Fat 5g| Sodium 70mg | Carbs 0.4g | Fiber 0g | Sugar 0.4g | Protein 6.3g

Peanut Butter Cookies

Prep Time: 15 Minutes | Cook Time: 12 Minutes | Makes: 4 Servings

Ingredients

- 4 scoops Silky Peanut Butter Shake or protein shake powder
- 1/4 teaspoon baking powder
- 1/3 cup almond milk, unsweetened
- 1 tablespoon peanut butter, melted
- 1/4 teaspoon vanilla extract
- Pinch of Sea Salt
- oil spray, for greasing

Directions

1. Preheat the air fryer to 350 degrees.
2. Meanwhile, in a bowl whisk peanut butter along with the almond milk and baking powder.
3. Then add vanilla extract and silk peanut butter shake sachets.
4. Add in a pinch of sea salt
5. Stir until doughy texture is formed.
6. Take a cookie sheet and cover it with parchment paper
7. Spray it with oil spray.
8. Divide the dough into a small cookie ball.
9. Place the cookies apart on the baking sheet.
10. The dough will be sticky, so use cooking spray on your hands
11. Flatten the cookies with the oil sprayed fork,
12. Bake it in the air fryer for, about 10-12 minutes.

Serving Suggestion: Serve it with cashew milk

Variation Tip: None

Nutritional Information Per Serving: Calories 232 | Fat 10.4g| Sodium 560mg | Carbs 17.1g | Fiber 2.7g | Sugar 10.1g | Protein 21.5g

Pineapple in Air Fryer

Prep Time: 15 Minutes | Cook Time: 10 Minutes | Makes: 4 Servings

Ingredients

- 1 large pineapple, cut into round slices
- 1 teaspoon of lemon juice
- salt, to taste

Directions

1. Cut the pineapple in round slices and toss it with lemon juice and salt.
2. Put the pineapple slices in the air fryer basket.
3. Air fry it for 10 minutes at 390 degrees F.
4. Once the pineapple color changes, serve, and enjoy.

Serving Suggestion: Serve it with Cashew cream

Variation Tip: Skip lemon juice and us paprika powder instead

Nutritional Information Per Serving: Calories 62 | Fat 0.2g| Sodium 2mg | Carbs 16.2g | Fiber 1.7g | Sugar 12.2g | Protein 0.7 g

Garlic Mushrooms

Prep Time: 10 Minutes | Cook Time: 15 Minutes | Makes: 3 Servings

Ingredients

- 10 ounces of mushrooms, washed and dried
- 1 teaspoon olive oil
- ½ teaspoon garlic powder
- 1 teaspoon Worcestershire sauce
- 1 tablespoon parsley, chopped
- Salt and black pepper, to taste
- 1 teaspoon of lemon juice

Directions

1. Cut the washed mushrooms in half.
2. Add it to the bowl and mix in olive oil, salt, garlic powder, black pepper, Worcestershire sauce, parsley, and toss well.
3. Add mushrooms to a bowl then toss.
4. Put it into air fryer basket and air fry at 375 for 15 minutes.
5. Remember to toss and shake halfway through,
6. Once cooked, squeeze lemon and top with chopped parsley.

Serving Suggestion: Serve it with mashed potatoes

Variation Tip: Use vegetable oil instead of olive oil.

Nutritional Information Per Serving: Calories 38 | Fat 1.9g| Sodium 25mg | Carbs 3.9g | Fiber 1.1g | Sugar 2.1g | Protein 3.1g

Sweet Peppers with Onions

Prep Time: 5 Minutes | Cook Time: 9 Minutes | Makes: 2 Servings

Ingredients

- 1 cup sliced green bell pepper
- 1 cup sliced red onion
- 1 tablespoon olive oil
- ½ teaspoon salt
- 1 tablespoon fresh lime juice

Directions

1. Preheat an air fryer to 350 degrees F (175 degrees C).
2. Combine green bell peppers, onion, olive oil, and salt in a large bowl. Transfer mixture to the air fryer basket.
3. Bake it for 7 to 9 minutes at 390 degrees F.
4. Transfer to a serving bowl.
5. Drizzle the lime juice; toss to coat.

Serving Suggestion: Serve with pita bread

Variation Tip: Use oil spray instead of olive oil

Nutritional Information Per Serving: Calories 102| Fat 7.2g| Sodium 585mg | Carbs 9.9g | Fiber 2g | Sugar 5.4g | Protein 1.2g

Malt Vinegar Spinach Chips

Prep Time: 10 Minutes | Cook Time: 15 Minutes | Makes: 2 Servings

Ingredients

- 10 ounces of baby spinach
- Olive oil as cooking spray
- ⅛ Teaspoon of malt vinegar powder

Directions

1. First, Preheat the air fryer to 350 degrees F.
2. Wash the leaves of spinach well and pat dry with a paper towel.
3. Toss it with malt vinegar powder and spray with cooking oil
4. Layer it on to the basket and air fry for 15 minutes at
5. Let it cook for 15 minutes until crisp
6. Serve.

Serving Suggestion: Serve it once cool

Variation Tip: None

Nutritional Information Per Serving: Calories 33| Fat 0.6g| Sodium 112mg | Carbs 5.2g | Fiber 3.1g | Sugar 0.6g | Protein 4.1g

Air Fry Eggplants

Prep Time: 10 Minutes | Cook Time:15 Minutes | Makes: 3 Servings

Ingredients

- 2 medium eggplants, thinly sliced
- Salt, to taste
- 1 teaspoon of red chilies
- ½ teaspoon of coriander
- ½ teaspoon of dry pomegranate seeds, grind
- 1 cup chickpea flour
- ¼ teaspoon of baking powder
- ¼ teaspoon of paprika
- ½ cup water

Directions

1. Combine water, chickpea flour, paprika, baking powder, salt, coriander, red chili, and dry pomegranate seed in a bowl.
2. Make a paste and then dip the eggplants in it.
3. Layer the air fryer baking tray with parchment paper.
4. Place the eggplant into the air fryer basket.
5. Air fry it for 15 minutes at 390 degrees F.
6. Remember to flip it half way through.
7. Then serve.

Serving Suggestion: None

Variation Tip: None

Nutritional Information Per Serving: Calories 336| Fat 4.7g| Sodium 76mg | Carbs 62.4g | Fiber 24.7g | Sugar 18.2g | Protein 16.5g

Roasted Brussels Sprouts

Prep Time: 15 Minutes | Cook Time: 20 Minutes | Makes: 4 Servings

Ingredients

- 1 pound Brussels sprouts
- 1 tablespoon Olive Oil
- Salt and pepper, to taste

Directions

1. Trim the bottom of the Brussels sprouts.
2. Next, pull off any discolored leaves.
3. Toss the Brussels sprouts along with oil, salt, and pepper
4. Put it inside the air fryer basket
5. AIR FRY for 20 minutes at 390 degrees.
6. Once the Brussels sprouts get crisp, transfer them to a serving plate
7. enjoy.

Serving Suggestion: Serve with roasted nuts

Variation Tip: Use avocado oil instead of olive oil

Nutritional Information Per Serving: Calories 79 | Fat 3.9g| Sodium 28mg | Carbs 10.3g | Fiber 4.3g | Sugar 2.5g | Protein 3.9g

Deep-Fried Green Beans

Prep Time: 10 Minutes | Cook Time: 5 Minutes | Makes: 3 Servings

Ingredients

- 1-pound green beans, fresh
- 1 egg
- 1 cup Almond flour
- salt, pinch
- 1 teaspoon of Italian seasoning

Directions

1. Boil the green beans in water for just 3 minutes.
2. Then transfer it to a bowl covered with a paper towel.
3. Let it get cool.
4. Now whisk the egg in a bowl.
5. In a separate bowl add almond flour and salt and Italian seasoning.
6. Coat green beans with eggs then transfer them to the flour bowl and coat well.
7. Air fry it inside the air fryer for 5 minutes at 390degrees F.

Serving Suggestion: Serve it with chicken wings

Variation Tip: None

Nutritional Information Per Serving: Calories 126 | Fat 6.8g| Sodium 8mg | Carbs 13.1g | Fiber 6.1g | Sugar 2.7g| Protein 6.6g

Cauliflower Tots

Prep Time: 10 Minutes | Cook Time: 14 Minutes | Makes: 3 Servings

Ingredients

- 2 cups of cauliflower florets, finely chopped *
- 1 egg
- 1/4 cup onion, minced
- 1/3 cup shredded cheddar cheese, reduced-fat
- 1 teaspoon of Garlic powder
- 1 teaspoon of Italian seasoning
- salt and black pepper, to taste

Directions

1. Cook the cauliflower in the microwave for few minutes and then transfer it to the blender
2. Process it until grind.
3. Preheat the air fryer to 400.
4. Put the cauliflower in a cheese cloth or paper towel and press to take out any excess liquid.
5. In a bowl combine all of the ingredients and mix well.
6. Roll the mixture with your hands and pace it on an air fryer basket that is lined with parchment paper
7. Bake for 12-14 minutes or until golden, remember to turn halfway through.

Serving Suggestion: Serve with hot sauce

Variation Tip: None

Nutritional Information Per Serving: Calories 50 | Fat 3.1g| Sodium 60mg | Carbs 2.8g | Fiber 1g | Sugar 1.3g | Protein 3.3g

Fish and Seafood Recipes

Prawns Snack

Prep Time: 10 Minutes | Cook Time: 6 Minutes | Makes: 4 Servings

Ingredients

- 12 prawns, fresh
- 2 teaspoons of wine vinegar
- 8 teaspoons of mayonnaise
- ½ teaspoon of ketchup
- Salt and black pepper, to taste

Directions

1. Preheat the Air Fryer Oven to 350 degrees F for 5 minutes.
2. Take a bowl, mix all the spices and add prawns.
3. Place the prawns into the basket of air fryer.
4. Air Fry for 6 minutes.
5. Then serve.

Serving Suggestion: Serve with hot sauce

Variation Tip: None

Nutritional Information Per Serving: Calories 139 | Fat 6.1g| Sodium 333mg | Carbs 9.8g | Fiber 0.4g | Sugar 1.5g | Protein 15.2g

Egg, Shrimp and Avocado

Prep Time: 10 Minutes | Cook Time: 10 Minutes | Makes: 4 Servings

Ingredients

- 2 avocados, pitted and cut in half
- Garlic salt, to taste
- Cooking for greasing
- 2 eggs
- ¼ teaspoon of Paprika powder, for sprinkling
- 6 large shrimp, chopped

Directions

1. Preheat the air fryer by selecting the AIR FRY mode for 5 minutes at 350 degrees F.
2. Select START/PAUSE to begin the preheating process.
3. Once preheating is done, press START/PAUSE.
4. Cut the avocado in half.
5. Pit the avocados.
6. Scoop some flesh from the avocados.
7. In a bowl whisk eggs and add garlic salt, paprika powder, chopped shrimp, and scooped avocado.
8. Pour the egg mixture into the avocado cavity.
9. Put the avocados in the air fryer basket along with bacon strips.
10. Set it to AIR FRY mode at 400 degrees F for 10 minutes.
11. Once done, serve and enjoy.

Serving Suggestion: Serve with drizzle of cheese

Variation Tip: Use onion powder instead of garlic salt

Nutritional Information Per Serving: Calories 276| Fat 22.4g| Sodium 17mg | Carbs 9.4g | Fiber 6.7g | Sugar 0.7g | Protein 12.2g

Shrimp, Mushroom, And Broccoli

Prep Time: 15 Minutes | Cook Time: 8 Minutes | Makes: 2 Servings

Ingredients

- 1 pound of shrimp
- 2 garlic, minced
- 1 cup broccoli
- 2 tablespoons of soy sauce
- 1teaspoon of stevia
- oil spray, for greasing
- 1 tablespoon of lemon juice
- ½ pound of shitake mushroom

Directions

1. Preheat the air fryer by selecting AIR FRY mode for 5 minutes at 350 degrees F.
2. Select START/PAUSE to begin the preheating process.
3. Once preheating is done, press START/PAUSE.
4. Take a bowl and add the shrimp, minced garlic, soy sauce, and stevia.
5. Then add lemon juice and vegetables.
6. Toss all the ingredients well
7. Add it to the air fryer basket that is greased with oil spray.
8. Set it to AIRFRY mode at 390 degrees F, for 8 minutes.
9. Once done, take out the ingredients and serve.

Serving Suggestion: Serve it mashed potatoes

Variation Tip: Use coconut amino instead of soy sauce.

Nutritional Information Per Serving: Calories 259 | Fat 4.6g| Sodium 1744mg | Carbs 23.5g | Fiber 3.7g | Sugar 5.3g | Protein 55.8g

Lean and Green Salmon Recipe

Prep Time: 15 Minutes | Cook Time: 18 Minutes | Makes: 2 Servings

Ingredients

- 1 green onion
- 2 garlic cloves, minced
- Salt and black pepper
- ¼ teaspoon of Red pepper
- 4 chopped cherry tomatoes
- ½ cup ricotta cheese
- 1 pound of salmon fillet
- 12 ounces of baby spinach

Directions

1. Heat oil in a skillet and cook onion along with garlic cloves, tomatoes, red pepper, and baby spinach.
2. Cook for 2 minutes and then add cheese
3. Turn off the flame.
4. Season the salmon with oil, salt, and black pepper.
5. Top the fillet with cheese mixture.
6. Put the salmon fillet in the air fryer basket.
7. Set the basket to 390 degrees F for 16-18 minutes at AIR FRY mode.
8. Hit the start button to start cooking.
9. Once the cooking is done, serve the fish fillets hot.

Serving Suggestion: Serve with sour cream

Variation Tip: None

Nutritional Information Per Serving: Calories 481 | Fat 20.1g| Sodium 326mg | Carbs 21.6g | Fiber 7.2g | Sugar 8.3 | Protein 58.9g

Lemon Tilapia Parmesan

Prep Time: 12 Minutes | Cook Time: 15 Minutes | Makes: 3 Servings

Ingredients

- 1-1/2 pounds of tilapia fillet or codfish fillet
- 2 tablespoons olive oil
- 2 cloves garlic, minced
- Salt and ground black pepper
- 2 cayenne pepper dashes
- 1 ½ tablespoon lemon juice
- ½ cup Parmesan cheese, shredded

Directions

1. Pat dry the tilapia fillet with a paper towel and season it with, cayenne pepper, lemon juice, minced garlic, olive oil salt, black pepper.
2. Grease the air fryer basket with oil spray.
3. Put the fish in the air fryer basket.
4. Insert the basket into the unit.
5. Use AIRFRY mode at 350 degrees for 15 minutes.
6. Once done, serve by topping it with cheese.

Serving Suggestion: Serve with lime wedges

Variation Tip: Use hard cheese for sprinkling.

Nutritional Information Per Serving: Calories 414| Fat 17.5g| Sodium 15064mg | Carbs 1.9g | Fiber 0.1g | Sugar 0.2g | Protein 68.9g

Shrimp Lettuce Wrap

Prep Time: 10 Minutes | Cook Time: 8 Minutes | Makes: 2 Servings

Ingredients

- 1-pound large shrimp
- salt and pepper
- 1/2 cup olive oil
- 1/4 cup red wine vinegar
- 3 garlic cloves minced
- 1 Tablespoon Italian seasoning
- 1 Tablespoon lemon juice
- 2 Tablespoons soy sauce
- 1 teaspoon Dijon mustard
- 1 Tablespoon Worcestershire sauce
- 4 lettuce leaves

Directions

1. Take a bowl and mix wine vinegar, minced garlic clove, olive oil salt, pepper, Italian seasoning, and soy sauce along with lemon juice.
2. Then add Worcestershire sauce and mustard
3. Mix well and marinate shrimp in it for 2 hours
4. Then place in the air fryer basket.
5. Air fry at 400 degrees for 8 minutes
6. Take out then serve over lettuce wraps.

Serving Suggestion: serve with drizzle of olive oil

Variation Tip: None

Nutritional Information Per Serving: Calories 658 | Fat 52g| Sodium 1219mg | Carbs 6.7g | Fiber 0.3g | Sugar 1.2g | Protein 43.2g

Crab Cake

Prep Time: 15 Minutes | Cook Time: 8 Minutes | Makes: 3 Servings

Ingredients

- 1 3/4 pounds crab meat
- 1 tablespoon red bell pepper
- 1 tablespoon green bell pepper
- 1 tablespoon fresh parsley leaves
- 1 ½ tablespoon mayonnaise
- 2 eggs
- 1 teaspoon Worcestershire sauce
- 2 teaspoons Old Bay seasoning
- Cooking spray, for greasing

Directions

1. Take a large bowl and mix all ingredients in it, excluding mustard sauce.
2. Make patties of mixture and grease it with oil spray.
3. Put the crab cakes in the air fryer basket.
4. Insert the basket into the unit.
5. Use AIRFRY mode at 350 degrees for 7-8 minutes.
6. Cook in batches if necessary.
7. Flip halfway through.
8. Serve with a sauce.

Serving Suggestion: Serve with your favorite sauce

Variation Tip: None

Nutritional Information Per Serving: Calories 325| Fat 10.4g| Sodium 2194mg | Carbs 10.6g | Fiber 0.7g | Sugar 3.3g | Protein 37.4g

Salmon with Coconut

Prep Time: 15 Minutes | Cook Time: 12 Minutes | Makes: 2 Servings

Ingredients

- Oil spray, for greasing
- 2 salmon fillets, 6 ounces each
- Salt and ground black pepper, to taste
- 1 tablespoon olive oil, for frying
- 1 tablespoon red curry paste
- 1 cup of coconut milk
- 1 cup of cauliflower florets

Directions

1. Take a bowl and mix, black pepper, salt, olive oil, red curry paste, coconut milk, and marinate the salmon in it for 1 hour.
2. Oil sprays the cauliflower florets
3. then season the florets with salt and black pepper
4. Put the florets in the air fryer basket along with the salmon fillet aside.
5. Set the air fryer to AIR FRY mod at 12 minutes for 400 degrees F.

Serving Suggestion: serve with a drizzle of cheese on top

Variation Tip: Use almond milk instead of coconut milk

Nutritional Information Per Serving: Calories 616| Fat 49.2g| Sodium 501mg | Carbs 10.8g | Fiber 3.9g | Sugar 5.2g | Protein 38.2g

Salmon with Asparagus

Prep Time: 20 Minutes | Cook Time: 20 Minutes | Makes: 2 Servings

Ingredients

- 1 cup of green asparagus
- 2 fillets of salmon, 8 ounces each
- Salt and black pepper, to taste
- 2 tablespoons of coconut amino
- ½ teaspoon of lemon zest
- oil spray, for greasing

Directions

1. Rinse and trim the asparagus well and pat dry with a paper towel.
2. spray the asparagus with oil.
3. in a bowl, mix coconut amino, lemon zest, salt, and black pepper.
4. Brush the fish fillet with the rub and grease it with oil spray.
5. place salmon in the basket along with asparagus.
6. Set it to AIRFRY mode for 18 minutes at 400 degrees F.
7. after 5 minutes, take out the basket and remove asparagus.
8. Continue with the cooking for fish.
9. Once done, serve and enjoy

Serving Suggestion: Serve with roasted potatoes

Variation Tip: None

Nutritional Information Per Serving: Calories 288| Fat 12.4g| Sodium 95mg | Carbs 2.7g | Fiber 1.5g | Sugar 1.3g | Protein 42.5g

Tilapia with Green Beans

Prep Time: 15 Minutes | Cook Time: 12 Minutes | Makes: 2 Servings

Ingredients

- 2 tilapia fillets, 4 ounces each
- 2 teaspoons of olive oil
- 2 teaspoons of smoked paprika
- Salt and black pepper, to taste
- 1 cup broccoli
- 2 tablespoons of lemon juice
- 1 cup green beans
- Oil spray, for greasing

Directions

1. Grease the broccoli and green beans with oil spray and season with salt and black pepper.
2. Rub the salmon fillet with olive oil, smoked paprika, salt, lemon juice
3. Put the salmon fillets in the basket of the air fryer along with vegetables
4. Now set it to AIRFRY mode at 400 degrees F for 12 minutes.
5. Take out the basket after 7 minutes and transfer the vegetable to the serving plate.
6. Once the salmon is done, take out and serve with greens

Serving Suggestion: Serve with mashed potatoes

Variation Tip: None

Nutritional Information Per Serving: Calories 517 | Fat1 3.2g| Sodium 254mg | Carbs 8.5g | Fiber 3.9g | Sugar 2.1g | Protein 92.7g

Sundried Tomato Salmon

Prep Time: 20 Minutes | Cook Time: 12 Minutes | Makes: 2 Servings

Ingredients

- 8 ounces raw salmon
- ¼ cup fresh parsley, chopped
- 2 tablespoons Sun-Dried Tomato Dressing
- Oil spray, for greasing
- Salt and black pepper, to taste
- 4 Cherry tomatoes
- 1 cup broccoli, florets

Directions

1. Fist, preheat the air fryer to 350 degrees F.
2. Combine parsley, dressing, salt, pepper in a bowl and set aside.
3. brush the salmon with a bowl mixture and grease it with oil spray.
4. Put the salmon fillets in the basket of the air fryer along with vegetables.
5. Now set it to AIRFRY mode at 400 degrees F for 12 minutes.
6. Baste the salmon two times during cooking.
7. Once it's done, serve

Serving Suggestion: None

Variation Tip: None

Nutritional Information Per Serving: Calories 275| Fat 13g| Sodium 231mg | Carbs 18.1g | Fiber 4.4g | Sugar 11g | Protein 25.7g

Salmon with Dill Dressing

Prep Time: 20 Minutes | Cook Time: 18 Minutes | Makes: 4 Servings

Ingredients

- 4 Salmon fillets (4 ounces each)
- 2 teaspoons fresh dill
- Salt and black pepper, to taste

Ingredients for Dill Sauce

- 1/2 cup low fat plain Greek yogurt
- 2 teaspoons Dijon mustard
- 3 teaspoons lemon juice
- 2 tablespoons chopped fresh dill

Directions

1. Mix all the sauce ingredients in a bowl, mix well, and set aside for further use.
2. Put the salmon fillet on a heavy-duty foil.
3. Season the fish with dill, salt, and pepper.
4. Fold foil around the salmon.
5. Put it in the air fryer basket and air fry for 18 minutes at 350 degrees F.
6. Once done takeout and serve with dill sauce.

Serving Suggestion: Serve with roasted vegetables

Variation Tip: None

Nutritional Information Per Serving: Calories 252 | Fat 11.1g| Sodium 114mg | Carbs 2g | Fiber 0.2g | Sugar 1.2g | Protein 36.3g

Vegetable and Sides Recipes

Stuffed Tomatoes

Prep Time: 15 Minutes | Cook Time: 12 Minutes | Makes: 4 Servings

Ingredients

- 2 cups grounded turkey, cooked
- 4 large red tomatoes
- 4 tablespoons basil, chopped
- 1/4 tablespoon olive
- Salt and black pepper, to taste
- 2 tablespoons of lemon juice
- 1 teaspoon of red chili powder
- ½ cup Parmesan cheese

Directions

1. In a bowl combine grounded turkey, basil, olive oil, salt, black pepper, lemon juice, and chili powder.
2. Center core the tomatoes.
3. Fill the cavity of the tomatoes with the mixture.
4. Sprinkle cheese on top of each tomato
5. Put it inside the air fryer basket.
6. Set it to AIRFRY mode, for 12 minutes at 390 degrees F.
7. Once done, serve and enjoy.

Serving Suggestion: Serve it with Fresh salad

Variation Tip: use lime juice instead of lemon juice

Nutritional Information Per Serving: Calories 333 | Fat 16g| Sodium 281mg | Carbs 44g | Fiber 3g | Sugar 6g | Protein 14g

Cheesy Brussels sprouts

Prep Time: 22 Minutes | Cook Time: 18 Minutes | Makes: 3 Servings

Ingredients

- 1 pound Brussels sprouts
- oil spray for greasing
- Salt and pepper, to taste
- 1 cup parmesan, hard and shredded

Directions

1. Trim the Brussels sprout
2. Sprinkle the Brussels sprouts with salt and black pepper.
3. Grease it with oil spray.
4. Transfer it to the air fryer basket.
5. Use AIR fry mode for 18 minutes at 400 degrees F.
6. Once the Brussels sprouts get crisp and tender, take out and serve with sprinkle of parmesan cheese.

Serving Suggestion: Serve it with mashed potatoes

Variation Tip: None

Nutritional Information Per Serving: Calories 515 | Fat 45.3g| Sodium 812mg | Carbs 12g | Fiber 5.9g | Sugar 0g | Protein 18g

Air Fry Zucchini

Prep Time: 10 Minutes | Cook Time: 13 Minutes | Makes: 2 Servings

Ingredients

- 2 zucchinis, sliced
- Oil spray, for greasing
- ¼ teaspoon garlic powder
- salt and black pepper, to taste

Directions

1. Trim the zucchini and cut it in thick slices.
2. Grease it with oil spray.
3. Then season the zucchini with garlic powder, salt and black pepper.
4. Air Fry it at 400 degrees F for 13 minutes.
5. take out and serve.

Serving Suggestion: Serve it with Ketchup

Variation Tip: None

Nutritional Information Per Serving: Calories 35 | Fat 0.6g| Sodium 20mg | Carbs 6.9g | Fiber 2.2g | Sugar 3.5g | Protein 2.4g

Balsamic Mushroom and Asparagus

Prep Time: 5 Minutes | Cook Time: 7 Minutes | Makes: 2 Servings

Ingredients

- 1 pound green beans
- 1 pound mushrooms
- 2 teaspoon of olive oil
- 1 tablespoon balsamic vinegar
- salt and pepper

Directions

1. Take a medium bowl, and mix all the listed ingredients
2. Place vegetables in the air fryer basket.
3. Air fry at 400 degrees for 7 minutes.
4. Shake the vegetables half way through.
5. Once done, serve.

Serving Suggestion: Serve it with coleslaw

Variation Tip: None

Nutritional Information Per Serving: Calories 161| Fat 5.6g| Sodium 27mg | Carbs 23.7g | Fiber 10g | Sugar 7.1g | Protein 11.3g

Zucchini Cups

Prep Time: 10 Minutes | Cook Time: 8 Minutes | Makes: 4 Servings

Ingredients

- 4 cup grated zucchini
- 2 large eggs
- 1/2 cup parmesan cheese
- 2 teaspoons of almond flour
- 1 teaspoon sesame seeds
- Salt, to taste

Directions

1. Preheat the Air fryer at 400 degrees F for 10 minutes.
2. First wash and grate the zucchini and add salt.
3. Let it sit for 20 minutes.
4. Squeeze it to drain excess zucchini.
5. Add zucchini to bowl and add eggs, parmesan cheese, sesame seeds and salt.
6. Mix well
7. pour it in to ramekins.
8. add it to air fryer basket.
9. Place ramekins inside the Air fryer, and close the lid.
10. Bake it for 8 minutes at 375 degrees F.
11. Once egg muffins are firm, serve and enjoy.

Serving Suggestion: Serve it with toast

Variation Tip: Use mozzarella cheese

Nutritional Information Per Serving: Calories 206 | Fat 14.6g| Sodium 285mg | Carbs 7.9g | Fiber 2.8g | Sugar 2.6g | Protein 14.4g

Zucchini and Tomatoes

Prep Time: 10 Minutes | Cook Time: 8 Minutes | Makes: 3 Servings

Ingredients

- 1 teaspoon of Garlic cloves, minced
- 1 teaspoon of Olive oil
- Salt, to taste
- 1 teaspoon Stevia
- 1 teaspoon dry basil
- 2 tablespoons of parmesan cheese
- 2 cups zucchini, sliced
- ½ cup tomatoes, sliced

Directions

1. Preheat the Air fryer at 400 degrees F for 10 minutes.
2. Take a bowl and add olive oil, salt, stevia, minced garlic clove, dry basil, zucchini, and tomatoes
3. Mix well and add it to air fryer basket.
4. Air fry it for 8 minutesat350 degrees F.
5. Serve it with parmesan cheese on top.

Serving Suggestion: serve it with French fries

Variation Tip: None

Nutritional Information Per Serving: Calories 62 | Fat 3.8g| Sodium 146mg | Carbs 4.2g | Fiber 1.2g | Sugar 2.1g | Protein 4.2g

Cheesy Cauliflower Biscuits

Prep Time: 15 Minutes | Cook Time: 22 Minutes | Makes: 4 Servings

Ingredients

- 1 medium head cauliflower, florets
- 2 garlic cloves, minced
- 3 large eggs
- 5 ounces shredded cheddar cheese
- 1/4 cup low-fat plain Greek yogurt
- ½ cup diced scallions
- Cooking spray, for greasing
- Salt and black pepper, to taste

Directions

1. Preheat the Air fryer at 400 degrees F for 10 minutes.
2. steam the cauliflower in a steamer for 10 minutes, then take out and transfer to food processor.
3. add in the garlic and pulse the cauliflower until smooth
4. add eggs, cheese, yogurt and remaining listed ingredients.
5. mix well and fill the ramekins with the mixture.
6. Place the ramekins in the air fryer basket, and air fry at 370 degrees F, for 12 minutes.
7. once done, serve

Serving Suggestion: Serve it with cheese dip

Variation Tip: Use white onion instead of scallion

Nutritional Information Per Serving: Calories 290 | Fat 15.3g| Sodium 350mg | Carbs 13.3g | Fiber 4g | Sugar 7.7g | Protein 25.7g

Zucchini Boat

Prep Time: 25 Minutes | Cook Time: 20 Minutes | Makes: 2 Servings

Ingredients

- 2 medium zucchinis
- 2 tablespoons of olive oil
- 1/2 medium onion, diced
- 2 garlic cloves, minced
- 1 can corn, drained
- 1 cup enchilada sauce
- 1/2 tsp. salt or to taste
- 1 /2 cup white mushrooms
- ½ cup bok Choy, chopped
- 1 teaspoon cumin
- 1/2 cup parmesan cheese

Directions

1. Wash and cut the zucchini lengthwise.
2. heat oil in a skillet and sauté onions.
3. Then add garlic cloves and cook until aroma comes
4. add in vegetables and cook until tender.
5. then add salt and enchilada sauce and cumin
6. mix well
7. turn off heat and let it get cool
8. Scoop out the seeds of zucchinis.
9. Fill the cavity of zucchinis with bowl mixture.
10. Top it with a handful of Parmesan cheese.
11. Arrange 4 zucchinis in the air fryer basket.
12. Select the AIR FRY for 20 minutes and adjust the temperature to 390 degrees F.
13. Once done, serve and enjoy.

Serving Suggestion: Serve it with ketchup

Variation Tip: None

Nutritional Information Per Serving: Calories 472| Fat 28.2g| Sodium 1157mg | Carbs 40.5g | Fiber 10.5g | Sugar 7.7g | Protein 26.5g

Air Fryer Stuffed Peppers

Prep Time: 20 Minutes | Cook Time: 18 Minutes | Makes: 6 Servings

Ingredients

- 6 Green Bell Peppers
- 1 tablespoon olive oil
- 1/3 cup green onion diced
- ¼ cup fresh parsley
- ¼ teaspoon ground sage
- ¼ teaspoon garlic salt
- 1 cup marinara sauce
- 1/2 cup shredded mozzarella Cheese

Directions

1. Take a skillet and add oil in it
2. Then add green onion, parsley, sage, and salt.
3. Let it cook for 2 minutes then add marinara, mix well.
4. Cut the top off of bell peppers and clean the cavity,
5. Scoop the skillet mixture into each of the peppers and top with cheese
6. Place it in the basket of the air fryer.
7. Cook for 18 minutes at 355 degrees F.
8. Once done, serve.

Serving Suggestion: Serve it with chicken wings

Variation Tip: use sesame oil with olive oil

Nutritional Information Per Serving: Calories 102 | Fat 4.2g| Sodium 186mg | Carbs 15.1g | Fiber 2.8g | Sugar 9.7g | Protein 2.7g

Air Fryer Spaghetti Squash

Prep Time: 25 Minutes | Cook Time: 25 Minutes | Makes: 6 Servings

Ingredients

- 1 (3 pounds) spaghetti squash
- 1 teaspoon olive oil
- ¼ teaspoon sea salt
- ⅛ Teaspoon ground black pepper
- ⅛ Teaspoon smoked paprika

Directions

1. Create a dotted line lengthwise around the squash with knife.
2. Cook the squash in the microwave at high for 5 minutes.
3. Transfer it to a cutting board
4. Cut the squash in half lengthwise,
5. Spoon pulp and seeds out of the one half and discard.
6. Brush it with olive oil
7. Season it with salt, pepper, and paprika.
8. Preheat the air fryer to 360 degrees F
9. Once preheated put the squash half skin side-down in the basket.
10. Cook for 20 minutes.
11. Serve and enjoy.

Serving Suggestion: Serve it with sour cream

Variation Tip: Use oil spray instead of olive oil

Nutritional Information Per Serving: Calories 77| Fat 2.1g| Sodium 117mg | Carbs 15.7g | Fiber 0g | Sugar 0g | Protein 1.5g

Dessert Recipes

Peanut Butter Crunch

Prep Time: 5 Minutes | Cook Time: 4 Minutes | Makes: 2 Servings

Ingredients

- 1 packet Chocolate Pudding
- 3 Peanut Butter Crunch Bars

Directions

1. Mix pudding in a mug and add peanut butter crunch bars at top.
2. Set the mug into the basket for 4 minutes at 300-degree F, air fryer setting.
3. Once done, serve.

Serving Suggestion: Serve it with coffee

Variation Tip: None

Nutritional Information Per Serving: Calories 478 | Fat 13.5g| Sodium 1232mg | Carbs 63.1g | Fiber 3.5g | Sugar 7.5g | Protein 22.5g

Air Fryer Peanut Butter Mug Cake

Prep Time: 5 Minutes | Cook Time: 6 Minutes | Makes: 3 Servings

Ingredients

- 4 tablespoons almond flour
- 2 tablespoons stevia
- 1 teaspoon baking powder
- 4 tablespoons almond milk
- 4 tablespoons peanut butter

Directions

1. Take small bowl combine together almond flour, stevia, baking powder, almond milk, and peanut butter.
2. Mix to make a smooth paste.
3. Pour this mixture into oven safe mug.
4. Set the mug into the air fryer for 6 minutes at 320-degree F, at air fry mode.
5. Once it's done, serve.

Serving Suggestion: Serve it with almond milk

Variation Tip: None

Nutritional Information Per Serving: Calories 389 | Fat 34.2g| Sodium 116mg | Carbs 14.1g | Fiber 5.8g | Sugar 4g | Protein 13.8g

Mint and Chocolate Pudding

Prep Time: 5 Minutes | Cook Time: 4 Minutes | Makes: 1 Serving

Ingredients

- 2 tablespoons Chocolate Pudding
- 12 ounces Greek yogurt
- 2 Mint chocolate cookies
- ¼ teaspoon of mint extract

Directions

1. Line the ramekins with cupcake liners.
2. Melt the cookies with mint extract in a microwave and then add it to the ramekin bottom.
3. Mix yogurt with pudding in a bowl and top the ramekin with the mixture.
4. Set the ramekins into the basket for 4 minutes at 300-degree F, air fryer setting.
5. Once it's done, serve.

Serving Suggestion: Serve with sprinkle of chocolate powder

Variation Tip: None

Nutritional Information Per Serving: Calories 340 | Fat 7.3g| Sodium 285mg | Carbs 32.5g | Fiber 0.5g | Sugar 21g | Protein 35g

Choclate Pudding

Prep Time: 20 Minutes | Cook Time: 15 Minutes | Makes: 2 Servings

Ingredients

- ½ tablespoon butter
- ½ cup Milk chocolate
- 2 Eggs
- Stevia, to taste
- 40 grams almond flour
- Oil spray, for greasing

Directions

1. Take a bowl and mix butter, milk chocolate, eggs and stevia
2. Then add in almond flour
3. Now grease the ramekins with oil spray.
4. Cover the ramekins with the Clingfilm
5. Air fry it in an air fryer at 320 degrees for almost 12-15 minutes.
6. Serve and enjoy.

Serving Suggestion: Serve it cool

Variation Tip: None

Nutritional Information Per Serving: Calories 286 | Fat 19.9g| Sodium 77mg | Carbs 19.7g | Fiber 2.4g | Sugar 15g | Protein 8.7g

Air Fryer Fruits

Prep Time: 10 Minutes | Cook Time: 5 Minutes | Makes: 4 Servings

Ingredients

- 4 peaches
- 4 plums
- 2 tablespoons butter, melted
- 1 tablespoon stevia

Directions

1. Wash and remove the pits and seeds of all the listed fruits.
2. Cut the fruit in half.
3. Now arrange the fruits on a foil
4. Sprinkle stevia, and drizzle butter on top.
5. Put the foil package in the basket of air fryer.
6. Place the fruits on foil inside basket.
7. Grill for 5 minutes at 350 degrees F.
8. Once it's done, serve

Serving Suggestion: Serve it once cool

Variation Tip: Use peanut butter

Nutritional Information Per Serving: Calories 140 | Fat 6.4g| Sodium 41mg | Carbs 22g | Fiber 3.2g | Sugar 21g | Protein 2g

Crispy Fruits

Prep Time: 10 Minutes | Cook Time: 12Minutes | Makes: 4 Servings

Ingredients

- 2 apples, peeled and chopped
- 4 peaches, peeled and chopped
- 2 tablespoons stevia
- 1 cup almond flour
- 2 tablespoons butter, soften

Directions

1. Take a medium pan and mix all the fruits along with other ingredients.
2. Mix it well until crumbly.
3. Add the mixture to a small pan.
4. Put pan inside air fryer basket.
5. Bake at 360 degrees F for 12 minutes.
6. Serve warm and enjoy.

Serving Suggestion: Serve it with cream

Variation Tip: None

Nutritional Information Per Serving: Calories 208| Fat 10g| Sodium 42 | Carbs 30g | Fiber 5.8g | Sugar 25.9g | Protein 3.3g

Cocoa Brownies

Prep Time: 15 Minutes | Cook Time: 18 Minutes | Makes: 4 Servings

Ingredients

- 1 egg, whisked
- 1/3 cup stevia
- 2 tablespoons coconut oil, melted
- 1 teaspoon vanilla extract
- ¼ cup cocoa powder
- ½ cup almond flour
- 1/4 cup white chocolate chips
- Oil spray, for greasing

Directions

1. Grease a baking dish with oil spray.
2. Beat egg and add stevia, vanilla and oil.
3. Then add remaining ingredients and make batter.
4. Spoon the brownie batter into the small pan.
5. Place it in the air fryer basket.
6. Bake for 18 minutes in air fryer at 350 degrees.
7. Let it cool for 30 minutes before slicing.

Serving Suggestion: Serve it with tea

Variation Tip: Use coconut flour instead of almond flour

Nutritional Information Per Serving: Calories 196 | Fat 16.7g| Sodium 25mg | Carbs 8.8g | Fiber 1.2g | Sugar 7g | Protein 4.3g

Chocolate Chip Cookie

Prep Time: 20 Minutes | Cook Time: 12 Minutes | Makes: 4 Servings

Ingredients

- 2 tablespoons butter, softened
- 1/2 cup Stevia
- 1 egg yolk
- 1/3 Cup almond flour
- 4 tablespoons ground dark chocolate
- 1/3 teaspoon baking soda
- 1 teaspoon vanilla
- 2/4 cup chocolate chips

Directions

1. Use hand beater to beat butter and stevia in a bowl.
2. Then add the egg yolk and beat well.
3. Then put the almond flour, chocolate, soda, vanilla and mix well.
4. Stir in the chocolate chips.
5. Line a baking pan with parchment paper.
6. Pour the spoon full of batter into the baking pan, leaving space in between
7. Bake for 12 minutes at 350 degrees F inside an air fryer.
8. Then serve.

Serving Suggestion: Serve it with coffee

Variation Tip: Use coconut flour instead of almond flour

Nutritional Information Per Serving: Calories 296 | Fat 20g| Sodium 175mg | Carbs 23g | Fiber 2.3g | Sugar 18.2g | Protein 4.8g

Chocolate Peanut Butter Cupcakes

Prep Time: 15 Minutes | Cook Time: 12 Minutes | Makes: 5 Servings

Ingredients

- 1-1/2 cup chocolate cake mix
- 1 egg
- 2 egg yolks
- 1/3 cup melted butter
- 1/3 cup water, hot
- 1/3 cup sour cream
- 4 tablespoons of peanut butter
- 1 tablespoon of stevia

Directions

1. Take 10 muffin cups and double them up into 5.
2. Grease a non-stick pan with oil spray and set aside.
3. In a bowl, whisk together cake mix, egg yolks, whole eggs, butter, hot water, and sour cream.
4. In a separate bowl, mix peanut butter and stevia.
5. Mix it and about 5 small round balls.
6. Spoon some chocolate batter into each muffin cups.
7. Top each cup with prepared balls.
8. Arrange it inside the air fryer basket.
9. Bake for 12 minutes at 320 degrees F.
10. serve once done.

Serving Suggestion: Serve it with Coffee

Variation Tip: Use coconut oil instead of butter

Nutritional Information Per Serving: Calories 396| Fat 30g| Sodium 450mg | Carbs 28.3g | Fiber 1.6g | Sugar 14.4g | Protein 8g

Sweet Potato Mug Cake for Two

Prep Time: 5 Minutes | Cook Time: 4 Minutes | Makes: 2 Servings

Ingredients

- 1/3 cup sweet potato, cooked and mashed
- 2 tablespoons almond butter
- 1 egg
- 1/2 teaspoon cinnamon
- 1 tablespoon stevia
- ¼ cup of chocolate chips
- ¼ cup Greek yogurt, for topping

Directions

1. Mix all ingredients in a bowl.
2. Pour the mixture into two greased, ramekins.
3. Put the ramekins in the air fryer basket.
4. Air fry it for 4 minutes at 300 degrees F.
5. Top with yogurt and serve.

Serving Suggestion: Serve it with Crackers

Variation Tip: Use peanut butter instead of almond butter

Nutritional Information Per Serving: Calories 292 | Fat 18g| Sodium 69mg | Carbs 24g | Fiber 3.7g | Sugar 14g | Protein 11g

Air Fryer Mug Cake

Prep Time: 5 Minutes | Cook Time: 2 Minutes | Makes: 2 Servings

Ingredients

- 200 grams Chocolate
- 2 teaspoons of melted Butter
- 1 teaspoon of stevia
- 1 teaspoon Greek Yoghurt
- 1 tablespoon of almond Flour
- 1 teaspoon of vanilla extract
- 1 teaspoon of Cocoa Powder

Directions

1. Take two ramekins and grease it with oil spray.
2. Mix all the listed ingredients in a large bowl and divided the mixture between ramekins.
3. Place in the air fryer.
4. Air fry it for 2 minutes at 350 degrees F.

Serving Suggestion: Serve it with coffee

Variation Tip: None

Nutritional Information Per Serving: Calories 295 | Fat 16.8g| Sodium 56mg | Carbs 30g | Fiber 1.8g | Sugar 26.5g | Protein 4.7g

Poultry Mains Recipes

Air Fryer Chicken Fajitas

Prep Time: 20 Minutes | Cook Time: 15 Minutes | Makes: 3 Servings

Ingredients

- 1 pound chicken breasts cut into strips
- Salt, to taste
- 1/2 teaspoon chili powder
- 1 teaspoon cumin
- 1/4 teaspoon garlic powder
- 1 tablespoon lemon juice
- 4 green and red bell peppers, cut in strips

Directions

1. Mix all the ingredients in a bowl and add it to the air sprayed air fryer basket.
2. Air fries it at 400 degrees for 15 minutes.
3. Remember to stir halfway through.
4. Once its, serve and enjoy.

Serving Suggestion: Serve it with coleslaw

Variation Tip: Use vinegar instead of lemon juice

Nutritional Information Per Serving: Calories 344| Fat 12g| Sodium 191mg | Carbs 12.4g | Fiber 2.4g | Sugar 8.2g | Protein 45.6g

Chicken and Spinach Quiche

Prep Time: 15 Minutes | Cook Time: 12 Minutes | Makes: 4servings

Ingredients

- 4 eggs, whisked
- 1 cup spinach
- ½ cup cashew cream
- 3 tablespoons mustard
- 1 cup grated Swiss cheese
- 1/2 teaspoon thyme
- 1 cup chicken, cooked and shredded
- Pinch salt and freshly ground black pepper

Directions

1. Take a baking pan and grease it with oil spray.
2. take a large bowl and all the listed ingredients.
3. Pour the mixture into baking pan.
4. add it to the air fryer basket.
5. Cook for 12 minutes at 400 degrees F, in air fryer.
6. Once the egg gets cooked, and cheese melts, serve.

Serving Suggestion: Serve with Cream cheese topping

Variation Tip: None

Nutritional Information Per Serving: Calories 271| Fat 16.2g| Sodium 149mg | Carbs 5.8g | Fiber 1.5g | Sugar 1.3g | Protein 25.3g

Lean & Green Chicken and Veggies

Prep Time: 15 Minutes | Cook Time: 10 Minutes | Makes: 3 Servings

Ingredients

- 1 pound chicken breast, chopped into pieces
- 1 cup broccoli florets, fresh
- 1 zucchini, chopped
- ½ cup bell pepper chopped (any colors you like)
- 1/4 onion chopped
- 4 cloves of garlic minced or crushed
- 4 tablespoons olive oil
- ¼ teaspoon garlic powder
- ¼ teaspoon of chili powder
- salt and black pepper, to taste
- 1 tablespoon Italian seasoning

Directions

1. Preheat air fryer to 400 degrees F.
2. Take a large bowl and mix together oil and seasoning along with chicken and vegetables.
3. Add it to the preheated air fryer basket and bake for 10 minutes at 400 degrees F.
4. Remember to shake the basket half way through.
5. Once done, serve and enjoy.

Serving Suggestion: Serve with mashed potatoes

Variation Tip: None

Nutritional Information Per Serving: Calories 378 | Fat 24.2g| Sodium 98mg | Carbs 7g | Fiber 2.2g | Sugar 3.1g | Protein 34.1g

Chicken with Potatoes and Green Beans

Prep Time: 25 Minutes | Cook Time: 22 Minutes | Makes: 4 Servings

Ingredients

- 1 cup potatoes, golden and diced
- 1 teaspoon olive oil
- 1 pound boneless, skinless chicken breasts
- ½ pound green beans
- Salt and black pepper, to taste

Directions

1. Take a bowl and toss the chicken and green beans with the listed spices and olive oil.
2. Place the potatoes in the bottom of the air fryer.
3. Put the metal rack on top of it and place chicken on top.
4. Set the temperature to 400 degrees F.
5. Adjust the time to 15 minutes at bake mode.
6. After 15 minutes take out the chicken and add green beans.
7. Again, let it cook for 7 minutes.
8. Once done, take out the potatoes and serve with the chicken.
9. Enjoy.

Serving Suggestion: Serve it with ketchup

Variation Tip: Use vegetable oil instead of olive oil

Nutritional Information Per Serving: Calories 269 | Fat 9.7g| Sodium 103mg | Carbs 10g | Fiber 2.8g | Sugar 1.2g | Protein 34.5g

Chicken Tenders

Prep Time: 20 Minutes | Cook Time: 12 Minutes | Makes: 2 Servings

Ingredients

- 1 pound of chicken tender
- Salt and black pepper, to taste
- 2 ounces parmesan cheese
- ½ cup almond flour
- 2 eggs
- Oil spray, for greasing

Directions

1. Mix almond flour and cheese in a bowl, and set aside for further use
2. Crack egg in a separate bowl.
3. Rub the tenders with salt and black pepper and oil.
4. First, put the chicken tender in eggs, then dredge into the almond flour mixture.
5. Preheat the unit by selecting AIR FRY mode for 2 minutes at 350 degrees F.
6. Select START/PAUSE to begin the preheating process.
7. Once preheating is done, press START/PAUSE.
8. Line the basket of the air fryer with parchment paper.
9. Spray the tenders with oil spray.
10. Put the tenders inside the basket of Air Fryer.
11. Set it to the AIR FRY mode at 375 degrees F for 12 minutes.
12. Once it's done, serve.

Serving Suggestion: Serve it hot

Variation Tip: Use mozzarella cheese instead

Nutritional Information Per Serving: Calories 626 | Fat 31g| Sodium 514mg | Carbs 2.9g | Fiber 0.6g | Sugar 0.8g | Protein 81g

Spicy Chicken Tenders

Prep Time: 20 Minutes | Cook Time: 12 Minutes | Makes: 2-3 Servings

Ingredients

- 1 teaspoon smoked paprika
- 1/4 teaspoon garlic powder
- 1/4 teaspoon onion powder
- 1 pound of chicken tender
- Salt and black pepper, to taste
- 1 /4 cup parmesan cheese
- 1 cup almond flour
- 2 eggs
- Oil spray, for greasing

Directions

1. Mix almond flour and cheese, smoked paprika, garlic powder and onion powder in a bowl, and set aside for further use.
2. Crack egg in a separate bowl.
3. Rub the tenders with salt and black pepper and oil.
4. First, put the chicken tender in eggs, then dredge into the almond flour mixture.
5. Preheat the unit by selecting AIR FRY mode for 2 minutes at 350 degrees F.
6. Select START/PAUSE to begin the preheating process.
7. Once preheating is done, press START/PAUSE.
8. Line the basket of the air fryer with parchment paper.
9. Spray the tenders with oil spray.
10. Put the tenders inside the basket of Air Fryer.
11. Set it to the AIR FRY mode at 375 degrees F for 12 minutes.
12. Once it's done, serve.

Serving Suggestion: Serve it with baked potatoes

Variation Tip: None

Nutritional Information Per Serving: Calories 448| Fat 23.1g| Sodium 345mg | Carbs 3.6g | Fiber 1.3g | Sugar 0.8g | Protein 55.3g

Chicken Stuffed Bell Peppers

Prep Time: 22 Minutes | Cook Time: 20 Minutes | Makes: 4 Servings

Ingredients

- 4 large bell peppers
- 2 cups cheddar cheese
- ½ cup marinara sauce
- 1 cup cooked chicken, shredded
- Salt and black pepper, to taste
- ½ teaspoon of garlic powder
- ¼ teaspoon of onion powder

Directions

1. Preheat the air fryer by selecting AIR FRY mode for 10 minutes at 350 degrees F.
2. Select START/PAUSE to begin the preheating process.
3. Once preheating is done, press START/PAUSE.
4. Cut the bell peppers from the top and remove all the seeds.
5. take a bowl and mix chicken with salt, pepper, marinara sauce, garlic powder and onion powder.
6. Fill the cavity of each bell pepper with it.
7. Grease the basket of air fryer with oil spray.
8. put the bell peppers into the basket of air fryer.
9. Set the time for 310 degrees for 15 minutes at air fry mode
10. take out basket and sprinkle cheese on top.
11. Set the time at 300 degrees for 3-4 minutes.
12. Once it's done, serve.

Serving Suggestion: serve it hot

Variation Tip: use parmesan cheese

Nutritional Information Per Serving: Calories 347| Fat 20.9g| Sodium 504mg | Carbs 14.4g | Fiber 2.5g | Sugar 9.2g | Protein 26.1g

Parmesan Crush Chicken

Prep Time: 12 Minutes | Cook Time: 15 Minutes | Makes: 2 Servings

Ingredients

- 2 chicken breasts
- ½ cup parmesan cheese
- 2 eggs, whisked
- Salt, to taste
- Oil spray, for greasing

Directions

1. Preheat the air fryer by selecting AIR FRY mode for 6 minutes at 350 degrees F.
2. Select START/PAUSE to begin the preheating process.
3. Once preheating is done, press START/PAUSE.
4. Crack the egg in a small or medium bowl and set aside.
5. Rub the chicken breast with salt and coat it with egg.
6. Next, dredge it in the parmesan cheese.
7. cover the basket of the air fryer with parchment paper.
8. arrange the breast pieces on to the basket, and grease the breasts with oil spray.
9. Set it to air fry mode at 375 degrees F, for 15 minutes.
10. Once it's done, serve.

Serving Suggestion: Serve it with cauliflower rice

Variation Tip: None

Nutritional Information Per Serving: Calories 314| Fat 16.2g| Sodium 503mg | Carbs 1.8g | Fiber 0g | Sugar 0.3g | Protein 40.2g

Cheesy Chicken & Asparagus Bundles

Prep Time: 30 Minutes | Cook Time: 25 Minutes | Makes: 2 Servings

Ingredients

- 4 ounces skinless boneless chicken breast
- salt and black pepper
- ½ teaspoon of olive oil
- 1 teaspoon Italian seasoning
- ½ pound asparagus spears
- ½ cup mozzarella cheese, shredded

Directions

1. Butterfly cut the chicken breasts and generously season it with Italian seasoning, oil, black pepper and salt.
2. Tuck each Asparagus into the chicken breasts, folding the breasts one side over top of the asparagus.
3. Layer the parchment paper over air fryer basket.
4. Air Fry chicken at 390 degrees F for 20 minutes, Flipping half way through.
5. Afterward sprinkle cheese on top.
6. Let it air fry for 5 more minutes.
7. Once cheese melts, serve.

Serving Suggestion: Serve it with mashed potatoes

Variation Tip: Use canola oil instead olive

Nutritional Information Per Serving: Calories 300| Fat 6.3g| Sodium 196mg | Carbs 4.9g | Fiber 2.4g | Sugar 2.3g | Protein 56.5g

Air Fryer Glazed Chicken and Vegetables

Prep Time: 25 Minutes | Cook Time:25 Minutes | Makes: 4 Servings

Ingredients

- 2 teaspoons of Coconut Amino
- 1/2 teaspoon Worcestershire Sauce
- 2 teaspoons of Stevie
- 1 teaspoon Ginger
- 1 teaspoon Garlic, Crushed
- 4 Chicken Thighs
- 12 ounces of Mixed green Vegetables

Directions

1. Take a bowl and mix coconut amino, Worcestershire sauce, stevia, ginger, and garlic.
2. Add the chicken to it and let the chicken marinate for few hours.
3. Grease the basket of the air fryer with oil spray.
4. slice the chicken into small pieces and arrange on the basket along with the vegetables.
5. Coat with oil spray.
6. Air Fry for 25 minutes at 390 degrees F.
7. Flipping half way though.
8. once done, serve.

Serving Suggestion: Serve it with salad

Variation Tip: use soy sauce instead of coconut amino

Nutritional Information Per Serving: Calories 225| Fat 10g| Sodium 704mg | Carbs 14g | Fiber 1.9g | Sugar 3g | Protein 23.5g

Chicken with Green Apple

Prep Time: 22 Minutes | Cook Time:25 Minutes | Makes: 4 Servings

Ingredients

- 2 gala apples, peeled and sliced
- 4 tablespoons unsalted butter
- 1 tablespoon orange zest
- 1 teaspoon cinnamon
- 1 pound of whole chicken, pieces or cut in half
- Salt and black pepper, pinch
- 1 teaspoon of ginger garlic paste
- Olive oil, for greasing

Directions

1. grease the air fryer with oil spray.
2. cover the bottom of the air fryer with apples.

3. mix butter, zest cinnamon, ginger garlic paste, salt and black pepper in a bowl.
4. coat the chicken with bowl mixture.
5. put the chicken on the top of apple slices.
6. Bake the chicken for about 25 minutes in air fryer at 390 degrees F.
7. Serve hot with caramelized apples.
8. enjoy.

Serving Suggestion: serve it with cauliflower rice

Variation Tip: None

Nutritional Information Per Serving: Calories 383| Fat 30.1g| Sodium 163mg | Carbs 9g | Fiber 1.5g | Sugar 7g | Protein 19.3g

Zesty Lemon Pepper Chicken Recipe

Prep Time: 22 Minutes | Cook Time: 25 Minutes | Makes: 2 Servings

Ingredients

- 2 chicken breasts, boneless and skinless
- 2 cloves of garlic, minced
- 1-inch ginger, minced
- 4 limes, zest and juice
- 1 tablespoon vegetable oil
- Salt, to taste
- 1 cup Greek yogurt
- 1/3 teaspoon of cumin
- ½ teaspoon of white pepper

Directions

1. Take a bowl and mix together salt, pepper, garlic cloves, oil, ginger, lime zest, lime juice, yogurt, and cumin.
2. Marinate the chicken in it after coating it finely for 1 hour in refrigerator
3. Preheat the air fryer to 375 degrees F
4. Put the chicken in an air fryer basket and air fry it for 25 minutes at 400 degrees F.
5. Once done, serve and enjoy.

Serving Suggestion: Serve it with coleslaw

Variation Tip: None

Nutritional Information Per Serving: Calories 670 | Fat 20.8g | Sodium 514mg | Carbs 39.5g | Fiber 3.9g | Sugar 26.5g | Protein 86.7g

Roasted Chicken

Prep Time: 15 Minutes | Cook Time: 20 Minutes | Makes: 3 Servings

Ingredients

- 1 pound chicken
- ¼ cup coconut oil
- 1 teaspoon red pepper flakes
- 1 teaspoon chopped thyme
- 1 teaspoon rosemary
- 1 teaspoon cumin
- ¼ teaspoon of paprika
- Salt, to taste
- ¼ teaspoon of Stevie
- 2 lemons, juice

Directions

1. In a bowl, combine all the listed ingredients.
2. Coat the chicken with the mixture and spices.
3. Let it sit for 2 hours in refrigerator.
4. Preheat the air fryer to 400 degrees F for 10 minutes. Transfer the chicken leg pieces into the air fryer.
5. Air fry for 20 minutes at 400 degrees F.
6. Then serve and enjoy.

Serving Suggestion: serve with roasted vegetables

Variation Tip: Use lime juice instead of lemon juice

Nutritional Information Per Serving: Calories 400| Fat 23.3g| Sodium 203mg | Carbs 2g | Fiber 0.6g | Sugar 0.7g | Protein 44.7g

Chicken with Avocado Salsa

Prep Time: 15 Minutes | Cook Time: 22 Minutes | Makes: 6 Servings

Chicken Ingredients

- 2 pounds raw skinless chicken
- 1/3 Cup cilantro, chopped
- 2 clove garlic
- 1/2 teaspoon Cumin
- 2 tablespoons lime juice
- 2 teaspoons of vegetable oil
- Salt and black pepper, to taste

Salsa Ingredients

- 1 Cup tomatoes, chopped
- 2 avocados, pitted and chopped
- 2 teaspoons red onion
- 1 teaspoon of lime juice
- Salt and black pepper, to taste
- ¼ teaspoon pepper

Directions

1. Mix the cilantro, garlic, lime juice, salt, cumin, and vegetable oil in a bowl and marinate chicken in it by coating the chicken well with the mixture.
2. Pre-heat the air fryer for 10 minutes at 390 degrees
3. Afterward bake the chicken in air fryer at 390 degrees F for 22 minutes.
4. Remember to flip the chicken half way through.
5. mix well all the salsa ingredients in bowl and serve it with chicken.

Serving Suggestion: Serve with it steamed vegetables

Variation Tip: None

Nutritional Information Per Serving: Calories 447| Fat 25.9g| Sodium 137mg | Carbs 7.8g | Fiber 5g | Sugar 1.3g | Protein 45.4g

Beef, Pork, And Lamb Recipes

Teriyaki Glazed Steak

Prep Time: 5 Minutes | Cook Time: 4 Minutes | Makes: 3 Servings

Ingredients

- 1.5 pounds Halibut Steak

Teriyaki Glaze Ingredients

- 1/2 cup Soy Sauce
- 1 cup Japanese cooking wine
  ¼ cup stevia
- 1 tablespoon Lime Juice
  1/3 cup Orange Juice
  1/3 teaspoon Ginger, ground
- ½ teaspoon garlic
- 2 cups boiled rice

Directions

1. Combine all the glaze ingredients in a bowl.
2. Coat the halibut steak to the sauce.
3. Put it in the refrigerator for 4 hours.
4. Next, preheat the air fryer at 392 degrees F for 10 minutes.
5. Take out the steak and place it in air fryer basket that is lined with hatchment paper
6. Air fry it for 4 minutes.
7. Remember to flip it half way through.
8. Once done, serve.

Serving Suggestion: Serve it with mashed potato

Variation Tip: None

Nutritional Information Per Serving: Calories 9685| Fat 190.9g| Sodium 7522mg | Carbs 155.4g | Fiber 2.1g | Sugar 36.5g | Protein 1727g

Steak and Cabbage

Prep Time: 25 Minutes | Cook Time20 Minutes | Makes: 4 Servings

Ingredients

- 1 pounds sirloin steak, sliced
- 4 tablespoons of peanut oil
- 2 cups cabbage
- 2 green bell pepper
- 2 onions, chopped
- 2 cloves garlic, sliced
- salt and black pepper, to taste

Directions

1. Preheat the air fryer to 400 degrees F for 10 minutes.
2. rub the steak with half of peanut oil, salt and black pepper, and set aside.
3. take a bowl, add oil and cabbage.
4. put the cabbage in the air fryer basket and air fry or 4 minutes.
5. take out the cabbage.
6. Afterward, add the steak, bell pepper, garlic cloves, and onions.
7. air fry for 15 minutes.
8. Remember to flip half way through.
9. once done, serve.

Serving Suggestion: Serve with French fries

Variation Tip: None

Nutritional Information Per Serving: Calories 363 | Fat 20.7g | Sodium 83mg | Carbs 7.7g | Fiber 2.1g | Sugar 3.5g | Protein 35.6g

Air Fry Ribs

Prep Time: 12 Minutes | Cook Time: 15 Minutes | Makes: 4 Servings

Ingredients

- 2 country-style pork ribs,
- 2 tablespoons almond flour
- 2 tablespoons olive oil
- 2 teaspoons dry mustard
- 1 teaspoon thyme
- 1 teaspoon garlic powder
- 1 teaspoon dried marjoram
- Salt and black pepper, to taste

Directions

1. Preheat the air fryer at 390 degrees F for 10 minutes.
2. Combine all the listed ingredients in a bowl.
3. Rub the ribs well.
4. Marinate it for 2 hours in refrigerator.
5. Dump the ribs in the air fryer basket.
6. And set the timer to 15 minutes.
7. Flip it half way through.
8. Once done, serve and enjoy.

Serving Suggestion: Serve with cauliflower rice

Variation Tip: Use avocado oil instead olive oil

Nutritional Information Per Serving: Calories 309| Fat 13.4g| Sodium 95mg | Carbs 1.4g | Fiber 0.5g | Sugar 0.3g | Protein 44.1g

Beef Patties

Prep Time: 22 Minutes | Cook Time: 18 Minutes | Makes: 5 Servings

Ingredients

- 1.5 pounds of beef, grounded
- Salt and black pepper, to taste
- 2 tablespoons of olive oil
- 1 cup of white onions, chopped
- 2 green peppers, chopped
- ¼ teaspoon coriander powder
- ¼ teaspoon of turmeric
- ½ teaspoon of cumin, grounded
- 2 large tomatoes, chopped or sliced
- 2 onions, chopped
- Oil spray, for greasing

Directions

1. Combine all the listed ingredients in a bowl and make patties with hand.
2. Grease the patties with oil spray from the both sides.
3. Arrange it inside the air fryer basket.
4. Air fry at 400 degrees F, for 18 minutes.
5. Remember to flip half way through.
6. Serve.

Serving Suggestion: Serve with salad

Variation Tip: None

Nutritional Information Per Serving: Calories 332 | Fat 14.3g| Sodium 92mg | Carbs 5.7g | Fiber 1.3g | Sugar 2.1g | Protein 42.6g

Lamb Chops with Yogurt

Prep Time: 14 Minutes | Cook Time: 15 Minutes | Makes: 6 Servings

Ingredients

- 6 tablespoons of Greek yogurt
- 1 teaspoon of cumin seeds
- 1/ 4 tablespoon of coriander seeds, crushed
- ¼ teaspoon chili powder
- ½ teaspoon Gram Masala
- 2 tablespoons lemon juice
- Salt to taste
- 6 lamb chops
- Oil spray for greasing

Directions

1. Mix all the ingredients in a bowl and marinate the chops in it for 1 hour in refrigerator.
2. Preheat air fryer to 400 degrees F.
3. Then grease an air fryer basket and place chops on the basket.
4. Air fry the chops for 15 minutes.
5. Serve and enjoy.

Serving Suggestion: Serve with cauliflower rice

Variation Tip: None

Nutritional Information Per Serving: Calories 662| Fat 25g| Sodium 300mg | Carbs 3g | Fiber 0.1g | Sugar 2.8g | Protein 98g

Beef & Broccoli

Prep Time: 15 Minutes | Cook Time: 12 Minutes | Makes: 4 Servings

Ingredients

- 12 ounces of teriyaki sauce, divided
- ½ tablespoon garlic powder
- 1 pound raw sirloin steak, thinly sliced
- 2 cups broccoli, cut into florets
- 2 teaspoons of olive oil
- Salt and black pepper, to taste

Directions

1. Preheat the air fryer by selecting AIR FRY mode for 10 minutes at 310 degrees F.
2. Select START/PAUSE to begin the preheating.
3. Once it's done, press START/PAUSE.
4. Take a bowl and mix teriyaki sauce, salt, garlic powder, black pepper, and olive oil.
5. Marinate the beef in it for 2 hours inside refrigerator.
6. Then take out the beef from the marinade.
7. Now toss the broccoli in marinate.
8. Add the ingredients inside the basket.
9. Set it to AIRFRY mode at 400 degrees F, for 12 minutes.
10. Take out the broccoli after 7 minutes.
11. Once it's done take out the beef.
12. Serve it and enjoy.

Serving Suggestion: Serve with fries

Variation Tip: None

Nutritional Information Per Serving: Calories 325| Fat 9.6g| Sodium 3350mg | Carbs 17g | Fiber 1.4g | Sugar 13g | Protein 40.9g

Lean Beef Cheese Steak Skillet

Prep Time: 15 Minutes | Cook Time: 10 Minutes | Makes: 3 Servings

Ingredients

- ½ tablespoon olive oil
- 1 yellow onion, diced
- ½ green bell pepper, diced
- 1 pound lean ground beef [93% lean or leaner]
- 1 teaspoons Worcestershire sauce
- ½ cup beef broth
- 1 ½ teaspoons Italian seasoning
- 1 cup mozzarella cheese, shredded

Directions

1. cook onions in skillet along with green bell pepper and oil.
2. let it sauté for 5 minutes.
3. then add the ground beef and cook for 5 minutes.
4. next add Worcestershire sauce, broth and seasonings.
5. then add all the ingredients and transfer the mixture to a baking pan.
6. put the pan inside the air fryer and air fry at 390 for 10 minutes.
7. at the end take out the baking pan and top it with mozzarella cheese.
8. then serve hot.

Serving Suggestion: Serve over mashed potatoes

Variation Tip: None

Nutritional Information Per Serving: Calories 357 | Fat 14.4g | Sodium 304mg | Carbs 4.5g | Fiber 0.8g | Sugar 2.2g | Protein 49.8g

Lean Meatballs with Teriyaki Sauce

Prep Time: 22 Minutes | Cook Time: 12 Minutes | Makes: 4 Servings

Ingredients

- 4.5 teaspoons of tamari
- 2 teaspoons stevia
- 4 teaspoons rice wine vinegar
- 3 slices wheat bread
- 1/4 cup almond milk
- 1 pound lean turkey, grounded
- 1/2 white minced
- 1 tablespoon sesame seeds
- 1 tablespoon sesame oil
- 2 small egg
- salt and black pepper, to taste
- 1/8 cup olive oil
- 2 green onions, chopped

Directions

1. mix tamari, stevia and mirin in a bowl.
2. Set it aside.
3. Take a separate bowl and combine all the remaining ingredients and make patties with hand.
4. Oil spray the patties form both the side.
5. Add the teriyaki sauce in a baking pan and add meat balls.
6. Bake it in air fryer by placing baking pan in basket,
7. Let it bake at 390 degrees F for 12 minutes.
8. Serve the meatballs with glaze.
9. Enjoy.

Serving Suggestion: Serve with coleslaw

Variation Tip: Use soy sauce instead of tamari

Nutritional Information Per Serving: Calories 384| Fat 19.4g| Sodium 795mg | Carbs 10.8g | Fiber 1.6g | Sugar 2.5g | Protein 39.7g

Steak in Air Fry

Prep Time: 15 Minutes | Cook Time: 15Minutes | Makes: 3 Servings

Ingredients

- 1 teaspoon of olive oil
- 1 tablespoon of steaks seasoning
- 1 pound of beef steak, sirloin steak

Directions

1. Season the steak on both sides with oil.
2. Rub a generous amount of steak seasoning on all the parts.
3. Add the steak in the air fryer basket.
4. Set it to AIR FRY mode at 400 degrees F for 15 minutes.
5. After 7 minutes, take out the steak and flip.
6. let the cooking cycle completes.
7. Once done, serve the steak.

Serving Suggestion: Serve it with salad

Variation Tip: Use avocado oil instead of olive oil

Nutritional Information Per Serving: Calories 401 | Fat 29g| Sodium 168mg | Carbs 3g | Fiber 0g | Sugar 0g | Protein 45.9g

Air Fryer Steak Bites

Prep Time: 15 Minutes | Cook Time: 10 Minutes | Makes: 4 Servings

Ingredients

- 16 ounces Sirloin Fillet, cut into bite size pieces
- 1/2 tablespoons Olive Oil
- salt and black pepper, to taste
- 1 teaspoon of stevia
- 1 teaspoon Chili Powder
- 1/4 teaspoon Garlic Powder
- 2 teaspoons of melted Butter
- 1/4 Red Pepper Flakes
- 1/4 teaspoon of Parsley Flakes

Directions

1. Rub the steak pieces with the olive oil.
2. Combine all the listed spices in a bowl and coat the steak with it.
3. Preheat an air fryer for 10 minutes at 370 degrees F.
4. Put the steak to air fryer basket.
5. Air fry it for 10 minutes at 370 degrees F.
6. Remember to flip half way through.
7. Once the desire doneness is achieved enjoy.

Serving Suggestion: Serve with Mashed Potatoes

Variation Tip: Use avocado oil instead of olive oil

Nutritional Information per Serving: Calories 535| Fat 23g| Sodium 2020mg | Carbs 8.5g | Fiber 0.3g | Sugar 8.1g | Protein 71g

Lean Beef

Prep Time: 15 Minutes | Cook Time: 14 Minutes | Makes4 Servings

Ingredients

- 1 pound of flank steak, lean
- 1/4 cup tapioca starch

Sauce Ingredients

- 2 teaspoons of vegetable oil
- 1/2 teaspoon of ginger garlic paste
- 1/3 cup coconut amino
- 1/3 cup water
- 1/4 cup stevia

Directions

1. Rub steak with corn starch and put it in a baking tray.
2. air fryer for 4 minutes at 400 degrees F.
3. In a cooking pan warm all the sauce ingredients.
4. Put the steak in the sauce and let it cook for 2 minutes per side.
5. Enjoy.

Serving Suggestion: Serve with Mashed Potatoes or cauliflower rice

Variation Tip: None

Nutritional Information per Serving: Calories 321| Fat 11.7g| Sodium 1264mg | Carbs 19g | Fiber 0.2g | Sugar 9.2g | Protein 32.9g

Steak and Mushroom Gravy

Prep Time: 15 Minutes | Cook Time: 13-15 Minutes | Makes: 2-3 Servings

Ingredients

- 1/3 cup olive oil
- 2 tablespoons soy sauce
- 2 teaspoons steak seasoning
- ½ teaspoon garlic powder
- 2-3 strip steaks cut into 3/4-inch pieces
- ¼ cup cream of mushroom soup

Directions

1. Mix coconut amino, olive oil, steak pieces, steak seasoning, and garlic powder in a bowl and let it sit for 10 minutes.
2. Preheat the Air Fryer Oven to 390 degrees F for 10 minutes.
3. Line the bottom of the air fryer basket with the parchment paper.
4. Put the steak with marinade on basket.
5. Bake for 8 minutes.
6. Afterward adds the cream of mushroom soup.
7. Bake it for additional 5 minutes.
8. Then serve it.

Serving Suggestion: Serve with Mashed Potatoes

Variation Tip: None

Nutritional Information per Serving: Calories 279| Fat 23g| Sodium 94mg | Carbs 1g | Fiber 0.1g | Sugar 0.3g | Protein 17.7g

Glazed Steak

Prep Time: 15 Minutes | Cook Time: 14 Minutes | Makes: 2-3 Servings

Ingredients

- 2 beef Steaks, lean

Teriyaki Glaze Ingredients

- 1/4 cup Soy Sauce
- ½ cup Japanese cooking wine
- 1/4 cup stevia
- 1 teaspoon lime zest
- 1/3 cup Orange Juice
- 1 teaspoon Ginger, ground
- 1 teaspoon of minced garlic

Directions

1. Combine the glaze ingredients in a saucepan and cook for 4 minutes.
2. Coat the steak with glaze and let it sit for 4 hours.
3. Now place it on a baking tray and place it inside the Air Fryer Oven.
4. Air fry at 392 degrees F, and cook for 14 minutes.
5. Flip half way through.
6. Once done, serve.

Serving Suggestion: Serve with Mashed Potatoes

Variation Tip: Use Lime juice instead of orange juice

Nutritional Information per Serving: Calories 589| Fat 21g| Sodium 1975mg | Carbs 25g | Fiber 0.5g | Sugar 2.1g | Protein 68.7g

Rump Steak

Prep Time: 15 Minutes | Cook Time: 10 Minutes | Makes: 3 Servings

Ingredients

- 1 pound of rump steak
- 1 onion, sliced
- 1 green bell pepper, sliced
- Salt and black pepper, to taste
- 1 cup parmesan cheese
- Hoagies roll, as needed

Directions

1. Add steak, bell pepper, and onion in an air fryer basket.
2. Season it with salt and black pepper.
3. Place it inside air fryer.
4. Let it Bake for 8 minutes at 350 degrees F.
5. Once done, place it on a hoagie roll.
6. Sprinkle it with parmesan cheese.
7. Serve.

Serving Suggestion: Serve with Mashed Potatoes

Variation Tip: Use mozzarella cheese Instead of parmesan

Nutritional Information per Serving: Calories 391| Fat 25g| Sodium 1000mg | Carbs 0.4g| Fiber 0.1g | Sugar 0.1g | Protein 42g

4-weeks Meal plan

Days	Breakfast	Lunch	Dinner
Day1	Lean & Green Breakfast Cups	Stuffed Tomatoes	Prawns Snack
Day 2	Zucchini Egg Muffins	Brussels Sprouts	Egg And Shrimp And Avocado
Day 3	Lean And Green Cloud Bread	Air Fry Zucchini	Shrimp, Mushroom, And Broccoli
Day 4	Air Fryer Egg Bite Cups	Balsamic Mushroom And Asparagus	Lean And Green Salmon Recipe
Day 5	Baked Eggs For Breakfast	Zucchini Cups	Chicken Tenders
Day 6	Lean And Green Soufflé	Zucchini And Tomatoes	Spicy Chicken Tenders
Day 7	Frittata	Cheesy Cauliflower Biscuits	Chicken Stuffed Bell Peppers
Day 8	Lean And Green Quiche	Zucchini Boat	Parmesan Crush Chicken
Day 9	Lean & Green Breakfast Cups	Air Fryer Stuffed Peppers	Cheesy Chicken & Asparagus Bundles
Day 10	Zucchini Egg Muffins	Air Fryer Spaghetti Squash	Air Fryer Glazed Chicken And Vegetables
Day 11	Lean & Green Breakfast Cups	Stuffed Tomatoes	Chicken With Green Apple
Day 12	Zucchini Egg Muffins	Prawns Snack	Lean Meatballs With Teriyaki Sauce
Day 13	Lean And Green Cloud Bread	Egg And Shrimp And Avocado	Steak In Air Fry
Day 14	Air Fryer Egg Bite Cups	Shrimp, Mushroom, And Broccoli	Air Fryer Steak Bites
Day 15	Baked Eggs For Breakfast	Chicken Tenders	Teriyaki Glazed Steak
Day 16	Lean And Green Soufflé	Prawns Snack	Steak And Cabbage
Day 17	Frittata	Egg And Shrimp And Avocado	Air Fry Ribs

Day 18	Lean And Green Quiche	Shrimp, Mushroom, And Broccoli	Beef Patties
Day 19	Lean And Green Cloud Bread	Lean And Green Salmon Recipe	Lamb Chops With Yogurt
Day 20	Air Fryer Egg Bite Cups	Chicken Tenders	Lean Beef Cheese Steak Skillet
Day 21	Baked Eggs For Breakfast	Spicy Chicken Tenders	Lean Meatballs With Teriyaki Sauce
Day 22	Lean And Green Soufflé	Chicken Stuffed Bell Peppers	Steak In Air Fry
Day 23	Lean & Green Breakfast Cups	Parmesan Crush Chicken	Air Fryer Steak Bites
Day 24	Zucchini Egg Muffins	Cheesy Chicken & Asparagus Bundles	Lean Beef
Day 25	Lean And Green Cloud Bread	Air Fryer Glazed Chicken And Vegetables	Steak And Mushroom Gravy
Day 26	Air Fryer Egg Bite Cups	Chicken With Green Apple	Glazed Steak
Day 27	Baked Eggs For Breakfast	Zesty Lemon Pepper Chicken Recipe	Rump Steak
Day 28	Lean And Green Soufflé	Roasted Chicken	**CHICKEN WITH GREEN APPLE**

Conclusion

Everyone loves to nibble on something when feels hungry and avoiding the favorite food time is not an easy process for all. when weight loss becomes a challenge, the lean and green is the successful diet that included a large variety of acceptable snacks like, nuts, celery, fruits, boiled eggs, raw vegetables, berries, and guacamole.

It is the right choice to eat your favorite food, as it also has a positive effect on the mood.

The lean and green diet consider a different combination of recipes for dieters' daily or weekly menu plans by adopting different recipes. So, take some time out and grab on to this lean and green cookbook to start cooking now.

www.ingramcontent.com/pod-product-compliance
Ingram Content Group UK Ltd.
Pitfield, Milton Keynes, MK11 3LW, UK
UKHW052226270726
14059UKWH00003B/136

9 781801 214018